Heinrich Drimmel

Die Antipoden

Heinrich Drimmel

Die Antipoden

Die Neue Welt in den USA und das Österreich vor 1918

Amalthea

Schutzumschlag: Wolf Bachmann, München
Satz: Fotosatz Völkl, Germering bei München
Druck und Binden: Welsermühl, Wels OÖ.
Printed in Austria 1984
ISBN 3-85002-194-7

Inhalt

Antipode (der, grch.); 1.... – 2. Bewohner einander gegenüberliegender Punkte der Erdoberfläche; daher: Mensch, der eine gegenteilige Meinung vertritt.
(Das Bertelsmann Lexikon, C. Bertelsmann Verlag Gütersloh, 1966 A, 1. Band, S. 371)

an.tip.o.dal (....) adj. anti'podisch. II .... 3. sg u. pl. a) (genaue) Gegenteil, b) Gegenseite f.
(Langenscheidts Großwörterbuch Englisch-Deutsch, Langenscheidt KG, Berlin und München, 5. Auflage 1918, S. 64)

Vorwort

Antipodär. Mit diesem heute veralteten Eigenschaftswort charakterisierte ein k.k. Geschäftsträger in Washington die im Prinzip unvereinbarlichen Existenzbedingungen der US und des Kaiserreichs Österreich. Dieses Urteil fiel während einer Serie schwerer Eingriffe der US in innere Angelegenheiten Österreichs in den Jahren 1849 bis 1853. Die Konfliktserie führte beinahe zum Abbruch der diplomatischen Beziehungen.
Die Charakterisierung ANTIPODÄR stammt aus der Feder eines k.k. Diplomaten, der nicht, wie üblich, aus den Reihen des hohen Adels in Österreich oder, wie zuletzt, jenem Ungarns genommen worden ist. Dieser war wohl der einzige Vertreter Österreichs in Washington, der einen klaren Begriff von der schicksalshaften Verschiedenheit beider Großmächte hatte. Antipodär bedeutete für ihn weniger die rein *geographische* Distanz beider Staaten in zwei verschiedenen Kontinenten, die durch den Atlantik getrennt sind. Vielmehr ging es ihm darum, die *politisch-weltanschauliche* Verschiedenheit, absolut gegensätzliche Existenzbedingungen denen in Wien aufzuzeigen.
Der Mann, der diese kühne Sachverhaltsdarstellung der k.k. Regierung in Wien lieferte, kam in Stade zur Welt, als der König von England zugleich Kurfürst und Landesherr von Hannover war. Er wurde am 5. Dezember 1799 in der evangelisch-lutherischen Kirche St. Cosman getauft und hieß nachher Johann Georg Hülsemann. Sein Vater war königlich-kurfürstlicher Elb-Zoll-Kontrollor; der Knabe wuchs also nicht im Binnenland, sondern am Tor Deutschlands zu den Weltmeeren auf. Er studierte an der Universität Göttingen und reichte als Dissertation eine Untersuchung der Demokratie in den Vereinigten Staaten von Nordamerika ein. 1823 erschien die Arbeit in Göttingen im Druck, die Einleitung dazu ist diesem Buch im Wortlaut vorangestellt. Und zwar der Teil, der die Unmöglichkeit einer Vermischung des konservativen und des liberalen Lebensprinzips analysiert, schließ-

lich aber doch bei aller Festigkeit im Prinzipiellen die jeweilige Einigung im Sachlichen nicht ausschließt.
Hülsemann war 1838/41 Sekretär, 1841/55 Geschäftsträger, 1855/63 Resident an der k.k. Mission in Washington.
Erstaunlicherweise steht die Ansicht Hülsemanns in einer gewissen Übereinstimmung mit dem letzten Satz der Untersuchung, die fast aufs Jahr anderthalb Jahrhunderte später Karl Jaspers in Basel herausbrachte. Jaspers kommt in der Gegenüberstellung eines philosophischen Glaubens zur Offenbarung zu dem Schluß, daß ursprünglich verschiedene Weisen der Lebenspraxis und des dazu gehörigen Glaubens einander ausschließen. So wie Hülsemann zu seiner Zeit, schloß auch Jaspers in der Welt nach 1945 nicht aus, daß dermaßen verschiedene Menschen sich in der Welt begegnen. Und: »Jede Geschichtlichkeit kann die andere in ihrem existentiellen Ernst lieben (!) und sich ihr in einem Übergreifenden verbunden fühlen.«
Dieses Buch stellt in diesem ernsten Sinn die antipodäre Existenz der Neuen Welt in den US und jener des Alten Österreich in der Welt vor 1918 zur Betrachtung. Von seinem in einem Wertkonservativismus begründeten Standpunkt zeigt sich der Autor dem verbunden, was Leopold von Ranke, Altmeister einer konservativen Geschichtsschreibung, ausgedrückt hat: Stehenbleiben: es wäre der Tod; Nachahmen: es ist schon eine Art Knechtschaft; eigene Ausbildung und Entwicklung: das ist Leben und Freiheit. In diesem Sinne sieht er die Erfüllung des konservativen Prinzips nicht in erstarrter Behauptung des Bestehenden, sondern im *continuum*, das der Konservative gegen das reaktionäre wie das revolutionäre Prinzip unentwegt zu verteidigen hat. Und das im Sinne einer Polemik, die sich nach zwei Seiten entwickelt: Die *Negation* erhält ihre Rechtfertigung zuallererst in einer *Position,* welche sich in der polemischen Auseinandersetzung mit dem Gegenstand herausarbeitet.

Wien, am 15. März 1984 Heinrich Drimmel

Einleitung*

Der Zweck dieser Geschichte der Democratie in den Vereinigten Staaten ist nicht, eine umfassende Übersicht der Ereignisse zu geben, welche dem Ursprunge und der Entwicklung des gegenwärtigen politischen Zustandes von Nord-America angehören; der Verfasser macht daher keinen Anspruch auf materielle Vollständigkeit in Erzählung der einzelnen darauf bezüglichen Begebenheiten. Vielmehr war seine Aufmerksamkeit in der Geschichte dieses Landes vorzugsweise auf diejenigen Tatsachen und auf die in dem Verfahren Einzelner hervortretenden Grundsätze gerichtet, welche für das *Verhältnis der herrschenden Europäischen Politik zu den in Nord-America geltenden Prinzipien* bezeichnend sind. Mithin darf man hier nicht eine unabhängige, auf keiner politischen Doctrin beruhende Darstellung der amerikanischen Geschichte erwarten; und trägt der Verf. um so weniger Bedenken, diesen Standpunkt, auf welchen er sich stellen zu müssen glaubte, gleich jetzt bestimmt anzugeben, als er in allen historisch-politischen Untersuchungen nur die Unpartheilichkeit in *Thatsachen*, nicht aber in Rücksicht der *Principien* kennt. Es ist auch diese sogenannte Unpartheilichkeit überall nur eine eingebildete, indem diejenigen Schriftsteller, welche sie als das Panier ansehen, dem jeder Geschichtsschreiber folgen müsse, den Grundsatz allgemeiner Toleranz und allgemeiner Aufklärung von vorn herein als Actiom betrachten, mithin ebenfalls gewissermaßen von einem, wenn gleich mehr subjectiven, Standpuncte aus den Zusammenhang der Begebenheiten betrachten. Ein gerade hier passendes Beispiel unter den vielen historisch-politischen Schriften, die in diesem Sinne verfaßt sind, ist Ebelings Erdbeschreibung von Nord-America, welchem übrigens sehr verdienstlichen Werke der Verfasser, wie er gern einräumt, wegen Mangel an anderen Quellen hat sehr oft folgen müssen. Die Unpartheilichkeit in

---

* Johann Georg Hülsemann, Geschichte der Democratie in den Vereinigten Staaten von Nord-Amerika, Göttingen 1823.

Thatsachen und die Wahrheitsliebe Ebelings erkennt er sehr gerne an, kann aber die schwankenden und sich hie und da widersprechenden Urtheile desselben nur einem gänzlichen Mangel an Kenntnis der politischen Theorie und einem gewissen nicht sehr entschiedenen Hinneigen zur Democratie und zum religiösen Indifferentismus zuschreiben.

Nach des Verfassers Ueberzeugung muß man sich gegen das, was man als *Böse* erkannt hat, bestimmt erklären, und kann er die Toleranz in diesem Falle nicht nur keineswegs rechtfertigen, sondern muß sie mindestens als Schwäche tadeln. Von dem Europäischen Standpuncte aus aber erscheint das in Nord-America vorherrschende Bestreben als entschieden feindselig, als in einem schneidenden Widerspruch gegen alles Dasjenige, worauf unsere ganze Civilisation beruhet. Die in Nord-America herrschende Tendenz ist in einem bestimmten Kampfe mit unserer Religion, mit unsern monarchisch-aristocratischen Interessen und Gesinnungen, und eben daher kann der Verfasser alles dasjenige, was auf dieser transatlantischen Basis beruhet, nicht anders als verderblich nennen. Eine sehr falsche Folgerung aus diesem offenen Geständnisse würde es seyn, wenn man darin einen Haß gegen Nord-America als solches suchen wollte. Die Vertheidiger der herrschenden Europäischen Politik sind zufrieden, wenn unser Welttheil von dem nicht heimgesucht wird, was America angehört. So lange es jenseits des Oceans bleibt, wollen wir es nur als fremd betrachten; aber bekämpfen müssen wir es, wenn es sich in Europa eindrängt, wenn es feindlich und stöhrend gegen unsere ersten und theuersten Interessen auftritt. Niemand würde es, (um den bekanntesten Repräsentanten der in den Nordamericanischen Freistaaten herrschenden Principien statt aller andern anzuführen), dem General *Lafayette* verargen, wenn er dort ein neues Vaterland gesucht, wenn er Frankreich, wenn er Europa entsagt hätte, um jenseits des Oceans einen politischen Zustand zu finden, den hier zu erschaffen er sich vergebens bemüht hat. Aber er, und mit ihm alle diejenigen, welche in Frankreich, in Spanien und überhaupt im westlichen Europa mit dem Namen der Liberalen bezeichnet werden, und die alle mehr oder weniger der herrschenden Europäischen Politik entgegenstehen, werden mit Recht als die Feinde der Religion, des Staates und der gesellschaftlichen Ordnung betrachtet; sie werden mit Recht als solche angeklagt, verfolgt und bestraft, da sie seit dreißig Jahren bemüht sind, alle religiös-politischen Institutionen, auf denen die Europäische Civilisation beruhet, zu vernichten, und uns einer allgemeinen Gesetzlosigkeit, den Folgen der Aufhebung jeder *Autorität* preis zu geben. Mit wie viel Bestimmtheit, mit wie viel Strenge gegen diese verderblichen Bestrebungen verfahren werden solle, muß natürlich der Weisheit der Regierungen überlassen bleiben, und mag die Klugheit es anrathen, in der Praxis hier mit mehrerer, dort mit minderer Mäßigung zu verfahren. Aber von *Mäßigung* kann nur in der *Anwendung* die Rede seyn. Das *Princip* kennt diese Schranke nicht, *und kann nie mit zu großer Strenge aufrecht erhalten werden.«*

1.

Erste Kontakte, erste Differenzen

Der Hofmaler der Britischen Majestät tat sich schwer, eines der bedeutendsten Ereignisse der Weltgeschichte im Bild festzuhalten: die Unterzeichnung des Friedensvertrags zwischen den Vereinigten Staaten von Amerika, ehedem Rebellen gegen die Britische Majestät, und den britischen Unterhändlern, wie dies im September 1783 am Sitz des Königs von Frankreich stattfand.
Der in Pennsylvania geborene West begann seine Arbeit in der festen Erwartung, daß ihm nicht nur seine amerikanischen Landsleute zur Porträtierung sitzen würden, sondern auch die Briten. West war der Herkunft nach Amerikaner, allerdings einer, der vor Ausbruch des Unabhängigkeitskrieges der 13 britischen Kolonien in Nordamerika nach Europa ging, um sich in London niederzulassen, wo ihn König Georg III. zum Hofmaler machte. Sein amerikanischer Landsmann John Trumbull, geboren im Staate Connecticut, war daran, das seither in aller Welt bekannte Gemälde anzufertigen, das die Erklärung der Unabhängigkeit der späteren US von der Krone Englands, geschehen 1776 in Philadelphia, festhält – West wollte das Bild der Versöhnung von Briten und Amerikanern hinterlassen. Zum größten Schmerz des Hofmalers der britischen Majestät versagten sich aber die britischen Vertreter beim Friedensschluß mit den US, und so wurde das für immer unvollendete Bild Wests zugleich Symbol eines Zustandes, wie er noch lange nach 1783 zwischen der jüngsten Republik der Neuzeit, den US, und Großbritannien, das eben in den Rang der größten Kolonialmacht der Weltgeschichte aufgestiegen war, bestand: Eine leere Fläche verblieb auf jenem Teil der Leinwand, den West für die Porträts der britischen Delegierten vorgesehen hat. Umso eindrucksvoller sind die Porträts der Amerikaner, die links von der Leere plaziert sind:

In ihrer Mitte Benjamin Franklin, hervorragend durch den Ausdruck seiner Persönlichkeit und den Verzicht auf alle damaligen Attribute eines Mannes mit Bildung und Besitz als da waren: Perücke, farbenprächtiger Rock und Weste, Kniehose und kostbare Schnallenschuhe. Franklin, das unübersehbare und unersetzliche Symbol des weltgeschichtlichen Moments, in dem das Bürgertum den Griff nach der Majestät der Macht unternahm. Anders die mit Franklin gekommenen Herren: John Jay, der Konservative unter den Amerikanern, später bewährt als Leiter der Außenpolitik der jungen Republik; vor ihm sitzend John Adams, eher maßvoll im Ringen um die Unabhängigkeit der 13 britischen Kolonien Großbritanniens in Nordamerika und als Föderalist Nachfolger Washingtons im Amt des Präsidenten der US; hinter Franklin stehend Henry Laurens, dessen Name bei Schilderung des weiteren Geschehens vergessen werden kann; und Franklins Enkel William Temple Franklin, der 1783 als Sekretär seines Großvaters tätig war. Die britischen Vertreter und nunmehrigen Landsleute des Hofmalers der britischen Majestät lehnten es, wie gesagt, ab, zur Porträtierung zu kommen, und so blieb dieses Bild für immer unvollendet.
Neun Monate nach Abschluß des Vertrags, den König Georg III. von Großbritannien sehr schmerzlich empfand, wobei er aber zugleich auch froh war, die lästigen Amerikaner vom Hals zu haben, faßte der Kongreß der US einen wichtigen Beschluß betreffs der Regelung der Beziehungen der Republik zum Kaiser in Wien:
Es sollte dem Kaiser von Deutschland (!) oder seinen diplomatischen Vertretern der Wunsch ausgedrückt werden, einen Freundschafts- und Handelsvertrag zum gegenseitigen Vorteil der *Untertanen Seiner Majestät* und den *Bürgern* der Vereinigten Staaten abzuschließen.
Der Wunsch war, wörtlich, an den Kaiser von *Deutschland* (!) gerichtet, an den seit 1780 regierenden Joseph II. Von dieser Majestät erwartete man sich in den US mehr Verständnis für ihre nun schon vollendeten Unabhängigkeitsbestrebungen als von Georg III., dem man sieben Jahre lang den Krieg machen mußte, um für die 13 Provinzen der britischen Krone die Unabhängigkeit zu er-

langen. Davon, daß auch des Kaisers Majestät nicht ohne Schwierigkeiten seitens seiner Untertanen einem Vertragswerk zustimmen würde, machte man sich in den US keine Gedanken. Untertanen waren nach dortiger Ansicht nur Objekte, deretwegen ein absoluter Herrscher nicht viel Umstände machte.
In Wirklichkeit mußten die verschiedenen Zentralstellen in Wien zunächst die zum Teil widerstrebenden Interessen, die wegen des Handels mit den US in Ländern und Provinzen der Monarchie herrschten, gegen einander abwägen, ehe es in der Hofburg zu einer Schlußfassung der Majestät kam. Diese Bemühungen dauerten fast ein Jahr, und so konnte erst 1784 der schon dreiundsiebzigjährige Staatskanzler Fürst Kaunitz seinem Kaiser Vortrag im Gegenstand erstatten. Kaunitz mußte dabei auf eine heikle Frage eingehen, die nicht in der Handelspolitik der Monarchie, sondern in deren *Außenpolitik* zutage kam: die Anerkennung der durch *Rebellion* gegen eine regierende Majestät entstandenen Vereinigten Staaten seitens einer konservativen Macht der Alten Welt gemäß internationalem Recht. Kaunitz umging dieses Problem geschickt, indem er davon ausging, daß
»... zwar nach der strengen Regel die amerikanischen Staaten vorläufig anständige Schritte machen (sollten), um von Eurer Majestät als wahre souveräne Staaten anerkannt zu werden. Nachdem derlei Schritte gegen andere Mächte ebenfalls nicht geschehen sind und ihre Souveränität (jene der US) wohl durch den mit England (1783) geschlossenen Friedenstraktat in ganz Europa auf eine legale Art bekannt geworden ist, so glaube ich, daß man bei diesen Umständen über erwähnte Formalitäten ohnbedenklich hinausgehen könnte.«
Im Prinzip nahm also Kaunitz eine Revolution gegen des Königs Majestät als eines der neuerdings gültigen Fundamente einer Staatsgründung hin. Dem folgte auch Joseph II. In aller Form hat die Habsburgermonarchie die US *nie* als souveränen Staat ausdrücklich anerkannt. Es ereigneten sich in der Folge gewisse konkludente Handlungen, die in der Summe zu jener de facto-Anerkennung führten, die wenigstens die Anbahnung von Handelsverbindungen ermöglichten. Erst 1838 wurden in Wien und

Washington diplomatische Einrichtungen geschaffen, die bis zur Kriegserklärung der US an Österreich-Ungarn im Jahre 1917 bestanden.

Anders als nach den Erfahrungen, die man in Wien nach Ausbruch der Großen Französischen Revolution von 1789 mit Umsturzregimen gemacht hat, waren 1784 für die Entscheidung des Ballhausplatzes keine politisch-weltanschaulichen, sondern Geschäftsinteressen maßgebend. Von dem *antipodalen* Gegensatz, den später ein k.k. Vertreter in den Beziehungen zwischen den US und dem späteren Kaiserreich Österreich feststellte, hatte man um 1784 in Wien kaum eine richtige Vorstellung. Daß die US der Habsburgermonarchie im Ersten Weltkrieg den Gnadenschuß erteilen sollten, war in Wien einhundertvierunddreißig Jahre vorher und noch am Vorabend der Revolution von 1789 in *Frankreich* undenkbar.

Am Handel mit den US waren zuerst die österreichischen Niederlande interessiert. Allfälligen Interessenten in den Erbländern schien das Geschäft mit drüben wenig einzubringen. Bei Hof in Wien bestanden selbst zur Zeit der Regierung Josephs II. mäßige Sympathien für die Rebellion der Untertanen der britischen Majestät in Nordamerika. Für die Kaiserin Maria Theresia war Rebellion an sich ein Prinzip, das sie nicht nur als einen Anschlag auf die Majestät der Krone ansah, sondern eine verwerfliche, weil Blutvergießen und Unheil bringende Methode im Politischen. Es muß aber auch gleich an dieser Stelle gesagt werden, daß der Aufstand in den 13 Kolonien Großbritanniens in Nordamerika nicht eine spontane Handlung der Massen war, sondern der Effekt eines langjährigen Bemühens der Macher der Revolution in Nordamerika. Jener Revolution, die Vorbild und Modell der Großen Französischen Revolution von 1789 wurde.

Es gelang diesen Machern zunächst überhaupt nicht, die Person des Souveräns, also des Königs Georg III., zu diffamieren und so dem Haß jene Zielfigur zu geben, ohne die keine Revolution gelingt. Macher der Revolution in Nordamerika war eine winzige Minorität, bestehend aus selbsterwählten Herren mit Besitz und Bildung. Eine Handvoll Männer, die sich Vorstellungen machten,

wie man ohne das ständige Befehlen und Dreinreden Londons besser dem gerechtwerden könnte, was man die *Interessen des Volkes* nannte. Zunächst überwog die Zahl der Loyalisten, also jener in den 13 Kolonien, welche der Majestät in London die Treue halten wollten, die Zahl derer, die den Trägern der Idee einer Unabhängigkeit, einer Eigenstaatlichkeit der bisherigen Kolonien folgten. Wobei selbst die späteren Macher der US keineswegs vom Fleck weg auf eine Revolution, einen Abfall von London, auf die Schaffung eines unabhängigen Staates losgingen. Eine Revolution ist kein Ruderboot, das mit einigen Riemenschlägen auf neuen Kurs gebracht werden kann; sie bewegt sich wie ein großes Schiff, bei dem die Kursänderung einiger Manöver und Zeit bedarf. Wobei im letzteren Fall die Schiffspassagiere erst in einer folgenden Nacht bemerkten, daß das Schiff unter anderen Sternbildern segelt.
Selbst auf dem Höhepunkt des Revolutionskrieges der Amerikaner hielt noch ein gutes Drittel der Bevölkerung in den Kolonien an der Treue zu London und dem dortigen König fest; und das trotz eines Terrors der Revolutionäre, die ihre politischen Gegner nicht bloß *geteert und gefedert,* sondern zuweilen in ein besseres Jenseits befördert haben. Denn eine Revolution gelingt nur dann, wenn die Legalität und die Humanität für eine Zeitlang außer Kurs gesetzt werden.
So geriet der Unabhängigkeitskrieg der Amerikaner bald zu einem, der nicht nach den damals bereits in Ansätzen vorhandenen Vorstellungen einer Humanisierung des Kriegsrechts geführt wurde. Der Aufstand hatte einiges von dem an sich, was später als Partisanenkrieg zu den traurigen Verirrungen der Menschheit gehören sollte. Es war nicht gut, als Soldat Georgs III. in die Gefangenschaft der Amerikaner zu fallen. Und ebensowenig war es für einen Amerikaner ratsam, zusehr auf einen Fortbestand des Zusammenhalts aller Angelsachsen zu rechnen, wenn Truppen Georgs III. seiner habhaft wurden. Während des Unabhängigkeitskrieges unterhielten die Amerikaner des Teilstaates Connecticut ein Lager für inhaftierte Loyalisten und kriegsgefangene Gegner, das von den Insassen die Bezeichnung »hell«, also Hölle,

bekam. Die Gefangenen wurden in Ketten gehalten und mußten tagsüber in einer Kupfermine arbeiten. Die sanitären Einrichtungen besagter Hölle waren unbeschreiblich, die Todesrate war hoch. Für viele Unglückliche kam der Tod wie ein Befreier aus Höllenqualen.

Die Land- und Seestreitkräfte Georgs III. blieben ihren Feinden nichts schuldig. In der Nähe des heutigen Brooklyn ankerte ein Schiff der britischen Marine, die »Jersey«. Bilder aus jener Zeit geben eine Vorstellung von den Zuständen im Inneren dieses schwimmenden KZ. Es darf in diesem Zusammenhang das Signet KZ gebraucht werden, denn die Überlebenden dieser Hölle sahen genauso aus wie die 1945 von US-Truppen befreiten Insassen des KZ Dachau. Was in jenem Krieg am jenseitigen Ufer des Atlantiks geschah, war zuweilen ein Rückfall in Kriegsgewohnheiten, wie sie in der Alten Welt einmal in den grausamen Angriffskriegen der Türken, geführt gegen die Mitte Europas, üblich waren, also ein Vierteljahrtausend vor dem Ausbruch der Revolution in den US, und die in dem von Joseph II. geführten letzten Türkenkrieg längst nicht mehr vorherrschend waren.

Für Kaiserin Maria Theresia, die schockiert war über die Rebellion in Nordamerika, hatte die heftige Reaktion der Monarchin eine Ursache in staatspolitischen Erwägungen von höchster Bedeutung. Seit dem Dritten Schlesischen Krieg, dem Siebenjährigen, war nicht mehr England, sondern Frankreich im Bündnis mit Österreich. Und obwohl dieses Bündnis der Kaiserin nur wenig eingetragen hat, am wenigsten die begehrte Rückeroberung Schlesiens, hielt sie doch am Bündnis mit Frankreich fest. Sie war daher alarmiert, als nach Ausbruch der Revolution in Nordamerika in Frankreich eine Begeisterung für die Sache der Amerikaner hochschlug. In Frankreich gingen die dortigen Intellektuellen zwar nicht vom Fleck auf jenes Ziel los, das später richtunggebend für die dortige Revolution von 1789 wurde (die bekanntlich der Tochter der Kaiserin, Königin Marie Antoinette das Leben kostete); aber der Aufbruch der Amerikaner eröffnete eine neue Front im Politischen: Die ersten Intellektuellen in Frankreich waren zwar noch weit davon entfernt, Republikaner zu sein; aber sie bewunderten, was man ihnen über die in den 13 Kolonien Nordamerikas wachsende neue Freiheit berichtete.

Voltaire rühmte die Zustände in Pennsylvanien, wo man unter Verzicht auf religiöse Vorurteile daran war, ein Leben der Güte zu führen. *Condorcet*, ein Marquis, bewunderte die einfache Lebensweise, die er in einer Abhandlung als einer der Bürger New Havens ergreifend schildert. *Rousseau* glaubte allen Ernstes, die Indianer seien Naturkinder, unbefleckt von beginnenden Exzessen eines Bildungswahns, wie er in der Alten Welt im Aufklärungszeitalter um sich griff. Die *Unabhängigkeitserklärung* der 13 Kolonien vom 4. Juli 1776 veranlaßte junge Franzosen, so den Rittmeister in der königlichen Armee Marquis de Lafayette, als Freiwillige an die Seite der kämpfenden Amerikaner zu treten. Pilot einer ganz neuen Vorstellung vom staatlichen Leben wurden die in Virginia verfaßte Bill of Rights und die Verfassung dieses Staates von 1776.

Aber auch bei Hof reckte man die Hälse. Der Verlust eines Großteils französischen Kolonialbesitzes in Nordamerika an England als Folge der während des Siebenjährigen Krieges gegen die Briten geführten Kämpfe wurde nur als eine *vorübergehende* Demütigung Frankreichs angesehen. Frankreich und Spanien taten sich zusammen. Der Leiter der französischen Außenpolitik redete nicht von einer Revanche für die Niederlage im Siebenjährigen Krieg. Er glaubte auch, daß nach einer Niederlage der Briten die Franzosen und Spanier in neue ertragreiche Geschäfte mit Interessenten in den US treten würden. Maria Theresia sah das Kriegsengagement Frankreichs, auf das sich ihr Schwiegersohn König Ludwig XVI. einließ, als ein arges Risiko an. Gott ersparte ihr, Tatzeuge dessen zu werden, was in Frankreich geschah, als es 1783 zwar auf der Seite der Sieger über die Briten stand, seine Staatsfinanzen aber dermaßen deroutiert waren, daß der materielle Ruin des reichsten Landes der Alten Welt der Revolution den Weg bahnte und Ludwig XVI., der selbst gerne das *Wort Revolution* im Munde führte, sein Haupt unter der Guillotine verlor.

Propaganda gegen den Feind in Kriegszeiten war keine Erfindung der Amerikaner. Was sie in ihrem Unabhängigkeitskrieg ins Spiel brachten, das waren Anfänge dessen, was später in Form einer *psychologischen Kriegsführung* oft kriegsentscheidend wurde. Die Amerikaner schickten politisierende Agenten aus, die sich in den Hauptstädten der europäischen Großmächte Zugang in einflußreiche Kreise verschafften. Es ist keine Legende, hier zu sagen, daß die meisten dieser Agenten ihre Propagandaarbeit in Europa zuerst mit der Arbeit in einer Freimaurerloge am Ort aufnahmen. Die oft und bis dato gerühmte Fairness der Angelsachsen spielte in diesem Krieg unter Brüdern keine Rolle. Denn die aus Nordamerika kommenden Agenten durften auf eine Grundstimmung in der Alten Welt rechnen, die alle Merkmale eines Umdenkens und Neudenkens im Sinne der Aufklärung an sich hatte. Nur wenige der einflußreichen Persönlichkeiten in der Alten Welt hatten eine richtige Vorstellung vom wahren Sachverhalt der Dinge in Nordamerika. Viele von ihnen glaubten blindlings den oft krassen Übertreibungen in den Bildern über die Lage, wie sie die Agenten zum Nachteil der britischen Majestät verbreiteten.

Die Propaganda der Amerikaner richtete sich im Anfang nicht gegen die Person Georgs III., sondern, wie in den meisten Revolutionen, zunächst gegen dessen Minister und Ratgeber. Auch das hochgerühmte Parlament in London, Mutter aller Parlamente, kam schlecht weg. Dies einfach deswegen, weil in diesem Parlament nicht ein Amerikaner saß. Das Schlagwort »No taxation without representation« wurde publikumswirksam; zumal kein Volk der Erde sich gern Abgaben an den Staat vorschreiben läßt, ohne dabei ein Wort mitzureden.

Im Feindbild, das die Propaganda der Amerikaner aufzeigte, fehlte aus gutem Grund zunächst ein verzerrtes Bild Georgs III. Das gute Volk in den 13 Kolonien hegte nämlich Sympathien für diesen König. Die einfachen Leute glaubten, in ihm einen guten Hausvater sehen zu dürfen; einen braven Ehegemahl, der mit einer häßlichen Frau fünfzehn Kinder hatte, eine Zahl, die selbst in jenen Tagen in höfischen Kreisen, Wien ausgenommen, keine Alltäglichkeit mehr war.

Es bereitete den Machern der Revolution in Amerika einige

Mühe, aus dem Image eines *good king*, eines gütigen Königs, das Image eines *bösen Tyrannen* zu machen. Ein Tyrann war Georg III. sicher nicht. Dazu war er zu träge und, was noch ärger war, dermaßen von Voreingenommenheiten besessen, daß er in seiner Urteilsfähigkeit beschränkt blieb. Georg III. regierte von 1760 bis 1820, die letzten zehn Jahre nur mehr unter der Vormundschaft seines Kronprinzen und Nachfolgers Georg IV. Seine während des Unabhängigkeitskrieges der Amerikaner geführte Politik war verfehlt, eine Serie aus Starrheit und Nachgiebigkeit zur Unzeit. Wie dieser König in einer Periode, als sich bei ihm schon Zeichen einer geistigen Beschränktheit bemerkbar machten, sein Reich durch die unablässigen Kriege, welche die Revolution in Paris 1792 mit der Kriegserklärung an Wien auslöste, rettete, war ein Wunder; ein größeres Mirakel als jenes, das die einen dem *Haus Österreich*, andere dem *Haus Brandenburg* zuschrieben. Unerklärlich bleibt, wieso dieser König zur Zeit des Krieges gegen die Amerikaner nicht gerade die Fähigsten als Staatsmänner und Militärs ins Amt berief, während ihm im Krieg gegen die Franzosen zwischen 1793 und 1815 Persönlichkeiten mit unbestreitbaren Fähigkeiten genehm schienen.

Die Agitation der Macher der Revolution in Nordamerika eskalierte also: Sie richtete sich zunächst gegen die *Methoden*, nach denen von London aus die Kolonien nicht nur verwaltet und regiert, sondern beherrscht wurden; nachher kam das *Parlament* in London ins Fadenkreuz gezielter Anschüsse; zuletzt erfolgte der Aufruf gegen den König, als dieser schon genug diffamiert war, um ihn als *Tyrannen* und Todfeind der Amerikaner und ihrer Freiheitsbestrebungen hinzustellen. Fortan belehrte man das gute Volk, es dürfe nicht zulassen, daß so ein Monster Herr bliebe über das Geschick der Amerikaner. Die Zeit sei gekommen, in der *Untertanen* aufhörten, solche zu sein, um fortan *Citizens*, also freie Bürger eines freien und unabhängigen Staates zu werden. Und während der spätere Verfasser der Unabhängigkeitserklärung, Thomas Jefferson, mit beißender Schärfe derlei Parolen ausgab, bemühte sich Benjamin Franklin auf seine mehr väterliche Manier, den Leuten die Angst vor den Folgen einer Revolution zu

nehmen und letztere eher als einen Wandel der Gesinnung denn eine Entscheidung mit Waffengewalt hinzustellen.
Im Sommer 1776 war es dann so weit, daß die Macher dazu übergehen konnten, nicht nur in die *Macht ihrer Ideen* ihre Hoffnungen zu setzen, sondern auch die *Gewalt der Tatsachen* anzuwenden. Wer sich fortan in den 13 Kolonien besagten Ideen und ihrer Verwirklichung widersetzte, bekam es mit einem unbarmherzigen Terror der Verkünder der Freiheit zu tun. Schon versammelten die Macher eine Truppenmacht, die sich im Gegensatz zu den Truppen der *königlichen Armee* die *Kontinental-Armee* nannte. Mehr und mehr übernahm in den Kolonien die schon bestehende Volksvertretung – an sich nur eine Versammlung von Leuten mit Besitz und ausgezeichneter Bildung – auch die *Exekutive;* dem altehrwürdigen *Parlament* in London stellte sich ein *Kontinental-Kongreß* entgegen. Die Stadt Philadelphia, deren Name Hinweis auf das revolutionäre Prinzip der Brüderlichkeit war, wurde Sitz der Kongreß-Tagung. Das im heute gerühmten Colonial-Stil während der Zeit der britischen Herrschaft im Lande erbaute State House war ein würdiger Rahmen für ein kommendes Ereignis von weltpolitischer Bedeutung. Vorhaben der Kongreßteilnehmer war nicht weniger als eine anfangs noch umstrittene Unabhängigkeit der 13 Neu-England-Staaten, eine Konföderation dieser Staaten in einem von London unabhängigen neuen Staatsgebilde.
Je mehr im Land die Gewalt der Tatsachen das heftige Wehen einer neuen Idee erdrückte, desto drastischer wurden die Maßnahmen gegen die, welche bisher loyale Untertanen Georgs III. waren, jetzt aber als Non-Konformisten der im Entstehen begriffenen Konföderation galten. Wen die Diskriminierung besonders traf, das war von Staat zu Staat verschieden. In *Maryland* waren zum Beispiel Katholiken vom Wahlrecht für die Volksvertretung des Landes ausgeschlossen und also auch von der Mitsprache im Kongreß zu Philadelphia. Anders in *New-York,* wo das gleiche Schicksal die dort ansässigen Juden erlitten. In *Georgia* hatten nur jene ein Stimmrecht, die mehr als 50 Acker Land bebauten. Und die Puritaner in *Massachusetts* wollten nichts mit jenen zu tun ha-

ben, die als Quäker ihrerseits in Virginia mit den Episkopalisten in Unfrieden lebten. Dabei ist Maryland einmal von Katholiken gegründet worden, bei Ausbruch der Revolution in Nordamerika war das Land aber schon zu 92 Prozent protestantisch. Das hatte zur Folge, daß die dortigen Katholiken – die Papisten, wie man sagte – nicht Citizens, also Bürger von Maryland sein konnten.
Patriotismus war die Parole der Stunde. Inganggesetzt haben aber reiche Handelsleute im Land die gegen die britische Herrschaft gerichtete Bewegung, sie subventioniert und später im Kampf ihre reichen Ressourcen dafür eingesetzt, daß das Wagnis gelang. Aber nicht alle Geschäftsleute trauten der Sache. In New York zum Beispiel versteckten die Inhaber reicher Handelshäuser die schon gehorteten Waffen, anstatt sie den Männern der Kontinental-Armee auszufolgen, die Waffen dringendst benötigten. Und in Philadelphia (!) versteckten viele angesehene Besitzbürger ihre Geldreserven, weil sie lieber gutes Geld von gestern als das vom Kongreß herausgegebene neue Geld zur Hand haben wollten.
Sowie der zum Oberkommandierenden der Kontinental-Armee ausersehene, im Siebenjährigen Krieg gegen Franzosen und Indianer bewährte General George Washington aufrief, für die Armee Schuhe und Strümpfe, Hosen und Röcke zu spenden, verschwanden diese Verkaufsgegenstände aus vielen einschlägigen Fachgeschäften. Jene, die vom Anfang an für die Sache der Unabhängigkeit standen, opferten und im Kampf fielen, wurden – wie das immer in solchen Lagen geschieht – von nicht wenigen insgeheim als die *Dummen* angesehen. So entstand die typische Situation am Vorabend eines Umsturzes: Die Kämpfer für das Neue traten offen hervor, die Loyalisten bekamen den Terror der Herren von morgen zu spüren und ein weiteres Drittel wartete ab – bis es ungefährlich wurde, sich dieser oder jener Partei anzuschließen.
Die Unabhängigkeitserklärung vom 4. Juli 1776 entstand keineswegs aus einem von allen Kongreßabgeordneten geteilten Sturm der Begeisterung. Die Bewohner der Stadt Philadelphia sagten sich, es würde ihnen wohl übel ergehen, wenn die Stadt, in welcher der Bruch mit dem Mutterland beschlossen wurde, später von Truppen Georgs III. besetzt werden sollte. Um nicht früh-

zeitig in den Verdacht zu kommen, man halte es mit den Unruhestiftern, versagten einige Bewohner von Philadelphia den zu Pferd ankommenden Delegierten zum Kongreß Futter und Wasser.
Wer um das Jahr 2000 über die Supermacht US herzieht, müßte sich wohl Gedanken darüber machen, aus welcher Beengtheit und welchen Unzulänglichkeiten dieser Staat entstand; zu einer Zeit entstand, da die heutige Supermacht im Osten bereits Sibirien erobert hatte, sich anschickte, in Alaska auf den nordamerikanischen Kontinent überzugreifen und – nach der ersten Teilung Polens – westwärts bis an die Düna und den Dnepr vorgerückt war. Diese Mächtigkeit Alt-Rußlands fiel 1917 den Bolschewisten, einer Minderheit im Lande, in die Hand, und sie haben die Macht fortan mit niemandem geteilt.
Die Tat vom 4. Juli 1776 war keine Sache für die Sippe derer von Angstmeier. Als die Türhüter wenige Tage vor diesem Datum bei Beginn der Beratungen die Türen des Versammlungsraumes schlossen, waren erst 50 Delegierte an Ort. Der Mann der Stunde war der reiche Grundbesitzer und Anwalt Thomas Jefferson. Während die anderen Delegierten sich mit einer bloßen Sitzgelegenheit begnügen mußten, hatte er auf den Knien ein tragbares Pult – und darauf lag der von ihm verfaßte Text der Unabhängigkeitserklärung. Noch herrschte im Land zum Teil jene aus dem Mutterland über den Atlantik gebrachte Unduldsamkeit in politischer und religiöser Hinsicht, die während der Revolution in England und nachher viele Engländer zur Auswanderung aus einer Heimat bewog, in der sie geistig nicht zuhause waren. Die Weisheit Franklins und sein politisches Geschick trugen viel dazu bei, daß 1776 nicht dieses üble Erbe die Oberhand behielt.
Während der Kongreß tagte, brachen am 3. Juli 1776 schwere Kämpfe aus. Im Gebiet der heutigen Stadt New York riskierte Washington einen Schlag auf die königlichen Truppen; das war insofern ein zu großes Risiko, als die Bewohner der Stadt Angst vor den Briten hatten und Washington keine Hilfen erteilten. Noch war die Courage Washingtons größer als sein Geschick, stärkere Verbände im Gefecht erfolgreich zu führen. Er lehnte ein Friedensangebot, das ihm von britischer Seite gemacht wurde, ab;

wobei es nicht nur ein Beharren auf Formalitäten seinerseits war, das ihn zur Ablehnung bewog. Das an ihn gerichtete Schriftstück war adressiert an George Washington Esquire, also nach englischer Lesart an einen wohlgeborenen Herren, und nicht an den *General* Washington. Und als General der Kontinental-Armee wollte Washington den Briten fortan gegenübertreten. Man kann diese Szene als eine Art Kriegserklärung an den König seitens der Militärs der Amerikaner ansehen. Jedenfalls als Bestätigung ihrer Kampfbereitschaft.

In Philadelphia hofften die Anhänger der Unabhängigkeitserklärung, immer aufs neue bestärkt von Benjamin Franklin, auf ihren Sieg im Kongreß. Aber mancher Abgeordnete erschrak, als zuletzt der in Druck erschienene Text des Entwurfs vorlag: 27 schwerste, zum Teil aber auch unhaltbare Anschuldigungen gegen Georg III. Es war nicht leicht, Verwandte und Freunde in der *alten Heimat* jetzt als Parteigänger eines Tyrannen bis aufs Blut zu hassen und einen blutigen Krieg gegen sie anzufangen. Aus einem Wirrwarr von Meinungen, Zusatz- und Abänderungsanträgen erhob sich aber schließlich dennoch das fällige, geschichtlich gewordene Wunder, die *einstimmige* Annahme des von einem Ausschuß durchgesehenen Textes. Und da war der Satz:

»Wir, also die Repräsentanten der Vereinigten Staaten von Amerika, ... appellieren an den Obersten Richter der Welt ... namens und mit der Autorität des guten Volkes dieser Kolonien ... das Recht, frei zu sein in einem unabhängigen Staat ... losgesprochen von der Untertanenpflicht gegenüber der Krone Englands ...«

Jede Kolonie hatte eine mehrgliedrige Delegation nach Philadelphia entsandt; oft stimmten nicht einmal in einer Delegation die Meinungen überein. Die einstimmige Annahme war ein wenig ein Geschenk glücklicher Umstände, vor allem aber Folge dessen, daß die Vorkämpfer der Unabhängigkeit jene *Entschiedenheit* besaßen, die anderen abging, die nur nolens volens die berühmte Deklaration vom 4. Juli 1776 – oft erst Tage nachher – unterschrieben. Der deutschstämmige Henry Muhlenberg erinnerte

sich wohl an den im Gymnasium erlernten Satz: ET RESPICE FINEM, als er einem Brief anvertraute:
»Am Ende wird sich zeigen, ob wir den richtigen Ton gefunden haben.« Mühlenbergs, amerikanisiert Muhlenbergs, Enkel wird 1838 der erste Missionschef der US in Wien sein. Wann aber kam das vom alten Muhlenberg mit Ungewißheit erwartete Ende? Wieder dauerte ein Krieg, der Unabhängigkeitskrieg der Amerikaner, sieben Jahre. 1782/83 werden sich europäische Großmächte – auch Österreich versuchte sich hierin – unter der Führung Rußlands um einen Frieden zwischen den Briten und den Amerikanern sowie den mit letzteren verbündeten Franzosen bemühen. Für den König von Frankreich Ludwig XVI. war die Teilnahme am Krieg gegen die Briten der Anfang vom schauerlichen Ende seiner Herrschaft, der fast völligen Ausrottung seiner Familie in der Großen Französischen Revolution von 1789.
Dabei fing der Kontakt des Königs von Frankreich mit dem Vertreter der Sache der Amerikaner so ganz undramatisch an. Jedenfalls nicht unheilverkündend. Als Benjamin Franklin dem König die erste Aufwartung machte, wunderten sich die Höflinge über die Schlichtheit des Vertreters der Neuen Welt, die dieser nicht nur mit der Aufmachung seiner Kleidung zur Schau trug. Was der Amerikaner sagte, schien gut gemeint zu sein. Ludwig XVI. selbst hat, ohne viel zu denken, um diese Zeit das Wort *Revolution* im Munde geführt. Der Amerikaner gebrauchte es im Gespräch mit dem Allerchristlichsten König nicht.
In Wien wurde die Absicht Josephs II., im Verein mit Katharina II. von Rußland dem Krieg in Nordamerika ein Ende zu bereiten, bei Hof vielfach verurteilt. Lag doch in dem Versuch der Anfang von der Anerkennung eines revolutionären Urbeginnes einer Staatsgründung. Seit den Siegen, die Preußen als Verbündeter Großbritanniens im Verlauf des Dritten Schlesischen Krieges, des Siebenjährigen, gegen Österreich errungen hatte, waren viele Herren der Ansicht, London sei mächtig genug, *um es mit dem Rest der Welt aufzunehmen* (!). Joseph II. ließ sich aber von seiner Absicht, bei der Friedensvermittlung wenigstens am Rande mit-

zuwirken, nicht abbringen. In diesem Sinne genehmigte er den Vortrag seines Kanzlers, wonach er

»... einverstanden (war), daß wir diesen Antrag annehmen müssen, danach mehr als *garants* denn als *médiateurs.*«

Der *Vermittlungsversuch* kam, soweit Joseph II. beteiligt war, also nicht zum Tragen. Dem Ergebnis der Friedensverhandlungen von 1783 glaubte man sich unterwerfen zu müssen. So wurde ein weiteres Stück Weges der Annäherung des Alten Österreich zur Neuen Welt hergestellt. Im übrigen übersah man auch in Wien nicht die katastrophalen Folgen, welche die Kriegsführung in London, vor allem aber in Paris und wohl auch in Madrid herbeiführte. In London stieg die Staatsschuld auf 238 Millionen Pfund, in Spanien auf 40 Millionen Pfund, in Paris auf 70 Millionen Pfund. Spanien schied nach diesem Krieg als Großmacht, die entscheidende Beiträge zur Weltpolitik machen kann, aus. Frankreich holte sich aber den Keim der Todeskrankheit, deren Ausbruch den Feinden der Monarchie zugute kam. Das Wirtschaftsleben dieses reichsten Landes auf dem europäischen Kontinent war in Unordnung gebracht, die Finanzen ruiniert und der unglückliche König Ludwig XVI., der in der Krise des Kampfes der Amerikaner um ihre Unabhängigkeit seine besten Truppen hinübergeschickt hatte, mußte am Ende seiner Regierung zugeben:

»Nie denke ich ohne Reue an Amerika. Man hat damals meine Jugend mißbraucht, jetzt leiden Wir dafür, und die Lehre ist zu stark, um sie je vergessen zu können ...«

Die Handelsbeziehungen mit den US wurden nicht nur für Handelshäuser in der Österreichischen Niederlande und der dortigen Regierung in Brüssel interessant, sondern auch für solche in Triest. In Wien freute man sich über die dortige Blüte eines *adriatischen Emporiums.* Von Ostende aus gingen Schiffsverbindungen bis nach China im Osten und weit in den Süden Afrikas. Endlich kamen Ideen, die einmal Kaiser Karl VI. und Prinz Eugen vorgetragen haben, zur Geltung: Nicht nur Spanien, Venedig und England sowie die Niederlande sollten auf dem Meere etwas bedeuten, sondern auch Österreich. Dabei war Wien nicht auf die Erwerbung von Kolonien bedacht, und tatsächlich war Österreich-

Ungarn 1914 die einzige Großmacht jener Zeit, die sich nicht der Möglichkeiten und der Methoden des Kolonialismus und nachher des Imperialismus bedient hat.
In Wien rechnete man um 1783 mit einem Kommen Benjamin Franklins in die Kaiserstadt. Dieser Besuch blieb zwar aus, dafür machte Franklin dem österreichischen Botschafter in Paris den Vorschlag, in den US ein k.k. Konsulat zu errichten. Franklin zeigte im Umgang mit den Österreichern keineswegs jene Voreingenommenheit, in der sich Thomas Jefferson mehr und mehr hervortat. Nachdem Franklin einmal eine Beziehung eingefädelt hatte, war es nur selbstverständlich, daß Wien einen Beamten der k.k. Regierung in Brüssel als Agenten in Wirtschaftsangelegenheiten in die US schickte. Es war dies der Vorstand der k.k. Rechnungskammer Baron de Beelen-Bertholff. Der Baron stand schon im dreizehnten Dienstjahr, war in seinem Fach tüchtig und gehörte zu jenen Familien in der Niederlande, die zum Haus Österreich hielten, als dessen Herrrschaft in Westeuropa endgültig erlosch; das war eine der Folgen des von Frankreich 1792 erklärten Kriegs. Am 9. September 1783 traf Baron Beelen in Philadelphia ein. Der Baron nahm seine Aufgabe ernst. Er klebte nicht am Schreibtisch, sondern bereiste das Gebiet der jungen Republik. Leider beanstandete der Ballhausplatz die Höhe der so entstehenden Kosten der Dienstreisen; die ausführlichen Berichte, die der Baron aus der Neuen Welt nach Wien schickte, erschienen den Dezernenten des Ballhausplatzes wenig interessant, jedenfalls zu detailliert zu sein. Noch heute findet man sie, kaum vergriffen, im Archiv.
In Wien mokierte man sich über die inneren Zustände in den US. Nach den riesigen Erfolgen der Amerikaner im Unabhängigkeitskrieg und der mit großem Geschick betriebenen Außenpolitik mußten die Unzulänglichkeiten der Staatsstruktur dem fernen Betrachter den kaum gewonnenen Respekt nehmen. Die Regierung der US war zunächst wenig seßhaft. Der Kontinental-Kongreß tagte in New York, wich vor den Briten nach Philadelphia aus. Der unverlierbare Ruhm der in dieser Stadt beschlossenen Unabhängigkeitserklärung stand in krassestem Gegensatz zum Äußeren des Gebäudes, in dem in dieser Stadt im Haus Numero

13 der South Street jenes State Department untergebracht war, in dem die Proklamation der im Frieden von 1783 gewonnenen Unabhängigkeit verfaßt wurde: 8 Achsen Straßenfront, über zwei Achsen des ebenerdigen Gebäudes zwei Stockwerke. Es gereicht Baron Beelen zu Ehre, daß er nicht Maß nahm an derlei Anfangszuständen, sondern darauf aus war, die *Entwicklungsmöglichkeiten* des Landes an Ort zu erkunden. Hätte man am Ballhausplatz seine diesbezüglichen Berichte ernsthaft in Behandlung gezogen, es wären die Beziehungen zur Neuen Welt wohl besser gediehen, jedenfalls viel früher in gehörige Form gebracht worden.

In Österreich ging die Initiative in handelspolitischer Hinsicht auf *Fiume* über. 1776 dem Königreich Ungarn einverleibt, wurde Fiume drei Jahre später zur freien Hafenstadt erhoben. Im April 1783 übersandte der Gouverneur der Stadt auf Grund von Gesprächen, die man in Fiume mit einem aus der Karibik (!) gekommenen Handelsexperten geführt hatte, einen bemerkenswerten Antrag an die zuständige Zentrale: Ehe man mit Häfen in der Neuen Welt Handel betreibt, müsse man die Binnenzölle und sonstigen Belastungen des Binnenhandels der Monarchie aufheben, um so das Exportgeschäft konkurrenzfähig zu machen. Kaunitz sah das ein, aber er wollte nicht die Niederlande aus dem Spiel bringen oder gar den Eindruck erwecken, man täte in Wien Fiume dem renommierten *Ostende* vorziehen. Ehe es zu einem Ende kam, riß der kaum gesponnene Faden: Der Mann aus der Karibik geriet, mit einem üblen Nachruf versehen, außer Evidenz. Jetzt beauftragte Kaunitz den Botschafter in Paris, mit den dortigen Agenten der US – diese waren keine bloßen Propagandisten mehr – Kontakt aufzunehmen. Der Botschafter konnte sich also damit ausweisen, daß Joseph II. selbst in amtlicher Form sein Interesse an der Herstellung freundschaftlicher Beziehungen zu den US bekundet hatte. Ja, daß man in Wien vielleicht sogar an eine förmliche Anerkennung des jungen Staates in Nordamerika dächte.

Bei dem Mangel diplomatischer Beziehungen zwischen Wien und den US bediente sich der österreichische Botschafter in Paris eines Mittelsmannes, um mit dem dortigen Vertreter der US Benjamin Franklin ins Gespräch zu kommen. Dieser Mann, er hieß Francis

Dane, kam durch seine politische Arbeit im Kongreß zu Ansehen und er war, so wie Franklin, eher Politiker als Diplomat. Eben dieser Umstand kam dem Fortgang der Dinge zugute, denn der Kongreß ermächtigte *seine Vertreter* in Paris, auf die seitens Wien aufgezeigten Interessen einzugehen.

Es machte dabei nichts aus, daß dann, wenn von Joseph II. die Rede war, dieser amerikanischerseits als *Kaiser von Deutschland* angesehen wurde; sichtlich rechnete man dabei nicht bloß auf einen Kontakt zu den Erbländern der Habsburgermonarchie, sondern mit solchen zur Gänze des schon seinem Untergang zuneigenden Tausendjährigen Reiches. Das nächste wichtige Datum ist der 30. Juli 1784. An diesem Tag begegneten sich in Paris in aller Form der Botschafter des Kaisers, Graf Mercy d'Argenteau, und Benjamin Franklin. Franklin entschuldigte sich für die amerikanischerseits aufgetretenen Verzögerungen, und Graf Mercy erbat sich schon am Tag nach der Begegnung weitere Instruktionen des Ballhausplatzes.

Joseph II. ging auf den Rat Kaunitz' über die Tatsache hinweg, daß Wien keine förmliche Anerkennung der US ausgesprochen hatte. Diese Unabhängigkeit sei ohnedies durch den Frieden von 1783 *in ganz Europa puplik geworden,* und so hätte dann auch nach der Entsagung Englands auf seine Hoheitsrechte über seine früheren 13 Kolonien in Nordamerika (und das westlich davon bis zum Mississipi reichende Gebiet) *keine andere europäische Macht* die Souveränität der US förmlich anerkannt; wohl aber seien unterschiedliche Beziehungen entstanden. Joseph II. trug also seinem Botschafter in Paris auf,

»... zu allem gerne die Hände zu bieten, was zur Begründung eines beiderseitigen freundlichen Einvernehmens und zur Aufnahme des Handels ... beytragen dürfte.«

Nun schien einiger Schwung in die Sache zu kommen. Aber Franklin kränkelte, er gab sein Geschäft in Paris an Jefferson ab, und dieser kehrte zunächst in die Staaten heim; die Verhandlungen mit den Österreichern überließ er John Hay. Hay folgte einer von Jefferson hinterlassenen Direktive, wonach es für die US vorteilhafter war, den Handel mit europäischen *Klein- und Mittel-*

staaten aufzunehmen als mit Großmächten wie Österreich. Wohl kam es zu Absprachen mit Rußland und der Türkei, in diesen Fällen waren aber die riesigen Küstengebiete und die damit verbundene Seefahrt für ein Engagement der US maßgebend. Ähnliche Erwägungen galten auch für die Handelsstaaten wie Schweden oder Hamburg, Dänemark, Toskana (Livorno vulgo Leghorn), Genua und die in Ohnmacht zurückgesunkenen früheren Seemächte Spanien und Portugal, Venedig und Sardinien. Selbst mit den räuberischen Barbareskenstaaten an der afrikanischen Nordküste gingen die US kulanter um als mit Österreich, es sei denn, der Seeraub dieser Länder vergriff sich an Schiffen unter den Stars and Stripes.
Nach dem so in Paris eintretenden Stau kam es jenseits des Atlantiks zum Bau einer richtigen Staumauer: Der Kongreß, dessen Kompetenzen ohnedies noch nicht vollends definiert waren, beschloß, nur solche Handelsverträge abzuschließen, in denen eine Geltungsdauer von 15 (!) Jahren stipuliert wurde. Baron Beelen alarmierte Wien und vermutete dabei, daß London hinter dieser Bedingung stand. England, das ja auf Grund des Friedensschlusses mit den US vorderhand der *einzige europäische Staat* war, der völkerrechtlich geordnete Beziehungen mit den US unterhielt; und das auf Grund dessen bestrebt war, nach dem Ende des Krieges gegen die Amerikaner sich aufs neue in den Überseehandel mit der jungen Republik breit zu machen und neue Verträge, die auch andere Staaten ins Geschäft gebracht hätten, zu verhindern. London machte dabei aus seinem Herzen keine Mördergrube:
Einflußreiche Politiker erkannten zwar, daß die innere Ordnung in den US fürs erste chaotisch – manche sprachen von einer Anarchie – wären, in geschäftlichen Dingen würde dieses den Interessen des alten Mutterlandes eher nützen als schaden. So kam es dazu, daß Großbritannien, trotz des verlorenen Krieges gegen seine früheren Kolonien, um 1785 ein *Monopol* im Handel mit den US besaß. Um dieses Monopol kamen andere Staaten nicht herum, weil es in den US viele Monate dauerte, bis die Teilstaaten nach Ratifizierung des Friedensvertrags von 1783 bereit waren, die für eine Zentralregierung der Republik notwendigen außenpolitischen Kompetenzen abzugeben.

Unter diesen Umständen war es verständlich, daß sich die Teilstaaten der US bemühten, die in ihnen aufkommende Industrialisierung durch den Schutz einheimischer Produkte zu fördern, Einfuhren also zu unterbinden. Hierin gingen die Südstaaten der US voran, die sich aus Prinzip gegen *jede* Neuerung stemmten, die eine Schmälerung ihrer Eigenstaatlichkeit zur Folge haben konnte. Im Falle Österreich war diese Praxis besonders vorteilhaft: Fiume war Freihafen und damit offen für alle Importe, während der österreichische Handel mit den Staaten der US blockiert bleib. Nur mühsam konnte der Kongreß den Teilstaaten der US gewisse Kompetenzen für den Abschluß von Handelsverträgen abringen. Süd-Carolina, Georgia, aber auch Delaware weigerten sich die längste Zeit, ihre Kompetenz in Dingen des Außenhandels auch nur zum Teil der Zentralregierung zu überlassen.

Baron Beelen versuchte jetzt, für Österreich wenigstens eine Meistbegünstigungsklausel zu erlangen. Die Österreichische Niederlande standen am Ende der Regierung Josephs II. vor einem Aufstand, Wien mußte alles in seiner Macht liegende tun, um *Ostende* und Antwerpen aus der Klemme zu helfen, in welche die alten Handelsstädte durch die Politik der US geraten waren. Aber schon machte sich Triest auf, ins Geschäft zu kommen: Dort wurde eine Österreichisch-Amerikanische Gesellschaft gegründet, der es nicht um kulturelle Beziehungen – wie neuerdings – ging, sondern um Handelsgeschäfte. Ein Umstand kam der Fidelissima, wie Triest in der Monarchie hieß, zugute: In der Stadt war seit längerer Zeit der Engländer George Simpson ansässig, der von seinem Mutterland ein Patent und sein Schiff »Le Capricieux« mitbrachte. Simpson trat in den österreichischen Untertanenverband ein, und sein Patent bekam als ein österreichisches Kapitänspatent Wirksamkeit.

Schon die erste Fahrt Simpsons, nach Philadelphia, brachte Gewinn; dies freilich nur deswegen, weil dort die schutzzöllnerischen Maßnahmen noch nicht in Kraft waren. Nur auf der Leinwand aus Schlesien blieb man sitzen. Im Staate Maryland kaufte Simpson die »Conte de Brigido«, die von Baltimore mit einer Ladung Tabak nach Triest abgehen sollte. So eilte die Praxis der Di-

plomatie voraus, und die Österreichisch-Amerikanische Gesellschaft konnte *tausend Aktien à 500 Gulden* auf den Markt und zum Verkauf bringen. Umso kritischer wurde die Lage der Dinge in der Österreichischen Niederlande:
Die Regierung in Den Haag besaß von alters her Rechte, mittels derer sie den Schiffsverkehr auf der unteren Schelde zum Nachteil Antwerpens und zum Vorteil der eigenen Seehäfen drosseln konnte. Es ist bezeichnend, daß Jefferson die Regierung in Den Haag unterstützte, als man in Wien versuchte, diese Umklammerung Antwerpens auf dem Verhandlungsweg zu lockern. All das geriet in den Wirrwarr des Aufstands in der Österreichischen Niederlande, und Jefferson bestärkte die Niederlande bei der Verteidigung des status quo; so glaubte er, im Falle eines Konflikts mit Wien einen Stecher im Blatt zu haben …
Das Jahr 1786 kam heran, und die Vollmachten der in Paris tätigen amerikanischen Unterhändler liefen ab, ohne daß der Kongreß etwas unternahm, um die Vollmachten zu verlängern und die Verhandlungen mit Österreich nicht abreißen zu lassen. Joseph II. gab unter diesen Umständen dem Gubernium in Brüssel und seinem Botschafter in Paris *freie Hand,* um nur ja zu einem Arrangement mit den US zu kommen. Um diese Zeit kehrte Jefferson aus den Staaten nach Paris zurück. Man sprach in Wien von einem Abkommen, wie ein solches die US mit Preußen, Toskana und Portugal geschlossen hatten. Aber die Zeit verrann, die Vollmachten erloschen und die schutzzöllnerischen Maßnahmen in den US griffen immer schärfer. Auch in Wien tat man sich nicht leicht. Es gab lokale Interessen in den Ländern und Provinzen zu berücksichtigen, das internationale Vertragswerk kam und kam nicht zustande. Preußen lief Österreich den Rang ab.
Mehr als nur handelspolitische Probleme überschatteten jetzt schon in Paris die Szene: Man stand am Vorabend der Revolution von 1789. Jefferson war im Kreis der französischen Macher der dortigen Revolution gut beheimatet. 1786 schrieb er dem in den US weilenden John Hay:
»Unlängst hat mich der kaiserliche Botschafter auf die notwendige Verlängerung der mir erteilten Vollmachten zum Abschluß

eines Vertrages mit seinem Souverän aufmerksam gemacht. Wie mir scheint, pressiert es ihnen – also den Österreichern – jetzt nur deswegen, weil sie die Nachteile eines Landes, das keinen Handelsvertrag mit uns hat …, zu spüren bekommen.«

Für Jefferson war Österreich ein rotes Tuch, ein Hort der Reaktion, des Papismus und der Tyrannei. Während seines Aufenthalts in Paris sagten ihm das dortige politische Klima, das am Vorabend der Revolution von 1789 entstand, sowie die Männer, die dort Revolution machten, ungemein zu. Indem Österreich im Unterschied zu vielen anderen Staaten vom Seehandel mit den US ausgeschlossen blieb, war es, wie Jefferson richtig bemerkte, *pressiert;* oder klarer gesagt: Indem man Österreich warten ließ, hatte man in den US ein *Pressionsmittel* bei der Hand und dieses für Zeiten, in denen Revolutionen und Kriege in der Luft zu liegen schienen.

Die siegreiche Revolution in Frankreich zwang noch vor dem Sturz Ludwigs XVI. diesen, seinem Schwager in Wien den Krieg zu erklären. Die allgemeine Misere, die 1792 mit der Ausrufung der Republik einem Höhepunkt zustrebte, verlangte von den Machern der Revolution, die im Volk bestehende Mißstimmung von innenpolitischen Problemen ab- und auf außenpolitische Ziele umzuorientieren. (Wie das nachher in vielen anderen Revolutionen geschah und geschieht.) Was folgte, waren 23 Jahre Krieg in Europa, Jahre, in denen die jungen US Muße hatten, ihre noch recht mangelhafte innere Struktur in Ordnung zu bringen. 1810 brach ein von England geschürter Aufstand in den lateinamerikanischen Kolonien aus; angeblich richtete er sich gegen die im Mutterland aufgerichtete Königsmacht eines Bruders Napoleons I.; in Wahrheit zielten aber auch die Macher in Lateinamerika auf die Loslösung ihrer Länder vom Mutterland, eine Entwicklung, wie sie die US bereits hinter sich hatten. 1823 sperrte die Monroe – Doktrin allen Einflüssen der Alten Welt auf die Neue Welt in Amerika den Weg; die sogenannte *Isolation* der US erwies sich allerdings bald als das Mittel, das den US die Funktion der *einzigen Ordnungsmacht* auf dem ganzen amerikanischen Kontinent geben sollte.

Und doch ist es während der Regierungszeit Kaiser Franz' I., der von Jefferson ausdrücklich als ein Idiot hingestellt wurde, zu einem Handels- und Schiffahrtsvertrag mit den US gekommen. Diplomatische Beziehungen wurden im Kongreß in Washington erst Ende der Dreißigerjahre des 19. Jahrhunderts angebahnt. Nicht eine plötzlich aufkommende Sympathiewelle für Österreich oder eine vermutete Mächtigkeit Alt-Österreichs waren dafür richtungweisend. Es ging um *Tabak;* Tabak, den man auch in Österreich an den Mann bringen wollte. In politischer Hinsicht näherten sich die Zustände in Österreich bereits der Endphase der Ära Metternich. Das Zeitalter der Revolutionen in den Ländern des Weißen Mannes, das 1776 in Nordamerika begonnen hatte, ging seinem Höhepunkt entgegen. Alt-Österreich wird die Vierzigerjahre dieses Jahrhunderts nicht überstehen.

2.

Bürger, Menschen, Untermenschen

Grundsatz des politischen Glaubens der Amerikaner wurde das Axiom, wonach alle *Menschen gleich geschaffen werden.* Für die Väter der US war diese Aussage anerkanntermaßen ein Axiom, weil sie glaubten, dieser Satz leuchte jedermann ein, ohne daß es eines Beweises für dessen Wahrheit und Richtigkeit bedürfe. In Wirklichkeit verlangte die Befolgung dieses politischen Glaubenssatzes von seinen Anhängern ebensoviel Glaubensstärke wie jener einer Offenbarungsreligion; etwa, daß Christus, der Sohn Gottes, Mensch geworden ist, um durch seinen Kreuzestod die Menschheit zu erlösen und ihr einen Weg zur *ewigen* Seligkeit zu eröffnen.

An diesem Punkt geraten das liberale Prinzip und das konservative in einen unvereinbaren Gegensatz. Das aus der Philosophie der Aufklärung des 18. Jahrhunderts hervorragende liberale Prinzip sucht und begnügt sich mit der Erlösung der Menschheit im Diesseits und ordnet darnach eine Welt, die lebende Menschen erkennen und ordnen können. So gesehen, wird der in der Geschichte vielfach bezogene Übergang vom Liberalismus zu den in Anschluß an Marx entstandenen politischen Richtungen folgerichtig und dann, wenn er frei von Opportunismus und Terror erfolgt, ehrlich und verständlich.

Natürlich knüpften die Verfasser des fragwürdigen Gleichheitsprinzips dessen Verwirklichung an eine Voraussetzung: Demnach kann es nur dann dazu kommen, wenn alle Menschen *vernünftig und damit gut* geworden sind. Einige Philosophen des Aufklärungszeitalters, so der Franzose Rousseau, lehrten, der Mensch sei auch ohne die Erweckung seiner Vernunftbegabung von Natur aus gut; ja, die angelernte Vernunft mache ihn zum Denker, zu einem berechnenden Wesen; zu einem kalten,

ekelhaften Rechner, wie es der Engländer Hobbes ausdrückte. Die Aufklärer, selbst die eher friedfertigen in Alt-Österreich, waren zu ihrer Zeit von einem oft unglaublichen Zynismus erfüllt, wenn sie Andersdenkenden bei der Verbreitung ihrer Glaubenssätze begegneten. Ihre Söhne gingen einen Schritt weiter: Sie nahmen sich das Recht heraus, Andersdenkende von *Staatswegen* zum Glauben an das vermeintlich Gute, Wahre und Edle zu zwingen; zuletzt artete diese Überzeugung in der Großen Französischen Revolution in ein Terrorsystem aus, das nach dem Grundsatz handelte: Freiheit, Gleichheit, Brüderlichkeit – *oder der Tod.* Als in der Ersten Französischen Republik von 1792 der Perfektionist des Massenterrors Maximilian Robespierre jenes Dekret erzwang, das von Staatswegen dem französischen Volk die Existenz eines Höchsten Wesens sowie die Unsterblichkeit der Seele zur Anerkennung vorschrieb, war einer der grundlegenden Sätze eines politisch fundierten Glaubens ad absurdum geführt.
In der Alten Welt geriet das Aufklärungszeitalter zu einem, in dem der zeitgemäße Unterricht nach den eben modernen Prinzipien auch von *Monarchen,* die einem aufgeklärten Absolutismus huldigten – wie in Österreich Maria Theresia, ihre Söhne Joseph II. und vor allem Leopold II. – zur vordringlichen Aufgabe des Staates wurde. In jener Zeit entstand ein vom französischen Marquis de Condorcet entworfenes Modell, das bis heute allen schulreformerischen Forderungen zugrunde liegt: eine *differenzierte Einheitsschule* nach dem Aufbauschema, in dem der vierjährigen *Grund-* oder Primärschule eine vierjährige *Haupt-* oder Sekundärschule folgt und das in einer vierjährigen *Oberschule* einen vorläufigen Abschluß vor dem Übergang ins Hochschulwesen bildet.
Im Josephinischen Österreich wurden bestehende Universitäten vielfach als Relikte des Mittelalters, also einer üblen Zeit, angesehen und daher, wie im Falle Innsbruck und Graz, zu *Lyzeen* umgewandelt. Dasselbe geschah der Universität Salzburg, die während der bayerischen Herrschaft ein Lyzeum wurde.
200 Jahre nach der Erklärung der Unabhängigkeit der Vereinigten Staaten wies die »Frankfurter Rundschau« darauf hin, daß minde-

stens 13 %, wahrscheinlich aber mehr als 20 % der erwachsenen Bevölkerung der US, also rund 30 Millionen der über 20 Jahre alten Bürger des Landes, entweder überhaupt nicht oder vollkommen *unzureichend schreiben oder lesen können.* Schon vorher haben aufmerksame Beobachter in den US auf den Typ des *illiterate intellectual* hingewiesen, also auf einen sogenannten Intellektuellen, dem Bildung abgeht. Marquis de Condorcet erlebte nicht die Verwirklichung seines Modells, das er noch während der Regierungszeit Ludwigs XVI. als Präsident der neuberufenen verfassungsgebenden Nationalversammlung einbrachte. Die Republik von 1792 verwarf diesen Plan aus einem bezeichnenden Grund: Condorcet hatte daran gedacht, die Zuständigkeit für das Bildungswesen *nicht dem Staat* zu überlassen, sondern dafür eine *autonome* pädagogisch-wissenschaftliche Institution zu schaffen. Der Verhaftung und Guillotinierung entging Condorcet nur dadurch, daß er sich beim Kommen seiner Verfolger durch Selbstmord der Aburteilung entzog. In seinem Nachlaß fand sich das Manuskript des Werkes »Übersicht über den Fortschritt des menschlichen Geistes«.

Für *jede* Revolution ist es nach ihrem Sieg eine Existenzfrage, ob es ihr gelingt, den in ihr verwirklichten Fortschritt wohl zu verbessern, die Wiederholung einer von anderen Grundsätzen geleiteten Revolution aber unter allen Umständen zu vermeiden. Dem entspricht die Tatsache, daß die Verfassung der US, ihre in sieben Artikeln und Sektionen entstandene Form, versteinert ist. Es gab bis dato Zusätze; aber die *Idee* der amerikanischen Revolution bekam *Ewigkeitswert.* Ein ähnlicher Vorgang wiederholte sich nach 1917 in Rußland, wo es derzeit nicht ratsam ist, etwa in der Öffentlichkeit die Idee zu vertreten, es sei an der Zeit, der Oktoberrevolution der Bolschewisten eine aus den seither geschehenen Veränderungen kommende neuerliche Revolutionierung der Zustände in der UdSSR folgen zu lassen.

Revolutionen brechen nicht in den Reihen unterprivilegierter Schichten der Bevölkerung aus. Sie werden von Propheten *vorhergesehen* und von gewalttätigen Akteuren, zuletzt von Berufsrevolutionären *gemacht.* In der amerikanischen Revolution wur-

de zuerst sichtbar, daß es kleine, selbstgewählte Gruppen aus begüterten und intellektuellen Kreisen sind, welche die Revolution machen. Solche Männer haben die Unabhängigkeitserklärung der US von 1776 herbeigezwungen; in Rußland von 1917 waren es der aus einer geadelten Familie hervorgegangene Lenin und der Sohn begüterter Eltern, Trotzkij, die es verstanden, die fittings, die passenden Verbindungen zu den unzufriedenen Massen der Bauern und Soldaten herzustellen; im Endeffekt bekamen die so revolutionierten *Kleinbauern weder das Land* der bisherigen Großgrundbesitzer, noch wurde die Sowjetunion von den Lasten einer *Militärmacht* befreit – im Gegenteil.
Den Amerikanern lieferte der 1737 in England geborene Bauernsohn Tom Paine die Formel, wonach es im Volk einen Common Sense gäbe. Common Sense, als »gesunder Menschenverstand« seit dem 19. Jahrhundert auch im Deutschen als Begriff gebräuchlich, ist demnach eine *natürliche Veranlagung,* die der Masse eigentümlich ist. Aufgabe der Politik ist es, diese Anlage des menschlichen Verstandes ins Bewußtsein der Menschen zu heben und bis zur *politischen Willensbildung* zu entwickeln. Paine gebrauchte den ungemein populär gewordenen Satz, wonach ein *ehrlicher Mann* ebensoviel taugt wie ein *gekrönter Rüpel.* Paines Broschüre über den Common Sense erschien im Jahr der Unabhängigkeitserklärung der bisherigen 13 Kolonien Großbritanniens, im Jahre 1776.
Für das, was dem Common Sense entsprechend eingestuft wurde, brauchte es in der amerikanischen Revolution keine wissenschaftlichen Unterlagen. Die einschlägige Propaganda reflektierte weniger auf den *Verstand* der Menschen als auf deren *Gefühlsstärke.* Der so Angesprochene durfte sich als ehrlicher Mann fühlen, sofern er ein Weißer männlichen Geschlechts war und kein Neger oder Indianer. An diesem Punkt wurde und wird das Prinzip von der Gleichheit der Menschen wackelig. Es war gut, daß die Macher der Revolutionen in Nordamerika und nachher jene in Frankreich das Gleichheitsprinzip sofort unter den Schutz der Verfassung stellten. Die Verfassung des Königreichs Frankreich vom 3. September 1791 beginnt im Artikel 1 mit der Aussage:

»Die Menschen sind und bleiben von Geburt frei und gleich an Rechten.«
Schon vorher hat Thomas Jefferson, der Texter der Unabhängigkeitserklärung , diesen Grundsatz viel tiefer erfaßt:
»... all men are created equal.«
Demnach ist die Gleichheit eine der Existenz des Staates *vorgegebene* Tatsache, und kein Gesetz kann nach dieser Anschauung eine nicht vom Staat geschaffene Gleichheit schmälern.
So wie die Präambel der französischen Verfassung von 1791 mit einer Verfluchung der Vergangenheit und der in dieser begründeten Lebensverhältnisse beginnt, entstand zuvor auch Jeffersons politischer Glaube aus einer Negation, die in seinem Fall ein Leben lang in unkontrollierten Haßausbrüchen zutage kam. Während viele Parteigänger Jeffersons noch glaubten, die *menschliche Vernunft* sei ein Rest des göttlichen Schöpfungswerkes, richtete sich Jeffersons Ansicht aber gegen jede Religionsgemeinschaft, die einem Offenbarungsglauben huldigte. Mit der Bekämpfung der im Lande bestehenden Religionsgemeinschaften, wobei in den US zu Jeffersons Zeiten der Katholizismus eine bescheidene Rolle spielte, wollte Jefferson nicht bloß einen vom Religiösen herkommenden Autoritätsanspruch auf den Menschen vernichten, sondern *jede Autorität*, die sich nicht widerspruchslos der höchsten Autorität des Common Sense unterwarf.
Noch findet sich in der Unabhängigkeitserklärung von 1776 das Wort »Gott«, denn seine Autorität brauchte es, um jene des Königs Georg III. quasi als eine *Versündigung* hinzustellen. Die Texter der französischen Verfassung gingen nachher einen Schritt weiter und kamen an den Rand jenes Atheismus zu stehen, von dem Karl Marx ausging und Lenin bei seiner Regimeschöpfung ausgiebig Gebrauch machte. Was die Kirche des 18. Jahrhunderts übersah, war die Tatsache, daß die Verkündung des Gleichheitsprinzips keine Erfindung jener Zeit war. Schon Apostel Paulus sprach in seinen Briefen an die Galater und Epheser von einer Gleichheit, allerdings von einer *Gleichheit vor Gott* und nicht von einer auf Grund menschlicher Spekulationen und darnach entstandener Gesetze. Indem aber die Aufklärer im Revolutionszeit-

alter des 18. Jahrhunderts von einer *Erlösung* der Menschheit aus bisheriger Unzulänglichkeit und Ungerechtigkeit sprachen, eröffneten sie Wege zum Übergang in Denkvorgänge, die im Marxismus-Leninismus den radikalsten Ausdruck finden. Einmal sprach man ein wenig verschämt von *Eischalen* des Liberalismus, die noch den aus ursprünglich liberalem Denken kommenden Lehren, wie sie im Anschluß an Marx entstanden, anhaften. Richtig gesehen, entstammt die von Karl Marx erfundene Schießlehre im Politischen nicht erst der voll erfaßten Lehre vom Klassenkampf, sondern primär jenem Atheismus, dem sich Marx ergab, ehe er als Journalist in den Dienst der rheinländischen Liberalen trat, als diese die Konservativen in Preußen aus der Stellung schießen wollten.

Die Ermordung des letzten Zaren von Rußland und seiner Familie durch ein Erschießungskommando der Bolschewisten war Folge – richtig: Schlußakt jenes Geschehens, das anfing, als aufständische Amerikaner in ihrem Land die Statue ihres bisherigen Königs Georg III. stürzten und aus dem Metall der Statue Gewehrkugeln gossen. Die Tragödie der Zarenfamilie vollzog sich noch vor Ende des Ersten Weltkriegs nicht dermaßen isoliert und einmalig, wie es die äußeren Umstände der Ermordung ins Bild brachten. Die endgültige Zerstörung der Alten Welt geschah 1917/18 mit der in den US beifällig begrüßten Zerstörung aller großen, historisch gewordenen Monarchien Europas.

Das Ende der Monarchie in Rußland im Spätwinter auf 1917 erleichterte es den US, alsbald in den Krieg gegen die restlichen Monarchien einzutreten; wobei der 28. Präsident der US Woodrow Wilson zuletzt unumwunden den zur Kapitulation bereiten Deutschen vorschrieb, sie müßten sich vorerst ihres Kaisers entledigen. Damals war in Washington die Dynastie Habsburg längst geringgeschätzt, jene des Hauses Osman bis zum Bild einer unglaublichen Erbärmlichkeit und Niederträchtigkeit degradiert. Nur vor solchem Hintergrund konnte den ununterbrochenen blutigen Auseinandersetzungen, welche der Zerstörung Österreich-Ungarns sowie des Osmanischen Reiches bis auf den heutigen Tag folgten, als bloße *Operationsschmerzen* eines längst fälligen Heilungsprozesses in der Propaganda hingestellt werden; liegt selbst auf der Sowjetunion, die nach 1917 den größten Holocaust der Weltgeschichte vollbrachte, ein Schimmer von Menschlichkeit, der es im Zweiten Weltkrieg dem 32. Präsidenten der US, Franklin D. Roosevelt, gestattete, den Vater des Stalinismus, eben Stalin selbst, dem amerikanischen Volk als *Onkel Joe* gefällig zu machen.

Als Paine seine Ansichten über die Menschenrechte in den US veröffentlichte, war in Paris bereits die Guillotine in Betrieb. In London war die Revolution der Amerikaner noch immer ein schmerzliches Erlebnis; was sich aber in der Ersten Republik der Franzosen tat, erschreckte nicht nur die Engländer, sondern auch die Amerikaner. Paine, dessen Kommen nach Paris die dortigen Macher der Revolution mit Jubel begrüßt hatten und den sie in den Konvent wählten, war den Radikalen, den Jakobinern, nicht radikal genug. Nur die Tatsache, daß er kein Franzose, sondern Ausländer war, nämlich Citizen of the United States, bewahrte ihn vor dem schauerlichen Ende auf der Guillotine. Paine ging in sich, sein Atheismus wandelte sich in einen flachen Deismus. 1807 kehrte Paine heim. Nicht in sein Geburtsland, das sich vorsah gegenüber dem Propheten der Revolution, sondern in die US. Und auch dort wurde er bis zu seinem baldigen Tod in einflußreichen Kreisen mit Mißtrauen beobachtet. Denn die Revolutionäre im Kampf gegen die Krone Englands waren inzwischen zu Herren ihres eigenen *Establishments* geworden, und sie vertrugen nur schlecht die unablässige Beunruhigung des Common Sense der einfachen Leute, wie sie Paine lag. Einmal durch die Constitution of the United States in die zusagende Form der Gewaltausübung gebracht, vertrug man nach Konsolidierung der inneren Ordnung in den Staaten keine neuen *umstürzlerischen* Ideen. Zu den sieben Artikeln der Constitution kamen ab dem Jahre 1791 Amendments, die aber bis auf den heutigen Tag das Fundament der sieben Artikel nur in wenigen Punkten und am Rande veränderten.

Man muß den Männern, die ab dem 4. Juli 1776 die Unabhängigkeitserklärung unterschrieben und die auf die Gefahr des Lebens hin den Siebenjährigen Unabhängigkeitskrieg gegen die Krone

Englands durchstanden, in fast allen Fällen den ehrlichen Glauben beimessen, den sie in das Gleichheitsprinzip setzten. Der Gesichtswinkel dieser Männer umfaßte nicht den Anspruch der in ihrem Land ansässigen *Indianer* und ebensowenig den der Negersklaven auf den Genuß dieses Menschenrechts. 1776 wurde in Virginia gesetzlich festgestellt, daß *alle* Menschen von Natur aus gleichermaßen frei und unabhängig sind. Und doch gab es damals in Virginia so viele Negersklaven, daß sie zeitweilig ein Drittel der Bevölkerung ausmachten. Virginier wie Washington, Madison und Jefferson erwarteten, die Negersklaverei würde eines Tages obsolet werden, so wie jede üble Altertümlichkeit, die man aus der Alten Welt in die Neue über den Atlantik mitgenommen hat. Washington und Jefferson waren Großgrundbesitzer; bei Ausbruch der Revolution besaß Washington 70 Negersklaven. Und doch überstand die Negersklaverei die Amtszeit der ersten fünfzehn Präsidenten, um erst im Verlauf eines blutigen Bürgerkriegs, der von 1861 bis 1865 zwischen den Nord- und den Südstaaten der US ausgefochten wurde, abgeschafft zu werden.

Um diese Schmach im Vergleich zu den Zuständen im reaktionären Österreich durchstehen zu können, machten deutsche Exilpolitiker in den US die Amerikaner glauben, die 1848 in der Monarchie aufgehobene Erbuntertänigkeit, vor allem die der Arbeit gemäß den Robotbestimmungen, sei dasselbe gewesen wie die Negersklaverei in den US (!). Aber Negersklaven standen in den US als bloßer *Sachwert* im Betriebsinventar eines Latifundienbesitzers, sie waren Handelsware; sie entbehrten jene Freizügigkeit, die im Alten Österreich seit der Aufhebung der Leibeigenschaft längst gegeben war.

Neun Jahre nach Aufhebung der Erbuntertänigkeit in Österreich erging im Jahre 1857 eine bemerkenswerte Entscheidung des Obersten Gerichtshofes der US. Anläßlich der Entscheidung eines konkreten Falles beschied der Oberste Gerichtshof, daß ein Neger nicht Citizen, also Bürger der US sein kann; und daß der Kongreß in der Hauptstadt Washington nicht die Kompetenz hat, die Sklaverei in irgendeinem Teilstaat der US aufzuheben. Mehr noch: Das Recht des Eigentümers an der Person eines Negerskla-

ven bleibe auch dann bestehen, wenn es letztem gelingen sollte, in einen Teilstaat zu entkommen, wo die Negersklaverei nicht legalisiert war. Später ergab sich, daß das wegen seiner Unabhängigkeit gerühmte Tribunal, der Oberste Gerichtshof, seine Entscheidung getroffen hatte, nachdem es dafür einen *Kompromiß der beiden Großparteien* in den US für sich hatte.
In seiner Geschichte der Demokratie in den Vereinigten Staaten von Nordamerika beschreibt der von 1838 bis 1863 in verschiedenen Funktionen an der österreichischen Mission in Washington tätige Johann Georg Hülsemann, ein gebürtiger Hannoveraner und Protestant, was Jefferson noch zu dessen Lebzeiten im »Monthly Review« zugeschrieben wurde:
»Jefferson hat sich Mühe gegeben, um nachzuweisen, daß der Neger nicht bloß auf niedrigerer Stufe als der Indianer steht, sondern tatsächlich a link in der Kette der Geschöpfe und *unter* der Spezies Mensch ...«
Das gäbe, so der »Monthly Review«, den Amerikanern die Berechtigung, ihre Neger wie das Vieh zu behandeln.
1796 rühmte der »American Register« auf Seite 167 die Taten der Väter der Union: In Virginia habe man die Mächtigkeit der Religionsgesellschaften zertrümmert, in Massachusetts die Sklaverei abgeschafft.
So liegt dem Gründungsgedanken der Republik eine Reihenfolge des Menschseins mit fallender Tendenz zugrunde: Bürger der Vereinigten Staaten, Indianer, Neger. Aber selbst in der Kategorie »Bürger« bestand nicht das Prinzip der Gleichheit, ein Wort, das in der Verfassung nicht aufscheint. Denn nicht alle Bürger der US besaßen das *Wahlrecht.* Was die Neger betraf, so war Jefferson klug genug, ihnen nicht die Gleichheit in seinem Text zuzugestehen, denn in diesem Falle hätte er das Risiko beschworen, daß einige Teilstaaten den Beitritt zur Union nicht vollzogen hätten. Erst nahezu hundert Jahre nach dem Entstehen der Unabhängigkeitserklärung wurde in *allen* Teilen der US die Negersklaverei abgeschafft. Zu seiner Zeit umging Jefferson das heikle Problem, indem er nicht von *free persons* sprach, sondern von solchen, die *not free* sein sollten. Zu letzterer Kategorie wurden gerechnet:

Arme, Vagabunden, Flüchtlinge, welche die Strafe des Gesetzes zu fürchten hatten – und die aus dem Mutterland stammenden Strafverschickten. Denn auch die 13 Kolonien in Nordamerika gehörten zu jenen Kolonialgebieten der Krone Englands, in die man nicht nur Kriminelle abschob, sondern auch jene *Aussteiger* aus der Ordnung im freiesten Land Europas, denen diese Freiheit nicht genügte oder die, wie man heute sagt, in die Gesellschaftsordnung von damals nicht integriert werden konnten.
Auch Gesinnungsgenossen der gegen die Krone Englands im Kampf gestandenen Franzosen waren nach den ersten grauenhaften Mordexzessen der französischen Republik drüben mäßig beliebt. Die radikalen Parteigänger des Terrorregimes eines Robespierre waren nach dem Fall ihres Meisters drüben ebensowenig willkommen wie ehedem gewisse Flüchtlinge vor dem Licht der in Frankreich aufgegangenen neuen Freiheit. Letztere zogen es ohnedies vor, entweder raschest in die Österreichische Niederlande auszuweichen oder gleich in die Erblande zu emigrieren, wo sie in den Salons der Ära des Guten Kaisers Franz nicht immer willkommen waren. Denn was diese Flüchtlinge von der Neuen Freiheit des Westens erzählten, störte die Annehmlichkeit der gewohnten kultivierten Konversation, erregte geheime Ängste.
Negersklaven, die im Sachinventar ihres Eigentümers standen, so wie das Vieh auf den Latifundien, waren also keine freien Menschen. Um das Jahr 1800 gab es etwa 100000 solcher Unglücklicher in den US. Noch 1857 judizierte der Oberste Gerichtshof der US, ein Neger könne nicht die Rechte eines Bürgers der US in seinem Fall in Anspruch nehmen und sich etwa gar mit seiner Klage an dieses Gericht wenden. In jenem Jahr, neun Jahre vor der Abschaffung der Sklaverei, hielt dieses Gericht an dem Grundsatz fest:
»... no negro, free or slave, could become *citizen* of the United States.«
1781 gab es auf dem Boden der US zwei Millionen freie Amerikaner, also Weiße. Aber nicht einmal ganz 10% dieser zwei Millionen hatte bei Wahlen das *Stimmrecht.* Denn dieses Recht hing an einem gewissen Standard der Person. Frauen hatten selbstver-

ständlich kein Stimmrecht, begehrten es im übrigen um diese Zeit, als es schon einige sehr begabte weibliche Schriftstellerinnen gab, nicht. Stimmberechtigt war, wer fest auf dem Boden der Neuen Ordnung in der jüngsten Republik stand und die Gewähr bot, mit der Ausübung seiner Grundrechte für die Verfestigung dieser Ordnung zu sorgen. Wer bot diese Gewähr *nicht?*
Anfangs hatten da und dort Katholiken kein Stimmrecht; das war ein Überbleibsel dessen, was im Mutterland eine Selbstverständlichkeit war, wenn in England in Serien von Umwälzungen wieder einmal die Katholiken unten waren. Juden teilten vielfach das Schicksal der Katholiken. Auch Quäker. Wer überschuldet war, verlor sein Stimmrecht. Um 1800 hatten erst sechs der dreizehn Teilstaaten die Bindung des Stimmrechts eines Bürgers an eine bestimmte Höhe seines *Besitzstands* gelöst. Man fing an, den pünktlichen *Steuerzahler* dem Großbürgertum gleichzustellen.
So entstand in der Neuen Welt eine andere, eine *neue Aristokratie.* Nicht die Herkunft in einer Ahnenreihe bestimmte dort die Mitgliedschaft zu letzterer, sondern *Geld und Gut.* Der Satz »money makes it« bekam eine Wirkung, deren Übel erst spätere Generationen, die Abkömmlinge der ersten Geldmacher und die Neureichen des Industriezeitalters, zu spüren bekamen. Anders im Alten Österreich, wo auch Söhne von Kleinbürgern und Bauern bald Exzellenzherren oder Söhne von Korporälen Generale wurden.
Es ist bemerkenswert, daß der gerühmte Common Sense vielfach diese Zustände in den US begrüßte, weil sie in manchen Fällen dem Nutznießer Vorteile einbrachten: So haßten Handwerker *Katholiken,* die aus Irland oder Deutschland kamen, nicht aus religiösen Motiven oder wegen eines aufkeimenden Nationalgefühls, sondern einfach deswegen, weil diese Neuankömmlinge gezwungen waren, auch um niederen Lohn zu arbeiten und also die Löhne der im Land Geborenen drücken konnten. *Mormonen* wurden nicht wegen der von ihnen anfangs quasi aus religiösen Gründen geübten Vielweiberei wenig geschätzt, sondern wegen ihres überdurchschnittlichen Geschäftsgeistes sowie der Tatsache wegen, daß sie gegen die Negersklaverei waren – weil sie in ihrem

Wirtschaftssystem keine Negersklaven benötigten. Selbst Freimaurer mußten im Land, das später einmal den höchsten Prozentsatz von Logenangehörigen im Vergleich zu anderen Ländern haben sollte, zuweilen harte Zeiten durchmachen. Freilich, das blieb eine Episode; die Regel besagte genau das Gegenteil.
Denn es waren Freimaurer, die das Fundament der US mauerten. Die drastische Protestaktion gegen eine Abgabe, welche London ohne Befragung seiner Kolonisten in Nordamerika einführte, die sogenannte Teaparty in Boston, wurde in einem Haus vorbereitet, in dem sich eine Loge befand. Und die Indianer, welche aus Protest die mit der Abgabe belasteten Teepacken ins Meer versenkten, waren verkleidete Weiße, eben Angehörige der fraglichen Loge und deren Freunde. George Washington leistete bei seiner Inauguration als erster Präsident der US den Eid auf eine Bibel, die in der St. John Loge New Yorks auflag. Der Großkanzler der Großloge von New York leitete die Zeremonie. Washington selbst erschien bei der Grundsteinlegung für das Parlamentsgebäude der US in maurerischer Aufmachung, und er vollzog den Akt nach Riten der Loge. Und derlei Brauchtum hielt sich. Als am 4. Juli 1828, am Nationalfeiertag der US, der Grundstein zum Bau der Baltimore-Ohio-Eisenbahn gelegt wurde, traten die Honoratioren in maurerischer Aufmachung auf und vollzogen demnach den feierlichen Akt. Es fällt nicht allzuschwer, jene Präsidenten der US aufzuzählen, die keiner Loge angehörten oder ihr wenigstens nahestanden.
Im Alten Österreich war man, was das Logenwesen betraf, keineswegs hintan. Der Gemahl Maria Theresias, Kaiser Franz I. Stephan, war bereits Jahrzehnte vor der Unabhängigkeit der US Logenangehöriger. Es lag nicht dem Naturell des Kaisers, sich als Logenangehöriger ins Geschäft seiner Gemahlin zu mischen. Dafür gab es genug Logenangehörige; das großartige Denkmal Maria Theresias in Wien verewigt die Gestalten von sechs Freimaurern, darunter einen zu Pferd, und vor allem die Gestalt des Fürsten Kaunitz. Maria Theresia war nicht nur die *leibliche* Mutter Josephs II., sondern auch unter den Einflüssen Kaunitz' die *geistige* Mutter des sogenannten Josephinismus in Österreich. Jo-

seph II. hat die großen Erwartungen, welche die Loge in seine Regierungszeit setzte, ebenso enttäuscht wie sein Bruder und Nachfolger Leopold II. Die beiden kaiserlichen Brüder waren typische Vertreter des sogenannten aufgeklärten Absolutismus, der im System eines *Polizeistaates* keine geheimen Gesellschaften duldete, die sich herausnahmen, anders zu denken und zu handeln als die Majestät. Joseph II. kappte die Hochblüte des Logenwesens, wie sie unter Maria Theresia bestanden hat, indem er von Staatswegen die Zahl der Logen festsetzte.

Leopolds Sohn und Nachfolger Franz, der erste Kaiser von Österreich, erlebte es während der Schreckensherrschaft in Paris 1793/94, daß zwei Abgesandte des Logenwesens zu ihm kamen, um dem Monarchen zu eröffnen, man sei aus freien Stücken dazu gekommen, die Logen in der Monarchie *einzuschläfern.* Kaiser Franz nahm das mit der Bemerkung auf, es sei jetzt, da so viel vom Wühlen geheimer Gesellschaften die Rede sei, gut, so zu handeln; die Loge und ihre Angehörigen würden sich vom Verdacht befreien, etwa gar an solchen Aktivitäten beteiligt zu sein. So ist es schließlich dazu gekommen, daß 1918 in der östlichen Reichshälfte der Donaumonarchie, seit 1915 auch im inneren amtlichen Gebrauch »Österreich« benannt, keine Logen bestanden. Dieses Unikum in der Welt von gestern bekam das Alte Österreich zu Zeiten auf unterschiedliche Weise zu spüren. Franz I. stand, als die beiden Logenangehörigen den erwähnten freien Entschluß der Freimaurer unterbreiteten, unter dem Eindruck, daß die Revolution in Frankreich vielfach von Männern gemacht worden ist, deren politische Arbeit sich an Einsichten hielt, die Ertrag ihrer Arbeit in Logen war. Das Terrorregime Robespierre duldete freilich keine Logen, und viele Parteigänger dieses Diktators gaben ihrem früheren Erleben in der Loge seltsame Wendungen, die so ganz anders gerieten als die in der Loge entwickelte Trinität: Freiheit, Gleichheit, Brüderlichkeit.

Erst in den Tagen des Zerfalls der Habsburgermonarchie, am 5. November 1918, traten in Wien Männer zusammen, welche die maurerische Arbeit aufnahmen. Es ist naiv zu sagen, alles Übel sei über die Welt gekommen, als Juden, Freimaurer und Jesuiten das

Sagen hatten; ebenso naiv wäre es, den gewaltigen und weitreichenden Einfluß dieser Kreise gering zu schätzen oder gar abzustreiten.
Noch heute hält sich zum Teil die Version, Jefferson hätte in den US eine *ideologiefreie* Art der Politik im Staate eingeführt. Und lediglich (!) die Reste der dark ages, eines finsteren Mittelalters, vollends zu beseitigen gesucht. 1796 erklärte Jefferson:
»Die Tyrannei der Kirchen besteht an vielen Orten Neu-Englands, und sie steht ebenso zum Geist der Freiheit im Widerspruch wie die Herrschaft der Weißen über die Sklaven.«
Tatsächlich hat Jefferson wenig getan, um die Tyrannei der Weißen über die Schwarzen zu beseitigen. Es geschah aber in den US, was nach 1945 André Malraux, Atheist, Kommunist und roter Kampfflieger im Spanischen Bürgerkrieg 1936/39, Kultusminister des Staatschefs de Gaulle, erklärte:
»... Die Amerikaner sind gläubige Menschen, doch die amerikanische Kultur ist keine *religiöse* Zivilisation.«
Die Begriffe von Freiheit, Gleichheit und Brüderlichkeit gerieten zu Schlagworten, die in ihrer Formelhaftigkeit vielfältig deutbar sind; Worte, die in *verschiedenen Situationen* eine *verschiedene Bedeutung* und eine oft kraß *verschiedene geschichtliche Funktion* bekommen haben, ja bis auf den heutigen Tag bekommen. Wie wäre es sonst dazu gekommen, daß in den US Negersklaven und Indianer nach Ansicht der Väter dieses Staates quasi in den Rang von *Untermenschen* verdammt wurden? Noch in den Achtzigerjahren des vergangenen Jahrhunderts hat der aus seiner Emigration in den US nach Wien zurückgekehrte legendäre Feldkaplan der Akademischen Legion von 1848 Anton Füster von drüben die Ansicht mitbekommen und sie in seiner alten Heimat deponiert:
»Der Indianer will nicht einer sein (nämlich ein freier Amerikaner); er will nicht Sohn des freiesten Volkes der Erde sein ... Er liebt es, ein Sohn der Wildnis zu sein, und deswegen wird er in der Wildnis zugrunde gehen. Durch seine Schuld.«
Diese von einem abgefallenen Priester festgestellte Schuld der Indianer und das ihnen drohende Unheil wurde bald nach dem Tod Füsters drüben bestätigt. Im Jahre 1890 versuchte ein indianischer

Prädikant in Dakota Reste bewaffneter Sioux-Stämme für seine Heilslehre zu gewinnen. Als sich im Umkreis der Jünger des Prädikanten eine die Weißen störende Unruhe bemerkbar machte, umstellte man einen solchen Haufen von Anhängern einer erneuten Zukunftsgläubigkeit des Roten Mannes mit Truppen. Das geschah an einem Ort, der Wounded Knee heißt. Wieder fiel einer jener fatalen ersten Schüsse, den abgegeben zu haben kein Streitteil auf sich nehmen will. Eine *Indianer-Polizei,* also Rothäute, machten sich über ihre roten Brüder her. Eine Einheit der regulären US-Cavalry stand in Reserve an Ort. Den Indianer-Polizisten wäre es im Kampf mit ihren Roten Brüdern schlecht ergangen, wenn sie nicht von ihren Weißen Brüdern vor der Wut der Sioux gerettet worden wären. Wieder einmal bewährte sich in der Folge jene Revolverkanone, die als erstes maschinelles Mordinstrument im Krieg Geschichte gemacht hat. Nach dem Tag von Wounded Knee haben die Reste der Ureinwohner Amerikas im Weißen Land zwischen dem Atlantik und dem Pazifik zwar nicht das ihnen angelastete Selbstverschulden eingesehen, dafür aber erkannt, daß die Zeit vorbei war, in der sie nach *ihrem* freien Willen auf *ihre* Art in *ihrem* Land in Freiheit leben konnten. Die Indianer haben es nicht geschafft, wenigstens die Neger der US in der Entwicklung der Spezies Mensch zu überholen. Was die Masse der Neger nach dem Zweiten Weltkrieg in der nunmehrigen Gesellschaftsstruktur für sich erzwungen hat, das blieb ihnen als vollendete Integration bis dato noch oft versagt.

Im Alten Österreich lebten jahrzehntelang jene Vorstellungen vom Indianer und seinen Kämpfen gegen die Weißen, die aus den Werken James Fenimore Coopers hervorzugehen *schienen.* Noch auf seinem Totenbett verlangte Franz Schubert im Jahre 1828 eines der von ihm noch nicht gelesenen Werke Coopers als Lektüre. Coopers Welt, das war für Schubert eine Fluchtmöglichkeit aus der Miserabilität, wenn ihn sein Bohémienwesen bis zur Unausstehlichkeit bedrückte. Nie hat Cooper erfahren, daß einer seiner begeistertsten Leser der unübertroffene Romantiker der Wiener Klassik der Musik gewesen ist. Im Abstand der Welt Schuberts zu jener Coopers wurde und wird einer der Unterschiede zwischen der Alten und einer Neuen Welt von damals sichtbar. Nie haben Schubert und die meisten seiner Landsleute im Wiener Biedermeier, aber auch noch lange nachher, erfahren, wie es um das wahre Geschick der Ureinwohner der US gestanden hat, als sie nicht nur die Werke Coopers, sondern die endlosen Serien von Indianerbüchln lasen. Als Schubert 1828 starb, war Coopers Lebenswerk längst über die unvergeßlichen Erzählungen des »Lederstrumpfs« hinausgediehen. Was Cooper in einer zunächst wenig beachteten Satire unter dem Titel »Die Monekins« schrieb, wurde erst 1835 ins Deutsche übersetzt. Wäre dieses Werk dem sterbenden Schubert in die Hand gefallen, er hätte es sofort enttäuscht zur Seite gelegt. Denn diese *Satire* Coopers erregt beim Leser keine abenteuerlichen Vorstellungen; sie ist eine an Schärfe kaum zu überbietende Kritik, die der alternde Cooper an den geschichtlich gewordenen Zuständen seiner amerikanischen Heimat anstellt.

Dieses kritische Werk schuf Cooper, nachdem er Kindheits- und Jugendtage an einer keineswegs von Indianerkriegen umwitterten »Grenze« am Rand der Wildnis und seinen Dienst als Offizier der US-Navy hinter sich hatte. Er war einer der ersten Amerikaner, die mit wachsamen Augen die Alte Welt, in der Cooper Jahre verbracht hat, verstehen lernte. Cooper war kein *Europamüder,* wie sich etwa Herr von Goethe zu Zeiten gab, und kein *Amerikamüder* wie der Österreicher Lenau. Die Regierung in Washington lohnte das großartige Schaffen des amerikanischen Dichters, indem sie ihm die Sinekure als Konsul im Frankreich zur Zeit des Bürgerkönigs Louis Philippe übertrug. Auch als Konsul wurde Cooper kein Schreibtischmensch; er bereiste die Alte Welt am Vorabend der Revolution von 1848. Seine ursprüngliche Einstellung zu den Taten revolutionärer Amerikaner seiner Vätergeneration – Cooper wurde 1789 bei Ausbruch der Revolution in Frankreich drüben geboren – büßte in seinem Fall den Glanz ein. Bezeichnenderweise ist Coopers letztes Werk eine geschichtliche Darstellung der Entwicklung der US-Navy. Angesichts der Kriegstaten seiner Kameraden zur See sah aber der frühere Marineur gelassen über die Grausamkeiten hinweg, mit der damals die

großen Seemächte die Disziplin auf ihren Kriegsschiffen – und nicht nur auf diesen – aufrecht hielten.
Cooper wußte nichts von der schwärmerischen Huldigung, die der gewesene Sachsen-Weimarische Staatsminister und Geheime Rat von Goethe, zur Zeit Napoleons I. mit dem Kreuz der Ehrenlegion ausgezeichnet, der Neuen Welt erwies. Er wußte nicht, daß letzte Getreue Napoleons I. bei dem Versuch, ein winziges Überbleibsel des Empires im Exil auf amerikanischem Boden zu errichten, zugrunde gingen. Zugrunde gingen wie Unzählige, von denen es dann in der Alten Welt hieß, sie seien nach Amerika ausgewandert, aber man habe nie mehr etwas von ihnen gehört. Herr von Goethe lebte in der Gunst seines Herzogs; er hatte keine Ahnung von den wahren Zuständen in den US seiner Zeit. Vom Los der Negersklaven, von der noch zu seinen Lebzeiten vollendeten Verdrängung der freien Indianer aus den Weiten westlich des Mississippi. Noch immer erfreuten sein Gemüt der grüne Wald Thüringens, das beschauliche Dasein in Tälern und der Blick von Höhen. Vom Dasein der Pioniere an der rasch nach Westen vorgeschobenen Grenze der Kultur des Weißen Mannes wußte Herr von Goethe nicht viel mehr als Franz Schubert; er beneidete die Neue Welt, die nicht mehr die Last von Schlössern und Ruinen zu tragen hatte. Stätten, die einmal schaulustige Epigonen der Amerikaner seiner Zeit aufsuchen werden.
So wie die meisten seiner Zeitgenossen ließ sich auch Herr von Goethe nicht auf die Grausamkeiten ein, mit der sich Weiße und Rote bekriegten; Weiße, weil sie landhungrig waren; Rote, weil es um das ging, was man einmal Lebensraum nennen sollte. Das Klima in Thüringen war zu Zeiten des Herrn von Goethe wohltemperiert, auch in geistiger Hinsicht; daß das Klima, wie es drüben im weiten Land oft herrschte, mörderisch sein konnte, wurde Herrn von Goethe nicht bewußt; auch nicht, daß allein dieses Klima unzähligen Einwanderern das Leben kostete. Herr von Goethe erlebte noch die letzte große Choleraepidemie in Europa; wie viele Einwanderer während des drangvollen Strebens nach Westen gerade von dieser Seuche dahingerafft wurden – von ande-

ren zivilen Todesursachen abgesehen –, stand nicht im Kreis der Betrachtungen des gewesenen Ministers.
Nicht aus den Heldentaten der hervorragenden Persönlichkeiten, aus den oft erdichteten Taten der Träger großer Namen erwuchs drüben die Mächtigkeit der US, die später zur Supermacht geriet, vor der sich Europa beugte. Es war ein lebenslang geübter Heroismus unzähliger und namenlos gebliebener Amerikaner, die einen oft gnadenlosen Alltag überstanden, die aber trotzdem das Volk auf diese Höhe brachten. Menschen, die noch Gott dankten für das karge tägliche Brot, die aber von Epigonen, die manchmal nicht mehr wurden als ungebildete Intellektuelle, eher geringgeschätzt wurden; deren Leben als Hinterwäldler, Spießbürger, Banausen und dergleichen wenig hergibt, um in Film- und Fernsehproduktionen mehr zu zeigen als einen sogenannten Western, als ein von Sex und Kriminalität überwuchertes Leben, als schuldlose Opfer einer Gesellschaft, in der noch die *Aufsteiger* die *Aussteiger* an Zahl übertrafen.
Jefferson hat Kaiser Franz I. als einen *Idioten* hingestellt. Um diese Zeit waren drüben die Österreicher nicht viel mehr als die Untertanen eines Idioten, die unter idiotischen Zuständen lebten. Das Image derer, die nicht als Ungarn und Behm, als Deutsche oder Italiener aus dem Kaiserreich hinüberkamen und sich als *Österreicher* bei der Einreise in den US auswiesen, war von Anfang an schlecht. Und es verschlechterte sich, als man drüben die Flüchtlinge aus den Kämpfen der Revolution von 1848 samt und sonders als Helden, ihre Gegner als einen Abschaum der Menschheit hinstellte. 1848 haben die Wiener das Denkmal Josephs II., das diesem sein verhaßter Enkel Franz I. errichten ließ, bekränzt. Die Söhne derer, die 1790 beim Tod Josephs II. aufatmeten, umgaben das bisherige schlechte Image dieses vielfach mißverstandenen Herrschers mit einem Kranz aus Lorbeer und Eichenlaub. Franklin hat Joseph II. seinerzeit in Paris getroffen. Der Amerikaner fragte den Kaiser nach dessen Anteilnahme am Schicksal der US, an dem *we all* so viel Interesse hätten. We all – das waren nicht nur die Amerikaner. Joseph II. schwieg klugerweise; er wußte wenig über Amerika, und er redete nicht als Nichtwisser darüber, wie das nachher so viele seiner Landsleute getan haben.

Als Schubert starb, lag schon die erklärte Absicht des Wiener Kongresses von 1815 vor, den *Handel mit Negersklaven* zu unterbinden. In den US wurde dieser Handel noch nahezu weitere 50 Jahre lang betrieben. Neger und ihr Schicksal gaben europäischen Schriftstellern nicht so gute Stoffe wie die dramatische Geschichte der Indianer Nordamerikas. Man darf aber annehmen, daß auch Schuberts Gemüt ergriffen gewesen wäre von der Schönheit der Musik, mit der Negersklaven in den US ihr düsteres Dasein erhellten. Nicht weniger hätte ihn die Volksmusik erfreut, deren Originalität Weißen Siedlern zu verdanken ist; überhaupt die Arbeitsgesänge der Menschen im vorindustriellen Zeitalter – eben Volksmusik, über der auch die Wiener Klassik nach den Zeiten Josef Haydns und Leopold Mozarts sowie anderer originär wurde.

Reisebeschreibungen kamen in die Hände gebildeter Europäer; junge Herren aus adeligen Häusern fingen an, die Zeit ihrer Reisen nicht nur im europäischen Süden zu verbringen, sondern im amerikanischen Westen. Was sie dort in Wort und Bild hinterließen, ist unersetzlich für die Erforschung der Frühgeschichte der US, änderte das Image der Indianer.

Schon erforschten drüben die sogenannten *Künstler zu Pferd* das Land an der Grenze, und sie folgten dicht auf die ersten und vordersten Ansiedler, die noch der ganzen ungezähmten Wildnis, wie man das unberührte Land nannte, gegenüberstanden. Aus ihren Reihen ging Frédéric Remington hervor, der als Maler und Illustrator den Menschen, welche die Geborgenheit im Osten der US genossen, einigen Schauder beim Anblick von Szenen aus dem Wilden Westen einjagte.

Mit Indianern bekamen es die Österreicher des Biedermeier nur in Büchern zu tun. Das Schicksal von Sklaven haben damals in Österreich nicht importierte Negersklaven erlebt, sondern Österreicher, die selbst in die Sklaverei gerieten. Längst waren die Zeiten vorbei, in denen türkische Streifscharen auch in Friedenszeiten ins Österreichische eindrangen, um Männer und Frauen, letztere zuweilen in die Harems der Reichen, zu verschleppen. Bis weit ins 19. Jahrhundert hinein nahmen es sich Marokkaner, Algerier und Tunesier heraus, im Mittelmeer Piraterie zu betreiben und dabei gefangengenommene Weiße als Sklaven in ihren Herkunftsländern auf den Markt zu bringen. Die Zahl der Österreicher, die so in die Sklaverei der Farbigen gerieten, war gar nicht so unbedeutend. Jedenfalls groß genug, daß in den Kirchen für diese Unglücklichen gesammelt wurde, um sie *freizukaufen*. Die k.k. Marine war zu schwach, um der nordafrikanischen Seeräuber Herr zu werden. Und selbst die US-Navy brauchte zehn Jahre, um den sogenannten *Barbareskenstaaten* die unbedingte Anerkennung der Stars and Stripes abzuringen. Zur gleichen Zeit erlebten auch deutsche Hansestädte einerseits das Schicksal der Seeräuberei, der ihre Schiffe zum Opfer fielen; während andere Kaufherren dieser Städte zwischendurch als Lieferanten der Piraten ins Geschäft traten. All das ist erst 150 Jahre her, und heute klagen die Nachkommen derer in den Seeräuberstaaten in der UN die Europäer der Ausbeutung an. Im Kampf gegen die Piraterie fing die *Präsenz der US an den Rändern des Mittelmeeres* an. Die Österreicher aber sollten bald zu spüren bekommen, was das für sie bedeutete – als sich die Zeit der Revolution von 1848 näherte. Perioden blutiger und langwieriger Kriege in der Alten Welt waren für die US meistens Zeiten des ungestörten Aufstiegs. Im Alten Österreich lernten die Gymnasiasten, daß es im *Siebenjährigen Krieg*, 1756 bis 1763, um den letzten Versuch Maria Theresias ging, das zu Beginn ihrer Regierung an Preußen verlorene Schlesien wiederzugewinnen. Schlesien, vorwiegend von Deutschen bewohnt, war für die Kaiserin ein wertvoller *Stern ihrer Krone*. Der nicht wieder gutzumachende Verlust dieses Landes verhinderte später die Lösung der böhmischen Frage. Solange ganz Schlesien Teil der Länder unter der Wenzelskrone war, gab es nicht die Ansätze jenes Übergewichts der Tschechen in der Zahl der Bevölkerung, die schließlich den Deutschen zum Schicksal wurde. Im Falle eines im späteren Nationalitätenstreit der Monarchie bestehenden *Gleichgewichts* unter der Krone Böhmens wäre beiden Nationen wohl viel Leid erspart geblieben. Und das Land an der Oder einem anderen Schicksal verfallen, als es ihm 1945 zuteil wurde. In besagten Gymnasien wurde meistens nur am Rande

die Tatsache gestreift, das im Siebenjährigen Krieg *Frankreich Verbündeter Österreichs* gewesen ist, ein sehr lässig und mit geringen Erfolgen in Europa tätiger Verbündeter. Schwerpunkte der Kämpfe, die Frankreich in diesem Krieg führte, waren die See und Gebiete, die weitab in Übersee lagen. Ehe noch die 13 britischen Kolonien in Nordamerika als US ihre staatliche Selbständigkeit errangen, brachte ihrem Gebiet der von Frankreich verlorene Siebenjährige Krieg einen riesigen Gebietszuwachs im Hinterland der Kolonien, nämlich bis zum Alleghenigebirge ein.
Die versuchte Revanche Frankreichs, die *Ludwig XVI.* an die Seite der amerikanischen Rebellen in deren Krieg gegen die Krone Englands brachte, führte zu einer weiteren Verschiebung des Gebietes der 1783 selbständig gewordenen 13 Kolonien bis an das Westufer des Mississippi. Der größte Landgewinn fiel den nunmehr unabhängigen Staaten während der napoleonischen Kriege in Europa zu: 1805 nahm der Erste Konsul Frankreichs, Bonaparte – schon ließ er beim Schreiben seines Familiennamens das die italienische Herkunft verratende »u« vor dem Selbstlaut »o« aus-, einen Existenzkampf mit Großbritannien auf. Die von ihm gemachte Aufrüstung der Land- und Seestreitkräfte Frankreichs verschlang Unsummen. Nach Ausbruch des Krieges mit Großbritannien hatte Napoleons Außenminister, der nun schon glücklich verheiratete ehemalige Bischof Talleyrand, ein vertrauliches Gespräch mit dem Vertreter der US in Paris. Noch stritt man sich um den Kauf von Neu-Orléans durch die US, da stellte Talleyrand plötzlich dem überraschten Amerikaner die Frage:
»Was würden Sie denn für *ganz Louisiana* geben?«
Louisiana, benannt nach Ludwig XIV., war ein riesiges Gebiet, das von Neu-Orléans im Süden bis nahe an die Länder an der Hudsonbai reichte, vom Ostufer des Mississippi bis an die Nordgrenzen Mexikos. Dem Amerikaner verschlug es den Atem, als er die Geschäftsmöglichkeit zu erfassen trachtete. Er nannte vom Fleck weg die Summe von 20 Millionen Francs.
»Zu wenig«,
erwiderte Talleyrand und lud den Amerikaner ein, am *nächsten Tag* wiederzukommen. Es verging aber ein ganzer Monat, der

April 1805, bis der Amerikaner offiziell mit einem neuen Vorschlag kam. Inzwischen hatten die US dem französischen Außenminister 200.000 Francs Schmiergelder zugewendet. So erwarben die US das ganze Gebiet zu dem Preis, den Frankreich im Jahre 1800 dem dekrepiten Spanien entrichtet hatte: 60 Millionen Francs. Die Einwohner von Louisiana, die dort lebenden Indianer natürlich ausgenommen, wurden vertragsgemäß mit dem Landerwerb durch die US deren Bürger. Zugleich versprachen die US, die auf dem erworbenen, aber noch nicht staatlich organisierten Gebiet künftig entstehenden Staatsgebilde in die US aufzunehmen. Die anfangs unabschätzbare künftige Bedeutung dieses Billigstkaufes wird dem späten Nachfahren wohl erst bewußt, wenn er bedenkt, welche Teilstaaten jetzt auf dem Gebiet des vordem französischen Louisiana entstanden: Louisiana, Arkansas, Oklahoma, Missouri, Teile von Kansas, Colorado und Wyoming, ferner Nebraska, Iowa sowie Nord- und Süddakota. Ein riesiger Reichtum fiel der jungen Republik zu, ohne daß ihre Bürger dafür mit Blut zahlten; Blut, das umso mehr in den napoleonischen Kriegen noch ein Jahrzehnt lang, bis 1815, die Völker Europas vergossen haben.

1845 besetzten US-Truppen das Gebiet der Republik Texas, das weite Land zwischen dem Rio Grande und der bisherigen Südwestgrenze der US. An der Loslösung dieser Republik vom mexikanischen Mutterland waren Amerikaner auf unterschiedliche Manier beteiligt. Die Annexion erfolgte nach Kämpfen. Aus der Neuerwerbung entstand der US-Teilstaat Texas, ein Teil wurde den Staaten Kansas und Colorado zugeschlagen, ein anderer Teil bildete später die Hälfte des Staates Neu Mexiko. Nicht genug damit, machten die US der Republik Mexiko 1847 den Krieg, just in einem Zeitpunkt, als in der Alten Welt schon die Sturmvögel der Revolution von 1848 aufflogen. Der Gewinn dieses mit der Eroberung der Stadt Mexiko siegreich beendeten Krieges brachte den US genug Land ein, um später die Gebiete der Teilstaaten New Mexiko, Colorado und Kansas zu komplettieren; zugleich wurde Platz geschaffen für die künftigen Teilstaaten California, Nevada, Utah und Arizona. Mexiko verlor fast ein *Drittel* seines ursprünglichen Gebietsstands. Man versteht, daß die US sich sehr empfindlich zeigten, als sich während des amerikanischen Bürgerkrieges 1861/65 in Mexiko die Konservativen um die Schaffung eines Kaiserreiches unter einem österreichischen Erzherzog bemühten. Für Erzherzog Maximilian wurde das Experiment das Schicksal.

3.

London holt die Revolution in Amerika zuhilfe

Zur Zeit des Wiener Kongresses von 1814/15 griffen die US zum ersten Mal, wenn auch indirekt, in die Interessen des Alten Österreich ein. Nur langsam kamen die Verhandlungen der Kongreßteilnehmer – das Plenum tagte nur *einmal* – mit ihren Verhandlungen über die Neuordnung in Europa nach dem Sturz Napoleons I. vorwärts. Metternich verfügte seit 1813 über eine Achse, die ihn mit seinem britischen Kollegen Castlereagh verband. Erst in jüngster Zeit hat ein Amerikaner, Henry Kissinger, die Leistung Metternichs, die zumal in Österreich diffamiert wurde, sowie dessen im Verein mit Castlereagh betriebene Politik gewürdigt. Ende 1814 geriet diese Zusammenarbeit der beiden Staatsmänner ins Stocken. Castlereagh und Großbritannien hatten nach den zwei Jahrzehnte dauernden Kriegen gegen Frankreich einen neuen Krieg am Hals: Diesmal einen im Westen, nämlich mit den Vereinigten Staaten.

Die US haben 1812, fast zur gleichen Zeit, als Napoleons Grande Armée den von vornherein verlorenen Rußlandfeldzug begann, dem Mutterland in Europa diesen Krieg erklärt. Nachträglich haben Amerikaner ihn als höchst unnütz und zum Teil unverständlich hingestellt. Für Großbritannien bereitete der Zweifrontenkrieg, in den es 1812/14 verwickelt war, ein echtes Dilemma. Obwohl nach seinem Ende die seit dem Unabhängigkeitskampf der Amerikaner bestehenden Animositäten der angelsächsischen Bruderländer weiter existierten, ja sich verschärften, blieb es doch der einzige Krieg, den die US nach ihrer gegen die Krone Englands errungenen Unabhängigkeit gegen Großbritannien führten. Es wurde für London ein Prinzip des Handelns, einen solchen Zweifrontenkrieg unter allen Umständen zu vermeiden. Und im

20. Jahrhundert wandelte sich die Feindseligkeit von gestern zu einer Interessengemeinschaft, die im Ersten Weltkrieg zu einer kriegsentscheidenden Bundesgenossenschaft führte.
In den US war die Kriegserklärung umstritten. Die längste Zeit hatten sie schwere Anschläge der Briten auf ihre Interessen hingenommen. Dies nicht so sehr als Rest einer Solidarität mit dem früheren Mutterland, sondern eher aus rein wirtschaftlichen Erwägungen. Denn während der napoleonischen Kriege profitierten die US in vielen Fällen von jener *Kontinentalsperre*, die Napoleon I. gegen den Seehandel Großbritanniens in der Erwartung verhängte, er könnte damit erzwingen, was mit Waffengewalt zu erreichen die Landmacht Frankreich nicht imstande war; nämlich einen Zusammenbruch der rasch emporstrebenden Industrie- und Handelsmacht Großbritannien durch die Verhinderung des Exports des Inselstaates in Abnahmeländer auf dem von Napoleon kontrollierten Kontinent. Wer gegen Napoleon einen Krieg verlor, wurde vom Sieger gezwungen, dem System der Kontinentalsperre beizutreten. Der Winter auf 1812 war für die Bewohner der Insel eine schwere Zeit: In den Lagern häuften sich unanbringliche Warenbestände, die Arbeitslosigkeit stieg. London besaß nach der Niederlage seines letzten Festlandsdegens – Österreich nach Wagram 1809 – keinen Verbündeten mehr auf dem Kontinent. Bis 1812 noch ging Rußland mit Frankreich zusammen; Zar Alexander I. wechselte in seinen Gefühlen, die er Napoleon entgegenbrachte. Erst der Rußlandfeldzug Napoleons, begonnen im Hochsommer 1812, zerstörte für immer die seltsame Sympathie des Zaren für den von ihm bewunderten Kaiser der Franzosen.
Die längste Zeit gelang es Handelsschiffen unter dem Sternenbanner, von der Kontinentalsperre zu profitieren, sie zu umgehen und so Handel mit Ländern zu betreiben, die abhängig waren von gewissen Importen. Schließlich unterband London diese Chance, indem es ein Embargo über den amerikanischen Seehandel verhängte.
So bekam London die Inhaber der großen und politisch einflußreichen Handelshäuser an der Ostküste der US zum Feind. Bei

der langen Dauer des Krieges mit Frankreich war London darauf angewiesen, keine Methode zu scheuen, die für die Schiffe der Royal Navy die notwendigen Seeleute einbrachte. Es holte ohne Scheu solchen Ersatz von amerikanischen Handelsschiffen mit Gewalt, zuletzt sogar in amerikanischen Hoheitsgewässern. Nach 1810 bekamen im amerikanischen Kongreß die sogenannten *Falken* die Übermacht. Sie drängten, der britischen Gewaltanwendung mit Gewalt zu begegnen, also Krieg zu führen. Nicht alle Politiker von Rang waren dieser Meinung. Timothy Pickering, der unter Präsident Washington die Außenpolitik der jungen Republik geleitet hatte, führte jene an, die entschieden gegen einen Krieg mit Großbritannien waren. Und das selbst um den Preis, daß Teilstaaten, die mit ihm gingen, sich von den US lossagten (!). Das aber ging unter in der Aufregung, die in der öffentlichen Meinung der US herrschte. Die Medien taten ein übriges, um die Methoden der Briten so zu Papier zu bringen, daß auch die sogenannten *Tauben* irritiert wurden in ihren Friedensabsichten.
Im Osten, vor allem im Nordosten der US, vermeinte man, mit einem Haufen kampferfahrener Siedler und Waldläufer einen siegreichen Angriff gegen das britische Kanada führen zu können, zumal dort die erst 1763 unter britische Herrschaft geratene starke französische Minderheit eher mäßige Sympathie für die neue Obrigkeit im Lande hatte. Also schlugen die Amerikaner los. Sie eroberten die Stadt York, das heutige Toronto, und die undisziplinierten Haufen der Invasoren plünderten die Stadt, setzten das Haus des britischen Gouverneurs und das Parlamentsgebäude in Brand. Bald fiel aber der Angriff auf das amerikanische Detroit zurück. Um diese Zeit war es einem Häuptling der Shawnee-Indianer namens Tecumseh gelungen, ein Bündnis der Indianerstämme im Mittelwesten zusammenzubringen. Obwohl es den Indianern mehr um ein Zurückdrängen der nach Westen kommenden weißen Ansiedler ging, machten sie zuerst gemeinsame Sache mit den Truppen des »Weißen Vaters« in London. Sie drangen nach Süden vor, bis in das heutige Alabama, und verübten schauerliche Massaker. Auch Chicago fiel in die Hände der Indianer, und die Eroberer mordeten und skalpierten die Besiegten.

Die Regierung in Washington konnte um diese Zeit fast nichts tun, um die bedrohten Siedler genug zu schützen.
Erst im Oktober 1813 gelang es einem gewissen Henry Harrison, Briten und mit diesen zusammenkämpfende Indianer entscheidend zu schlagen. Harrison sicherte sich damit eine Popularität, die ihm noch 1840 bei der Wahl des Präsidenten der US sehr zugute kam.
War Heroes, also siegreiche Heerführer, haben in den US wie in kaum einem anderen Land die Chance bekommen, für den Sieg einmal mit dem Präsidentenamt belohnt zu werden. Zuletzt Dwight D. Eisenhower 1952.
Die große Überraschung im Krieg 1812/14 war eine ganz unerwartete Tüchtigkeit der US-Navy, die sich im Kampf gegen die Royal Navy bei nicht wenigen Anlässen bestens bewährte. Aus der Begeisterung für diese Erfolge unter dem Sternenbanner schrieb ein junger Anwalt, Francis Scott Bay, ein Gedicht unter dem Titel »Star spangled banner«, dessen Worte: »O, say can You see ...« Text der Nationalhymne der Republik wurden.
All das konnte nicht verhindern, daß im August 1814 eine britische Eskader in die Chesapeakebucht einfuhr, eine starke Kampfgruppe an Land setzte und letztere, ohne viel Widerstand zu finden, die Hauptstadt Washington eroberte. Die Briten zögerten nicht, Rache zu nehmen für das, was die Amerikaner in York angerichtet hatten: Sie brannten das Kapitol, also das Parlamentsgebäude nieder, ebenso das Haus des Präsidenten, das Gebäude des Außen- und des Finanzressorts sowie die Lager der US-Navy. Das geschah, als in Europa die Truppen der Alliierten jene Napoleons schon geschlagen und Paris in Besitz genommen hatten. Für die US eröffneten sich trübe Aspekte: Denn jetzt war London in der Lage, seine bisher auf dem europäischen Kontinent eingesetzten Truppen gegen die Amerikaner zu verwenden. Ohne einen Bundesgenossen in der Alten Welt (Frankreich, der Verbündete im Unabhängigkeitskrieg, war der große Verlierer von 1814) war die Fortsetzung des an Großbritannien erklärten Krieges ein Risiko, das nicht einmal die sogenannten »Falken« im Kongreß einfach bejahen konnten. Seit Beginn des Jahres 1814 fanden insge-

heim Friedensgespräche zwischen London und Washington statt, die dazu führten, daß sich beide Staaten auf Friedensverhandlungen im heute belgischen Gent einigten. Die Verhandlungen zogen sich das ganze Jahr 1814 hin, bis am Heiligen Abend der Vertrag zustande kam. So endete einer der nutzlosesten Kriege der Weltgeschichte; offene Fragen wurden Kommissionen zur Regelung übertragen. Die Englandfeindlichkeit in den US wurde für lange Jahre zur Tradition, und nie haben die Engländer die Amerikaner dermaßen gehaßt wie um diese Zeit. Ruhe bekamen amerikanische Seeleute, die nicht mehr der Gefahr ausgesetzt waren, von der Royal Navy in deren Dienst gepreßt zu werden; und die Massaker der Indianer im Mittelwesten hörten nach dem Tod Tecumsehs, der am Fluß Tippecanoe gegen die Amerikaner gefallen war, auf.

Im Zeitalter vor der Erfindung des Telegraphen war die Nachrichtenübermittlung dermaßen schlecht, daß noch bis ins Jahr 1815 hinein Kämpfe zwischen Amerikanern und Briten stattfanden. Von historischer Bedeutung war fünfzehn Tage nach Abschluß des Friedensvertrags zu Gent der bei New Orleans erfochtene Sieg des amerikanischen Generals Andrew Jackson. Jackson scheute sich nicht, die Piraten am Mississippi als Bundesgenossen bei seinen kombinierten Manövern zu Land und zur See einzusetzen. Sein Sieg vom 8. Jänner 1815 kostete die Briten 2000 Mann Verluste, ihr Befehlshaber fiel. Die Bedeutung dieses Sieges bestand darin, daß Jackson noch vor dem siegreichen Harrison 1828 die Präsidentenwahl gewann und mit ihm eine Systemänderung der Demokratie in den US eintrat.

Die auf dem Wiener Kongreß versammelten Delegierten erfuhren viel früher als die Regierung in Washington die Nachricht vom Friedenschluß in Gent. Zu Neujahr 1815 waren dort die Sieger über Napoleon zerstritten. Metternich widersetzte sich nämlich den Ansprüchen Preußens und Rußlands. Preußen wollte das zu lange mit Napoleon verbündet gewesene Königreich Sachsen vollständig annektieren; dessen König sollte durch einen Landzipfel in Nordböhmen (!) entschädigt werden. Und Zar Alexander sah sich als König eines fast zur Gänze wiedervereinigten

Polens auf Kosten Österreichs, aber auch Preußens, die ihrerseits bei den Teilungen des früheren Königreichs Polen Besitz erworben hatten. Solange London engagiert war im Krieg gegen die US, zögerte in London Lord Castlereagh, in diesem Streit Metternich zuhilfe zu kommen, besaß doch Rußland in Nordamerika eine gewisse Kontrolle über Alaska und war eher an der Pazifikküste präsent als die Regierung in Washington. Castlereagh vermied es unter allen Umständen, während des Krieges mit den US in eine Gegnerschaft zu Rußland zu geraten. *Metternich schien isoliert und in der Klemme zu sein*, die Allianz der Sieger über das napoleonische Frankreich in Trümmern zu liegen. Unter dem frischen Eindruck des Friedens von Gent berichtete der Vertreter Frankreichs auf dem Wiener Kongreß, Fürst Talleyrand, seinem momentanen Souverän in Paris, Ludwig XVIII. (Talleyrand diente vielen Regimen in Paris):

»Majestät! Die Koalition (der Sieger über Napoleon) ist gesprengt. Frankreich ist nicht mehr isoliert in Europa ... der *Friede (von Gent)* mit Amerika, das Anmaßende im Vorgehen Rußlands und Preußens, das alles hatte Lord Castlereagh umgestimmt ... Er bat mich (!), daß ich und Fürst Metternich sein Projekt (einer Nachkriegsordnung auf dem Kontinent) aufmerksam durchlesen.«

Nach einer oberflächlichen Beurteilung dieses Projekts schloß Talleyrand den Bericht an seinen König:

»Einige Artikel hätten sorgfältiger verfaßt werden können; aber mit solchen Menschen schwachen Charakters (gemeint waren Castlereagh und Metternich) mußte man sich beeilen, um zu einem Ende zu kommen, und so haben wir es heute Nacht unterzeichnet.«

Heute Nacht, das war die Nacht auf den 3. Jänner 1815. Die Hybris des Franzosen, die in diesem Bericht an Ludwig XVIII. zum Ausdruck kommt, bedeutete immerhin, daß dessen Formel, wonach die Koalition gegen Frankreich aufgelöst sei, keine bloße Phrase war. Kaiser Franz I. war nachher glücklich, während der fortdauernden Streitigkeiten der Kongreßpartner London schließlich doch eher an der Seite Österreichs zu wissen; wenngleich es bei der zeitweiligen Abwesenheit Castlereaghs von Wien dessen strikter Weisung an den britischen Vertreter auf dem Kongreß bedurfte, um diesen bei der Stange zu halten. So ist es geschehen, daß der amerikanisch-britische Krieg von 1812/14 nicht ohne Einfluß auf das Schicksal Europas, namentlich Österreichs wurde. Und daß die schließlich erzwungene Nachgiebigkeit der US in Gent Metternich aus der Klemme half; denn fortan hatte London im Westen *Rückenfreiheit.* Seine Feindseligkeit gegenüber Rußland wuchs. Noch waren um diese Zeit neben Großbritannien, *Rußland* und anderen Staaten, vor allem Spanien und Portugal mit ihrem riesigen Kolonialbesitz präsent auf dem amerikanischen Kontinent. Aber die spanischen Vizekönige regierten angesichts der zunehmenden Schwäche des Mutterlands, wie sie vor allem unter der Regierung des inkompetenten und korrupten Königs Ferdinand VII. von Bourbon, der mit Unterbrechung von 1808 bis 1833 regierte, katastrophale Auswirkungen bekam. Ferdinand VII. verzichtete nach einer Streitigkeit mit seinem Vater Karl IV. unter dem Druck Napoleons I. 1808 auf den Thron und begab sich nach Frankreich, wo er eine Sinekure genoß.

In den spanischen Kolonien reagierte man aber auf die Thronbesteigung des älteren Bruders Napoleons, Joseph, mit Aufständen. Damit kam für den in Caracas als Sohn des dortigen Vizekönigs geborenen Simon Bolivar dessen große Stunde. Der junge Simon wurde gemäß der Tradition seiner Familie nach Madrid zum Studium geschickt. Ihn interessierten die dortigen korrupten Zustände weniger als das, was nördlich der Pyrenäen in Frankreich geschah. Nach den ersten Siegen der Franzosen über die Interventionsversuche der konservativen Mächte bereiste Simon Frankreich und dessen sogenannte Tochterrepubliken in Italien. Und was er dort sah, gefiel ihm besser als das, was in seiner spanischen Heimat vor sich ging. Daß Napoleon Bonaparte als Erster Konsul Frankreichs sichtlich von den Idealen der Großen Französischen Revolution von 1789 abwich, mißfiel Simon. Er verließ Europa; in Madrid verliebte er sich auf der Heimreise. (Der frühe Tod dieser Frau, die seine Gemahlin wurde, hat Simon auf neue Wege gestoßen, sagt man.) Von der Europareise brachte er nicht nur seine

Frau, sondern auch die Mitgliedschaft in einer Loge mit. Letzterer Umstand wird den politischen Absichten Simons sehr zugute kommen.
In Caracas richtete sich ein Aufstand zunächst *nicht gegen Spanien,* sondern gegen dessen momentanen Herrscher, den Napoleoniden *Joseph.* Es bildete sich eine *Junta.* Junta ist ein Wort, das eine fatale Wirkung in der weiteren Geschichte Lateinamerikas bekam. Gedacht war ursprünglich an eine Volksversammlung nach der Formel: Das Volk nimmt die Macht in seine Hände. In Wirklichkeit geriet fast jede Junta zu einer selbstausgewählten Gruppe von Militärs und (oder) Zivilisten, die es als vorteilhaft finden, die Macht im Staat und die daraus fließenden Privilegien für sich und ihre Parteigänger in Händen zu haben. Nur zu oft wurde eine Junta der politische Wurzelboden, aus dem eine ungezügelte *Diktatur* über das Land erwächst. Die Junta in Caracas machte Simon, der kein Militär war, zum Obersten.
Die Junta brauchte Hilfen. Noch standen spanische Truppen im Land und man lief Gefahr, daß sie der Macht der Junta ein böses Ende bereiten würden. Simon verfügte über gewisse Beziehungen zu gesinnungsverwandten Kreisen in London. Man schickte ihn dahin, um von London Geld und Kriegsmaterial zu bekommen. Sowie in Spanien das Königtum des Napoleoniden Joseph mit dem Ende des Kaiserreichs in Frankreich zugrunde ging, änderte sich der Kurs der Junta. Von dem nach Madrid zurückgekehrten König Ferdinand VII. erwartete man sich in Caracas nichts Gutes. Zumal er ja nicht auf jene Verfassung vereidigt war, die 1812, während seines Exils in Frankreich, mit Hilfe der in Spanien kämpfenden Engländer von Politikern geschaffen wurde, die sich »los liberales« nannten und sich zu Schützern der Verfassung von 1812 machten. Zu ihnen stand sich Ferdinand VII. schlecht.
So fand denn in Caracas eine Änderung in der politischen Zielansprache statt. Richtete sich der dortige Aufstand zuerst gegen die spanischen Truppen des Usurpators Joseph, so wandten sich fortan die Männer der Junta gegen das Regime Ferdinands VII., letztenendes eines Tages *gegen das Mutterland.* Das war der Anfang des Abfalls der spanischen Kolonien Lateinamerikas vom Mutter-

land. Nachdem ein 1811 in Mexiko in gleicher Richtung begonnener Prozeß von spanischen Truppen unter Kontrolle gebracht und der Anführer, der verheiratete ehemalige Priester Hidalgo, gefangengenommen und erschossen worden war. Von seiner Reise nach London brachte Simon viel Geld und Waffenmaterial mit, vor allem den Eindruck, daß man fortan in London Zuflucht in den Fährnissen eines Bürgerkrieges finden werde. Schon war eine *doppelbödige Politik Londons nicht zu übersehen.* Während im spanischen Mutterland britische Truppen im Verein mit Spaniern, vor allem mit gefürchteten Partisanen, die Franzosen aus dem Land trieben und Ferdinand VII. die Rückkehr auf den Thron ermöglichten, unterstützte London zugleich in den spanischen Kolonien Lateinamerikas den Abfall vom Mutterland.
1813 war es so weit, daß Simon den Titel eines *Befreiers* zuerkannt bekam und stürmisch gefeiert wurde. Simon hat im Verlauf der Kämpfe nicht versäumt, einen Mitkämpfer, der zu seinem Konkurrenten werden konnte, in die Hände der Spanier zu spielen, die ihm das Schicksal eines Rebellen zukommen ließen. Simons Staatsgründung bekam den Namen »Großkolumbien«; dieses umfaßte Venezuela samt einem 1904 an Großbritannien abgetretenen Grenzgebiet, die frühere Kolonie Neu Granada, den heutigen Staat Panama, und sie reichte am Pazifik im Süden bis ins Gebiet des heutigen Peru.
Weiter südlich davon führte die Aufständischen ein gewisser Bernardo O'Higgins, auf dessen Taten die *irischen* Untertanen der Krone Englands stolz waren. Er machte sich zum *director supremo,* was eine elegante Umschreibung der Funktion eines Diktators ist. Von Chile aus nahm auch José San Martin, der es zum Präsidenten von Peru brachte, am Unabhängigkeitskrieg teil. Antonio José de Sucre wurde Präsident von Bolivien. Jede dieser mit kriegerischen Methoden, oft von ehemaligen spanischen Militärs geführten Aktionen wurde dem guten Volk als jener historische Akt hingestellt, bei dem *die Macht* angeblich den Großen genommen und in die *Hände besagten Volkes gelegt wird.* Das Volk wurde wenig gefragt. Der vorhandene Wille in der Bevölkerung, die da und dort bestehende Mißwirtschaft vom Hals zu kriegen,

und die Hoffnung, unter den neuen Verhältnissen besser zu leben, genügten, um den großen Haufen im Kampf beisammen zu haben. So wurde Lateinamerika nicht nur Versuchsstation dessen, was man *pronunciamento* nennt, sondern leider bis auf den heutigen Tag Opfer unzähliger Putschunternehmen, die meistens blutig verlaufen. Auf die Verlierer warten Gefangenschaft, das Exil oder der Tod.

Simon Bolivar war Perfektionist. Nachdem er 1827 angekündigt hatte, er werde sich aus dem öffentlichen Leben zurückziehen, benützte er nochmals seine zügellos ausgeübte Macht, um die Verfassung Kolumbiens zwecks Verfestigung seiner Position zu ändern. Das war die Zeit, in der es für seine Landsleute nicht gut war, anders zu denken als ihr Befreier oder gar im Gegensatz zu ihm Politik zu machen. Bolivar überspannte den Bogen. So wie Caracas sich von Madrid löste, sagten sich 1830 die im heutigen Venezuela von Großkolumbien los. Es empörte sich also das Heimatland Bolivars von seinem Befreier.

Bolivar kam glücklicher aus diesem Wirrwarr hervor als viele seiner Nachahmer. Kolumbien schickte ihn in Pension und garantierte ihm einen Ehrensold von 30.000 Piaster im Jahr. Bis zuletzt hielt London seine Hand über den Mann in den ehemaligen spanischen Kolonien Lateinamerikas, der dort die Macht Spaniens zu zerstören begonnen hat. Noch hoffte London, anstatt Spaniens in dem riesigen Halbkontinent ins Geschäft zu kommen; einen gleichzeitigen, ähnlich gerichteten Versuch Frankreichs unterband es ganz energisch.

In Lateinamerika verlief die Revolution; auf dem europäischen Kontinent war das 1814/15 von Talleyrand erfundene *Legitimitätsprinzip* zugunsten der aus der Zeit vor der französischen Revolution von 1789 bestehenden und neuerdings restaurierten Machtverhältnisse am Werk. Der Versuch des Königs von Spanien, Hilfen auf Grund des Legitimitätsprinzips auch zugunsten seiner in Aufruhr befindlichen Kolonien in Lateinamerika zu gewinnen, hatte keinen Erfolg. Also mußte Spanien aus eigener Kraft versuchen, seine Herrschaft über die Kolonien in Lateinamerika zurückzuerobern. Das aber geriet gar nicht gut. Als im

Jahr 1820 im Seehafen Cadix spanische Truppen für den Einsatz in den lateinamerikanischen Kolonien versammelt wurden, kam es bei der Truppe zur Meuterei.
Die Jahre 1820, 1830 und 1848 waren jene, während derer in der ersten Hälfte des 19. Jahrhunderts wie durch Zauberschlag Revolutionen in vielen Teilen Europas ausbrachen. 1820 schlug die Revolution zuerst in Neapel los. Der König wurde gezwungen, eine Abschrift der spanischen Verfassung von 1812 dem Land zu verleihen. So wie in Neapel wurde auch in Cadix eine Revolution von Militärs angezettelt. Die Soldaten waren natürlich sehr einverstanden damit, daß ihr Befehlshaber, der königliche General Rafael Riego y Nunez, einer der Liberalen Spaniens, selbst die Meuterei anführte. Riego verlangte von Ferdinand VII. die endliche Anerkennung der spanischen Verfassung von 1812. Bei diesem Bestreben kam ihm zugute, daß er sich der Person des Königs bemächtigen konnte. Im übrigen war der General nicht willens, gegen seine Gesinnungsfreunde in den Kolonien Lateinamerikas Krieg zu führen. Im Gegenteil: Er war entschlossen, ihrem Beispiel zu folgen und im Mutterland die Macht an sich zu reißen. Ferdinand VII. spielte wieder eine Rolle im Zwielicht. Riego berief sich auf die Zustimmung des Königs, als er eine sogenannte Volksvertretung einberief; eine Körperschaft, bei deren Auswahl das gute Volk, das jetzt angeblich die Macht in Händen hatte, nichts mitzureden hatte. Indem Riego für die Zusammensetzung des fraglichen Parlaments nach seinem Gutdünken sorgte, konnte er eine Diktatur im Land ausüben, die für die Regierung in London äußerst interessant war. Nicht wegen des demokratischen Charakters des Parlaments in Spanien, sondern deswegen, weil, solange Riego das Sagen hatte, keine Gefahr für die Revolution in Lateinamerika bestand. Riego brauchte seine Soldaten in der Heimat, um seine Säbelherrschaft unter Kontrolle zu halten.
Das 1815 in Wien formulierte Legitimitätsprinzip fing an zu wakkeln. Metternich versuchte mit den Methoden seiner oft zitierten sogenannten *Konferenzpolitik*, Kriege oder Bürgerkriege, die das Prinzip gefährden konnten, zu vermeiden. So trat 1820 ein Fürstenkongreß im österreichischen Troppau zusammen, auf dem

Großbritannien und Frankreich allerdings nur durch Diplomaten vertreten waren. Das Troppauer Protokoll, das Interventionen gegen die Revolution in Neapel, Spanien und Portugal betraf, wurde vom Vertreter Großbritanniens nicht unterzeichnet, vielmehr protestierte dieser gegen das Vorhaben, zu dem sich Österreich, Rußland und Preußen zusammentaten.

Der nächste Kongreß im Sinne der Politik Metternichs fand in Laibach statt. Diesmal war Großbritannien überhaupt nur mehr durch einen diplomatischen *Beobachter* vertreten. Die Abgesandten Frankreichs und der italienischen Kleinstaaten protestierten dagegen, daß Österreich der Auftrag erteilt wurde, die Militärrevolte in Neapel zu beenden. Die Intervention fand statt, und die Österreicher besetzten das ganze Königreich, wobei sie zum letzten Mal den Boden der Insel Sizilien betraten. Auch eine Revolte im benachbarten Piemont/Sardinien kam nicht zum Tragen, als österreichische Truppen denen des Königs von Piemont/Sardinien zuhilfe kamen. Laibach und die folgenden Interventionen waren das Ende der Allianz, die einmal im Endkampf gegen Napoleon I. zustande gekommen war.

Im nächsten Jahr beschäftigte sich ein Kongreß im österreichischen Verona vor allem mit der Revolution in Spanien. Ehe der Kongreß begann, erreichte Metternich eine erschütternde Nachricht: Sein Achsenpartner in London, Castlereagh, hatte in einem Anfall von Sinnesverwirrung Selbstmord begangen. Dieses Ereignis und die Nachfolge George Cannings in der Leitung der Außenpolitik Londons wurde zu *einem Wendepunkt in der Weltpolitik.* Canning kam wohl als Konservativer ins Amt, mauserte sich aber während des folgenden Machtverlustes der Konservativen zum Macher einer durchaus liberalen Außenpolitik. In diesem Sinn wurde er absoluter Gegner der Politik Metternichs. Er unterstützte immer offener die Revolution in Lateinamerika und nahm schließlich in der Europapolitik eine Haltung ein, die das Ende des Legitimitätsprinzips von 1815 bedeutete. Canning hat später triumphierend zugegeben, er hätte *die Neue Welt (in Lateinamerika) ins Leben gerufen, um das Gleichgewicht in der Alten Welt wiederherzustellen.* Das aber bedeutete die Absage an die Ordnung von 1815, die Konfrontation mit Metternich und zuletzt die offene Unterstützung der Aufstände der Griechen in der Türkei sowie der Machtbestrebungen der Liberalen in Spanien und Portugal.

Der so aufgerissene Zwiespalt reichte *in Wien* bis in die kaiserliche Familie. Erzherzog Karl, der gerühmte Sieger von Aspern, war von seinem Bruder Kaiser Franz I. dazu ausersehen, angesichts der auf dem Kontinent allenthalben bedrohlichen Unruhen wieder an die Spitze der k.k. Armee zu treten. Der Erzherzog lehnte derlei ab. Die von ihm vorgebrachten Gesundheitsgründe waren wohl nur vorgeschoben, denn Karl überlebte Franz um 12 Jahre. Was mehr wog und kennzeichnend war, ergab sich aus einer Äußerung Karls, wonach die *Prinzipien*, deretwegen einmal der Revolution in Frankreich und ihrem legitimen Sohn Napoleon I. von den anderen europäischen Großmächten der Krieg gemacht wurde, nicht länger für die große Politik der Mächte maßgebend seien. Jede europäische Großmacht sei vielmehr dabei, ihre Politik ausschließlich und ohne viel Rücksicht auf bisherige Verbündete auf ihre *Interessen* abzustellen. Der so entstehende Zwist in der Alten Welt kam zuerst London, dann den US zugute.

Zar Alexander I. dachte daran, das von russischen Pelzhändlern erschlossene Alaska in aller Form seinem Reich einzuverleiben; seine dortigen Gouverneure unterstützten das Vordringen von Russen geführter Handelskompanien entlang der Küste Kaliforniens. So kam der russische Einfluß bis auf 120 Kilometer an San Francisco heran. Nur mit Mühe konnte die Regierung in Washington die drohende staatliche Präsenz Rußlands an der Westküste Nordamerikas auf Alaska beschränken. Mit solchen Plänen beschäftigt, wünschte der Zar dem hilfesuchenden König von Spanien viel Glück im Kampf gegen die Revolution; von einem Marsch russischer Truppen nach Spanien war bald nicht mehr die Rede.

In *Berlin* geriet man bei den Gesprächen mit den Österreichern in ein Dilemma. Man sei zwar im Prinzip gegen die Revolution, doch seien in Berlin schon Vertreter der von Spanien abgefallenen Länder eingetroffen, um mit Preußen Handelsbeziehungen anzubahnen.

Selbst Metternich waren die Hände gebunden. Rußlands Intervention in Spanien war abgebogen; aber ein Zusammengehen mit Rußland bot die Gefahr, Österreich in den Konflikt zu ziehen, der unausweichlich war, wenn Rußland den freien Zugang vom Schwarzen Meer ins Mittelmeer und etwa gar eine Kontrolle am Westausgang des Mittelmeeres anstrebte. Ein wegen der Meerengen bei Konstantinopel auftretender Konflikt zwischen Petersburg und London bahnte sich an; ein Konflikt, der erst bereinigt wurde, als sieben Jahre vor Ausbruch des Ersten Weltkrieges ein Abkommen beider Staaten zur Klärung von Interessenkonflikten im Raum von Persien zustande kam; und während des Ersten Weltkrieges Rußland in aller Form als ein Siegespreis die *Öffnung der Meerengen* bei Konstantinopel versprochen wurde.

Für *London* war nach 1820 maßgebend, daß seit dem Ausbruch der Revolution in Lateinamerika der Umsatz im Handel mit den dortigen Ländern aufs Dreifache gestiegen war. London hatte sich eine bemerkenswerte Praxis zurecht gelegt, um als eine der ältesten *Monarchien* Europas ungeniert mit den auf *revolutionärer Basis* und im Kampf mit der Krone Spaniens entstandenen Ländern Lateinamerikas aufs beste auszukommen – ohne in den Verdacht zu geraten, es kümmere sich nicht um das internationale Recht. Dies der Weg der Politik Londons:

London behielt sich das Recht einer *commercial recognition* der in Lateinamerika entstandenen Staaten vor. Jeden, der sich von dritter Seite in die Problematik dieser ungewohnten Prozedur einzumischen versuchte, wies Canning scharf zurück. Als nächstes nahm London für sich in Anspruch, diese Handelsbeziehungen dadurch zu ordnen, daß es *an Ort* in Lateinamerika eine Vertretung durch die *recognition by commercial agents* einrichtete. Einmal einer de facto-Anerkennung der fraglichen, auf revolutionärer Basis entstandenen Länder nahe, tat London den fälligen nächsten Schritt: Es gab bekannt, daß es für *Columbia, Mexiko* und *Buenos Aires* Geschäftsträger ernennen werde; dies, *to enter in treaties of commerce with those states on the basis of recognition of their independence.* Dabei hatte London den Beifall aller Liberalen in Europa, wenn auch nicht der in den Staatskanzleien herrschenden konservativen Ansichten für sich. Frankreich, dessen seinerzeitiger Vertreter auf dem Wiener Kongreß von 1814/15 die Legitimitätstheorie als Konstruktionsprinzip für ein Nachkriegseuropa, also nach dem Ende der Herrschaft Napoleons, erfunden hatte, schwieg sich aus. Metternich war von Hohn umgeben.

Und da war noch ein merkwürdiger Umstand, der momentan Metternich die Hände band angesichts der revolutionären Ereignisse in Lateinamerika. Bei der Trennung der dortigen Kolonien vom monarchisch regierten Mutterland entstanden nicht nur Republiken, sondern eine Monarchie – in Brasilien, dem größten Land des Halbkontinents. Eine Monarchie, in der eine Tochter des Kaisers Franz Kronprinzessin wurde. 1807, beim Nahen napoleonischer Invasionstruppen, entwich der portugiesische Hof nach Brasilien. König Johann VI. residierte bis 1821 in Rio de Janeiro. So erlebte er an Ort die Revolution in Lateinamerika; auch er war gezwungen, den unaufhaltsamen Ereignissen Rechnung zu tragen: Er dankte zugunsten seines Sohnes Pedro I. ab; dieser berief eine Nationalversammlung ein. So rettete die *Dynastie Braganza* ihren Herrschaftsanspruch jenseits des Atlantiks, indem sie die Trennung von Portugal vollzog.

Pedro war der Lage nicht gewachsen. Die ohne Revolution und Blutvergießen vollzogene Loslösung vom Mutterland war eher auf die Entschiedenheit seiner Gemahlin Leopoldine zurückzuführen, einer Tochter Kaiser Franz' I. Sie gewann das Vertrauen der Bevölkerung und war der Dynastie von Nutzen, denn Pedro I. tat gut daran, 1831 auf ihren Rat hin abzudanken. Seine Gemahlin sicherte dem Sohn und Nachfolger den Thron – so bestand bis 1889 eine *Monarchie in Amerika.* Bemerkenswert dabei war, daß die US den Versuch, auch in Mexiko die dortigen wackeligen Zustände im Staat in einer Monarchie abzustützen, scharf verurteilten und nicht wenig zum Tod des habsburgischen Kaisers Maximilian von Mexiko beitrugen.

Anfangs der damaligen Zwanzigerjahre mußte sich Metternich von den Liberalen den Vorwurf gefallen lassen, er selbst käme den

Ereignissen in Lateinamerika mit zweierlei Maß entgegen. Er bekämpfe einerseits die Loslösung von Kolonien vom Mutterland; andererseits ließe er einem Agenten der Regierung des unabhängigen Brasilien einen österreichischen Paß ausstellen, damit dieser, seinen Kollegen aus den Republiken folgend, in Europa reisen und die Handelsbeziehungen Brasiliens zu europäischen Staaten anknüpfen und verfestigen könne. War das nicht ein Weg zur de facto-Anerkennung Brasiliens durch Wien?

Metternich konnte mit einiger Gelassenheit kontern. Die Loslösung Brasiliens vom europäischen Mutterland sei keineswegs auf *revolutionärem Wege* erfolgt; vielmehr hätte es sich dabei um einen Vorgang gehandelt, über den man sich *innerhalb des Hauses Braganza einig* geworden sei. Er, Metternich, fand offenbar diese Verselbständigung einer Kolonie ohne Kampf und Blutvergießen für besser als das, was in anderen Teilen Lateinamerikas geschah. Der Ballhausplatz sah daher in dem Geschehen in Brasilien keinen Verstoß gegen das Legitimitätsprinzip.

Das Mißverhältnis Londons mit Wien bestand, solange Canning im Amt war. Cannings Grundsatz in diesen von revolutionären Vorgängen erfüllten Zeiten war so: Jeder, der

»... einer *Verbesserung* widersteht, bloß weil sie eine *Neuerung* ist, mag sich bald gezwungen sehen, diese Neuerung hinzunehmen, wenn sie schon aufhört, eine Verbesserung zu sein.«

Canning hat sichtlich darnach gehandelt, als er die ersten Folgen der Revolutionierung Lateinamerikas erlebte. Die versuchte *Transplantation der parlamentarischen Demokratie* nach angelsächsischem Modell auf den lateinamerikanischen Boden machte aber bald das dortige politische Leben zu einer Hölle. In allen so entstandenen Republiken lösten sich in kurzen und kürzesten Abständen Revolution und Reaktion ab, wobei jeweils namens der Freiheit und der Wohlfahrt der Bevölkerung geputscht wurde. Und oft genug wurden die Sieger von heute die Verfolgten von morgen – und umgekehrt. Noch mehr: Diese Zustände beruhigten sich nicht mit der Zeit; sie erreichten in verschiedenen Staaten im 20. Jahrhundert eine neuerliche Verschlechterung. So in Bolivien während der Zeit nach 1945, in Chile während der Dreißigerjahre, ebenso in Ecuador; in Mexiko bis zur Ergreifung der Diktatur durch General Porfirio Díaz in den Achtzigerjahren des 19. Jahrhunderts. Paraguay war ein besonders hart betroffenes Land, und Peru erlebte dieses grausame Schicksal in den letzten Dreißigerjahren, ebenso Uruguay. Ob im einzelnen Fall Konservative zum Kampf um Befreiung und Beseitigung der Not des Volkes und der Korruption aufriefen oder ob es Liberale waren, Antiklerikale oder Klerikale, Freimaurer oder Feinde der Loge, Militärs oder Zivilisten, Radikale oder Anhänger von Ruhe und Ordnung, Bewegungen, wie sie im Anschluß an Marx entstanden, oder Antimarxisten – es ergab sich, daß die Basis solcher Putschregime fast immer zu schmal war und daß die Inhaber der Macht zuletzt gezwungen waren, dem Beispiel Simon Bolivars zu folgen und mit diktatorischen Methoden zu regieren. Klassischer Fall in jüngster Zeit wurde das Regime des als Marxist gerühmten Salvadore Allende, der 1970 mit einem *Drittel* der Wählerstimmen zum Präsidenten Chiles gewählt wurde, sein Regime aber nur mit Unterstützung der von Kommunisten geführten Kaderformationen halten konnte, bis er im Kampf gegen einen Militärputsch im Herbst 1973 gestürzt und getötet wurde. Nie mehr kam das Land zur Ruhe, das übrigens schon in den Dreißigerjahren dieses Jahrhunderts nicht mehr den Ruhm verdiente, lange Zeit die Ordnung einer gefestigten Präsidentschaftsrepublik nach dem Muster der US zu haben.

Metternich hat, als er nach 1848 in London im Exil lebte, mit der Gelassenheit eines Gewesenen die Zustände in diesem Mutterland der parlamentarischen Demokratie gerecht zu beurteilen versucht:

»*Man muß in diesem Lande leben* ..., um die Verhältnisse zu begreifen, die *hier gewöhnlich* sind, aber *anderswo* verpflanzt zugleich zur Carrikatur werden.«

In Lateinamerika wurde die so verpflanzte Art, Politik nach angelsächsischem Muster zu betreiben, nicht zur Karikatur, sondern viel zu oft zur Hölle für die *dort Lebenden.* Auch für Canning war die von ihm im Kampf gegen die Konservativen Europas erklärtermaßen zuhilfe gerufene Revolution in Lateinamerika ein

Risiko. Als sich Bernardo O'Higgins 1818 zum Präsidenten des unabhängigen Chile aufschwang, machte das auf seine Landsleute in *Irland* einen gewaltigen Eindruck. Warum sollte nicht auch ihnen gegenüber der Krone Englands gelingen, was ihrem Landsmann in Amerika gegenüber der Krone Spaniens gelungen war? Mehr und mehr mußte Canning auch fürchten, daß der von 1817 bis 1825 amtierende 5. Präsident der US, James Monroe, die wenig geordneten Zustände in den schwächlichen Republiken Lateinamerikas benützen würde, um in diesen für die US kommerzielle Vorteile und politischen Einfluß zu erzielen, wo jahrhundertelang Spanien schlecht, aber zu Zeiten auch recht regiert hatte. Canning kam auf die Idee, Washington mit dem Vorschlag anzugehen, man möge sich zusammentun, um Frankreich dazu zu bringen, die Hände von Lateinamerika zu lassen. Ein solches gemeinsames Vorgehen der angelsächsischen Mächte würde vor allem die Konservativen der Heiligen Allianz (Österreich, Rußland und Preußen) von ihren finsteren Plänen abschrecken und die junge Demokratie in Lateinamerika unter den Schutz der Mutterländer dieser Regierungsform bringen.

Die US hatten damals in London einen Missionschef, der nicht nur dort lebte und dessen starke Hinneigung zum Genuß von Portwein bekannt war, sondern der erkannte, worum es Canning ging: Nämlich *nicht* um den Schutz der Freiheit und der Demokratie in Lateinamerika, sondern um den Ausschluß Frankreichs, das mit seinen kommerziellen Aktivitäten London lästig wurde. Es gab in der Tat seit 1818 ein Abkommen zwischen London und Washington, das eine gemeinsame Aktion beider Regierungen bei der Anerkennung der in Lateinamerika entstandenen selbständigen Staaten vorsah. Dieses Vorgehen stieß aber anfangs der Zwanzigerjahre innerhalb der an sich konservativen britischen Regierung auf Widerstände; Canning selbst hatte seine Rochade ins liberale Lager noch nicht vollzogen. Es war insbesondere auch König Georg IV., der sich als ein Konservativer gab, bei seinem skandalösen Lebenswandel und seinen reaktionären Ansichten aber nur eine Blamage für die Anhänger eines konservativen Regierungsprinzips wurde. Wäre London im Jahre 1823 rechtzeitig gemeinsam mit den US bei der Anerkennung der neuen Staaten in Lateinamerika vorgegangen, dann wäre es nicht zu dem gekommen, was später als die sogenannte *Monroe-Doktrin* Motiv der Weltpolitik geworden ist. So aber enthielt die Botschaft des Präsidenten Monroe, wie sie dieser im Dezember 1823 an den amerikanischen Kongreß richtete, besagte Doktrin, die am besten im Wortlaut festgehalten wird, *Monopolcharakter:*

»Auf Grund der freien und unabhängigen Stellung, die sie eingenommen und aufrecht erhalten haben, sind die amerikanischen Kontinente von jetzt ab nicht mehr als Gegenstände zukünftiger Kolonialisierung durch irgendeine europäische Macht zu betrachten ... Das politische System der alliierten Mächte (also der Konservativen in Europa) ist wesentlich verschieden ... von dem Amerikas ... Wir würden jeden von ihnen unternommenen Versuch, ihr System auf irgendeinen Teil unserer Hemisphäre zu übertragen, als eine Gefährdung unseres Friedens und unserer Sicherheit ansehen ... In die Angelegenheiten der gegenwärtig (auf amerikanischem Boden) bestehenden Kolonien oder Anhängigkeitsgebiete irgendeiner europäischen Macht haben wir uns nicht eingemischt und werden dies auch nicht tun ... Wir haben niemals irgendeinen Anteil an den Kriegen gehabt, die die europäischen Mächte in ihren Angelegenheiten geführt haben, und es entspricht nicht unserer Politik, uns daran zu beteiligen.«

Mit dieser Formulierung wichen die US geschickt möglichen Konflikten mit europäischen Mächten aus, die um 1823 *noch* auf Gebieten des amerikanischen Kontinents als Kolonialmächte oder Schutzmacht vertreten waren: Rußland, das daran war, Alaska seinem Reich in Eurasien anzuschließen, sowie Großbritannien, Frankreich und die Niederlande, die Kolonialbesitz in Guyana und auf Inseln der Antillengruppe hatten. Von Kuba, das noch spanischer Besitz war, redete Monroe nicht, denn der Erwerb dieser Insel war seit langem erklärte Absicht vieler Kreise in den US, und noch vor der Jahrhundertwende eroberten die US die Insel, ebenso wie Puerto Rico.

Die Monroe-Doktrin war kaum verkündet, da mischten sich die US in den Kampf der Griechen gegen die Türkei ein; 1848/49 in

die in der Habsburgermonarchie ausgebrochenen Kämpfe; und 1917/18 sowie 1941/45 in die beiden bisherigen Weltkriege (obwohl es sich um Kriege zwischen europäischen Mächten handelte). Wie so viele politische Glaubenssätze erwies sich auch die Monroe-Doktrin in der Praxis als eine, deren Anwendung zu verschiedenen Zeiten und an verschiedenen Orten gemäß dem jeweiligen Interesse der US auf sehr verschiedene Weise erfolgte.
Indem die US sich 1823 zur Schutz- und Ordnungsmacht, jedenfalls zum Sprecher der auf den amerikanischen Kontinenten (also Nord- und Südamerikas) entstandenen und entstehenden selbständigen Länder aufschwangen, taten sie das, ohne die mit dieser Erklärung betroffenen Staaten vorher zu befassen. 1823 erfolgte kein förmlicher Einspruch seitens irgendeiner bestehenden Regierung oder Revolutionsregierung Lateinamerikas. Das sollte sich ändern. Die Emanzipierung lateinamerikanischer Staaten von der Ordnungsmacht US wird im 20. Jahrhundert der Sowjetunion die Chance bieten, auf amerikanischem Boden ihrerseits gewisse Staaten ihrem »Schutz« zu unterstellen. 1823 waren derlei Spätfolgen nicht abzusehen. Die Zeitgenossen Monroes waren mit der Erklärung ihres Präsidenten zufrieden. Viele Amerikaner vermeinten, man werde damit die in Europa stets aufs neue ausbrechenden Streitigkeiten und Kriege vom Hals haben und hinter einer haltbaren, undurchdringlichen Isolierung aller in Amerika bestehenden Länder für alle Zeiten glücklich und in Frieden leben können.

4.

Flüchtlinge, Illusionisten, Pioniere

Von dem aus Österreich stammenden Klassiker exotischer Dichtung Charles Sealsfield gibt es kein Bild aus jüngeren Jahren. Wohl aber eine sehr genaue Personsbeschreibung, die aus gegebenem Anlaß von amtswegen erfolgt ist:

Demnach war der Dichter als Zweiunddreißigjähriger groß und mager, von bleicher Gesichtsfarbe; seine länglichen Gesichtszüge verrieten *vorerst* – so wörtlich – wenig Geist; er besaß eine kleine Stirn, und die Ader über der Nase war aufgeschwollen. Der Bartwuchs war schwach, die Haare braun und eher nachlässig gestutzt. Er sprach (damals) nur deutsch und französisch und war an der Zunge zu erkennen, denn er raschelte beim Sprechen. Die Leute hielten ihn für einen Vielwisser und Schwätzer, sein Benehmen war hochtrabend, etwa bei dem ständigen Gebrauch der Redewendungen:

»Ich werde Ihnen sagen ...« oder »Sie haben keine Idee ...«. Außerdem war der später ungemein tätige und keineswegs schläfrige Dichter nach der 1823 ausgestellten Polizeibeschreibung, wohl als Folge seines Lebenswandels, schlafsüchtig. Er war ein leidenschaftlicher Kartenspieler, an sich eine den Priestern nicht gestattete Freizeitgestaltung. Beim Essen erkannte man ihn daran, daß er mit der Gabel in den Zähnen zu stochern pflegte. Bekleidet war er mit einem franzblauen Kaputrock oder einem schwarzen Frack. Ursachen seiner Flucht waren nach Ansicht der Behörden Unzufriedenheit mit sich selbst und die Folgen einer Disharmonie mit dem Großmeister seines Ordens; auch Schulden und nicht zuletzt eine (für einen Priester) enge Bekanntschaft mit der Tochter des Gubernialrats von Böhm.

Die k.k. Polizei-Oberdirektion Wien informierte demnach auf Grund der aus Böhmen zugegangenen einschlägigen Nachrichten die k.k. Polizeihofstelle und diese veranlaßte die Kurrendierung des also Beschriebenen. Die Affäre hatte einen heiklen Charakter, und im Steckbrief wurde aufgetragen, alles Aufsehen bei der Durchführung der behördlichen Nachforschung sowie bei einer Ergreifung des später hochberühmt gewordenen Dichters zu vermeiden. Dies nicht einfach deswegen, weil es sich um einen Geistlichen handelte, sondern weil der General-Großmeister des Ordens, dessen Angehöriger der Kurrendierte war – peinlich berührt war von dem Tun und der schließlichen Flucht seines bisherigen *persönlichen Sekretärs.*

In Prag, wo die Affäre ihren Anfang nahm, war die Liaison des flüchtig gewordenen Geistlichen mit der Tochter eines höhergestellten k.k. Beamten Stadtgespräch. Vertuschen ließ sich die Affäre nicht, weil besagter Geistliche nicht nur mit dem Kirchenrecht sowie den Ordensstatuten in Konflikt geraten war, sondern, nach allem, was bekannt war, auch mit dem Strafgesetzbuch. In sogenannten informierten Kreisen war es ein öffentliches Geheimnis, daß der Flüchtling in geldliche Malversationen verwikkelt war. Bei Weinkäufen für den Orden soll er die Ware bei seinem Vater, einem Weinbauern in Südmähren, bezogen haben, das dafür aber fällige Entgelt in die eigene Tasche fließen haben lassen. Je nach der Einstellung der an der Verbreitung dieses Gerüchts beteiligten Personen war es für die einen ein strafwürdiger Skandal; für andere ein Vergehen, vor dem ein Geistlicher so wenig wie ein Laie unter allen Umständen gefeit ist. Der Kurrendierte hieß Carl Postl, unter dem Namen Charles Sealsfield ist er in die Literaturgeschichte eingegangen.

Die k.k. Polizei hat sich damals viel Mühe bei der Ausforschung des Genannten gemacht. Habhaft wurde sie des Kurrendierten niemals. Nach Jahrzehnten hat man dem *Dichter Sealsfield* in seiner Heimat Denkmäler gesetzt; er selbst ist nie mehr in sein Geburtsland zurückgekehrt. Vom Priesterberuf ist er im Verlauf der Affäre abgefallen, in den späteren Auslassungen Sealsfields kommt ein unversiegbarer Haß gegen das Alte Österreich zutage. Nie verlor er aber die innere Verbundenheit zu seiner südmährischen Heimat. Ja, man nimmt an, daß der Dichtername Sealsfield

Bezug nimmt auf eine Grundstücksparzelle, die zum Besitz seines Vaters gehörte. »Seal« auf Deutsch »Siegel«, »field« so viel wie »Feld«. Und Siegelfeld hieß die Parzelle.
Postl war einer jener Priester, die oft nur schwer den Zugang zur echten Erfüllung ihres Berufes finden können. Er wurde von Haus aus gedrängt, Priester zu werden, und er wurde zudem Ordenspriester. Durch seine Verwendung als Sekretär des General-Großmeisters der Kreuzherren kam er zu Zeiten mehr mit *Geschäften* als mit der Erfüllung seines *Priesterberufs* in Berührung. Ihm gefiel diese Geschäftigkeit; er erkannte, daß er die Begabung dazu hatte, und in ihm wuchs die Überzeugung, daß er in einem weltlichen Beruf glücklich geworden wäre; vielleicht noch einmal werden könne. In Prag verkehrte er viel in der Familie des k.k. Gubernialrats Ritter von Böhm. Böhm war ein sogenannter Lufton, der Sohn eines Logenangehörigen. Im Österreich unter dem Kaiser Franz I. gab es viele frühere Angehörige der in Österreich nicht mehr bestehenden Logen. Einige davon erreichten hohe Staatsstellungen, genossen das Vertrauen des Kaisers. Einer von diesen war Franz Graf Saurau, um 1823 Oberster Kanzler und Minister des Inneren. Zu ihm liefen Verbindungen, die Gubernialrat Böhm dem strebsamen Postl eröffnen wollte.
Dem Gubernialrat entging auch nicht, daß Postl mit seinem Beruf als Geistlicher unzufrieden war. Es war denkbar, einem solchen Geistlichen eine Anstellung im Staatsdienst zu verschaffen, ohne daß damit notwendigerweise der Abfall vom Priesterberuf verbunden gewesen wäre. Um 1823 standen Veränderungen in der Zusammensetzung des Staatsrats in Wien zu erwarten. Martin Lorenz, als Priester ein wahrer Josefiner, kränkelte; es schien, als würde er jubiliert werden, wie man damals eine Pensionierung nannte. Gegebenenfalls hätte sich so eine Anstellungsmöglichkeit eröffnet. In Verwaltungs- und Vermögensgeschäften schon bewährt, hätte sich dann für Postl eine Vakanz zum Eintritt in den Staatsdienst ergeben; so viel Religiosität, wie Lorenz an sich hatte, war damals auch in Postl noch lebendig. Der später Aufsehen erregende Fall Postl wäre vermieden worden; Postl wäre als ein vom Kaiser geschätzter Josefiner jubiliert worden, ohne daß er

aus seinem Orden oder seinem Stand hätte auszutreten brauchen.
Herr von Böhm dachte bald weiter. Seine Tochter Sidonie – auch dieser Name wird später in einem Pseudonym Postls auftauchen – war Postl sehr zugetan. Ihr Vater ließ das zu, mehr noch, er ermunterte Postl, anstatt den Kreuzherren einer anderen Gemeinschaft zu dienen:
»Schließen Sie sich unserem Zirkel an, verpflichten Sie sich uns, und wir werden uns Ihnen gegenüber verpflichten. Wir haben längst Großes mit Ihnen vor ...«
Wir. Postl ahnte, wer damit gemeint war. Er ließ sich auf das Spiel ein. Innerhalb des Ordens geriet er außer Evidenz. Um Fronleichnam 1823 war er in Wien. Er umging die vorgeschriebene Meldepflicht, insgeheim wollte er zu Graf Saurau vordringen. Empfehlungen dazu hatte er in der Tasche. Die Audienz kam nicht zustande. Später ergab es sich, daß jene Vakanz im Staatsdienst, die für Postl eine Laufbahn eröffnen sollte, ausgeblieben ist. Jetzt saß Postl in der Klemme. Im Falle einer Anstellung beim Staat hätte er die erwähnte Geldaffäre leicht bereinigen können. Es lag dem Orden nicht daran, die Sache an die große Glocke zu hängen. Aber aus der Karriere beim Staat wurde nichts. Heim nach Prag wagte sich Postl nicht mehr. Er mußte damit rechnen, daß man schon auf der Suche nach ihm war. Es besteht Grund zur Annahme, daß jener Kreis, den Herr von Böhm mit WIR umschrieben hatte, Postl einen gültigen Paß zur Ausreise aus Österreich verschafft hat. Namen werden genannt: Der einflußreiche Großkaufmann Simon von Lämel, der während der napoleonischen Kriege zu großem Vermögen gekommen war. Er stellte Geld für die Flucht bei. Im Zusammenhang mit der Paßaffäre wurde ein Baron Bretfeld genannt. Postl erfuhr einige der Hilfen, über die in Prag Herr von Böhm mit ihm gesprochen hat. Man war ihm Hilfen schuldig, nachdem sich die in Aussicht gestellte Verwendung im Staatsdienst als unmöglich erwiesen hatte. Wie immer es gewesen sein mag, man hat nie mit Sicherheit den Fluchtweg Postls erheben können. Nachgewiesen ist, daß er in Zürich endlich zur Ruhe kam.

Leute wie Postl wanderten gleich am besten nach Nordamerika aus. Die US waren für Unternehmungslustige und Europamüde das Land der unbegrenzten Möglichkeiten. Die dortigen Zustände schienen die Chance zu bieten, in wenigen Jahren zu erreichen, wozu man in der Alten Welt eine Lebensarbeit oder das Mühen von Generationen brauchte. Aber es gingen auch andere Typen hinüber; *Kassiere,* die ihrem Brotgeber nur eine leere Kassa und die Schlüssel dazu hinterließen; *Offiziere,* die nach einigen Jahren kostspieligen Lebensaufwands ihren Schulden und enttäuschten Gläubigern in Europa davonliefen; *lustige Kerle,* die nicht willens waren, einer Kindsmutter und ihrem Kind einen ehrlichen Namen zu geben; *Geistliche,* die den Priesterberuf satt hatten und die drüben als Antiklerikale ein neues Leben anfangen wollten. Von derlei Beweggründen eines Auswanderers in die Neue Welt hatte Postl um 1823 einiges an sich; er war kein Verbrecher und kein *politischer* Flüchtling; eher ein Abenteurer, der erst die in ihm stekkende literarische Begabung entdecken mußte.
Schon bei seinem Kommen in die US wurde er Zeuge eindrucksvoller Kundgebungen: Der französische Marquis de Lafayette kam als Ehrengast in jene Staaten zurück, die er und seine Landsleute bei ihrem Aufstand gegen die Krone Englands in ihrem Unabhängigkeitskrieg unterstützt hatten. Und weil der Marquis im Ruf stand, auch einer derer gewesen zu sein, die nach 1789 die Franzosen von ihrem König befreiten, um anstatt des Königtums eine Republik zu haben, er also Macher zweier Revolutionen war, hieß Lafayette *Held zweier Welten.* Was im geographischen Sinn zutraf, nicht aber im politischen Sinn. Denn er gehörte zu jenen Franzosen, die nach dem Sieg der Amerikaner über die Krone Englands von drüben die Begeisterung für das republikanische Prinzip nach Frankreich *importierten.* Dazu ein Beispiel der übertriebenen Manier, mit der schon damals die Presse in den US Lob verteilte. Von Lafayette schrieb sie:
»Noch in der Wiege und bevor er den Mutterleib verlassen hatte, hat er glänzend dazu beigetragen, in Amerika die *Aristokratie* und den Despotismus in Europa auszurotten ...«
Die Wahrheit ist, daß Lafayette nie aufgehört hat, sich als Aristo-

krat zu geben; er hat sogar versucht, am Beginn der eher der Despotie zuneigenden Ära Napoleons I. bei diesem anzukommen; aber der Korse hatte für solche Typen einen besseren Blick als der unglückliche König Ludwig XVI.; letzterer nahm das Schutzangebot Lafayettes am Tag des Untergangs der Monarchie an. Nur die Königin, die »autre chienne« genannte Marie Antoinette, fragte ahnungsvoll:
»Lafayette schützt uns vor den Angreifern – wer aber schützt uns vor Lafayette?«
Postl lief nicht hinter dem Triumphzug Lafayettes und seiner amerikanischen Gesinnungsfreunde her. Lafayette suchte Kontakt mit dem in den US in Reichtum lebenden älteren Bruder Napoleons I., dem gewesenen König von Neapel und Spanien *Joseph*,; suchte eine Brücke zu finden, um im Verein mit Bonapartisten die in Frankreich wieder herrschenden Bourbonen, also König Ludwig XVIII., zu stürzen. Der Kaiser Napoleon hinterließ von seinem königlichen Bruder Joseph ein schlechtes Urteil. Er hielt ihn für einen Narren. Joseph bilde sich ein, Soldat zu sein, und sei keiner geworden; als König in Madrid sei er mehr hinter Weiberröcken hergewesen als hinter seiner Sache, die denn auch kläglich zugrunde ging. Wie viele Genies, übersah Napoleon bei dieser Charakterisierung die einzige Fähigkeit seines Bruders: nämlich Geld zu machen. Während der Kaiser nach Waterloo sein Leben auf einer Insel im Weltmeer in einer Behausung, welche die architektonischen Schönheiten einer Offiziersbaracke hatte, als britischer Staatsgefangener beenden mußte, gelang es Joseph nach Waterloo 1815, mit einer Schiffsladung von Reichtümern die Blockade der Royal Navy zu durchbrechen. In den US lebte er als mehrfacher Gutsbesitzer, als Mittelpunkt derer, die mit einigem Recht auf die Wiederkehr der Bonapartes auf den Thron Frankreichs hofften.
Postl trat in die Dienste der bonapartistischen Verschwörung. Mehr noch: Er verdingte sich *verschiedenen* Verschwörergruppen. Und er scheute sich nicht, während eines Aufenthalts in Europa sich an den österreichischen Staatskanzler Fürst Metternich heranzumachen – und diesem die Hilfe gegen die Intrigen Can-

nings anzubieten. Die Lage Metternichs war 1823 nicht rosig, und also gab er amtlichen Auftrag, den Wert des Angebots zu prüfen. Postl gebrauchte in der Korrespondenz mit Metternich den Namen Charles Sealsfield und gab sich als *Kleriker* aus Pennsylvania aus. Er hatte einen im Staat Louisiana ausgestellten Paß bei sich. Als nom de guerre führte er damals den Namen *Sidons,* der Anklang an *Sidonie* fällt auf. Metternich ließ beim Missionschef der US in Paris, auf den sich Postl bei der Kontaktaufnahme mit Metternich berufen hatte, nachfragen. Der amerikanische gab vor, Mr. Sealsfield, der ihm empfohlen war, nicht zu kennen. Kein Diplomat darf auf Befragen zugeben, daß er neben den von ihm unterhaltenen amtlichen Beziehungen auch solche zu Agenten im politischen Untergrund hat.

Die k.k. Polizei, von der später gesagt wurde, ihr Netz von Schnüffeleien und dergleichen hätte keine Lücke gehabt und sei über ganz Europa gespannt gewesen, hat weder bei diesem Anlaß, noch später herausbekommen, daß sich Postl als gewerbsmäßiger politischer Agent in Europa den Regierungen anbot und Anbote bekam.

Man darf annehmen, daß der von Seiten Metternichs erteilte Refus nicht ohne Einfluß auf das Entstehen eines Machwerks blieb, das sich neben den großen literarischen Leistungen Sealsfields miserabel ausnimmt.

Zur Zeit seiner Weiterreise nach London ereignete sich jene Ära, während der eine Reihe von *Amerikamüden* mit ihren in den Staaten gemachten schlechten Erfahrungen eine Gefahr für den seitens der US dringendst benötigten Zustrom von Einwanderern in die Staaten bedeuten konnte. Die US hatten im Gegensatz zur Alten Welt genug Land, aber zu wenig Siedler; in der Alten Welt suchten die sogenannten weichenden Söhne der Bauern und die Landlosen Grund und Boden. Postl schien in London der Mann zu sein, um den amerikanischen Interessenten eine Propagandaschrift zugunsten der Einwanderung in die US zu schreiben. Postl übersah, daß er damit auf ein Thema kam, das im Wahlkampf 1828 in der Rivalität der beiden Kandidaten, John Quincy Adams, der amtierender Präsident war, und dem aggressiven Andrew Jackson, eine Rolle spielte. Zum Unglück für Postl geriet seine Untersuchung »The United States of North America, as they are in their Political, Religious and Social Relation« zu einem eher dem Kandidaten Jackson dienlichen Druckwerk. Die Gegenpartei scheute sich nicht, Postls Buch als Machwerk eines *verachteten Pennsylvaniendeutschen* (!) hinzustellen; der Verfasser wisse einiges über die US, verdiene aber für seine Darlegungen oder Meinungen wenig Achtung.

Umso mehr fällt auf, daß der Verleger dieses Buches Postl dennoch aufforderte, etwas über Österreich, Kaiser Franz I. und Metternich zu schreiben. Postl nahm den Auftrag an. Während seiner früheren gesellschaftlichen Beziehungen zu einflußreichen Kreisen hatte er ja Gelegenheit gehabt, von Dingen zu hören, die zu beurteilen er nach eigener Anschauung selten in der Lage war, weil er aufs Hörensagen angewiesen war. Der Wahrheitsgehalt des so entstandenen Sensationsschriftchens AUSTRIA AS IT IS entspricht daher jenem berühmt gewordenen Werk, das Karl Kraus unter dem Titel DIE LETZTEN TAGE DER MENSCHHEIT im Jahre 1922 herausbrachte – Carl Postl und Karl Kraus waren jeweils zu ihrer Zeit auf Erzählungen angewiesen, die verabschiedete Exzellenzen, Generale, die nie mehr ein Kommando bekamen, und Anekdotenerzähler in den Salons böhmischer oder mährischer Landgüter weit vom Schuß vorbrachten.

Bezeichnend war der Untertitel der von Postl in schlechtem Englisch geschriebenen Charakterisierung des Alten Österreich: *Sketches of Continental Courts. By an Eye-Witness.* Man tut dem Autor, dessen literarischer Ruhm längst unbestritten ist, nicht Unrecht, in diesem Zusammenhang zu sagen, daß er sein Buch über Alt-Österreich mittels einer Lüge anpries: Er war nie Augenzeuge dessen, was er vor allem über den Hof zu Wien hinterlassen hat.

Die Londoner Zeitschrift »Literary Gazette« stellte denn auch das Büchlein als ein von Haß gegen alle Herrscher in Europa geschriebenes hin, als Sammlung schmachvoller Anekdoten. Eine andere Zeitschrift fand sich mit der Sprache des Autors ab und vermutete, ein Sohn John Bulls hätte es gewagt, über die politische Lage in

einem *fremden Land* (!) zu schreiben. Postl mußte es sich gefallen lassen, als ein *Amokläufer* von Paris bis Wien hingestellt zu werden, der viel Wahrheit und Überzeugungskraft mit Leichtgläubigkeit und Übertreibungen mischt; und viele boshafte Verweise des Autors sollten sowohl zuhause wie in der Fremde zum Nachdenken und zu ruhiger Bedachtnahme anregen.
Mit der Zeit klärten sich die Wässer der Kritik. Der Verfasser wurde als *ein Österreicher* agnosziert, der in englisches Denken eingeweiht ist. Freisinn und unvoreingenommene Intelligenz täten sich in jeder Bemerkung zeigen, das Material sei interessant. Manche Skizzen seien neu, gäben das klarste und lebendigste Bild von Österreich, das die Engländer bis jetzt gesehen hätten. Mehr noch: Alles, was sich auf das politische System Österreichs beziehe, verdiene, mit größter Aufmerksamkeit gelesen zu werden. Solche Nachrede trug das Interesse über den Atlantik, und schon am 18. Februar 1828, acht Wochen nach Erscheinen, kündigte der »New York American« das Schriftchen als das eines Österreichers an, der sich im Highlife des Landes auskennt.
Was dann folgte, war sensationell: In Frankreich und Belgien wurde das Buch ins Französische übersetzt. In Italien wurde es bei der Übersetzung mit Bosheiten bereichert und so ins Deutsche übertragen. In Schweden fand der (unwahre) Aufsatz über den Herzog von Reichstadt einen Abdruck in einer Literaturzeitschrift. Der Pariser Verlag Bossange sorgte für die Verbreitung in London, Leipzig, Neapel, San Domingo, Montreal, Mexiko und Rio de Janeiro. Wohl hing der Schrift immer noch der böse Nachruf an, sie enthalte äußerst verleumderische und bösartige Einschaltungen, die man allerdings nicht dem Verfasser, sondern jenen zuschrieb, die das Werk an Ort unter die Leute bringen sollten. In Kreisen der Untergrundkämpfer Italiens fand das Buch große Verbreitung.
Der Präsident der k.k. Obersten Polizei- und Zensur-Hofstelle Graf Sedlnitzky bekam die Schrift schon zum Beginn des Jahres 1828 zu lesen. Er schickte das Exemplar dem britischen Botschafter Lord Wellesley Cowley, einem Bruder des Siegers bei Waterloo, quasi als Beleg dafür, daß die in London gegen Wien betrie-

bene Propaganda auf recht niedrigem Niveau stehe. Der Botschafter antwortete postwendend und bemerkte maliziös, er habe nie ein derartiges Gewebe von Unwahrheiten gelesen, das noch dazu in einem so schlechten Englisch sei, daß dieses Werk wahrscheinlich gar nicht von einem Engländer geschrieben sein könne. Immerhin haben in Wien die von Liberalen gerne besuchten Buchhandlungen Gerold und Schaumburg die Schrift an vertrauenswürdige Abnehmer unter der Hand verkauft. Als deshalb von Amtswegen die Lager der Buchhandlungen untersucht wurden, hoffte man auf Beute. Das Buch schien ausverkauft zu sein.

In der Hofzensurstelle, immer noch ein Refugium für Nachhuten der Loge, analysierte man die Arbeit; man fand ganz richtig heraus, daß sie auf Geschichtchen beruhte, wie sie hierzulande in Salons kursierten; manche gekränkte Eitelkeit oder Mißerfolge eines Karrieristen fänden Niederschlag; und tödlicher Haß gegen den Kaiser und gegen Metternich. Mit der Zeit geriet die Arbeit aus den Polemiken des Alltags.

Was blieb, war die Vermutung, das Werk sei eher Ausdruck der *persönlichen Rache* des Autors. Die so schrieben, hatten nicht mehr die Gefühle jener, die am Vorabend der Revolution von 1848 mit anderen Augen das Buch gelesen haben und es mit Emotionen aufnahmen, die nicht so abgekühlt waren wie jene der nach 1859 in Österreich an die Macht gekommenen Liberalen. Nach dem Umsturz von 1918 erschien die Schrift in der Republik im Buchhandel; nach allem, was seit 1828 über das Alte Österreich gesagt worden ist, war es unter den geänderten Verhältnissen nur mehr Schnee von gestern, wie man neuerdings sagt.

Postl wurde Citizen of the United Staates. Seinen Lebensabend verbrachte er lieber in der Schweiz. Für ihn war es eine Genugtuung, aus der Nähe beobachten zu können, wie das Alte Österreich im Feldzug von 1859 schwere militärische Niederlagen erlitt. Postl hat sie diesem Staat gegönnt, und er war froh, daß das bisherige System *endlich unschädlich gemacht wurde*.

Als Postl am Vorabend von Königgrätz starb, ergab es sich bei der Testamentseröffnung, daß er einer jener Europäer war, die *drüben* ein Vermögen zu machen imstande sind, im übrigen es aber vorziehen, die Erträge daraus *in der Alten Welt zu konsumieren.* Der gewesene geschäftstüchtige Sekretär des General-Großmeisters der Kreuzherren erwies sich bis zuletzt als ein Mann, der etwas vom Geld verstand. Seine Habe bestand größtenteils aus Anteilscheinen, die ihn teilhaben ließen an lukrativen amerikanischen Unternehmungen zum Bau und Betrieb von Eisenbahnen. So die New Albany & Salem Eisenbahn, die Schuylkill & Susquehana Eisenbahn, die Milwaukee & Prairie du Chien Eisenbahn, die Burlington & Missouri Eisenbahn, die Chicago & Milwaukee Eisenbahn. In Unternehmungen seines Herkunftslandes hat Postl keinen Rappen investiert.

Lenau war der erste, der bedeutendste Dichter aus Alt-Österreich, der als Europamüder in die Staaten kam, der aber sein dortiges Schicksal nicht bewältigen konnte. Aber – Lenau fand einen Weg zurück. Viel schlechter erging es noch dem Kärntner Guido Zernatto, der guttat, 1938 aus Österreich zu flüchten. Eines seiner letzten Gedichte – er fand nach einem fünfjährigen Exil drüben einen frühen Tod und ist auf dem St. Rymondsfriedhof in Bronx begraben – drückt das namenlose Leid derer aus, für die die Neue Welt unfaßbar war:

»Dieser Wind der fremden Kontinente / Hat den Atem einer andren Zeit. / Andre Menschen, einer andern Welt geboren, / Mag's erfrischen. Ich bin hier verloren / Wie ein Waldtier, das in Winternächten schreit.«

Zernatto kam nicht als Illusionist hinüber. Sein Schicksal erfüllte sich, als die Alte Welt in der Zeit des Hitlerismus unter dem Druck der aus Ost und West über die Mitte des Kontinents hereinbrechenden ungeheuren Übermacht ruiniert wurde. Aber die Kälte, die der Dichter so quälend empfand, die unannehmbare Fremdheit einer anderen Welt, die Einsamkeit – all das haben unzählige Österreicher zu spüren bekommen. Viele wurden mit diesem Lebensschicksal fertig, vielen war es möglich oder gestattet heimzukehren, um in der Heimat zu sterben. Sehr viele starben und ruhen in verschollenen Gräbern im weiten Land zwischen dem Atlantik und dem Pazifik.

Lenau, eigentlich Nikolaus Niembsch, Edler von Strehlenau, war kein Österreicher, der aus den Erblanden stammte. Im Banat geboren, durfte man an sich bei ihm jene Härte vermuten, wie sie die 1945 vertriebenen Volksdeutschen in ihren Streusiedlungen inmitten anderer Nationen nach den Mühen von Generationen besaßen. So wie Postl stieg auch Lenau aus: Postl, zum Priester bestimmt, wurde alles andere als das, was man zu seiner Zeit einen Seelenhirten nannte. Der Jusstudent Lenau hielt es bei diesem Studienfach nicht aus; er sattelte um auf Medizin, bis er erkannte, daß er zum Dichter berufen war und er das Hochschulstudium ganz aufgab.

Von Jugend an labil, teilte Lenau gewisse Veranlagungen mit Franz Grillparzer, aber auch mit Josef Lanner, zwei Symbolfiguren der Romantik in Österreich, Freunde Lenaus. Man kann sich leicht jene Gesprächssituation vorstellen, während der Grillparzer zu Lenau gesagt hat:

»Man müßte nach Nordamerika auswandern, wenn man den Gedanken freien Ausdruck geben will.«

Wahrscheinlich war es ein Gespräch, über dem der Trübsinn einer Nacht lag. Worte fielen, die bei Tageslicht nichts wert waren. Denn unter keinen Umständen wäre Grillparzer willens und in der Lage gewesen, Wien und Österreich zu verlassen. Schwer lastete dem größten deutschen Dichter aus Österreich das Wissen darum auf der Seele, daß er vom Theaterpublikum, das er zuerst im Ansturm für sich erobern konnte, nicht verstanden wurde. Jener Theaterabend vom März 1833, an dem sein Werk »Weh dem, der lügt« einen Mißerfolg einbrachte, hat Lenau nicht mehr in Wien erlebt. Er war im Jahr zuvor tatsächlich ausgewandert, um dort das zu finden, was Grillparzer in jenem Gespräch zur Nachtzeit in seiner Heimatstadt vermißte: Freiheit.

Über Lenaus Versuch einer Emigration – er währte nur ein Jahr – lag ein grausames Schicksal. Allerdings eines, das keine Seltenheit für unzählige Einwanderer wurde, das aber die von Kindheit an von Armut gepeinigten Typen leichter bewältigen als der sensible Lenau. Lenau war kein Bohémien wie Schubert; er gab sich soigniert. Immerhin war er auch nicht Sohn eines Schulmeisters aus einer Wiener Vorstadt, wie Schuberts Vater einer war; ein Vater, der mit zwei Frauen im Laufe seines Lebens mehr als zwanzig Kinder zeugte. Die unvorstellbare Beengtheit, in der Schubert heranwuchs, hat sich Lenau zeitlebens nicht vorstellen können. Noch weniger konnte sich der Europamüde die Zustände vorstellen, in die er drüben im Land der unbegrenzten Möglichkeiten geriet.

Einer der Gründe dafür, daß Lenau aus Wien wegging, war, daß in der Stadt eben erst eine *Choleraepidemie* zuende gegangen war. Und dann traf ihn in Baltimore, wo er an Land ging, das Mißgeschick, in eine Stadt zu kommen, in der eben die Cholera grassierte. Auf der Suche nach Siedlungsland in Pennsylvania wurde Lenau krank. Er hatte Geld, und so konnte er die Zeit der Krankheit überstehen, da er notwendige Hilfeleistungen entlohnen konnte; für viele Einwanderer war die Erkrankung beim Kommen in die Staaten das Ende ihrer Auswanderung auf dieser Welt. Die Unheilsträhne riß nicht ab. In Ohio, wohin er übersiedelte, erlitt Lenau bei einer Schlittenfahrt einen Unfall und zog sich eine Verletzung zu. Das Gefühl, von einem bösen Geschick verfolgt zu sein, machte Lenau aber mehr zu schaffen als die Unzukömmlichkeiten beim Anfang seines Experiments in der Neuen Welt. Viel Unerwartetes stieß ihm zu, seine Erwartungen jedoch wurden enttäuscht:

Er war nach Amerika gekommen, um dem sogenannten *Edlen Wilden*, der in seinen Illusionen eine große Rolle spielte, zu begegnen. Aber dort, wohin Lenau kam, waren die Wilden schon ausgerottet oder westwärts verjagt. Er sah nicht die *unberührten Wälder*, von denen er geträumt hatte. Vielmehr war er Zeuge, wie die Neusiedler ganze Wälder kahlschlugen, um ihrer bäuerlichen Zivilisation den Boden zu verschaffen. Als Jurist hatte man ihn gelehrt, daß die Römer von allen Rechtsgütern drei als die höchsten ansahen: VITA, LIBERTAS, PROPRIETAS. Sein jetziges Leben war nicht von dramatischem Geschehen gefährdet, aber geschützt wurde es von niemandem, und die *Rechtsordnung* schien in dem von ihm ausgesuchten Siedlungsgebiet noch nicht aufgerichtet zu sein. *Freiheit* wurde in der Neuen Welt offenbar in differenzierter Form verabreicht. Nicht einmal alle Weißen erfreuten sich der gleichen Freiheit, den Negern wurde sie expressis verbis abgesprochen, mit Indianern verkehrte man sichtlich am liebsten entlang einer Ziellinie, die über Kimme und Korn eines Gewehres verlief.

Es war nicht zu übersehen, daß die ihm benachbarten Neusiedler mit den Mißlichkeiten des Anfangs ihrer Farmertätigkeit nicht ganz leicht, aber doch mit der Zeit zu Rand kamen. Dieses gute Volk, *Pioniere,* die zum Besten gehörten, was in der Neuen Welt heranwuchs, ein bisher noch unzerstörbarer Kern der Nation, schien es nicht verstehen zu können, was Lenau zu tun begann: Ein wohlgekleideter Mann, sichtlich nicht ganz mittellos, mischt sich unter Menschen, die Schweiß, Blut und Tränen vergossen, bis sie die erste Ernte erlebten. Solche Menschen sind einmal auch unter der Kaiserin Maria Theresia aus dem Reich in das während der Türkenherrschaft verwüstete Banat gekommen – aber an dieser Tradition hatte der dort geborene Lenau keinen Anteil. Das, was man drüben *farming* nannte, war nicht das, weswegen er herübergekommen war. Dazu fehlten ihm Eigenschaften an Leib und Seele.

Er wurde verbittert und beurteilte seine Nachbarn ungerecht. Fand sie armselig, ausgebrannt, geistlos und noch dazu bigott. Ihre Lektüre war die Bibel und deren Weisheit galt Lenau nichts mehr. Die von Wien her gewöhnte Musikalität ging gänzlich ab. Die Arbeitslieder der Nachbarn störten ihn eher, als daß die Musik aus dem Volk ihm half, seine Wesenheit auf die neuen Verhältnisse einzustimmen. Er gab auf.

In die Alte Welt zurückgekommen, fand er die Liebe zu einer Frau; im übrigen kehrte er in jene Welt der Geisteskultur zurück, aus der er ausgezogen war, um die Begegnung mit dem Edlen Wilden und mit riesigen unberührten Wäldern zu haben. Sein höchst persönliches Erleben in Amerika verlockte ihn, in der Geschichte nach Persönlichkeiten zu suchen, denen ihr Ausbrechen aus gewohnten Geleisen ebenfalls übel bekommen ist:

Der Dominikaner *Savonarola,* der als Schismatiker und Häretiker verfolgt, gefoltert und gehenkt wurde, dessen Leichnam man verbrannte – dessen hinterlassene Schriften aber für rechtgläubig erklärt wurden. Die *Albigenser*, die erst um das Jahr 2000 von katholischen Theologen richtig – wie man vermeint – erkannt wurden, waren für Lenau ebenso ein Vorwurf für ein Bühnenstück. Ehe Lenau den letzten Rest einer *Fähigkeit zu glauben* verlor, suchte er eine geistige Heimat im Schicksalsbereich jener, die von ihrer Zeit abgestoßen wurden und die ihrerseits diese Zeit nicht an sich herankommen lassen wollten. Lenau war nicht der letzte Amerikamüde.

Aber in den US wurde man bald gewahr, daß die Angst, es könnten die heimkehrenden Amerikamüden den Zustrom aus den Massen der Europamüden zum Versiegen bringen, unbegründet war. Ganz im Gegenteil. Schon gingen in den US die Vorhuten jener Völker an Land, deren Kinderreichtum der einzige Reichtum war und ist, der dem guten Volk unbenommen ist: Italiener und Slaven. Viele dieser Einwanderer kamen aus dem franziszäischen Österreich, gaben sich aber bei ihrem Kommen *nicht als Österreicher* aus, wie das etwa die in die US kommenden Angehörigen von Nationalstaaten getan haben. Sie figurieren in inkompletten Statistiken als *Italiener* und *Ungarn*, *Polen* und *Ruthenen*, *Slovenen* und *Kroaten* oder – *als Deutsche*. Und als solche rückten diese bisherigen Untertanen des Kaisers von Österreich ein in die Gemeinschaft ihrer Konnationalen, wo sich solche – meistens um ein Kirchspiel – zusammengetan hatten. Der berühmte *melting pot*, der von vielen Amerikanern gerühmte Schmelztiegel, in dem ein Dutzend Nationalitäten eingeschmolzen werden, um als *Citizens of the United States* aus dem Feuerbrand der Entnationalisierung hervorzugehen, stand schon auf dem Feuer. Aber das Schmelzgut bewies eine erstaunliche Resistenz, die oft über drei und vier Generationen Bestand hielt, obgleich diese Menschen ihrer Pflicht als Bürger der Vereinigten Staaten mit größter Loyalität in Krieg und Frieden gerecht wurden.

Zur Zeit, da Dichter aus Österreich wie Postl und Lenau ihre Erfahrungen als Einwanderer in die US hatten, machten dem k.k. Generalkonsulat in New York schon andere Zugänge aus dem Kaisertum Österreich zu schaffen. Metternich hat Teilnehmer am Aufstand der Polen gegen den Zaren nach der Niederlage der polnischen Kampfverbände Zuflucht nach Galizien gewährt. Aus der Zahl dieser Flüchtlinge stammen Vorhuten jener späteren Masseneinwanderung von Polen in die US. Die Polen hatten dort, seit Thaddäus Kocsiuszko als Adjutant Washingtons am Unabhängigkeitskrieg der Amerikaner teilgenommen hatte, einen guten Namen; solche Sympathien verstärkten sich, als Kosciuszko nach seiner Rückkehr aus Amerika einen letzten verzweifelten Kampf der Polen gegen die dem Land drohende dritte und endgültige Teilung Polens aufnahm und er in russische Gefangenschaft geriet.

In den Berichten des k.k. Generalkonsuls in New York werden die nach dem Aufstand der Polen gegen Rußland in den Dreißigerjahren in die US kommenden Polen als *Flüchtlinge* bezeichnet. Im Gegensatz dazu hießen die aus dem Kaiserreich Österreich kommenden Italiener *Deportanten,* ein Ausdruck, der nicht mit dem verwechselt werden darf, der in einigen Staaten für Personen gebraucht wurde, die strafweise in die Kolonien dieses Staates deportiert wurden. Österreich hatte ja nie solche Besitzungen in Übersee, wohin es unerwünschte Untertanen abschieben konnte; auch nicht jenen riesigen Sack, genannt Sibirien, in den man in Rußland jene stopfte und stopft, deren man sich entledigen will, ohne sie gleich unter die Erde zu bringen.

Unter den Italienern ragten natürlich jene hervor, die sich 1820 und 1830 an den Aufständen in Italien beteiligt hatten, unter ihnen ganz besonders Federico Conte Confalonieri, Sohn eines k.k. Kämmerers und ehedem getreuen Anhängers des Kaisers Leopold II. Den Sohn des Kämmerers umstrahlte der Ruhm eines politischen Märtyrers. Hatte er doch Jahre als Verurteilter auf der Festung Spielberg bei Brünn verbracht. Das Gerücht, er wäre dort in feuchten Kellergewölben und angekettet seinem Schicksal preisgegeben, machte tiefen Eindruck im freiesten Land der Erde. Es war aber ein falsches Gerücht. Der Graf teilte zusammen mit einem Mitgefangenen ein geräumiges Zimmer und erhielt eine gute Verpflegung. Die oft zitierte grausame Bewachung solcher Unglücklichen durch die k.k. Arrestantenwache war eher von der Art, daß es der getreuen Gemahlin des

Grafen beim dritten Befreiungsversuch beinahe gelang, ihren Mann zu entführen. Kaiser Ferdinand I. gab dem Grafen anstatt der lebenslangen Haft die Freiheit. Der schicksalsverfolgte Sechsundfünfziger suchte das gerühmte Land der Freiheit, die US, auf und wurde dort als Opfer der Reaktion stürmisch gefeiert. Er selbst resignierte aber:
»Hängt das Glück der Völker von der Form der Regierung ab?«
Confalonieri verließ die Staaten; mit ihm hatten die dortigen k.k. Konsularvertretungen keine Scherereien, wie man damals im Beamtenjargon sagte. Es gab auch andere Fälle. Italiener, die nach dem Scheitern der Revolution in Italien in den Jahren 1820 und 1830 in die US auswanderten, bezeigten in vielen Fällen eine unbezwingbare Sehnsucht nach einer Rückkehr in die alte Heimat oder doch nach einem Besuch ihrer herüben gebliebenen Verwandten. Diesen Menschen einen Paß zu beschaffen, war ein langwieriges Geschäft. Der Schiffsverkehr über den Ozean dauerte in beiden Richtungen Wochen, dazu kam die Postbeförderung an Land und der Akten*lauf*, der nur zu oft eher als *Gang* bezeichnet hätte werden sollen. Im allgemeinen zeigten sich die Zentralen in Wien solchen Ansuchen ehemaliger Unruhestifter nicht absolut ablehnend. Das Generalkonsulat in New York, später die diplomatische Vertretung in Washington, bemühte sich bis zum Ausbruch der Revolution des Jahres 1848 um eine *generelle* Ermächtigung nach bestimmten Richtlinien, um den Petenten die lange Wartezeit zu ersparen.
Aus den Akten geht hervor, daß auch in den US der geheime Kampf, wie er im Lombardo-Venetianischen Königreich geführt wurde, im Untergrund weiterging. Die Italiener in den US hatten Landsleute, die bei den k.k. Vertretungsbehörden tätig waren, und letztere Behörden bedienten sich Informanten, die im Untergrund stöberten. Man hat Grund zur Annahme, daß der eine oder andere dieser signori als Doppelagent sein Brot verdiente. Aber die Zeit, in welcher das Risorgimento in der öffentlichen Meinung der US eine bellizióse Mißstimmung gegen Österreich hervorrief und die Medien einschlägigen Nachrichten Schlagzeilen und ganze Seiten der Tageszeitungen widmeten, lag noch fern. 1829 wur-

de ein k.k. Konsulat in New York errichtet. Es liegt eine Liste der Agenda vor, auf welcher anfangs 1837 der damalige k.k. Generalkonsul die *Aufträge* verzeichnet, die er in zwei *Jahren,* 1836 bis 1837, vom Wiener Ballhausplatz erhalten hat. Um diese festzuhalten, genügte ein nicht ganz beschriebenes Blatt.
Viermal ist von italienischen Deportierten die Rede, einmal von 80 polnischen Flüchtlingen, also Polen, die nach dem Aufstand gegen Rußland über Österreich in die US auswanderten. Unter diversen Personalia ist auch die Urlaubsfrage des Generalkonsuls verzeichnet. Erwähnenswert war die Anbringung eines neuen Wappens nach der Thronbesteigung Ferdinands I.; der Geburtstag dieses Kaisers wurde 1836 auftragsgemäß gefeiert. Unterm 10. Mai 1837 ist von »tournierenden Schauspielern« aus der Monarchie die Rede. Das ereignete sich vier Jahre vor dem triumphalen Auftritt der Tänzerin Fanny Elßler, von der es heißt, seit dem Kommen des sogenannten Helden zweier Welten, Lafayette, sei niemand so gefeiert worden wie die Tänzerin aus Österreich.
Lange Zeit war das Kaiserreich Brasilien der einzige Staat in Amerika, mit dem der Ballhausplatz diplomatische Beziehungen unterhielt. Sie wurden 1816 aufgenommen. Rio de Janeiro war ein Posten, auf dem sich einige der bedeutendsten Diplomaten der Monarchie zu bewähren hatten. Immerhin ist dort eine *Erzherzogin Kaiserin* und unersetzliche Stütze ihres zur Regierung gelangten Sohnes geworden. Erst zweiundzwanzig Jahre später, 1838, tauschten die US und Österreich diplomatische Vertretungen aus. Das Interesse an diesem Vorgang war im Moment in Washington größer als in Wien:
Im Kongreß kam bei den Budgetverhandlungen die Meinung auf, es stünde sich dafür, die notwendigen Kredite für die Einrichtung einer diplomatischen Vertretung in Wien bereitzustellen. Erwägungen der *großen Politik* waren bei der einschlägigen positiven Schlußfassung im Kongreß nicht maßgebend. Vielmehr war man interessiert, *Anthrazit (!) und Tabak* nach Österreich zu exportieren und für letztere Exportware eine Senkung der Zollbelastungen zu erwirken. Diese war notwendig, um auf dem österreichischen Markt in Konkurrenz treten zu können mit den bisher in

der Monarchie bevorzugten Orienttabaken. Das Interesse am Gegenstand war nicht bedeutend, und die Kongreßabgeordneten machten sich keine Gedanken darüber, daß um diese Zeit schon diplomatische Missionen der US in europäischen Klein- und Mittelstaaten bestanden, nicht aber im größten Binnenstaat in Europa, dessen Seehandel eher hintan stand.

1837 wurde Nathaniel Niles nach Wien entsendet, um zunächst wegen des Imports amerikanischer Tabaksorten ins Gespräch zu kommen. Niles logierte im »Hotel England«, und er mußte auf seinen Aufruf warten. Erster k.k. Missionschef in Washington wurde einer der Getreuen aus dem längst verlorenen Gebiet der Monarchie in Westeuropa, Wenzel Philipp Freiherr von Marschall. Ein anderer Marschall hat sich 1815 am Aufstand gegen die Österreicher in der Lombardei hervorgetan. Marschall gehörte zu jenen Diplomaten, die sich sowohl als Militärs als auch im Zivildienst bewährten. Der letzte in dieser Reihe war Gustav Graf Kálnoki, der von 1881 bis 1895 tatkräftig und erfolgreich die Geschäfte im Haus am Ballhausplatz geleitet hat. Marschall kam 1838 von Rio de Janeiro, wo er neun Jahre Missionschef war, nach Washington. Die Neue Welt, die immerwährende Unruhe, die den Kontinent durchpulste, war ihm kein Novum. In Rio hat er die Verkündigung der sogenannten Monroe-Doktrin erlebt; er wußte also, woran er war, als er im April 1838 in Washington seine Beglaubigung bekam. Leider behielt Marschall den Posten nur drei Jahre. Wien brauchte einen Mann wie ihn, um in Lissabon der unablässigen Interventionspolitik Londons entsprechend begegnen zu können. Es spricht für die Wertschätzung, die Marschall bei Hof in Wien genoß, daß man ihn zuletzt der alternden Herzogin Marie Louise an die Seite gab, als in Italien schon die Sturmvögel der Revolution von 1848 aufflogen, deren Ausbruch die Älteste des Kaisers Franz allerdings nicht mehr erlebte. Marschall kam als k.k. Oberst nach Washington und schied als Feldmarschalleutnant aus dem Dienst. Als Anhänger der Kongreß- und Interventionspolitik im Stile Metternichs war er in der Ära Schwarzenberg nicht gefragt.

Marschall verfiel nicht dem Fehler, nach Äußerlichkeiten einen

Machtvergleich zwischen Österreich und den US anzustellen. Die Unterbringung des State Departments in Washington nahm sich im Vergleich zum Palais am Ballhausplatz aus wie ein Farmerhaus zu einem der großartigen Häuser der Plantagenbesitzer im Süden der US. Darnach bei den diplomatischen Geschäften das Maß zu nehmen, wäre also ein schwerer Fehler für einen Missionschef der Donaumonarchie in der Hauptstadt der US gewesen.

Marschalls Nachfolger brachte alle Voraussetzungen mit, die es brauchte, um sich in der Neuen Welt, die für einen aus Österreich eine ganz andere Welt war, nicht nur zurechtzufinden, sondern sich mit Erfolg zu behaupten. Die Wahl fiel auf Johann Georg Hülsemann. Hülsemann hatte nach Herkunft und Anschauung so gar nichts von dem an sich, was typisch war für einen Österreicher aus den Erblanden.

Hülsemann kam 1799 als Untertan der Kurfürsten von Hannover in Stade zur Welt. Kurfürst war jener Georg III. von Großbritannien, der im Jahrzehnt zuvor den US die Unabhängigkeit von der Krone Englands hatte zugestehen müssen. Sein Vater führte den Titel »Königlich-kurfürstlicher Elb-Zoll-Kontrollor«. Hülsemann kam nicht aus irgendeinem meerfernen Binnenland, er wurde dort geboren, wo die Deutschen das große Tor zur weiten Welt haben. Er studierte in Göttingen und reichte 1819 um die Zulassung zur Promotion ein; dies mit der Begründung, er sei in Eile, weil er Aussicht habe, am Sitz des damaligen Deutschen Bundes in Frankfurt am Main eine Anstellung zu bekommen. Mit Stimmenmehrheit votierte das Kollegium positiv, allerdings mit der Auflage, Hülsemann müsse eine Abhandlung nachliefern und *»itzt das Thema derselben* angeben, wie es in anderen Fällen geschehen ist«. Nach der Prüfung in Mathematik und Politik wurde Hülsemann im Februar 1819 zum philosophiae doctor et liberalium artium magister promoviert. Seine anfängliche Hinneigung zur Mathematik hatte sich in ein nie erlöschendes Interesse in Sachen Politik gewandelt. Die Erwartung Hülsemanns auf eine Anstellung in Frankfurt schlug fehl. Im Herbst 1819 kehrte er nach Göttingen zurück und begann ein Zweitstudium. In den folgenden Jahren lieferte er die Dissertationsschrift. Man darf annehmen, daß aus dieser Schrift seine Untersuchung »Die Geschichte der Democratie in den Vereinigten Staaten von Nord-Amerika« geworden ist. Sie erschien 1823 in Göttingen. Die Einleitung dazu ist Hülsemanns *Bekenntnis zum konservativen Prinzip,* das er in der Alten Welt durchaus am Platz fand. Unvereinbar damit war für ihn das Prinzip, auf dem in der Neuen Welt die US existierten. 1838 wurde er Sekretär in Washington.

In Washington rückte Hülsemann 1841 in die nach dem Abgang Marschalls eingetretene Vakanz ein, war von 1841 bis 1855 Chargé und dann bis 1863 Resident. Während dieser 35 Jahre erlebte er fernab von der Zentrale in Wien und monatelang ohne Weisung die Revolution von 1848/49; den schweren Zwischenfall beim Besuch des ungarischen Exdiktators Kussuth in den US, der von Staatswegen wie ein amtierendes Staatsoberhaupt behandelt wurde; den Überfall eines US-Kriegsschiffes auf eine k.k. Brigg in Nahost und die diesbezügliche schwere Auseinandersetzung mit dem damaligen Leiter des Außenressorts und die Intervention der US in die inneren Zustände Mexikos während jenes Bürgerkriegs, in dessen Verlauf Erzherzog Maximilian von 1864 bis 1867 Kaiser von Mexiko wurde. Es gibt kein Motiv der auswärtigen Politik der US gegenüber Österreich, das nicht in Zwischenfällen der Ära wurzelt, während der Hülsemann, einer der wenigen wirklichen Kenner der US, drüben diente. Hülsemann kam in den US an, als eine neue Zeit anbrach: Die Dampfmaschine wurde die Energiequelle dieser Phase des Industriezeitalters. Die Reise von New York nach Washington legte Hülsemann per Eisenbahn und Dampfschiffen zurück. Im Ort seiner Bestimmung angekommen, stürzte er sich sogleich mit größtem Eifer in die Arbeit. Die Zeiten, in denen die zwischen Wien und Washington hin- und hergehenden Weisungen und Berichte eher spärlich ausfielen, waren vorbei. Hülsemann wurde den Herren des Ballhausplatzes lästig. Er berichtete zu oft und zu ausführlich. So genau wollte man gar nicht wissen, wie das mit den Aggressionsabsichten der US in Richtung Nordwesten und Südwesten, gegen Kanada und Mexiko, vor sich ging. Wer interessierte sich in Wien groß für Mexiko. Der alternde Metternich hatte im erschwerten Umgang mit den

Westmächten in Europa angesichts von Unruhen und Aufständen, die fast ohne Unterbrechung die Alte Welt erschütterten, genug zu tun, sodaß er sich im einzelnen um Vorgänge in fernab liegenden Gebieten der US, in Mexiko und Kanada nicht kümmern konnte.

Hülsemanns Berichte waren radikal, sie gingen von Anfang an an die Wurzel der Zustände in den US. Drei Themen klingen schon gleich zu Beginn an: Da ist erstens der Hinweis, wonach es mit der gerühmten *Philantropie,* also mit der Menschenliebe der Amerikaner, nicht weit her sei. Das zweite regelmäßig wiederkehrende Thema ist die Warnung vor der schwelenden Aggressionsabsicht der US, die sich gegen benachbarte Gebiete der jungen Republik *Mexiko* richtete. Und drittens der Grenzkonflikt gegenüber *Kanada.* Eine wahre Gier nach Landerwerb, der nur übertroffen wurde durch die ungezügelte Vereinnahmung indianischen Landes, das als Wildnis einfach als Niemandsland angesehen wurde und daher rechtens dem zustand, der es zuerst an sich riß. Daß damit der Lebensraum der Indianer *vernichtet* wurde, ist allerdings erst viel später zugegeben worden; in einem Zeitpunkt, als die US und ihre Teilstaaten längst das ganze weite Land from coast to coast unter Kontrolle hatten.

Das Entstehen der US ereignete sich jenseits aller bisherigen Vorstellungsmöglichkeiten der Österreicher, die in den Gegebenheiten der Alten Welt und einem nunmehr endgültigen und für das letzte Jahrhundert seines Bestandes fertigen Österreich lebten. Als politischer Faktor rangierten die US ebenso im Hinterfeld der Politik des Ballhausplatzes wie Österreich in der Rangordnung der Interessengebiete des State Departements in Washington.

Nachdem die Westbegrenzung der US während der für Österreich schicksalhaften napoleonischen Ära den Mississippi erreicht hatte, vollzog sich die Landnahme jenseits des großen Flusses in der unheimlichen Einsamkeit und Stille der sogenannten *Big Sky-Lands.* Mountain Men und Pelzjäger erlebten schwerste Prüfungen ihres Muts und ihrer Geschicklichkeit beim Vordringen der Zivilisation des Weißen Mannes zu den Höhen der Rocky Mountains. Aber die Ausdehnung dieser riesigen Bergkette, die den ganzen amerikanischen Kontinent von Norden nach Süden durchzieht, war *nicht die letzte Grenze:* Phantasie und konkrete Erwartungen gingen über dieses natürliche Hindernis hinweg. Schon hatten die Russen Stützpunkte für ihre Pelz-Kompanien an den Ufern des Pazifiks in Nordamerika; dieser Vorsprung mußte eingeholt und zunichte gemacht werden. Was wäre aus der Welt geworden, hätte damals das zaristische Rußland die unermeßliche Bedeutung seiner Präsenz am *Ostufer des Pazifiks* erkannt?

Einmal galt bei vielen Amerikanern der *Cowboy* als der Heros des amerikanischen Volkes. Ein Mann – unabhängig, frei und tüchtig. Er saß zu Pferd und hatte seinen Revolver rasch bei der Hand. Sein Bedarf an materiellen Gütern war gering. Konflikte ging er gradlinig an; er fühlte sich jedem Menschen ebenbürtig. Film und Television scheinen mit ihren Produktionen dieses Urbild des Amerikaners zu bestätigen. Erst der 35. Präsident der US, John F. Kennedy, erkannte die vor der *Ära der Cowboys* liegende Ära in ihrer vollen Bedeutung: nämlich das unablässige *Ankämpfen gegen die Grenze.* Kennedy erkannte, daß nach dem Erreichen der letzten Grenze am Pazifik eine *Grenze der Wesensentfaltung* des Amerikaners gegeben war. Der *Frontierman* der US war ein von den Großen im Zeitalter des Imperialismus der Europäer verschiedener Mensch. Nach dem Wegfall der geographischen Grenze im Westen eine im Geistigen bestehende anzugehen, war für den jungenhaften Kennedy die erneute Herausforderung des Besten, was der Amerikaner an sich und in sich hat.

Freilich: Der einstige Kampf um die äußerste Grenze war zugleich das Drama im Dasein der indianischen Ureinwohner. Als die Plains, das ungeheure Weideland der Büffelherden zwischen dem Mississippi und den Rocky Mountains, in der Hand des Weißen Mannes war, ereignete sich eine Katastrophe, deren Bedeutung erst nach Generationen erkannt wurde. Auf einem Höhepunkt des industriellen Zeitalters war es scheinbar eine unvermeidliche Nebensache, daß in den zivilisierten Gebieten der Haushalt der Natur zerstört wurde. Wälder wurden kahlgeschlagen, die Berge nach Bodenschätzen durchwühlt. An unzähligen Stellen hinterließ ein verlassener Raubbau das Bild einer geschändeten Landschaft. Es gereicht den Amerikanern zur Ehre, daß sie schon frühzeitig einigen Raum aussparten, um der staunenden Nachwelt einen Begriff dessen zu hinterlassen, was urtümliche Natur sein kann.

Den Männern, die mit ihren Familien nach und nach bis zur letzten Grenze drängten, muß bei diesem Urteil eines zugute gehalten werden: Sie bezahlten den oft kargen Ertrag eines lebenslangen Mühens mit heute unvorstellbar schwierigen Lebensbedingungen, die zu bestehen eine Urkraft des Menschen herausforderte. Nicht nur die Indianerkriege waren eine ständige Präsenz der Todesgefahr; die Natur wehrte sich, und sie sparte nicht mit ihren furchtbarsten Verteidigungswaffen: härteste klimatische Bedingungen; Krankheiten, die nur zu oft zu Seuchen gerieten; unergiebige Böden, die aufgegeben werden mußten, um neues Land aufzusuchen. Zurück blieben ghost-towns, die als noch einmal zurecht gemachte Geister-Städte zu Besuchsstätten einer modernen Fremdenverkehrsindustrie wurden. Der Selbstbehauptungswille der *frontiermen* versuchte sich selbst dort, wo die an härteste Lebensbedingungen gewohnten Stämme der Apachen-Indianer nur streunten, ehe sie in zivilisiertes Gebiet ausbrachen, um zu räubern.

Film- und Fernsehproduktionen haben das wahre Bild der Menschen, die einmal diese Auslese bestanden, verniedlicht, bis zur Unausstehlichkeit geschönt. Etwa Frauen, denen man die kostspielige Frisur und ein Make-up ansieht; Fingernägel, wo abgebrochene und abgebissene statt der manikürten am Platz wären; niedliche Kleider anstatt der plumpen Kleidung, die nach der alten Weisheit getragen wurde: Was gegen die *Kälte* schützt, schützt auch in der *Hitze.* Dementsprechend die Männer. Solche Images haben mit dem damaligen Bild vom Menschen so viel zu tun wie einige Idole der Filmproduktion mit vielen Millionen von Amerikanern, die den Himmel über dem Land abstützen, der einstürzen würde, wären die Amerikaner von der Art, wie sie das Land zu seinem Unglück Menschen der Alten Welt – wie auch neuerdings der sogenannten Dritten Welt – präsentiert.

Die Frontiermen und ihre Familien erahnten nicht das Finale um das Jahr 2000: Ungeheure Massen von Zivilisationsschutt, Müll, Folgen der ungezügelten Gewohnheiten der sogenannten Wegwerfgesellschaft, Fans, die aus den Zuschauerrängen der Sportstadien ausbrechen und ihren Fanatismus dort austoben, wo dem modernen Menschen der Heroismus im kargen Alltag beschieden ist; die Idole suchen, wo die innere Leere dieser Typen kaum mehr zu verbergen ist.

Als in Washington die Tätigkeit einer k.k. Mission begann, war die Hauptstadt der US das Verwaltungszentrum einer Großmacht mit dem Äußeren einer der Landeshauptstädte der Monarchie. Das Klima am Unterlauf des Potomacflusses war ungesund. Die dort amtierenden Angehörigen der k.k. Vertretung verlangten und bekamen schließlich die gewissen Extras, die nur den Vertretungen in unzivilisierten Ländern der Tropenzone zustanden. Dazu gehörte selbstverständlich, daß dem Missionschef für die Zeit der heißesten Monate eine Residenz außerhalb der Hauptstadt, in einer klimatisch mehr begünstigten Landschaft zustand.

Nicht Washington – New York war das großartige Entrée der US, das sich auch dem verwöhnten Ankömmling aus der Alten Welt als durchaus präsentabel zeigte. Im dortigen Park Theater konnte man schon um 1820 Musik der europäischen Klassiker hören. In den US hat die Tänzerin Fanny Elßler und die Sängerin Jenny Lind das erlebt, was erst nach Generationen verallgemeinerter Brauch von Fans wurde. In einer Zeit, als in der Alten Welt die Kultur der bäuerlichen und gewerblichen Welt Wurzelboden einer unwiederholbaren Klassik der Musik, der Instrumental- wie Vokalmusik, und nicht zuletzt des Tanzes wurde, gab es in den US gleichfalls einen Wurzelboden eigener Musiktradition: die Arbeitsmusik der Weißen wie der Schwarzen, dazu noch lange Zeit den gesanglichen Ausdruck einer höchstpersönlich geübten Religiosität; kurz gesagt eine Essenz dessen, was um das Jahr 2000 einer oft grausamen Verballhornung verfiel.

Und da war die Sprache: 1828 kam »AN AMERICAN DICTIONARY of the english language« heraus. Englisch, am Anfang einer amerikanisierten Version. Jene Version, in die bald einiges vom Wortgebrauch der Nationen einfloß, die größtenteils tatsächlich in den Melting Pot gerieten. Der Österreicher im Biedermeier, in gebildeten Kreisen meist mit Französisch als Fremdsprache, fand aus freien Stücken schwer Zugang zu dieser Welt. Er wäre erstaunt gewesen über die verfeinerte Lebenskultur, die im Osten der US längst nicht mehr auf das angewiesen war, was die Ahnen aus der Alten Welt mitbrachten. Selbst auf der gefahrvollen Fahrt westwärts bargen die Hausfrauen die Schatzstücke des gewohnten Interieurs. Die Zimmer in den Häusern nahe der Grenze waren sicher selten so fashionable, wie sie Filmproduzenten ins Bild bringen; aber die Hausfrau sorgte dafür, daß selbst unter unwirtlichen Verhältnissen der Verzicht auf Komfort, den man im Osten gewohnt war, aber zurückgelassen hatte, so oder so Ersatz fand.

Einzelanfertigungen waren teuer. Aber es gab bald Zweit- und Drittanfertigungen, zuletzt die Massenproduktion des Industriesystems, das die neuerschlossenen Gebiete zu einem Abklatsch der Originalität machte, der kein Kitsch war. Seit der Jahrhundertmitte waren in besseren Häusern die Wände mit den Werken amerikanischer Künstler geschmückt. Künstler, die darüber hinaus waren, noch einmal etwas zu beginnen, das längst andernorts eine Vollendung erfahren hatte.

Von Malern zu Pferd war die Rede. Der amerikanische Bürgerkrieg von 1861 bis 1865 forderte die Künstler heraus. Aber nicht nur sie: Die Kriegsberichterstattung mittels der Fotografie wurde in diesem Krieg auf eine Höhe gebracht, die Fotos aus dieser bewegten Zeit wurden zuletzt Ursprünge einer neuen Kunstgattung. Lange Jahre verbrauchten die Künstler Motive, wie sie die Dramatik des Kampfes ums Dasein bot. Immer war auch die Großartigkeit der Natur mit im Bild. Der Puritanismus setzte Grenzen. Noch 1890 waren Werke wie »Egyptian Girl«, eine Nude, Anlaß zu jenen Sensationen, nach denen Aufgeregtheit entweder im Skandal versackt oder Herausforderung zum Ausweg ins Neue zwingt. Das aber ereignete sich, als die industrielle Gesellschaft der Neuen Welt sich anschickte, den Stil der Alten Welt ins abgeschlagene Feld zu verweisen.

Wohlfeile Massenprodukte von damals boten tatsächlich den

Massen in etwa, was die Elite originär besaß und benutzte. Die Zeit wird kommen, in der man nicht nur die zufällig erhaltenen *Stücke* einer Massenproduktion von damals mit Eifer sammeln und zur Schau stellen, sondern die *Fabrik* zur Herstellung der Massenprodukte unter Denkmalschutz stellen wird. Lokomotiven, Maschinen – was immer gedacht und gemacht wurde nach dem Gebot reiner Zweckmäßigkeit und Billigkeit, wanderte seit der Jahrhundertwende in Museen und geriet ein halbes Jahrhundert später in den Rang eines Kulturdenkmals, das Ehrfurcht verlangt.

Aber all das war Zukunft hinter dem Horizont jenes Jahres 1841, in dem ein Mann mit unverkennbar norddeutschem Akzent sich dem Präsidenten der US als der Vertreter einer der ältesten bestehenden Monarchien in Europa vorstellte: *Johann Georg Hülsemann,* Tatzeuge der nächsten dreißig Jahre der Beziehungen zwischen den Antipoden von drüben und hüben.

5.

Der Jüngling wird zum Giganten

Der Abgang Marschalls und die Übernahme der Führung der Geschäfte der k.k. Mission in Washington vollzog sich ohne die Schwierigkeiten, die Marschall bei seinem Kommen hatte. Marschall hatte damals noch keine Kenntnis der englischen Sprache. Der amtierende 8. Präsident Martin van Buren sprach nur Englisch. Marschall wurde daher gebeten, im voraus den Text der üblichen Ansprache bei Überreichung des Beglaubigungsschreibens zu dem Zweck zu schicken, damit er für den Präsidenten ins Englische übersetzt werden konnte. Marschall sorgte dafür, daß dem Präsidenten der Text in französischer und englischer Fassung zugänglich gemacht wurde.

Hülsemanns Vorrücken in die Funktion eines Geschäftsträgers bereitete keine Schwierigkeiten. Von seinen Sprachkenntnissen abgesehen genügte es, daß Marschall seinen Nachfolger dem State Departement bekanntmachte und um Unterstützung seiner Tätigkeit bat. Gleich im ersten Jahr seiner nunmehrigen Funktion in Washington machte Hülsemann den Ballhausplatz auf die Art aufmerksam, wie die unverlierbaren Menschenrechte in den US in Wirklichkeit respektiert wurden:

Da war der Fall der amerikanischen Brigg »Créole«. Das Schiff stach in Richmond mit 130 Negersklaven an Bord in See, um diese zum Verkauf nach New Orleans zu bringen. Während der Fahrt gelang es den Sklaven, sich frei zu machen; sie ermordeten den Besitzer des Schiffes und verwundeten den Kapitän sowie andere Mitglieder der Mannschaft. Dann zwangen sie den Steuermann, Kurs auf eine der in britischem Besitz befindlichen Bahamainseln zu nehmen. Nach der Landung im Hafen von Nassau erlebten die Schwarzen, daß die britischen Behörden 19 Negersklaven, die im Verdacht standen, an der Ermordung des Schiffseigentümers so-

wie an den anderen Gewalttaten beteiligt gewesen zu sein, in Haft nahmen. Die übrigen Sklaven benutzten die Gelegenheit, an Land zu gehen, denn auf den britischen Besitzungen war die Sklaverei abgeschafft.
Merkwürdiges geschah: Einige der Neger machten von der Möglichkeit, auf britischem Gebiet die Freiheit zu erlangen, aus freien Stücken nicht Gebrauch. Die »Créole« nahm weiter Kurs auf New Orleans und nahm die paar an Bord gebliebenen Neger mit – *mit in die Sklaverei,* die im Staat Louisiana legal war.
Der Vorfall erregte in den US, im Norden wie im Süden, größte Aufregung. Im Senat und im Repräsentantenhaus griffen aus dem Süden stammende Mitglieder Großbritannien wegen seines Verfahrens in der Angelegenheit scharf an, und man hatte nicht den Eindruck, daß sie sich der schmählichen *Ursache* der Affäre, die nicht in Großbritannien, sondern im eigenen Land lag, also der Sklaverei, etwa schämten. Die Debatte ergab, daß um diese Zeit auch auf den in britischem Besitz befindlichen Inseln Jamaika und auf benachbarten Inseln die Sklaverei nicht abgeschafft war. In London kam Lord Palmerston in die Klemme: Einerseits erhielten Negersklaven, die ihren amerikanischen Besitzern entwichen waren, beim Betreten von britischem Territorium die Freiheit; andererseits duldete die Regierung in London auch nach der *offiziellen* Abschaffung die Sklaverei auf ihren Besitzungen in Westindien noch Jahre nachher. Palmerston löste das Problem auf die Weise, daß Großbritannien Negersklaven, die *vor* der Abschaffung der Sklaverei im eigenen Gebiet ihren amerikanischen Eigentümern entwichen waren, diesen zurückgestellt wurden (!); versagte aber gleiches in Fällen, in denen es sich um Sklaven handelte, die nach dem Ende der Sklaverei im Umkreis der britischen Besitzungen gefangen wurden.
Das konnte sich die Regierung in London gestatten. Spanien, auf dessen Gebiet die Sklaverei bis in die Siebzigerjahre fortbestand, mußte sich gefallen lassen, daß in einem Fall ein Negersklave, der gegen den Willen seines amerikanischen Besitzers nach Kuba »importiert« worden war, dem ursprünglichen Eigentümer wieder übergeben wurde. Zwischen den US und Spanien gab es in Sa-

chen Sklaverei ein Abkommen; die Auslieferung des nach Kuba gekommenen Sklaven an den amerikanischen Besitzer wurde daher vom Obersten Gerichtshof der US (!) im Spruch verlangt, von den spanischen Behörden vertragsgemäß besorgt.
Solche für einen Österreicher von damals unglaublichen Zwischenfälle bedeuteten momentan für die Regierung in Washington – so der Bericht Hülsemanns an den Ballhausplatz – weniger eine *interne* Verschärfung des Konflikts der Meinungen in der Frage der Negersklaverei, als vielmehr eine Belastung der Beziehungen zwischen Washington und London. Der Staatssekretär Mr. Edward Everett hoffte, daß nach einem Regierungswechsel in London es leichter sein werde, mit Großbritannien in der Frage der Sklaverei auszukommen. In London brachte das Jahr 1841 tatsächlich Sir Robert Peel ein zweites Mal an die Spitze einer *konservativen* Regierung, und für diesen Fall hofften die Sklavenbesitzer in den US eine Verbesserung des Schutzes ihres Eigentums an Schwarzen – also ein Entgegenkommen Londons.
Hülsemann erkannte, daß es für die Plantagenbesitzer im Süden der US im Falle der Negersklaverei um eine Existenzfrage ging. Die Negerinnen und Neger, die auf den *Baumwollfeldern* das Pflücken besorgten, ermöglichten ihrem Besitzer die lukrative Führung seines Betriebs. Als die maschinelle Arbeit von den Strippern besorgt wurde, ergab es sich, daß dies nur ein einmaliges Ernten ermöglichte. Vorteile, die im Maschinenzeitalter dem *industrialisierten* Norden der US zugute kamen, galten keineswegs im gleichen Maße für die *Plantagen* im Süden. Noch stellte der Süden die Prominenz im politischen Leben Washingtons. Das änderte sich mit der Wahl Andrew Jacksons zum 7. Präsidenten der US im Jahre 1828. Sechzehn Jahre nach dem Sieg, den Jackson 1812 im Krieg gegen die Briten errang, kam ihm in seiner politischen Karriere die Erinnerung daran zu Nutzen. Die Konservativen versuchten in Karikaturen, Jackson als einen absolut regierenden Monarchen, *King Andrew the First,* hinzustellen. 1835 wurde ein Attentat auf Jackson versucht, der Täter kam ins Irrenhaus. Aber seine Popularität überstand auch eine zweite Periode als Präsident, die *Jacksonian Democracy* wurde ein Begriff.

Schon am Tag seiner Inauguration hat Jackson demonstriert, daß mit ihm ein Mann an die Spitze des Staates kam, der gar nichts von jenem Pomp hielt, der seit den Tagen Washingtons en vogue war. Der als *War Hero* gefeierte Präsident ging in Zivilkleidung durch die Menge und den Schmutz der noch nicht verfestigten Pennsylvania-Avenue zum Kapitol. Nur einige Freunde begleiteten den Präsidenten. Nach der Vereidigung fuhr er an der Spitze eines Konvois von Kutschen und Farmerwagen zum Weißen Haus. Jackson öffnete das Weiße Haus an diesem Tag für *jedermann.* Es gab unbeschreibliche Szenen, und Jackson war zuletzt gezwungen, durch ein Fenster der Masse zu entfliehen. Man brachte die Besucher nur dadurch aus dem Haus, daß auf dem Rasen ganze Kübel von Puntsch ausgegeben wurden. Das lockte die Sieger wie Honig die Fliegen.

Dann säuberte Jackson die Verwaltung von Anhängern seiner politischen Gegner. Der Satz, wonach *dem Sieger in einer Wahl auch das Recht zustehen sollte, die Staatsstellungen an »seine Leute« zu vergeben,* wurde typisch für die Jackson Administration und nicht nur für diese. Wo in Europa die Demokratie ins Verderben geriet, war stets die Protektionswirtschaft bei der Stellenverwaltung mit Ursache. Jackson machte sein System der Postenvergabe durchgehend, indem es von seinen Parteifreunden auch auf der Ebene *der Teilstaaten* und *Gemeinden* befolgt wurde. Typisch für seine Anschauung von der Qualität und den Notwendigkeiten der Verwaltung war der Satz, wonach die Pflichten, die bei allen öffentlichen Ämtern wahrzunehmen sind ... *so einfach und so leicht sind,* daß sich *Männer von Intelligenz ohne weiteres dafür eignen.* Erfahrung galt für Jackson wenig, ja er vermeinte, es wäre von Nachteil, wenn jemand zu lange im Amt bleibt ... Nicht in diesem Radikalismus, wohl aber im *Prinzip* hielt sich diese Ansicht in den US.

Im Senat, wo die Anhänger Jackson nicht über die Mehrheit verfügten, brachte der Präsident zahlreiche von ihm gedachte Ernennungen nicht durch. Aber seine Parteilichkeit bei der Ämtervergebung schaffte ihm Anhang. *Die Macht des Parteiwesens wuchs.* Der Typ des *Berufspolitikers* war im Kommen; es lohnte sich, Parteiarbeit zu leisten und sich als deren getreuer Sachverwalter im Falle der Bekleidung eines öffentlichen Amtes zu fühlen.

Bei dieser, man würde heute sagen *reinen Parteibuchwirtschaft* konnte es nicht ausbleiben, daß Jackson Typen in hohe Ämter brachte, die einfach nicht die Voraussetzungen für die Amtsführung hatten. Mehr noch: Sein Duzfreund, der bisherige Senator von Tennessee, Eaton, brachte mit seiner Berufung zum Kriegsminister auch eine Gemahlin in die höchsten Gesellschaftskreise, deren Herkunft und Auftreten nicht nur Konservative und Puritaner schockierte. Die Dame, eine gebürtige Peggy O'Neil, hat in jungen Tagen einiges dazu beigetragen, den Besuch im Gasthaus ihres Vaters zu erhöhen. Sie heiratete nach ersten Erfolgen bei Männern einen Zahlmeister der US-Navy; aber die durch den Dienst auf See begründete häufige Abwesenheit des Marineurs verschaffte Peggy genug Zeit, um sich des Senators *Eaton* anzunehmen. Der Zahlmeister beging nach einer Sauftour Selbstmord, und Senator Eaton heiratete die lustige Witwe.

Mrs. Jackson empfing die Gemahlin des besten Freundes ihres Mannes im Weißen Haus. Eaton starb vor seiner offiziellen Amtseinführung. Jackson übernahm es in ritterlicher Weise, die Witwe in Schutz zu nehmen. Denn die Histörchen, die über die Dame auch in höchsten Kreisen verbreitet wurden, waren von der Art, daß die Frau des amtierenden Vizepräsidenten sich weigerte, Mrs. Eaton die Hand zu reichen; die Gattinnen der Regierungsmitglieder folgten dem Beispiel. Damen der Senatoren und von Mitgliedern des Diplomatischen Corps hielten es nicht anders. Jackson aber ging so weit, wegen der Wahrung des guten Rufes der Witwe Eaton eine Kabinettssitzung einzuberufen und während dieser ex praesidio zu erklären, Mrs. Eaton sei so *keusch wie eine Jungfrau*. Der Präsident sah nicht die Tatsachen, sondern vermutete, daß hinter der Hetze gegen Mrs. Eaton nur Politik stecke. Es verdient festgehalten zu werden, daß sich der k.k. Chargé d'Affaires mit dieser häßlichen Affäre wenig beschäftigte. Derlei Klatsch und Lebensweise lagen tief unter dem Niveau des Sohnes eines königlich- und kurfürstlichen Elb-Zoll-Kontrolleurs der Alten Welt.

In die Ära Jackson fällt der letzte Versuch von Indianern, wieder in das Land ostwärts des Mississippi zurückzukehren, nachdem sie von dort längst vertrieben waren. Die Indianer wollten *nicht als Jäger* wiederkommen, sondern eher nach dem Vorbild der Weißen *Landwirtschaft* betreiben. Ihr Auftreten mußte dennoch die an der Grenze wohnenden Weißen alarmieren, zumal die Disziplin der Indianer eine unterschiedliche war. In diesem Indianerkrieg tat sich ein junger Mann hervor, der einmal der Oberste Befehlshaber aller Streitkräfte der US wurde und der in dieser Funktion im amerikanischen Bürgerkrieg die Truppen der Nordstaaten gegen die der Südstaaten führte.
Der Mann hieß *Abraham Lincoln.*
Lincolns Erfahrungen im sogenannten Black-Hawk-Krieg der Indianer waren die einzigen im Kriegswesen, die der als Politiker und Staatsmann hervorragende Mann, den man bei seinem Aufstieg zum Präsidenten als *Hinterwäldler* ansah, mitbrachte. Seine Vorstellung vom Krieg war die eines Amerikaners der ersten Stunde der Unabhängigkeit. Washington selbst hat nach dem Sieg über Großbritannien die Armee aufgelöst. Ein stehendes Heer in Friedenszeiten war für die Väter der jungen Republik so viel wie eine *Gefährdung der Demokratie.* Und dabei blieb es. Was man hundertundfünfzig Jahre später in Deutschland mit »Bürgern in Uniform« versuchen wollte, war für Lincoln eine Selbstverständlichkeit. Das Volk an der Grenze bedurfte keiner Dienstleistung in der regulären Armee der US; ihr Erleben machte es hart und ausdauernd, furchtlos und draufgängerisch. Man gebe ihnen die Waffe in die Hand, lasse sie ihre Führer wählen – und sie würden dann besorgen, was der Kampf verlangt. Um 1832 waren die Erfahrungen, die man mit solchen Haufen 1812 im Krieg gegen Großbritannien bei einem total mißglückten Einfall in Kanada gemacht hatte, vergessen.
Lincoln trat 1832 in die Miliz des Staates Illinois ein und wurde sogleich zum *Hauptmann gewählt.* Er überragte an Körpergröße, aber auch in anderer Hinsicht bei weitem alle anderen Kompanieangehörigen. Solange der von Lincoln geführte Haufen in der Nähe der Heimatorte der Kompanieangehörigen im Feld stand, gab

es noch so etwas wie Disziplin unter den Männern. Als aber das Marschieren anfing, wurde das Kriegführen den Farmersöhnen und ihren Vätern lästig. Um die Männer bei der Stange zu halten, war von oben anbefohlen worden, ihnen nur *light drills* zuzumuten, also keinen Drill, nur gewisse einfache Ordnungsübungen. Vom Feind war nichts zu sehen, zu hören waren nur Gerüchte. Das Gerücht, wonach Häuptling Black Hawk gar nicht auf dem Kriegspfad, sondern lediglich darauf aus sei, ostwärts des Mississippi Siedlungsland zu suchen, beruhigte die Männer sehr. Sowie die Gefahr, die von einem Feind drohte, wegfiel, verfiel auch die Disziplin in Lincolns Kompanie.

Lincoln wußte sich auf seine Weise Ansehen zu verschaffen. Er verlegte sich auf die Herbeischaffung von Nachschub. Das verstand er. Seine noch erhaltene Requisitionsliste umfaßt Seife (welcher Bauer nahm Seife mit sich, wenn er ein wenig über Land ging), Kerzen, Flintsteine, vier Zinnkübel, sieben Kaffeesieder, Pulver und Blei (man konnte ja nicht wissen, ob die Indianer wirklich nur darauf aus waren, fortan *Mais* anzubauen), ferner Maismehl, gepökeltes Schweinefleisch, Salz, Decken und 144 Yards Hauswebe sowie eine Hirschhaut. Dazu dreißig Gewehre, einige Männer waren ja waffenlos eingerückt. Lincolns politische Beziehung zum Gouverneur von Illinois, der den Bedarf der Kompanie zu befriedigen hatte, war gut. Die Disziplin blieb intakt.

Das ereignete sich in der Nähe des Ortes Pioria. In Pioria wird 1875 der aus Österreich geflüchtete *Ernst von Violand* sterben. Violand war in der Wiener Revolution von 1848 eine der hervorragendsten Gestalten in den Reihen der radikalen Linken. Sein Ideenreichtum hat ihm drüben nichts genützt. Er starb als Hersteller von Zigarren …

Lincoln sorgte für Ordnung im Nachschub, und er behielt alles unter Kontrolle, was den Dienst betraf. Allerdings konnte er nicht verhindern, daß nach dem Ende des Kriegszugs drei Gewehre gefehlt haben. Mag sein, daß während des Marsches drei Gewehrträger sich der Last entledigt haben, mag sein, daß drei Männer vorsichtshalber die Gewehre in ihr Haus dicht an der Grenze mitnahmen.

Im *April* 1832 waren die Tage schön. Die Stimmung hob sich, als die Kompanie dem 4. Regiment *berittener* Freiwilliger aus Illinois zugeteilt wurde. Reitlehrer brauchte es nicht, die Männer saßen gut zu Pferd. Es gibt unzählige Fotos Lincolns, leider keines, das ihn als Hauptmann zu Pferd zeigt. Die Kunst der Fotografie war noch nicht erfunden; dafür werden im Bürgerkrieg 1861 bis 1865 zum ersten Mal in der Kriegsgeschichte die Fotografen, die im Gefechtsbereich arbeiten, eine große Rolle spielen. Der *Mai* kam, und dieser Monat tat der Kompanie Lincolns puncto Disziplin nicht gut. Sowie es regnerisch und windig wurde und der Nachschub stockte, murrten die Männer. In diesem Moment wäre die Aussicht Lincolns auf die Wiederwahl zum Hauptmann schlecht gewesen.

Lincoln verdarb es sich mit den Leuten, weil er ihnen verbot, den Farmern der Umgebung Hühner abzuschießen. Es muß auf der Hühnerjagd dennoch einiges Pulver verschossen worden sein, denn Lincoln mußte neuerdings Pulver anfordern, obwohl noch kein Schuß feindwärts abgefeuert worden war. Die Milizionäre begehrten dagegen auf, daß ihre *Offiziere ihr Gepäck nicht selbst schleppen mußten,* sondern dafür die Proviantwägen benützten.

Auf einmal roch es nach Feind. Eine Vorausabteilung stieß auf verlassene Reisighütten. Man brannte diese Behausungen des Feindes nieder. Es kam der Befehl, sich mit größter Vorsicht im Gelände zu bewegen, *aber ja nicht durch ein kriegerisches Auftreten den Feind herauszufordern.* Vielmehr ginge es darum, daß sich die zum Maisanbau geneigten Indianer *freiwillig ergäben.* Der General, der diesen Befehl herausgab, kam nie in den Ruf, ein War Hero zu sein, Lincoln noch weniger. Der spätere Oberstkommandierende der bewaffneten Streitkräfte der US billigte die Taktik. Lincoln bedauerte, daß es beim Auftreten von indianischen Parlamentären zu einem Feuerwechsel kam. Das hinwieder gefiel den Leuten der Kompanie. In den Papieren des damaligen Gouverneurs findet sich der Brief eines Mannes aus der Kompanie Lincolns, in welchem dem Kompaniekommandanten ein Lob ausgesprochen wird; weil *Lincoln nichts aus eigener Initiative unternahm,* sondern nur auf Befehl handelte. Würden im Krieg beide Befehlshaber der Kriegführenden keine Befehle erteilen, wäre das sicher die beste Methode, Blutvergießen zu vermeiden. Leider hat die Menschheit bis dato derlei nicht erlebt.

Natürlich gab es auch damals Militaristen, die an dem Gehaben der Miliz einiges auszusetzen hatten. Ein Oberst der regulären Armee der US traf auf einen Haufen von der Art, wie Lincoln einen befehligte, und schrieb unter dem Eindruck des Geschehens:

»Je häufiger ich die Miliz zu sehen bekomme, je weniger kann ich Vertrauen in sie setzen.«

Lincoln teilte diese Ansicht ganz und gar nicht. Ja, er versuchte, auch am Beginn des 1861 in den US ausbrechenden Bürgerkrieges die Truppen der Nordstaaten durch Freiwillige auf Zeit zu verstärken; Männer, deren Gehaben im Ernstfall eine fatale Ähnlichkeit mit denen der Lincoln-Kompanie 1832 hatte. Sie liefen davon und kündigten ihre Zeitverpflichtung. Lincoln mußte es 1832 hinnehmen, daß Indianer seinen Leuten zwölf Gäule entwendeten. Als die Indianer nach diesem schönen Erfolg einen zweiten Diebstahlsversuch unternahmen und die Männer von der Miliz sie dabei störten, schossen die Indianer. Daraufhin verließen zwei von Lincolns Leuten die Stätte des Kampfgeschehens. Die anderen waren alarmiert, sie schliefen fortan mit dem Gewehr im Arm.

Immer wieder gab es Ärger. Ein Oberstleutnant, wahrscheinlich ein Militarist, erschien, inspizierte Lincolns Truppe und übte mit den Leuten das *Gefecht bei Nacht.* Dieser Militarist hörte nicht auf Männer, die ihn belehren wollten, daß die meisten Indianer bei Nacht nicht angreifen. Der Oberstleutnant ging. In der Kompanie stockte der Verpflegungsnachschub. Wieder halfen sich die Männer auf ihre Weise, und die Farmersfrauen des Ortes Galena beschwerten sich über das Tun ihrer Heimatschützer; sagten, sie würden lieber mit Indianern zusammenleben als mit solchem Kroppzeug von Weißen.

Wer weiß, wie lange dieses nichtsnutzige Herumtun weitergegangen wäre, hätte man nicht höheren Orts ein Einsehen gehabt. *Man heuerte 150 Sioux-Indianer* an und unterstellte sie einem gewissen Hamilton, einem Oberst. Jetzt bewährte sich die alte Weisheit der Indianerkriege: It takes an Indian to kill an Indian. Und richtig kam es so. Die Sioux spürten die Roten Brüder auf, redeten nicht über Maisanbau, sondern zeigten den Weißen, wo die Invasoren zu treffen waren. Es kam zu einem Gefecht, fünf Weiße fielen. Schon kam das Gerücht auf, es hätte ein *Massaker* stattgefunden; denn wenn Indianer töteten, war es immer ein Massaker. Anders, wenn Rote der Kampfesweise der Weißen zum Opfer fielen. Das Gerücht, wonach die Roten bei einer Fähre *a terrible slaughter* angerichtet haben sollten, hielt sich. Einige Freiwillige verloren ihren freien Willen und folgten mehr der Angst, was heißt, sie gingen heim, um weiteren Metzeleien zu entgehen.

Die Offiziere mußten ihren Leuten gut zureden, um sie bei der Stange zu halten. Als weitere 300 Mann anrückten, die zwei Kanonen ins Treffen führten, hob sich die Moral bei der Truppe. Jetzt litten die Roten unter dem Gerücht, wonach die Weißen daran seien, mit Kanonen zu schießen. Zwei Häuptlinge vom Stamm der Potawatomi ließen durchsagen, sie hätten von Häuptling Black Hawk und seinem Vorhaben genug und seien bereit, sich friedlich durchs Leben zu schlagen. Diese gutgesinnten Menschen waren leicht dorthin zu jagen, woher sie gekommen waren, nämlich westwärts – über den Mississippi und in die dortige Wildnis. Lincolns Strategie änderte sich nicht. Mit einer Extrazuteilung von Schweinefleisch – wie immer waren seine Beziehungen intakt – hob er die Stimmung bei der Truppe. Die Indianer waren ohne Nachschub, sie lebten wie ehedem die Krieger in der Alten Welt *aus dem Land,* wie man sagte. Aber sie töteten niemanden. Als einem Mann der Kompanie sein Pferd durchging und er sich auf die Suche machte, stieß man auf untrügliche Spuren, die besagten, daß die Indianer auf dem Rückzug waren. Bei der einsetzenden Verfolgung des Feindes konnten die Männer immerhin bemerkenswerte Marschleistungen zeigen. Am 25. Mai 1832 legte die Kompanie 25 Meilen zurück; viel mehr hätte eine bewährte Kampftruppe auch nicht geschafft. Am nächsten Tag waren die Männer willens, die beachtliche Leistung zu wiederholen.

Wer sich nur für eine begrenzte Zeit für die Verteidigung der Heimaterde verpflichtet hatte, versäumte nicht, den Endtermin seiner Dienstzeit rechtzeitig wahrzunehmen. Höherenorts hatte man erwartet, die Leute würden erst *nach ordentlicher Verabschiedung* die Truppe verlassen; man war über das ungehörige Betragen besagter Zeitverpflichteter enttäuscht; aber im Bürgerkrieg wird es 1861 nicht anders zugehen. Lincolns Kompanie schmolz zusammen und damit auch die Zahl der Wähler, denen Lincoln die Funktion eines Hauptmannes verdankte. Der künftige Präsident der US ging mit 71 Getreuen in den Verband einer anderen berittenen Einheit über. So büßte er seinen Rang ein, machte quasi als Gemeiner, wie man in der Alten Welt sagte, weiter.
Es schien, als wäre alles kriegerische Geschehen aus und vorbei. *Aber es war wie in jedem Krieg:* Er ist leichter vom Zaun gebrochen als wieder beendet. Nicht alle Indianer folgten jenen, die sich über den Mississippi westwärts verzogen. Und wie in jedem Krieg sind die Letzten am Feind nicht willens, leicht aufzugeben. Es wurde wieder geschossen, und das kostete auch einige Weiße das Leben. Im übrigen war das Kampfgeschehen schon in das Gebiet von Wisconsin übergegangen. Auch Weiße gab es, die noch nicht das Gewehr aus der Hand legen wollten. Die letzten roten Krieger zogen sich ins *sumpfige* Gebiet rund um die dortigen Seen zurück. Die *Sioux warnten* vor einer Verfolgung. Der Krieg versackte.
Für Lincoln waren keine militärischen Ehren mehr zu holen. Sein Hauptmannsrang war dahin. Er bezog den geringen Sold eines einfachen Mannes. Es gab aber einen anderen, einen wichtigeren Grund für Lincoln, das Feld der Ehre zu verlassen: In seinem Heimatstaat standen Wahlen bevor, und so rüstete er als Militär ab und als Politiker auf. Im Politischen war er zu Hause, da kannte er sich aus. Dem amtierenden Präsidenten Jackson hatte man bei seiner Wahl zum Präsidenten den längst zuvor im Krieg gegen die Briten errungenen Sieg zum Vorteil angerechnet. Lincoln fand heraus, daß die Lokalzeitung seines Wahlkreises, das »Sangamon Journal«, seinen Namen bei Aufzählung der Teilnehmer am Black-Hawk-Krieg unterschlagen hatte. Das beanstandete er mit einem Leserbrief, und auf diese Weise kam er zu dem Vorteil, daß

sein Namen nicht in einer *Liste* aufschien, sondern – unter Beifügung einer redaktionellen Entschuldigung – *als einzelner.*
Lincolns Taten im Black-Hawk-Krieg von 1832 gehören nicht der Kriegsgeschichte an. Dieser Krieg zählt nicht zu jenen, die zur Ausrottung der Ureinwohner im künftigen Staatsgebiet der US führten. Hier wird auch nicht Lincolns Teilnahme an einem Feldzug travestiert oder dem Ansehen seiner Person Abbruch getan. Indessen hatten Lincolns eigene Kriegserlebnisse bedauerliche Folgen in der Zeit, als er Präsident der US war und die US den CSA, den Confederat States of America, den Südstaaten, zu begegnen hatten.
Die zahlreichen Massaker dieses nur zu oft von Stümpern geführten Kriegs erreichten die volle *Tragik eines Bürgerkriegs,* als die Hetzpropaganda bei der Wahl des Präsidenten im Jahre 1860 überging in die Kriegspropaganda derer im Norden und Süden der US. So sehr es denen im Norden an geeigneten militärischen Führern die längste Zeit fehlte, so wenig blieben sie denen im Süden etwas an Härte der Kampfesweise schuldig. Dieser Bürgerkrieg war nicht einer, dessen Ziele ideologischer Natur waren. Es ging auch *nicht,* wie lange gesagt, *primär* um die Befreiung der Negersklaven. Vielmehr war es der Konflikt zwischen zwei Wirtschaftssystemen: Im Norden gab es ein Industriesystem, das dem Süden abging. Im Industriesystem war jene Sklavenarbeit unangebracht, ohne die die Plantagenwirtschaft im Süden zugrunde gehen mußte. Lincoln selbst erklärte vorweg, ihm gehe es um die *Aufrechterhaltung der UNION,* gleichgültig ob dies durch *Abschaffung* der Negersklaverei *oder ohne diese* zu erreichen sei.
Bis es zu dieser Auseinandersetzung, zum ersten Krieg unter voller Ausnützung der neuen *materiellen und organisatorischen Möglichkeiten der industriellen Gesellschaft* kam, mußten die Amerikaner zwei andere Kriege durchstehen, die zu beweisen schienen, daß es mit einer Bewaffneten Streitmacht, wie sie Lincoln während des Black-Hawk-Kriegs erlebt hat, eine zeitlang auch gelingt, Groß*machtpolitik* zu betreiben.
Großmachtpolitik, das bedeutete um 1820/30 im Falle der US eine weitausholende *Eroberungspolitik,* die in drei Richtungen

verlief. Westwärts des Mississippi versuchte Jackson zunächst, dem Drang der Auswanderer eine Begrenzung zu setzen; die Nation sollte die Verpflichtung wahren, diese Grenze als ständige Schranke der Ausdehnung aufrechtzuerhalten. Innerhalb zwei Jahrzehnten war diese Selbstbescheidung gegenstandslos. Eine unaufhaltsame Welle von Neusiedlern wogte bis zu den Höhen der Rocky Mountains und bald über diese hinweg zum Pazifik.
Diesseits des Mississippi wurde das Schicksal der Cherokesen symptomatisch. Jacksons Vorgänger Adams hatte versucht, diesem Indianerstamm die Existenzmöglichkeit zu erhalten, als diese durch Goldfunde und den daraufhin einsetzenden Strom der Goldsucher gefährdet wurde. Aber Präsident Jackson ließ dem betroffenen Teilstaat, Georgia, freie Hand; der Versuch, die zugestandenen Existenzmöglichkeiten des Stammes durch die Herbeiführung eines Gerichtsbeschlusses zu beseitigen, hatte keinen Erfolg. Das Gericht in Georgia entschied, daß das Cherokesenvolk ein Gebiet bewohne, in dem die Gesetze Georgias *keine Geltung* haben. Also siegte die Gewalt der Tatsachen. Tatsachen, die galten, waren *erstens Geld* und *zweitens Druck*. Einige bestochene Unterhändler des Stammes verkauften das ganze Stammesgebiet um 5 Millionen $ und gegen neues Siedlungsgebiet. Der Rest der Indianer wurde 1838 nach Westen abgeschoben.
Damals schon charakterisierte der Dichter Ralph Waldo Emerson dieses Verhalten des Weißen Mannes:
»Nie hat man in Friedenszeiten und im Verkehr mit einer Nation mit ihren eigenen Verbündeten und Schützlingen seit der Erschaffung der Welt (?) eine derartige Verleugnung allen Glaubens und aller Sitten, ein solches Versagen aller Gerechtigkeit und eine so große Taubheit gegenüber dem Flehen (der Betroffenen) um Gnade erlebt.«
Sieht man von der bei amerikanischen Schriftstellern oft anzutreffenden Übertreibung – hier: seit Erschaffung der Welt – ab, so findet sich in dieser Anklage Emersons das Um und Auf der Politik der US gegenüber den Urbewohnern, den Indianern. Der Untergang der in Florida ansässigen *Seminolen* verlief noch tragischer. Wieder gab es einige durch Bestechung gefügig gemachte Häupt-

linge, die vorgaben, sie dürften namens des ganzen Stammes abschließen. Die große Mehrheit der Seminolen leistete aber Widerstand gegen den Landraub. In den weiten Sumpfgebieten konnten diese unter dem Häuptling Osceola jahrelang Widerstand leisten – bis Osceola durch Verrat den Amerikanern in die Hände fiel. Um 1842 waren die Seminolen fast ausgerottet. Millionen Dollars kostete dieser Kampf gegen die Seminolen, dafür wenig Tote im Vergleich zur Zahl der Roten, die im letzten verzweifelten Widerstand umgekommen sind.

Ganz anders verlief die Landnahme im Südwesten. Während sich ein unaufhaltsamer Strom von Pionieren in die Prärien zwischen dem Mississippi und den Rocky Mountains drängte, sickerten im nordöstlichen Mexiko Amerikaner in jenes Gebiet ein, das sich 1836 als unabhängige Republik *Texas* von Mexiko lossagte. Der zuerst erfolgreiche Versuch Mexikos, die Rebellen in Texas niederzuwerfen und die Gebietshoheit über Texas wiederherzustellen, mißlang nach anfänglichen Erfolgen. Am letzten Tag seiner Amtszeit hat Jackson die Zustimmung des Kongresses zur Anerkennung der unabhängigen Republik Texas durchgesetzt.

Die amerikanische Geschichtsschreibung wurde sich bis in die neueste Zeit nicht einig bei der *Bewältigung* einer solchen Politik, die schließlich zur Aufnahme von Texas als Teilstaat der US führte. Weil in Texas die Sklavenhaltung legalisiert wurde, belegten manche Historiker die Südstaaten mit dem Fluch, sie hätten durch unglaubliche Intrigen den Erwerb betrieben – nur um dadurch verstärkt zu sein bei der Behauptung des Prinzips der Sklaverei. Dem steht eine Bewältigung einer nicht eben ehrenvollen Sparte der Geschichte der US gegenüber, die den heutigen Teilstaat Texas als den Preis dafür ansieht, daß amerikanische Pioniere mit opfervollem Bemühen die *Demokratie* und die *Zivilisation* in ein Gebiet vorgetragen haben, das bei Fortdauer der schwächlichen und korrupten Regierung in Mexiko zugrundegerichtet worden wäre, und nie wäre in Texas der heutige Standard erreicht worden. 1846 bezeichnete Mexiko den Verlust von Texas immer noch als einen *berechtigten Kriegsgrund.* Ehe 1848 die Revolution in

der Alten Welt ausbrach, hatten die US diesen Krieg schon hinter sich und Mexiko etwa ein Drittel seines ursprünglichen Staatsgebietes abgenommen.
Eine solche Annexionspolitik in *westlicher* und *südwestlicher* Richtung zu betreiben, war ein Akt beispielloser Kühnheit der Regierung in Washington. Gleichzeitig war nämlich aufs neue der Grenzkonflikt mit Großbritannien betreffs der *Nordwestgrenze* der US in Sicht. Nach den bescheidenen Erfolgen, welche die US in ihrem zuletzt geführten Krieg gegen Großbritannien 1812/15 errungen haben, vermeinte man in Europa, Mexiko würde es ein leichtes sein, die Armee eines Staates, der keine Armee haben wollte, zu besiegen. Und weil die Alte Welt ihren wichtigsten Stützpunkt jenseits des Atlantiks 1783 im Gebiet der US verloren hatte, so bot sich jetzt die Möglichkeit, im Bündnis mit Mexiko aufs neue drüben Fuß zu fassen. Selbst während des Ersten Weltkriegs versuchte die Diplomatie des Deutschen Reiches, den nie gelösten Konflikt zwischen den US und Mexiko zu seinen Gunsten auszunützen. Das aber schlug fehl und war 1917 für die Kriegspartei in den US nur ein Argument mehr, dem Deutschen Reich den Krieg zu erklären.
1846, also während der Krise in den Auseinandersetzungen mit Mexiko, ließ London in Washington verlauten, es betrachte spätestens nach 12 Monaten die bisher *gemeinsam mit den US geübte Kontrolle des umstrittenn Oregon-Gebiets für erloschen*. Bisher hatte London die Kontrolle über den Columbia-Fluß für sich reklamiert, denn der Fluß schien in Fortsetzung des in den Atlantik mündenden St.-Lorenz-Stromes eine aus dem Gebiet der Hudson-Bay kommende Verbindung mit China (!) zu eröffnen. Der 11. Präsident der US, Lambert Knox Polk, resümierte nach einer vertraulichen Verhandlung mit London, daß man dort nunmehr geneigt sei, den Gebietsanspruch Großbritanniens so weit zurückzunehmen, daß die Grenze zur US entlang dem 49. Breitengrad verlaufen und *Vancouver an Kanada* fallen sollte. Polk fand bei seiner Regierung keine Hilfe; sein Leiter des Außenressorts, der spätere 16. Präsident der US, James Buchanan, erklärte, nur die Anhänger einer Grenze entlang 54°40' seien wahre Freun-

de der Regierung, und es gäbe kein Nachgeben gegenüber London.

Anders der Kongreß: Polk verbat sich die Art Buchanans und brachte den Vorschlag in den Senat, der praktisch vom Fleck weg zustimmte. So konnte die bis heute gültige Grenze zwischen den US und Britisch-Columbien im Sommer 1846 festgelegt werden. Jetzt hatten die US freie Hand gegenüber Mexiko, das sich in London für das Unheil zu bedanken hatte, das 1846/47 über das Land hereinbrach.

Und während die Alte Welt der Revolution von 1848 entgegentaumelte, erreichte die Annexionspolitik der US im Westen Kalifornien, im Südwesten den Rio Grande und im Nordwesten die heutige Grenze zu Kanada, also das weite Land an beiden Ufern des Columbia-Flusses, wovon ein Stück, der heutige Teilstaat Oregon, schon 1850 in die US aufgenommen wurde. Diese drei weitausholenden Stoßrichtungen der US hat vor Ausbruch der Revolution von 1848 der k.k. Vertreter in Washington *mehrmals* seiner Regierung aufgezeigt.

Wer weiß, ob 1848 und in den Jahren nachher das Ansehen des Alten Österreich in den US derartig geschmälert worden wäre, hätte sich nicht ein katholischer Priester in demagogischer Weise mit inneren Verhältnissen der Monarchie beschäftigt. Der hochwürdige Herr hieß Hughes, er war ungemein rührig, vor allem aber politisch einflußreich unter den Iren New Yorks und der ganzen US. Zunächst geriet er in einen heftigen Konflikt mit den Liberalen im eigenen Land, vor allem mit deren Kerngruppe, den *Freethinker.* Seine Gegner warfen ihm vor, er verletze das für die US geltende Grundprinzip der Trennung von Staat und Kirche. Gemeint waren konkret *katholische Schulen,* die von den Gegnern der Kirche als secterian schools diffamiert wurden. Schulen, in denen nicht nur der Religionsunterricht erteilt wurde, sondern die Lehre der katholischen Kirche transparent war in allen Unterrichtsgegenständen.

Schon 1847, noch bevor in Wien Anzeichen eines Übergreifens der Revolutionsbewegung in Europa auf Österreich zutage kamen, nahm Hughes eine Umgruppierung seiner Angriffskräfte vor. Dazu stand ihm auch eine Zeitung zur Verfügung, deren Schreibweise sich nur wenig von der der traditionellen Kampforgane der Liberalen in Europa unterschied. Hughes faßte *zwei Tatsachen* ins Auge: *Erstens* war er sich bewußt, daß neben den Iren die katholischen Einwanderer aus *Italien* schon einen großen Teil seiner Diözesanangehörigen ausmachten; er konnte gar nicht an dem unter den Italo-Amerikanern regen Wunsch nach der Einigung Italiens und der Unabhängigkeit eines geeinten Italiens von jeder ausländischen Macht – gemeint war zuerst Österreich – vorbeisehen. Und da war *zweitens* der Kampf der *Iren in ihrer Heimat,* wo diese vom Übermaß der im Mutterland der neuzeitlichen Demokratie zu vergebenden Freiheiten nur wenige unter der Krone Englands genossen. Nach der Einigung der US mit Großbritannien im Oregonstreit konnte Hughes nicht gut den Direktangriff auf London und seine gegenüber den Iren gemachte Politik eröffnen.

So gelang jener *publizistische Trick,* bei dem Österreich, sein Kaiser und der Kanzler Metternich an die Wand gemalt wurden, die guten Iren in den US aber in jedem Fall wußten, daß die so erhobenen Vorwürfe der Krone Englands, der Regierung in London und zumal den dort oben als Regierungspartei tätigen Konservativen galten.

Hülsemann fand das Hervortreten Hughes in einem Bericht an den Ballhausplatz als äußerst *inconvenient.* Dem gebürtigen Hannoveraner und Lutheraner war der politisierende katholische Geistliche an sich ein Dorn im Auge – um so mehr, als dessen Aggressionen gegen Österreich in einer Zeit erfolgten, in der es um das System Metternich nicht zum besten stand; und ein Konservativer sich nur wundern konnte über die Feindseligkeit Hughes gegen jene Macht in der Alten Welt, die so oft und unter Opfern Schwertarm der Kirche gewesen ist. Aber – des Rätsels Lösung wurde klar, als aus Rom die Nachricht kam, das Kardinalskollegium hätte am 16. Juni 1846 Giovanni Maria Graf Mastai-Ferretti zum Papst gewählt. Der Neugewählte nahm den Namen Pius IX. an und galt als Parteigänger derer, die eine Einigung Italiens und dessen Unabhängigkeit verfochten; *und zwar im Sinne der Liberalen.*

Man darf annehmen, daß sich am Ballhausplatz nicht nur die letzte Nachhut der gestandenen Josefiner über die Kritik Hülsemanns an Hughes gefreut hat und seinen harten Vorwurf gegen einen politisierenden Katholizismus genehm fand. Aber dem im Alter fromm gewordenen Kanzler Fürst Metternich hat die Kritik Hülsemanns nicht gepaßt, mußte er doch wahrnehmen, daß der katholische Klerus in Ungarn und Italien sich immer mehr vom Hof und Wien distanzierte und sichtlich Verständnis bewies für die aus dem Untergrund hervortretenden Umsturzbewegungen. In Italien predigten die Priester von den Kanzlen gegen Österreich, nicht wenige katholische Priester traten 1848 in die Kampfformationen der Aufständischen ein. Radetzky wird sich nicht scheuen, solche Revolutionäre nach Kriegsrecht aburteilen und erschießen zu lassen. Typisch für diese Vorgänge im Klerus wurde der Fall des Barnabitenmönchs Ugo Bassi. Er ging als Feldgeistlicher der päpstlichen Truppen 1848 in den Kampf gegen die Österreicher. Später folgte er Guiseppe Garibaldi nach Rom, zuletzt wurde er gefangengenommen und erschossen.
Neben einschlägigen Berichten über Vorgänge in Kreisen italienischer Immigranten fanden die wichtigen Berichte Hülsemanns über die Krisenherde Mexiko und Kanada weniger Beachtung in Wien. Dabei hat Hülsemann, was die Aggressivität der US betraf, gar nicht so offen gesprochen wie ein mexikanischer Konservativer, der kurz vor Ausbruch der Revolution vor 1848 in Europa lebte.
Es war dies José Maria Guitarriez d' Estrada, Schwiegersohn der Gemahlin des k.k. Botschafters beim Heiligen Stuhl, der Gräfin Lützow. Guitarriez war es bestimmt, Jahre danach im Schicksal des Erzherzogs Maximilian und dessen Thronbesteigung in Mexiko eine entscheidende Rolle zu spielen. Wie immer man letzteres Wagnis beurteilt, es verdient auf alle Fälle das Beachtung, was Guitarriez 1846 nach einem aide-mémoire Metternich vortrug. Das war, als die US daran waren, Mexiko im Krieg zu überfallen und das Land um einen guten Teil seines Gebietes zu berauben; Gebiete mit spanischer Kultur, die der Masse der indianischen Urbevölkerung deren Kulturtradition *beließ.* Eine Ausrottung

der Indianer hat während der spanischen Kolonialherrschaft nie stattgefunden.

»Wenn die europäischen Mächte fortfahren, die aggressive Politik Amerikas (also der US), die sich gegen dessen Nachbarn richtet, zu ignorieren«, warnte Guitarriez 1846 in Wien, »wenn sie immer noch diesen Giganten als ein Kind ansehen, wie werden sie dann in Zukunft in der Lage sein, sich selbst gegen die Übergriffe der amerikanischen *Industrie* und des *Handels* (!) zu wehren? Der *Triumph Amerikas ist nur auf Kosten Europas möglich*, und dieses wird einmal seinen Mangel an Entschiedenheit und Voraussicht *teuer zu bezahlen haben.«*

Allein um dieser Warnung willen möchte man dem Mexikaner einiges von dem verzeihen, was er im Falle des unglücklichen Kaisers Maximilian von Mexiko verursacht hat und das zum schmählichen Ende des Kaiserreiches Mexiko führte.

Dafür, daß Metternich diese Frühwarnung eines Mannes aus der Neuen Welt, dessen Heimatland eines der ersten Opfer amerikanischer Expansionspolitik wurde, nicht genügend in Rechnung gezogen hat, mochte unter den damaligen Umständen, am Vorabend der Revolution von 1848, verständlich sein. Daß aber auch die unablässigen Warnungen Hülsemanns vor den Aggressionsabsichten der US in Wien als Bilder vom Rand der großen Politik aus gesehen wurden, war ein Fehler. In seinen guten Tagen hätte Metternich das Schicksal Mexikos nicht bloß als eine »gerechte Strafe für den Abfall von Spanien« (!) angesehen; wäre er rechtzeitig der leicht verständlichen Analyse Guitarriez' gefolgt. Es hat sich nämlich ergeben, daß die US sich schon 1848/49 ungeniert in innere Angelegenheiten des Kaiserreiches Österreich, mit dem sie in angeblich guten Beziehungen standen, eingemischt haben; und daß sie wenige Jahre später auch ihre Europapolitik mit der gleichen Entschiedenheit führen werden, die sie sich 1848/49 dem Kaiserreich Österreich gegenüber herausnahmen. Im Ersten Weltkrieg aber werden die US 1917 Österreich-Ungarn den Fanghieb geben und jene Zerstörung des Zusammenhalts in Mitteleuropa anbahnen, die es nach dem Zweiten Weltkrieg der SU gestattet, ihre Kontrollmacht bis auf 50 km vor Hamburg und etwa genauso nahe an Wien heranzuführen. Die Monroe-Doktrin aber wird sich in den 1848 beginnenden hundert Jahren als eine *Einbahnstraße* erweisen, die den US ein rasches Vordringen der eigenen Machtpolitik ermöglicht, auf der sich aber die US selbst jeder Berichtigung ihrer Fahrweise drastisch widersetzen werden. Metternich ahnte nicht, konnte von seinem Standort aus nicht ahnen, daß während der Revolution von 1848 die US bereits auf der Seite der Feinde des Alten Österreich standen. Daß dieses Jahr das Jahr der großen Wende im Schicksal der ganzen Alten Welt sein wird, war vor 1848 am Ballhausplatz noch nicht vorauszusehen. Bis heute haben es viele nicht erkannt oder nicht zugelassen, daß die Österreicher erkannten, wie die Revolution des 20. Jahrhunderts eigentlich aus dem *Westen* über Europa kam. Das übersehen vor allem jene, die fasziniert oder erschreckt immer nur auf den vom Bolschewismus *im Osten* der Alten Welt herbeigeführten totalen Umsturz bisheriger Zustände starrten und starren.

6.

Revolution hüben – Goldrausch drüben

Am 16. November 1847 beeilte sich der k.k. Vertreter in den US, einen wichtigen Bericht so rechtzeitig abzufertigen, daß er mit dem nächsten Dampfschiff von New York nach England und von dort mit Kurierpost nach Wien ging. Ungeheuerliches war vorgefallen:

In New York hatte unter der Ägide des *katholischen Bischofs der Stadt* eine politische Kundgebung stattgefunden, die sich eindeutig gegen Österreich richtete. Längst vor diesem Datum hatte Hülsemann dem Ballhausplatz Warnungen vorgelegt: In den US geschah am hellichten Tag, was sich in vielen Teilen Europas noch im Untergrund tat, nämlich die Bereitstellung von Kräften zum Kampf gegen die konservativen Mächte in der Alten Welt. Trotz seiner Frühwarnung ist Hülsemann keine Instruktion aus Wien zugegangen, die ihn ermächtigt hätte, vor allem gegen den Umstand Vorhalte zu machen, daß hohe und höchste Staatsfunktionäre der US derlei Kundgebungen mit Wohlwollen begrüßten, ja sogar Ehrenfunktionen in den Vorbereitungskomitees ausübten.

In New York war das demonstrative Hervortreten von Staatsmännern und Parteipolitikern besonders auffallend. Denn die Veranstaltung vom November 1847 erfreute sich schon im Stadium der Vorbereitung der Förderung von Parteipolitikern, die ansonsten dem Papismus und Klerikalismus mit mäßiger Sympathie begegneten. Der Bürgermeister von New York stand an der Spitze des Vorbereitungskomitees, ebenso der von Brooklyn und Jersey City.

Anlaß zu diesen eher überraschenden Sympathiebeweisen seitens liberaler Politiker war der Umstand, daß der 1846 gewählte Papst Pius IX. allem Anschein nach mit gewissen Traditionen im Kirchenstaat und überhaupt in der Führung seines Amtes gebrochen

hatte; dies ging aus Berichten hervor, die seit einem Jahr immer häufiger aus Rom, ganz Italien und Europa zugingen. In der Sache ging es darum, daß der Papst im Kirchenstaat Reformen eingeführt hatte, die anfangs alle Antiklerikalen überraschten, dann aber den ungeteilten *Beifall der Liberalen* in aller Welt hervorriefen. Es konnte kein Zweifel mehr bestehen: Die katholische Kirche hatte auf einmal ein Oberhaupt, das als absoluter Monarch im Kirchenstaat bei Reformen und radikalen Veränderungen, die in Italien ansonsten erst im Untergrund vorbereitet wurden, in aller Öffentlichkeit weit voranging. Wenn aber der Papst in Rom so weit vorpreschte, dann war es für die Macher der Achtundvierzigerrevolution in Europa höchste Zeit, ihre Tarnungen abzuwerfen und auch im hellen Licht der Öffentlichkeit auf jene Mächte loszugehen, die als Träger der 1815 in Wien geschaffenen Ordnung den Völkern ihr Joch auferlegten.
In den US konnten zumal die in großer Zahl eingewanderten Italiener ihren Brüdern in Europa ein Beispiel, eine Aufmunterung geben. *Der Oberhirte von New York* aber lieh seine geistliche Autorität voll und ganz diesem Vorhaben. Und der nicht eben kirchenfromme Bürgermeister dieser Stadt übernahm den Ehrenvorsitz eines Komitees, dessen Zielsetzung sogleich die Zustimmung der politischen Prominenz *liberaler Kreise* fand. Unter letzteren ragte der frühere Präsident der US Martin van Buren hervor. Er schrieb der Veranstaltung, daß die geplante Kundgebung mit dazu beitragen möge, die gegen das verfallende Gebäude der bisherigen Ordnung (in Europa) ankämpfenden Kräfte zu stärken. Van Buren hoffte, daß die so entstehende Bewegung in der Alten Welt mit *friedlichen* Mitteln auskommen werde; sollten sich allerdings die ohnedies im Verfall befindlichen Regime ihrer Beseitigung widersetzen, dann müßte man mit Revolutionen und mit *Blutvergießen* rechnen. Aktive und frühere Staatsmänner und Politiker schickten dem Vorbereitungskomitee aufmunternde Sympathieschreiben, die alle in der Tagespresse abgedruckt oder doch auffallend erwähnt wurden. Der spätere Außenminister in der Ära des Präsidenten Abraham Lincoln, William Henry Seward gab der Freude über die sichtlich kommenden Ereignisse geradezu in

lyrischer Form Ausdruck: Da nun das Volk Italiens seine Unabhängigkeit zurückzugewinnen im Begriff sei, wäre es, als ob milde Winde über sein Land strichen, als ob die Sonne strahlender leuchte, seit die Italiener daran seien, mit edlen Anstrengungen ihre seit altersher bestehende Unabhängigkeit wiederzuerlangen. Alle erhofften sich ein freies, *unabhängiges Italien von Kalabrien bis zu den Alpen.*

Tatsache wurde freilich, daß besagte Befreiung vom ersten Tag ihres Beginnens mit Mitteln der Gewalt angestrebt wurde und daß die gedachten friedvollen Methoden des Papstes untergingen in einem Meer revolutionärer Begeisterung. Einmal mehr erwies es sich, daß Revolutionen nicht mit dem Palmwedel in Bewegung gesetzt werden können, daß es Märtyrer braucht, um den Kampfesmut der Revolutionäre anzuspornen; und daß selbst der Fortschritt zum Guten, den eine Revolution erzeugt, alsbald hinweggeschwemmt wird durch neue Erbitterung derer, die das furchtbare Schicksal nach dem Sprichwort trifft: Wo gehobelt wird, fallen die Späne.

Die Situation Hülsemanns war schwierig: Die Sprache des State Departements war die einer Regierung, die mit der Monarchie im guten Einvernehmen zu stehen schien. Die öffentliche Meinung in den US wurde aber pausenlos enthusiasmiert zugunsten der in Europa erwarteten Revolution in *allen* Staaten des Kontinents. Und der k.k. Missionschef blieb in diesem wogenden Meer der Ereignisse die längste Zeit ohne Instruktionen der Zentrale in Wien; mit dem Ausbruch der Revolution in Wien am 13. März 1848 war er völlig isoliert. Noch dauerte der Schiffsverkehr über den Atlantik Wochen, und rascheste Beförderung hing allein von den Fahrplänen der Schiffahrtslinien ab.

Für den Lutheraner Hülsemann war es unverständlich, daß in einem Land, in dem der Haß gegen den Papismus und den Katholizismus obenan stand, in den Gefühlsäußerungen der meisten Staatsbürger sich plötzlich eine vorbehaltlose Sympathie für den regierenden Papst zeigte. Hülsemann verfolgte aufmerksam den Kurs, den Pius IX. im Politischen wählte und warnte Wien vor der Tatsache, wonach niemand vorhersagen könne, was das Ende

eines allgemeinen Aufruhrs in Italien sein würde. In den US verhofften sich Politiker der *Demokratischen Partei* als Lohn für die momentane Sinnesänderung gegenüber dem, was sonst Papismus hieß, Stimmengewinne bei Wahlen. Im konkreten Fall die der aus *Italien* und *Polen*, zum Teil auch der aus *Deutschland* stammenden Bürger. In einem Resumé seiner Eindrücke, das Hülsemann seinem Bericht samt Zeitungsausschnitten betreffs der Kundgebung der Katholiken in New York folgen ließ, strich er die Tatsache heraus, daß Hughes längst die Auseinandersetzungen mit antiklerikalen Liberalen und Freidenkern eingestellt und dem amtierenden 11. Präsidenten James Knox Polk in dem vom Präsidenten lancierten Eroberungskrieg gegen Mexiko *moralische Unterstützung* verliehen hat. Hughes konnte Polk die etwa *30 000 Stimmen* der katholischen Iren bieten. Polk ernannte unter Bruch der Verfassung *zwei katholische Feldkapläne* für die gegen Mexiko eingesetzten Truppen, was allerdings in gewissen Kreisen der Demokratischen Partei insgeheim getadelt wurde. Indessen sprachen sich Präsident und Priester nach dem von den Römern aufgestellten Grundsatz: DO UT DES sehr gut. Die Dinge kamen in Fluß, und auf einmal hieß es, die Regierung plane die *Eröffnung einer diplomatischen Vertretung der US im Kirchenstaat*, in Rom.
Hülsemann riet dem Ballhausplatz, man möge diese sich anbahnenden Beziehungen im Auge behalten. Derlei Aufmerksamkeit wäre ein Novum für den Ballhausplatz gewesen. Die Vertreter der US an Ort schienen dem Ballhausplatz eher ruhebedürftige Typen oder unfertige Anhänger in der Diplomatie zu sein. Auf den ersten Vertreter Nathanael Niles folgte eine wahre Null, ein gewisser Daniel Jenifer. Die Praxis Washingtons, gewisse auswärtige Vertretungen Typen anzuvertrauen, die nach einem von reger politischer Tätigkeit erfüllten Leben einen geruhsamen Lebensabend brauchten, wurde in vielen Fällen die Regel. Die Entsendung eines gewissen Henry A. M*u*hlenberg war sichtlich die Belohnung für die Dienste, welche die aus Deutschland gekommene Pastorenfamilie M*ü*hlenberg im Kampf um die Unabhängigkeit der US geleistet hat. In Wien waren Vertreter der US, die deutscher Abstammung waren, stets wenig geschätzt; man wußte, daß

sie nach Herkunft und Anschauung der durch ein katholisches Österreich ausgeübten Vormacht in Deutschland mit geringer Sympathie begegneten; und zudem Kenntnis von Beziehungen mitbrachten, die sich mit den Linien, auf denen sich auswärtige Politik der Monarchie bewegte, oft kreuzten oder überschnitten.
1845 kam der aus Georgia stammende *William H. Stiles* als Vertreter der US nach Wien. Stiles ist im Revolutionsjahr 1848 keineswegs schläfrig im Dienst gewesen. Gewissen Äußerungen der Revolution in Wien, zumal krassen Exzessen, die der Einführung der Pressefreiheit nach der Märzrevolution 1848 in Wien in großer Zahl folgten, stand er kritisch gegenüber. Nicht, weil er die Reste der untergegangenen konservativen Regime für schutzbedürftig fand; eher deswegen, weil längst die Erfahrung lehrte, daß dem *Mißbrauch* der gewonnenen Freiheit oft nur zu bald ein *Untergang* der Freiheit folgt. Wo immer die Ereignisse des Jahres 1848/49 dem Fortgang der Befreiung und des Fortschritts dienlich zu sein schienen, gab Stiles dem in Berichten nach Washington in diskreter Manier Ausdruck. Ihm muß man es hoch anrechnen, daß er erkannte, was die Weisen bei Hof und in der Staatskanzlei zu spät einsahen: Daß nämlich Macher der Revolution in Wien vielfach Emissäre aus Ungarn waren, wo der Kampf um die Loslösung von Wien und Österreich im vollen Gang war.
Winston Churchill hat im Zweiten Weltkrieg richtig erkannt, daß der leicht verwundbare *weiche Unterteil* des europäischen Kontinents sich am besten zu einem Angriff darauf eignet. Dieses punctum minoris resistentiae haben die Macher der 48er Revolution herausgefunden und daher den ersten Schlag nicht an klassisch gewordener Stätte, in Paris, getan, sondern in Neapel. Es bedurfte dennoch einer unmißverständlichen Geste seitens des Befehlshabers einer Eskader der Royal Navy, welche den arg verschrieenen König von Neapel zur Einsicht brachte, den erfolgreichen Widerstand seiner Truppen gegen die Barrikadenkämpfer abzubrechen. Nicht, daß die Söhne des Landes, deren Epigonen noch 1946 in der Mehrzahl einen König in Italien haben wollten, 1848 mit Löwenmut für ihren König gekämpft hätten. Das taten die beiden in der Schweiz rekrutierten königlichen Regimenter. Und sie taten

es so gut, daß sich der britische Kommodore zu besagter Geste veranlaßt sah. Da blieb dem König nichts anderes übrig, als seinem guten Volk eine Abschrift der spanischen Verfassung von 1812 zu schenken und den Dingen ihren Lauf zu lassen.
Reisläufer aus der Schweiz dienten ihrem Soldgeber. In *Neapel* kämpften sie für den König *gegen* die Revolution; die Schweizer von *Pius IX.* kämpften 1848 zusammen mit Revolutionären *gegen die Österreicher.* Diese Reisläufer verrichteten ihre Arbeit recht ordentlich, solange ihr Brotgeber pünktlich war bei der Soldauszahlung.
Dem Ausbruch der Revolution in Süditalien folgten die Gesinnungsfreunde der Neapolitaner im nördlichen Kirchenstaat, in der Österreich benachbarten Provinz Ferrara. Für Feldmarschall Radetzky, der von Mailand aus die sogenannte *Italienische Armee* der Kaiserlichen kommandierte, war das keine Überraschung. Radetzky hielt im Gegensatz zu Beobachtern im Ausland gar nichts von der k.k. Polizei. Er hatte seinen eigenen gut geführten Nachrichtendienst. Ihn überraschte der weitere Verlauf der Ereignisse in Italien nicht. Was ihn bedrückte war bloß, daß er fürs erste einer zahlenmäßigen Übermacht gegenüberstand; dieses kalkulierte Risiko rechtzeitig erkannt und danach seine Strategie im Feldzug 1848 eingerichtet zu haben, war sein Verdienst. Die Siege Radetzkys waren die ersten Wermutstropfen, die ins volle Glas köstlich schmeckenden Weines der Aufständischen fielen.
Das honette Bürgertum in Ferrara sah insgeheim das Kommen der Österreicher als die Wiederkehr von Ruhe und Ordnung im Land an. Aber der Heilige Vater sah die Dinge anders, zufällig genauso wie die Macher der Revolution. Er bedrängte Metternich, die päpstlichen Untertanen nicht mit einer militärischen Besatzung zu belasten; Metternich, schon in der Endkrise seines Systems, wollte den offenen Konflikt mit dem Papst vermeiden. Resultat der Verhandlungen war, daß die k.k. Truppen sich zurückzogen in die alte Burg von Ferrara und in zwei Kasernen, also im Land verschwanden. Radetzky ging es nach rein militärischen Interessen darum, den Brückenübergang über den Po-Fluß bei Laga Scurre unter seiner Kontrolle zu haben.

In den Nachbarstaaten Modena und Parma gab es noch vor Ausbruch der Revolution Unruhe in Kreisen bei Hof. Parma fiel nach dem Tod der Herzogin Marie Luise, der Ältesten Kaiser Franz' I., an eine Nebenlinie des französischen Hauses Bourbon. Die benachbarten Monarchien Modena und Sardinien fanden es günstig, am Vorabend der Revolution in Italien, die sich wie ein Flächenbrand über die ganze Halbinsel ausdehnte, Grenzberichtigungen zu verlangen, ebenso das benachbarte habsburgische Toskana. *Großherzog Leopold II.* besaß die seltsame Vorstellung, wonach ihm die Revolutionäre, denen er gegen die Verfolgung in der Zeit vor 1848 in Toskana Zuflucht gewährt hatte, dieses Entgegenkommen im Revolutionsjahr entgelten würden. Bei ihm fand eine Anregung des Papstes, den fälligen Neuerungen in Italien ein Beispiel zu geben, mehr Verständnis als beim österreichfeindlichen König von Sardinien, den der Papst ebenfalls angeschrieben hatte. Aber letzterer widmete sich im Moment weniger den Reformen im eigenen Land als gewissen Kriegsvorbereitungen, von denen man annehmen durfte, daß sie einem bewaffneten Eindringen in die unter österreichischer Herrschaft stehende Lombardei galten. Die Revolution in Italien durfte auf Sympathien im Ausland hoffen. In der benachbarten Schweiz hatten im sogenannten Sonderbundkrieg die *konservativ* regierten Teilstaaten eine Niederlage erlitten; die Sieger sollten sich als verläßliche Gastgeber aller jener revolutionär gesinnten Italiener erweisen, die es zeitweise vorzogen, vor den Österreichern in die Schweiz zu *fliehen;* oder ihr Gebiet wurde zum *Bereitstellungsraum für Angreifer,* die sich in der neutralen Schweiz bereit machen konnten zum Einfall in österreichisches Territorium. Der mächtige Schutzherr aller in Italien gegen Österreich gerichteten revolutionären Bestrebungen wurde und blieb die liberale Regierung in London unter John Russell und in dieser Regierung der Leiter des Außenressorts Palmerston. Palmerston, von politischen Gegnern als gewerbsmäßiger Unruhestifter auf dem Kontinent angesehen, erwarb sich im Laufe der Zeit den bezeichnenden Namen Lord Firebrand. Bis in jüngste Zeit haben österreichische Historiker Palmerston eher für einen Freund des Alten Österreich gehalten. Dennoch lag es an Öster-

reich, daß diese Freundschaft nicht voll zum Tragen kam, nicht zum Tragen kommen konnte, weil es die Politik Palmerstons war, Wien zur Preisgabe seiner Besitzungen in Italien zu bringen, Wien sich aber leider nicht zum Beginn eines Ausverkaufs seiner Territorien entschließen konnte.
Aus den Berichten, die Mr. Stiles nach Washington einsandte, ergibt sich, daß dieser Tatzeuge der Revolution von 1848 in Österreich eine überraschend große Einsicht in den Gang der Dinge hatte. Stiles gehört jedenfalls *nicht* zu den Vertretern der US, die das Alte Österreich als ein Rest Center müder Politiker oder Diplomaten ansahen. Aus seinen Berichten geht hervor, daß er guten Kontakt zu den Machern der Revolution in Österreich hatte. Einer seiner besten Gewährsmänner war der Hannoveraner Anton Schütte. Postl hat seinerzeit bei Versuch der Kontaktaufnahme mit Metternich auf die Reisebekanntschaft mit einem Hannoveraner hingewiesen, der interessantes Wissen aus Kreisen der Unzufriedenen in Ungarn besaß. Schütte war einer jener Hannoveraner, die ihr Landesherr, solange er zugleich König von England war, gerne in den Dienst der Ausspähung stellte, die leider der Abwehr im Alten Österreich überlegen war.
Schütte wird im Verlauf des Jahres 1848 versuchen, in Wien die Republik auszurufen, dabei aber scheitern. Er flüchtet in die US, macht während des amerikanischen Bürgerkriegs Geschäfte mit der Armee der Nordstaaten; als deren Commissioner wird er schließlich wegen Unregelmäßigkeiten aus dem Dienst gestoßen. In Wien trat Schütte als Vertreter einer englischen Gaserzeugungsfirma auf.
Mr. Stiles Berichte dienten in Washington sehr der genauen Übersicht über die Kampfvorgänge in Italien. Ende 1847 riefen die Radikalen in Mailand zu einem Raucherstreik auf, um die k.k. Tabakregie mit der Konsumverringerung der Raucher zu schädigen. Es kam zu Konflikten mit dem k.k. Militär. Die Soldaten ließen sich nämlich nicht von den Demonstranten die geliebte Tabakpfeife aus dem Mund schlagen. Sie schlugen zurück, einige bedienten sich des Seitengewehrs. Es gab Opfer auf beiden Seiten. Noch wurde Radetzky Herr der Lage. *In Mailand putschten nicht*

die Hungrigen; Herren von Adel standen hinter der Aufstandsbewegung, und diese traten erst hervor, als es sichtlich schlecht bestellt war um die Sache der Österreicher.
Radetzky förderte, manche sagen sogar lancierte, das falsche Gerücht, er hätte 100 000 Mann zur Verfügung. In Wirklichkeit standen bei Ausbruch der Revolution – bezogen auf den April 1848 – nur 52 993 Mann und 90 Geschütze zur Verfügung. Nur die Hoffnung auf die tätige Hilfe Palmerstons veranlaßte die Macher, den Aufstand gegen die so vermutete starke Heeresmacht der Österreicher zu wagen. Man hoffte, Palmerston würde die Österreicher in die Schranken verweisen.
Mr. Stiles verglich den Raucherstreik in Mailand mit einem Vorfall in der Revolution der Amerikaner, als diese sich weigerten, das Monopol englischer Handelshäuser für den Teeimport anzuerkennen, und sie eine Schiffsladung Tee ins Meer warfen. Am 17. Jänner 1848, zwei Monate vor Ausbruch der Revolution in Wien, schloß Mr. Stiles seinen Bericht mit einer Tour d'horizon: *Frankreich,* wo der sogenannte Bürgerkönig Louis Philippe als König der Franzosen regierte, schien Stiles wenig gewillt zu sein, sich in die im Italienischen aufkommende Bewegung einzumischen. Die Liberalen in *Deutschland* hielten ihr Pulver trocken, und ihr Zentralorgan, eine in Stuttgart erscheinende Zeitung, beschäftigte sich mehr mit der *moralischen* Berechtigung des von den US über Mexiko siegreich geführten Eroberungskriegs als mit Dingen vor der Haustür und im eigenen Haus. In *Italien* brillierten gewisse Presseorgane in der geschickten Umgehung der an Ort geübten Zensur, was bei der mäßigen Begabung der meisten in diesen Behörden tätigen Beamten keine zu große Schwierigkeit ausmachte. Mr. Stiles hat längst vor der 48er Revolution gute Kontakte mit der gegen Wien und Österreich gerichteten Opposition in *Ungarn* gehabt. Die dortigen Macher werden sich bei der ersten Krise ihres siegreich begonnenen Aufbegehrens gegen Wien und Österreich mit einem Hilfeansuchen an Mr. Stiles halten; Washington wird bei fortschreitenden Erfolgen der Revolution in Ungarn einen seiner Vertretung in Paris zugeteilten Diplomaten bereitstellen, der im Falle genügender Stabilität eines unab-

hängigen Ungarns die de facto Anerkennung dieses Staates besorgen sollte.

Mr. Stiles verschwieg nicht, daß die Gesundheit of His Highness Prince Metternich zu wünschen übrig ließ. Vielleicht redete er von einer *politischen* Krankheit, vielleicht meinte er wirklich die Last der Jahre, als ob der Kanzler *pensionsreif* wäre. Was Mr. Stiles in besseren Häusern und Salons an gespanntester Erwartung kommenden Geschehens vernahm, davon schrieb er am Vorabend des 13. März 1848 nichts heim.

Pünktlich am 16. Februar 1848, acht Tage vor der Abdankung des Königs der Franzosen Louis Philippe, meldete Mr. Stiles die im Kaiserreich Österreich eingetretene Wendung: Der ungarische Landtag erlebte den Sieg der von Kossuth Lajos geführten *Opposition* über die von Istvan Graf Széchenyi geführten *Konservativen.* Széchenyi gewann für seinen Entwurf einer Antwort an den König nur 22 Landtagsmitglieder, die ihn unterstützten. Zwar stimmte das Oberhaus der Version Kossuths nicht zu, aber Kossuth brachte das Unterhaus zu einem Beharrungsbeschluß. Mit einer hinreißenden Rede trug er die an den Hof in Wien, an die dortigen Zentralstellen der Regierung, genau gesagt an Österreich gerichteten Forderungen vor. Als Journalist und Revolutionär brauchte Kossuth zuerst die Abschaffung der *Zensur.* Die Herren von Adel sollten außerdem wie andere Untertanen des Königs von Ungarn *Steuern und Abgaben* entrichten.

Mr. Stiles bewies seine Gabe der Vorhersicht, wie sie im Februar 1848 noch wenige Österreicher, vor allem nicht die in den Zentralen in Wien, besaßen, indem er darauf hinwies, die Absichten der Partei Kossuths zielten auf die *Loslösung* des Königreichs Ungarn aus dem Verband des Kaiserreichs. Er beschreibt, wie man im ungarischen Landtag die *Beamten als Besoldete Österreichs* hinstellte, als Diener landfremder Interessenten. Der erzherzogliche Palatin, der sich auch damit angesprochen fühlte, glaubte widersprechen zu können und zu müssen; er stellte fest, daß er sein Geld *nicht aus Wien* beziehe, sondern aus ungarischen Steuergeldern. Mr. Stiles lobte nicht die Vorgangsweise des Erzherzogs und auch darin sollte seine Voraussicht recht bekommen. Daß der Erzher-

zog in diesem Zusammenhang nicht erwähnte, er sei ja vom Landtag gewählt (was seine Position im Streit verstärkt hätte), legte Mr. Stiles als eine Ungeschicklichkeit des Palatins aus.
Mr. Stiles wußte, wie es wieder einmal um die *Finanzen* Österreichs stand. Der Staat hatte leere Kassen. Wien mußte in Petersburg um eine Anleihe in Höhe von 50 Millionen Rubel nachsuchen, um vor allem auch den steigenden Aufwand für die Armee decken zu können. Hierin fiel Mr. Stiles einer Fehlinformation zum Opfer; aber Wien bekam auch die tatsächlich erbetene Summe, nämlich 25–30 Millionen Rubel, *nicht*. Rußland und sein Zar wollten gegen die aus dem Westen kommende Bewegung gerüstet sein, und die Bereitstellung von Truppen an den Grenzen des Reiches verursachte einen Aufwand, der dazu führte, daß Wien mit seiner Bitte nicht zum Zug kam. Immerhin wird Österreich in der Krise der Revolution von 1848 und vor allem bei deren Überwindung im Jahre 1849 zugute kommen, daß *Rußland der einzige Staat war*, in dem die Macher der Revolution diesmal nicht herankommen konnten; ja, daß der Zar in die Lage kam, Österreich in dessen Existenzkampf zu helfen. Zar Nikolaus I. ließ aber lieber seine Soldaten auf die Revolution los, als daß er die Österreicher stark genug machte, um sich selbst in der Krise behaupten zu können.
Bemerkenswert ist, daß Mr. Stiles die Universität Padua, Zentrum des Aufstandes im Südwesten der Monarchie, als eine der besten hinstellte. Aber es ging den Italienern 1848 nicht darum, in einem *gut regierten Land* zu leben, vielmehr wollte man im eigenen *unabhängigen Staat* die Freiheiten einer Neuen Zeit genießen. Studenten, Publizisten und Künstler – das waren nach der Ansicht Mr. Stiles' die Macher der Revolution in Europa, allerdings einer Revolution nach importierten Ideen und Gefüge.
Im Teatro la Fenice, also in der alten Dogenstadt, sei, so Mr. Stiles, um diese Zeit die berühmte neapolitanische Tänzerin Fanny Corrito aufgetreten. *Fanny*, so wie ihre Wiener Kollegin Elßler. Aber die neapolitanische Fanny wußte, was in Revolutionszeiten Furore macht. In einer Tanznummer trat sie in einem Kostüm auf, das unverkennbar in den Farben des zum Kampf berei-

ten Italien gehalten war: grün, weiß und rot. Und zwar senkrecht gestreift, um der Anordnung der Farben in der Trikolore Italiens vollends zu entsprechen. Mr. Stiles fand sichtlich Vergnügen an dieser Demonstration.

Am Rande nur nahm Mr. Stiles auf Dinge Bezug, die Washington im Moment näher lagen. *Etwa der Streit mit London.* Ein Besucher aus Guatemala, der um diese Zeit in Wien weilte, machte Mr. Stiles darauf aufmerksam, daß nur mehr eine *Weltmacht wie Großbritannien imstande sei to humble, also zu demütigen – die US.* Die heute bestehenden mäßigen Sympathien derer in Lateinamerika gegenüber der US haben also Wurzeln, die weit in die Vergangenheit und in die Zeit der Gründung der dortigen Staaten zurückgehen. Aber bald schoben Ereignisse in Wien Gespräche über Zustände auf dem amerikanischen Kontinent beiseite:

Unterm 4. März 1848 schickte Mr. Stiles einen Bericht nach Washington, der allerdings erst nach dem Durchbruch der März Revolution in Wien die amerikanische Hauptstadt erreichte. Noch einmal kam Mr. Stiles auf die Frage einer in Rußland aufzunehmenden Anleihe zur Stützung der finanziellen Lage der Monarchie zu sprechen. Geld war demnach vom Zaren nicht zu erwarten. Vielmehr war Nikolaus I. bereit, 150000 Mann aufzubieten, um Österreich in der Lombardei (!) zu helfen. Das war genau das, was Metternich auch in seiner besten Zeit vermieden wissen wollte: die Präsenz der russischen Militärmacht in Südwest- und Südeuropa.

Symptomatisch für die Lage am Vorabend der Revolution in Frankreich schien Mr. Stiles zu sein, daß sich der dortige Bürgerkönig Louis Philippe an den von ihm nie geschätzten Metternich um Hilfe wandte. Metternich soll dieses Ansuchen als Indiz dafür angesehen haben, daß, wie Mr. Stiles es formulierte, *the hour of his* (des Königs) *utmost need* gekommen sei. Der Ausbruch der Revolution in den deutschen Erblanden hielt Mr. Stiles noch unterm 4. März 1848 für kaum wahrscheinlich. Dem *stünde das ruhige Temperament der Deutschen entgegen*(!).

Auch der vorsichtige und kenntnisreiche Mr. Stiles fiel in unruhigen Zeiten Gerüchten zum Opfer. In einem Zeitpunkt, da die Italienische Armee Radetzkys zusammenschmolz, nicht zuletzt wegen Desertionen von Italienern, wollte der Amerikaner wissen, daß 150000 Mann Richtung Mailand in Marsch gesetzt seien. Mr. Stiles hätte seiner Regierung das falsche Gerücht erspart, wenn er die ihm bekannten Tatsachen in Rechnung gestellt hätte, wonach man in Wien Truppen brauchte und nicht zur Hand hatte, um Ereignissen in Ungarn und Galizien *zuvorzukommen.* Jetzt rächte es sich, daß der hochselige Herr Vater Ferdinands I., Kaiser Franz I., gegen Ende seines Lebens abrüsten hat lassen und so seinen Sohn in eine Lage brachte, die jener der Großen Maria Theresia bei Antritt der Regierung im Jahre 1740 glich: Feinde ringsum und keine Armee zur Verteidigung der Donaumonarchie und ihrer Vorposten in Italien.

Richtig erkannte Mr. Stiles den Grund der Schwäche der Regierung: In der Ferdinand I. von seinem Vater Franz I. im Testament beigegebenen Konferenz waren die Herren von *Angstmeier* obenauf; nur Erzherzog Ludwig und Fürst Metternich waren gegen ein Paktieren mit den liberalen Machern der Revolution aus dem Lager des Großbürgertums, das teilhaben wollte an der *Macht* im Staate. Mr. Stiles zitierte einen Protest des Erzherzogs Ludwig, wonach dieser nicht willens gewesen sein soll, den ihm vom verstorbenen Kaiser Franz erteilten Auftrag zunichte zu machen und mit den gewissen Herren zu paktieren. Lieber wollte er aus der Konferenz ausscheiden. Das nun war genau der Punkt, auf den die Gegner Ludwigs rechneten. Gegebenenfalls würde im Falle eines Rücktritts Ludwigs einer der als liberal eingeschätzten Erzherzöge, Johann, treten. Kein Wort über Metternich in diesem Bericht Mr. Stiles, was dessen Gesundheit oder dessen schon aufs äußerste gefährdete Stellung betroffen hätte.

Am Vorabend des Ausbruchs der Revolution in Wien rechnete Mr. Stiles mit einem *Totalumschwung* der Lage in Mittel- und West- sowie Südwesteuropa. Mit Sicherheit rechnete er mit dem *dauernden Ende des Absolutismus* in Spanien, Portugal, im Königreich beider Sizilien, auch in Sardinien und selbstverständlich im Kirchenstaat. Selbst Preußen und Österreich würden diesmal der allgemeinen Entwicklung nicht widerstehen können. Und in

Frankreich würde die Revolution gemacht, die bestimmt sei, ganz Europa umzustürzen. Mr. Stiles prophezeite seiner Regierung: »... the day ist not far distant, when the United States of America from being the *youngest,* will become one of the *oldest* Republics of the world.«
Siebzig Jahre später, 1918, ist es dann tatsächlich so weit gewesen, daß die US zu den ältesten Republiken der Welt zählten, während das System der Monarchien in Europa im Grunde zerstört wurde.
Der *13. März 1848* war der Tag, an dem die Revolution in Wien über das System Metternich siegte. Mr. Stiles beeilte sich tags darauf seinen Bericht einem Eilkurier zu übergeben, damit das Stück noch rechtzeitig die nächste Schiffspassage über den Atlantik erreiche. Das Datum der nächsten in Betracht kommenden Passage war der 21. März 1848. Mr. Stiles' Bericht kam in Washington zu den Akten. Er stand doch zu sehr im Widerspruch zu dem, was die *Zeitungen* über das Geschehen in Wien berichteten; und das sich so schön anhörte in den Ohren eines Liberalen, sei es eines Mitglieds der Regierung, sei es eines derer, die momentan die öffentliche Meinung lautstark beherrschten.
Mr. Stiles ging in seinem Bericht nach Washington von dem aus, was in Wien nach dem 13. März 1848 *allgemein* bekannt war und nicht gut an Ort mit Abfälschungen hingestellt werden konnte: *Im Landhaus* in der Wiener Herrengasse trafen sich an diesem Tag die Stände des Erzherzogtums Österreich unter der Enns. In Wien und da vor allem in dem immer zahlreicher werdenden Publikum *vor dem Tagungsort* sammelten sich die Menschen; keine Demonstranten, eher Leute, die annahmen, daß die Stände in der gegenwärtigen Situation das formulieren und allerhöchsten Orts würden vortragen können, was die Liberalen und alle Unzufriedenen in der Stadt erwarteten. *Deputationen,* Männer, die sich selbst für diese Aufgabe ausgewählt hatten, versuchten, die Herren im Landtagssitzungssaal zu einer Aktion zu bewegen. Es tat sich nichts. Jetzt nahmen sichtlich *gebildete Herren,* die aber der Menge dem Namen nach nicht bekannt waren, das Wort und hielten, wie man vermeinte, Stegreifreden. Die Menge war in unruhiger Erwartung, sie begrüßte das drängende Verlangen der Red-

ner. Und den Tenor: So wie es stehe in Österreich, könne es nicht weitergehen ...

Was Mr. Stiles nicht seiner Regierung berichtete, war das Ereignis, das die Wende brachte. *Aus den Vororten* kamen die von den Machern des 13. März aufgebotenen Massen der Männer der »nichtbesitzenden Klasse«, sie sollten den am Wort befindlichen Männern der Klasse mit Besitz und Bildung zuhilfe kommen. Und während im Hof des Landhauses ein Assistenzarzt des k.k. Allgemeinen Krankenhauses die *historisch* gewordene Taufrede der Märzrevolution im Wien des Jahres 1848 hielt, fingen die Männer aus den Vorstädten an, die Fenster des Landhauses und der umliegenden Häuser einzuwerfen; es war ihnen gesagt worden, sie sollten vor Aufbruch in die Stadt Steine in die Taschen stecken. Das Klirren zerschmissener Fensterscheiben erzeugt bei jedem derartigen Anlaß eine gewisse Hysterie in Teilen der wartenden Masse. Die *historische Rede des Dr. Adolf Fischhof* wurde nur von wenigen Umstehenden gehört; ebenso die Verlesung der deutschen Übersetzung jener wenige Tage zuvor im ungarischen Landtag gehaltenen Rede des dortigen Abgeordneten Kossuth Lajos; letztere zeigte im Unterschied zu der aufrüttelnden Grundsatzrede Fischhofs auf, um was es im einzelnen ging: Um die *Freiheitsrechte,* um die Menschenrechte, um den Absolutismus, der für alles Übel in der Welt verantwortlich gemacht wurde.

Schon längst stand Militär in Bereitschaft, das als Assistenzkörper eingesetzt werden sollte, wenn die praktisch waffenlosen Wachmannschaften des Magistrats versagen sollten. Als dem Einschlagen der Fenster ein Tumult folgte, schritt das Militär in geschlossener Ordnung und *ohne einen Feuerbefehl* erhalten zu haben ein; es sollte die Menge *zerstreuen.* An diesem Punkt der Sachverhaltsdarstellung enthält der Bericht, den Mr. Stiles nach Washington seiner Regierung sandte, eine Unrichtigkeit, in seinem Fall sicher keine gewollt formulierte Unwahrheit. Mr. Stiles schreibt nämlich – und das wurde der Mythos des 13. März 1848 in Österreich –, der Kommandierende des ausrückenden Militärs hätte den Schießbefehl geben lassen. Dieser Vorwurf paßt in das

Konzept des Mythos, weil besagter Kommandant niemand anderer war als Erzherzog Albrecht, der als Reaktionär, Klerikaler und dergleichen bis zu seinem Tod mehr oder weniger schlechtgemacht wurde. Die Wahrheit ist, daß der Erzherzog diesen Befehl nicht *gegeben* hat, vielmehr zogen sich die Truppen aus der Herrengasse zurück in Richtung des Platzes »Auf der Freyung«. In diesem Moment rückte durch die heutige Bankgasse eine Kompanie Pioniere vor und schwenkte in die Herrengasse ein. Sie wurde mit Steinwürfen und Johlen empfangen. *Es fiel der erste Schuß*, das auslösende Ereignis, nach dem niemand mehr die Massen unter Kontrolle halten konnte. Auch die Pioniere hatten keinen Schußbefehl. Sie wehrten sich gegen die Steinwerfer und andere Angreifer, die mit Eisenstangen gegen das Militär vorgingen. Die Pioniere gaben zu ihrer Abwehr ohne Befehl Einzelfeuer; hätten sie auf Befehl eine Salve abgeschossen, es hätte zahlreiche Tote und Verletzte gegeben. Die Menge flüchtet in Panik. *Vier Tote* blieben auf dem Platz: Eine Frau, die im Gedränge ums Leben kam, und ein Essigausträger, der nicht demonstrierte, sondern seinem täglichen Beruf nachging. Und ein unvergessenes Opfer war der Student des Polytechnikums Heinrich Spitzer, Sohn einer begüterten jüdischen Familie, der kein Held sein wollte, sondern dabei sein mußte, nach seiner Überzeugung, wenn die Studenten auf die Straße gingen.

Die große Zahl der Märzgefallenen, deren hochaufragendes Denkmal noch heute späte Nachfahren an dieses für Alt-Österreich schicksalsschwere Datum erinnert, erhebt sich über die vielen Opfer, die *erst am Abend* des Tages fielen; als die Proletarier in den Vorstädten und Vororten sich über die Fabriken, die Lager und die Villen der Fabrikanten hermachten; getötet meistens vom *privilegierten* Bürgermilitär, das zum Schutz der dortigen *Staberlwache* ausgerückt war.

Mr. Stiles schreibt weiter, daß nach diesen Ereignissen auf der Straße bei Hof jene Situation entstanden sei, die Fürst Metternich veranlaßte, *instantly* zurückzutreten. Aber Metternich trat nicht sofort und unter dem Druck der Straße zurück; wahrscheinlich auch nicht auf Verlangen bürgerlicher Politiker mit gemäßigten liberalen Forderungsprogrammen; er tat es nach einer langen Unterredung mit Erzherzog Johann. Richtig ist, daß sich nach Bekanntwerden des Rücktritts Jubel und Freude der Massen in den Straßen bemächtigte; abends wurden die Fenster illuminiert (wer es nicht tat, dem schlug man die Fenster ein), und während in den Vororten die Fabriken brannten, brannten in der Stadt zur Ehre des Tages die Kerzen in den Fenstern, herrschte Freude und eine gewisse Erleichterung darüber, daß alles so gut vorbeigegangen war. Denn es war allgemein die Ansicht, daß es nach dem Ende des Systems Metternich nur besser werden könne in der Stadt und in der Welt.

Mr. Stiles konnte in etwa das entscheidende Ereignis der späten Stunden des 13. März 1848 andeuten. Das Volk hätte gesagt, *es würde die Waffen nicht niederlegen*, bevor eine *Verfassung* herangezwungen wäre. Nicht eine Waffenniederlegung stand zur Frage, sondern die Weigerung des aus dem Vormärz stammenden privilegierten Bürgermilitärs, *zusammen* mit dem k.k. Militär den Ordnungsdienst zu versehen. Also rückte das Militär ab in die Kasernen, die vor der Innenstadt lagen. Das privilegierte Bürgermilitär sollte durch die Aufstellung einer *Nationalgarde* eine Verstärkung erhalten, um so, wie es die Macher der Unruhen erwarteten, nach vollzogenem Machtwechsel wieder für Ruhe und Ordnung zu sorgen.

Drei Tage nach diesen Ereignissen berichtete Hülsemann nach Wien, wobei er mit der zu Metternichs Zeiten üblichen Anrede im französischen Text anfängt: Mon Prince. Da war der *Fürst* schon auf der Flucht aus Österreich und unterwegs – nach London. Hülsemanns Bericht vom 18. März 1848 ist aber dennoch von Bedeutung, denn er beschäftigte sich mit einem unerhörten Vorgang in Washington. Die US, der Staat, der zur Kirche auf weite Distanz getrennt war, stand an, einen diplomatischen Agenten nach Rom (!) zu entsenden. Hinter dieser Absicht verbarg sich nicht etwa eine Bekehrung der antiklerikalen Liberalen im Land und seiner damaligen Regierung, vielmehr die Notwendigkeit, *dort* vertreten zu sein, *wo das Haupt des Kreuzzugs* der Italiener gegen das reaktionäre Österreich residierte; die zur Diskussion stehende

Aufnahme diplomatischer Beziehung galt dem Vorkämpfer derer, die schon aufbrachen, um die *Tedeschi*, wie man die Österreicher vielfach nannte, für immer aus der Vormachtstellung in Italien zu vertreiben. Und um einen freien, unabhängigen Staat der Italiener in allen Teilen der Halbinsel aufzurichten. Die darüber im Kongreß ausbrechende Polemik war gekennzeichnet durch die rednerische und politische Begabung eines gewissen Mr. Levin, welcher der einzige von seiner »National Party« gestellte Abgeordnete war. Levin wies darauf hin, daß das jetzige Hervortreten des amtierenden Papstes Pius IX. nichts an dem Charakter der katholischen Kirche ändere; und daher alle Bedenken der Väter der US, die zu ihrer Zeit bei der Schöpfung der US einen breiten Abstand zu *allen*, vor allem aber zur katholischen Kirche legten, unnötig seien. Sollte man dem Papismus, dessen man sich in *England* jahrhundertelang erwehrte, jetzt in den *US* Raum geben? Levin traf genau die innere Einstellung jener Abgeordneten, die nur eine auf den Tag abgestellte Politik machen wollten; und im Moment sahen es die Amerikaner als ihre Pflicht an, den Italienern, ja allen, die sich gegen das reaktionäre Österreich erhoben, zu helfen; dies selbst, wenn, wie in diesem Fall – leider –, der Papst den Österreichern sichtlich die Hölle heiß machte.
Hülsemann blieb viele Wochen – vom 20. Mai bis zum 28. Juni 1848 – ohne eine Weisung aus Wien. Klugerweise vermied er es, von der Möglichkeit Gebrauch zu machen, nicht nur Mr. Levin, der an Österreich kein gutes Haar ließ, sondern ganz allgemein einer aufkommenden Österreichfeindlichkeit in der Öffentlichkeit entgegenzutreten. Wahrscheinlich argumentierte er richtig, wenn er sich in Wien für seine Zurückhaltung vor der Öffentlichkeit in den US quasi entschuldigte. Hülsemann hätte anderenfalls einen weitaus überlegenen Feind vor sich gehabt: Horace Greeley, dessen »New York Tribune« später selbst Abraham Lincoln während des Bürgerkriegs in den US schwer zu schaffen machte. Greeley druckte im April 1848 in seiner Zeitung eine Schilderung eines Tatzeugen (?) der Ereignisse, die am 13. März in Wien stattgefunden haben, ab; in dieser Darstellung findet noch heute jeder, der dem Alten Österreich eins auswischen will, die sogenannte

authentische Schilderung des Geschehens, in dem das System Metternich stürzte.
In diesen Wochen erlebte Österreich die bisher schwerste Bedrohung seiner Existenz. Nicht die Mächtigkeit der Angriffe von außen war für den Staat die große Gefahr; diese entstand dadurch, daß im ganzen Land die *nationale* Revolution alle Nationalitäten anspornten und Vorhuten der *sozialen* Revolution dramatische Ereignisse herbeiführten. Es waren Männer wie Radetzky und der anerkannte Führer der Kroaten Jellcić, die als *Militärs* zum Haus Österreich hielten; selbst dann, wenn sich Kaiser Ferdinand I. unter dem harten Druck der ungarischen Herren fügen mußte; Jellacić seiner Ämter enthoben und Radetzky aufgetragen wurde, dem Krieg gegen die ins Lombardo-Venetianische Königreich eingedrungenen regulären Truppen des Königs von Piemont und unzählige Freischaren ein Ende zu machen.
Das geschah, als in London ein Spezialgesandter der k.k. Regierung eintraf und Lord Palmerston bat, um Himmels willen den Krieg in Italien zu beenden. Hätte in dieser Stunde Radetzky gehorcht, wäre schon im Sommer 1848 nicht nur das Lombardo-Venetianische Königreich, sondern auch Welschtirol und andere Teile der Monarchie verloren gegangen. Wer, nachher betrachtet, einer *»Monarchie im Ausverkauf«* gegenüber dem noch bis 1918 bestandenen *Multinational Empire* und seiner Ordnung in Europa den Vorzug geben will, mag gewiß bedauern, daß es 1848/49 nicht zu dem damals von seinen Feinden gedachten Zerfall des Alten Österreich gekommen ist.
Hülsemann kam zugute, daß in diesen kritischen Wochen nicht alle Staatsmänner und Politiker in den US mit jenen Formen des Umsturzes in Europa einverstanden waren, wie sie etwa im reichsten Land auf dem Kontinent, in Frankreich, zutage kamen. Dort war das Geschehen der Februarrevolution 1848, das der Wiener Märzrevolution vorausging, in ein Stadium getreten, das sichtlich Besorgnis in den US auslöste. In Paris war die Zahl der Arbeitslosen auf 100000 gestiegen; statt des von den Machern der Revolution versprochenen allgemeinen Wohlstands mußten die vom Staat erhaltenen *nationalen Werkstätten* geschlossen werden, und

der Unmut in den großstädtischen Massen wurde von *einer bewaffneten Minorität* der Radikalen dermaßen geschürt, daß abzusehen war, wann die Revolution der Bürger zum Bürgerkrieg ausarten werde. Frauen waren es, die den Radikalismus anheizten. Der Erzbischof von Paris, der den ausbrechenden Barrikadenkämpfen ein Ende machen wollte, wurde erschossen. Da versuchte der Physiker Dominique François Aragon, die Kämpfer zu einem Einsehen, zur Beendigung des Blutvergießens zu bringen. Einer der Proletarier gab dem wohlhabenden Wissenschaftler, einem der Macher der Revolution vom Februar 1848, die fällige Antwort:

»Aber Herr Aragon, warum machen Sie uns Vorwürfe? Sie haben ja niemals Hunger gehabt. Sie wissen nicht, was Elend ist.«

Die liberalen Macher der Revolution in Frankreich fanden ihnen gefügige Säbelhelden, die den Aufruhr der hungernden Massen in Blut erstickten. Die Revolution, die ganz Europa zu verschlingen schien, verlor so ihren Motor. In Washington blieb den Politikern und Staatsmännern die Angst: Schwamm nicht auch ihr Staat im Mahlstrom des revolutionären Prinzips? Hülsemann wurde im State Departement gesagt, es wäre ein Fehler gewesen, in Paris nach dem Muster der US ein Regierungssystem aufzurichten. Dazu seien die *Voraussetzungen zu verschieden.*

Das war bemerkenswert für Hülsemann, bestätigte es doch seine Grundanschauung, daß die Verschiedenheiten zwischen der Neuen und der Alten Welt nicht nur im Prinzip bestanden, sondern auch in der Anwendung nicht austauschbar waren.

Was aus Wien an Nachrichten kam, war nicht geeignet, die Position Hülsemanns zu festigen. Etwa die Mitte Juli 1848 eingehende Instruktion, wonach es in der Monarchie fortan *zwei Ministerien des Äußeren* gäbe, neben dem am Ballhausplatz auch eines in (Buda-)Pest. Hülsemann ersuchte um Weisung darüber, wie er demnach verfahren solle. Die Weisung hierzu ist nie gekommen. Er erfuhr auch nur aus den amerikanischen Zeitungen davon, daß das von seinem Kaiser ernannte ungarische Kabinett des Grafen Batthyany Mitte September 1848 gescheitert war und Kossuth aus *eigener Machtvollkommenheit* eine Regierung in (Buda-)Pest geschaffen hatte, deren Agenten in verschiedenen Hauptstädten auftauchten und andeuteten, man sei daran, Ungarn von Wien und Österreich vollends zu trennen. Als in Wien die Oktoberrevolution 1848 ausbrach*), erfuhr Hülsemann darüber erst im nachhinein nähere Umstände aus den Zeitungen, deren Tendenz ihm den Dienst nicht erleichterte; zuweilen auch von seiten des früher und besser informierten preußischen Kollegen. Es vergingen Wochen, bis er die Nachricht von der neuerlichen Flucht des Kaisers aus Wien, diesmal nach Olmütz, bekam.

Die Tagespresse in den US verurteilte schärfstens das militärische Einschreiten der k.k. Regierung gegen die Wiener Oktoberrevolution. Hülsemann wurde von Einwanderern aus Deutschland eine Katzenmusik gemacht. Viele alte Bekannte mieden ihn, aus Angst, man könnte sie verdächtigen, als Amerikaner das Vorgehen der österreichischen Regierung zu billigen. Was aber Hülsemann noch lange verborgen blieb, war die Tatsache, daß der Präsident der US bereits einen an der US-Vertretung in Paris tätigen Legationssekretär ausersehen hatte, im Falle der vollendeten Unabhängigkeit Ungarns und bei gesicherter Stabilität des neuen Staates in Europa an Ort die Beziehungen aufzunehmen und so eine de facto-Anerkennung des Kossuth-Regimes zu vollziehen.

In diesem Jahr 1848 gab es in den Zeitungen der US nur ein Thema, das mehr Schlagzeilen machte als die Revolution in Europa: In Kalifornien hatten einige Männer Goldvorkommen entdeckt; trotz aller Versuche, den Fund geheimzuhalten, ging das Gerücht davon wie ein Lauffeuer vom Pazifik bis zum Atlantik. *Ein wahrer Goldrausch entstand.* Rancher ließen ihre Farmen samt dem Vieh auf der Weide im Stich und eilten nach Kalifornien, um nur an der Spitze derer zu sein, die dort mit einem Schlag reich wurden. Schiffe scheiterten beim Landungsmanöver, weil Männer der Besatzung nicht mehr mitmachten und bloß trachteten, an Land und nach Kalifornien zu kommen. Und dann folgte die Ernüchterung; Kalifornien war nicht das El Dorado, das man erwartet hatte.

---

* DRIMMEL, Heinrich, Oktober achtundvierzig, Wien 1978

Jetzt ergab es sich, daß jene das Geschäft gemacht und das Geld verdient hatten, die am Höhepunkt des Goldrausches für 35 $ pro Kopf Reisegesellschaft aus dem Osten nach Kalifornien geführt hatten.
Zusammen mit den Goldsüchtigen reiste die Cholera. Aber die Seuche schreckte die Süchtigen nicht ab. Sie setzten sich über die Angst hinweg, von Indianern, denen die Störung ihrer Jagdgründe durch den Weißen Mann nicht zusagte, ermordet und skalpiert zu werden. Und zu viele unterschätzten die Strapazen der Reise, sie zogen einfach los. Erst als das Gerücht aufkam, Kalifornien sei nicht gerade das erwartete El Dorado, zogen mehr und mehr statt nach Westen nach Nordwesten. Der dahin eröffnete Oregon Trail ist schon 1842 aufgenommen worden. Nun aber war die umstrittene Grenze zu Kanada gesichert, gutes Land war endgültig Territorium der US. Drängten in der Alten Welt die Menschen aus Bengtheiten in passable Daseinsformen, so vertauschten in den US nicht selten Menschen ihre gesicherte Existenz im Osten der Staaten, um in der unermeßlichen Weite nicht nur Grund und Boden, sondern ein unwiederholbares Erlebnis zu ernten.
Erst zu Beginn des Winters auf 1849 erfuhr Hülsemann aus Österreich, was dort im Herbst 1848 geschehen war. Nach dem sichtlichen Versagen der letzten, unter dem Druck revolutionärer Ereignisse zustandegekommenen k.k. Regierung gab es seit dem 21. November 1848 ein neues Kabinett und einen neuen Mann an der Spitze, der zugleich das Äußere leitete: *Felix Fürst Schwarzenberg*. Schwarzenberg kam als Kollege Hülsemanns ins Amt. Hülsemann machte sich das couragierte Vorgehen, das der Fürst bei Ausbruch der Revolution in Neapel gezeigt hatte, zum Vorbild. Mehr noch: Er erlaubte es sich, dem neuen Ministerpräsidenten, der als Minister des Äußeren *sein Dienstvorgesetzter* war, zu gratulieren. Ein nicht ganz gewöhnliches Vorgehen zu jener Zeit. Aber Hülsemann wollte nicht als Untergebener Liebedienerei betreiben, er hoffte und rechnete mit der Festigkeit seines nunmehrigen Ressortschefs, die ihm während des Revolutionsjahres bei dessen Vorgängern abgegangen ist. Was Hülsemann bei Abfertigung des Glückwunschschreibens an Schwarzenberg nicht wissen

konnte, war die Tatsache, daß nunmehr bereits auch Schwarzenberg einen neuen Souverän hatte: Franz Joseph I. Die Monarchie war daran, die im Revolutionsjahr erschütterte Großmachtstellung zurückzuerobern. Und Hülsemann war bereit, diesen Rang seines Heimatstaates in den US couragiert zu vertreten.

7.

Die US nehmen Partei gegen Österreich

Am 29. November 1848 schrieb Kossuth Lajos, damals Präsident des Verteidigungsausschusses in (Buda-)Pest einen Brief an Mr. Stiles, den er als Botschafter der US anspricht. In dem Brief stellte Kossuth die Lage so dar, als gäbe es bereits zwei Länder, Österreich und Ungarn, denen er immerhin eine Gemeinsamkeit zugesteht: Die gemeinsame *Grenze* zwischen den beiden Ländern. Nach den schweren und für die Truppen Kossuths nicht erfolgreichen Kämpfen des zu Ende gehenden Jahres bat Kossuth den bei der kaiserlichen Regierung in Wien akkreditierten Mr. Stiles, einen Waffenstillstand zwischen Österreich und Ungarn für die Dauer des Winters auf 1849 zu vermitteln. Und zwar im Interesse der *Humanität.* Der Agitator der im März 1848 in Wien ausgebrochenen Revolution Franz Pulszky lieferte die Gegenzeichnung dieses historischen Dokuments.

Der Brief deutet mit ziemlicher Klarheit an, was siebzig Jahre später, 1918, Tatsache wurde: die Zweiteilung der Donaumonarchie. Der Vertreter einer dritten Macht, in diesem Falle des Jahres 1848 der US, wird gebeten, zwischen den im Feld stehenden Truppen beider Staaten eine Waffenruhe für die Zeit des Winters zu vermitteln. Durch den dünnen Vorwand schimmert die eigentliche, die zweite Intension, wie man beim Fechten sagt: *Kossuth brauchte Zeit,* um zuerst einmal eine reguläre ungarische Armee unter seinem Kommando aufzustellen. Sein Versuch, in den letzten Tagen der Oktoberrevolution 1848 der Revolution in Wien zu einem Sieg über die Kaiserlichen zu verhelfen und damit auch im Kampf um die Unabhängigkeit Ungarns von Wien und dem Kaiserreich Österreich einen Schritt weiterzukommen, war bei Schwechat gescheitert. Nur mit Mühe ist im Verlauf dieser Niederlage Kossuth selbst der Gefangennahme durch k.k. Truppen entgangen. Nach

diesem fehlgeschlagenen Versuch einer militärischen Intervention Kossuths in die Kämpfe der Wiener Oktoberrevolution des Jahres 1848 hat dieser den traurigen Mut gehabt, unterm 30. Oktober aus Preßburg einen Bericht an den Landesverteidigungsausschuß in (Buda-)Pest zu richten, in dem es heißt:
»Tagelang haben in dem von den Kaiserlichen umschlossenen Wien die Verteidiger der Revolution, Angehörige der Nationalgarde, Mobilgarden und der Akademischen Legion schwerste Verluste im Kampf gegen das reguläre k.k. Militär erbracht und eine erstaunliche Kampfkraft bewiesen.« Tatsächlich dauerte es aber nur Stunden, bis die Kaiserlichen die zum Entsatz der Eingeschlossenen zuhilfe kommenden Truppen Kossuths geschlagen und in panische Flucht heimwärts gejagt hatten. Aber Kossuth sah die Dinge anders: In seinem Bericht an den Verteidigungsausschuß sprach er von einer *Überflügelung* seiner bei Schwechat kämpfenden Truppe. Und von *Schanzen,* die nicht einmal Napoleon I. im Kampf gegen die Österreicher überwinden konnte. Doch von diesen wolle er schweigen. In Wirklichkeit gab es im Oktober keine solchen uneinnehmbaren Schanzen aus der Zeit der napoleonischen Kriege, die den Kaiserlichen 1848 zugute gekommen wären. Wichtiger war, daß Kossuth in diesem Bericht versprach, in Hinkunft nur mehr für die Sache Ungarns zu fechten und auf die eigene Kraft zu vertrauen.
Ein Satz wirft ein besonderes Licht auf die Affäre bei Schwechat: Kossuth berichtete, die Sensenmänner aus dem Komitat Komorn seien so eilig (vor den Kaiserlichen) geflohen, daß er – Kossuth – sie selbst im Wagen nicht hätte einholen können. Die Erfahrungen, welche die Polen bei der Verwendung von Bauern, die nur mit Sensen bewaffnet waren, im Kampf gegen das russische Militär bei Aufständen gemacht hatten, konnten die Herren in (Buda-)Pest nicht abhalten, noch 1848 solche Sensenmänner in den Kampf zu schicken. Wohl haben sich bei Schwechat die zur Armee Kossuths übergegangenen ehemaligen Kaiserlichen, also Regimenter, die bei Ausbruch der Revolution in Ungarn garnisonierten, gut geschlagen. Aber mit der Aufstellung einer ungarischen Nationalarmee, der Honved, war man Ende 1848 noch lan-

ge nicht fertig. Also brauchte Kossuth Zeit und eine Waffenruhe, um die Honved-Verbände als eine reguläre Truppe zu organisieren, zu bewaffnen und auf den Endkampf mit den Österreichern vorzubereiten.
Wenige Tage nach der Abfertigung des Briefes, den Kossuth an Mr. Stiles heimlich nach Wien geschickt hat, bekam er von einem seiner engsten und, wie sich zeigen sollte, treuesten Kampfgefährten, dem späteren Minister des Kossuth-Regimes Ludwig Csány, ein Schreiben, in dem es unter anderem wörtlich heißt:
»Das Auftreten einer amerikanischen Gesandtschaft wird, wenn nicht nützen, doch auch nicht schaden; es kann uns Gelegenheit geben, in Amerika bekannt zu werden.«
Von dieser für einen *unabhängig gewordenen ungarischen Staat* von Washington in Bereitschaft gehaltenen Gesandtschaft, deren Hervortreten die de facto-Anerkennung eines von Österreich getrennten ungarischen Staates bedeutet hätte, wußten nur wenige Politiker und Staatsmänner diesseits und jenseits des Atlantiks. Der in Aussicht genommene Diplomat hieß Dudley-Mann und war zunächst der US-Vertretung in Paris zugeteilt. Letzte Instruktionen wollte sich Zachary Taylor vorbehalten, bis er in Nachfolge des US-Präsidenten Polk im Frühjahr 1849 sein Amt antreten werde. Hülsemann ahnte nicht, was sich über der k.k. Botschaft in Washington für ein Gewitter zusammenbraute.
Zur Anbahnung der staatlichen Unabhängigkeit und der Trennung von Österreich brauchte es, wie vor Jahrzehnten in den Unabhängigskeitskriegen der Amerikaner gegen die Krone Englands, eine gewisse Sicherheit, daß der im Entstehen begriffene neue Staat auf ein Entgegenkommen der Mächte rechnen durfte. Kossuth schickte also diplomatische Agenten in die Hauptstädte jener Mächte, auf die er zählen wollte. Etwa nach Konstantinopel, wohin die ungarischen Herren bei jedem Aufstand gegen Wien und das Kaiserreich ihre besten Beziehungen in vergangenen Jahrhunderten gehabt haben. So konnte sich in der türkischen Hauptstadt der als Offizier bei den Honveds dienende Julius Graf Andrassy einige Verdienste erwerben. Nachher wandte sich Andrassy nach dem Westen. Sein Schicksal ist bemerkenswert:

Nachdem es ihm gelang, den Zusammenbruch der Diktatur Kossuths im Ausland zu erleben, wurde er im Kaiserreich Österreich in Abwesenheit zum Tod verurteilt. Man hätte ihn, so man seiner habhaft geworden wäre, gehenkt. Während seines Exils in Paris umschwärmten die Damen *le beau pendu,* den Schönen Gehenkten. Nachher wurde das Urteil von Franz Joseph I. kassiert. Andrassy wurde 1867 nach der Zweiteilung der Monarchie ungarischer Ministerpräsident, zuletzt ernannte ihn Franz Joseph zum k.u.k. Minister des Äußeren. Aber – das war ein Glücksfall. Der getreue Csány wurde nicht bloß abgeurteilt, sondern gehenkt.

Das enstehende Ressort des Äußeren in (Buda-)Pest brauchte zur Verteidigung der angestrebten Unabhängigkeit eine schlagkräftige Armee. Eben jene, für deren Mobilisierung Kossuth den Vertreter der US in Wien um einen Waffenstillstand während der Wintermonate bat. Es brauchte Kriegsmaterial. Das Wiener Bankhaus Wodianer (der Chef des Hauses war mit einer Dame aus Ungarn verheiratet) sorgte für die Kredite für Waffenlieferungen aus dem Ausland. Waffen kamen unter anderem aus Belgien; die königlich-preußische Regierung ließ die Transporte über die dortigen Bahnen weiterbefördern, das letzte Wegstück zwischen Oberschlesien und Oberungarn besorgten Schmuggler, die bei der schwachen Grenzbesatzung der Österreicher (die Kaiserlichen waren auf drei Kriegsschauplätzen engagiert) keine schwere Aufgabe hatten. Schon immer hatte Ungarn die Sympathien Preußens für sich.

Für eine eigene Währung des werdenden Staates brauchte es Notenpapier. Eine im Niederösterreichischen mit *kaiserlichem Privilegium* ausgestattete Fabrik ließ sich das Geschäft einer Papierlieferung für die ungarische Bank nicht entgehen. Man brauchte ja die Rechnungen nicht auf einem Papier, auf dem das von allerhöchster Seite verliehene Privilegium zu lesen war, nach (Buda-)Pest zu senden.

Mr. Stiles geriet durch das Schreiben, das Kossuth ihm unterm 30. November 1848 geschickt hatte, in einige Verlegenheit. Er war in Wien akkreditiert, und sein Beglaubigungsschreiben war abgestellt auf das Kaiserreich Österreich. Ihm stand es nicht zu, in

einen revolutionären Vorgang einzugreifen, bei dem er die Bitte einer in (Buda-)Pest amtierenden, auf die Verselbständigung Ungarns abzielenden anderen Regierung intervenieren konnte, ohne sich bloßzustellen. Aber er erkannte sichtlich, was Washington sich von ihm erwartete, und er wußte einen Ausweg:
Seit der Regierungszeit Kaiser Franz' I. waren Inhaber bedeutender Wiener Warenhäuser in ihrer gesellschaftlichen Position gefestigt und gehoben, wenn ihnen ein Auslandsstaat die Geschäfte eines Generalkonsuls übertrug. So bekleideten Angehörige des Hauses *Arnstein* durch drei Generationen das Amt des schwedischen Generalkonsuls in Wien; ein Baron *Eskeles* brachte es zum dänischen Generalkonsul; der Chef des Hauses *Henikstein* & Co wurde 1843 niederländischer Generalkonsul. Herr J. G. *Schwarz,* 1848 Konsul der US in Wien, war nicht von der gleichen bedeutenden Herkunft, das aber entsprach dem damaligen eher bescheidenen Rang der US-Vertretung in Wien. Immerhin unternahm es Schwarz, am 3. Dezember 1848, also am Tag nach der Thronbesteigung Franz Josephs I., sich an den amtierenden k.k. Ministerpräsidenten und Minister des Äußeren Fürst Schwarzenberg zu wenden, um ihm jenes Schreiben Kossuths zugänglich zu machen, das Mr. Stiles aus (Buda-)Pest empfangen hatte. Er sähe den Beschlüssen der Exzellenz entgegen und betrachte den gegebenen Anlaß als ein *Vergnügen,* welch letztere Bezeichnung zweifellos zu dem Stil der Geschäftsbriefe der Fa. Schwarz paßte – als dem momentanen Zustand in Österreich, der kein vergnüglicher war.
Konsul Schwarz kam mit seinem Bemühen bei der k.k. Regierung, die damals nicht in Wien, sondern in Olmütz amtierte, nicht weiter. Man darf annehmen, daß man in (Buda-)Pest gespannt auf das Ergebnis der Bemühungen um den dringendst gebotenen Waffenstillstand wartete. Und Konsul Schwarz blieb im Geschäft, stellte an den k.k. Ministerpräsidenten die Bitte, ihm *eine Audienz bei Kaiser Franz Joseph* zu vermitteln. Das Bemühen des Konsuls Schwarz ging sichtlich über den Bereich der Kompetenz eines Konsuls hinaus. Es konnte also schon daher beim k.k. Minister des Äußeren nicht ankommen.
Der von Kossuth befürchtete Winterkrieg nahm seinen Anfang.

Jetzt traf das Regime Kossuth mit voller Schwere die Folge jener Entschließung, mit der man den am 2. Dezember 1848 in Olmütz erfolgten Thronwechsel als eine rein *familienrechtliche, für Ungarn staatsrechtlich jedoch irrelevante Tatsache* hinstellte. Was bedeutet, daß in (Buda-)Pest so getan wurde, als sei Ferdinand I. noch als Ferdinand V. König von Ungarn. Oder, wie einer der ungarischen Herren höhnte:
»Wir glauben, daß er – nämlich Franz Joseph I. – ebensowenig König von Ungarn wie König von Jerusalem ist.«
Im großen Wappen des Kaisers von Österreich fand sich tatsächlich der Hinweis auf das mittelalterliche Königreich Jerusalem, dessen Gebietsherrschaft allerdings bereits seit Jahrhunderten dem Sultan in Konstantinopel zustand. Von der gegen Franz Joseph I. gerichteten Aberkennung jeder Gebietshoheit über das Königreich Ungarn war es bald nur mehr ein Schritt zu jener neuerlichen Absetzung der Dynastie Habsburg – nunmehr schon Habsburg-Lothringen – in Ungarn; es sollte nicht die letzte sein. Vorerst galt für beide Streitteile alle Aufmerksamkeit dem *Kriegsgeschehen* in Ungarn.
Diese Kriegsereignisse konnten vorerst die Regierung in Washington nicht veranlassen, ihren Mann, dessen Eintreffen in Ungarn so etwas wie eine de facto-Anerkennung der Regierung Kossuth bedeutete – schon konnte man eher von einer Diktatur sprechen – loszulassen. Schon am letzten Tag des Jahres 1848 legte der Kriegsminister der ungarischen Regierung, bis unlängst Regimentskommandant eines k.k. Husarenregiments, nahe, *statt der Armee die Hauptstadt* (Buda-)Pest *preiszugeben.* Wie oft, hätten die Ungarn die Hauptstadt für eine Zeitlang aufgegeben, um das Königreich zu retten. Nach einem anfänglichen Sturm der Empörung siegte die verstandesmäßige Einschätzung der Lage. In die höheren Kommanden der Truppen Kossuths rückten immer mehr Nicht-Magyaren ein: der bisherige k.k. Oberstleutnant Anton von Vetter, der als Subalternoffizier die Infanterie-Ausbildung des nunmehrigen Kaisers Franz Joseph besorgt hatte; Georg Klapka, gleichfalls kein gebürtiger Magyar, und andere spätere Inhaber höherer Kommanden.

Vetter und Klapka krönten ihre Karriere im Heer Kossuths als Oberkommandant der ungarischen Revolutionsarmee beziehungsweise als Kriegsminister, um 1866 in Diensten Bismarcks eine ungarische Legion zum Kampf gegen Österreich aufzubieten. Beide Offiziere rieten Kossuth anfangs zum Rückzug, wenn notwendig bis an die Theiß. Diesen Rat nahm Kossuth an. Der noch geleistete hinhaltende Widerstand gegen die Kaiserlichen dauerte nicht einmal zwei Wochen, dann waren diese Herren der ungarischen Hauptstadt.

Was später in den US nie gesagt wurde, war Tatsache: Die Mehrzahl der Bewohner der ungarischen Hauptstadt *begrüßte* den Einmarsch der Kaiserlichen; und so haben im Frühjahr 1849 auch die Bewohner Mailands die siegreich in die Stadt zurückkehrenden Truppen Radetzkys *als die Unsrigen* willkommen geheißen. Das Feuer des Revolutionsjahres verglomm, aber die militärische Schlagkraft der Truppen Kossuths war nicht erschöpft. Der Oberkammandierende der Kaiserlichen in Ungarn, Fürst Windischgrätz, der vorher schon Prag und Wien für seinen Kaiser erobert hatte, glaubte, mit kampflosem Einzug seiner Truppen in die ungarische Hauptstadt die Revolution in Ungarn erledigt zu haben. Er bot jenen Kaiserlichen, die 1848 zur Armee Kossuths übergetreten waren und diesem den Eid geleistet hatten, die Rückkehr zu ihrer früheren Truppe an. Die Betroffenen taten es nicht. Den Anfangserfolgen der Kaiserlichen folgten Rückschläge, die schließlich zur *Ausrufung der Republik* nach der erwähnten *Absetzung des Hauses Habsburg-Lothringen* führten.

Zar Nikolaus I. von Rußland sah seine Stunde gekommen. Mr. Stiles hatte richtig vorhergesehen: Der Zar lehnte vor Ausbruch der Revolution in Wien die von dort erbetene *Anleihe* ab. Er rüstete auf, und sowie die Gefahr einer Niederlage der Kaiserlichen in Ungarn nach dem Verlust von (Buda-)Pest entstand, war er bereit, mit seinen *Truppen* der Gefahr eines Übergreifens der Revolution in Ungarn auf Russisch-Polen ein Ende zu machen. Nach blutigen Kämpfen, die bis in den Sommer 1849 dauerten, dankte Kossuth als Reichsverweser, so der Titel des Diktators, im August 1849 ab, seine Truppen streckten vor der siegreichen Armee des *Zaren* die Waffen.

Um diese Zeit bekamen Österreich, seine Regierung und der junge Franz Joseph I. ein schlechtes Image in den Zeitungen der US. Ein Journalist, der fünf Finger und eine Feder besaß, durfte sich aus den Fingern jede Greuelnachricht saugen – sie wurde geglaubt, wenn sie nur das Ansehen des reaktionären Österreich verschlechterte. Noch ahnten die Amerikaner nicht, was sie sich in ihrem von 1861 bis 1865 geführten Bürgerkrieg einander antun würden. Dieser völlig *entartete Krieg* im beginnenden Industriezeitalter stellte, leider, vieles in den Schatten, was während der Revolution 1848/49 in der Alten Welt und so auch in Österreich geschehen ist. Als Kossuth im Sommer 1849 den Kampf aufgab und als Exdiktator in die benachbarte Türkei floh, war sein Image in den Zeitungen der US das eines *Helden* im Kampf um Humanität und Freiheit; wer immer Kossuth entgegentrat, wurde gleichzeitig zum *Abschaum der Menschheit* gestempelt. Ein Fehlurteil, das in den US nie mehr vollends berichtigt wurde, ehe sie 1917 dem Alten Österreich den Krieg erklärten.

Hülsemann erlebte die Zeit der Revolution in seinem Heimatstaat fernab vom tatsächlichen Geschehen in Österreich. Der Postlauf von Wien nach Washington dauerte Wochen; und lange Wochen vergingen, in denen Hülsemann nur mehr darauf angewiesen war, *ohne jede Instruktion* seitens des Ballhausplatzes auf eigene Verantwortung nach bestem Wissen und Gewissen seine Geschäfte zu führen.

Die US hatten während der 1848/49 in Europa tobenden Revolution keine Ursache, sich über den *Mangel an Humanität,* den sie in der Alten Welt wahrnahmen, so zu ereifern; es hätte nichts geschadet, wenn sie diese Zeit benutzt hätten, um unbelästigt von Einflüssen aus Europa *ihr Problem,* die interne Auseinandersetzung über die Frage der *Negersklaverei,* zu bereinigen. Das nun taten sie nicht. Die Diskussion des in Connecticut geborenen Daniel Webster mit dem Südstaatler John Caldwell Calhoun machte Geschichtszeilen. Es entstand ein dünner Film, der sich über das ungelöste Problem des Konflikts zwischen Nord und

Süd legte. Im übrigen blieb es bei der Sklaverei in den Südstaaten. Calhoun vertrat nicht einfach die Interessen der Plantagenbesitzer, er war vielmehr der radikale Vertreter der originären *Rechte der Teilstaaten.* Ihm trat als entschiedener *Anwalt der Union* Webster entgegen. Calhoun war in einem früheren Konflikt so weit gegangen, daß er bei Verteidigung der grundsätzlichen *Souveränität der Teilstaaten* in der Jackson-Ära bei gegebenem Anlaß beinahe in Haft geraten wäre; dies, als er seinem Heimatstaat das Recht zusprach, ein Bundesgesetz zu nullifizieren. Solcher Radikalismus gab seinem Vis-à-vis Webster die Chance, in der Geschichte als einer der Retter der Union aufzuscheinen, wobei ihm das Geschick bei der Verteidigung eingealterter Zustände einen Vorteil gegen den Angreifer Calhoun gab.

Indessen hallte eine in der Debatte gefallene Drohung Calhouns noch lange nach:

»Ich vertraue, daß wir bei unserem *Widerstand* so lange verharren, bis entweder unsere Rechte wiederhergestellt worden sind oder bis die Union auseinandergefallen ist (!). Wir haben das Unrecht und die Beleidigungen, die uns vom Norden zugeführt worden sind, lange genug ertragen.«

Noch hatten die Südstaaten im Senat die gleiche Anzahl von Stimmen wie die Nordstaaten. Sie besaßen aber traditionsgemäß die Mehrheit im Kabinett, im Obersten Gerichtshof, und der um diese Zeit amtierende Präsident war ein Südstaatler. Auf dem Höhepunkt des Konflikts entstand eine Lösungsvariation, nach der es in den US *zwei Präsidenten* geben sollte (!). Zwei Präsidenten an der Spitze eines Staates oder Staatenbundes, der in sich zwei durchaus getrennte Gesellschafts- und Wirtschaftsformen enthielt. Also die *Gefahr eines Dualismus,* wie Lincoln später in seiner berühmten Rede von dem geteilten Haus es aufzeigen wird.

Man möchte glauben, daß bei dieser inneren Zerrissenheit eines Staates, der noch nicht einmal mit dem System der Sklavenhaltung fertiggeworden war, dieser es unterlassen würde, sich in die 1848/49 im Kaiserreich Österreich ausgebrochene Revolution einzumischen. Aber genau das Gegenteil geschah:

1849 erfolgte die Bereitstellung eines diplomatischen Agenten der

US namens Dudley-Mann *für Ungarn.* Dieser hatte den Auftrag, namens der Regierung der US die entstandene Republik Ungarn anzuerkennen und mit ihr Handelsbeziehungen anzubahnen, wobei der Abschluß des Handelsvertrags nach der in Lateinamerika geübten Praxis der de facto-Anerkennung gleichgekommen wäre.

Der 12. Präsident der US Zachary Taylor enthüllte dieses anfängliche Geheimnis zu einem Zeitpunkt, in dem die Revolution in Ungarn längst vorbei war; nämlich in seiner Botschaft an den Kongreß vom 18. März 1850 (!). Der Präsident kam damit einer innenpolitischen Forderung seiner Partei nach, die außerdem durchsetzte, daß nach erwirkter Freilassung des in der Türkei konfinierten Exdiktators Kossuth die »Mississippi« zur Verfügung gestellt werden sollte, um ihn aus dem Exil in die freie Welt zu verbringen. Der Plan der Entsendung Dudley-Manns war 1850 schon ein offenes Geheimnis, der diesem erteilte Auftrag gegenstandlos. Die Kundgebung des Präsidenten machte den ansonsten vielleicht vergessenen Zwischenfall erneut zu einer in der Öffentlichkeit relevanten Angelegenheit. Immerhin bestätigten die US damit und durch die Art der Behandlung des Gegenstands im Parlament der US die Tatsache, daß die fragliche Einmischung in innerösterreichische Angelegenheiten im Jahre 1849 nicht *eine Einzelaktion* war, sondern die praktische Handhabung eines *Prinzips.* 1918 warf seine Schatten voraus.

Hülsemann bekam daraufhin vom amtierenden k.k. Ministerpräsidenten und Minister des Äußeren Fürst Schwarzenberg Auftrag, eine offizielle Protestnote an die US-Regierung zu überreichen; gleichzeitig jedoch darauf zu achten, daß die vermeintlich guten Beziehungen der beiden Regierungen nicht aufs Spiel gesetzt werden. Die Affäre nahm ihren Fortgang, nachdem auf Taylor nach dessen Tod sein Vizepräsident Millard Fillmore als 13. Präsident der US folgte. Fillmore berief Webster zur politischen Leitung des State Departments.

Webster antwortete auf Hülsemanns Protest mit einer weitschweifigen Erklärung, in der es weniger um den konkreten Zwischenfall im Österreich von 1849 ging als um die Vorteile des *republikanischen* Prinzips gegenüber *dem monarchistischen.*

Schwarzenberg, eben auf dem Höhepunkt seiner Bemühungen um die Wiederherstellung der von Österreich vor 1848 eingenommenen Großmachtstellung, hielt Websters Lektion eher für einen verschollenen Posthornton; er sah darüber hinweg, daß Webster nur wenig zur Klärung des Falles Dudley-Mann beitrug. Es konnte auch nicht im Interesse des Ballhausplatzes liegen, eine Affäre am Rand der ungarischen Revolution, eine Vorbereitungshandlung der US neuerdings in den Vordergrund seiner Außenpolitik zu rücken. Und in Ungarn die Gemüter mit Repliken und Dupliken erneut zu erregen. Er ließ die Sache eher auf sich beruhen.

In Wien war man auch nicht unglücklich darüber, daß es die US übernahmen, Kossuth ans andere Ufer des Atlantiks zu verbringen. Je weiter der ungarische Exdiktator vom Ort des Geschehens des Jahres 1849 entfernt war, um so friedlicher würde die innere Entwicklung in der Donaumonarchie verlaufen. Für Hülsemann trat dagegen eine Änderung in der Innenpolitik der US ein, die seine Arbeit als Diplomat erschwerte: Präsident Fillmore zerstritt sich mit der eigenen Partei, der von dieser gestellte Leiter des Außenressorts Webster blieb aber im Kabinett. Webster stieg nicht herab von der Beobachtung der im Gefolge der Revolution in Ungarn in Europa entstandenen Zustände.

Anfangs 1851 richtete er eine Note an die Türkei, mit der sich die US erbötig machten, die nach dem Zusammenbruch der Revolution in Ungarn in der Türkei konfinierten Exilungarn auf ihr Gebiet zu transferieren. Präsident Fillmore ging nicht konform mit seinem Außenminister, was die stete Befassung der US mit den Problemen der ungarischen Exilpolitiker betraf. Vielmehr vertrat Fillmore die nicht ganz unbegründete Ansicht, es sei nicht gut, befreundeten Mächten Anlaß zu Beschwerden zu geben. *Befreundete Mächte,* dazu zählte der damalige US-Präsident auch Österreich. Anders Webster. Auch in Wien war man geteilter Auffassung in der Frage, ob es nicht des Guten zu viel wäre, wenn die US Österreich der in der Türkei konfinierten ungarischen Re-

volutionäre entledige – zugleich aber damit eine politische Campagne gegen Österreich richteten.
Hülsemann sah voraus, daß das Auftreten Kossuths in der Öffentlichkeit der US von seinen *Sympathisanten* zur Diffamierung der Donaumonarchie benützt würde, auch wenn ihm versichert wurde, die *Regierung* werde ihn nur als ein *Individuum*, also als eine einzelreisende Privatperson behandeln. Wie recht Hülsemann bei seiner Voraussicht hatte, bewiesen die ersten Nachrichten vom Benehmen Kossuths während der Überfahrt auf der »Mississippi«; sie gingen sogar dem sehr fortschrittlich gesinnten Kapitän des Schiffes auf die Nerven. Etwa wenn im Hafen von Marseille Kossuth versuchte, die Neugierigen vom Schiff aus gegen Österreich aufzuhetzen.
Und dann geschah es, daß der Privatmann Kossuth bei seinem Eintreffen in New York mit Ehren empfangen wurde, die nur einem amtierenden Staatsoberhaupt zukommen. Die Batterien schossen den für diesen Anlaß üblichen Salut, die US-Army ließ Kossuth mitteilen, sie würde ihn überall mit den höchsten Ehren empfangen. Was die Militärs zugunsten des Exdiktators inszenierten, wurde bei weitem durch die Reden übertroffen, mit denen Kossuth auf Banketten und in der Öffentlichkeit begrüßt wurde. Fillmore als Oberster Befehlshaber der US-Army hätte sein Versprechen halten und die von der Army gedachten Ehrungen für Kossuth unterbinden sollen; das aber tat der Präsident nicht. Es bürgerte sich ein, daß Kossuth auf seiner wohl vorbereiteten Rundreise durch die US meistens als *Gouverneur of Hungary* angesprochen wurde, sohin als *amtierender* höchster Funktionär seines Heimatlandes.
Hülsemann protestierte bei Webster und gab der Erwartung Ausdruck, daß sich die fraglichen militärischen Ehren nicht wiederholen würden. Kossuth hinwieder verlangte eine Bestrafung jener, die ihm auf der Überfahrt nicht gebührenden Respekt erwiesen hatten. Im übrigen geriet der angebliche Privatmann in den US in Proportionen, die Hülsemann alarmieren mußten: Der Exdiktator wurde vom Kongreß eingeladen, und Webster bereitete eine neue Finesse vor: Ein Bankett zu Ehren Kossuths, das die

Prominenz am Weißen Tisch vereinigen sollte und Webster die Gelegenheit gab, das in aller Öffentlichkeit in einer Tischrede zum Ausdruck zu bringen, was im State Departement zu sagen, er im Umgang mit Hülsemann unterließ. Fillmore wieder wollte den Unterschied zwischen *Sympathie* für Kossuth und *Einmischung in innere Angelegenheiten Österreichs* gewahrt wissen. Das klang wie Hohn.

Schon fiel der erste Reif auf die Blüten, die es zum Empfang Kossuths gegeben hatte. In New York sah sich Hughes bald durch scharfe antikirchliche Äußerungen Kossuths vor den Kopf gestoßen; Kossuth aber fühlte sich in einem mehrheitlich von Protestanten bewohnten Land als Protestant wie zu Hause. Je mehr Stimmen gegen Kossuth laut wurden, desto intransigenter wurde Webster im Umgang mit Hülsemann. Am 7. Jänner 1852 wurde Kossuth die Ehre zuteil, auf einem Festmahl unter dem Vorsitz Fillmores Gegenstand der Ehrungen Websters zu sein und sich dessen Auslassungen gegen Österreich anhören zu können, die sehr gut in den Ohren des Exdiktators klangen.

Immerhin: In *Washington* verlief die Aufnahme Kossuths weniger enthusiastisch als in *New York;* in Richmond wurde der Antrag, Kossuth offiziell einzuladen, abgelehnt. Schon wurde das Kommen Kossuths Stoff für die Gerüchte-Küchen in den Redaktionen: Es hieß, er hätte sich die Wertsachen eines während seiner Herrschaft in Ungarn erschossenen Grafen Zichy angeeignet. Das entsprach etwa dem Gerücht, wonach sich der k.k. Befehlshaber der gegen die ungarischen Truppen eingesetzten Kaiserlichen, der aus Hessen gekommene Baron Haynau, das Tafelgeschirr eines abgeurteilten Revolutionsführers angeeignet haben sollte. Die Stoffauswahl für derlei Gerüchte ist nie groß.

Kossuth mußte erleben, daß jene 100.000 $, mit denen seine Rundreise finanziert und ihm selbst eine Ehrengabe zuteil werden sollte, nur zum Teil durch Sammlungen aufgebracht wurden. Der News-Wert diverser Auftritte Kossuths in der Öffentlichkeit sank. Was aber weiterbestand und vor allem Hülsemann anging, war die Tatsache, daß die herabsetzenden Äußerungen, die Webster vor der Öffentlichkeit gegen Österreich gerichtet hat, nach wie vor im Raum standen. Und daß Webster sichtlich keine Anstalten traf, diesen Zwischenfall in der üblichen diplomatischen Manier aus der Welt zu schaffen. Der Höhepunkt der Krise war da.

Hülsemann wurde beauftragt, dem Präsidenten der US den Protest gegen die Vorgänge bei dem fraglichen Festmahl vorzutragen und insbesondere auf den Toast hinweisen, mit dem Webster Kossuth geehrt, Österreich aber vor den Kopf gestoßen hat. Es lag jetzt am Präsidenten zu sagen, ob Websters Ausfall gegen die Monarchie den Standpunkt der Regierung der US vertrete oder nicht. Bejahendenfalls wäre die Funktion Hülsemanns *unterbrochen;* in den Akten ist dieses Wort durchgestrichen und durch das Wort *unhaltbar* ersetzt. Fillmore aber fuhr fort, ungarische Gäste mit ihren Damen ins Weiße Haus einzuladen, so jenen Herrn von Pulszky, der im März 1848 mithalf, die Revolution in Wien zu machen sowie im Oktober mitschuldig an dem in der Oktoberrevolution entstandenen Blutvergießen und am Mord des damaligen Kriegsministers Graf Latour wurde.

Hülsemann ging aufs Ganze: Er verlangte die Demission Websters (!), da dieser sich durch sein Eingreifen in innerösterreichische Angelegenheiten als Ressortleiter der Regierung bloßgestellt habe. Hülsemann vermied bei der Textierung harte Formulierungen, nannte Websters Redeweise gegenüber Österreich bloß *extravagant.* Mit dieser eher von Sachlichkeit getragenen Art erwarb sich Hülsemann die Sympathie des großen Gegners Websters, Henry Clay, der sich gegen die Intervention der US in innere Angelegenheiten eines anderen Staates aussprach. In der Öffentlichkeit erfreute sich Hülsemann natürlich keines derartigen Verständnisses: Einige sechzig Emigranten aus Deutschland taten sich zusammen, um vor der Wohnung Hülsemanns den guten alten Brauch der alten Heimat zu üben: eine Katzenmusik.

Der Präsident gab seinen Versuch, Hülsemann ein Bleiben im Amt zu erleichtern, nicht auf. Bei seinem Besuch im Weißen Haus am 10. Jänner 1852 erfuhr Hülsemann viel Freundlichkeiten; er sah die Verlegenheit des von der eigenen Partei diffamierten Präsidenten, aber in der Sache konnte sich Fillmore zu keiner Änderung des Standpunktes entschließen, den Webster so *populär in der Öffentlichkeit* gemacht hat. Hülsemann sah aber keine andere Lösung als ein Ausscheiden Websters aus dem Kabinett. Da Hülsemann von seiner Abreise sprach, bedauerte der Präsident diese Konsequenz, also den drohenden Bruch der diplomatischen Beziehungen zwischen Washington und Wien.

Hülsemann nahm Zuflucht zu seinem russischen Kollegen und zum preußischen. Die Kollegen zeigen sich einverstanden, wohl nur kollegialiter, als Hülsemann eine Verbalnote ankündigte und dazu die Absicht, hierüber die *Presse* zu informieren. In Wien erkannte man das Vorgehen Hülsemanns an, fand aber, damit seien die Würde und die Interessen Österreichs nicht wiederhergestellt. Ausdrücklich wurde Hülsemann erklärt, er könne unter den gegebenen Umständen nicht mit Webster Umgang pflegen. Jene dilatorischen Äußerungen Fillmores vom Vormonat waren Schwarzenberg zu wenig; man müsse drüben wissen, daß es Österreich ernst sei; andererseits nahm man am Ballhausplatz Rücksicht darauf, daß Fillmore in der prekären Lage war, die ein US-Präsident in einem Wahljahr hat.

So geriet die Praxis, daß man sich in der Alten Welt in einem solchen Wahljahr eingewöhnte, auf die US jene Rücksicht zu nehmen, wie sie etwa eine Wöchnerin verdient. Klug genutzt, kann diese Praxis der Außenpolitik der US unter Umständen sehr zugute kommen und drohenden Angriffen vorweg die Spitze abbrechen ...

Hülsemann versuchte einen letzten Ausweg. Er verließ Washington, nicht ohne vorher in höflichster Manier dem Präsidenten persönlich von dem Entschluß Kenntnis zu geben. Fillmore erwies sich als einer jener Politiker, die Dinge auf sich beruhen lassen, hoffend, sie würden sich mit der Zeit von selbst lösen. In einer Aussprache unter vier Augen wollte der Präsident Hülsemann schon Gerechtigkeit widerfahren lassen; dieser aber konnte nicht allein darauf eingehen. Denn es ging nicht um die Reputation des Mr. Hülsemann, sondern um das geschändete Ansehen des Staates, den Hülsemann vertrat. Behutsam traf Hülsemann die notwendigen Vorkehrungen, um jedem Zusammentreffen mit Webster in Washington aus dem Weg zu gehen. Bevor er eine Reise in den Süden der US antrat, teilte er dies dem Stellvertreter Websters, Mr. Hunter, mit und nannte diesem seinen Platzhalter. Mr. Hunter erhob keine Einwendungen. Noch einmal besprach sich Hülsemann mit den Vertretern Preußens und Rußlands. Diese ermutigten ihn zu diesem Verhalten. Die drei Herren waren sich einig, daß auf alle Fälle der Eindruck vermieden werden müßte, *als täte sich alle Welt vor den US fürchten.*

Immer aufs neue kreisten die Bemühungen Hülsemanns um den Kern der Sache: Da Webster nicht gewillt zu sein schien, die Österreich zugefügten Diffamierungen vor der Öffentlichkeit zu bedauern, gab es nur die Möglichkeit, ihn so oder so aus dem Amt zu entfernen, sodaß mit dem Nachfolger der übliche Verkehr auf diplomatischer Ebene wiederhergestellt werden konnte. Ob der Nachfolger die Diffamierung, die ja nicht die Person Hülsemanns, sondern Österreich anging, in Ordnung bringen würde, war nicht gesagt. Hülsemann ist Webster ausgewichen, indem er Washington verließ; aber diese Absenz konnte nicht willkürlich verlängert werden; Hülsemann kehrte nach Washington zurück, fand Webster nach wie vor im Amt und nicht willens, vor der Öffentlichkeit Österreichs Reputation wiederherzustellen. Was nutzten alle guten Worte, die Fillmore unter vier Augen fand, wenn auch der Präsident nicht willens war, eine Ehrenrettung Österreichs vor der Öffentlichkeit zu liefern?

War Fillmore dazu in der Lage? Das Jahr 1852 war ein Wahljahr. Fillmore war ohnedies mit seiner Partei zerstritten, er konnte den Konflikt nicht auf die Spitze treiben, indem er das tat, was seine Partei zu allerletzt erwartete: Zu sagen, daß Webster sich vergaloppiert und sich daher als amtierender Außenminister der US zu rechtfertigen hatte. Damit wäre Kossuth und seiner Sache, samt der seiner Sympathisanten in den Staaten, ein Schaden zugefügt worden; Österreich aber wäre rehabilitiert aus der Angelegenheit gestiegen, deretwegen es momentan im Westen keinen guten Ruf hatte: der Niederschlagung der Revolution in Ungarn.

Wieder reiste Hülsemann, diesmal nach New York. Und auch dort ließ er zwei Abfahrtstermine von Dampfern nach England verstreichen, hoffend, es würde ihm doch noch eine Instruktion des Ballhausplatzes zugehen. Mit dem Warten erfüllte er auch einen Wunsch Fillmores. Die Zeit verging, und zuletzt stand er vor der Tatsache, daß er vom 15. Februar bis zum 11. Mai 1852, also fast drei Monate, vergebens auf jene Instruktion aus Wien wartete.

Hülsemann glaubte sich in dieser Phase eins mit den Intentionen Schwarzenbergs, der 1848 auch ohne Auftrag seinen Posten in Neapel verließ, als man nach einer Diffamierung des Ansehens der Monarchie die geforderte Genugtuung schuldig blieb. Das Unheil wollte, daß Hülsemann bei seinem Eintreffen in London erfahren mußte, daß sein hochverehrter Chef Fürst Schwarzenberg nicht mehr am Leben war. Schwarzenbergs Nachfolger Buol-Schauenstein aber klebte an der Aktenlage, und die sah *keine Ermächtigung* für Hülsemann, *die Staaten zu verlassen,* vor. Der Ballhausplatz überlegte zwei Versionen: Die Versöhnung Hülsemanns mit Webster oder den Austritt Websters aus der Regierung. Zwei Vorstellungen, deren Verwirklichung nicht zu erwarten war. Trotzdem lag der Vorwurf auf Hülsemann: Er hat den Posten ohne Auftrag verlassen. Wien verlautete – und das erfuhr man in Washington –, daß mit der Abreise des k.k. Missionschefs kein Abbruch der diplomatischen Beziehungen Wiens zu Washington geschehen sei.

Von London aus berichtete Hülsemann in amtlicher Form unterm 20. Mai 1852. Dann ließ er drei Tage vergehen, ehe er dem amtlichen Stück einen Schreibebrief an den Minister nachschickte. Hülsemann ging vom Fleck weg auf den Kern der Sache ein: Es sei ihm peinlich, nach einem Winter, der für ihn voller Unannehmlichkeiten gewesen sei und während dem er nach bestem Gewissen zu handeln trachtete, das Bestmögliche gemäß den erhaltenen Instruktionen zu erreichen, jetzt die Mißbilligung des Getanen zu erfahren.

Mag sein, daß Schwarzenbergs Nachfolger Graf Buol-Schauenstein, bei Amtsübernahme mit Geschäften überbürdet, in erster Linie mit der Verschlechterung der internationalen Lage in Europa beschäftigt war. Daß also der Graf nicht gleich die jenseits des

Atlantiks aufgetretene Krisensituation unter Kontrolle nahm – und entschied. Tatsache war und blieb, daß es in der österreichischen Hochbürokratie Typen gab und gibt, die es vermeiden, sich in die Nähe heißen Eisens zu begeben; die vielmehr nach dem alten Sprichwort handeln, das irgendein Bürokrat für solche Fälle erfunden hat:

»... g'schwind a bißl warten.«

Und diese Typen bekamen in diesem Fall Recht, kraft der Macht des Schicksals: Hülsemanns unerschütterlicher Gegner Daniel *Webster starb* im Oktober 1852. Das erleichterte eine Rückkehr Hülsemanns auf den Posten in Washington unter dem *Anschein*, als wären die Beziehungen zwischen Wien und Washington nie unterbrochen gewesen. Und es starb der große Gegenspieler Websters aus dem amerikanischen Süden *Calhoun*. Der fast unüberbrückbare Konflikt zwischen den immer rascher auf dem Weg in die Industrialisierung fortschreitenden Nordstaaten der US zur Latifundienwirtschaft im Süden wurde durch unhaltbare Kompromisse verdeckt; im Norden wie im Süden traten Staatsmänner und Politiker auf, die nicht willens waren, den schwelenden Konflikt *radikal*, also an der Wurzel zu beenden, *ehe die UNION zerfiel.* Und den US kam, wie oft in Zeiten ihres Erfolgs, die Konfliktsituation in der Alten Welt zugute, die durch schweres eigenes Kriegsgeschehen bis zum Sieg der Nordstaaten über die Südstaaten im Bürgerkrieg 1865 gleich dreimal erschüttert und somit abgehalten wurde, sich mit genug Aufmerksamkeit dem Geschehen in der Neuen Welt zu widmen:

Im März 1854 erklärten Frankreich und Großbritannien Rußland den Krieg, angeblich zur Verteidigung der staatlichen Integrität der Türkei; später trat auch Sardinien in den Krieg gegen Rußland ein; Österreich büßte seine mißglückte Neutralitätspolitik ein, die es schließlich an die Seite der Westmächte abgleiten ließ. Als im Frühjahr 1856 ein Kongreß in Paris dem Krieg ein Ende machte, stand Österreich isoliert unter den Kongreßteilnehmern da; *Rußland, die Vormacht der konservativen Mächte* in der Alten Welt, hatte – nicht zuletzt dank der unglücklichen Haltung Österreichs – *eine Niederlage erlitten.*

1859 erlebte Österreich den Dank seiner Verbündeten aus der Zeit des Krimkriegs. Napoleon III., der im Krimkrieg Österreich zu den Westmächten lockte, indem er versprach, die Revolution in Italien abzubremsen, ließ letztere von der Leine. Im Kampf gegen Frankreich und Sardinien verlor Österreich nicht bloß die Lombardei, sondern die 1813 im Verein mit Großbritannien aufgerichtete Stellung als Ordnungsmacht auf der italienischen Halbinsel.

In den Sechzigerjahren, als sich die Deutschen aufmachten, schließlich Preußen auf dem Weg zum Zweiten Reich zu folgen, konnte in den US der gleichzeitige Konflikt des Nordens mit dem Süden, fast unbeeinflußt von den Mächten der Alten Welt, ausgefochten werden. Ein Opfer blieb auf der Strecke: Erzherzog Maximilian, der versucht hatte, in Mexiko die Bürgerkriegsära durch die Errichtung eines Kaiserreiches zu beenden, fiel im Kampf gegen jene Mexikaner, die vergessen hatten, daß die US 1847 fast ein Drittel des damaligen mexikanischen Staatsgebietes annektiert haben. Weil im Falle Maximilian Washington die Feinde des Kaisers bis zu dessen bitterem Ende ermunterte, unterstützte und Maximilians Helfer in Europa einschüchterte.

Jetzt war sie da, die *Angst,* vor der Hülsemann schon 1852 Wien gewarnt hatte. Hülsemann kehrte nach dem Konflikt wegen der Kossuth-Affäre nach Washington zurück. Erst 1863 trat er in den Ruhestand. Seit der Verleihung des Leopoldsordens durfte er seinem bürgerlichen Namen die Worte *Ritter von* hinzufügen. Im übrigen war Hülsemann nach seiner Rückkehr im Jahre 1852 bestens gerüstet für die nächste scharfe Auseinandersetzung mit dem dortigen State Departement. Diese ließ nicht lange auf sich warten.

8.

Österreich bekommt ein schlechtes Image

Nichts hat dem Ansehen Alt-Österreichs in den US so sehr und nachhaltig geschadet wie jene Gerüchte – falsche und zutreffende –, die um 1848 von der dortigen Presse verbreitet wurden und die noch lange ihren Niederschlag fanden: in Geschichtsbüchern, in Lesebuchgeschichten und insbesonders in den Schulen. In der unablässigen Serie von Revolutionen, die seit der Großen französischen Revolution von 1789 die Alte Welt bis auf den Grund zerstörten, standen sich am Rand oder inmitten des Geschehens die US und das Alte Österreich *antipodär* gegenüber. Antipodär – das Wort findet sich in einem der Berichte Hülsemanns an den Ballhausplatz.

In einem Gespräch mit seinem Kulturminister André Malraux fragte Präsident de Gaulle nach 1945 diesen Kenner revolutionärer Praxis und Geschichtsschreiber:

»Was verstehen Sie unter ›Keime im Ferment der Revolution‹?«

Und Malraux antwortete:

»Die vorläufige Form, die der *Schrei nach Gerechtigkeit* angenommen hat: dies ist sich von den Bauernaufständen bis zu den großen Revolutionen gleichgeblieben ...«

Der General wollte wissen, was politische Freunde Malraux' tun wollten. Und der amtierende Kulturminister begann eine ausführliche Erklärung mit dem Satz:

»Wie 1848, wie 1871 ein *heroisches Stück* spielen, das ›Die Revolution‹ heißt.«

Die Revolution von 1848/49 war kein Spiel, das auf *irgendeiner Bühne* aufgeführt wurde. Die Autoren, Regisseure und Akteure wollten nicht spielen, sondern *zerstören.* Alle Revolutionen seit der amerikanischen bewiesen längst, daß jede soziale oder nationale Revolution mit Eisen und Blut ausgefochten worden ist.

Otto von Bismarck hat ausdrücklich die nationale Revolution der Deutschen, die zum Entstehen des Reiches von 1871 führte, als ein Unternehmen mit Blut und Eisen gekennzeichnet. Auch das geeinte *Italien* von 1870 war nicht nur das Ergebnis jener vier Feldzüge, in denen Sardinien die Italiener in den unerbittlichen Kampf gegen das Alte Österreich führte, sondern auch das der gleichzeitig in den Teilstaaten Italiens in fast ununterbrochener Serie ablaufenden Revolutionen – also von Bürgerkriegen. Die in Frankreich ausgebrochene Revolution von 1789 und die in Rußland 1917 von den Bolschewisten gewonnene Revolution nehmen für sich ausdrücklich das Wort GROSS für die Beschreibung ihrer Ereignisse in Anspruch.

Der russische Schriftsteller Alexander Solschenizyn beschäftigte sich in seinem Roman »August« (1914) mit eben diesem Wort *groß*. Und er kommt zu dem Schluß, daß groß an Revolutionen nur das *Leid* war, das sie über die Menschen brachten; je *größer die Revolution, desto größer das Leid.* Man darf annehmen, daß es bereits dieser Satz war, der Solschenizyn um einen großen Teil der Sympathien gebracht hat, die ihn einmal emporgetragen haben in höchste Sphären der Weltliteratur. Denn eine siegreiche Revolution ist seit der amerikanischen Revolution sakrosankt als Prinzip, und es ist die letzte und größte Aufgabe ihrer Macher, daß ihr Ergebnis *quasi Ewigkeitswert* behält; daß jedenfalls niemand sich herausnehmen darf, das Werk dieser Revolution zu gefährden. So gesehen konnte es geschehen, daß nach 1945 nicht wenige Betrachter, die ihren Standpunkt in der damaligen Freien Welt des Westens hatten, die SU als ein Regime mit einem *konservativen* Existenzprinzip ansahen.

Aber ein Konservativer muß Malraux zustimmen, wenn dieser nach 1945 die Revolution von 1848 als *heroisch* bezeichnete. Kein Spiel, aber ein Exzeß in Heroismus. Damals galt noch das Sprichwort, wonach man die *Größe* eines Baumes erst dann richtig ermessen kann, wenn der Baum *gefällt* ist. Nicht die Spießbürger, die im März 1848 mit Hilfe der Proletarier die Konservativen aus der Stellung vertrieben haben, erwiesen sich als Helden. Die meisten von ihnen landeten, nachdem der letzte Schuß im Bürgerkrieg gefallen war, mit einiger Behändigkeit auf dem festen Boden, wo sie sich sicher fühlten, nachdem wieder *Ruhe und Ordnung* im Land herrschten. Die Toten, die im Kampf Gefallenen, bekamen Denkmäler, Stätten, wo die anderen ihr schlechtes Gewissen beruhigen konnten, wenn sie angesichts der Denkmäler ihre Kommersphrasen droschen. Viele der Besten konnten fliehen. Aus Ungarn flohen nach dem Ende der Revolution die Großen von gestern über die nahe Grenze in die *Türkei*, wohin schon oft ungarische Herren ausgewichen sind, die sich mit Wien und Österreich anlegten. *Italiener* aus dem Lombardo-Venetianischen Königreich flüchteten ins benachbarte Sardinien oder in einen Kleinstaat, wo sie im Hintergrund der damaligen Kleinstaaterei in Italien warten konnten auf den nächsten Aufruf. Auch nach Lateinamerika flohen Italiener.

Es war eine Elite von Revolutionären aller Nationalitäten der Monarchie, die in *die US* gingen. Aber selbst jene, zwischen deren Exil in der Neuen Welt und der Heimat in der Alten Welt die Weiten des Atlantiks lagen, dachten an, hofften auf eine Heimkehr. Einige von diesen Männern scheiterten drüben; hofften, nachdem schließlich im franzisko-josephinischen Österreich unter den Liberalen Verfolgungen eingestellt, Urteile kassiert wurden und ein helleres Licht auf die politische Szene fiel, das Unvollendete im zweiten Anhieb zu vollenden. Zu diesen Männern gehörte der als Bauernbefreier in die Geschichte eingegangene Hans Kudlich.

Kudlich, der jüngste Abgeordnete im Reichstag von 1848, sattelte nach seiner Flucht aus Österreich in die Schweiz um, studierte statt Jus Medizin und schuf sich so eine gute Existenzgrundlage in der Neuen Welt. Kudlich hörte nicht auf, die Vorgänge in seiner alten Heimat aufmerksam und mit unvermindert harter Kritik zu verfolgen. Nach der Niederlage des Alten Österreich gegen Preußen bei Königgrätz 1866 und dem Ausscheiden der Erbländer aus dem, was 1871 zum Deutschen Reich geriet, fürchtete Kudlich, daß das, was von Österreich blieb, *slavisiert* oder *romanisiert* werde. Für den deutschliberalen Achtundvierziger, der schon drüben als Arzt praktizierte und Familie hatte, war das eine erschreckende Vorstellung. Seine Fahrt in die alte Heimat, die er angesichts dieses Wandels, dieser Gefahren unternahm, war nicht Produkt eines Heim-wehs, sondern nicht zuletzt Ausführung des Vorsatzes, nochmals in die Speichen der Geschichte zu greifen, wie man damals sagte.

Der Zusammenbruch der Revolution in Ungarn im Jahre 1849 schmerzte Kudlich nicht viel weniger als der Untergang der Revolution in Wien im Oktober 1848. Und Kudlich freute sich über den Sieg der von Preußen angeführten Deutschen über das kaiserliche Frankreich Napoleons III. Nicht nur der Schlesier Kudlich freute sich über die Niederlage Frankreichs von 1870 und über die Gefangennahme Napoleons III. bei Sedan. Darüber freute sich auch der aus Ungarn stammende Adolf Fischhof, der am 13. März 1848 im Hof des niederösterreichischen Landhauses die sogenannte Taufrede der Märzrevolution 1848 in der Hauptstadt der Monarchie gehalten hat. Fischhof, der für seinen Teil auf die Taufe verzichtete und beim religiösen Glauben seiner Väter blieb.

Kaum ging im Sommer 1870 die Nachricht von der Niederlage der Franzosen bei Weißenburg durch alle Welt, da schrieb Fischhof einem Gesinnungsfreund:

»Der Sieg der Deutschen bei Weißenburg ist ein wahres Labsal für mein Herz. Der freche Franzosenhäuptling (also Napoleon III.), der dem gebildetesten Land der Welt (gemeint war Frankreich) dieses Attentat für einen zivilisatorischen Akt auszugeben die Stirne hatte, wird hoffentlich eine derbe Züchtigung bekommen.«

Züchtigung. Dasselbe Wort hat 1914 auch der damalige Außenminister Großbritanniens, Lord Grey, dessen Friedenspolitik nach wie vor vielfach gelobt wird, in den Mund genommen. Er gönnte Serbien nach dem Attentat von Sarajevo eine *Züchtigung* und damit Österreich-Ungarn eine Genugtuung bei Ausführung dieses Züchtigungsaktes. Für Napoleon III. nahm im Jahre 1870 die Züchtigung unerwartete Ausmaße an. Für den Bruder Franz Josephs I., Kaiser Maximilian von Mexiko, der sich vom Kaiser der Franzosen in das Wagnis einer Monarchie in Mexiko ver-führen ließ, war es keine Genugtuung mehr. 1870 ruhte Maximilian, nachdem er in Mexiko Thron und Leben verloren hatte, in der Kaisergruft bei den Kapuzinern in Wien. Seine Frau erlebte als

Geisteskranke 1914 den Einmarsch deutscher Truppen in Belgien, wohin man die Witwe Maximilians nach Ausbruch ihrer Geisteskrankheit gebracht hat. Die deutsche Ortskommandantur in der Nachbarschaft des von ihr bewohnten Schlosses veranlaßte, daß am Domizil der Unglücklichen eine Warnung angebracht wurde:
»Die Herrin dieses Schlosses ist die Schwägerin unseres erlauchten Verbündeten Kaiser Franz Joseph I.«
Die Witwe Napoleons III. überlebte noch den Ersten Weltkrieg, die Kapitulation der Deutschen am 9. November 1918 war für sie eine *Genugtuung;* bei der sie nur bedauerte, daß sich 1870 die Franzosen nicht um sie und den Kaiser geschart haben, wie sie das nach 1914 im republikanischen Frankreich in den Krisen eines Weltkriegs taten.
Wer alt genug wird, erlebt manche sogenannte Genugtuungen für früher erlittene Enttäuschungen. Je nach Herkunft und Anschauung wird er hinnehmen oder beklagen, daß die Geschichte bei solchen Anlässen immer wieder *umgeschrieben* wird; weil jede Generation sich wehrt gegen einen Rückfall in Vergangenes oder einen unzukömmlichen Vorgriff auf die Zukunft, wie das im Wesen jeder Revolution beschlossen ist. Fischhof war 1870 frohgemut und prophezeite nur Gutes:
»Eine Allianz Deutschlands, Österreichs und *Italiens* wäre die sicherste Garantie des europäischen Friedens. Die Diplomatie wird sich hoffentlich dieser Einsicht nicht verschließen.«
Sie hat sich der Notwendigkeit eines Dreibundes nicht verschlossen. Die daraus nach 1914 für das Alte Österreich entstandenen Folgen sind bekannt. Und spürbar bis dato. Fischhof genoß den Vorteil, nach der Niederlage der Revolution in Wien und der Auflösung des Reichstags von 1848 in die Hände eines Untersuchungsrichters zu kommen, dem Fischhof nachher nur das allerbeste Zeugnis ausstellen konnte: Er ließ den Macher der Märzrevolution laufen. Jene, die als *Akteure* das heroische Spiel, um mit Malraux zu sprechen, mitmachten, kamen schlecht weg. Viele von ihnen endeten in den Massengräbern auf dem Schmelzer Friedhof, nicht weit entfernt von den *anderen,* mit denen sie sich

geschossen hatten. Fischhof starb den Strohtod eines ALTEN WEISEN, eines great old man, wie man drüben sagt.
Vielen erging es bei einigem Geschick nach den Schrecknissen der Revolution und den Zuständen im nachherigen Absolutismus so wie Fischhof. Keiner kam über das Jahr 1848 und seine Folgen so großartig hinweg, als der nach dem Ende der Revolution in Ungarn zum Tod verurteilte *Julius Graf Andrassy.* Im zweigeteilten Österreich nach 1867 war er der erste königlich-ungarische Ministerpräsident, nachher k.k. Minister des *Kaiserlichen Hauses* und des Äußeren. In keinem anderen Staat wurde ein derartiges Schicksal einem prominenten Achtundvierziger zuteil – und in diesem Fall war das oft unangebrachte Wort: So wat jiebt es nur in Österreich, angebracht. Angebracht auch deswegen, weil Andrassy das Bündnis Österreich-Ungarns mit dem Deutschen Reich unter Bismarck zustande brachte.
Über dem Massengrab der Opfer vom 13. März 1848 erhob sich später ein großartiges Denkmal. Die das Geld dafür hergaben, wußten nicht, daß sie die *Opfer ihrer Väter* ehrten. Denn neben vier Unglücklichen, die an jenem Tag der Tod in der Herrengasse ereilte, erinnert das Denkmal an die ungleich größere Zahl der Opfer, die am selben Tag als Maschinenstürmer, Brandstifter und Plünderer den Schützern der bürgerlichen Ordnung und ihres Besitzes zum Opfer fielen.
In den US waren die Forty-Eighters ein Begriff. Von draußen, wie man immer noch in Wien sagte, flüchteten viel mehr Achtundvierziger in die US als aus dem Alten Österreich. Die flohen, waren zumeist Deutsche, auch die Juden von damals, die nach dem Ende der Revolution aus den Erbländern flüchteten, fühlten sich als Deutsche. So auch Joseph Goldmark.
Goldmark war ein Landsmann Fischhofs. Im Vormärz war er als Agitator tätig, in der Revolution zählte er im Reichstag zu den Radikalen. Goldmark gehörte dem Verfassungsausschuß an, dessen Formulierung der Grundrechte selbst die zahlreichen Verfassungsexperimente, die bis dato in Österreich stattfanden, zum Gutteil überstand. Von ihm stammt eine bemerkenswerte Änderung im Entwurf einer Verfassung. Anders als in westlichen Staa-

ten ist demnach nicht nur von den *Rechten* der Menschen im Titel die Rede, sondern zugleich auch von den *Pflichten.* Ein Zusammenhang, der später eher außer Evidenz geriet; man beließ es bei den Menschen*rechten.* Goldmark war es, der durchsetzte, daß im Verfassungsausschuß im Zusammenhang mit den Grundrechten die *österreichische Staatsbürgerschaft* ihre Regelung fand. Im Gegensatz zu den Männern von 1918 und anderen Mitgliedern des Verfassungsausschusses 1848/49 war Goldmark der Ansicht, es sei nichts dagegen einzuwenden, wenn jemand das Recht habe, sich Fürst oder Graf zu nennen. Nur – das Recht, diesen Titel zu *fordern,* das sei abzulehnen. Dies gesagt, lehnte Goldmark die Formel: Der Adel ist abgeschafft, ab. Anders als *Ernst von Violand,* dessen Vater unter Kaiser Franz I. soeben die erste Stufe auf der Leiter des Beamtenadels erklommen hatte. Bemerkenswert blieb Goldmarks Einwand, wonach er die Ansicht zurückwies, den Welschtirolern sollte nicht die Freiheit der Sprache gegeben werden, weil man sonst auch Minoritäten in anderen Provinzen dieses *Geschenk* machen müßte (!).

Wäre Goldmark auch in der Öffentlichkeit bei seinen Auftritten nur von der Sachlichkeit geleitet worden, die er im Reichsratsausschuß unter Beweis stellte, dann wäre er und nicht Fischhof als der Alte Weise im Alten Österreich gestorben. Goldmarks goldene Worte wurden vergessen, sein Schüren unter den Massen blieb im Ohr. Er tat gut, nach Auflösung des Reichstags zwischen sich und die Behörden in Österreich das Hindernis des Atlantiks, zuletzt den Besitz der Staatsbürgerschaft der US zu legen.

Goldmark war Arzt. Er erschrak bei seinem Kommen in die US über den miserablen Stand der dortigen *Medizin.* Seine zuletzt in Österreich gemachten Erfahrungen gaben ihm ein gewisses Recht, die Medizin in den US und die politischen Verhältnisse in Österreich auf eine Stufe zu stellen. Ob er jedoch ahnte, daß um 1848 die meisten Österreicher lieber einen guten Arzt, als einen guten Redner in der Politik am Wirken sehen wollten? Nach 1867 besuchte Goldmark Wien. Er, so wie viele andere Besucher der alten Heimat, konnte sich nur wundern über die prachtvolle Entwicklung, die Wien seit 1848 genommen hatte. Am meisten be-

troffen über die Grandeur des franzisko-josephinischen Wien war der Jahre nach Goldmarks Besuch heimgekehrte frühere Feldkaplan der Akademischen Legion Anton Füster. Er hatte zu jenen gehört, die bei der Flucht nicht nur alles Böse für Österreich *wünschten,* sondern es *mit Sicherheit erwarteten.* Daß beim Kommen Füsters in den Achtzigerjahren die Universität Wien mit an der Spitze der besten Universitäten des deutschen Sprachraums stand, zudem vollends vom liberalen Geist durchtränkt, war für Amerikamüde wie Füster unverständlich.
Wer um das Heimweh der Achtunddreißiger, also jener, die 1938 Österreich verließen, weiß, kann verstehen, daß ein Fourty-Eighther aus Prag, Dr. Adolf Wiesner, vom Heimweh überfallen wurde. Wiesner machte als Militärarzt bei der Armee der Nordstaaten den amerikanischen Bürgerkrieg mit; er wurde, wozu ihn drüben niemand und nichts zwang, katholisch. Als er nach dem Ende des Bürgerkriegs 1867 die Reise in die Heimat antrat, starb er auf der Überfahrt ...
Viele der Achtundvierziger, zumal jene, die im Kampf gegen die Kaiserlichen mit der Waffe in der Hand mitgemacht hatten, traten 1861, nach Ausbruch des amerikanischen Bürgerkriegs, in die Armee der Nordstaaten ein. Nicht so Kudlich, auch nicht Violand. Beide waren vom Wesen her *Politiker,* denen das *Militärische* auch dann nicht lag, wenn es im Dienst des Kampfes um Freiheit oder mehr Freiheit erlebt sein muß. Sie waren deswegen keine Pazifisten, nur die Waffe war es, die sie von Militärs unterschied; sie vertrauten der Radikalität, die mit zum Wesen der Geisteswaffen gehört, wo es um Grundsätze geht, also die Bewegung an die Wurzeln des Seins herankommt. Radicalis, spätlateinisch: an die Wurzel gehend.
Groß tat sich mit seiner kämpferischen Vergangenheit in der Wiener Revolution als ein Oberst (!) der Mobilgarde Franz Wutschl hervor. Wutschl war daran zu doktorieren, als ihn die Revolution in Wien faszinierte. Das Juristencorps der Akademischen Legion war ihm zu lahm, bei den Proletariern der Mobilgarde, da sah er seinen Platz. Wutschl landete in New York, gleich dort richtete er eine Gaststätte »Zum Wiener Legionär« ein. Solange die Novität

die Sucht nach Neuem befriedigte, ging das Geschäft. Aber es kamen nach 1848 zu viele Achtundvierziger in die US. Darunter auch solche, die vom Fach waren, was die Führung einer Gaststätte betraf. Wutschl wurde nicht reich als Gastwirt. Als *Jurist* aus Österreich hatte er drüben weniger Chancen als ein *Amerikaner ohne Jurastudium,* der im Mittelwesten oder im Wilden Westen bar jeder akademischen Bildung als Anwalt zugelassen war. Und oft zunächst hinter einem Salbeibusch (!) sein Büro hatte, wie die Rede ging.

Wutschls Stunde schien gekommen, als 1861 in den US der Bürgerkrieg ausbrach. Der Oberst in der Achtundvierzigerrevolution in Wien hatte keine großen Schwierigkeiten, vom Präsidenten Lincoln auch zum Obersten ernannt zu werden. Gleich im ersten Gefecht gegen die besser geführten Truppen der Südstaaten passierte es Wutschl, daß sich viele seiner Freiwilligen als feuerscheue Mutwillige erwiesen und davonliefen; andere errechneten sich, daß die von ihnen eingegangene Verpflichtung auf Zeit zu Ende sei, sie verließen die ungesunde Umgebung eines Kriegsschauplatzes. Für Wutschl, dessen Reden besser gerieten als seine Befehle, waren solche und andere Umstände das Schicksal. Er wurde wegen *Unfähigkeit* aus der US-Army entlassen.

Noch ärger erging es dem im Vormärz aus Hannover nach Wien gekommenen Anton Schütte, der Agent war, wobei ihm seine Anstellung bei einer englischen Firma, die Leuchtgas lieferte, zugute kam. Schüttes Doktorgrad blieb umstritten. Er hatte drüben ein gutes Renommée, fand dank seiner Englischkenntnisse bald Zugang zu liberalen Politikern von Rang. Im Bürgerkrieg wollte er der guten Sache lieber fern vom Schuß dienen. Für die von US-General Louis Blenker geführte Division der Nordstaaten machte er als sogenannter Comissionar gute Geschäfte beim Einkauf von Nachschubgütern für die kämpfende Truppe. Man kam ihm auf Unregelmäßigkeiten, und er wurde *in Unehren,* wie es drüben heißt, aus dem Dienst entlassen. 1867 starb Schütte in ärmlichen Verhältnissen.

Tragisch verlief drüben das Leben des *intelligenten Ernst von Violand;* man würde ihn nach heutigem Sprachgebrauch einen Aussteiger aus jenem Establishment nennen, in das sein Vater mühsam aufgestiegen war. Violands Vater erwarb unter Kaiser Franz das Prädikat »Edler von«. Sein Sohn war bei Ausbruch der Revolution Auskultant im Gerichtsdienst, der Wahlkreis Korneuburg wählte ihn in den Reichstag. Violand war bei aller Radikalität seines Handelns ein *feiner Kopf*, kein *grober Klotz*. Die von ihm hinterlassene Darstellung der revolutionären Ereignisse kann man zu den frühesten Publikationen zählen, die dem Geist des späteren Marxismus nahestehen.

In den US hatte er als Abgänger der Universität Wien keine Chance.

Den Durchschnittsamerikaner erschreckte die Radikalität seines Denkens und Handelns. Violand erkannte nicht, daß die meisten Amerikaner mit dem in ihrer Revolution Erreichten genug hatten, gar nicht daran dachten, das Revolutionieren zum Alltäglichen der Politik zu machen. Violand verließ den Osten der US, verhoffte, im Mittelwesten mehr bewegliche und für ihn erträgliche Zustände zu finden. 1875 starb er in Piora im Staate Illinois. Einige sagen, er hätte es zuletzt doch noch zum Zigarrenfabrikanten gebracht. Andere übersetzten das Wort fabricator in dem Sinn, wie es drüben gebraucht wird: Hersteller von Waren, im Falle Violand geschah die Herstellung in Handarbeit.

Nicht besser erging es dem Feldkaplan der Akademischen Legion *Anton Füster*. Schon vor Ausbruch der Oktoberrevolution in Wien vertauschte er die Soutane mit der Uniform der Legion. Vom Wahlkreis Gumpendorf in den Reichstag gewählt, erwies es sich bald, daß er für seine Freunde unter den Radikalen eine Belastung war. Wie alle Proselyten verbrannte er jetzt, was er vorher angebetet hatte. Sein Antiklerikalismus war für Liberale nicht weniger peinlich als der Antisemitismus anderer Fraktionskollegen. Füster verwechselte das Rednerpult mit der Kanzel, aber nie war es ihm mehr möglich, jenen Aufruhr im Herzen zu erzeugen, den seine in der Messe für Studenten am 12. März 1848 gehaltene berühmt gewordene Exhorte gemacht hat. Von diesem legendären Ereignis rührte sein unzerstörbarer Ruf her, seine Gutmütigkeit begeisterte die Studenten für dieses bemooste Haupt, wie sie Füster nannten. Zuletzt baten ihn Fraktionskollegen, nicht das Wort zu nehmen, wenn von der Kirche oder von der Schule im Reichsrat die Rede war. Füster war nie Mitglied der Theologischen Fakultät, sondern Religionslehrer in jenem zweijährigen Lehrgang, den damals Abgänger des *sechsklassigen* Gymnasiums an der Universität absolvieren mußten, ehe sie ihr Fachstudium antreten konnten.

Füster kehrte als Atheist heim aus den US. Es war den Liberalen in der k.k. Regierung beim besten Willen nicht möglich, ihn als Religionslehrer zu rehabilitieren, zumal besagter Lehrgang nach Einführung des achtklassigen Gymnasiums nicht mehr bestand. So war und blieb Füster der *einzige* Lehrer der Universität, der nach dem Ende der Revolution nie mehr ins akademische Lehramt zurückkam. Das Begräbnis Füsters im Jahre 1881 einte noch einmal die National-Liberalen, die Liberalen und die in den sogenannten judenreinen Verbindungen. Schönerer stand noch in einer Reihe mit dem berühmten Ober-Cantor Salomon Sulzer, der zusammen mit Füster voranging bei der Beerdigung der Opfer des 13. März 1848. Der *Antiklerikalismus* band, was der aufkeimende *Antisemitismus* unter den Deutschnationalen 1885 trennte.

Man hat einmal gesagt, daß jene, die eine aus der Alten Welt mitgebrachte Individualität oder eine Merkwürdigkeit nicht losbekamen, mit ihrer Originalität schlecht Anklang fanden in den US. Noch redete man nicht, aber man praktizierte einen American way of life, dem sich anzupassen Österreichern, gleichviel welches Regime sie hinübertrieb, oft schlechter gelang als Angehörigen anderer Nationen. Das was später Hugo von Hofmannsthal seinen Landsleuten nachgesagt hat: Sie könnten sich bis zur Charakterlosigkeit in andere Mentalitäten hineinleben – just diese Eigenschaft scheint zu oft schon bei der Überfahrt nach drüben ins Wasser zu fallen.

Mehr noch: Es ergab sich, daß bei Deutschen, die in die revolutionären Ereignisse des Sturmjahres verwickelt waren, der Drang nach drüben seltener zu spüren war als unter anderen Nationalitäten der Monarchie. Selbst aus der Schweiz kamen um diese Zeit mehr Deutsche in die US als aus den Erbländern der Donaumonarchie. In den zwei Jahrzehnten, die dem Revolutionsjahr folgten, zogen überhaupt nur 70 000 aus Österreich hinüber. Wer es irgendwie schaffte, den band das *Heimatgefühl* an das Leben in der Alten Welt.

Um das Jahr 1870 ergab sich wegen der Methoden, welche *die Mormonen* bei der Werbung von Anhängern ihres Kultes in Österreich anwendeten, um die Bekehrten dann zum Auswandern in die US zu gewinnen, ein Konflikt. Wien verwehrte sich auf diplomatischem Weg gegen diese Werbung. Die Mormonen waren bis 1955 keine in Österreich anerkannte Religionsgemeinschaft. Die sogenannte *Kirche Jesu Christi der Heiligen der letzten Tage* erlaubte nicht nur, sie förderte bis um 1890 die *Vielweiberei;* ein Umstand, der damals noch eher als unappetitlich empfunden wurde. Nicht einmal die an der Regierung befindlichen Liberalen konnten sich mit dieser Praxis befreunden; sie belächelten die damals noch nicht 50 Jahre alte Gründungsgeschichte dieser Religionsgesellschaft, wonach ein gewisser Joseph Smith im Kreis seiner ersten Anhänger Goldplatten vorgezeigt haben soll, auf denen Gravierungen zu sehen waren, unter deren Eindruck diese Zeugen den Willen Gottes zu erkennen glaubten. Der Prophet Mormon, der die Übersetzung des »im angepaßten Ägyptisch« verfaßten Plattentextes dem Schreiber des Smith diktierte, erschien nach erfolgreicher Verbreitung der Lehre aufs neue und verlangte die Platten zurück. Man kann sich vorstellen, daß in einer Zeit, da frei-sinnige Menschen anfingen, das Christentum zu verhöhnen, diese um 1820 aufgekommene Lehre und ihren geschichtlichen Ursprung stark bezweifelten. Erst 1955, anläßlich des Abschlusses des österreichischen Staatsvertrags, wurde diese Religionsgemeinschaft in der Republik Österreich anerkannt. In der damaligen US-Regierung bekleidete ein großer Förderer der Mormonen das Amt des Ressortleiters für Ackerbau; man stand nicht an, bei den Verhandlungen eine genehmigende Erledigung des einschlägigen Wunsches seitens des amerikanischen Besatzungselementes nachdrücklich zu verlangen.

Das Alte Österreich war nach Rußland der Flächenausdehnung nach das zweitgrößte Land auf dem Kontinent und in ganz Europa. Man könnte vermuten, daß die Zahl derer, die der Reaktion und dem Völkerkäfig entkommen wollten, alles übertraf, was andernorts geschah. Dem ist nicht so. Ab 1820 wanderten aus dem übrigen Deutschland, nach 1871 aus dem Reich, mehr Deutsche in die US aus als Deutsche aus der Monarchie; Großbritannien, Italien und das kleine Irland lieferten weit mehr Immigranten als Österreich. Erst im letzten Jahrzehnt vor dem Untergang der Donaumonarchie schwoll der aus ihren Ländern kommende Strom der Einwanderer in die US an. Ursache dessen war auch der Umstand, daß die ungarische Regierung die Auswanderung von Slaven und Rumänen aus dem Königreich begünstigte; zuletzt hat der ungarische Ministerpräsident Tisza mit der britischen Cunard-Line ein Abkommen geschlossen, demzufolge solche Auswanderer auf Schiffen besagter Linie nicht als bloße Zwischendeckpassagiere befördert wurden.

Wenngleich sich drüben die Kontrolle der Einwanderungsbewegung verschärfte, die Statistik sich der Sache annahm, ist es doch fraglich, ob die Zahl der »Österreicher« in dieser Statistik, zumal in älterer Zeit, in zutreffender Höhe aufscheint. Menschen, die aus Frankreich kamen, wurden drüben als Franzosen registriert; die aus dem Deutschen Reich als Deutsche, auch wenn sie im Einzelfall Franzosen aus Lothringen oder Polen aus den Ostprovinzen waren; Österreicher scheinen in den ersten Statistiken selten auf, sie gehen unter in der Zahl italienischer, polnischer, kroatischer, slovenischer und sonstiger Einwanderer, bei denen nicht primär auf die *Staatsbürgerschaft* geachtet wurde. Und diese Österreicher aus unterentwickelten Gebieten, wohin das moderne Industriesystem der Monarchie noch nicht gedrungen war (zum Teil bis heute), taten gut, sich auf die Herkunft aus Österreich nicht zu berufen. Österreicher, das waren die längste Zeit in den Augen vieler kritisch eingestellter Amerikaner Katholiken, Juden, Freidenker, Anarchisten auf der Flucht.

In gewissen Südstaaten der US war selbst nach 1945 diese Antipathie aus der Zeit der Urgroßväter in gewissen Kreisen nicht ganz geschwunden. Österreicher, die in alten Zeiten hinüberkamen, taten gut, in den Ballungsräumen zu verbleiben, sich nicht aufs flache Land zu verkrümeln. Soweit Statistiken aus diesen Zeiten haltbar sind, siedelten sich diese Unglücklichen meistens in New York an, in Pennsylvanien, in dem von Tschechen bevorzugten Chicago im Staate Illinois, im Staate Ohio. Im Süden sind aus der ersten Zeit nur in Maryland nennenswerte Zuzüge aus Österreich feststellbar.

Wo in den US der eingealterte *Antipapismus* und *Antiklerikalismus* zuhause war, blieben die aus *bäuerlicher* Umgebung kommenden Einwanderer aus Österreich die längste Zeit unerwünscht – denn sie waren trotz aller Not nicht ohne weiteres willens, ihren katholischen Glauben aufzugeben. Das traf vor allem für die Südslaven zu, deren Pfarrgemeinden bis gegen Ende des 20. Jahrhunderts zum Teil intakt blieben. Polen, Slovaken und Kroaten sowie Slovenen stellten das größte Kontingent der Einwanderer aus Alt-Österreich; gerade in diesen Nationalitäten überwog die katholische Tradition, eine tief sitzende Volksreligiosität. Wo Angehörige dieser Nationalitäten anfingen, in fremder Umgebung und auf sich gestellt die gewohnte Religionsausübung aufzugeben, waren sie eingesessenen katholischen Geistlichen ein Dorn im Auge; sie waren die schwarzen Schafe in der ohnedies nicht zu großen Herde der Katholiken in den US. Ganz unerwünscht waren Bischöfe, die aus der Alten Welt kamen. Hierzu liegt ein starres NEIN aus der Zeit der letzten Generation des Bestandes der Monarchie vor, und zwar von einem Geistlichen in New York:

»Wir brauchen hier keine fremden Bischöfe, die die Stampiglie des Kaisers Wilhelm oder jene Franz Josephs tragen ... Zu den Nörglern aus Österreich möchten wir sagen, sie sollten lieber die verkommene Hauptstadt ihres zur Hälfte glaubenslos gewordenen Kaiserreichs säubern ...«

Andere Sprecher, die sich in den US um die Bildung einer öffentlichen Meinung kümmerten, interessierten weniger die Querelen der Kirchen und der Religionsgemeinschaften als vielmehr die Tatsache, daß die aus dem Alten Österreich kommenden Einwanderer zur untersten Klasse der Menschheit gehörten; Typen, die nur als ungelernte Arbeiter zu den niedrigsten Verrichtungen

taugten. Einwanderer, die aus ihrem Heimatstaat vor der Erfüllung der militärischen Präsenzdienstpflicht flüchteten, waren keineswegs in den US sehr willkommen, obwohl es in den Staaten eine solche Pflicht für die eigenen Bürger nicht gab. Solche Flüchtlinge wurden oft gleichgehalten mit Linksradikalen oder Anarchisten und mit Typen, die im Beruf und im Leben den Boden unter den Füßen verloren hatten; mit Bankerotteuren, Veruntreuern und Schwindlern, für welch letzte Type die Neue Welt vom Anfang an Zufluchtstätte war.
Und obwohl die US noch zweihundert Jahre nach Erlangung der Selbständigkeit Millionen Menschen beherbergen, die wenig oder gar nichts in puncto Lesen, Schreiben und Rechnen wissen, war dieser Mangel bei Einwanderern Grund genug, sie zu diskriminieren. *Aber die Industrie* brauchte keine Leser, keine Rechenkünstler, keine Redner, welche die Arbeiter in Unruhe versetzten, sie wollte billigste Arbeitskräfte in größtmöglicher Zahl haben. Und die Wirtschaftskapitäne in den US fanden leicht die Wege, welche die jeweilige Administration bewegten, ihren Interessen nachzugeben und nicht Auswahlprinzipien in die Einwanderungspolitik einfließen zu lassen, die den Lohnaufwand der Betriebe belasten konnten. Dabei blieben die Beamten, die in den Seestädten die Ströme der Einwanderer kanalisierten und einem screening unterzogen, den Ankömmlingen kaum eine mögliche Härte bei der Handhabung ihrer Aufgabe schuldig; eine Aufgabe, die Einwanderer zunächst in vergitterte Warteräume sperrte, wie neuerdings Viehimporte unter Kontrolle genommen werden.
Viele hielten die aus dem Alten Österreich kommenden Typen für windige Burschen; Typen, *die gar nicht danach trachteten, amerikanische Staatsbürger zu werden;* sondern rastlos arbeiteten und jede Arbeit annähmen, um so rasch als möglich genügend Ersparnisse zu sammeln, die ihnen dann nach Rückkehr in die eigene Heimat festen Boden für den Rest des Lebens oder für die Schaffung einer Existenz ermöglichten. Mit mäßiger Sympathie sahen Beobachter auf den Brauch dieser Einwanderer, die schon während ihres Aufenthalts in den US anfingen, erspartes Geld heimzuschicken. Keine Klage, die im heutigen sogenannten Freien Eu-

ropa gegen die dort arbeitenden Gastarbeiter erhoben wird, blieben zu Urgroßeltern Zeiten und lange nachher den meisten aus dem Alten Österreich kommenden Einwanderern erspart.
Wie immer es im einzelnen Fall gewesen sein mag, das Image der Österreicher *war vom Beginn* an schlecht, die *Flüchtlinge* aus den Jahren 1848/49 taten ihr Bestes, um dieses Image noch zu verschlechtern; und die *armen Teufel*, die zuletzt massenhaft in die US kamen, vollendeten in den Augen der Amerikaner ein Bild, das es der Regierung in Washington leicht machte, Österreich gegenüber zuweilen einen Ton anzuschlagen, der später nur mehr amerikanischen Bananenrepubliken gegenüber am Platz zu sein schien.
Die Presse tat alles, um dieses Image färbiger zu machen, druckte alles that fits to print. So konnte es sich zum Beispiel der aus dem Rheinland stammende *Carl Schurz*, ein Achtundvierziger, der es in den US zum Gesandten, General, zuletzt zum Regierungsmitglied brachte, leisten, seinen amerikanischen Landsleuten den *Bauernbefreier* aus Österreich Hans Kudlich durchaus mit der Persönlichkeit des *Sklavenbefreiers* in den US, dem 16. Präsidenten Abraham Lincoln, auf eine Stufe zu stellen. Nach Schurz hat Kudlich das gleiche getan, was Lincoln als Präsident in den US leistete. Damit aber schuf Schurz bei seinen amerikanischen Landsleuten den Eindruck, als hätte in Österreich bis zur historischen Tat Kudlichs die *Sklaverei* bestanden; jene Art der Sklaverei, die in vielen Teilstaaten der US den Neger zum lebenden Betriebsinventar rechnete, zu einer Handelsware, zu einem der fehlenden Glieder zwischen dem Affen und der Spezies Mensch ... Wer von den damaligen Zuhörern Schurz' wußte, daß im Alten Österreich die *Leib-Eigenschaft*, die nicht mit der Sklaverei vergleichbar war, noch vor der Unabhängigkeit der US abgeschafft wurde; und daß es Kudlich 1848 nicht mit einer der Sklaverei verwandten Ausnützung der physischen Arbeitskraft von Menschen zu tun hatte, sondern eine Erbuntertänigkeit, bei welcher der Grundherr die unterste Instanz der Verwaltung innehatte, die Bauern anstatt von Steuern Arbeiten zu verrichten hatten, die streng verrechnet wurden. Von *der Bedeutung der bäuerlichen Volkskultur* für die Ent-

wicklung des kulturellen Lebens in Österreich hatten bis zum Ende Alt-Österreichs nur wenige Amerikaner eine rechte Vorstellung. Und die eine hatten, verschwiegen sie lieber, denn der Kampf gegen den *Völkerkäfig Österreich* wurde ja eines der Motive, das es 1917 ermöglichte, eine stürmische Hingabe im Volk zu erzeugen, die direkt danach drängte, over there eine bessere Ordnung zu schaffen.

Einige, allerdings sehr dünn und selten gesponnene Verbindungsfäden zwischen hüben und drüben wurden schon im Vormärz angeknüpft. In der schulischen Betreuung von behinderten Kindern war das Alte Österreich vorbildlich. Noch unter Maria Theresia wurde das erste Taubstummeninstitut in Wien gegründet; anderenorts folgte man dem Beispiel im Bereich der Monarchie. Der Ruf dieser Institute drang über den Atlantik. Den k.k. Generalkonsul erreichte die Anfrage eines amerikanischen Fachlehrers, der sich der in Österreich auf diesem Gebiete gewonnenen Erfahrungen bedienen wollte. *Karl Ghega*, der spätere Erbauer der Semmeringbahn und Förderer des Baues von Lokomotiven für den Eisenbahnverkehr im Gebirge, war 1842 drüben. Er bewunderte die Kühnheit, mit der die Amerikaner Trassen im Gebirge legten, wunderte sich aber auch, daß bei solchen Bauarbeiten eine schnelle und billige Fertigstellung Vorrang hatte vor dem später allgemein gültigen Vorsatz: Safety first. Dennoch: Die drüben gewonnenen Erfahrungen bestärkten ihn, das Wagnis des Baues einer Eisenbahn über den Semmering auf sich zu nehmen.

Der Ruf des in Mailand geborenen Offiziers und Lehrers an der k.k. Pionierschule *Carlo* (dann Karl) *Birago* drang über den Atlantik. Birago war der Erfinder zerlegbarer Brücken und Pontons; seine Erfindung interessierte nicht nur die Militärs verschiedener Staaten; in den US war diese Methode des raschen Brückenschlags beim Vordringen der Zivilisation in das, was man die Wildnis nannte, interessant. Kein Interesse, nicht einmal in seinem Heimatland, fand die Erfindung eines aus Tirol stammenden Wiener Schneidermeisters namens Josef Madersperger. Madersperger bekam für sein erstes immerhin taugliches Modell einer Nähmaschine 1815 ein k.k. Privileg. Damals wurden solche

Patentierungen zeitlich begrenzt, das Interesse an der raschen Verbreitung der Ausnutzung einer Neuerung überwog den Anspruch auf den Schutz des Erfinders. Aber die österreichische Industrie war um 1815, nach 23 Jahren Krieg, nicht so sehr auf *Innovationen* aus, als auf den *Bestand* während einer schweren Wirtschaftskrise. Madersperger gab nicht auf, er arbeitete 25 Jahre an der Verbesserung seines Modells, und 1840 stellte er ein verbessertes Modell vor, das an sich hatte, was bahnbrechend war: Er verlegte das Öhr an die Spitze der Nadel, und er löste das Problem des fortgesetzten Einfädelns nach dem System des sogenannten endlosen Fadens.

Jahrzehnte nach Maderspergers Erfindung erfand in den US der Farmersohn Elias Howe buchstäblich ein zweites Mal die Nähmaschine. Howe fügte eine – wörtlich – umstürzende Neuerung ein: Er stellte die bisher waagerecht arbeitende Nadel senkrecht, die Stoffzuführung erfolgte waagerecht zur Nadel. Das Seltsame geschah: Auch im Industrieland Numero 1 von heute fand Howe keine Finanziers. Er kam in Streit mit dem Mechaniker Isaac Meritt Singer, der nur mehr eine Neuerung dem Modell hinzufügen mußte: Den selbsttätigen Stoffschieber, der mit Stahlzähnen versehen war. Singer und Howe prozessierten, Howe verlor alles und ging unter. Singer hielt sich nicht erst lange mit dem Modell und der Patentierung auf, sondern stieg gleich auf die nächste Stufe des Maschinenzeitalters: Er richtete eine *Fabrik* zur Herstellung von Nähmaschinen ein.

Und Singer war nicht nur Mechaniker und Manager. Ihm kam das Glück zuhilfe, ein Glücksfall, der gleichzeitig unzählige Amerikaner das Leben kostete: 1861 brach der Bürgerkrieg in den US aus. Der Norden mußte eine Armee aus dem Boden stampfen. Mit Singer-Nähmaschinen wurden unzählige Uniformen derer in Blau aus den Nordstaaten hergestellt. Dieser Krieg wurde tatsächlich Vater vieler Dinge.

Der in den US während vier Jahren geführte Bürgerkrieg führte buchstäblich zu einer *Entartung* der immerhin schon versuchten Humanisierung des Kriegführens. Bisher war Krieg eher der Kampf von Mann gegen Mann, der auch Generale und Stabsoffiziere, jedenfalls die Subalternoffiziere in die Schußlinie führte. Nun begann die Ära, in der ein Krieg entschieden wird von der *Überlegenheit der Waffenfabrikation* eines der beiden Feinde im Kampf. Mehr noch: Gewehr und Kanonen wurden zur *Maschine.* Haben 1866 die Liberalen der k.k. Regierung die Österreicher mit veralteten Hinterladern gegen die mit Vorderladern ausgerüsteten Preußen in den Kampf geschickt, so war man schon vor diesem Jahr in den US puncto Feuergeschwindigkeit des Gewehrs längst den als Kriegstreibern diffamierten Monarchien der Alten Welt voraus. Im amerikanischen Bürgerkrieg fand zum ersten Mal ein Maschinen-Gewehr, das Gutling-Gun, eine erfolgreiche Erprobung im scharfen Schuß, im Kampf. Was die Strategen der Nord- wie der Südstaaten den von ihnen geführten Truppen schuldig blieben, nämlich die rasche Entscheidung unter möglichst geringen Verlusten, das übersteigerten Maschinenwaffen und Neuerungen im Zeitalter des großartigen Aufschwungs der eisenverarbeitenden Industrie.

Dazu kam, daß man drüben mit Vorstellungen in den Krieg eintrat, wie sie der damalige Präsident Abraham Lincoln in Erinnerung an einen Indianerkrieg vor dreißig Jahren hegte. Die Enttäuschung war groß. Nicht nur die maschinelle Tötung war schließlich das Novum, die sinnlosen Massaker in Frontalangriffen – sondern die *Einführung der Wehrpflicht;* jener Wehrpflicht, die einst die Väter der US nicht einmal im Traum erdachten, weil sie jedes stehende Heer als eine Gefahr für die Demokratie ansahen. Und dabei schien die *allgemeine* Wehr*pflicht* das größte Übel zu sein. Bis dato leidet das amerikanische Volk an der Ideologie seiner Politiker und Staatsmänner, die vermeinen, daß ein beiläufiges Engagement im Kriegsfall besser ist als ein tauglicher Verteidigungszustand in Krieg und Frieden. Wie es der große Sieger im amerikanischen Bürgerkrieg *Ulysses Simpson Grant* in Sachen Militär hielt, das hat er 1878, nachdem er als War Hero zweimal das Amt des Präsidenten innegehabt hatte, Kaiser Franz Joseph I. in Wien erzählt. Hier soll nicht die Rede sein vom Lebensstil dieses Mannes, der an sich Berufsoffizier war, es aber beim Militär nicht aushielt. Wie Grant bei Ausbruch des Bürgerkriegs in einer schweren Krise seiner bürgerlichen Existenz verfangen war. Tatsache ist, daß er in dieser Lage Lincoln anbot, ein Bataillon oder ein Regiment zu führen. Der Präsident machte Grant nach dessen Anfangserfolgen zum Armeeführer. Und Grant blieb dem Präsidenten keine in ihn gesetzte Erwartung schuldig. Er war kein Genie, er holte nur ein schon zu Beginn des Krieges verfaßtes Konzept hervor, das zum Nachteil der Nordstaaten verschlampt und vertan wurde: den Stoß entlang des Mississippi nach Süden und die dadurch herbeigeführte Zerschneidung des Territoriums der Südstaaten.

Grant war es, der den Verlierern nur eine Möglichkeit gab, dem Kampf ein Ende zu bereiten. Der 32. Präsident der US Franklin D. Roosevelt wird 1943 in Casablanca – eigentlich eher so von ungefähr – diese mörderische Art, einen Kampf zu endigen, übernehmen, um die Deutschen zu vernichten im Endkampf um Europa: BEDINGUNGSLOSE KAPITULATION.

Grant war ein Säufer, aber sichtlich keine üble Type. Lincoln wurde einmal von der Deputation einer Kirchengemeinde gefragt, wie er denn einem solchen Säufer das Wohl einer Armee anvertrauen könne. Da dürfe man sich nicht wundern, wenn Gott nicht mit den US sei. Lincoln war für seinen Fall eher darauf bedacht, von sich aus mit Gott im Reinen zu sein, als den Schöpfer im Krieg zuhilfe zu rufen. Grant aber nahm er, der Antialkoholiker, bei dieser Gelegenheit in Schutz, indem er die verdienten Interpellanten fragte, ob sie ihm jene Sorte Whisky verraten könnten, die Grant am liebsten trinke. Da gingen die Pharisäer.

Man kann sich kaum einen größeren Kontrast zweier Menschen vorstellen, als er in der Begegnung Grants und Franz Josephs zutage trat. Grant verzichtete auf alles Dekor, am liebsten ließ er sich General anreden.

Franz Joseph beherrscht damals Englisch noch nicht so gut, um in dieser Sprache Konversation zu führen mit dem Expräsidenten der US. Der frühere Botschafter Hübner war Dolmetsch, sein Tagebuch enthält die einmalige Szene.

Der Kaiser fragte den via Paris gekommenen Expräsidenten, ob er

während seines Aufenthalts in Paris eine damals vielgenannte Truppenschau mitangesehen habe. Darauf der Amerikaner: »Nein. Ich habe genug davon, ich vermeide stets, einem Soldaten oder einem General zu begegnen, denn obwohl ich an der Militärakademie von Westpoint erzogen wurde, habe ich den Geschmack an diesem Beruf verloren ...«
Sichtlich entging Grant, der kein Causeur war, daß seine Antwort zugleich eine Beleidigung des Kaisers war, der, wie stets zum Dienst, die Uniform trug. Der als humorlos verlästerte Kaiser tat, was später Epigonen am wenigsten in dieser Szene vermuten würden: *Er lachte* herzhaft. Der Kaiser war zu seiner Zeit nicht vom Schicksal verwöhnt in puncto Heerführer in der eigenen Armee. Um so mehr amüsierte ihn ein zum Antimilitaristen gewordener berufsmäßiger Heerführer. Er hat sich wohl nur wundern können, wenn in einer Demokratie ein Militarist, ein War Hero, aus keinem anderen Grund als dem, daß er einen Krieg siegreich beendete, vom Volk zum Staatsoberhaupt für Zeiten gewählt wurde, für die sich die Massen in den US Frieden und Wohlstand erwarteten. Und daß Grant, dessen Präsidentschaft mit üblen Geschäften in Verbindung gebracht wurde, trotz dieses mäßigen Rufs ein zweites Mal vom guten Volk für das höchste Amt im Staate gewählt wurde, war gewiß seltsam. Mehr noch: antipodär im Vergleich zu allem, was im Alten Österreich auch schlimmstenfalls mit den Militärs in Verbindung gebracht wurde.

9.

Zum ersten Mal auf Schussweite

Am 19. Juni 1853 ging die k.k. Brigg »Huszar« im Hafen der kleinasiatischen Stadt Smyrna vor Anker. Die »Huszar« war kein stolzes Schiff. Sie war ursprünglich Teil der Beute, die Österreich 1815 bei der Eroberung des napoleonischen Königreichs Italien im Seearsenal Venedig machte. Seither war sie mehrmals umgebaut worden. Sie hatte 16 Kanonen an Bord, die sich bei der Eroberung Venedigs im Seearsenal fanden. Beutestücke, die Napoleon von den Feldzügen, die er gegen fast alle Staaten des Kontinents geführt hat, lagern ließ. Daß sich Napoleon dieser Dinger nicht im Kampf bediente, bezeugt ihre geringe Brauchbarkeit. Die »Huszar« war jedenfalls kein Kriegsschiff, dem gefährliche Kampfaufträge zugemutet wurden. 1853 war sie eines der Stationsschiffe, wie sie auch andere Staaten in der Levante verwendeten: Zum Schutz gegen die Seeräuberei, welche die noch unter der Oberherrschaft des Sultans stehenden nordafrikanischen Länder betrieben, mehr noch als Beistand der österreichischen Handelsmarine und als ein Instrument der k.k. Konsuln in der Türkei, die dort eine mit dem Sultan ausgehandelte Konsulargerichtsbarkeit ausübten. Auch andere europäische Staaten hielten es so. Großbritannien brauchte allerdings weniger einen solchen bewaffneten Arm. Der Botschafter der Britischen Majestät Viscount Stratford de Redcliff hatte es nach viermaliger Ausübung dieses Auftrags zu dem Ruf gebracht, *er* und nicht der Sultan sei Herrscher über die Türkei.

An Bord der »Huszar« machte in jenem Sommer 1853 der blutjunge Seekadett Otto Freiherr von Hackelberg Dienst. Er war stolz auf diese Einteilung, denn nur die besten Abgänger des k.k. Marinekadettenkollegiums Venedig im Fach Nautik wurden zum Seedienst eingeteilt. Andere kamen zur dortigen Schiffsbaudirektion, durchschnittlich Begabte dienten auf den im Golf von Venedig eingesetzten Wachschiffen, wer nicht taugte, wurde als gewöhnlicher Kadett zur Infanterie transferiert. Der junge Baron war noch aus einem anderen Grund stolz: Er hatte sich für einen Landgang feingemacht, und er sah in der maßgeschneiderten Uniform gut aus: Rock und Pantalons dunkelblau, Passepoils blau, die Epouletten *nur schmal*, aber golden und damit im Unterschied zu den Rangzeichen der Unteroffiziere, allerdings auch zu den Seeoffizieren, denen ein Kadett nicht zugerechnet wurde. Die Uniform war ein Geschenk der Eltern des jungen Kadetten, sie war nicht eine Montur aus alten Beständen der k.k. Marine, die zum Dienst ausgegeben wurde, mochte sie passen oder nicht. Der junge Baron war entschlossen, sich in der schmucken Uniform an Land zu zeigen. Smyrna war ja keine verschlafene und verfallene türkische Provinzhauptstadt. Sie trug internationalen Charakter, vom Schiff aus konnte man das bunte Leben am Ufer sehen. Hakkelberg war unentwegt dabei, dem noch zögernden Schiffskommandanten den Landgang abzubetteln.

Der Kommandant der »Husza« zögerte, dem unerfahrenen jungen Kadetten die erbetene Erlaubnis zu geben. Und dafür gab es gute Gründe:

Seit dem Sieg der Österreicher über die Revolution in Italien und Ungarn im Jahre 1849 war die *Türkei bevorzugter Zufluchtsort politischer Flüchtlinge* aus den österreichischen Ländern und Provinzen. Und die Türkei hat, *wie seit eh und je*, diesen Flüchtlingen vor den Österreichern gerne Aufnahme auf ihrem Gebiet gewährt. Auf Verlangen Österreichs mußte sie allerdings diese politischen Flüchtlinge an einem Ort konfinieren, und das tat die Türkei auch im eigenen Interesse, denn sie wollte wegen Berufsrevolutionären keinen Konflikt mit seinem nördlichen Nachbarn, dem Kaisertum Österreich haben. Andererseits galten die Sympathien der Türkei eher den Flüchtlingen vor den Österreichern als letzteren. Die Überwachung der Konfinierung wurde verschlampt, nicht wenige entkamen aus dem Exil, *Kossuth* wurde bekanntlich von den US für die Zwecke eines Besuches der US von der Regierung herausreklamiert, und mit Kossuth ging da-

mals dessen Vertrauter, der aus dem Königreich Ungarn stammende *Martin Koszta,* hinüber in die Staaten.
Um die Zeit, da die »Huszar« in den Hafen vor Smyrna einlief, plante der wieder nach Europa zurückgekehrte Kossuth die Aufstellung eines Freiwilligenkorps von angeblich 40000 Mann, das womöglich in Serbien versammelt werden sollte. Zu letzterem Zweck schickte er Koszta dahin; Koszta wurde aber in Triest von den Österreichern abgefangen. Der dortige Konsul der US nahm sich des Fallels an. Er behauptete, Koszta sei Bürger der Vereinigten Staaten, genieße deren Schutz, und ein Amerikaner reise nicht nach Europa, um dort Unruhe zu stiften. Es gelang dem Konsul der US, die österreichischen Behörden tatsächlich hinters Licht zu führen, obwohl Koszta keine Papiere, jedenfalls keinen Paß bei sich hatte, die ihn als Citizen of the United States auswiesen. In Ungarn gebürtig, war er tatsächlich Untertan des Kaisers und König Franz Josephs I. Der Konsul bekam den Emissär frei, und Koszta konnte weiterreisen zu einem folgenschweren Einsatz in der Türkei, der vermieden hätte werden können, hätte der Konsul in Triest es mehr mit der Wahrheit gehalten.
1853 lebten in der Türkei nicht nur arme Flüchtlinge aus dem Kaiserreich Österreich. Einige unter diesen spielten in der Armee des Sultans eine hervorragende Rolle, so der 1794 in Galizien geborene Pole *Józef Bem.* Ursprünglich Untertan des Kaisers von Österreich, machte er 1812 den Feldzug Napoleons gegen Rußland mit. Nachher stellte er sich immer wieder im Westen Europas auf jenen Markt, wo gewisse berufsmäßige Macher von Revolutionen sich Säbelhelden aussuchten, um der Macht ihrer Idee ein wenig mit der verläßlicheren Gewalt der Tatsachen nachzuhelfen. 1830/31 diente Bem seinen Landsleuten in Russisch-Polen im Aufstand gegen den Zaren. Er konnte über die Grenze nach Österreich fliehen, als der Aufstand niedergeschlagen war, und von da aus besuchte er wieder besagte Marktplätze. 1848 trat er als einfacher Gardist in die in Lemberg aufgestellte Nationalgarde. Das erregte Aufsehen, denn in der polnischen Revolution hat man ihn zum Generalleutnant gemacht. Die Macher der Revolution in Wien holten sich diesen *Könner,* denn sie hatten keinen an Ort bei

der Hand. In der Wiener Oktoberrevolution 1848 erntete Bem keine Lorbeeren, dafür um so mehr nachher, als er im Revolutionsheer Kossuths einige Siege erfocht. Später flüchtete er in die Türkei, trat zum Islam über und schlug im Auftrag des Sultans einen Aufstand in Aleppo nieder. Als Amurat Paşa starb er 1850. Bem bekam in Ungarn eines jener Denkmäler, mit denen man dort Männer ehrt, die wacker gegen die Österreicher gefochten haben.

1853 lebte noch und stand im türkischen Heer im hohen Ansehen der aus England stammende *Richard Guyon Esquire*, der auch ein gewerbsmäßiger Säbelheld war. 1828 kämpfte er in einer Britischen Legion in Spanien gegen die dortige rechtmäßige Regierung, deren Tendenz der Regierung in London nicht zusagte. Nachher bestand er einen ähnlichen Einsatz in Portugal. Als Beschäftigungsloser diente er sogar eine Zeitlang in der k.k. Armee, sowie die Revolution in Ungarn losging, bewährte er sich schon Ende Oktober 1848 bei *Schwechat* im Kampf gegen die k.k. Truppen; nachher brachte er es zum Festungskommandanten und Korpskommandeur. Und so wie Bem suchte Guyon nach dem Zusammenbruch der Revolution ein Unterkommen in der Türkei. Auch er trat zum Islam über und diente dem Sultan als Kursid Paşa.

Derlei Berufsunruhestifter und Säbelhelden wurden aber bei weitem durch einen im österreichischen Kroatien geborenen, auf den Namen Mihailo getauften Sohn der Familie Latas übertroffen. 1853 hieß er Ömer Lufti Paşa, denn der aus einer k.k. Militärschule geflüchtete – andere sagen: hinausgeschmissene – Mihailo trat in der Türkei zum Islam über und wurde als Ömer Paşa einer der tüchtigsten Heerführer des Sultans. Er bewährte sich im Krimkrieg gegen die Russen und brachte es zuletzt zum Kriegsminister. 1850 wurde er Militärgouverneur von Bosnien, 1853 schickte ihn der Sultan gegen aufrührerische Stammesgenossen, die es *nicht* mit den Türken hielten, sondern die Unabhängigkeit Serbiens und Montenegros verfochten. Ömer Lufti Paşa erschreckte seine Gegner durch die Grausamkeit seiner Kampfweise; Wien intervenierte zugunsten der armen Serben und bekam in

Konstantinopel recht. Im anschließenden Krimkrieg bewährte sich der Kroate bei weitem besser als die meisten Heerführer aus dem Westen, die sich abmühten, die Festung Sebastopol zu erobern. Österreich und die Österreicher haßte Ömer Lufti Paşa bis zum Tod. Unter seinen Fittichen waren alle, die aus politischen Gründen aus Österreich flüchten mußten, in guter Hut. Typen wie die eben genannten drei gab es auch in den Rängen der Stabs- und Subalternoffiziere des Sultans.

Aber nicht alle, die 1849 aus Ungarn in die Türkei flüchteten, traten in den den Dienst des türkischen Regimes, dem man im Westen viel mehr *Humanität* und *Sinn für freiheitliche Ideale* zuschrieb (!) als Österreich, soferne dieses falsche Image nur Österreich zum Schaden gereichte. Kossuth betrachtete nach 1849 seinen Aufenthalt in der Türkei nur als eine Rast zwischen zwei Revolutionen. Die türkische Regierung hatte in Wien versprochen, die ungarischen Revolutionäre zu konfinieren, und das geschah denn auch. Kossuth aber wurde von der Regierung der US für einen Besuch in den Staaten freigebeten, und der Exdiktator reiste auf einem amerikanischen Schiff wie ein gekröntes Haupt hinüber. Wien war um diese Zeit nicht traurig darüber, daß Kossuth jenseits des Atlantiks war. Zudem redete Washington den Österreichern ein, Kossuth werde sich zuletzt in den US häuslich niederlassen und das ruhige Leben eines Privatmannes führen. Niemand könne die US daran hindern, den *Privatmann* Kossuth als *Gast* zu ehren. Mit Kossuth war Koszta. Beide hatten vor Verlassen der Türkei schriftlich versprochen, nie mehr den Boden der Türkei zu betreten. Der Besuch Kossuths geriet tatsächlich zu dem, was seine politischen Freunde wollten: das ramponierte Ansehen des im Kampf gegen Wien und Österreich tätig gewesenen Exdiktators zu reparieren. Dazu das Theater, das man während der Besuchsfahrten Kossuths aufführte.

1853 hatte Kossuth längst genug davon; die US waren für ihn keine Bühne für ein Dauerengagement in der Politik. Beide, Kossuth und Koszta, kehrten nach Europa zurück. Koszta führte die erwähnte Erkundungsreise aus. Nach seiner Arretur und Freilassung in Triest ging er, mit neuen Aufträgen versehen und entge-

gen dem seinerzeit gegebenen Versprechen, in die Türkei, nach Smyrna.
Während des Krimkrieges trieb noch ein anderer ehemaliger k.k. Offizier sein Unwesen in der Türkei. Er hieß *Türr Isztvan* und hatte es in der *Italienischen Armee Radetzkys* vom Offiziersdiener zum Leutnant gebracht. Ende 1848 desertierte er, wurde Hauptmann in Sardinien. 1853 stand er in Diensten der Spionage Großbritanniens. Als k.k. Truppen in der Moldau und Walachei einen Kordon zwischen den kriegführenden Staaten des Krimkrieges zogen, versuchte dort Türr, österreichische Soldaten zur Desertion zu verführen. Er fiel den Österreichern in die Hände und wurde wegen Desertion et cetera zum Tod verurteilt. Die britische Regierung ließ ihren Mann in dieser Situation nicht hängen – das wollten ja die Österreicher nach Kriegsrecht tun –, sondern ließ verlauten, es würde den Beziehungen zwischen Wien und London schaden (!), wenn Türr an den Galgen käme. So kam Türr frei. Aber – es dauerte nachher gar nicht mehr lange, und er wurde wieder in den Donaufürstentümern bei dem gleichen Delikt erwischt. Diesmal war es die Regierung Napoleons III., die Türr vor dem Strick rettete. Paris ließ in Wien durchsagen, es würde dem Kaiser der Franzosen schwerfallen, nach einer Justifizierung Türrs die Untergrundkämpfer in den von Italienern bewohnten Gebieten der Monarchie vom Losschlagen abzuhalten. So kam Türr frei; 1859 kämpfte er gegen die Österreicher, nachher nahm er am berühmten Zug der 1000 nach Sizilien teil, und dann machte ihn der König des geeinten Italien Viktor Emanuel II. zu seinem Flügeladjutanten. Für reaktionäre Elemente in der königlich italienischen Armee war dieser Flügeladjutant der Majestät ein Dorn im Auge. Aber nichts konnte die Karriere des k.k. Pfeifendeckels aufhalten; er starb 1908 als königlich italienischer Generalleutnant. Das war, als das Königreich Verbündeter Österreich-Ungarns war.
Die beiden Interventionen der Regierungen Londons und Paris' zugunsten Türrs sind kennzeichnend, wie um diese Zeit beide Westmächte gegen Wien eingestellt waren. Ihnen ging es während ihres gegen Rußland geführten sogenannten Krimkrieges weniger

darum, die Donaumonarchie zum militärischen Verbündeten zu kriegen. Viel wertvoller war die *dauernde Entzweiung der beiden einzigen noch bestehenden konservativen Großmächte Österreich und Rußland.* Und das ist denn auch den Westmächten im Krimkrieg und nachher bei anderen Gelegenheiten gelungen. Für Österreich war eine mißglückte Neutralitätspolitik im Krimkrieg eine kostspielige, nutzlose Angelegenheit. Als es endlich das Bündnis mit den Westmächten aufnahm, waren seine Finanzen ruiniert; es mußte die in den Donaufürstentümern Moldau und Walachei stationierten Besatzungstruppen, quasi ein Kordon zwischen den Mächtegruppen in Ost und West, reduzieren, die Stände herabsetzen. Damals hat sich die wenige Jahre zuvor in aller Welt berühmte Armee Radetzky den Keim einer Krankheit zugezogen, von der sie trotz aller Tapferkeit und Tüchtigkeit ihrer Angehörigen nie mehr ganz kuriert worden ist. Somit war die Donaumonarchie in den Augen ihrer Feinde jener *Kranke Mann an der Donau,* der nach dem *Ende des Kranken Mannes am Bosporus,* der Türkei, zur Ausschlachtung reif war.
In Petersburg hielt man um 1852/53 die Zeit für gekommen, der sichtlich todkranken Türkei vorweg ein Stück ihrer künftigen Hinterlassenschaft abzunehmen, das für Rußland eine besondere Bedeutung hat: Die Meerengen bei Konstantinopel, deren Kontrolle der russischen Schiffahrt den Ausgang vom Schwarzen Meer ins Mittelländische Meer und von dort in die unendlichen Weiten der eisfreien Weltmeere eröffnen konnte. Gerade in diesem Punkt bekam aber Rußland einen beharrlichen Gegner, der sich dem bis in die Zeit des Ersten Weltkriegs widersetzte: Großbritannien. Erst in einer der schweren Krisen dieses Weltkrieges, als es schlecht stand um die Sache der Feinde des Deutschen Reiches, stimmte London diesem längstersehnten Erwerb zu; eine Zustimmung aber, die illusorisch wurde, sowie in Rußland die Bolschewisten die Diktatur Lenins aufrichteten.
1852/53 trieb sich allerlei heimatloses Volk auf dem Boden der Türkei herum, um für London oder Paris Spionage und Sabotage gegen österreichische Interessen zu betreiben. Die politischen Flüchtlinge aus Österreich, tatenlos und oft brotlos, gaben sich

gerne dafür her, den Westmächten in dieser Hinsicht behilflich zu sein. Und so kam es im Sommer 1853 in der kleinasiatischen Stadt Smyrna zu einem Zusammenstoß, den der aus den US gekommene Martin Koszta mit herbeiführte, bei dem ein k.k. Seekadett ums Leben kam. Und, in Folge dessen die US zeigten, wie das ist, wenn *Gewalt vor Recht* geht in der internationalen Politik.
An jenem 19. Juni 1853 gab der Kommandant der k.k. Brigg »Huszar« nach einem nunmehr hinlänglich verständlichen Zögern dem jungen Baron Hackelberg die Genehmigung zum Landgang. Der Schiffsarzt erklärte sich bereit, den Seekadetten zu begleiten. Vielleicht war letzterer ein Held – in der Todesgefahr des jungen Hackelberg wählte er jedoch leider jenen Teil der Tapferkeit, den viele Typen als deren besten ansehen: Er lief, wenn auch leicht verwundet, davon. Die beiden Österreicher hatten eines der gut aussehenden Strandcafés besucht und auf vergnügliche Stunden gehofft. Wer aber kam, war eine Horde von Bewaffneten, die den Arzt mit einem Steckschuß verletzten, dem jungen Baron aber einen – wie es sich später herausstellte – lebensgefährlichen Bauchschuß beigebracht. Engländer, die an Nachbartischen saßen, versuchten, den Überfallenen zu helfen. Aber sie kamen nicht an gegen die Übermacht der bewaffneten Attentäter. Der Arzt konnte flüchten, den jungen Baron sahen seine Kameraden lebend nie mehr. Vielmehr trieb sein lebloser Körper bald in der Dünung. Der Kommandant tat, was im gegebenen Fall seine Pflicht war: Er wandte sich an den k.k. Generalkonsul von Smyrna, Herrn Weckbecker. Österreich stand im Osmanischen Reich, wie anderen europäischen Mächten, nach längst bestehenden Abmachungen ein *Kapitulationsregime* zu, wie man am Ballhausplatz sagte. Kapitulation im Sinne von »Abmachung«, nicht als Unterwerfung der Türkei. Demnach waren die k.k. Konsularämter in erster Instanz für österreichische Staatsangehörige in Zivil- und Strafsachen zuständig. Diese im Namen des Kaisers auszuübende Rechtspflege wurde nach österreichischem Recht gehandhabt. In der türkischen Hauptstadt bestand ein k.k. Konsularobergericht, die Rechtspflege erfolgte unter der Dienstaufsicht des k.k. Ministeriums der Justiz. Wenn später in Washington be-

hauptet wurde, man wüßte dort nichts von dieser Konsulargerichtsbarkeit, man sei über ihren Bestand österreichischerseits nicht gehörig informiert worden, dann ist diese Schutzbehauptung entweder unwahr oder ein bedauernswertes Zeichen des Ausbildungsstands des diplomatischen Personals der US.

Da der k.k. Generalkonsul in Smyrna nicht aus eigener Machtvollkommenheit die *Ausforschung* der Verbrecher, die einen Mord und eine schwere Körperverletzung an österreichischen Untertanen verübt hatten, durchführen konnte, wandte er sich an den zuständigen Gouverneur von Smyrna mit dem Ersuchen, diese einzuleiten. Nach dem erwähnten Kapitulationsregime stand dem Generalkonsul ein Recht der *Mitwirkung* bei den türkischerseits durchzuführenden *Erhebungen* zu.

Was hier beschrieben wird, ist in weiterer Folge von bemerkenswerter Ähnlichkeit mit den Vorgängen, die sich 1914 nach dem Mord am Thronfolger Erzherzog Franz Ferdinand abspielten. In letztem Fall gab es zwischen Wien und Belgrad zwar kein Kapitulationsregime; Österreich hatte aber im Jahre 1868 nach dem Mord an dem serbischen Fürsten Mihailo bei *Vorerhebungen auf österreichischem Boden serbischen Funktionären* die Mitwirkung gestattet. Nach dem Fürstenmord in Sarajevo war es verständlich, daß Österreich-Ungarn gleiches von Serbien erwartete. Serbien lehnte diese Forderung ab. Gerade diese Verweigerung führte zum Abbruch der diplomatischen Beziehungen zwischen Wien und Belgrad und, nach Einschaltung Rußlands, wo die Generalmobilmachung erfolgte, zum Ersten Weltkrieg.

1853 lehnte der Gouverneur das vom k.k. Generalkonsul gestellte Ansuchen in der Form ab, daß er einfach nichts tat. Später hat er sich darauf berufen, er hätte nach Einholung einer Weisung aus der türkischen Hauptstadt so gehandelt. Daß dem nicht so war, ergibt sich aus der Tatsache, daß die türkische Regierung schließlich gezwungen war, diesen Gouverneur wegen pflichtwidriger Unterlassung abzuberufen. Zwischen dem Mord am Baron Hakkelberg und der Abberufung lag die schwere Kontroverse zwischen Wien und Washington, kam es zur Kampfdrohung seitens eines in Smyrna eingelangten Kriegsschiffes der US-Navy gegen

die k.k. Brigg »Huszar«. Es ist heute unbestreitbar, daß das fragliche Kriegsschiff der US-Navy, die »St. Louis«, im Auftrag der Missionschefs der US in Konstantinopel den Hafen von Smyrna anlief, um den in die Hände der Besatzung der »Huszar« gefallenen Martin Koszta zu befreien.
Nach dem Mord an Baron Hackelberg wurde dem Kommandanten der »Huszar« und der Besatzung der Brigg bekannt, daß sich Koszta als *Gast des Konsuls von Sardinien* in Smyrna befand. Das widersprach der Abmachung, die seinerzeit bei der Entlassung Kossuths und seines Begleiters Koszta österreichischerseits von der Türkei verlangt worden war: Die beiden sollten nach ihrer Ausreise aus dem Exil in der Türkei – dafür entsandte die US-Regierung die »Mississippi« – nicht mehr in die Türkei zurückkehren. Sowohl Kossuth und Koszta haben diese von ihnen übernommene Verpflichtung 1853 gebrochen. Mehr noch:
Zu Beginn des Jahres 1853 hatten honette Bürger in Mailand eine Bande von Messerstechern gedungen, die Anschläge auf österreichische Soldaten verübten. Die Empörung der Österreicher war in diesem Fall deswegen so groß, weil die Messerstecher ihren Opfern das Stilett in den Rücken zu stoßen pflegten. Radetzky wurde der Lage Herr; jetzt erlitten auch Angreifer jenes Los, das sie vorher Österreichern zugefügt hatten. Es ging auf Leben und Tod. Um die gleiche Zeit wurde in Wien auf den jungen Kaiser Franz Joseph ein ähnliches heimtückisches Attentat verübt. Während eines Spaziergangs auf der Bastei schlich ein aus Ungarn eingereister Schneidergeselle mit dem Ruf: *»Es lebe Kossuth«* an Franz Joseph heran und führte den Stoß in die Hinterseite des Halses aus. Dieser Attentäter wurde nach Kriegsrecht abgeurteilt, leider ließ man sich nicht genug Zeit, um die Hintermänner des Attentats auszuforschen.
Als die Besatzung der »Huszar« erfuhr, daß besagter Koszta schon lange vor dem Attentat auf Hackelberg in Smyrna Quartier genommen hatte – und zwar unter Ausnutzung des Schutzes des sardinischen Vertreters, der ihm Gastrecht gewährte –, wuchs die Empörung. Und sie erreichte nach der merkwürdigen Weigerung des türkischen Gouverneurs, pflichtgemäß die Voruntersuchung

gegen die Mörder Hackelbergs einzuleiten, einen Höhepunkt. Nicht bekannt war an Bord der »Huszar«, daß der britische Botschafter in Konstantinopel schon vor geraumer Zeit den Sultan in der Haltung bestärkt hatte, allen politischen Flüchtlingen aus Österreich ausnahmslos und unter allen Umständen Asyl zu gewähren. Die spätere Kontroverse zwischen Wien und Washington ergab, daß diese Haltung Großbritanniens maßgebend wurde für das Verhalten der US in der Affäre Koszta.

Am 24. Juni 1853 warf die »St. Louis« Anker im Hafen von Smyrna. Dieses *Kriegsschiff der US-Navy* war kein armseliges Stationsschiff wie die »Huszar«. Und sie kam nicht von ungefähr, denn ihr Kommandant hatte einen Auftrag des Vertreters der US in Konstantinopel in der Tasche. Zunächst kümmerten sich die österreichischen Seeleute nicht um die amerikanische Fregatte. Die »St. Louis« war mit 31 modernen Kanonen bestückt, demgegenüber verfügte die »Huszar« über 16 veraltete Dinger. Und die »St. Louis« hatte auch dann noch die Übermacht, als der »Huszar« die k.k. Brigg »Artemisia« und ein bewaffneter Dampfer zuhilfe kamen. Die Schußweite der modernen amerikanischen Geschütze übertraf jene der österreichischen dermaßen, daß das Kampfschiff der US-Navy die drei österreichischen Schiffe auf Grund schicken konnte, ohne selbst *in deren Schußbereich zu kommen.* Es gehörte also nicht viel Mut zu der Aktion, zu der sich der Kommandant der »St. Louis«, Commander Duncan N. Ingraham, auftragsgemäß entschloß. Ingraham ist bei dem Folgenden zugute zu halten, daß ihm von amerikanischer Seite vorweg versichert worden ist, Koszta sei Citizen of the United States.

Am 2. Juli 1853 begab sich Commander Ingraham an Bord der »Huszar« und verlangte, noch dazu in Abwesenheit des Kommandanten der k.k. Brigg, die Auslieferung Kosztas binnen 12 Stunden. Sollte dies nicht geschehen, würde man sich mit Gewalt der Person des angeblich amerikanischen Staatsbürgers bemächtigen. Innerhalb der Frist bekam er die Antwort des k.k. Korvettenkapitäns, der die Brigg befehligte:

»Sir, ich bin ein Soldat und Seemann, und ich werde die Anordnungen meines Konsuls befolgen, mag da kommen was will.«

Die »St. Louis« wurde gefechtsbereit gemacht. Die österreichische Brigg wechselte Position, war aber sichtlich entschlossen, ohne Befehl von höherer Seite Koszta nicht freizugeben. Koszta war unter seltsamen Umständen an Bord der »Huszar« gekommen. Nachdem sich der türkische Gouverneur geweigert hatte, in diesem Fall nach dem bestehenden Kapitulationsregime die Nachforschungen einzuleiten, hatten die Kameraden des Ermordeten ihrerseits eine Bande – in diesem Fall Griechen – ausfindig gemacht; Leute, die bereit waren, den Türken einen Streich zu spielen. Diese bemächtigten sich Kosztas. Aber Koszta wurde kein Leid zugefügt; man beförderte ihn in Reichweite der »Huszar«, und die Besatzung der »Huszar« holte ihn aus dem Wasser. Dies im Wissen, daß Koszta hinter dem Attentat stand und im Sommer 1853 noch immer Untertan des Kaisers von Österreich und Ungarn war.
Die an Bord der »Huszar« erlittene Abfuhr quittierte der Kommandant der »St. Louis« damit, daß er für seine Fregatte Gefechtsbereitschaft anbefahl. Als Seeoffizier mußte Ingraham wissen, daß derlei – im Hafen eines neutralen Staates – unzulässig war. Daß der Fall Koszta die Regierung der US, ihre Vertretungen in der Türkei und am wenigsten den Kommandanten der »St. Louis« nichts anging, war Ingraham wohl kaum vollends bewußt. Sicher war ihm im Zeitpunkt der von ihm befohlenen Gefechtsvorbereitung unbekannt, daß Koszta Untertan Josephs I. war und nicht Bürger der Vereinigten Staaten; wenngleich Koszta selbst bei einem weiteren Besuch an Bord der »Huszar« in *Gegenwart des französischen Konsuls* zugegeben hatte, er sei noch immer Untertan des Kaisers von Österreich und Königs von Ungarn. Um es gleich hier zu sagen: Bei diesem Anlaß fiel in Smyrna kein Schuß in einem Gefecht zur See. Das Verhalten des in seinen Rechten arg gekränkten k.k. Generalkonsuls Weckbecker verhinderte ein Blutvergießen. Mit dem Ergebnis, daß Gewalt vor Recht ging und sich in den US nach der Affäre Kossuth vom Vorjahr die Ansicht verstärkte, man könne mit den Österreichern genauso umspringen wie mit den benachbarten Mexikanern, ihrer Regierung und Republik.

Wien kam erst spät in Kenntnis des Vorfalls. Das hatte seinen Grund darin, daß die Telegrafenverbindung zwischen Wien und Konstantinopel in Belgrad endete. Von dort bis in die türkische Hauptstadt war die Nachrichtenübermittlung auf Pferdepost angewiesen. So kam es, daß der Ballhausplatz erst am 19. Juli 1853 in der Affäre eine Weisung an Hülsemann schickte, mit der dieser den Sachverhalt auf amtlichem Weg in Erfahrung bringen konnte; nachdem er bisher nur auf Zeitungsmeldungen angewiesen war, aus denen er entnehmen mußte, daß die Presse der US so wie unlängst beim Besuch Kossuths in den US den Vorfall benutzte, um das Image Alt-Österreichs weiter zu verunglimpfen.
Die Weisung des Ballhausplatzes vom 19. Juli 1853 rechnete mit der Tatsache, daß die Affäre in Smyrna von der gegnerischen Presse reichlich ausgeschlachtet werden würde, um das Ansehen Österreichs zu verunglimpfen. Und die Presseleute ließen sich auch manche Story einsagen, wenn sie nicht selbst smart genug waren, eine hinzuzufügen. Vom Mord an Hackelberg schrieben sie nicht. Die Weisung an Hülsemann enthielt Tatsachen, die zu widerlegen auch später schwergefallen ist. Wien ging davon aus, daß Koszta 1850 in Begleitung Kossuths aus der Konfinierung im türkischen KITAHIA auf Wunsch der US entlassen worden war. Und daß die beiden damals versicherten, nicht mehr auf türkisches Gebiet zurückzukehren. Aus der Weisung an Hülsemann ging zweitens hervor, daß nicht nur der Kommandant der »St. Louis«, sondern auch der am Ort zuständige Konsul der US die Freilassung des amerikanischen Staatsbürgers Koszta verlangt haben. Um den so bestehenden Anspruch Kosztas auf den Schutz durch die US zu beweisen, produzierte man an Ort die Kopie einer am 31. Juli 1852 in New York schriftlich abgegebenen Erklärung Kosztas, aus der dessen *Wille*, Bürger der Vereinigten Staaten zu werden, hervorzugehen schien. Aus diesem Dokument wurde aber auch deutlich, daß Koszta zur Zeit, da er dieses Ansuchen stellte, Untertan des Kaisers von Österreich war; allerdings *willens*, sich dieser Bindung im Falle der Einbürgerung in die US zu *entledigen*. To renounce all allegiance and fidelity to any Prince … and particular of *the Emperor of Austria of whom I am a subject.*

Weiter ist Koszta im Juni 1853 in seiner Staatsbürgerschaftsangelegenheit in New York nicht gekommen. In Smyrna besaß er auch nicht, wie jeder Bürger der US auf Reisen in Europa, einen in den US ausgestellten Paß. Wohl aber, wie später erhoben, die Zusicherung von *Geleitschutz* seitens des US-Konsuls in Smyrna (!).
Mit Recht konnte der Ballhausplatz am 19. Juli 1853 feststellen, daß Koszta zur Zeit der Affäre in Smyrna legalerweise an Österreich gebunden war; so wie er für die US ein Ausländer war. Aus Konstantinopel war der Ballhausplatz informiert, daß dort der Missionschef der US dem k.k. Missionschef gleichermaßen nachweisen wollte, es stünde Koszta rechtens unter dem Schutz der US.
Den Tasachen entsprechend informierte der Ballhausplatz Hülsemann, daß Koszta aus dem österreichischen Untertanenverband *nicht* entlassen wurde – wie sich dies auch aus dem fraglichen Ansuchen, das Koszta in New York einreichte, ergibt. Wien respektierte die Haltung der österreichischen Marineure, die sich nicht ohne weiteres der seitens der »St. Louis« und ihres Kommandanten drohenden Gewaltanwendung fügten. Und Wien hielt dabei den Österreichern die Waffenüberlegenheit der US-Navy in diesem Fall zugute. Ein Blutvergießen wegen Koszta hätte sich aber nicht dafür gestanden. Deswegen stimmte Wien nachträglich dem Entschluß des k.k. Generalkonsuls in Smyrna zu, Koszta bis zur Klärung des Falles dem Generalkonsul Frankreichs in Smyrna zu überlassen. Fürs erste sei die Sache den Verhandlungen der Missionschefs Österreichs und der US in Konstantinopel überlassen. Eine Freilassung Kosztas hätte man sich österreichischerseits verbeten.
Hülsemann fand es angemessen, bei seinem Herantreten an das State Departement die aus Wien gekommene Sachverhaltsdarstellung so zu formulieren, daß damit nicht die Ressentiments auf amerikanischer Seite herausgefordert wurden. Nach dem Verhalten im Falle Kossuth war Hülsemann gewarnt, auch was die bleibende *Festigkeit* des Ballhausplatzes betraf.
Der Weisung des Ballhausplatzes vom 19. Juli folgte eine weitere vom 4. August, deren Abfassung laut Aktenlage aber auf behör-

deninterne Erwägungen vom Juli zurückging. Wien nahm sich des Zwischenfalls mit gebotenem Ernst, aber auch mit Sorgfalt an, versuchte gleichwohl, jede Verschärfung in den Beziehungen zu Washington zu vermeiden. Es ging von sich ja nicht erst ein auf die Ermordung des k.k. Seekadetten Hackelberg in Smyrna, aber auch nicht auf die Vorgänge bei der Entführung Kosztas in dieser Stadt. Letzterer war österreichischer Untertan und nicht Bürger der Vereinigten Staaten, es lag nach der Ansicht Wiens kein Anlaß vor, sich diesbezüglich den US gegenüber zu rechtfertigen; außerdem hatte sich die Entführung Kosztas auf türkischem Hoheitsgebiet abgespielt, und dieser Zwischenfall sowie das vertrags- und rechtswidrige Verhalten des Gouverneurs von Smyrna, wohl auch jenes seiner Vorgesetzten, mußte den Verhandlungen zwischen Wien und Konstantinopel vorbehalten bleiben.

Es war vorauszusehen, daß Washington dieser Entwicklung der Auseinandersetzung entgegenwirken würde, sie entzog ja den US jeden Haltepunkt für die ungehörige Einmischung in die Streitigkeiten Dritter. Und der Ballhausplatz vermutete richtig, wenn er schon jetzt annahm, daß man in gewissen Kreisen der Öffentlichkeit, vor allem in Zeitungen, die Affäre benutzen werde, um neuerdings dem Ansehen Österreichs Schaden zuzufügen; Österreich nicht nur als *Hort der Reaktion,* sondern auch als *Symbol übler Gewalttätigkeitsmethoden* hinzustellen: Österreich erdreistete sich demnach, einen Amerikaner zu entführen, um an ihm die Methoden seiner Freiheitsberaubung und Verachtung der Humanität zu vollziehen. Daß nicht der Fall Koszta Ursache des Zwistes zwischen Wien und Washington war, sondern der Mord an dem jungen Hackelberg, und daß sich die US der Verfolgung des Mörders mit in den Weg stellten – das zuzugeben ist nie jemanden in den US in den Sinn gekommen. Die Schuld daran trägt nolens volens auch der Ballhausplatz:

Als ob man in Wien ein schlechtes Gewissen gehabt hätte, verzichtete man in verschiedenen Polemiken auf die Erwähnung der Tatsache, daß der Mord an dem Seekadetten die Affäre Koszta ins Rampenlicht rückte *und* amerkanische Dienststellen die längste Zeit vorgaben, letzterer sei ein Bürger der Vereinigten Staaten und

daher von diesen zu schützen. Wien ging in den Auseinandersetzungen mit Washington nicht von Mord und Entführung in Smyrna aus, sondern von der rechtlichen Beurteilung der Tatsache, *daß ein Kriegsschiff der US-Navy* in einem *neutralen Hafen eine k.k. Brigg mit kriegsvorbereitenden Handlungen unter Druck gesetzt* und so die Freilassung Kosztas ermöglicht hat. Hiezu zitierte der Ballhausplatz die Rechtsansicht des um diese Zeit noch anerkannten schweizerischen Völkerrechtlers Emer de Vattel, ausgeführt in seinem Hauptwerk »Das Völkerrecht ...«, Band II, II. Buch, Kapitel 1, § 1. Dort ist vom Recht eines Staates, Krieg zu führen, »die Waffen zu erheben«, die Rede; von seinem Recht, den Krieg zu erklären und Frieden zu schließen. Dem füg-te der Ballhausplatz hinzu, daß die Verfassung der US den nämlichen Weg einschlug, den Vattel aufgezeigt hat, ehe es diesen Staat gab:
In Artikel I, Sektion 8, Ziffer 11 ist dem Kongreß der US vorbehalten, to declare war und to raise and support armies ... and to make rules for the Governement and regulations of the land and naval forces. Diesem im Auftrag des *Souveräns Volk* zu fassende Beschluß des Kongresses stellte der Ballhausplatz das Recht der Alten Welt gegenüber, wonach dort zu den *Majestätsrechten* gehört, gleiches von sich aus zu verfügen. Für gefährlich hielt es Wien, solche schwerwiegenden Entscheidungen den Diplomaten, Konsuln, Generalen und Admiralen des Staates zu überlassen ... Eine Frühwarnung aus der um 2000 längst untergegangenen Alten Welt an die Machthaber in einer anderen Welt, die um 1853 schon im Kommen waren.

Kern der Sache wurde und blieb für Wien die Frage, welche Staatsbürgerschaft Koszta in dem Augenblick hatte, als er sich in Gewahrsam der »Huszar« und ihres Kommandanten befand. Hülsemann strich in der ihm zuteil gewordenen Fassung der für Washington bestimmten Note den Absatz, wonach es in den US eine Vorschrift aus 1802 gab, die Einwanderern erst nach dreijährigem Aufenthalt in den US die Möglichkeit einräumte, um die Staatsbürgerschaft einzukommen. Diese Bestimmung richtete sich damals gegen unerwünschten Zustrom von Menschen, die in

irgendeinem der Regime der Großen Französischen Revolution von 1789 *vor der neuen Freiheit geflüchtet waren* und in den US Freiheit und Sicherheit suchten. 1853 waren es aber gerade politische Flüchtlinge aus der Alten Welt, welche die Neue Welt und dort die US namens der Humanität in Schutz nehmen wollten ... Damals, 1802, *Abwehr* solcher Elemente, 1853 *Schutz* für sie.
Wien erwartete sich von den US, deren für Smyrna zuständige Konsul würde einschreiten und dafür wirken, daß der Untertan des Kaisers und Königs Franz Joseph I. Martin Koszta ohne weitere Hindernisse dem dortigen k.k. Konsul überlassen werde. Im übrigen verlangte Wien eine Genugtuung für den seitens der US ihm zugefügten Anschlag, und zwar eine, die der Schwere des letzteren entsprach.
Das Echo des State Departements, das Hülsemann auf diese Note hin erfuhr, ließ nicht lange auf sich warten. Hülsemann hatte angenommen, der österreichische Protest ginge von *allgemein bekannten Tatsachen aus.* Er unterstrich die Jurisdiktionsgewalt des k.k. Konsuls gemäß dem mit der Türkei stipulierten Kapitulationsregime, in diesem Fall: um Mord, begangen an einem k.k. Seefähnrich. Aber auch Hülsemann erwähnte nicht das *Verbrechen,* er reklamierte nur das *Recht des Konsuls.* Dazu kam, daß Hülsemann auf den Bruch des Versprechens Kosztas hinweisen konnte, das dieser 1850 beim Verlassen der Türkei abgegeben hatte, nämlich nie mehr den Fuß auf türkischen Boden zu setzen. Und da war Kosztas Erklärung an Bord der »Huszar«, abgegeben in Gegenwart ausländischer Zeugen, *er sei Untertan des Kaisers von Österreich;* so wie er es 1852 in seinem Ansuchen um die Erlangung der amerikanischen Staatsbürgerschaft gesagt hatte.
Um diese Zeit meldete auch der Missionschef der US in Konstantinopel den Schutz für die Person des amerikanischen Staatsbürgers Koszta an. Österreichischerseits wurde diesem Anspruch die Zustimmung mit dem Hinweis versagt, Koszta sei Untertan des Kaisers von Österreich und Königs von Ungarn. Der amerikanische Kollege gab nicht auf. Nach zwei Tagen erschien er mit der Kopie der Erklärung Kosztas, welche dieser am 31. Juli 1852 in New York – angeblich – abgegeben hatte. Diese aber enthielt nur

den *Willen,* diese Staatsbürgerschaft zu erlangen; im ganzen Verlauf der Polemik waren die US nicht imstande, auch nur ein Dokument zu produzieren, aus dem hervorgegangen wäre, daß Koszta sich rechtens seiner *Bindung an den Kaiser entzogen* hat und demnach *Bürger der Vereinigten Staaten geworden ist.*
Mit dem Vorzeigen der fraglichen Erklärung Kosztas, abgegeben in New York am 31. Juli 1852, schnitten sich die US selbst den Weg ab, ein Schutzrecht über Koszta ausüben zu dürfen und zu können. Denn die fragliche Kopie, die man sich österreichischerseits endlich beschaffte, entbehrte jeder Authentizität, enthält keine näheren Angaben über die Behörde, bei welcher das Original der Erklärung ausgestellt wurde und wies auch keine Unterfertigung und keinen Siegel auf, Merkmale, deren Fehlen die Authentizität in Frage stellten. Nachdem also Hülsemann festgestellt hatte, daß Koszta kein Bürger der US sei, sondern bloß den Willen bekundet habe, einer zu werden, beschrieb er die von dem US-Kriegsschiff »St. Louis« und dessen Kommandanten angedrohte Gewaltanwendung.
Es sei in dieser Situation dem k.k. Generalkonsul in Smyrna Herrn Weckbecker zu verdanken gewesen, daß ein unmittelbar bevorstehendes Blutvergießen verhindert wurde. Diesen Ausweg beschritt der k.k. Generalkonsul, indem er Koszta unter die Obhut des französischen Konsuls an Ort übergeben ließ. Dem folgten verschiedene Vorgänge in Konstantinopel und in den US, in denen unabhängig voneinander die Frage der Staatsbürgerschaft Kosztas geprüft wurde. Zwei Problemkreise sind geblieben: *Erstens* die Frage der Jurisdiktionsgewald des k.k. Generalkonsuls (in welcher Frage sich die Behörden der US als un-informiert gaben oder einfach diese Kompetenz bestritten) *und* der amerikanischerseits zu führende *Nachweis der amerikanischen Staatsbürgerschaft Kosztas.*
Dazu der österreichische Standpunkt: Ein österreichischer Untertan kann sich nicht aus *freien Stücken* seiner Eigenschaft als solcher entledigen. Und – *Koszta gab,* als die Unterredung an Bord der »Huszar« stattfand, *selbst zu,* Untertan des Kaisers von Österreich zu sein.

Nachträglich betrachtet darf gesagt werden, daß es dem österreichischerseits erhobenen Anspruch nicht geschadet hätte, wenn Hülsemann in der Note die Vertragsgrundlagen, auf Grund derer Weckbecker die Jurisdiktionsgewalt in diesem Fall in Anspruch nahm, genauer herausgestrichen hätte. In der Replik hat das State Department hier einhaken können, obwohl nicht anzunehmen ist, daß diese Behörde *nicht* hinlänglich über die Ausübung der Konsulargerichtsbarkeit informiert gewesen ist; auf jeden Fall wären die betreffenden Fundstellen in Washington leicht auszumachen gewesen – und dazu verstand sich das State Department nicht. Also verharrte Hülsemann auf dem Standpunkt, wonach der k.k. Generalkonsul in Smyrna Koszta rechtens der fraglichen Konsulargerichtsbarkeit unterworfen hat und danach weitere Maßnahmen in die Wege leitete. Dies in der Erwartung, daß bei Anerkennung dieser Zuständigkeit der französische Konsul Koszta seinem österreichischen Kollegen überlassen werde.

Darnach erst verbreitete sich Hülsemann in Ausführungen über das völkerrechtliche Problem, das durch den von amerikanischer Seite erfolgten Aggressionsakt im Hafen von Smyrna entstanden ist; Hülsemann folgte hierin den von Vattel aufgestellten Kriterien und kam zu dem Schluß, daß die Androhung einer Kriegshandlung zu den Majestätsrechten gehöre, wie auch die US dieses Recht an die Entscheidung des in diesem Staat existierenden Souveräns, nämlich den Kongreß als Repräsentanten des Volkes (von dem nach Anschauung der Väter der US die in diesem Staat existierende Rechtsordnung ausgeht), bänden. In diesem Punkt glaubte Hülsemann, keinen Unterschied in den Auffassungen der Alten wie der Neuen Welt feststellen zu dürfen.

Nur – das Majestätsrecht werde illusorisch, wenn es sich der Kommandant eines Kriegsschiffes anmaße. Und Kriegshandlungen im Hafen eines neutralen Staates sind auf jeden Fall illegal; zumal wenn letzterer Staat zu beiden im Konflikt befangenen Staaten in freundschaftlichen Beziehungen steht. Dazu lieferte Hülsemann Beispiele unter genauen Hinweisen auf die jeweiligen Vorgänge in Seekriegen der Vergangenheit. Ein wenig kühn wies die

österreichische Note auf eine hierin konformgehende Praxis Großbritanniens hin.
Aber auch die US hätten in den nach Ausbruch der Revolution in Frankreich (1789) geführten Seekriegen eifersüchtig auf die *Rechte der Neutralen* gepocht. Abschließend stellte die Note einen schweren Anschlag auf die Rechte Österreichs fest und verlangte eine angemessene Genugtuung seitens der US. Der Vergleich der aus Wien erhaltenen Weisung mit dem von Hülsemann redigierten Notentext ist in der Tat gering. In Wien war man nach Erhalt einer Kopie der Note mit deren Inhalt zufrieden, zumal mit dem zusätzlichen Hinweis Hülsemanns auf amerikanische Publikationen, die konform mit der Rechtsauffassung des Ballhausplatzes gingen.
Über all das ging die Antwortnote des State Departments der US vom 26. September hinweg. Sie stützte sich auf einen Standpunkt, den 1849 der Vertreter Großbritanniens in Konstantinopel eingenommen hatte. Damals hatte Wien die Auslieferung der aus Ungarn in die Türkei geflüchteten »Rebellen« in Konstantinopel verlangt – aber eine Ablehnung erfahren. Die dortigen Vertreter Großbritanniens und Frankreichs hätten diese *edle Haltung des Sultans aus Gründen der Humanität unterstützt.* Im weiteren beschränkte sich das State Department der US mit der Zitierung dessen, womit damals der britische Außenminister Lord Palmerston die edle und mutige Verhaltensweise des Sultans unterstützte. Und natürlich das, worin ihm der britische Vertreter in Konstantinopel aus eigenem Antrieb in gleicher Richtung vorausgegangen war. Palmerston fand harte Worte für das damalige Ansinnen Österreichs.
Hier ist einzufügen, daß sich schon 1849 eine *dritte Macht* in einen Konfliktfall eingemischt hat, der *ausschließlich Österreich und die Türkei anging. Nunmehr, 1853, waren die US daran,* hierin zu folgen. Für diese Haltung zitierte seinerzeit, 1849, Großbritannien nicht irgendwelche Vertragsabmachungen oder Rechtsansprüche, sondern die *Volksmeinung eines jeden Landes.* Wie diese Meinung 1849 erforscht und spürbar gemacht wurde, darüber ließ sich die britische Regierung nicht aus; *und*

1853 übernahm diese Begründung die US-Regierung. Ja, sie unterstrich sie: Noch einmal, so monierte das State Department, wiederhole Österreich das unhumane Vorgehen von 1849.
Dabei übersah das State Department im Eifer der Argumentation, daß es sich im Jahre 1853 nicht um die Auslieferung von politischen Flüchtlingen aus Ungarn handelte, sondern um die Strafverfolgung eines angeblich amerikanischen Staatsbürgers, der mit hinreichendem Verdacht beladen war, an der Tötung eines k.k. Seekadetten in Smyrna beteiligt gewesen zu sein.
Das State Department glaubte sichtlich, auch an dieser Verschiedenheit vorbeigehen zu können, indem es die vertraglich zwischen Österreich und der Türkei eingerichtete Konsulargerichtsbarkeit über österreichische Untertanen, die sich in der Türkei eines kriminellen Vergehens schuldig gemacht hatten, als überholt abtat. Mehr noch: Man verdächtigte Hülsemann ganz offen, daß er die Fundstellen zurückhielt (!), an denen die Gültigkeit dieser Verträge erkennbar wären; und man übersetzte den österreichischerseits benützten Ausdruck, wonach es sich um eine Praxis von *altersher* handle, mit dem abschätzigen Hinweis, diese Verträge seien nicht alt, sondern altertümlich, überholt, *nicht mehr anwendbar auf die Situation des Jahres 1853 (!).* Das State Department wollte wissen, welche *neuen* Abmachungen Österreich mit der Türkei nach Zurückweisung seines Ansuchens an den Sultan im Jahre 1849 ins Treffen führen könnte, um 1853 dermaßen vorzugehen.
Alles, was das State Department zur Widerlegung der Gültigkeit der nach 1849 angeblich nicht mehr bestehenden Basis des österreichischen Anspruchs im Fall Koszta vorbrachte, gipfelte in der Feststellung, Österreich hätte sich 1849 damit zufriedengegeben, daß die damaligen Flüchtlinge aus Ungarn zum ständigen Aufenthalt in der Türkei, also zur Verhinderung einer illegalen Rückkehr in die politische Arena, verhalten würden. Im Falle Koszta habe für die Türkei, so die US, keine Verpflichtung bestanden, ihn an den österreichischen Generalkonsul auszuliefern. Im August 1853 wäre dies *auch die Ansicht* gewesen, die der *türkische Außenminister und der Gouverneur dem Vertreter der US in Konstantinopel eröffnet* habe.

Hier sei nur eingefügt, daß beide Funktionäre wegen ihres Verhaltens in der Affäre Koszta schließlich ihrer Posten enthoben wurden, also die Mißbilligung türkischerseits erfuhren und nicht die Bestätigung, wie in der Replik des State Departments zu lesen ist.

So *weit die Entwicklung des Falles im September 1853.* Inzwischen waren in Europa die ersten feindseligen Akte zwischen Rußland und den Westmächten erfolgt: Rußland hatte die Donaufürstentümer besetzt, und die Westmächte hatten Flottenverbände an den Ausgang der Dardanellen zum Mittelländischen Meer entsendet. Der k.k. Minister des Äußeren Buol-Schauenstein bemühte sich um eine Neutralitätspolitik, an deren Beginn der Versuch stand, den erfolgten Einmarsch russischer Truppen auf türkisches Gebiet, also in die Donaufürstentümer, dem Westen gegenüber als einen nicht auf Kriegführung abgestellten feindseligen Akt zu charakterisieren; ihm müßte kein Krieg folgen.

Mitte September 1853 erfuhr man in Wien, daß nicht nur Koszta sein Versprechen, nicht mehr in die Türkei zurückzukehren, gebrochen hatte, sondern auch Kossuth. Mehr noch: Ömer Paşa, der die Versammlung türkischer Truppen an einer Widerstandslinie entlang der unteren Donau organisierte, traf sich mit Kossuth. Die Zeit war nahe, in der der desertierte k.k. Leutnant Türr seine Versuche, österreichische Soldaten zur Desertion zu verleiten, aufnahm. Und zwar, wie gesagt, unter dem speziellen Schutz Großbritanniens und Frankreichs. In Wien rechnete man täglich mit der Kriegserklärung der Türkei an Rußland; in Paris erwartete man einen Zusammenstoß der Flottenverbände der Westmächte mit der russischen Schwarzenmeer-Flotte, also mit dem Passieren der im Kriegsfall geschlossenen Meerengen durch die westlichen Eskader. Diese haben tatsächlich die Position am Eingang der Dardanellen verlassen, liefen in die Meerengen ein, um zuletzt die russische Schwarzmeer-Flotte zu *vernichten.*

Die Zeit war für Buol-Schauenstein gekommen, um in Europa nach dem Rechten zu sehen und nicht länger den Zwischenfall von Smyrna in die ansonsten »guten Beziehungen« zu den US zu

mischen. Unterm 9. September 1853 ging bereits aus Wien ein Hinweis an Hülsemann ab, man habe sich darin geeinigt, daß Koszta, obwohl österreichischer Untertan, aus der Türkei nach Amerika zurückkehre.
Der Ballhausplatz hat also in der letzten Phase alle bisher in der Affäre Koszta eingenommenen Positionen preisgegeben. Und sich nur vorbehalten, neuerdings gegen Koszta vorzugehen, wenn dieser erneut, also zum dritten Mal, in die Türkei einreisen würde. Das nun wollte man in Washington nicht riskieren.
Am 14. Oktober 1853 verließ Koszta an Bord der »Sultana« die Türkei. Er reiste nach Amerika, was österreichischerseits offiziell mißbilligt wurde. Man war insgeheim wohl froh darüber, Koszta nun für immer jenseits des Atlantiks zu weisen.
Der k.k. Seekadett Baron Hackelberg erhielt ein ehrenvolles Begräbnis. Der geneigte Leser wird dem Gesagten entnehmen, daß sein Sterben, die causa causae des Konflikts im Hafen von Smyrna, zuletzt gar nicht releviert wurde. Der Krimkrieg erwies sich als eines der scheußlichen Massaker der Geschichte. Seuchen werden noch mehr Menschen dahinraffen als Kriegshandlungen. In diesem Meer von Blut und Elend ging das tragische Schicksal des jungen Barons unter. Er war ja nur ein Österreicher, ein Seekadett, nicht einmal ein Offizier. Jedenfalls kein Citizen of the United States.

10.

Demokratie in Amerika: Mexiko

»Filomeno Cuevas, kreolischer Grundbesitzer, hatte jene Nacht bestimmt, seine Landarbeiter mit den Gewehren zu bewaffnen, die im weitläufigen Gestrüpp verborgen lagen, und die Indianerscharen zogen in losen Reihen durch das Schwemmland von Ticonaipú. – Heller Mond, nächtlicher Horizont, tief an Geflüster und Wiederhällen. –
Als der Gutsbesitzer mit einer kleinen Schar von Vorarbeitern und Wirtschaftern bei Jarote Quemado ins Freie kam, band er sein Reittier mit dem Zügel fest und verlas im Schein einer Laterne die Namen:
›Manuel Romero.‹
›Hier!‹
›Komm her! Dir habe ich nur zu sagen, daß du mit dem Trinken vorsichtig sein sollst. Der erste Glockenschlag um zwölf ist das Signal. Du trägst die Verantwortung für das Leben vieler Menschen. Das ist alles. Gib mir deine Hand!‹
›Nur keine Sorge. In diesen Dingen bin ich sattelfest.‹
Der Gutsherr blickte wieder auf die Liste:
›Benito San Juan.‹
›Hier!‹
›Chino Viejo hat dir gewiß schon gesagt, was du zu tun hast?‹
›Chino Viejo hat mir nur so nebenbei gesagt, daß ich mit ein paar Leuten auf den Jahrmarkt reiten und dort das Oberste zuunterst kehren soll. Da und dort einen Schuß abgeben und alles kurz und klein schlagen. Das wird kaum schwierig sein.‹
›Um zwölf!‹
›Beim ersten Glockenschlag. Ich werde mich unter der Uhr der Kathedrale aufstellen.‹
›Ihr dürft nicht auffallen und bis zum entscheidenden Augenblick

dürft ihr euch nicht von friedlichen Jahrmarktbummlern unterscheiden.‹
›Genau so werden wir sein.‹
›Haltet euch daran. Gib mir die Hand!‹
Der Gutsherr schob das Blatt in den Lichtkegel der Laterne und las:
›Atilio Palmieri.‹
›Hier!‹
Atilio Palmieri war der Vetter des Gutsbesitzers: helläugig, untersetzt, frech. Der Gutsbesitzer zog sich am Ziegenbart:
›Atilio, dir habe ich eine sehr heikle Aufgabe zugedacht.‹
›Ich danke dir, Vetter.‹
›Denk darüber nach, wie du in einem Nonnenkloster Feuer legen und alle Nonnen im Hemd auf die Straße treiben kannst, damit es zu einem Skandal kommt. Das ist deine Aufgabe. Sollte dir eine Nonne nach deinem Geschmack unterkommen, mach die Augen zu. Was deine Leute angeht, so dürfen sie nicht trinken. Man muß gewalttätig vorgehen, doch mit klarem Kopf. Viel Glück Atilio! Fang so um Mitternacht an und sieh zu, rasch damit fertig zu werden!‹
›Verstanden, Filomeno! Ich werde damit zurechtkommen.‹
›Das hoffe ich. Zacariás San José.‹
›Hier!‹
›Für dich habe ich einen besonderen Auftrag. Dir überlasse ich es, im gegebenen Augenblick das Richtige zu tun. Was würdest du anstellen, wenn du heute nacht mit einigen Leuten in *Santa Fé* wärst? Was würdest du da anstellen?‹
›Mit einigen entschlossenen Kameraden bringe ich den ganzen Jahrmarkt durcheinander. Aus der Raubtierbude mach ich Kleinholz und breche die Käfige auf. Das wäre was, nicht? Würde da nicht ein verteufelter Wirbel losgehen? Mit fünf mutigen Burschen stecke ich alle Läden der aus Spanien zu uns gekommenen Händler in Brand. Mit fünfundzwanzig kaufe ich mir die Wachmannschaft in den Mostenses.‹
›Nur das versprichst du?‹
›Und sicher werde ich den Tyrannen Banderas zur Ader lassen.

Im Quersack, da am Sattelbogen, steckt, was mir von meinem Jungen geblieben ist. Den haben mir die Schweine in der Saumühle umgebracht und fast aufgefressen. Nur dank des zerrissenen Leibes als Talismann hab ich im Spiel gewonnen, konnte ich mir ein Pferd kaufen, habe ich einem dieser elenden Spanier den Lasso um den Hals geworfen und bin ich mit heiler Haut den Kugeln der Gendarmen entkommen. Heute nacht wird mir alles gelingen.‹
›Nimm die Leute, die du brauchst, Gezeichneter, und führe dein hübsches Programm durch. Auf Wiedersehen! Gib mir die Hand! Und morgen begräbst du, was dir von deinem Sohn geblieben ist. Im Krieg sind Mut und Schlauheit bessere Amulette. Gib mir die Hand!‹
›Diesen Jahrmarkt wird man nicht so bald vergessen.‹
›Das hoffe ich auch. Crisanto Roa.‹
›Hier!‹
Crisanto Roa war der letzte der Liste, und der Gutsherr blies die Laterne aus. Die Landarbeiter hatten ihren Marsch durch Mondgeflirre wieder aufgenommen.
Oberst de la Gándera, aus der Bundesmiliz desertiert, widersetzte sich mit Spott und List den militärischen Zurüstungen des Gutsbesitzers.
›Sei kein Angeber, Filomeno, und versuche nicht, ohne Stab über eine hohe Mauer zu springen ... Ich aber bin Militärwissenschaftler; besitze das Diplom der Militärakademie. Sagt dir nicht die klare Vernunft, wer hier den Befehl zu übernehmen hat? ...‹
›Kriegführen, das erlernt man nicht aus Büchern, Domiciano, dazu muß man geboren sein.‹
›Und du glaubst, zu einem Napoleon vorbestimmt zu sein? ... Mach keine Witze ... du treibst ein Häuflein Menschen einfach zur Schlachtbank ... Du redest wie ein Narr.‹
›Möglich. Ich bin kein Wissenschaftler und muß mich auf das verlassen, was mir das Gefühl eingibt. Ich gehe nach *Santa Fé*, mir den Kopf des *Generals Banderas* zu holen!‹
›Es ist wahrscheinlich, daß du deinen Kopf dort läßt.‹
›Werden wir sehen. Die Zeit wird es lehren.‹
Beim ersten Sturmangriff liefen die Soldaten einer der vorderen

Linien zum Feind über. Vom Turm her beobachtete sie der Tyrann:
›Verfluchter Dreck! Ich wußte ja, daß ihr euch in Zeiten der größten Not drücken würdet! ...‹
Die Vorhuten ließen nicht ab, aufeinander zu schießen, wobei die Aufständischen darauf bedacht waren, den Ring immer enger zu ziehen, um jeden Versuch eines Ausfalles von Seiten der Belagerten zu unterbinden. Sie hatten bereits Geschütze in Stellung gebracht, aber bevor sie das Feuer eröffneten, ritt Oberst de la Gándera auf einem Paradepferd vor die Reihen und forderte, unter Lebensgefahr die Front abreitend, die Belagerten auf, sich zu ergeben. Vom Turm her beschimpfte ihn der Tyrann:
›Stinkiger Bandit! Ich muß dich wohl von hinten erschießen lassen!‹ Den Kopf zu den Soldaten hinuntergebeugt ..., gab er Befehl zu schießen. Die Soldaten gehorchten, zielten aber so hoch, daß die Absicht, nicht zu treffen, sogleich offenkundig war ... In diesem Augenblick ... ging Major del Valle zum Feind über.
Am halben Vormittag hatten die Aufständischen begonnen, mit Geschützen zu schießen, und in kurzer Zeit war es ihnen gelungen, eine Bresche zu legen, durch die sie angreifen konnten. Tyrann Banderas versuchte, die schwache Stelle abzudecken, doch wieder desertierten Soldaten ... Tyrann Banderas trat ans Fenster, schwenkte den Dolch und brach von Kugeln durchsiebt zusammen. Sein Kopf wurde von den Richtern der öffentlichen Schande übergeben ... Dasselbe Urteil verfügte, daß sein Leib gevierteilt werde; die Teile sollten von Landesgrenze zu Landesgrenze, von Meer zu Meer jenen Städten zugesprochen werden, die unter dem Tyrannen am meisten gelitten hatten. Dieser Ehre wurden teilhaftig Zamalpoa und Nueva Cartagena, Puerto Colorado und Sante Rosa di Titipay.« *)
Santa Fé, Heiliger Glaube. Überall in Amerika, wohin seit dem Ende des Mittelalters Spanier ihre Kultur und ihre Zivilisation aus der Alten in die Neue Welt brachten, gab und gibt es Orte, deren

*) Ramón del Valle-Inclan, Tyrann Banderas / Roman des tropischen Amerikas, in deutscher Übersetzung, Stuttgart 1961.

Gründer ihr oft gefährliches Vorhaben unter den Schutz ihres katholischen Glaubens stellten. Diese Hingabe an einen religiösen Glauben in Spanien und seinen Kolonien änderte sich, als zuerst im Mutterland, dann vor allem auch in Amerika unter den Spaniern eine neue, eine ganz andere Heilslehre aufkam:
Es ist bemerkenswert, daß just in Spanien, im Land, dessen Bewohner wie kein anderes Volk in Europa um die Erhaltung und Verbreitung des katholischen Glaubens jahrhundertelang schwerste Opfer erbracht haben, die *früheste Freimaurerloge auf dem europäischen Kontinent* entstanden ist. Die Gründung erfolgte von London ausgehend, wo um diese Zeit, 1737, in London der Bräutigam der künftigen Kaiserin Maria Theresia, Herzog Franz Stephan von Lothringen, in den höchsten Grad der damaligen Freimaurerei, in den Meistergrad, aufrückte. Franz Stephan wurde 1747 zum Kaiser des Heiligen Römischen Reiches gewählt. An der Seite seiner Gemahlin Maria Theresia übte er eine in politischer Hinsicht noch umstrittene Tätigkeit aus. Die lange geglaubte Ansicht, er hätte sich mehr um das *Vermögen* des Hauses Österreich als um die *Politik* gekümmert, hat in neuester Zeit zuerst der österreichische Historiker Hugo Hantsch in Zweifel gezogen. Wie immer es gewesen sein mag: Die Regierungszeit der Kaiserin Maria Theresia war auch für die Freimaurerei ein Goldenes Zeitalter.
Anders in Spanien, wo zu Beginn des 18. Jahrhunderts die dort regierende Linie des Hauses Habsburg erlosch und – zuletzt mit Unterstützung Londons – eine Linie des französischen Königshauses Bourbon an die Herrschaft kam. In Spanien geriet die Entwicklung anders als in Österreich. Wohl versuchten dort die Herrscher aus dem Hause Bourbon mit oft grausamen Methoden, den katholischen Glauben gegen die nicht zuletzt in den Logen erarbeiteten Ideen der Aufklärung zu verteidigen; aber die Dekadenz dieses Regimes erleichterte es den Trägern des Fortschritts, mit den neuen Ideen ein in Reaktion erstarrtes staatliches und kirchliches Regime von innen her zu Fall zu bringen. In Spanien, wo einmal der Jesuitenorden gegründet wurde, erreichte der Kampf gegen dessen Unterdrückung mit den Methoden des auf-

geklärten Absolutismus, dessen Vertreter die Minister der Könige auf der iberischen Halbinsel wurden, einen Höhepunkt. Ehe noch der Papst in Rom sich mit der immer nachdrücklicher an ihn herangetragenen Forderung nach einer kirchlicherseits zu vollziehenden Auflösung dieses Ordens zu einer Entscheidung durchgerungen hatte, geschah die Unterdrückung des Ordens von Staatswegen in Portugal. Portugal war um diese Zeit längst der Brückenkopf der von London ausgehenden Kontrollmacht auf dem Kontinent.

Es waren die *bourbonischen* Höfe in Paris, Madrid, Neapel und Parma, die durch ihr gemeinsames Vorgehen, das von Männern der Loge umsichtig geleitet wurde, 1773 erreichten, daß der Papst die kirchliche Aufhebung des Jesuitenordens verfügte. Nur die Herrscher des protestantischen Preußen und des orthodoxen Rußland kümmerten sich nicht um diese Verfügung des römischen Zentralismus. Und so bestand der Orden in diesen beiden Staaten weiter. 1814 hob der Papst die seinerzeitige Auflösung des Ordens auf. Ausgerechnet in Österreich wurde er jedoch nicht aufs neue zugelassen; erst 1850 geschah dies, als der Orden in Rußland inzwischen verboten war, wo er einstens Zuflucht gefunden hatte.

1814. Um diese Zeit erreichte der Kampf der, wie man sagte, Kräfte des Fortschrittes in den amerikanischen Kolonien Spaniens die entscheidende Phase. Von Caracas im heutigen Venezuela ausgehend, führte Simon Bolivar, Sohn einer Familie, die traditionsgemäß den spanischen Vizekönig der Kolonie stellte, den Kampf um die Unabhängigkeit der Länder Lateinamerikas von der Krone Spaniens an. Die Bewegung stieß entlang der Westküste bis ins heutige Peru und Bolivien vor. Aus dem Süden vereinigte sich eine aus dem heutigen Chile ausgehende, von José San Martin geführte Unabhängigkeitsbewegung mit der aus dem Norden des Halbkontinents. London unterstützte den Abfall der spanischen Kolonien vom Mutterland. Man holte, wie es ein dortiger Außenminister formulierte, die Revolution über den Atlantik, um die Ordnung, die 1815 auf dem Wiener Kongreß unter Mitwirkung einer konservativen Regierung Großbritanniens geschaffen worden ist, zu stürzen. *Die Ära des Liberalismus war angebrochen.*

Was dem in ganz Lateinamerika auf unabsehbare Zeit folgte, war der stets wiederholte und in allen Staaten Lateinamerikas ad absurdum geführte Versuch, die absolute *Macht des Königs* in Madrid zu ersetzen durch eine in vielen Staaten Lateinamerikas nach angelsächsischem Muster aufgerichtete *parlamentarische Demokratie.* So wurde der ganze Halbkontinent zur politischen Bühne, auf der sich Re-volutionen und Re-aktionen oft binnen kürzester Zeit ablösten, wobei die meisten dieser Putsch- und Umsturzbewegungen blutig verliefen und bis heute blutig verlaufen.

Anfangs standen sich *Konservative* und *Liberale* in solchen Kämpfen um die Macht im Staate gegenüber; man sprach auch offen vom Kampf der *freisinnigen* Antiklerikalen gegen *Klerikale,* wobei die Kirche und die Loge oft das Arcanum in wilden parteipolitischen Auseinandersetzungen wurden. Immer wieder griffen auswärtige Mächte mit rein wirtschaftlichen und machtpolitisch orientierten Zielvorstellungen zugunsten der einen oder anderen Partei ein; jeder Diktator, der dieser ausländischen Macht *dienlich* war, wurde abgestützt und hingenommen; einer, der *nicht willens* war, einer bestimmten ausländischen Macht dienlich zu sein, weil er etwa Geld und Waffen von einer anderen bekam, war in solcher Sicht ein brutaler Tyrann. All dies erreichte nach 1945 einen nie gekannten Höhepunkt der Ver-uneinigung in allen Staaten Lateinamerikas, als die beiden Supermächte, die US und die SU, ihre Stellvertreterkriege auch in Lateinamerika mit einer Unbarmherzigkeit auszutragen begannen, die die Welt *auch* an den Rand eines Dritten Weltkriegs – so im Falle Kuba – brachte. *Mexiko* ist einmal allen anderen lateinamerikanischen Staaten im Kampf um die Unabhängigkeit vorangegangen:

Um 1810 lebte in dem mexikanischen Dorf Maria Dolores als Pfarrer ein gewisser Miguel Hidalgo y Costella. Ihm schien der Kampf, den Söhne reicher Grundbesitzer und junger Offiziere der königlich spanischen Armee um die Unabhängigkeit des Landes von Spanien bereits begonnen hatten, lahm und schwächlich geführt zu sein. Hidalgo und das Weib, mit dem er zusammen

unter den Armen lebte, waren überzeugt, daß nur der Aufstand der Hungernden gegen die Satten, der Besitzlosen gegen die Besitzenden der Revolutionsbewegung im Land jene Mächtigkeit verleihen könnte, deren es immerhin noch bedurfte, um den Resten der spanischen Kolonialherrschaft ein Ende zu bereiten.
So verließ der Pfarrer sein Weib, seine Pfarre und seinen priesterlichen Beruf, um einen Kreuzzug für die Befreiung Mexikos zu predigen. Der frühere Geistliche und nunmehrige Freiheitskämpfer fiel spanischen Truppen in die Hände. So brachte Hidalgo der Revolution in Mexiko zwar keinen Sieg ein, dafür aber wurde er zum Symbol, zum Märtyrer, ohne den keine Revolution auf Erden gedeiht. Denn – Blut muß fließen bei einer Revolution; das wagten damals die Macher der Revolution, selbst 1848 in Wien (!), offen auszusprechen. Es gelang den Mexikanern, die spanische Herrschaft abzuschütteln; das Spanien unter dem elenden König Ferdinand VII. war dermaßen dekrepit, daß auch im Mutterland – mit Unterstützung Londons – die Revolution ausbrach. Ein Putsch der königlichen Offiziere verhinderte, daß spanische Truppen nach Lateinamerika verschifft wurden, um mit einem letzten Versuch den dortigen Kolonialbesitz Spaniens zu retten.
Statt Hidalgo, der zur Würde der Heiligkeit auf den Altären der Revolutionsgeschichte erhoben wurde, übernahm in dem von der spanischen Herrschaft befreiten Mexiko ein gewisser Augustín de Iturbide die Macht. Auch er hat als Offizier der königlich spanischen Armee angefangen.
Es ist ein Prinzip der Revolution, daß ihre Macher keine *Auf*steiger aus der Klasse der Unterprivilegierten – wie man jetzt sagt – sind, sondern in weitaus mehr Fällen *Aus*steiger aus einer bisher herrschenden Schicht mit Besitz und Bildung. Iturbide versuchte, an uralte Traditionen der vor-kolumbianischen Zeit in Mexiko anzuknüpfen; an Zeiten, da man es keineswegs mit einer Volksherrschaft hielt. Er wollte *Kaiser* sein. Am 18. Mai 1822 erließ er die Proklamation, mit der er als Augustín I. als Herrscher in dem seit 28. September 1821 von Spanien unabhängigen Mexiko auftrat. Das gute Volk wurde nicht viel gefragt. Aber schon im März

des folgenden Jahres stürzten ihn seine früheren Mitkämpfer im Unabhängigkeitskrieg. Fortan sollte Mexiko eine föderative Republik sein. Der Exkaiser tat gut, außer Landes zu gehen, aber es war ein Fehler, Zuflucht im Land seiner Väter, in Spanien, zu suchen. Als königlich spanischer Offizier hatte er, indem er zu den Kämpfern gegen die spanische Kolonialherrschaft übertrat, seinen Fahneneid gebrochen. So erfüllt sich das Schicksal eines eidbrüchigen Offiziers, den jedes Kriegsgericht der Welt von damals zum Tode verurteilt hätte. Der Exkaiser wurde im Somme 1824 erschossen. Im Martyrologium der Revolutionsgeschichte hat er keinen besonderen Rang.

Was damals in Spanien anfing, das war ein Kampf sogenannter Konservativer mit den Liberalen; wobei die Konservativen der Kirche einen gewissen Schutz gegen den in Mexiko besonders radikalen Antiklerikalismus der dortigen Liberalen anboten und dafür mehr moralische Unterstützung bezogen, als die meisten dieser eher reaktionären Typen verdienten. Zu den Konservativen rechnete sich um diese Zeit auch José Maria Guitarriez d'Estrada, ehedem königlich spanischer Offizier und Mitkämpfer Iturbides, des späteren Kaisers. Man hat diesen Mann nachher als bloßen Causeur, Salonhelden und Interessenten an Reichtum und Macht hingestellt. Indessen hinterließ er Dokumente – eines findet sich im Wiener Haus-, Hof- und Staatsarchiv –, aus denen hervorgeht, daß er nicht blind war angesichts neuer Mächtigkeiten, die sich gegen die in der untergehenden Alten Welt erhoben. Als Held im Unabhängigkeitskampf wurde er belohnt: Er wurde Missionschef in Wien, ging dann nach Rom, und 1840 wurde er mexikanischer Außenminister unter dem Präsidenten Anastasio Bustamente, der schon vorher, von 1830 bis 1832, dieses höchste Amt innegehabt hat.

Im Vormärz versuchte Guitarriez, den österreichischen Staatskanzler Metternich vor Gefahren zu warnen, die nach Ansicht vieler Mexikaner von den US ausgingen; von den US, die in einem 1846/47 geführten Eroberungskrieg mehr als ein Viertel des anfänglichen Gebietsbestands der jungen mexikanischen Republik an sich rissen. Land, das von den Nachfolgern spanischer Koloni-

sten und Indianern bewohnt war und fernab lag von jenen ehemaligen 13 Kolonien der Krone Englands, die Wachstumsboden der US wurden. In der erwähnten Warnung, von der Guitarriez ein Aide-mémoire hinterließ, war folgende Vorhersage an den alternden und schon ermüdeten Metternich enthalten:
»Wenn die europäischen Mächte fortfahren sollten, jene aggressive Politik Amerikas (also der US), welche diese gegen ihre Nachbarn betreiben, zu ignorieren und ihnen sogar gestatten, darin ungezügelt weiterzumachen, weil sie noch immer diesen Giganten (!) als Kind ansehen, wie wollen sie sich dann *selbst in Zukunft verteidigen* gegen *Amerikas Übergriffe im Handel und in der Wirtschaft?* Der Triumph Amerikas ist nur auf Kosten Europas möglich, und dieses wird einmal die mangelnde Entschiedenheit und Vorausschau dessen, was kommt, teuer zu bezahlen haben.«
Guitarriez, zu Lebzeiten als bloßer politischer Intrigant hingestellt, wird um das Jahr 2000 sicher anders eingeschätzt werden als zum Zeitpunkt, da er das Memorandum dem Ballhausplatz hinterließ. Zwei Jahre vor Ausbruch der Revolution von 1848 in Wien.
Unter den gewerbsmäßigen Unruhestiftern und Putschisten, die in den ersten Jahrzehnten des Bestands der Republik Mexiko hervortraten, war ein gewisser Antonio Lopez de Santa Ana. In den Jahren 1833 bis 1855 bekleidete er in Abständen viermal das Amt des Präsidenten in Mexiko. Man kann ihn ohne Übertreibung einen geradezu genialischen Intriganten, Kurbler in der Politik und Putschisten nennen. Im Abwehrkampf der Mexikaner gegen die Amerikaner 1846/47 wurde er mit dem Image eines Helden versehen; das nun war er nicht. Aber im Kampf um die Macht im Staat war er unbesiegbar. An sich mäßig mit Charakter und Gesinnungstreue ausgestattet, suchte und fand er, wie jeder erfolgreiche Politiker, Hilfen dort, wo Angst vor dem Verlust materieller Güter herrscht.
Santa Ana stand in dem Ruf, Gewähr zu bieten bei der Abwehr des Terrors – einer Erwerbsquelle im Land – und jener Anarchie, die das mißglückte Experimentieren mit der Demokratie immer

wieder hervorrief. Grundbesitzer und Kleriker, die ahnten, was auf die Kirche zukam, hielten sich an ihn, denn was zwischendurch auftrat, war blanker Terror, Enteignung und ein Regime der Nutznießer einer unausrottbaren Korruption im Staate. In dieser Sicht war er nicht der einzige Präsident eines lateinamerikanischen Staates, der in den unverdienten Ruf kam, so etwas wie ein Konservativer zu sein. Santa Ana genoß das Privilegium, den Strohtod zu sterben und das trotz der Unzahl derer, die er sich mit seinen Intrigen und Verrätereien zu rachsüchtigen Todfeinden gemacht hatte. Ein letztes Mal kam er 1867 ins Gespräch, als er dem schon in einer fast hoffnungslosen Lage befindlichen Kaiser Maximilian von Mexiko seine Vermittlung im Bürgerkrieg anbot – um den Preis einer *Herzogwürde*.

Der 1847 verlorene Krieg Mexikos gegen die US bedeutete für dieses Mal auch eine Unterbrechung der Tätigkeit Santa Anas als Präsident der Republik. Was folgte, ließ nicht nur die Besitzenden und den Klerus an Tage denken, in denen sie unter Santa Ana Zeiten ohne blutigen Bürgerkrieg erlebten. Nach 1847 folgten sich die Inhaber des Präsidentenamts in einer rasch daherkommenden und noch rascher entschwindenden Kavalkade. Der Nachfolger Santa Anas hielt sich *neun Monate* im Amt. Ihm folgte einer, der es gar nur vom *Jänner bis Juni* 1848 durchstand. José Joaquin Herera war schon zuvor im Jahre 1845 fast *zwölf Monate* Präsident gewesen, 1848 schaffte er es zum zweiten Mal, diesmal bis anfangs 1851. Auch sein Nachfolger blieb ganze zwei Jahre im Amt. Ihm folgte ein Unglücklicher, der am *3. Jänner 1853 sein Amt antrat und am 7. Februar das Amt wieder los* war; auch der nächste in der Reihe schaffte es nur für *drei Wochen*. Aber dann war wieder Santa Ana für mehr als zwei Jahre, bis August 1855, obenan. Er stürzte über seinen Nachfolger, der es nur *drei Wochen* aushielt, und auch dessen Nachfolger war *nicht einmal einen Monat* im Amt. Die Zeit für die Männer mit den harten Gesichtern, Diktatoren, die sich das Image eines freisinnigen, fortschrittlich orientierten Staatsmannes verschafften, waren im Kommen, unter ihnen *Benito Juárez*, dessen Taufname den Vater *Benito Mussolinis* veranlaßte, als italienischer Sozialist einem Sohn den Namen des Gegen-

spielers Maximilians von Österreich zu geben. Zwei Jahre, in denen ein Ignacio Comonfort amtierte, reichten aus, um ein verfaulendes Regime, das sich konservativ, klerikal und demokratisch gab, vollends zu zersetzen und das Land für die nächsten neun Jahre einem blutigen Bürgerkrieg zu überantworten.
Der geneigte Leser wird nach Lektüre dieser langen Liste von Staatsoberhäuptern eines fernen Landes in vergangenen Tagen ermüdet sein und sich fragen, *wozu* die Aufzählung dieser Staatsoberhäupter. Es fehlt der Platz, um ähnliche Zustände in den anderen Staaten Lateinamerikas zu beschreiben, Zustände, die mehr oder weniger beweisen, daß *bis dato die Transplantation einer parlamentarischen Demokratie* nach dem Muster der neuzeitlichen Demokratie in angelsächsischen Ländern sowie in Frankreich in Lateinamerika *durchaus versagte.* Auch um das Jahr 2000 ist dem so ...
Die Ära des berüchtigten Benito Juárez begann mit der Präsidentschaft eines gewissen Felip Zuloaga, der sich *vom Jänner bis zum Dezember 1858,* anerkannt nur *in Teilen des Landes,* hielt. Zuloaga war es, der Napoleon III. bat, Truppen ins Land zu schicken, um Ruhe und Ordnung herzustellen; ihm waren die Soldaten aus der Alten Welt lieber als jene der US. Von letzteren wußte man nie, wie lange sie blieben, und was sie sich aneigneten an Macht; die Franzosen aber würden ohnedies mit der Zeit genug haben von einem Abenteuer in Mexiko. 1858 ist Napoleon III. für ein Engagement in Übersee nicht frei gewesen; er war eben daran, zusammen mit dem Ministerpräsidenten von Sardinien einen Krieg gegen Österreich anzuzetteln. Zuloagas Nachfolger Miguel Miramón, der 1859 erst nach einem Interregnum Präsident wurde, war wie sein großer Gegner Benito Juárez ein sogenannter Liberaler, der sich erst später zum Parteigänger des Kaisers Maximilian mauserte. Juárez war ein reinblütiger Indianer aus dem Stamm der Zapoteken. Er war Fachmann im Putschen.
Zuerst wollte Juárez seinen indianischen Brüdern als Lehrer dienen – bis er einsah, daß in der Politik ein *Anwalt mehr Chancen* hat. Für alle Fälle und zu seinem Vorteil wurde er Freimaurer. Nach dem dritten Sturz Santa Anas war er von 1848 bis 1852 Gou-

verneur in Oaxaca; als aber Santa Ana 1853 zurückkehrte, ging er ins Exil. 1855 verliefen die Wege dieser beiden Helden im Anstiften von Umstürzen in verkehrte Richtungen. Juárez wurde Justizminister. Das war die Zeit, als man der Republik mit einer Verfassung eine innere Festigkeit geben wollte, und Juárez arbeitete als Texter des Papiers mit. In der folgenden Krise galt Juárez als Vizepräsident. Er sorgte mit für die Entmachtung Zuloagas und geriet sofort in Streit mit dessen Nachfolger Miguel Miramón. Miramón hatte weniger Truppen und weniger Geld als Juárez, und deswegen nahm er Kredite in französischen, englischen und spanischen Bankhäusern auf.

Aber gegen Juárez schien kein Kraut gewachsen zu sein. Um die Wende 1860/61 kämpfte er sich von der Küste bei Vera Cruz im Osten gegen die Hauptstadt Mexiko durch; Geld hatte Juárez keines, um seine Kämpfer zu entlohnen; aber diese nahmen sich ohnedies, was sie räubern konnten, und die Kirche sah, daß für sie schlechte Zeiten im Kommen waren. Im Dezember 1860 brach der Widerstand der Truppen Miramóns zusammen; Juárez zog in die Hauptstadt ein, riß die Macht an sich und führte nachher das Theater einer zu seinen Gunsten arrangierten Volkswahl auf. Die US, auf deren Gebiet sich eben eine bedrohliche Spannung zwischen den Teilstaaten im Norden und jenen im Süden anbahnte, da und dort schon Gewalt am Werk war, um den Konflikt zu lösen, hielten *trotzdem die Hand über Juárez* und sein Experimentieren mit der Macht:

Eine von Parteigängern Juárez' bestehende sogenannte Volksvertretung wählte diesen für die nächsten vier Jahre zum Präsidenten und bestätigte zugleich dem Diktator, daß es sich in seinem Fall um einen »*konstitutionellen* Präsidenten« handele. Um letzteren Zusatz mit einer gewissen Berechtigung dem Wahlvorgang unterschieben zu können, bedurfte es nur einigen Retuschen an der seinerzeitigen, unter Mitwirkungn von Juárez gemachten Verfassung.

Die Auslandsgläubiger waren alarmiert. Sie traten in London zu einer Konferenz zusammen und kamen überein, an ihre jeweiligen Regierungen heranzutreten, damit sich diese an der Beitreibung ihrer Gläubigerguthaben beteiligten. Das führte dazu, daß 1861/62 die Seehafenstadt Vera Cruz von französischen, englischen und spanischen Truppen besetzt wurde. Vera Cruz, der einzige Hafen Mexikos, wo die Zollabfertigung dem Staat erhebliche Summen einbrachte, war damit für den Staatshaushalt der Republik verloren.

Solche Vorgänge alarmierten wieder die Regierung in Washington. Im März 1862 stand es nicht gut um die Sache der Nordstaaten im dortigen Bürgerkrieg gegen die Südstaaten. Das hinderte den amtierenden politischen Leiter des State Departements William Henry Seward nicht im geringsten, in Paris, London und Madrid gegen das Auftreten von Truppen dieser europäischen Mächte auf dem amerikanischen Kontinent Verwahrung einzulegen. Und zwar mit einem Nachdruck, als wären die US nicht halb gelähmt durch einen Bürgerkrieg im eigenen Land, sondern im Vollbesitz ihrer ungeteilten Mächtigkeit. Mit dieser Entschiedenheit des Handelns in der internationalen Politik unterschieden sich die US damals schon von den Methoden, mit denen die ermüdeten Großmächte der Alten Welt Politik machten.

Spanien und Großbritannien gingen dem Konflikt aus dem Weg, indem sie ihre Truppen aus Vera Cruz zurückzogen, um sich auf Verhandlungen mit der Regierung Juárez einzulassen. In einer Weisung an den Botschafter der US in London drückte Seward unmißverständlich aus, daß es sich hier nicht um Zahlungsmodalitäten und Streitigkeiten zwischen dem Schuldner und seinen Gläubigern handle, sondern um ein *Prinzip:* Denn Seward rechnete mit einem Umsturz in Mexiko, dessen Ziel es nach seiner Ansicht war, auf amerikanischem Boden eine *Monarchie* aufzurichten, deren Thron einem landfremden Prinzen angetragen werden sollte. Seward berief sich hiebei auf einen Auftrag des 1861 ins Amt gekommenen 16. Präsidenten der US Abraham Lincoln, der an Deutlichkeit nichts zu wünschen übrig ließ:

Lincoln warnte vor einer Monarchie in Mexiko. Er half damit dem Präsidenten der Republik Juárez.

Für die Übernahme der Last des Präsidentenamtes verlangte Juárez neuerdings eine Anerkennung seiner Politik: die Enteignung aller Kirchengüter zur Sanierung des Staatshaushaltes und der Geldmisere seines Regimes.

Aber – trotz der Konfiskation des Kirchengutes, womit zugleich der Klerus im Land und die klerikalen Politiker ihren materiellen Halt verloren, der obskure katholische Glaube aber einmal mehr in seiner Machtlosigkeit bloßgestellt werden sollte, fehlte es Juárez nach wie vor an *flüssigen* Mitteln. Die Gläubiger in Frankreich, Großbritannien und Spanien wurden drängender, auch wenn jetzt nur mehr französische Truppen im Land standen und London sowie Madrid ihre ursprüngliche militärische Pression abgesagt hatten. Schwer traf Juárez, daß seine mächtigsten Freunde und Förderer, die US und ihr Präsident Lincoln, im Moment nicht viel tun konnten für das Regime in Mexiko. Der Bürgerkrieg in den US ließ sich nicht gut an für die Nordstaaten; die Aufrüstung der Blauen (so die Uniformfarbe der Truppen des Nordens) verschlang Unsummen; und die Südwestgrenze der US zu Mexiko stand zunächst unter der Kontrolle der Grauen, der Truppen der Südstaaten, deren Präsident Jefferson Davis nicht so viel Sympathie für Juárez hatte wie der nunmehrige Herr im Weißen Haus.

Wieder lohnte die sogenannte Volksvertretung die Mühen, die sich Juárez machte. Sie beschloß, ohne daß vorher die Gläubiger im Ausland viel gefragt worden wären, ein *Moratorium*, nach dem sich die Gläubiger im Ausland zuerst einmal zwei oder drei Jahre gedulden sollten, ehe es zur Rückerstattung ihrer Kredite käme.

Um sich ein Bild dessen zu machen, was nachher Maximilian vorgeworfen wurde, ist es gut zu wissen, daß Juárez in der Krise nicht besser dastand als das seines Nachfolgers, des Kaisers Maximilian von Mexiko. Das gute Volk von Mexiko wurde nicht viel gefragt, in seinem Namen amtierte ein Parlament, in dem es nur eine Partei gab, die etwas zu reden hatte: die Parteigänger Juárez'. Die Finanzen des Staates waren ruiniert, die Feindschaft zwischen Liberalen und Konservativen, Klerikalen und Antiklerikalen waren verschärft wie nie zuvor seit der Erringung der Unabhängigkeit. In Europa wühlten mexikanische Exilpolitiker an den dortigen Höfen, sie vermehrten die Mißgunst in Ländern, wo ohnedies einflußreiche Gläubiger darauf warteten, endlich das Geld zurückzubekommen, das sie Mexiko geliehen hatten. Nur in einem Punkt war Juárez 1862 besser dran als Kaiser Maximilian am Ende seiner Herrschaft: Juárez hatte einen Freund, der ihn nie, vor allem nicht in der Krise, im Stich ließ, nämlich den 16. Präsidenten der US Abraham Lincoln. Kaiser Maximilian aber hatte in der Endkrise seines Regimes im Jahre 1867 keinen Beistand – nicht jenen, den ihm vorerst Napoleon III. in der Alten Welt geliehen hatte, und erst recht keinen in der Neuen Welt. Der noch regierende Kaiser von Brasilien war froh, daß sein Land nicht auch schon von dem Schicksal bedroht war, das den Kaiser von Mexiko bereits getroffen hatte.

In seiner Misere klammerte sich Juárez an einen Strohhalm: Das schweizerische Bankhaus Jecker lieh ihm eine ¾ Million Dollar, die sichergestellt wurde mit mexikanischen Schuldverschreibungen in der Höhe von 15 Millionen Dollar. Die Laufzeit der Rückzahlungsmodalitäten reichte in Zeiten, in denen Juárez kaum mehr am Leben war. Dieses Geschäft wurde zum Strick der Diktatur Juárez, als der Inhaber besagten schweizerischen Bankhauses *französischer Staatsbürger wurde* und sich so die Schulden an Gläubiger des Regimes in Frankreich um ein Beträchtliches erhöhte.

In dieser Situation erhoben sich die Juárez feindlichen Kräfte im In- und Ausland. Die Frage, was geschieht, wenn das Regime des Diktators etwa den Endsieg Lincolns im amerikanischen Bürgerkrieg erlebt? Das war die Stunde, in der man an den Möglichkeiten einer parlamentarischen Demokratie in Mexiko aus gutem Grund zweifelte. Denn das Regime Juárez war eine militärisch abgestützte Diktatur, für die der Präsident nicht einmal seine indianischen Brüder vollends gewinnen konnte. War Mexiko, war irgendein Staat in Lateinamerika überhaupt mit Hilfe des aus den angelsächsischen Ländern importierten Modells einer neuzeitlichen Demokratie auf die Dauer zu regieren? Noch war das monarchistische Prinzip nicht dermaßen geschwächt wie zur Zeit des Ersten Weltkriegs, als die US den militärischen Sieg über die Mittelmächte und ihre Verbündeten benützten, um in der Alten

Welt dem monarchistischen Prinzip den Garaus zu machen. Und Napoleon III. hatte nach 1848 – bisher erfolgreich – demonstriert, wie man mit der *nationalen* Revolution in Europa kollaborieren muß, um sich zum Kaiser der Franzosen zu machen.

In Washington spürte man diese Veränderung im politischen Klima, die Gefahr, die zuerst dem Regime Juárez, schließlich womöglich gar dem Prinzip drohte, auf dem die US als unabhängiger Staat in der Neuen Welt bestanden. Das Comeback der Alten Welt und seines Regierungssystems in der Neuen Welt – das war ein unausstehlicher Gedanke während der Nöte des im Bürgerkrieg verwickelten Systems der Nordstaaten und ihrer von Washington geleiteten Außenpolitik. Der amtierende politische Leiter des State Departements William H. Seward erfand eine Methode zu handeln, ohne die Mächte der Alten Welt vor den Kopf zu stoßen. Er war froh, daß Gerüchte, wonach London sich im Bürgerkrieg der Grauen in den US annehmen würden, vergingên. *London* durfte nicht herausgefordert werden; *aus Wien* erfuhr man, daß der dortige Kaiser seltsamerweise Lincolns Sache unterstützte, weil *in Wien Rebellen eben nie beliebt waren;* und mit *Napoleon III.* wollte man sich nicht erklärtermaßen anlegen. Der Ausweg war:

Seward richtete eine Weisung an den Vertreter der US in London. Mit gut gezielter Indiskretion bekamen jene Vertreter auswärtiger Mächte in Washington, die man auf jeden Fall *warnen* wollte, eine Kopie der Weisung. So auch Hülsemann. Hülsemann beeilte sich, diese Warnung Sewards von New York aus am 18. Februar 1862 als Kopie der Kopie mit dem nächsten Dampfer nach London zur Weiterbeförderung nach Wien zu schicken. Handelte es sich doch um nichts Geringerers, als daß das State Departement in der fraglichen Weisung dem Botschafter der US in London den festen Willen des Präsidenten Lincolns zum Ausdruck brachte, der *Errichtung einer Monarchie in Mexiko keine Chance zu geben.* Bei dem, was Hülsemann in seinem Kommentar hinzufügte, berief er sich darauf, daß er seit 24 Jahren die Beziehungen zwischen den US und Mexiko im Auge habe. Ergebnis dessen sei die Feststellung, daß die US niemals in diesen Jahren auch nur einen Versuch unternommen hätten, um der dortigen *Anarchie ein Ende zu bereiten.* Etwas anderes würde aber geschehen, wenn sich in Mexiko eine *Monarchie* etablieren täte (!). Hülsemann fügte dieser Enthüllung der rauhen Wirklichkeit hinzu, daß das Experiment einer Monarchie in Mexiko ein glattes Abenteuer wäre, das keine andere Chance hätte, als, wörtlich, *ins Wasser zu fallen.* Und wenn Napoleon III. (ohne Franz Joseph I. zu fragen) für den Fall einer Monarchie einen österreichischen Erzherzog als möglichen Herrscher ins Gespräch zöge, dann nur deswegen, weil er und seine ehrgeizige Gemahlin auch andere Prinzen im Auge hätten. Napoleon habe der Monarchie genug Schwierigkeiten bereitet, und Hülsemann warnte vor mexikanischen Emissären, die sich mit Wissen des Kaisers der Franzosen bereits in der Monarchie befanden, um sich an Erzherzog Ferdinand Maximilian, den jüngeren Bruder Franz Josephs, heranzumachen.

Leider war Hülsemann im Jahre 1862 schon im dreiundsechzigsten Lebensjahr, nach damaligen Vorstellungen ein *Greis.* Der Ballhausplatz hat sich viele Jahre lang seine Warnungen vor der Politik der US anhören müssen, vor allem was Mexiko betraf, im übrigen aber die Meldungen fein säuberlich zu den Akten genommen. Für den jugendlichen Erzherzog, der nicht mehr gerne seinen ersten Taufnamen *Ferdinand* benutzte, auch nicht mehr Maxi, sondern Maximilian, bestenfalls Max en famille genannt sein wollte, zählte das, was Hülsemann sagte, nichts. Er war Manns genug, um als nunmehriger Marineur und tatkräftiger Schöpfer einer k.k. Schlachtflotte von sich aus Entscheidungen von großer Tragweite zu treffen. Verfrühte Warnungen der Mama und die kühle Zurückhaltung des kaiserlichen Bruders schätzte er nicht. Wo käme man hin, wenn man als unternehmungslustiger und fortschrittlich gesinnter Mann, als *der beim Volk beliebteste Habsburger,* auf die Ratschläge alter Damen hören täte, die überall die Gefahr der Revolution wittern; oder auf den Bruder, verglichen mit dem man nach dem total verlorenen Feldzug von 1859 in Wien Maximilian den Vorzug gab. Und in Salons Damen seufzten beim Anblick des gut aussehenden Max, der ihnen bei

weitem besser geeignet erschien als der regierende Kaiser, der sich, so gewisse Militärs, immer mehr zum bürokratischen Sesselreiter entwickelte, ja sogar anfing, das Reich mit Hilfe von Parteipolitikern zu regieren, um so dessen Bestand zu erhalten.
In der Weisung, die Seward unterm 3. März 1862 an den Botschafter der US in London richtete, kam klar zutage, daß Washington tatsächlich mit dem Versuch einer Monarchie in Mexiko rechnete. Zwei Dinge hielt demnach Präsident Lincoln für gefährlich: *Erstens* sei eine solche Monarchie, die abgestützt wäre von Land- und Seestreitkräften ausländischer Mächte, unhaltbar und *zweitens* ein Monarch, der kein Mexikaner sei, untragbar. Damit und mit dem Hinweis, daß Lincoln entschlossen sei, auch ohne vorherige Zustimmung des Kongresses die Regierung Juárez zu unterstützen, war alles gesagt, was man sich in Wien da und dort hinter die Ohren hätte schreiben müssen 1862, fünf Jahre vor jenem Unglücksjahr, in dem Erzherzog Maximilian als Usurpator und angeblicher Kaiser von Mexiko auf Befehl von Juárez in Querétaro erschossen wurde.
Napoleon III. war im März 1863 selbstverständlich in Kenntnis dieser Warnung von seiten der US. Trotzdem ließ er von seinem Unternehmen nicht ab. Zögerte der schon kränkelnde Kaiser, dann trieb ihn seine Gemahlin, die Spanierin von Geburt war und in deren Salon mexikanische Exilpolitiker Zugang hatten, ja nicht nachzulassen im Bemühen, den inneren Zwist in den US auszunützen. Und *romanischen* Nationen einen Erfolg über die *angelsächsischen* erringen zu helfen.
Im April 1862 fingen die Landungsoperationen französischer Truppen auf mexikanischem Gebiet an. Aber die Erwartungen der Invasoren, über Puebla möglichst rasch auf die Hauptstadt Mexikos zu stoßen, um Juárez' Regime zum Sturz und ein anderes heranzuzwingen, erfüllten sich nicht. Schon halbwegs bei Puebla, gelang den Truppen Juárez' ein wichtiger Abwehrerfolg. Die Franzosen waren in Mexiko mit dem Nimbus als großartige Sieger über die *Russen* im Krimkrieg und über die *Österreicher* im Jahre 1859 eingerückt. Jetzt erwies es sich, daß man sie schlagen konnte. Ein langwieriger Krieg stand bevor; für die Mexikaner ein

Bürgerkrieg, während dem sich die Anhänger und Feinde Juárez' nichts an Grausamkeiten schuldig blieben. Die Entscheidung in diesem Krieg brachte aber erst der Endsieg der Nordstaaten der US im Bürgerkrieg gegen die dortigen Südstaaten im Jahr 1865. Von da an war das Kaiserreich Mexiko aufs äußerste gefährdet, und sein Kaiser sah sich bald vor die Alternative gestellt, entweder aus dem Land zu flüchten und die Ehre zu verlieren, wie man sagte; oder die Ehre zu wahren und seine Sache bis zum bitteren Ende zu verteidigen.
Erst im Mai 1863 konnten die Franzosen den Widerstand an der Front bei Puebla brechen. Juárez sah sich vor und verließ vor dem Kommen der Franzosen die Hauptstadt Mexiko. Zuflucht suchte er im Norden des Landes, wo er stets in der Nähe von amerikanischen Truppen bald in San Louis de Potosi, bald in Monterrey, bald in Chihuahua residierte, besser gesagt: das Kommando seiner mit wechselndem Erfolg kämpfenden Truppen ausübte.
In Wien schien es für den Moment, als würden sich die Vorhersagen Hülsemanns nicht erfüllen. Unterm 11. Mai 1863 erfolgte seine Abberufung, nachdem er während eines Vierteljahrhunderts der Monarchie in Washington als Legationssekretär, als Chargé d'Affaires, zuletzt als Minister-Resident gedient hatte. Zum Nachfolger wurde Nikolaus Graf Giorgi ernannt, der aber erst Ende August 1863 in New York an Land ging.
Inzwischen war in der Hauptstadt Mexiko wieder einmal mit Machtmethoden ein anderes Regime ans Ruder gekommen. Letzteres unterschied sich von früheren Regimen dieser Art nur dadurch, daß die Bewaffneten, die es abstützten, französische Uniformen trugen. Die Zeit, in der der Abfall der spanischen Kolonien vom Mutterland von London aus mit Waffen und Geld, zuweilen auch durch die zufällige Präsenz britischer Kriegsschiffe in der Umgebung eines Kampfortes herangezwungen wurde, war vorbei. Auch die US schickten 1863 keine Schiffe und keine Truppen, um Juárez in dieser Stunde zu helfen. Sie hielten ihr Pulver trocken. Die Interventionspolitik Napoleons III. schien auf dem Höhepunkt einer Erfolgsserie angelangt zu sein.
Im Mai und Juni 1863 setzte der kommandierende General der

französischen Invasionstruppen in der Hauptstadt Mexiko eine Junta ein. Das war im Falle eines Putsches landesüblich. Diesmal war es eine Junta aus den Reihen der Notabeln des Landes. Also aus einer Oberschicht, die, wie man sagte, ausgezeichnet war durch Besitz und Bildung. Auch das war nicht originell, denn Revolutionen, die richtig gedeihen sollen, werden nur selten von denen gemacht, die Hunger haben; eher von selbstausgewählten Cliquen, denen zugute kommt, daß sie im Elternhaus die Möglichkeit bekamen, Bildung zu erwerben und sich Ideen zu machen, wie sie selbst am besten an die *Macht* kommen könnten – mit Hilfe der Hungernden. Der französische General Forey ließ der Junta keine Zeit, sich in den Praktiken der parlamentarischen Demokratie einzuüben:
Am 23. Juni 1863 ernannte er eine Provisorische Regierung. Und den Notabeln blieb es überlassen, eine erbliche, beschränkte Monarchie auszurufen und dem Erzherzog Ferdinand Maximilian von Österreich die Krone eines Kaiserreiches Mexiko anzutragen. Dem guten Volk wollte man später Gelegenheit geben, so wie ehedem Juárez, auch seinen Kaiser Maximilian mit großer Mehrheit im hohen Amt zu bestätigen.
Nach Wien im Herbst 1863 zurückgekehrt, übernahm es Hülsemann noch einmal, an Ort und Stelle zu warnen vor dem Eingehen auf das, was Napoleon III. in Mexiko inszenierte. Anfangs Juli 1863 war im amerikanischen Bürgerkrieg das geschehen, was man später *die Erreichung der Hochwassermarke* der Rebellion des Südens nannte. Die Grauen waren, an Washington vorbeistoßend, tief in den Norden vorgedrungen. Bei Gettysburg im südlichen Pennsylvanien fand eines jener Massaker statt, bei denen, diesmal von den Grauen, versucht wurde, in mörderischen Frontalangriffen den Gegner zu schlagen. 90 000 Blaue kämpften gegen 75 000 Graue; aber die Grauen griffen eine praktisch uneinnehmbare Hügelstellung der Blauen an, sie verloren die Schlacht und fielen weit zurück. Der Bürgerkrieg dauerte noch viele Monate, der Norden verlor noch manche Begegnung, aber ein Sieg des Südens war nicht mehr zu erwarten. Jener Sieg, der Maximilians Schicksal vielleicht zum Besseren gewendet hätte.

Graf Giorgi reiste im Mai 1863 von Wien ab. Der Ballhausplatz hatte ihm die Instruktion mitgegeben, von seinem dortigen Posten aus die außerhalb seines Kompetenzbereiches stattfindenden Streitigkeiten in Mexiko zu *beobachten*. Hülsemann hat das jahrelang von sich aus getan und war zuweilen belehrt worden, es sei nicht seine Sache, was in Mexiko vor sich gehe. Diplomatische Beziehungen Wiens zu Mexiko bestanden zur Zeit Hülsemanns nicht. Dem Grafen Giorgi wurde bei Verlassen Wiens ausdrücklich nur die *Beobachtung* dessen aufgetragen, was sich in Mexiko ereignete. Die Einmischung war ihm verboten.
Man war gespannt, wie Giorgi zum Unterschied von Hülsemann die Lage in Mexiko beurteilen werde. Schon redete man in Wien in gewissen Kreisen von den möglichen *Chancen* des populären Erzherzogs Maximilian. Um so enttäuschender fiel ein Bericht Giorgis vom Anfang seiner Tätigkeit in Washington auf. Er rügte zwar den Zustand der Aktenverwaltung, den Hülsemann in seinem Büro hinterlassen hatte, in der Sache fuhr er aber fort zu warnen. Der Erzherzog werde sich nur behaupten können, wenn im amerikanischen Bürgerkrieg der Süden gewinnen sollte. Diesen Sieg zog Giorgi erst gar nicht ins Kalkül. Er berichtete, die Presse in den US stelle den Süden als möglichen Helfershelfer der Sache Maximilians hin, was diesem angesichts der Siegerchancen des Nordens nur schaden könnte. Ohne die fragliche Hilfe der Südstaaten bleibe die Monarchie in Mexiko aufs äußerste gefährdet. So der Graf. Der Norden verfüge aber momentan schon über *formidable* Möglichkeiten. Nach Fertigung dieses Berichtes glaubte Giorgi, richtig zu handeln, wenn er in einer Nachschrift auf neuerliche militärische Erfolge der Nordstaaten hinwies. Mit diesem Nachdruck versehen, ging ein Bericht Giorgis am 25. Oktober 1863 noch von New York aus, also vor seinem Dienstantritt in Washington, ab.
Es sollte nicht lange dauern, und dann wird Präsident Lincoln einen gewissen Matias Romero bei sich empfangen und ihm versichern, wie groß die Sympathie der Amerikaner für die Sache des Mannes sei, der Romero nach Washington entsandte, nämlich *Benito Juárez*.

Diese Szene war geschickt arrangiert. Indem der *Präsident* der US Romero aufs freundlichste empfing und ihm vor der Öffentlichkeit – dafür sorgte die Presse – einen Sympathiebeweis lieferte, war *das State Departement* nicht mit dem Vorgang belastet. Der fragliche Besuch erfolgte nämlich zu einer Zeit, in der es nicht gut stand um die Sache Juárez. Noch vermied man im State Departement irgendein Hervortreten in der mexikanischen Frage zugunsten von Juárez, das Wien wohl vor den Kopf gestoßen hätte. Man war 1863 im Umgang mit den Österreichern noch nicht wieder so weit wie 1853 bei der Affäre in Smyrna. Und es lag dem State Departement viel daran zu wissen, daß der Kaiser von Österreich nicht den *Rebellen im Süden* seine Sympathie zuwandte, sondern den Nordstaaten.
Die Zeitungen in den US, so ein Bericht Giorgis, machten allerdings in ihren Berichten über den Empfang Romeros im Weißen Haus aus ihren Herzen keine Mördergrube. Und sie wiesen darauf hin, daß Juárez mit 27000 Mann wieder die Offensive gegen Truppen der provisorischen Regierung in Mexiko aufgenommen hatte. Juárez' Ankündigung, er werde das provisorische Regime ersetzen durch eines, das auf *allgemeinen freien Wahlen* beruhe, war geschmückt durch die Erwartung, er werde die Anerkennung durch die US anstreben ... Und tatsächlich amtierten in einigen Städten der US noch immer die vor der Flucht Juárez' aus der Hauptstadt Mexikos eingesetzten Konsuln. Giorgi versäumte nicht zu berichten, daß Romero für die Anreise nach Washington ein Schiff unter *britischer* Flagge benützt habe.
Das Jahr ging nicht zu Ende, bevor Giorgi von dem erfolgreichen Auftreten eines neuen Heerführers des Nordens im Mittelwesten berichtete: die Siegesserie *General Grants* begann.
Es wäre schwer, in den Berichten Giorgis auch nur eine Passage zugunsten des Abenteuers, in das sich im folgenden Jahr 1864 der unglückliche Erzherzog Maximilian stürzte, zu finden.

11.

Demokratie in Amerika: USA

Ehe noch die 13 Kolonien mit ihrer Revolution gegen die Krone Englands und das Parlament in London ihre Selbständigkeit militärisch heranzwingen und 1783 in einem Friedensvertrag die volle Unabhängigkeit erlangen konnten, bestanden längst tiefgehende Unterschiede zwischen dem Norden und dem Süden. Den Vätern der US war es eine Selbstverständlichkeit, daß eine Ursache solcher Mißstimmigkeiten und Zwiespältigkeiten, nämlich die im Süden legalisierte *Negersklaverei*, im Verlauf eines unaufhaltsamen Fortschritts der Menschheit quasi *von selbst verschwinden* würde. Aber die Folgen der unter britischer Herrschaft eingeführten Negersklaverei sind bis dato noch nicht aus der Welt geschafft. Der erhoffte Fortschritt auf wirtschaftlichem Gebiet, die Industrialisierung in den US, hat in der jungen Republik den Konflikt um die Negersklaverei noch verschärft. Für die *Latifundienwirtschaft im Süden* war die Negersklaverei Voraussetzung für einen Bodenertrag, der im Handel den Besitzenden große Gewinne einbrachte und das Exportgeschäft ertragreich machte. Baumwolle und Tabak standen in diesem Geschäft obenan. Aber bei Ausbruch des amerikanischen Bürgerkrieges gab es in den Südstaaten nur *eine einzige Eisenhütte.* Der Norden hingegen machte bei der Industrialisierung enorme Fortschritte. Negersklaven waren in den Fabriken nicht nötig, nicht zu gebrauchen; die Alte Welt lieferte billige Arbeitskräfte schiffsladungweise.
1861, bei Ausbruch des Bürgerkriegs in den US, war die Elite im Politischen, zumal in Washington, vom Süden gestellt. Die jeweils amtierenden Präsidenten hatten oft Mühe, in Streitfragen, die den Norden vom Süden trennten, Kompromisse überhaupt zustande zu bringen, um dann auf solchen wackeligen Grundlagen die Geschäfte zu führen. Im Süden kam man im Verlauf sol-

cher Auseinandersetzungen immer mehr zur Überzeugung, daß ihm bei Kompromissen mehr abverlangt wurde als erträglich war; im Süden kam die Vorstellung auf, ärgstenfalls könne man ja aus der Union wieder austreten und aus den so entstehenden selbständigen Staaten im Süden eine *lose Konföderation* bilden – mehr Staatenbund als Bundesstaat. Das aber brachte einen neuen Konfliktstoff in die inneren Auseinandersetzungen: Die *Zentralisten,* die eine gewisse Übermacht der Union für den Bestand des Gesamtstaates für unerläßlich hielten, stießen damit auf *Föderalisten,* die der Union nur so viel an Rechten ablassen wollten, als sie zu ihrer Aufrechterhaltung brauchte. Die *radikalen* Zentralisten und die Vertreter eines *krassen* Föderalismus haben mehr zum Ausbruch des Bürgerkrieges beigetragen als *Moralisten,* welche die Sklaverei in einem Staat des Weißen Mannes für eine Schande hielten, und jene im Süden, für die der Negersklave kein Mensch war, sondern ein Stück des Betriebsinventars.

Als im Wahljahr 1860 die junge Republikanische Partei den im Süden und in anderen Teilen der Union als Hinterwäldler abqualifizierten Anwalt *Abraham Lincoln* zum Kandidaten für das Amt des Präsidenten aufstellten, wurde die Wahl für den Süden bei der gegebenen Interessenlage ein *Kampf um die Existenz* ihrer sozialen und wirtschaftlichen Ordnung. Mehr noch: Diese Wahl wurde zu einer Zerreißprobe, und der Ausgang der Wahl war, daß die Union die Zerreißprobe nicht bestand. Lincoln trat im Wahlkampf nicht *primär* als Vorkämpfer gegen die Negersklaverei auf. Er war als Wahlwerber in eigener Sache smart genug, darauf hinzuweisen, daß in der Verfassung des US die Worte Sklave oder Sklaverei gar nicht vorkämen. Die Väter der Union hatten damals dieses Problem umgangen, es hätte das Zustandekommen der Union zur Zeit des Kampfes um die Unabhängigkeit erschwert; einige Staaten gar von der Union ferngehalten, wenn man ihnen nicht in der Sklavenhaltung freie Hand gelassen hätte.

Aus gutem Grund hielt Lincoln die Väter der Union als viel weiser im Vergleich zu den Politikern und Staatsmännern seiner Zeit. Ein Politiker, dem man in liberalen Kreisen eine freisinnige Ideologie nachsagt, kann sich so ein Lob der Vergangenheit schon leisten, ohne deswegen als reaktionär oder dergleichen abqualifiziert zu werden. Und Lincoln versuchte auch im Wahlkampf, das Mißtrauen, das man ihm im Süden entgegenbrachte, vorweg zu zerstreuen. Jedenfalls tat er alles, um die Austragung der zwischen dem Norden und dem Süden aufgetretenen Verschiedenheiten der Standpunkte und Interessen mit Waffengewalt (schon redete man davon) zu verhindern. Etwa wenn er denen im Süden sagte:

»Wenn wir die Sklaverei als ein Übel betrachten, können wir (die Amerikaner) es uns doch erlauben, die *Angelegenheit so zu lassen, wie sie ist (!),* weil es die gegenwärtigen Umstände im Land erfordern ...«

Mochte der als ehrenhaft geltende Lincoln auch bei Gegnern Vertrauen erwerben können – man kannte nur zu gut die *Macher* in seiner Republikanischen Partei. Unter letzteren gab es Typen, von denen der Süden im Falle seiner Niederlage nur das Allerschlimmste erwartete. Diese Typen haben denn auch nach dem Sieg des Nordens über den Süden und der kurz danach erfolgten Ermordung Lincolns bewiesen, daß es ihnen um ganz andere Ziele ging als dem Präsidenten Lincoln zu Lebzeiten. Sie sahen den ganzen Süden als ihre Beute an: Die befreiten Negersklaven sollten in ihrem Modell der Demokratie jenes Stimmvieh werden, das ihrer Partei eine dauernde kompakte Mehrheit bei Wahlen verschaffte. Die Staatsmänner und Politiker aus dem Süden entmachteten sie nach dem Sieg. Aus dem Norden kamen in Scharen nichtsnutzige Geschäftemacher in den Süden, die ihren ganzen Besitz in einem Koffer unterbringen konnten, um alsbald bei der wirtschaftlichen Ausbeutung des Südens reich zu werden. Der im Krieg geschlagene Süden erlitt Wunden, die bis auf den heutigen Tag nicht geheilt sind. Die Negerfrage aber überdauerte trotz der von Lincoln erzwungenen Emanzipation der Negersklaven alle folgenden Regime in den US, sie hat bis dato ihre Spätfolgen.

Lincoln zog die Massen durch das an, was man eine *mystische Einfachheit* nannte. Eben Appeal, wie man heute sagt. Menschen mit Besitz und Bildung nannten ihn aber oft einen drittrangigen Anwalt vom Land. Lincoln war Gegner der Negersklaverei, aber den

Bestand der Union wollte er nicht aufs Spiel setzen. Er wollte die Union retten, er war überzeugt, daß in einer wiedervereinigten Union die Sklaverei keinen Halt hätte.
Lincolns Wahlsieg enthüllte ein gefährliches Manko in der Demokratie: Er konnte nur etwa *ein Drittel* der Wählerstimmen für seine Kandidatur gewinnen; die beiden Gegenkandidaten verfügten insgesamt *um eine Million Stimmen mehr als Lincoln.* Die Uneinigkeit der Gegner brachte dem Kandidaten den Sieg, der in der ganzen Geschichte der US mit der *schwächsten relativen Mehrheit* in der *größten inneren Krise der US ins Amt kam.*
Der Süden reagierte mit erstaunlicher Schnelligkeit und Entschiedenheit. Das Wahljahr war noch nicht vorbei, Lincoln längst nicht im Amt, da trat der Teilstaat Süd-Carolina aus der Union aus. Und am 1. Februar 1861 waren bereits die Teilstaaten Florida, Alabama, Georgia, Louisiana und Texas diesem Beispiel gefolgt. Sie argumentierten, daß sie die Negersklaverei aus moralischen (!) und wirtschaftlichen Gründen verteidigten und daß die gegen diese Institution gerichteten Aktivitäten den verfassungsmäßigen Zusammenhalt der US verletzten; daher das Selbstbestimmungsrecht (!) – right of selfdetermination –, das nun zum Tragen käme.
Das neue Jahr 1861 begann damit, daß an der Küste von Süd-Carolina eine Batterie auf das bewaffnete Dampfschiff »The Star of the West« feuerte, das Verstärkungen für das von Unionstruppen besetzte Fort Sumter vor Charleston bringen sollte. Der in statu abeundi befindliche Vorgänger Lincolns tat nichts. Dafür setzten die Südstaaten ihre Aktion fort und schlossen sich zu *Confederate States of America (CSA)* zusammen. Den früheren US-Kriegsminister Jefferson Davis wählten sie zum Präsidenten der CSA. Davis rief 100000 Mann zu den Waffen, ließ alles Eigentum der Union in den Staaten der CSA beschlagnahmen.
Am 4. März 1861 trat Lincoln sein Amt an. Am 10. April 1861 segelte von New York aus ein zweites Mal ein Schiff mit Nachschub für Fort Sumter aus. Die Artillerie der Südstaaten, alarmiert vor Ankunft des Schiffes vor Fort Sumter, nahm das Fort unter Feuer. Zwei Tage später kapitulierte der Kommandant des Forts gegen freien Abzug der Besatzung.

So entsteht ein Bürgerkrieg. Lincoln sah sich zu Maßnahmen gezwungen, die tatsächlich *verfassungswidrig* waren. So die Einberufung von Freiwilligen auf Zeit, die Festnahme von Kollaborateuren des Südens, ihre Inhaftierung ohne gerichtliches Verfahren et cetera. Man wird nachher sagen, daß Lincoln zu seiner Zeit und später der 32. Präsident der US Franklin D. Roosevelt während seiner New Deal-Ära jene Staatsoberhäupter im Mutterland der Demokratie der Neuzeit wurden, die sich gefallen lassen mußten, daß der Oberste Gerichtshof in ihren beiden Fällen mehr Verfügungen des Präsidenten aufhob als unter jedem anderen Nachfolger Lincolns und Vorgänger Roosevelts.
Vergleicht man diese Tatsachen etwa mit der Strenge, welche die US dem Alten Österreich gegenüber erwies, als dieses mit Schwierigkeiten in Zeiten der Unruhe nur mittels Gewaltanwendung fertigwurde, dann verliert manches eingealterte Vorurteil, das in den US über das Alte Österreich gefällt wurde, die innere Berechtigung. Auch drüben argumentierte man mit dem Hinweis auf den *Zwang der Umstände*, die eine Anwendung der *Gewalt der Tatsachen* provozierten, ja unerläßlich machten. Kein Regime kann sich, vor die Existenzfrage gestellt, dem entziehen.
Hülsemann war in diesem Konflikt in der angenehmen Lage, dem State Departement in Washington versichern zu können, daß sein Souverän sich gegen die Anerkennung der CSA ausgesprochen hatte. Anders der damalige König des seit 1860 geeinten Italien Viktor Emanuel II., der es anfangs mit den CSA versuchte, obwohl die US das 1860 geeinte Italien und seine Regierung in aller Form anerkannt hatten. In Unterredungen mit Hülsemann gab der damalige Leiter des Außenressorts der US William Henry Seward mehrmals zu erkennen, daß man die Haltung der Monarchie zu würdigen wisse. Um so mehr versuchte man in Washington, bei der Entsendung eines neuen Vertreters nach Wien eine Wahl zu vermeiden, bei der man den Refus für eine persona non grata riskiert hätte. Seward mußte schließlich einen Dreiertausch vornehmen, um Wien entgegenkommen zu können, ohne verdiente Parteigänger Lincolns, die von seiner Administration gute Posten im diplomatischen Dienst erwarteten, vor den Kopf zu stoßen.

Das war, als die Gefahr eines Krieges zwischen den US und Großbritannien bestand; und das Alte Österreich in dieser Krise für die US immerhin noch ein Haltepunkt ihrer Außenpolitik während eines Bürgerkrieges im eigenen Land war. Für Napoleon III. war die momentane Verschlechterung der Beziehungen zwischen Washington und London so etwas wie eine Aufmunterung dazu, seine Pläne zur Schaffung eines Stützpunktes für Frankreich in der Neuen Welt – in Mexiko – wieder mit mehr Nachdruck zu betreiben.

Seward zog Hülsemann ins Vertrauen, indem er anfangs 1862 diesen von den Schritten in Kenntnis setzte, die Washington gegenüber London und Paris um diese Zeit unternahm. Es war wohl der einzige Anlaß im Verlauf der Beziehungen beider Länder, während dem das Alte Österreich sich einer größeren Wertschätzung in Washington erfreute als die westeuropäischen Großmächte. Seward gab sich Österreich gegenüber ganz anders, als es 1853 sein Amtsvorgänger anläßlich des Zwischenfalles in Smyrna getan hatte. Er wies darauf hin, daß die US niemals darauf aus seien, den Weltfrieden zu gefährden; und daß sie an jenen Traditionen ihrer auswärtigen Politik festhalten wollten, die von der möglichst gelockerten Anwendung der Grundsätze des internationalen Rechtes ausgingen, insbesonders im Zusammenhang mit der *Seekriegführung.* Im letzteren Punkt hatten sich im Verlauf des amerikanischen Bürgerkriegs Zwischenfälle ergeben, bei denen sichtbar wurde, wie sehr sich die Ansichten der US und jene Großbritanniens im Ernstfall unterschieden. Zweitens wollte Seward Österreich versichern, daß seine Regierung es ernst nähme mit den Rechten und Verpflichtungen gemäß dem internationalen Recht in Kriegszeiten. Daran schloß sich ein Ausdruck des Dankes an die k.k. Regierung für deren Haltung anläßlich des bestandenen ersten größeren Konflikts mit Großbritannien.

Hülsemann versäumte nicht, Wien bei dem momentanen Eindruck zu halten, daß man anscheinend am Beginn neuer und besserer Beziehungen zwischen beiden Staaten stand. Die willkürliche Verhaftungswelle, die in den Nordstaaten bei Ausbruch des Bürgerkrieges gegen Andersdenkende oder des Verrats verdächtigte Personen eingesetzt hatte, hatte ein schlechtes Image vom Land der Freiheit hinterlassen. Wurden doch zahlreiche Verhaftungen vorgenommen, ohne daß dabei die den Betroffenen zukommenden Freiheitsrechte respektiert worden wären, also ohne Beiziehung der ordentlichen Gerichte. So wurden von den Betroffenen viele ein Jahr lang in Haft gehalten. Es geschah somit in den US genau das, was man Staaten in der Alten Welt anläßlich der letzten Welle der Revolution in Europa vorhielt: politische Repressalien unter Umgehung unveräußerlicher Rechte eines Individuums. Zugleich mit dem Hinweis auf die Bereinigung dieses inneren Dilemmas der US berichtete Hülsemann von einem günstigeren Fortgang des Kriegsgeschehens nach Zeiten, in denen sich der Süden als militärisch überlegen, seine Truppen als besser geführt erwiesen hatten. Nicht erwähnte Hülsemann das erste Modell dessen, was nach der endgültigen Niederlage der Südstaaten als eine *reconstruction* in den eroberten Ländern zur Anwendung kam: nämlich die Einsetzung von Militärgouverneuren in eroberten Teilstaaten. An Ort bestehende Einrichtungen, die noch vor Ausbruch des Bürgerkriegs auf durchaus gesetzliche Weise ins Amt gekommen waren und von Zivilisten geleitet wurden, schob man beiseite. Das jus gladii kam in Anwendung, und selbst eine seriöse Zeitschrift wie »Harpers Weekly« redete schon von »reconstruction« als künftigem Prinzip der Verwaltung nach der Eroberung von Louisiana, Arkansas und Süd-Carolina. Nicht ohne Vorbehalte sah man in der Redaktion dieser Entwicklung entgegen. Dann pries man schon in der nächsten Spalte der Ausgabe vom März 1862, wie glücklich man sich im Norden der US schätzen dürfe, wo man an der Spitze des Staates einen *wise and calm civilian* habe *and not a soldier.* Gemeint war Lincoln, den ein früher Tod davor bewahrte, nach dem Bürgerkrieg die Ära der reconstruction in den Südstaaten zu erleben, jene *Tragic Era* in der Geschichte der US. Die Zeit nach 1865, als sich ein Haufen übler Typen über den am Boden liegenden Süden hermachte, um sich – abgesichert durch einflußreiche Politiker in Washington und brutale Militärs an Ort – schamlos zu bereichern. Auf Kosten besiegter *Amerikaner.*

Nicht lange lagen die Beziehungen zwischen Washington und Wien im Sonnenlicht. Die künftigen Ereignisse in Mexiko warfen schon im März 1862 ihre Schatten voraus. So erfuhr man anfangs April 1862 in Wien, was Seward den Botschaftern der US in London und Madrid aufgetragen hatte, als es ernst wurde mit dem Plan, die *Anarchie in Mexiko* von seiten eines Staates der Alten Welt – Frankreich – unter Kontrolle zu nehmen; und dort eine *Monarchie* (!) unter einem Prinzen aus einer der in der Alten Welt herrschenden Dynastien zum Kaiser des Landes zu machen. In Washington war die Stimmung so, daß die Residenz des französischen Botschafters in Flammen aufging. Hülsemann gewährte Madame Mercier Obdach. Er nannte eine Schadenshöhe von 14 bis 14.000 $, von der *Ursache* des Brandes steht kein Wort in dem Bericht.
Dagegen war Hülsemann in der Lage, dank dem Entgegenkommen eines Kollegen, wie er schrieb, dem Ballhausplatz eine Abschrift der Weisung vorzulegen, die Seward an den Botschafter der US in London Mr. Layton gerichtet hat; und in der vor allem die Ansicht des Präsidenten Lincoln zur Frage Mexiko an mehreren Stellen zwecks Unterstützung der Argumentation des State Departements aufscheint. Es wäre gut gewesen, wenn diese in Wien bei Hof und am Ballhausplatz immerhin alarmierende Stellungnahme der US zu den Verhältnissen in Mexiko vor allem von jenem Mitglied der kaiserlichen Familie vorweg zur Richtlinie seines Handelns gemacht worden wäre, das schließlich als Opfer einer der Bürgerkriegsepochen in Mexiko seinen dortigen Einsatz mit dem Leben bezahlen mußte: Erzherzog Ferdinand Maximilian, 1867 als Kaiser von Mexiko in Querétaro von Truppen der Gegenrevolution unter Juárez erschossen.
Seward ging von der nicht ganz richtigen Annahme aus, wonach das 1863 am Rande des Untergangs befindliche Regime Juárez in Mexiko der Verfassung des Landes entsprach und vom mexikanischen Volk anerkannt war. Man erinnert sich, daß die US 1849, während der Revolution in Ungarn, in der Alten Welt gegen die Regierung in Österreich intrigierte und die Absicht hatte, durch direkte Einflußnahme nicht nur das Revolutionsregime Kossuths,

sondern die Republik Ungarn, deren Diktator Kossuth war, *de facto anzuerkennen.* So miserabel wie 1862 das Regime Juárez war nun die Regierung in Wien 1849 nicht, als daß damals die US ihre Monroe-Doktrin zu ihrer Einbahnstraße erklärten, auf der sich westwärts zu bewegen den Staaten der Alten Welt verboten war. Während sich die US in die inneren Zerwürfnisse Österreichs mit einiger Dreistigkeit einmischten. 1862 ließ Seward durch eine gezielte Indiskretion Hülsemann wissen, was man seitens der US zu erwarten hätte, wenn es in Mexiko zur Errichtung einer Monarchie unter einem Herrscher aus einer der Dynastien der Alten Welt käme. Lincoln war davon überzeugt, daß eine Monarchie in Mexiko, die mit Hilfe einer aus dem Ausland kommenden Waffengewalt errichtet würde, keine Aussicht auf dauernden Erfolg haben könne. Vielmehr würde ein solches Regime in dem Moment zu Fall kommen, in dem die *ausländische Unterstützung* desselben aufhöre.

Lincolns Sympathien galten *allen* auf amerikanischem Boden bestehenden Republiken. Hierin machte seine ausgesprochene Vorliebe für die in Mexiko unter Juárez keine Ausnahme. Aber Mexiko war unmittelbarer Nachbar der US, eine Monarchie in Mexiko liebte man in Washington noch weniger als irgendeine Monarchie in der Alten Welt oder jene *noch in Brasilien bestehende.* Wenn Lincoln seine Sympathie für Juárez und sein Regime gewissen europäischen Staatskanzleien zur Kenntnis brachte, so handelte er zunächst noch ohne die Zustimmung des Senats. Jene Zustimmung, die für die staatsoffizielle Außenpolitik der US notwendig ist. Aber Lincoln rechnete damit, daß dann, wenn er erst einmal seine Parteifreunde im Senat von der Leine lassen werde, diese noch viel drastischer für Juárez und gegen die Monarchie in Mexiko eintreten würden. Und dieses Zuviel hätte im Moment die nicht ganz wertlosen Sympathien Österreichs, die den Nordstaaten galten, zur Unzeit schmälern können.

Lincoln steckte seine Politik in der mexikanischen Frage ab, als es um die militärische Lage der Nordstaaten nicht gut stand. In Vera Cruz waren zudem bereits französische Kampftruppen an Land gegangen. Ihr Vorgehen bewies, daß es sich nicht mehr um eine

Polizeiaktion zwecks Beschleunigung der Schuldenabtragung der mexikanischen Republik handelte, sondern um einen tiefgreifenden Anschlag auf innere Zustände im Land, auf Juárez und *seine Herrschaft über das Land.* Um auf diese Weise Raum zu schaffen für eines der *abenteuerlichsten* Unternehmungen Frankreichs, nach dessen Scheitern man dem eigentlichen Opfer, den vom siegreichen Juárez zum Tode beförderten Erzherzog Ferdinand Maximilian, die aus dem Scheitern resultierende Schmach anhängte: kaiserlicher Abenteurer. Das traf nicht nur den toten Erzherzog und Kaiser, sondern war dem in der Alten Welt bestehenden monarchistischen System zugedacht, das solche Abenteurer und solche Abenteuer produzierte. Noch gab es aber für Washington Krisen vor der eigenen Haustür:

Im Juli 1862 lief aus Liverpool der dort gebaute Kreuzer »Alabama« aus. In der Nähe der Azoren wurde er einer Besatzung aus den Südstaaten übergeben. Den Auftrag zum Bau dieses Schiffes erhielt die Lieferfirma noch vor Ausbruch des Bürgerkriegs aus Washington. Die nunmehrige Auslieferung des Kriegsschiffes an die *Südstaaten* war eine Maßnahme, die, wie es sich zeigte, den US zu schaffen machte. Der Einsatz der »Alabama« im Seekrieg schuf den US Kosten angeblich in Höhe von 125 Millionen $. Erst vier Jahre nach dem Sieg der Nordstaaten einigten sich Washington und London in Genf. Die US gaben sich schließlich mit bloß 15 Millionen $ als Entschädigung für die Schäden, welche die »Alabama« in Kriegszeiten seiner Schiffahrt zugefügt hatte, zufrieden. Fachleute haben festgestellt, daß diese unter starker Pression der US ausgehandelte Summe bei weitem den tatsächlich von der »Alabama« angerichteten Schaden überstieg. Die geschädigten Handelshäuser in den US bekamen keinen Deut, die Entschädigung inkassierte die Regierung. So machte man dort Politik.

Den Heerführern des Nordens wie des Südens fiel lange Zeit keine andere Strategie ein, als daß die Blauen sich verbluteten in sukzessiven Versuchen, die Hauptstadt der CSA, Richmond, zu erobern; und die Grauen vergeudeten ihre kostbarste Waffe, die von *besseren* Militärs geführten *besseren* Truppen, in Angriffen,

welche die Initiative des Nordens schwächen sollten. Es war abzusehen, wann der besser geführte, aber materiell schwächere Gegner hiebei der Verlierer sein werde. Die einzige im Krieg mögliche Wohltat, *die rasche Entscheidung* unter Vermeidung langdauernder blutiger Kämpfe, wurde den Amerikanern in der ersten Phase ihres Bürgerkriegs nicht zuteil. Es dauerte Jahre, bis die Unbrauchbarkeit des Frontalangriffs erfaßt wurde, *im Süden zu spät,* und man die überlegene Zweckmäßigkeit von Erdverschanzungen einsah. Oder, wie es ein Oberst ausdrückte: Die Kunst, die Leute unsichtbar zu machen. Einmal mehr erwies sich die Verteidigung als die stärkere Methode. Gewehr und Spaten, die Hauptwaffen des Infantristen des Ersten Weltkriegs, bestätigten mit ihrer Anwendung diesen Grundsatz des preußischen Generals Clausewitz. Und da war das *Drahtverhau,* in den Augen derer aus dem Süden eine derartig teuflische Erfindung, daß sie nur einem Yankee einfallen konnte.
Der moderne Krieg des 20. Jahrhunderts erlebte die erste Probe: Handgranaten, Holzkastenminen, Raketen, allerlei Fallen, ein Hinterladergewehr Modell Spencer, das bereits dem überlegen war, mit dem die Preußen 1866 die Österreicher besiegten – und das Maschinengewehr. Letzteres kam gleich in zwei Modellen zum Einsatz. Feldtelegrafen ergänzten die Nachrichtenübermittlung durch Blinken und Fahnensignale. Beide Parteien setzten Panzerzüge ein. Zwei Panzerschiffe brachten dem Norden die Überlegenheit zur See. Da war ja der nachherige Sieg der k.k. Marine Jahre später bei Lissa eine einzige Überraschung, als die alten Holzschiffe der Österreicher sich der modernen Rüstung eines der alten seefahrenden Völker der Erde, der Italiener, überlegen zeigten.
Zwei Männer gaben dem Endkampf im amerikanischen Bürgerkrieg das Gepräge: Ulysses S. Grant und William Tecumseh Sherman. Ersterer hinterließ für den Zweiten Weltkrieg die Formel des Siegers: BEDINGUNGSLOSE KAPITULATON DES GESCHLAGENEN GEGNERS. Letzterer bereitete eine moralische Entartung vor, die ihm den Schreckensnamen DER ATTILA DES AMERIKANISCHEN KONTINENTS einbrachte.

Am 31. August 1863, im Jahr der großen Wende im Bürgerkrieg, ging der Nachfolger Hülsemanns, Nikolaus Graf Giorgi, in New York an Land. 10 ½ Tage hatte die Überfahrt gedauert, und der nicht eben wehleidige Graf meldete nach Wien, er sei ohne Seekrankheit davongekommen. Der Graf nahm seine Tätigkeit sofort mit Eifer und Geschick auf. Seine Berichte über die Zustände und Vorgänge in Mexiko unterscheiden sich in der Sache überhaupt nicht von denen seines Vorgängers. Auch Giorgi fand die Lage in Mexiko dermaßen gefahrvoll für ein Experiment, wie es Napoleon III. plante, daß er nur hoffen konnte, man würde sich in Wien nicht auf derlei Dinge einlassen. Zu beanstanden hatte der Graf nur die Aktenverwaltung, deren Zustand nach einem Vierteljahrhundert angespanntester Tätigkeit seines Vorgängers mit Materialien überladen war.
Bei Giorgis Kommen war die Presse in den US schon den Schlußfassungen des Präsidenten Lincoln und des State Departements voraus. So konnte sich eine Zeitung die erlogene Behauptung halten, man stünde vor einer Allianz zwischen einem von einem österreichischen Erzherzog regierten Mexiko und den »Rebellen« in den Südstaaten der US. Diese Unwahrheit wirkte in der gespannten Atmosphäre, die im Norden der US im Verlauf des Bürgerkrieges entstanden war, besonders herausfordernd. War doch jeder Bürger und jeder politische Faktor, der sich im Bürgerkrieg nicht auf die Seite des Nordens stellte, ein Helfershelfer der Rebellen. Giorgi ließ vom Beginn seiner Tätigkeit in Washington an in Wien keinen Zweifel darüber aufkommen, daß ein Sieg des Nordens im Bürgerkrieg zugleich das Ende einer Monarchie in Mexiko sein würde. So der Graf, noch *ehe* Maximilian es sich endgültig überlegt hatte, die Krone Mexikos doch anzunehmen.
Lincoln tat nun ein übriges: Er empfing als Abgesandten Juárez' Mr. Romero, um so vor der Öffentlichkeit eine Geste der Sympathie für die Sache Juarez' zu zeigen. Seward vermied im Umgang mit Giorgi, auf diese Sympathieerklärung des Präsidenten einzugehen. Aber Giorgi traute angesichts dieser Doppelbödigkeit der Außenpolitik der US keinem der beiden hohen Herrn mehr ganz. Die Zeitungen taten das Ihre, um das Kommen des

Erzherzogs nach Mexiko als Gefahr hinzustellen: Ein solches Regime würde ein Hindernis für die Überlandverbindung nach Kalifornien darstellen. Ein falsches Gerücht, das aber geeignet war, im Strom derer, die nach dem Westen und nach Kalifornien drängten, Unruhe und Mißmut, nicht zuletzt gegen Österreich, zu erwecken. Letzteres, obwohl bis zum Zeitpunkt keine Äußerung bei Hof in Wien oder von seiten der k.k. Regierung vorlag, der auch nur im entferntesten zu entnehmen gewesen wäre, daß sich die k.k. Regierung für die Pläne Frankreichs und insbesonders Napoleons hergeben könnte.

Das Kommen Romeros nach Washington wirkte besonders deswegen sensationell, weil dieser seinerzeit Geschäftsträger Mexikos in Washington gewesen ist; weil mit ihm gleich eine größere Anzahl von Personen mitkam und so der Eindruck entstand, als sei es nur mehr eine Frage von Wochen, bis Romero die de facto-Anerkennung des praktisch depossedierten Regimes Juárez in Händen habe. Daß Romero sicherheitshalber einen englischen Dampfer für die Anreise benützte, wurde in Washington mit Genugtuung vermerkt. Durfte man doch derlei als Zeichen dafür ansehen, daß sich Großbritannien endgültig von der abenteuerlichen Politik Napoleons III. distanziert hatte. Und Lincoln ließ geschicktermaßen keinen Anlaß vergehen, der geeignet schien, seiner Sache dienlich zu sein:

Das zaristische Rußland galt in der öffentlichen Meinung der US als der *finsterste Winkel der Reaktion* in der Alten Welt. 1861 hat Zar Alexander II. die Leibeigenschaft aufgehoben. Damit ging er weit über Versuche hinaus, die schon unter Alexander I. in den baltischen Gebieten gemacht worden sind, wo die damalige Maßnahme nicht mehr schuf als *freie* Bauern *ohne Land.* Nach 1917 hat das bolschewistische Regime den bescheidenen Landbesitz, der nach der Befreiung von 1861 den Bauern zufiel, diesen weggenommen und das Bauernland beschränkt auf Wiese, Garten und Kleinvieh. Die Tat Alexanders II. war zu ihrer Zeit ein mutiges Vorgehen, zumal der Zar die bisherigen Herren und Landbesitzer, die per saldo verlieren mußten, gegen sich hatte; und der Kampf im Untergrund, der sich damals im vorindustriellen Zeit-

alter auf die verarmte Landbevölkerung stützen wollte, nie zugeben konnte, daß der Zar wirklich eine Befreiung, *verbunden mit Grunderwerb,* eingeleitet hat. In den US verglich man ziemlich unzutreffend die Tat des Zaren mit dem Vorhaben, im eigenen Land die Sklaverei aufzuheben. Mit einem Mal fiel von dem hellen Licht, das auf dem künftigen Sklavenbefreier Lincoln lag, auch einiges auf den ansonsten mäßig geschätzten Zaren von Rußland. Zwei russische Eskader, welche amerikanische Häfen am Atlantik und am Pazifik anliefen, wurden mit gut gemachten Freundschaftskundgebungen begrüßt. In New York ließ man sich das 30.000 $ kosten. Und der Trubel war größer als jener beim Empfang des ungarischen Exdiktators, der trotz seines Terrorregimes über die in Ungarn ansässigen nationalen Minoritäten in den US als Befreier galt. Wer immer sich *gegen Österreich* wandte, durfte in den US auf Sympathie stoßen, also jetzt auch der Zar und sein Regime über Rußland. Lincoln und Alexander II. standen bei dieser Beurteilung in einer Linie; so wie man später den österreichischen Bauernbefreier Hans Kudlich mit Lincoln in eine Linie stellte, dies in der völligen Unkenntnis des Unterschieds zwischen Sklaverei in den US und Erbuntertänigkeit sowie Robot in Österreich. Wo es Licht gab, war es selbstverständlich, daß der Schatten womöglich auf Österreich fiel. Nachdem im amerikanischen Bürgerkrieg Österreich sich gegen die Rebellen im Süden gestellt hatte, bekam es den Anschein, als hätten die US jetzt auch Rußland auf ihrer Seite. Und Rußland war und blieb noch lange der Gegner Londons, dem man in Washington während des Bürgerkriegs nie ganz traute.
Wichtiger als das Getue um den Empfang der russischen Eskader war für Giorgi eine Schilderung der Lage, in die Erzherzog Ferdinand Maximilian hineinzustolpern schien, nach anderen Anschauungen von Napoleon III. gestoßen wurde. Demnach besaß das von den Franzosen in der Hauptstadt Mexiko errichtete provisorische Regime, das sich den Erzherzog zum Kaiser wünschte, im Gegensatz zu Juárez keine nennenswerten militärischen Kräfte. Um dieses Regime zu halten, sollte sich Napoleon III., so die Überzeugung Giorgis, viel stärker engagieren. War das zu

erwarten? Gab es nicht schon in Frankreich Stimmen, die ein Disengagement in Mexiko verlangten, bevor der zum Kaiser ausgerufene Erzherzog noch den Boden seines künftigen Kaiserreiches betreten hatte? Herrschte nicht in Mexiko Anarchie, allerdings eine, die sehr den Interessen der US dienlich war, so daß Juárez im Lichte dieser Ereignisse geradezu als ein Ordnungsfaktor angesehen werden konnte? Was nützte es, wenn der Oberkommandierende der französischen Invasionstruppen in Mexiko behauptete, er würde mehr Truppen benötigen, um der Sache in Mexiko Herr zu werden? In Paris zuckte man die Achseln: Generale klagen immer, sie hätten zu wenig Truppen, und sie fürchteten, in schwierigen Lagen ihr Renommée zu verlieren.
Die Grenze Mexikos zu den US war oft nur mehr vage, wenn das den gemeinsamen Interessen Washingtons und Juárez' entsprach. So konnte es geschehen, daß Truppen der Nordstaaten im Verein mit Juaristen in das an sich von den CSA kontrollierte Texas einfielen. Was bedurfte es noch, um in Wien zu erkennen, daß die US und Juárez selbst ohne definierte Beziehungen beider Regierungen zueinander sehr wohl in der Lage waren, *auf einen gemeinsamen Feind loszugehen?* Heute auf die CSA in Nordamerika, morgen gegen die Regierung in der Hauptstadt Mexiko und ihren sogenannten Kaiser.
Seit September 1863 weilte der langjährige österreichische Vertreter in den US Johann Georg Hülsemann in Wien. Nunmehr schon seiner Funktion ledig, unterließ er es dennoch nicht, den Ballhausplatz vor den Gefahren zu warnen, die dem tatenfrohen Erzherzog Ferdinand Maximilian und seiner ehrgeizigen Gemahlin in Mexiko bevorstanden, falls sich das Paar entschließen würde, den Sirenentönen mexikanischer Emigranten zu folgen und sich als Herrscherpaar in einem von Anarchismus und Amerikanismus durchwühlten Land in die Wogen eines blutigen Bürgerkriegs zu werfen. Hülsemann ging in seiner Denkschrift, die er dem Ballhausplatz zur Verfügung stellte, davon aus, daß *selbst die im Bürgerkrieg befindlichen Nordstaaten* sich in der Zwangslage befänden, sich in die drohende Entwicklung in Mexiko rechtzeitig einzuschalten. Ein Kaiser von Mexiko sei, so Hülsemann, nolens vo-

lens auf Hilfe von außen angewiesen. In Washington müsse man also damit rechnen, daß dieser Kaiser auch die Hilfe jener Staaten annehme, mit denen man sich in Washington momentan nicht gut sprach. Trotz allem, was über die Fronten im Bürgerkrieg aus dem Süden zu hören war, blieb es nicht ausgeschlossen, daß dieser Kaiser schließlich doch gemeinsame Sache mit den CSA mache. Die Endkrise der CSA, als man dort vermeinte, man könne sich vor dem Untergang retten, indem man dem Norden ein Bündnis *gegen* Kaiser Maximilian anbot, war noch nicht gekommen.
Die CSA waren vielmehr begierig, im Endkampf die Hilfe Napoleons III. für sich zu ergattern. Ob aber der Kaiser der Franzosen zu diesem Arrangement noch die Kraft hatte, war fraglich. Die CSA haben, so Hülsemann, einige Hilfen von Frankreich erhalten, ihre Lage sei aber so schlecht geworden, daß Napoleon III. es sich wohl überlegen werde, nach dem Experiment in Mexiko sich noch ein weiteres in den Südstaaten aufzuhalsen.
Jene in den Südstaaten, die an einen gemeinsamen Feldzug der Truppen der US und der CSA gegen Mexiko dächten, täten es nur unter *dem Anschein*, als wäre man sich wieder einig in dem Bemühen, dort Ruhe und Ordnung statt Anarchie ans Werk zu bringen; in Wirklichkeit aber wolle man eine Brücke haben, über die man gehen könne, um dem Bürgerkrieg ein Ende zu machen und die Ehre zu retten. Würden aber nicht selbst die Wirtschaftsliberalen des Nordens ein solches Zusammengehen mit den CSA unterstützen, wo sich doch dieses letzten Endes gegen die Reaktion der Monarchisten und Konservativen in Mexiko richten müßte? Und Hülsemann schloß, daß die dem österreichischen Erzherzog zugedachte Aufgabe in Mexiko so sei, als würde man von ihm erwarten, das Meer auszutrinken – une mer à boire.
Mit dieser letzten unmißverständlichen Warnung schied Hülsemann aus der Szene. Noch wichen Truppen der Nordstaaten irgendwelchen Grenzkonflikten mit dem Militär der provisorischen Regierung in Mexiko aus. Dafür ergriffen nach dem Präsidenten auch im Kongreß die Liberalen das Wort, um gegen jedes monarchistische Experiment in Mexiko zu wettern. Seward blieb vorsichtig. Ende 1863 hat er den Vertreter der US in Wien John

Lothrop Motley, einen der wenigen auf diesem Posten, die sich um ihren Auftrag kümmerten und Verständnis für die Vielvölkermonarchie hatten, *beauftragt*, sich in der mexikanischen Frage jeder amtlichen Äußerung zu enthalten. Seward warnte auf seine Weise auch Graf Giorgi:

Anfangs 1864 wies er darauf hin, daß sich der Vorsitzende des Senatsausschusses für auswärtige Angelegenheiten Mr. Sumner in nicht zu überbietender Schärfe gegen die einem österreichischen Erzherzog zugedachte hohe Aufgabe in Mexiko ausgesprochen hat. Napoleon III. sollte demnach dort keine Monarchie militärisch abstützen, sondern vielmehr seine Truppen raschestens aus dem Land abziehen. Sollte der österreichische Erzherzog die ihm von Exilpolitikern angebotene Krone annehmen, dann müßte sich über die so entstehende Lage Napoleons III. wohl zuerst direkt mit Washington ins Benehmen setzen; ein Ausgang dieser direkten Unterhandlungen würde vom Ausgang des Bürgerkriegs in den US abhängen.

Gewisse Geschäftsleute in den US waren nicht abgeneigt, über das Experiment des österreichischen Erzherzogs zu sprechen; es konnte dann eine *Zollunion* entstehen, mit der Mexiko bei der erwarteten Schwäche eines dortigen monarchischen Prinzips gewissen Geschäftsinteressen mehr Chancen bieten würde als ein ständig von Revolutionen und anarchistischen Zuständen erschüttertes Land.

Das Jahr 1864 war für Österreich – leider – ein Kriegsjahr. Es ließ sich vor die geheimen Annexionsansprüche spannen, die Preußen bezüglich der Herzogtümer Schleswig und Holstein hegte, die aber momentan durch die ungeschickte Politik des Königs von Dänemark blockiert zu sein schienen. Der gemeinsam mit Preußen gegen die Dänen geführte Feldzug im Hochwinter auf 1864 war der letzte siegreiche Waffengang der Österreicher. Nach 1866 fielen die Herzogtümer, wie von Bismarck geplant, an Preußen. Giorgi kümmerte sich weniger um diese Episode, in die sich sein Heimatstaat verwickeln ließ; er alarmierte Wien, weil die Waffenerfolge der französischen Invasionstruppen mehr und mehr ausblieben, jedenfalls nicht ausreichten, um den Widerstand der Jua-

risten endgültig zu brechen. Und der Graf scheute sich nicht, das Erzherzog Ferdinand Maximilian zugedachte Unternehmen in Mexiko ausdrücklich als eines hinzustellen, dessen Annahme *unklug* wäre. Sichtlich kannte der Graf die Art des jungen Erzherzogs, unter dessen vielen guten Eigenschaften sich leider nicht die politische Klugheit befand. Giorgio dachte frei von Illusionen: Er war froh, daß die Redeweise Sewards immer ungeschminkter wurde. Und Seward sagte dem Österreicher klipp und klar, daß aufgrund freier Wahlen in Mexiko niemals eine *Monarchie im Schatten der US* zustande kommen würde. Leider versäumte Giorgi zu entgegnen, daß unter solchen Umständen auch der von den US abgestützte Juárez niemals Präsident von Mexiko geworden wäre. Hat nicht auch Juárez seine Präsidentschaft militärisch erkämpft, um sich erst nachher durch eine Volkswahl abstützen zu lassen? Und *so eine* Volkswahl wird auch Maximilian nach seinem Eintreffen in Mexiko hinkriegen.
Die Stunde war da, in der die materiellen Kräfte der CSA erschöpft waren. Auch das übersah Giorgi nicht. Nach dem Sieg der Nordstaaten standen diesen ganz andere Möglichkeiten in ihrer Politik gegenüber Mexiko zur Verfügung als in Krisen des Bürgerkrieges.
Der Ballhausplatz konnte auf solche Warnungen nur damit antworten, daß er Giorgi beauftragte, jedes amtliche Gespräch in der mexikanischen Affäre zu vermeiden, da die *k.k. Regierung* nicht die Absicht habe, sich in diese Frage einzumischen. Noch wechselte zu Zeiten das Kriegsglück im amerikanischen Bürgerkrieg; aber Seward wechselte nicht mehr den Tenor in der mexikanischen Frage, selbst dann nicht, wenn die Beziehungen der Nordstaaten zu Großmächten in der Alten Welt, etwa Frankreich und immer wieder Großbritannien, sehr getrübt waren. Nur Österreich hat in diesem Bürgerkrieg nie die Sache der CSA unterstützt oder gar zur seinen gemacht.
Seward konnte ohne ein Risiko andeuten, das Experiment mit Maximilian wäre diskutabel, wenn seine Herrschaft auf *freien* Wahlen beruhen täte. Er wußte, daß sich auf diese Weise in Mexiko keine Mehrheit zugunsten einer Monarchie ergeben wür-

de; weil in diesem Land nie ein Präsident auf Grund *freier* Wahlen von einer Mehrheit ins Amt berufen wurde.
In Wien überschätzte man eine momentane Stellungnahme des mexikanischen Episkopats, die den *Anschein* hatte, als sei sie günstig für die Kandidatur des österreichischen Erzherzogs. Man registrierte sehr genau Rückschläge, die Juárez im Bürgerkrieg erlitt, überging aber seine Erfolge und vor allem die Tatsache, daß die französischen Truppen im *April 1864,* als der Erzherzog endlich nach massivem Druck Napoleons III. die Krone Mexikos annahm, noch immer nicht imstande waren, große Gebiete des Landes *dauernd* unter Kontrolle zu bringen. Hatten die Franzosen eine Provinzhauptstadt erobert und die ihnen genehme Verwaltung eingesetzt, dann kamen nach Abzug der Invasoren die Juaristen, um nicht nur das fremde Regime auszurotten, sondern auch den daran beteiligten Mexikanern eine blutige Lehre zu geben.
Giorgi hörte nicht auf zu warnen: In Washington täten sich abwechselnd Senat und Repräsentantenhaus geradezu überbieten in heftigen Ausfällen gegen ein Kaiserreich in Mexiko. Diese Warnung Giorgis trägt das Datum 15. April 1864. Tags zuvor hatte aber Maximilian in seinem Schloß Miramare die ihm angebotene Kaiserkrone angenommen. Erst am 7. Mai 1864 erreichte diese letztere Warnung Giorgis den Ballhausplatz. Da waren Maximilian und seine Frau schon unterwegs nach Mexiko. Nun richteten die Männer auf der Linken der Partei Lincolns ihre scharfen Angriffe nicht nur gegen eine Monarchie in Mexiko, sondern gegen die Person Maximilians. Der in Österreich in Kreisen von Liberalen über die Maßen geschätzte Erzherzog bekam in Washington sehr schlechte Zensuren. Die gute Queen Victoria von Großbritannien konnte Maximilian einmal mit seinem Charme bezaubern, die Liberalen mit den harten Gesichtern im Kongreß von Washington sahen in ihm nur *einen Tyrannen;* bestenfalls den Helfershelfer eines Diktators wie Napoleon III. *Napoleon III., den sie haßten,* weil er als Kaiser der Franzosen die freisinnigen Gedanken seiner Jugendzeit verraten und sich mit Hilfe der Pfaffen auf den Thron geschwungen hat.
Die Stimmung in den US täuschte, als die mexikanische Frage

scheinbar zurücktrat in den Aufmachungen der Zeitungen. 1864 war ein Wahljahr. Lincoln stellte sich nach einem langjährigen blutigen Bürgerkrieg, dessen Ende noch immer nicht abzusehen war, für eine *zweite Kandidatur*. Und während in den US Lincoln einem Wahlsieg und einer siegreichen Beendigung des Bürgerkriegs entgegenschritt, um nach dem Sieg von Parteigängern der Besiegten ermordet zu werden – ging Maximilian seinen Weg in den Tod. Am 12. Juni 1864 zog das Kaiserpaar in der Hauptstadt Mexiko ein. Der materielle Aufwand zur Gestaltung der Feierlichkeit war enorm. Und – nach anfänglicher Zurückhaltung des Volkes auf der Anreise schlug in der Residenzstadt jener Jubel dem Kaiserpaar entgegen, der nicht viel wert ist; weil mit dem nächsten pompösen Einzug ein anderer Machthaber gleichermaßen willkommen geheißen wird. Nur drei Jahre und fünf Tage später wurde Maximilian auf Befehl des siegreichen Juárez erschossen.

Für Giorgi kamen schwierige Zeiten:

Da nun Maximilian das Abenteuer Napoleons III. zu seiner Sache gemacht hatte, war die Stellung des k.k. Missionschefs in Washington prekär. Nur wenige glaubten ihm, wenn er betonte, die k.k. Regierung verhalte sich in dieser Sache neutral, mische sich nicht in die Vorgänge in Mexiko, nähme nicht Partei im dortigen Bürgerkrieg. Diese Wahrheiten wurden scheinbar zu Lügen, als es sich ergab, daß in Wien eine diplomatische Vertretung des Kaiserreichs Mexiko errichtet und so das monarchistische Regime Maximilians de facto, nachher in aller Form anerkannt wurde. In den US dagegen repräsentierte in Washington Mr. Ramon, der Beauftragte Juárez', in einigen Städten amtierten die seinerzeit von der Regierung Juárez entsandten Konsuln …

In den Staaten siegten die Blauen, aber der Endkampf entartete auf die scheußlichste Weise. Die Grauen führte Robert E. Lee, ein Soldat und Gentleman wie vor Zeiten Washingtons. Er rebellierte an sich nicht gegen die Union, er kämpfte *als Virginier für seinen Staat*. Er war und blieb inmitten des grausigen Finales des Bürgerkriegs aufrecht, ein Symbol der Ritterlichkeit vergangener Tage, für die es im Industriesystem und seiner militärischen Auswirkung keinen Platz mehr gab. Ihm gegenüber erhob sich antipodär William Tecumseh Sherman. Er verkörperte den gewollten Rückfall in die Barbarei im Krieg. Sein Prinzip war es, nicht nur die *kämpfende Truppe* des Feindes aus dem Feld zu schlagen, vielmehr erklärte er den Krieg auch an die *Zivilbevölkerung,* deren Demoralisierung helfen sollte, die Front des Gegners zunichte zu machen.

Am 1. September 1864 eroberten die Truppen Shermans gegen den verzweifelten Widerstand der Grauen die Stadt Atlanta, das sogenannte *Tor zum Süden,* ein wichtiger Eisenbahnknotenpunkt. Um keinen Feind im Rücken zu haben, ließ Sherman die Stadt von der Zivilbevölkerung evakuieren; eine Tat, die erst wieder mehr als hundert Jahre später die Kommunisten in Kambodscha mit Unterstützung ihrer kommunistischen Helfer aus Vietnam wiederholten.

In Washington gab es Militärs, denen die Methoden Shermans nicht zusagten. Dem Stabschef der US-Army entgegnete Sherman:

»Wenn sich die Leute (in Washington) über meine Barbarei und Grausamkeit beklagen, werde ich antworten, daß *Krieg eben Krieg* ist ... Wenn sie (die Feinde) Frieden wollen, müssen sie allesamt den Krieg beenden.«

Das war, vorweg gesagt, hitleristisch gesprochen. Und trotzdem urteilte ein Major im Stabe Shermans über seinen Chef:

»Er ist *demokratisch,* im besten Sinn des Wortes. An ihm ist *nichts Europäisches.* Er ist der Prototyp unserer Ordnung.«

Besser hätten es im Zweiten Weltkrieg die Staatsmänner, die den Bombenterror über Deutschland befohlen haben, und die Strategen, die ihn ausführen ließen, auch nicht rechtfertigen können, als die Alte Welt unter dem Bombenhagel, der vom Atlantik her gekommen ist, versank. Unvergessen ist Shermans Marsch durch Georgia. Noch lehrte man in den Schulen jenseits des Atlantiks, wie grausam doch die Alte Welt gewesen sei; etwa im 30jährigen Krieg, wenn namens der Papisten Heerführer wie Wallenstein oder Tilly ihre Raubzüge durch eroberte Länder führten. Sherman stand nicht hinter solchen Taten vergangener Jahrhunderte

zurück. Barbarische Methoden der Kriegführung, die in der Alten Welt vielfach schon vergessen waren, wurden von Sherman aufs neue zum Prinzip seiner militärischen Aktionen gemacht. Im Süden blieb er als »Attila des amerikanischen Kontinents« unvergessen; trotzdem fahren die Nachkommen der Verlierer von 1865 in Sherman-Panzern als Soldaten der US gegen den Feind.
Nie hat man im Alten Österreich, nicht einmal unter den Militärs, gewußt, was Sherman über seine Art der Kriegführung bekannte: daß die völlige Zerstörung der Straßen und Häuser und die Vernichtung der Bevölkerung die militärischen Hilfsquellen des Südens brechen sollten. Und *er* müsse Georgia zum Wehklagen bringen. Sollte man ihn zum Angriff zwingen, dann würden seine Truppen das unstillbare Verlangen bekommen, an Süd-Carolina Rache zu nehmen, und er – Sherman – fürchte für das Schicksal des betroffenen Landes. Langsam setzte sich Shermans Vorstellung durch: *Man müsse den Krieg über alle Maßen unheilvoll und furchtbar machen.* Nur diese Schrecken des Krieges machten dessen Wiederholung unmöglich.
Zu Mord, Brandstiftung, Raub und Schändung kam die Lüge als Mittel einer – wie man jetzt sagt – psychologischen Kriegführung. Sherman, erster Verwirklicher des *Prinzips der Verbrannten Erde* im Krieg, gab offen zu, er selbst täte die Lüge verbreiten, wonach diese Brände vom Feind gelegt seien. Und er konzentrierte so den Haß nicht nur auf die *Truppen* der CSA, sondern namentlich auf den Präsidenten der CSA *Jefferson Davis.* Als ob dieser höchst persönlich als Brandstifter tätig geworden sei ... Merkwürdig modern ist diese Diktion.
Am 21. Dezember 1864 fiel Savannah in die Hände der Truppen Shermans. Nachdem unzählige Neger noch einmal überplünderten, was ihre Befreier noch nicht geplündert hatten, präsentierte Sherman die zerstörte Stadt Lincoln als *Weihnachtsgeschenk* (!). Anschließend wurden Nord- und Süd-Carolina verwüstet.
Ulysses Grant, Philip Sheridan und andere militärische Führer der Blauen kamen an die Kriegskunst Shermans nicht ganz heran. Zimperlich waren sie auch nicht. Grant entschied, was Sherman durch Barbarei nur unvollkommen erreichte: Die Strategie des

Siegers über die CSA. Es war nicht seine Idee, wenn er auf einen lange genug vernachlässigten Plan zurückgriff, um den Mississippi entlang nach Süden zu stoßen, bis seine Truppen das Meer erreichten und die CSA so in zwei Teile zerspalten wurden. Blieb von Sherman das Prinzip der Verbrannten Erde, so hinterließ Grant jene Formel für den Fall einer Kapitulation des Gegners, die 1943 der 32. Präsident der US Franklin Delano Roosevelt, angeblich in einem Anfall unernsten Erinnerns, den Deutschen zugedacht hat: Kapitulation ja, aber nur BEDINGUNGSLOSE KAPITULATION, so wie das im Altertum so oft Brauch war bei der Unterwerfung ganzer Völkerschaften und Zerstörung ihrer staatlichen Gemeinschaft.

Lee kapitulierte im April 1865 vor Grant. Eine der großen Szenen der Geschichte der US. Die nachträgliche Rekonstruktion der Szene im Bild demonstriert tatsächlich die bedingungslose Kapitulation von Resten der Alten Welt in den US vor dem, was ein Offizier der Blauen seiner Sache zugute gehalten hat: *Unsere* Ordnung. Da sich das Heer Lees ohnedies auflöste, konnte es Grant sich leisten, jenen, die ein Pferd zur Zeit der Kapitulation besaßen, dieses zu schenken. Sozusagen als Anfangskapital für das Farmen auf der verbrannten Erde ihrer Heimat im Süden.

Das ereignete sich am 14. April 1865, kurz vor Ostern. Am Karfreitag wurde Lincoln ermordet. Für den Süden der US begann die sogenannte Tragische Ära, soferne man Ausplünderung und Terrorisieren im Land des Besiegten als Tragik bezeichnen kann und will. Für Kaiser Maximilian von Mexiko war das Ende des amerikanischen Bürgerkriegs der Anfang vom Ende seiner Kaiserherrlichkeit. Zugleich aber auch das tragische Ende eines begabten jungen Mannes aus der allerersten Gesellschaft der Alten Welt, der sich für geeignet glaubte, dort eine friedvolle Ordnung zu schaffen, wo nach Prinzipien gekämpft wurde, die Sherman im Krieg, üble Politiker aus dem Norden aber mit ihrer Machtfülle dem aller Freiheit beraubten Süden gegenüber vertraten.

12.

UNTERGANG IM TORNADO

Keine Macht der Erde hätte seinerzeit den Untergang des mexikanischen Kaiserreichs unter dem österreichischen Erzherzog Maximilian verhindern können. In Washington war er beschlossene Sache, ehe der unglückliche Maximilian seinen Fuß auf mexikanischen Boden gesetzt hat. Die Behauptung, wonach Erzherzog Maximilian von seinem kaiserlichen Bruder Franz Joseph I. ins Unglück entlassen, ja dazu ermuntert worden ist, war und bleibt eine Legende. Und nicht einmal der heimtückische Kaiser der Franzosen Napoleon III. wäre in der Endkrise des von ihm angezettelten Abenteuers eines Kaiserreiches in Mexiko willens oder in der Lage gewesen, sein Opfer, Kaiser Maximilian, vor dem tragischen Ende zu retten.

Mit der Gesundheit Napoleons III. stand es nach seinen großen Erfolgen in den Kriegen gegen Rußland, im Krimkrieg, und gegen Österreich 1859 nicht mehr zum besten. Antriebskraft seines sterbenden Kaiserreiches war in den sechziger Jahren immer mehr seine Gemahlin Eugenie, der Herkunft nach Spanierin und schon daher am Schicksal der früheren spanischen Kolonien und der spanischen Kultur jenseits des Atlantiks mehr interessiert als andere Europäer. Nach einigen Eheskandalen ihres Gemahls hat die Kaiserin die eheliche Gemeinschaft mit Napoleon für beendet erklärt, um sich dafür noch mehr in staatspolitische Dinge zu mengen, als sie das schon bisher getan hatte. Das Abenteuer in Mexiko und der total verlorene Angriffskrieg gegen die Preußen und die von diesen geführten Deutschen im Jahr 1870, der Untergang der Monarchie nach der Gefangennahme ihres Gemahls bei Sedan am 2. September 1870 – das waren die großen Hinterlassenschaften ihrer politischen Tätigkeit.

1861 verbrachte die Kaiserin schöne Tage in Biarritz. Dort hat sie

den Exilmexikaner Don José Hidaldo in den engeren Kreis ihres Salons gezogen. Später, im Exil in England, hat Eugenie einem französischen Geschichtsschreiber gegenüber selbst zugegeben, daß *sie* die letzten entscheidenden Anregungen für das mexikanische Abenteuer ihres schon ermüdeten Mannes gegeben hat.
Als der Neffe des Großen Napaoleon, Louis Napoleon, nach der Niederschlagung der Revolution des Jahres 1848 in Frankreich danach strebte, Präsident zu werden, um nachher das Empire seines Onkels wieder aufzurichten, erschien ein Flugblatt:
»Louis Napoléon, nommé par le peuple, l'armée & le *clergé* ... Président pour 10 ans par plus de 7,000.000 de voix.«
Seither gab sich der spätere Kaiser der Franzosen als eine seltsame *Mischung*, bestehend aus einem *Konservativen* und einem *Handlanger der Revolution in Europa*, bald auch in Übersee. Selbst von mäßiger Frömmigkeit, war seine Gemahlin das, was man damals eine fromme Frau nannte. Sie gab sich nicht bloß als konservativ, sie hatte Ansätze dazu in ihrem Wesen. Und der antikirchliche Greuel in Mexiko war für sie eine Herausforderung, als ihr mexikanische Exilpolitiker erzählten, wie es unter Juárez in ihrem Heimatland zuging. Die Kaiserin faßte den Entschluß, dem ein Ende zu machen, dem konservativen Prinzip in Mexiko zum erneuten Durchbruch zu verhelfen und dabei auch den Geldleuten, die um ihr der Republik Mexiko geborgtes Geld bangten, zu ihrem Geld zu verhelfen.
Je nach Tagesform war der kränkelnde Napoleon III. mehr oder weniger engagiert in einem Unternehmen, das er selbst nicht fest in eigener Hand hatte. Natürlich übersah man in Paris bei all dem nicht, daß das gewagte Experiment eine Spitze an sich hatte, die sich gegen die US richtete. Im Gegensatz zu anderen Franzosen, die als Gesinnungsfreunde der Amerikaner oder als Exilpolitiker dieses Land aus eigener Anschauung kannten, hat *Napoleon III. von seinem Exil in den US keine gute Erinnerung* heimgebracht in die Alte Welt. Ihm imponierte der tätige Geschäftsgeist der Amerikaner, aber er war einer der wenigen Monarchen der Alten Welt von damals, die ahnten, daß die US einmal für Europa das Schicksal sein würden, das *Verhängnis*.

Nachdem sich die Regierungen der Gläubigerstaaten England, Frankreich und Spanien in einem in London unterzeichneten Abkommen geeinigt hatten, gemeinsam und von Staats wegen die Forderungen ihrer Bürger an die Republik Mexiko mit einer dorthin entsandten Polizeiaktion beizutreiben, erschien zuerst Ende 1861 ein spanischer Flottenverband vor der wichtigsten Hafenstadt Mexikos Vera Cruz. Im Jänner 1862 gingen in dieser Stadt *britische und französische* Truppen an Land. Einige Zeit nachher wurde dem guten Volk von Mexiko die Invasion von seiten Frankreichs als ein Akt hingestellt, bei dem nun einmal die französische Fahne auf mexikanischem Boden aufgepflanzt worden sei und daß sie (die Fahne) nicht zurückweichen werde. Die *Verständigen* mögen sie, die Fahne, als eine befreundete aufnehmen, die *Dummköpfe* sollen es (nur) wagen, sie, die Fahne, zu bekämpfen. Mit den Dummköpfen waren die Anhänger des bisher amtierenden Präsidenten Juárez gemeint; mit den Verständigen ein buntscheckiger Haufen derer, denen Juárez Besitz, Geld und Macht abgenommen hatte mit Methoden, die eben die eines lateinamerikanischen Diktators waren und sind.
Spanien und Großbritannien schieden aus dem Experiment, das, sehr zum Verdruß Napoleons III., diesem und seinem Kaiserreich am Hals hing. Ein Vorteil war dabei: Die Franzosen hatten nach dem Abzug der anderen Invasionstruppen freie Hand in Mexiko. Auf sich gestellt, spürten sie bald, daß ihre Ellbogenfreiheit geringer als gedacht war: Schon am 5. Mai 1862 erlitten die Eroberer Sevastopols und die Sieger von Solferino bei *Puebla,* halbwegs zwischen Vera Cruz und der Stadt Mexiko, eine beschämende Niederlage durch Kampftruppen Juárez'. Nach dieser Schlappe war es für Napoleon III. nicht mehr möglich, seine Truppen einfach zurückzuziehen und das Abenteuer aufzugeben. Seinem in Mexiko kommandierenden General stellte er vielmehr die eigentliche Aufgabe ungeschminkt vor: *Das Wachstum der US sei für Europa gefährlich* – das war genau das, was mexikanische Exilpolitiker den Europäern einsagten. Es gelte, dieser Expansion der US rechtzeitig einen Riegel vorzuschieben. Das war richtig gedacht, aber dazu reichten die Kräfte und der Tatwillen derer in der

Alten Welt nicht mehr aus. Noch rechnete der Kaiser der Franzosen auf den Beistand derer in Mexiko, denen die Nachbarschaft der US stets bedrohlich war. Die nicht vergessen konnten, daß die US der jungen Republik Mexiko 1847 fast ein Drittel ihres ursprünglichen Territoriums weggenommen hatten; das jetzige Land im Südwesten der US, das von Spaniern kolonisiert worden ist und bis heute da und dort den daher rührenden Charakter trägt.
Als Napoleon III. dem in den Kämpfen um Mexiko zum Marschall von Frankreich ernannten General François Bazaine den Oberbefehl über die dort eingesetzten französischen Truppen anvertraute, war in der Weltöffentlichkeit nicht mehr daran zu zweifeln, daß Mexiko in den Augen des Kaisers der Franzosen denn doch mehr war als ein gewagtes Abenteuer. Insgeheim sagte Napoleon III. klar heraus, was er schließlich wollte: eine neue Ordnung in der Karibik mit einem festen Stützpunkt der französischen Vormacht auf mexikanischem Boden. In Washington sah man so etwas auf sich zukommen, es war, als wolle die Alte Welt vor den Toren der Neuen Welt einen unüberwindlichen Vorposten aufziehen. So wie das nach *1945 die SU* mit einigem Erfolg rund um das kommunistische *Kuba* erreichen konnte.
Am 7. Juni 1862 zogen die Franzosen mit dem üblichen militärischen Pomp in die Hauptstadt Mexiko ein. Juárez flüchtete in den äußersten Norden des Landes, dorthin, wo er jeweils den Hilfen der US am nächsten war; er gab nie auf, und er siegte denn auch nach einem fünfjährigen, grausam geführten Bürgerkrieg.
In Mexiko taten die Franzosen, was jetzt die SU in jedem von Sowjettruppen befreiten Land in umgekehrter Richtung tun: Sie setzten eine den Interessen Frankreichs genehme *Regierung* ein, ließen diesen Herren die Wahl derer, die in einer sogenannten *Notablenversammlung* das gute Volk von Mexiko vertreten sollten, und nahmen es hin, daß dieses machtlose Regime ein *Kaiserreich* proklamierte, dessen Thron dem nächstjüngeren Sohn des Kaisers von Österreich Erzherzog Ferdinand *Maximilian* zugedacht war. Die Annahme der Krone durch den unglücklichen Erzherzog verzögerte sich, es dauerte zwei Jahre, bis dieser annahm, was sein Verhängnis werden sollte.

Erzherzog Ferdinand Maximilian war nach dem Tod des Erzherzogs Johann *der liberale Herzog* habsburgischen Blutes. Seit sein kaiserlicher Taufpate Ferdinand I. während der Revolution von 1848 abgedankt hatte, wollte der junge Erzherzog nur mehr Maximilian in der Öffentlichkeit genannt werden. Bei Hof hieß er seit Kindestagen nur der Maxi. Er war charmant und hinterließ bei Damen einen Eindruck, den etwa auch die Queen Victoria in einem Brief an ihren Onkel, König Leopold I. von Belgien, beschreibt. Aus Belgien kam die Gemahlin Maximilians. Sie hieß *Charlotte,* war die schöne Tochter des Kobugers Leopold I., sohin mit dem Hof in London in besten Beziehungen. Aber sie war auch Enkelin des französischen Bürgerkönigs Louis Philippe, dessen Versuch, ein liberalistisch strukturiertes Königtum in Frankreich aufzurichten, in der Revolution von 1848 ruhmlos unterging. Charlotte war schön, ehrgeizig und nicht gewillt, auf die Dauer nur die Gemahlin eines der vielen Erzherzoge zu sein, nur die Schwägerin einer Kaiserin, nämlich der Kaiserin Elisabeth, die die Schönste im ganzen Lande war.

Franz Joseph I. tat, anders als die Legende sagt, alles in seiner Macht stehende, um seinem ehrgeizigen Bruder etwas von der Last zu nehmen, daß letzterer eben *nur der Zweitgeborene* war. Und er nur bei einem frühen Tod seines Bruders Franz Joseph Herrscher werden konnte – einen Anspruch, den Maximilian nicht einmal bei Annahme der Krone Mexikos preisgeben wollte, wie das in solchen Fällen die Regel war. Maximilian spielte in den Plänen der Kaiserin von Frankreich eine Rolle, die sie später, als für sie und ihre Familie schon alles vertan war, preisgegeben hat: »Endlich will ich Ihnen nicht verbergen, daß die Erhebung eines österreichischen Erzherzogs auf den Thron von Mexiko im Gedanken meines Gemahls einmal als Argument dienen sollte, um von Franz Joseph die (freiwillige) Abtretung (seines Herzogtums) Venetiens an Italien zu verlangen.«

Am 11. Juli 1862 wurde Maximilian von der fraglichen Notablenversammlung in Mexiko zum Herrscher der Erbmonarchie Mexiko proklamiert. Schon sammelte sich ein Haufen von Parteipolitikern im Land und mexikanischen Exilpolitikern, auch Prälaten

und Bischöfen (die eben mit dem Vatikan wegen der Beschlagnahme des Kirchenvermögens durch Juárez verhandelten), um den Erzherzog auf seinem Lieblingssitz Schloß Miramare bei Triest aufzusuchen und ihn zur Annahme der Krone zu bewegen.
Bis dahin hatte sich Maximilian in zwei Aufgaben versucht, die ihm sein kaiserlicher Bruder überließ, wissend, daß Tatenlosigkeit für seinen Lieblingsbruder Max eine Qual war. Von 1859 bis zum Ausbruch der von Franzosen und Italienern gegen die Monarchie geführten Angriffskrieges war Maximilian als *Generalgouverneur des Lombardo-Venetianischen Königreichs* der Vertreter seines kaiserlichen Bruders an Ort. Man rechnete, der Charme des Erzherzogs und die Schönheit seiner Gemahlin sowie beider Art, sich liebenswürdig zu zeigen, würde die Italiener in der Lombardei davon abbringen, mit allen Mitteln gegen Österreichs Vormacht in Italien anzukämpfen. Maximilian sah kommen, was 1859 geschah; aber so wie später in Mexiko, verließ er seine gefährdete Position in Mailand erst dann, als sein kaiserlicher Bruder den Befehl gab, und weil die Lombardei nach der Niederlage der Österreicher bei Magenta verloren war.
Nach dem Verlust Mailands und der Lombardei übertrug der kaiserliche Bruder Maximilian eine neue Aufgabe: Die Reorganisierung der k.k. Marine. Dazu gab er ihm einen noch recht jungen Marineur an die Seite, der unter Überspringung von einem Dutzend ranghöherer und rangälterer Kameraden in dieses Amt kam: Wilhelm von Tegetthoff, der spätere Sieger in der Seeschlacht von Lissa. Das Bemühen Maximilians um die zu lange arg vernachlässigte k.k. Marine soll nicht unterschätzt werden; er selbst hat es wohl überschätzt, als er 1866, nach dem Sieg bei Lissa, sich als den eigentlichen Sieger in dieser einmaligen Bewährung der österreichischen Marine gab. Wie lange es Maximilian bei der Marine ausgehalten hätte und wie lange Tegetthoff den ambitionierten Erzherzog ertragen hätte, kann nachträglich nicht gesagt werden. Beider Beziehungen zueinander waren nie so, wie später in Mythen beschrieben, aber schon gar nicht so unkameradschaftlich, wie man es später behauptet hat, um Tegethoff so richtig als ein Opfer des habsburgischen Österreich hinzustellen.

Während in den Teilen Mexikos, die unter der Kontrolle französischer Truppen standen, eine gewisse Beruhigung der Bürgerkriegssituation eintrat, gaben sich die französischen Herren zuweilen einem Etappenleben hin, das nicht allen Kavalieren guttat. General, bald Marschall Bazaine ging mit schlechtem Beispiel voran: Er lebte mit einer Mexikanerin im gemeinsamen Haushalt, und er spielte diese Rolle bei offenem Vorhang, was damals noch nicht allgemeiner Brauch in höheren Kreisen war.
Man kann Juárez nicht vorwerfen, daß er Maximilian in Mexiko in eine Falle laufen ließ. Ein Abgesandter Juárez' suchte Maximilian im Schloß Miramare auf, um dem Erzherzog ein Bild der Lage in Mexiko zu verschaffen, das frei war von den Schönfärbereien, die gewisse Interessen am Kommen Maximilians in das Land, in dem er sterben sollte, boten. Man tat in der Umgebung des Erzherzogs derlei als Feindpropaganda ab. Maximilian war nicht auf die Warnung seitens seines späteren Todfeindes Juárez angewiesen. Als Leiter des Außenministers hatte Graf Rechberg die Warnungen bei der Hand, die in *unablässiger Folge* von den k.k. Missionschefs in Washington dem Ballhausplatz vorgelegt wurden. Sowohl *Hülsemann* als auch sein Nachfolger Graf *Giorgi* haben bis zuletzt nicht aufgehört, vor einem Kommen Maximilians nach Mexiko zu warnen. Wieso Maximilian diese Warnungen, denen sich der k.k. Minister des Äußeren, die Mutter des Erzherzogs und der Kaiser selbst anschlossen, nicht befolgte, ist aktenmäßig nicht schlüssig nachzuweisen. Maximilian folgte wohl lieber Gedanken und inneren Vorhaben, in denen ihn seine Gemahlin bestärkte, sowie nur der Glanz einer Kaiserkrone heller und näher zu erstrahlen schien. Im März 1864 besuchten der Erzherzog und seine Gemahlin Paris. Sie wurden vom dortigen Kaiserpaar empfangen, als wären sie selbst schon im kaiserlichen Rang. Es war ein Weg ins Chaos, in den Tod.
Während Napoleon III. hoffte, die mexikanische Affäre dem Österreicher zum billigsten Preis anzuhängen und sie selbst los zu bekommen, beschwatzten die Helfer des Kaisers der Franzosen den jungen Erzherzog mit Versprechen, die sich nie erfüllen sollten: Hilfen durch eine entsprechende Truppenstärke seitens

Frankreich, Hilfe bei einer Anleihe zur Behebung des ruinierten Staatshaushaltes Mexikos und die sichere Unterstützung im Falle der Notwendigkeit. All das wurde zu Papier gebracht, und das Papier erwies sich als geduldig.

Noch einmal kam Napoleon III. auf den Wert eines sogenannten *Plebiszits* zurück, mit dem die Mexikaner selbst ihre Zustimmung zu der importierten Monarchie abgeben sollten. Napoleon III. schwärmte für Plebiszite, die er als Vorarbeiter einer Clique von Machern in Europa zustande gebracht hatte. So wie in Frankreich rechnete er, daß das gute Volk in Mexiko einem Kaiser mit überwältigender *Mehrheit die Stimme* geben würde; die *Armee*, auf die sich Napoleon nach 1848 in Frankreich stützen konnte, hatte in Mexiko die dortige provisorische Regierung, später Maximilian, nicht bei der Hand – dafür aber standen ja französische Truppen im Land; und der *Klerus* war doch bei dem militanten Antiklerikalismus des Juárez auf jedes Regime angewiesen, das Juárez bekämpfte. Daß es in Mexiko um das von Juárez konfiszierte Kirchengut ging, daß der dortige Klerus auch einen katholischen Habsburger fallenlassen werde, wenn der nicht willens und in der Lage war, der Kirche wieder zu ihrem Besitz zu verhelfen, darüber wurde im Frühjahr 1864 in Paris weniger gesprochen. Einer Abmachung über diese heiklen Fragen gingen Napoleon III. wie Maximilian aus dem Wege. Nach Miramare zurückgekehrt, zögerte Maximilian noch einmal – da erreichte ihn ein kategorischer Auftrag des Kaisers der Franzosen: Maximilian mußte einsehen, daß er sich in der Sache schon so bloßgestellt hatte, daß ihm nichts anderes übrig blieb, als das Angebot der schon zu lange wartenden mexikanischen Delegation anzunehmen. Das geschah am 10. April 1864 im Zeremonialsaal des Schlosses Miramare. Maximilian erschien in der Uniform eines k.k. Admirals, die übrigen österreichischen Herren in Zivil. Höhepunkt der Zeremonie war der Eid Maximilians, den er auch bis zum Tod gehalten hat: Treue und die Erfüllung der Pflichten eines Kaisers von Mexiko. Das war Don José Guitarriez d'Estradas große Stunde:

»Liebe ohne Ende und unerschütterliche Treue«,

respondierte er.

Der Abschied des jungen Paares von der Alten Welt wurde einer, bei dem viele Tränen vergossen wurden. In der kaiserlichen Familie waren es nicht nur die Damen, die weinten, es weinte auch die Mutter Maximilians, die man während der Revolution von 1848 als das einzige Wesen bei Hof nannte, *das Hosen anhat.* Und der doch als sehr gefühlskalt in die Geschichte eingegangene Kaiser Franz Joseph I. weinte bei der letzten Aussprache mit seinem Bruder, dem liebsten Spielgefährten in Jugendtagen.
Die beiden Brüder hatten auch einen anderen Grund zu weinen: Franz Joseph *mußte* Maximilian zuletzt daran erinnern, daß jedes Mitglied der Dynastie, das in eine fremde einheiratet oder auf sonstigem Weg die Anwartschaft auf künftige Erbrechte in der neuen Umgebung erlangt, vorher verzichten *muß* auf jene Anwartschaften, die ihm als Mitglied des Hauses Österreich von Geburt zustehen. Maximilian hinwieder *wußte* darum, aber er *hoffte* bis zuletzt, daß des Kaisers Majestät ihm diesen Verzicht ersparen würde.
Dazu fehlte Franz Joseph I. im Jahre 1864 schon jene Mächtigkeit, die es einem Vorfahren in längst vergangenen Tagen ermöglicht hätte, mit Änderungen des Familienstatus die Thronfolge in der Monarchie nach einem momentanen Anliegen der Dynastie zu korrigieren.
Nach Solferino wuchs der Einfluß der Parteipolitiker auf die Regierung der Monarchie. Es wäre auf die Dauer unmöglich gewesen, daß Franz Joseph seinem Bruder Maximilian den fraglichen Verzicht *erspart* oder den erfolgten Verzicht vor der Öffentlichkeit *geheimgehalten hätte.* Mehr und mehr stellten die Parteipolitiker in Wien und in (Buda-)Pest Ansprüche an Franz Joseph. Und so wird der Kaiser schließlich gezwungen sein, den Verzicht Maximilians der Volksvertretung in Wien in aller Form zu eröffnen. Bei aller Liebe zu einem liberalen Erzherzog war den Österreichern ein mexikanischer Thronfolger unheimlich ...
Am 14. April 1864 gingen Maximilian, seine Gemahlin und die Damen und Herren ihrer Begleitung an Bord des k.k. Linienschiffs »Novara«. Das französische Kriegsschiff »Themis« begleitete die »Novara« bis zur Landung in Vera Cruz. Der dortige

Empfang fiel schlecht aus, die Stadt zeigte eher Sympathien für Juárez. Das Kaiserpaar reiste rasch weiter, in Puebla war der Empfang um eine Nuance herzlicher. In der Stadt Mexiko klappte die Regie: Insgesamt hat man für die Anreise aus Vera Cruz bis zum triumphalen Einzug in Mexiko 336.473,06 Pesos aufgewendet. Die *Staatsschuld, die Juárez hinterließ, belief sich auf 200 Millionen Francs.* Unter dem Eindruck der Stimmung beim Einzug in die Hauptstadt faßte Maximilian erneut Mut. Er war entschlossen, aus gemäßigten Liberalen und gemäßigten Konservativen eine Regierung zu bilden.

Ein Plebiszit, Modell Napoleon III., erbrachte den gewünschten Erfolg: 6 Millionen Mexikaner stimmten der Errichtung des Kaiserreiches zu. Der österreichische liberale Erzherzog Maximilian wußte leider nicht, daß in Lateinamerika *nach jedem Umsturz* in einem Land der Sieger stets die kompakte Mehrheit des Wählervolks hinter sich hat. Eine kompakte, aber in Krisen wertlose Mehrheit. Zwei schwere Lasten hatte der junge Kaiser zu schleppen: Eine Staatsverschuldung in Höhe von 200 Millionen Francs und ein fast vom Fleck weg entstandener Konflikt mit der Kirche, die vermißte, daß der Kaiser wiedergab, was einmal der Kirche war, und was dieser von Juárez genommen wurde. Natürlich blieb Juárez der geschworene Feind Maximilians. Auch ihn haben einmal nach seiner Machtergreifung Millionen von Landsleuten im Amt bestätigt. Sein Fundament der Macht war nicht besser als das Maximilians – nur konnte sich Juárez auf Truppen aus dem eigenen Land stützen, während Maximilian angewiesen blieb auf die militärische Unterstützung Frankreichs. Die Truppen, welche bis zu seinem Kommen die provisorische Regierung versammelt hatte, waren Haufen windiger Brüder, die bei Angriffen der Juaristen meistens davon- oder zu den Juaristen überliefen.

Eine Rundreise Maximilians verschaffte dem Kaiser denn doch ein für ihn günstigeres Bild der Lage, als es jenes war, das ihm seinerzeit ein Abgesandter Juárez' beschrieben hat. Maximilian faßte erneut Mut. Während seiner Rundreise hatte seine Gemahlin reichlich Gelegenheit, Ergebenheitsadressen aus vielen Teilen des Landes, auch manche ehrlich gemeinte, entgegenzunehmen. Der

einmal von Juárez eingesetzte Gouverneur des Teilstaates Nuova Leon erklärte sich für die Monarchie. Es fanden sich Persönlichkeiten mit untadeligem Ruf, die ihre Berufung in den *Staatsrat* Maximilians annahmen. Die Finanzen waren in einem kläglichen Zustand, aber die Juaristen konnten nach dem Sieg über Maximilian keine Korruption feststellen, wie eine solche meistens die Hinterlassenschaft eines in Lateinamerika zugrundegegangenen Regimes war und ist. Kaiserin Charlotte gab vielen Mexikanern die Chance, die Hofhaltung des Kaiserpaares mit dem skandalumwitterten Konkubinat des französischen Marschalls und Inhabers der Säbelgewalt im Lande Bazaine zu vergleichen. Das junge Paar erntete *viel Sympathie*, aber zu *wenig Machtzuwachs*, den es braucht, um ein Land zu regieren. Die Sympathie blieb Maximilian bis nach seinem Tod. Die Macht aber büßte er ein, als Napoleon III. sichtlich mehr und mehr unter den Druck der US geriet, die verlangten, er müsse seine Truppen vom amerikanischen Boden zurückziehen.
Noch ein Unglück traf das Kaiserpaar. Am 8. November 1864 starb überraschend der k.k. Missionschef in Washington Graf Giorgi. Giorgi, dessen Warnungen einmal keine Freude für den ambitionierten Erzherzog waren, erschien dem Kaiser von Mexiko als ein Mann von Charakter, der nicht vor den Amerikanern katzbuckelte, als diese bereits auf die Sympathie des Kaisers Franz Joseph für die Nordstaaten verzichten konnten. Lincoln wurde mit den Rebellen fertig, und das Ende der CSA im Jahre 1865 war der Anfang vom Ende der Monarchie in Mexiko.
1864 gingen die ersten Freiwilligen aus Österreich in Vera Cruz an Land. Es war höchste Zeit, daß der Kaiser für seine persönliche Sicherheit verläßliches Militär bei der Hand hatte. Seine Regierung konnte dafür nicht sorgen; was sie aufbot, war Kroppzeug, kein Militär. Es geschah nämlich, daß eine von solchen Typen gestellte Eskorte, die die Fahrt eines Ministers Maximilians und eines französischen Generals von der Küste nach der Hauptstadt begleiten sollte, beim Überfall seitens juaristischer Partisanen einfach davonlief. Zu Neujahr 1865 erließ der *gewählte* Präsident der *Republik* Mexiko, wie Juárez in Washington von Amts wegen

genannt wurde, eine Proklamation. Er rief die Mexikaner auf, die Fremden zu bekriegen und sie aus dem Land zu jagen.
Diese Proklamation wurde von der Presse in den US gehörig herausgestellt, eine Sensation war sie nicht. Man wußte um die Beziehungen Lincolns zu Juárez, und man verstand, daß letzterer von der Rückenfreiheit, die ihm die US verschafften, jetzt, da der Bürgerkrieg in den US sich dem Ende zuneigte, Gebrauch machen durfte. Eine Sensation war, als sich um die gleiche Zeit der mexikanische *Episkopat* mit großer Entschiedenheit gegen das Zögern der Regierung Maximilians aussprach, als es sich ergab, daß diese nicht geeignet war, der Kirche alles zurückzugeben, was ihr Juárez genommen hatte.
So geriet der Kaiser in ein Niemandsland zwischen den Fronten der Klerikalen und der Antiklerikalen. Für letztere war er ein landfremder Prinz, ein Popanz in den Händen des Kaisers der Franzosen. Die Klerikalen aber meinten, Maximilian sei um nichts besser als sein Bruder in Wien, der daran war, den Heiligen Vater um den Bestand des 1855 geschlossenen Konkordats zu betrügen. In Mexiko kam es so weit, daß sogenannte Ultraklerikale versuchten, einen Widerstand gegen das Regime Maximilians aufzuziehen; ein Unternehmen, das vor allem auch deswegen scheiterte, weil die Juaristen diese Typen noch mehr haßten als den landfremden Kaiser.
Die Österreicher standen zur Sache Maximilians. Auf ihrem Marsch in die Hauptstadt wurden sie von Juaristen angegriffen, sie behaupteten sich aber. Bazaine operierte um diese Zeit gegen Juaristen unter General Porfirio Díaz, den späteren Präsidenten von Mexiko, und konnten in Oaxaca den General samt 70 000 Juaristen gefangennehmen. Wie Díaz aus der Gefangenschaft alsbald entkommen konnte, um an der Seite Juárez weiterzukämpfen, ist nie ganz geklärt worden. Man sprach von Typen in der Umgebung Bazaines, die schon jene übliche Schaukelpolitik betrieben, die so charakteristisch ist für das Politisieren in Lateinamerika – wenn ein Umsturz des bestehenden Regimes bevorsteht und man sich klugerweise vorsieht, um nicht bei den Verlierern ein böses Schicksal mitmachen zu müssen.

Der Episkopat ließ nicht locker. Er stand unter dem Druck des Vatikans, wo Papst Pius IX. längst seinen liberalistischen Anschauungen, mit denen er bei der Inthronisation brillierte, entsagt hatte. Maximilian hätte mit der Rückgabe des von Juárez enteigneten Kirchenvermögens nicht nur Parteigänger des letzteren vor den Kopf gestoßen, sondern auch jene, die nachher derlei Gut im Kauf *rechtens* erworben hatten. Also steuerte Maximilian auf einen Kompromiß los: Nur solches Kirchenvermögen sollte zurückgegeben werden, das vom gegenwärtigen Eigentümer *mittels Betrugs* erworben wurde. Die darauf abgestellten gerichtlichen Verfahren versackten in endlosen Prozeduren; die Kirche hielt von diesen Prozessen wenig, von der Kirchenpolitik Maximilians nur so viel, als diese nicht viel mehr taugte als jene seines Vorgängers. Die Kirche war und blieb ihres Besitzes ledig.
Im März 1865 erreichten Regierungstruppen mit französischer Hilfe den Hafen der Stadt Guaymas am Pazifik. Es blieb der einzige Zugang zur Westküste des Landes. Um diese Zeit waren die Texter einer Verfassung für das Kaiserreich Mexiko mit ihrer Arbeit fertig, und unterm 10. April 1865 wurde diese Verfassung proklamiert. Mehr als dieser Erfolg auf dem Papier beschäftigte die Öffentlichkeit in Mexiko der Endsieg der Blauen über die Grauen in den US. Man konnte gespannt sein, was das für den südlichen Nachbarn der noch in voller Kampfrüstung dastehenden kampfbewährten US-Army bedeuten werde.
Immerhin kamen auch belgische Freiwillige aus dem Vaterland der Kaiserin ins Land. Sie fochten tapfer, aber mit unterschiedlichen Ergebnissen mit den Juaristen. Einmal fielen 300 Belgier in die Hände der Juaristen, und man erzählte böse Sachen vom Los der Unglücklichen. Am Grenzfluß Rio Grande erlaubten sich US-Truppen einen argen Übergriff. Sie überfielen die kaiserlichen Truppen in der mexikanischen Stadt Bagdad, massakrierten die Besatzung und terrorisierten Zivilisten der Stadt aufs grausamste. Nachher hieß es, in dieser Bande seien keine Regulären der US-Army gewesen, sondern befreite Neger in Blau, die halt über die Stränge schlugen. In Washington kümmerte man sich nicht um einschlägige Vorhaltungen aus Mexiko. Hätte man der Wahrheit

die Ehre gegeben und anerkannt, daß die Neger auf das Sternenbanner eingeschworen waren und unter dem Kriegsrecht der US standen, dann wäre ja ein Image entstanden, als wären befreite Nigger nur des Raubes und der Plünderung fähig und als geschähe das noch dazu unter der Autorität der amerikanischen Regierung.
Ja, in den US war der Bürgerkrieg aus. Lincoln überlebte das Ende nur um Tage, dann fiel er einem Attentat eines Schauspielers zum Opfer, der sich als Rächer des besiegten Südens gab. Lincolns Nachfolger wurde der bisherige Vize-Präsident Andrew Johnson. Von ihm bekam General Sheridan Befehl, die ganze Grenze der US zu Mexiko unter Kontrolle zu nehmen. Sheridan erlebte an dieser Grenze den Zustand des Regimes Juárez, bevor dieser in die Lage versetzt wurde, die Offensive gegen die Kaiserlichen aufzunehmen. Sheridans Wort ist verbürgt:
»Juárez hätte ohne die Hilfe der US nie gesiegt.«
Im Winter auf 1866, für Maximilian war es ein Winter im tropischen Süden, flüchtete der Kaiser vor der Realität in die Idylle von Cuernavaca. Hier erlebte er noch einmal, was er so oft im Leben gesucht hat: eine Umgebung voll landschaftlicher und gärtnerischer Schönheit. Und Menschen, die ihm aufrichtig zugetan waren. Man sprach nachher von einer Romanze, die angeblich den unglücklichen Kaiser mit der Frau eines Gärtners verbunden haben soll. Ein Kind sei aus der Verbindung entsprossen, das später in Europa den Zweiten Weltkrieg erlebte und wegen Spionage erschossen wurde. Noch mehr Stoff also für Habsburger-Legenden für jene, denen Mayerling nicht ausreicht. Die Kaiserin übersah wohl kaum die Romanze ihres Gemahls. Ihr Unglück war es, daß sie dem kaiserlichen Gemahl keinen Kronprinzen schenken konnte. Zu derlei Gerede gab Charlotte selbst Anlaß, wenn sie etwa sagte:
»Ich verstehe indianische Frauen, die zur Muttergottes von Guadalupe pilgern, weil die Gnadenmutter angeblich das besitzt, was einmal in uralten Zeiten die mexikanischen Göttinnen der Fruchtbarkeit schenken konnten.«
Die Kaiserin, so wie Elisabeth, Tochter eines an religiösen Dingen wenig interessierten Vaters und daher eher auf die alten Götter

vertrauend, pilgerte zu dem berühmten Marienwallfahrtsort, wurde gesehen, und ein Gerücht schien durch die Aussage von Zeugen an Ort bestätigt. Maximilian aber brauchte einen Thronfolger, als Symbol des Glaubens an die Kontinuität seines Regimes. So adoptierte er einen Sohn des unglücklichen Vorgängers in der Würde eines Kaisers von Mexiko, den nachher in Spanien hingerichteten Augustín Iturbide. Die Indianer sahen das für ein böses Omen an, auf der Familie Iturbide schien Unheil zu lasten, das so auch auf den regierenden Kaiser übergriff …

Spärlich floß die Korrespondenz des auf Erholung befindlichen Kaisers und der Kaiserin; spärlich auch deswegen, weil der Postweg zwischen Cuernavaca und der Stadt Mexiko zuweilen unter der Kontrolle der Juaristen war und die kaiserliche Post nicht durchkam. Die Kaiserin erlitt in dieser Zeit einen schweren Schicksalsschlag, den sie wohl nie mehr ganz überwunden hat: Ihr Vater, der König von Belgien, starb, er, dem seit Kindestagen ihre Liebe galt und der mittels weitreichender familiärer Verbindungen manches Unheil abwenden konnte, das dem Kaiserpaar in Mexiko zugedacht war. Oft hat er geholfen. Es war für die Kaiserin eine wahre Tragödie, als die Überbringer der Trauernachricht aus Brüssel in Mexiko von Partisanen des Juárez überfallen wurden.

Überall sickerten solche Partisanen durch die Linien der Franzosen und ihrer Mitkämpfer. Aus Washington wurde dem Ballhausplatz gemeldet, was schreckhaft genug war für das unglückliche Kaiserpaar in Mexiko: Am Rio Grande wurde nach Schluß der Kampfhandlungen des Bürgerkriegs ein *mobiles Korps der US-Army bereitgestellt,* und zwar das 25. Ein General Crawford, nicht eben gut beschrieben im Bürgerkrieg, sammelte auf dem Boden der US ein Freiwilligen-Korps, das in Mexiko kämpfen sollte. Das Gerede Sewards, wonach die US es unterließen, sich in innere Angelegenheiten Mexikos einzumischen, wurde so auf grausame Weise ad absurdum geführt, wenngleich Crawford wenig Glück hatte mit seinem Haufen unsicherer Kantonisten.

In Washington amtierte als Außerordentlicher Gesandter und bevollmächtigter Minister Mexikos jener Matias Romero, den

Lincoln in der Krise der Sache Juárez und mitten im amerikanischen Bürgerkrieg im Weißen Haus empfangen hat, um seine unwandelbare Sympathie für die Juaristen zu beweisen. Die kaiserliche Regierung ernannte Konsuln in New Orleans, Philadelphia und San Francisco; Juárez seine in New York, in New Orleans (!), in San Francisco und andernorts. Aber dieses ungewöhnliche Nebeneinander, Folge des Bürgerkrieges in den US, begann sich zu entwirren; die kaiserlichen Konsuln verschwanden nach und nach. Das State Departement weigerte sich, ein Papier in Empfang zu nehmen, das nur den *Namenszug Maximilians* trug, ohne Hinweis auf seinen kaiserlichen Rang; einen Brief eines österreichischen Erzherzogs hätte man nicht zurückgewiesen. Jeder Versuch, in Washington als Kaiser anzukommen, blieb Maximilian bis zuletzt versagt. Mehr noch: Seward ließ die mit Romero gepflogene Korrespondenz publizieren und dazu einige interessante Papiere betreffs des Umgangs französischer Diplomaten. Es geschah, daß in Washington für Wien bestimmte Schreiben aus der Hauptstadt Mexiko drei Wochen vor deren Eintreffen in Wien der Presse überlassen wurden. Maximilian war nicht einmal des ungestörten Verkehrs mit seiner alten Heimat sicher.
Der als Handelsvertreter der kaiserlichen Regierung für die US ausersehene Don Luis Arrago wurde von Seward erst gar nicht vorgelassen; dies mit dem Bemerken, man mische sich nicht in innere Angelegenheiten Mexikos und die dort bestehenden Zwistigkeiten. Und überhaupt: Es gäbe keine wie immer gearteten Beziehungen zwischen der kaiserlichen Regierung in Mexiko und jener der US. Hier erinnert man sich, daß die US sich beim Abfall der spanischen Kolonien vom Mutterland noch vor der Unabhängigkeitserklärung dieser neu entstehenden Staaten sehr wohl Vertreter dahin entsendet und von dort her empfangen haben.
In Washington residierte als Nachfolger des Grafen Giorgi Baron Wydenbruck. Seit 1864 war die Monarchie aber auch in Mexiko durch Graf Guido Thun-Hohenstein vertreten, und man könnte annehmen, daß der Ballhausplatz durch den dortigen Vertreter an Ort eher ins Bild gesetzt wurde als von Washington. Dem war nicht so. Die österreichische Gesandtschaft litt unter den Hinder-

nissen, denen der Postverkehr in Mexiko zu Lande ausgesetzt war. Washington bekam seine Nachrichten ungehindert über seine südliche Grenze; ihm kamen die Telegrafenverbindungen im eigenen Land sowie das Transozeankabel nach England zugute, von wo aus die telegrafischen Verbindungen mit den Staatskanzleien anstandslos verliefen. Die US unterhielten keine diplomatische Vertretung mit dem kaiserlichen Mexiko, aber das ganze Land war übersät von Konsulaten der US, und diese waren *wertvolle Stützpunkte der Sache Juárez.* Wie gesagt, Seward mischte sich nicht in innere Streitigkeiten Mexikos.

Nicht nur Maximilian, sondern auch Napoleon III. bekam die Mächtigkeit der US zu spüren, als dort der Bürgerkrieg mit dem Sieg des Nordens zu Ende war. Verlangte Seward bisher nur den *baldigen Abzug* der französischen Truppen aus Mexiko, so wünschte er im Verlauf des Frühjahrs 1866 die Bekanntgabe eines *fixen Termins* für die militärische Räumung des Landes durch die französischen Truppen. In Washington erwartete man für das Jahr 1866 Krieg in Europa und also Vorteile für die US. Unmittelbarer Vorteil für die US war in diesem Jahr zunächst die gesicherte Erwartung, daß Napoleon III. in eine Auseinandersetzung zwischen Preußen und durch dessen Verbündeten Italien mit Österreich verwickelt sein werde; die französische Präsenz in Mexiko würde darunter leiden.

1866 waren die US auch nicht mehr auf gute Beziehungen zu Wien angewiesen. Der Süden lag geschlagen darnieder, man redete also mit Wien wie gewohnt. Also rüde. Als am Vorabend des Krieges mit Preußen bei Laibach die Versammlung von k.k. Truppen zwecks Vorbereitung einer Mobilmachung stattfand, verfiel Seward auf den Irrtum, das seien Truppen für Mexiko! Er verlangte daher die sofortige Auflösung der fraglichen Bereitstellung. Der Ballhausplatz ließ in der höflichsten Form in Washington auf den dort unterlaufenen Irrtum aufmerksam machen. Im übrigen bestand für die US keine Gefahr mehr, daß aus Österreichern Freiwillige als Nachersatz nach Mexiko gingen. Bald wird man daheim jeden Österreicher zum Kampf gegen Preußen und das mit ihm verbündete Italien brauchen.

Baron Wydesbruck relationierte, er verbleibe bei der bloß *beobachtenden Tätigkeit,* wie diese schon seinen Vorgängern Hülsemann und Giorgi aufgetragen war. Es wurde dem Baron nicht leicht, an sich zu halten. Denn die Parteipolitiker in den US gefielen sich zum Teil darin, Maximilian Scheußlichkeiten seines Regimes vorzuwerfen, wie solche zum Image eines *Tyrannen* gehören. Senator Bencroft, immerhin einmal Botschafter in London und Regierungsmitglied in Washington, tat sich in dieser üblen Sprechweise hervor; er nannte als erster Maximilian in aller Öffentlichkeit einen *Abenteurer.* Damit wurde eines jener Images an Österreicher verliehen, die nie mehr aus Zeitungen, Zeitschriften, Lehrbüchern und Schulbüchern verschwanden und als Kürzel galten für Scheußlichkeiten, die man dem Alten Österreich, solange es bestand, nur zu gerne anhängte.
Während in den US die aus der Alten Welt, zumal aus Österreich, gekommenen *Exilpolitiker bei dem Kesseltreiben gegen Maximilian* mitmachten, stellten in Österreich die Liberalen den von ihnen geschätzten Erzherzog Maximilian noch immer als die bevorzugte Alternative zu Franz Joseph vor. Zu den seither im Umlauf befindlichen Gerüchten gehört jene Franz Joseph angedichtete Perfidie, wonach er seinen Bruder nach Mexiko *abschieben half,* um in Österreich diesen Konkurrenten vom Hals zu haben.
Die radikalen Parteigänger des ermordeten Präsidenten Lincoln, die der Tote zu Lebzeiten an der Leine halten konnte, ließen nach Lincolns Tod ihren zurückgehaltenen Zorn an Lincolns Vizepräsidenten und Nachfolger Andrew Johnson aus. Sein Versuch, der von Lincoln gedachten Befriedungspolitik gegenüber dem geschlagenen Süden seinerseits nachzukommen, machte ihm schwer zu schaffen. Die Radikalen schürten den Konflikt, der von diesem Problem ausging, nach Kräften, bis sie Johnson ein Verfahren vor einem Kongreßausschuß anhängen konnte, das auf die *Absetzung* Johnsons abgestellt war. Es kam eine Zeit, in der im Kongreß nicht die beste Politik für das Land beraten wurde, sondern die Abgeordneten sich in ungezügelten Kritiken gefielen, gleichviel was ihnen an die Hand gegeben wurde als Thema:
Für Baron Wydenbruck kam der Tag, an dem er dem State

Departement angesichts des 1866 in Europa ausgebrochenen Konflikts eröffnen mußte, daß Österreich auch keine *Freiwilligen* mehr für den Dienst in Mexiko freigeben werde. Es war die Stunde, in der sich Maximilian von allen Seiten bedroht und von keiner Seite mehr unterstützt sehen mußte. Die US taten aber weiter mit kecken Einmischungen in österreichische Angelegenheiten:
Am Vorabend der Kriegserklärung Italiens an Österreich im Sommer 1866 erwartete man, so wie 1848, *einen Aufstand in Venedig.* Wie von ungefähr erschien, genauso wie 1853 in Smyrna, ein Kriegsschiff der US-Navy, die »Ticanderoga«, im Hafen von Venedig. Die Feinde Österreichs jubelten über diese Sympathiebezeugung der US, die sich sichtlich gegen Österreich richtete. Man kann sich vorstellen, daß österreichische Marineure über diesen Besuch ihrer amerikanischen Kameraden nicht erfreut waren. Man hatte am Vorabend von Lissa andere Sorgen als Freundschaftsbezeugungen gegenüber *unvermutet* aufgetauchten Seeleuten von drüben. Die Nachricht von dem Verlauf des Besuchs der »Ticanderoga« in Venedig erreichte in kurzer Zeit Washington, und Seward protestierte gegen die Unfreundlichkeit der Österreicher. Diesmal war der k.k. Missionschef auf dem Platz: Er nahm die Note Sewards nicht einmal in Empfang.
Der 3. Juli 1866, Österreichs Niederlage bei Königgrätz, war nicht nur für Kaiser Franz Joseph der Schicksalstag seines bisherigen Lebens, das Schicksal traf an diesem Tag mit dem fatalen Ereignis in Böhmen auch Maximilian. Denn nach der Niederlage der Österreicher dachte in Berlin der dortige Ministerpräsident Otto von Bismarck nicht mehr daran, Napoleon III. für seine Neutralität im Krieg Preußens gegen Österreich ein Douceur zu geben. Napoleon hatte mit Gebietserwerbungen im Rheinland gerechnet. Die neuerliche Schwächung der internationalen Geltung Napoleons III. mußte zur *entscheidenden* Schwächung seines Engagements in Mexiko führen.
Noch einmal lebte Maximilian auf, als er den Sieg der k.k. Marine, *seiner Marine,* über die Italiener in der Schlacht bei Lissa erfuhr. Die unvergleichliche Leistung des österreichischen Admirals Tegetthoff wurde – leider – in Teilen der Presse als der späte Erfolg

des Erzherzogs Maximilian in der Zeit hingestellt, als unter seiner Ägide die Flotte modernisiert wurde. Maximilian tat alles, was er noch konnte, um Tegetthoff die Ehre zu geben; der aber war verärgert, als man die Sache so hinstellte, als ob Maximilian und nicht er bei Lissa gesiegt hätte. Tegetthoff war, wie alle genialischen Menschen, empfindlich gegen Nadelstiche, während er im Artilleriefeuer des Feindes keine Wimper zuckte. Ihm stand noch ein Auftrag bevor, der seinen früheren erzherzoglichen Oberkommandanten betreffen wird.

Baron Wydenbruck sah das Unheil kommen, das Maximilian jetzt unmittelbar bedrohte. Er machte von seinem Vorrecht Gebrauch und relationierte *sub Couvert* unmittelbar seinem Kaiser. Kein Unsinn, der nicht der Presse in den US geeignet zu sein schien, to print. So hörten jetzt die erstaunten Amerikaner, bei Lissa hätte nicht die Marine gesiegt. Vielmehr seien auf dem k.k. Linienschiff »Kaiser« 1500 Tiroler Scharfschützen eingeteilt gewesen, und deren Gewehrfeuer hätte unermeßlichen Schaden zugefügt. Der später gebrauchte Ausdruck *Gebirgsmarine* war so als Begriff drüben voraus. Aber, wie hätte man in den US zugeben können, daß die Italiener, Sieger im Krimkrieg und gegen Österreich, als alte Nation von Seefahrern von ewig rückständigen Österreichern zur See besiegt worden sind?

Für Österreich war es ein schwerer Nachteil, daß der Missionschef der US in Wien John Lothrop Motley, ein guter Kenner der österreichischen Verhältnisse, in die Parteistreitigkeiten seines Heimatstaates hineingezogen wurde. Und just in dem Moment, als das Schicksal Maximilians nicht zuletzt vom Eingreifen der US abhing. Motley, in Bonn und Berlin einmal Studiengefährte Otto von Bismarcks, ein Leben lang Freund des späteren Reichskanzlers, war bei aller Sympathie für Bismarck wohl der *einzige* Vertreter der US im Alten Österreich, der es verstanden hat, nicht nur die Komplexität dieses Staatswesens zu begreifen, sondern auch dessen Existenz wohlwollend gegenüberzustehen. Ihn beschuldigten seine Gegner in der Heimat, er hätte sich unter Umgehung Sewards in den Kampf des Kongresses gegen Präsident Johnson zugunsten des letzteren eingeschaltet. Die Behauptung stellte sich

als unwahr heraus. Seward selbst wird Motley rechtfertigen, aber Motleys Tage in Wien waren gezählt. 1867 resignierte er. Aus Washington relationierte Wydenbruck, er könne keinen Plan für die Dispositionen Maximilians erkennen. Richtiger wäre gewesen zu sagen (aber diesen Uriasbrief wollte der Baron nicht nach Wien schicken), daß Maximilian überhaupt nicht mehr disponierte, sondern nur mehr improvisierte.
Da – im März 1867 – schlug eine Sensationsmeldung alle Nachrichten über Mexiko aus dem Rennen um die Publizität der Presse: Die US verstanden es, Alaska um den Preis von 7,2 Millionen Dollar dem Kaiserreich Rußland abzukaufen. Sichtlich war man sich in den US lange nicht bewußt, was man für ein Linsenmus erworben hatte. Denn erst siebzehn Jahre später wurde in Alaska eine geordnete Verwaltung eingerichtet. 1877, nachdem dort die militärische Besetzung eingestellt worden war, fand man bei Klondyke Gold. Noch einmal ging der Strom der Goldsucher über den Kontinent hinweg, wie jener von 1848. Was die Welt um das Jahr 2000 erfahren würde, wenn Alaska in russischem Besitz geblieben wäre, ist nicht abzuschätzen.
Am 29. April 1867 kam in Wien ein Bericht des k.k. Vertreters in Washington an. Das Stück war drei Wochen unterwegs. Die längste Zeit vorher ist Baron Wydenbruck selbst ohne verläßliche Nachrichten vom Schicksal Maximilians gewesen. Was die Presse an Ort schrieb, war so unglaubwürdig, daß selbst der sorgenerfüllte k.k. Missionschef nicht wagte, sich daran zu halten. Nachrichten über Vera Cruz erreichen Wydenbruck nicht mehr, zudem weilte Maximilian schon in Querétaro, in einer von Juaristen belagerten Stadt. Wydenbruck versuchte eine Intervention bei Seward zugunsten der persönlichen Sicherheit Maximilians, was in den US unterschiedliches Echo in der Öffentlichkeit hervorrief. Immerhin gab man dort in einem Punkt vielfach der Wahrheit die Ehre: Die *persönliche Integrität* des Kaisers sei unbestreitbar, er *sei Opfer einer Machtintrige Frankreichs* geworden. Einige Zeitungen verdächtigten freilich die Habsburgermonarchie, diese hätte hinter dem Abenteuer gestanden, nicht so sehr Napoleon (!). Und ein Journalist lobte die Intervention Se-

wards zugunsten Maximilians sogar höher ein als die Verausgabung von *7 Millionen Dollar für ein Eishaus.* Gemeint war Alaska. Mr. Greeley von der Zeitung »New York Herald« durfte sich für einen Vorsprecher der von den Liberalen in den US geprägten öffentlichen Meinung halten. Er meinte, da nun Maximilian von allen verlassen dastünde, sei es richtig gewesen, wenn sich Seward den Bemühungen des Kaisers von Österreich um das Schicksal seines Bruders angeschlossen habe. Der *Rückzug der Franzosen* aus Mexiko aber war für Mr. Greeley *ein grandioser Sieg der amerikanischen Diplomatie*, zumal er ohne Blutvergießen erfolgte. Während Baron Wydenbruck sich den Kopf zerbrach, welcher Politiker wohl dem begabten Motley als Vertreter der US in Wien folgen werde, ging in Mexiko der Vorhang vor dem letzten Akt des Dramas hoch. Wo Aas ist, sammeln sich die Geier. So geschah es in den letzten Lebenswochen Maximilians in dem in Zersetzung befindlichen Kaiserreich Mexiko. Es trat zum Beispiel der seinerzeitige Präsident Mexikos *Santa Ana* noch einmal auf. Er wollte Retter in höchster Not sein und schlug vor, auch den bei Mexiko verbliebenen Süden Kaliforniens an die US abzutreten und so Maximilian von Juárez freizukaufen. Für diese Großzügigkeit verlangte der viermalige Präsident von Mexiko kein Geld, sondern den Herzogstitel, auf den er längst aus war. Und es tauchte das *Ehepaar Salm-Salm* auf. Felix Prinz Salm-Salm war einmal Offizier der königlich preußischen Armee, bis er vor seinen Gläubigern nach Wien flüchtete. Um ein Haar wäre es ihm gelungen, in die Offiziersuniform der Kaiserlichen zu schlüpfen, aber die Gläubiger waren ihm auf den Fersen, und der Prinz tat gut, zwischen sich und seine Gläubiger nach gutem alten Brauch den Atlantik zu bringen. Drüben diente er im Bürgerkrieg bei den Blauen. Und er lernte eine Person kennen, die als Zirkusreiterin und nicht nur hierin brillierte. Mit dieser Dame im Eheband vereint, kam er in Querétaro in die nächste Umgebung Maximilians. Courage hatten beide Ehegatten. Die ehemalige Zirkusreiterin machte auf die Militärs der Juaristen vor der Stadt einigen Eindruck. Fast wäre es ihr gelungen – so eine Version der Story –, den Kaiser zu befreien und außer Landes zu bringen. Sie konkurrierte mit einem *Jesuitenpater*, einem von der seltenen Art. Dieser war Sohn evangelischer Eltern in Deutschland, ehe er als Tunichtgut, wie man damals sagte, in die US ging. 1848 verfiel er dem Goldrausch, er machte sich auf nach Kalifornien. Die Unordnung in dem neuerworbenen Land der Union gefiel ihm. Er paßte sich an und wurde katholisch. Schließlich trat er in den Jesuitenorden ein. Als Pater Augustin Fischer spielte er eine seltsame Rolle im Leben des kaiserlichen Ehepaars.

Und es tauchte ein gewisser *Felix Eloin* auf, von dem es hieß, er sei der Herkunft nach eher Republikaner. Mit Napoleon III. hatte er Beziehungen, als der spätere Kaiser der Franzosen es mehr mit Putschversuchen, Flucht aus dem Gefängnis und einem Exil in den US zu tun hatte. Daß Eloin in die engere Umgebung des Kaiserpaares kam, weist auf die Zustände hin, wie sie am Vorabend von Katastrophen an Höfen, die ohnedies dem Untergang *entgegenwanken*, oft der Fall sind.

Während Maximilian in Querétaro kämpfte, *reiste seine Frau um Hilfen nach Europa.* Sie bereitete in Frankreich dem Kaiserpaar peinliche Stunden: die Erinnerung an ein Verhalten, das der unglücklichen Frau gegenüber dem Kaiser keine Chance mehr gab, einigermaßen gute Figur zu machen. In Paris erreichte Charlotte nichts. Sie reiste nach Rom, und Papst Pius IX. sah nun die Frau jenes Kaisers, der es sich in Mexiko mit dem dortigen Klerus gründlich verdorben hatte – wegen des von *Juárez* beschlagnahmten Kirchenvermögens. Besitz, den die Kirche nie mehr wiedersah. In Rom brach bei der armen Kaiserin der helle Wahnsinn aus. Das unglückliche Opfer eines total mißglückten Experiments wurde Sujet jener Sensationspublizistik, die sich so gerne der Vorgänge im Haus Österreich bemächtigt, um eine *gute Story* zurechtzumachen. Charlotte wurde ein Kind angedichtet. Ihre Heimat wurde schließlich ihr letztes Refugium.

Der Juni 1867 war für Franz Joseph und Maximilian ein ereignisschwerer Monat. Der Kaiser in Wien kam mit dem Leben davon, aber die Monarchie wurde zweigeteilt, quasi tranchiert für den späteren endgültigen Zerfall. Am 8. Juni 1867 wurde Franz Joseph in (Buda-)Pest zum König von Ungarn gekrönt. Erst damit war für die Herren in Ungarn das Interregnum zu Ende, das 1848 mit der Abdankung ihres Königs Ferdinand, des Onkels Franz Josephs, eingetreten war. Franz Joseph war nicht unglücklich, daß ihn ein Trauerfall in seiner engeren Familie aus den Siegesfeiern in (Buda-)Pest riß. In Bayern erreichte ihn die über London gekommene telegrafische Nachricht vom tragischen Sterben seines Bruders Maximilian. Der Kaiser flüchtete in die Einsamkeit seines geliebten Ischl. Dort erfuhr er, was zuletzt geschehen war nach dem Zusammenbruch des militärischen Widerstands Maximilians gegen die Juaristen.

Querétaro war, wohl durch Verrat, in die Hände der Angreifer gefallen. *Maximilian wurde ein Schauprozeß gemacht.* Er wurde zum Tod verurteilt, Tag und Stunde der Hinrichtung wurden bestimmt. Im US-Senat gab es Stimmen, die mit einigem Zynismus diesen Sieg feierten. Und diese Redner hatten recht: Ohne die Hilfen der US wäre das mexikanische Kaiserreich nicht zusammengebrochen.

Aus Ischl kam die vom k.k. Minister des kaiserlichen Hauses formulierte telegrafische Anweisung nach Wien: Vizeadmiral Tegetthoff sei Auftrag zu geben, »wegen des Leichnams« nach Amerika zu gehen. Die in der Karibik kreuzende »Elisabeth« sollte die überlebenden Freiwilligen fürs erste in Kuba oder in den US an Land setzen, der Kreuzer blieb im Einsatz an Ort. Nichts drückt die tiefe Ergriffenheit des Kaisers, die ihn in diesem Moment befallen hat, sinnfälliger aus als seine Frage,

»... ob sie mich in Wien brauchen?«

Wydenbruck intervenierte, ohne Instruktion abzuwarten, aus eigenem bei Seward zugunsten der Freigabe des Leichnams Maximilians. Damit dieser ein *eigenes* Grab bekäme, was für die Zustände in Querétaro nach dem Sieg der Juaristen einiges signifikant macht. Seward ließ sich Zeit. In Wien meldete sich der letzte Geschäftsträger bei der kaiserlichen Regierung Baron von Lago. Franz Joseph imponierte der Bericht, er verlieh dem Baron eine hohe Auszeichnung: die Halsdekoration des Leopoldordens. Kaum war Lago belohnt, da erschütterten die sensationellen Auslassungen des unseligen Salm-Salm die Öffentlichkeit. Der Prinz

verstand zu beschreiben, was es zusätzlich brauchte, um den Absatz eines Buches zu steigern. Wo soviel Eigenlob der Salm-Salm stand, war für Lagos Ruhm wenig Platz, mehr noch: Der Baron kam schlecht weg. Der Ballhausplatz schob Lago in den Hintergrund und überließ es ihm, den Ehrenhandel mit dem Prinzen offiziersmäßig auszutragen.
Es wurde Oktober 1867, bis die »Novara« in den karibischen Gewässern eintraf und Tegetthoff sich an die Erfüllung des Auftrags seines Kaisers machen konnte. Wydenbruck aber wurde lästig bei Seward. Nicht das Kaiserreich, die *kaiserliche Familie* verlange die Auslieferung des Leichnams Maximilians. Die Presse strich heraus, daß Seward einem Gefühl für Humanität folgte, als er in diesem Sinne tatsächlich intervenierte. Wydenbruck war es nicht beschieden, den Erfolg seiner unablässigen Bemühungen in Washington zu erleben. Am 15. Oktober 1867 übergab er die Geschäfte einem Chargé d'Affaires, sein letzter Bericht enthielt den Satz: Juárez würde *wahrscheinlich* den Leichnam herausgeben. Die bloße Möglichkeit anzudeuten war richtig. Denn Juárez hatte sich eine besondere Rechtfertigung ausgedacht. Nicht für Mexiko, sondern für seine Person. Ihn *sollte der Kaiser in Wien bitten.*
Und Franz Joseph verfügte dieses Einschreiten. Er ließ sich nicht erst auf den Streit darüber ein, welche Vorwürfe Mexiko gegen das im dortigen Bürgerkrieg neutrale Österreich vorzubringen hätte. Immerhin dauerte es aber bis zum Jahre 1901, bis diplomatische Beziehungen zwischen Wien und Mexiko aufgenommen wurden; 1901 war dort jener General Díaz im Amt des Präsidenten, der einmal unter Juárez kämpfte. Seine Art, Demokratie in Anwendung zu bringen, war eher anspruchslos. Das aber kümmerte die US nicht, denn ein *Diktator* in Lateinamerika, der *den US gefügig ist, ist kein Tyrann.* Und Díaz war den Geschäftsleuten in den US die längste Zeit Gewähr für einen ruhigen Ablauf der Geschäfte.
Maximilian ruhte bereits in Wien in der Kapuzinergruft, als das Stichwort Mexiko noch immer nicht im laufenden Protokoll des Ballhausplatzes gelöscht war. Gesucht wurde im Auftrag Franz

Josephs nach dreizehn Briefen, die Maximilian angeblich vor seinem Sterben an seine Familienangehörigen in die Heimat geschrieben hat. Und dieses Paket war außer Evidenz. Der Ballhausplatz setzte alle Hebel in Bewegung, um dem verständlichen Wunsch Franz Josephs dienlich zu sein. Bei der k.k. Mission in Washington, wohin das Paket angeblich adressiert worden war, fand sich kein diesbezüglicher Hinweis im Einlaufprotokoll. Das Dead-Letter-Office in Washington blieb bemüht, konnte aber auch nicht dienlich werden.

Nun wandte man sich an die Transportfirma Cramer & Co., über die Sendungen nach und von Mexiko liefen. Diese Firma erkundigte sich bei ihrer Niederlassung in Vera Cruz. Von dort führte eine Spur zur Fa. J. W. Banson & Co., die denn auch bestätigte, 1867 vom preußischen Vertreter in Mexiko ein Paket Briefe zur Beförderung übernommen zu haben. Den Transport über See sollte die »Pisano« besorgen. Was weiter geschah, ist deswegen nicht vollends zu erheben gewesen, weil dieses Schiff in einem *Tornado* untergegangen ist.

Nach der Liquidierung der Affäre in Mexiko kam in den US eine bessere Stimmung gegenüber Österreich auf. Man erkannte, daß der Absolutismus in diesem Fort der Reaktion abgewirtschaftet hatte. Daß Österreich ein Verfassungsstaat war und daß in Österreich die Liberalen nach einer Formel regierten, die in den US besser verstanden wurde als die eines Monarchen und seiner Amtswalter. Die Feudalherrschaft in Österreich ging sichtlich zu Ende. Und wenn das in Österreich geschah, durfte man ja in den US auf diesen Vorteil im Umfang der ganzen Alten Welt rechnen.

13.

Ein goldenes Zeitalter?

Wie durch Zauberschlag verschwand in den US, nachdem der letzte Schuß im Bürgerkrieg gefallen war, das bisher *größte Truppenaufgebot der Kriegsgeschichte.* Die Gesamtzahl derer, die in den Nordstaaten einberufen wurden, betrug 2,89 Millionen Mann. In den Südstaaten wurden nicht bloß 45 Perzent der Wehrfähigen eingezogen, sondern 90 Perzent, insgesamt zwischen 1,22 und 1,40 Millionen Mann. Keine jener des krassen Militarismus verdächtigten Nationen der Alten Welt hat bis dahin solche Massen zum Kampf aufgerufen, keine einen annähernd großen Materialaufwand geleistet wie die amerikanische Nation. Im Verlauf des blutigen Bürgerkriegs wurde in den CSA eine allgemeine *Wehrpflicht* im Jahre 1862 eingeführt, die Nordstaaten folgten ein Jahr darauf mit der gleichen Maßnahme.

Nach dem letzten Schuß zogen die Männer ihre Uniformen aus und gingen, wie Landarbeiter, die ihre Arbeit getan haben, nach Hause. Generale und Stabsoffiziere wurden oft gesuchte Präsidenten und Manager in der aufblühenden Industrienation. Jetzt erst war es möglich, die reichen Rohstoffvorkommen zu erschließen, auszubeuten und maschinell zu verarbeiten: Eisen, Kohle, Öl – und dazu ein Massenheer von Arbeitskräften. Zwei Generationen später, bei Ausbruch des Ersten Weltkriegs, werden die US zum mächtigsten Kapitalisten der Erde geworden sein, zur Industrienation allerersten Ranges. Aber wieder eine Generation später wird einer aus der Vorhut der Sozialkritiker über das ungeheure Experiment schreiben: Eine große metallene Bestie.

Nichts von solcher Niedergeschlagenheit war unter den Menschen zu finden, die nach dem Bürgerkrieg aufbrachen nach Westen, immer weiter westwärts, bis die *letzte Grenze* vor Erreichung des Pazifiks gefallen war. Der Zug nach Westen verdop-

pelte das zivilisierte und kultivierte Siedlungsgebiet des Weißen Mannes in den US. Als der Bürgerkrieg ausbrach, lag zwischen dem bereits hoch entwickelten Osten und dem vielversprechenden Landerwerb am Pazifik eine weite Fläche mit einer Ost-West-Ausdehnung von 1500 Meilen. Nur den östlichen Saum der Great Plains hatten die Siedler erreicht, als sie ab 1861 statt hinter dem Pflug hinter der Fahne hergingen. Bis dahin hatten in einem vom Weißen Mann noch respektierten Gebiet die Indianerstämme eine letzte Möglichkeit, ihre urtümliche Lebensform fortzusetzen. Erste schwächliche Versuche des Weißen Mannes, in diesen Lebensraum des Roten Mannes einzudringen, konnten noch einigermaßen abgewehrt werden. Diese 250000 Indianer weigerten sich, freiwillig die Lebenspraxis ihrer Väter aufzugeben und sie gegen die Zivilisation des Weißen Mannes einzutauschen. Es gab um diese Zeit einige gutgemeinte Versuche Weißer, auf friedvolle Weise die in der unendlichen Weite streunenden Indianer seßhaft zu machen, Jäger zu Landwirten zu erziehen und sie an den Rand der amerikanischen Kultur heranzuholen. Während die europamüden Einwanderer aus der Alten Welt sich ohne weiteres in den großen Schmelztiegel, den *Melting Pot* der amerikanischen Nation, einbringen ließen, wehrten sich die Indianer, solange sie Widerstand mit der Waffe leisten konnten, sich dem nämlichen Verfahren freiwillig zu unterwerfen.
Die Leser von Indianerbüch'ln im Alten Österreich kannten nur den Heldenkampf *heroischer Weißer* gegen *heroische Wilde.* In den Kriegsberichten aus den Jahren der Indianerkriege konnte man es anders lesen: Gelang es einigen verbündeten Stämmen, sich mit modernen Schußwaffen auszurüsten (auch dafür gab es smarte Lieferanten unter den Weißen), dann konnte es schon geschehen, daß im Kampf ein ganzes Kavallerie-Regiment der Regular US-Army oder eine Kampfgruppe aufgerieben wurde. Solche Siege über den Weißen Mann brachten dann die Zeitungen als *Massaker* der Wilden groß heraus. Geschah es umgekehrt, daß einer der großen Indianerstämme im Endkampf verlor, traurige Reste in Reservationsgebiete abgedrängt und fortan von staatswegen ernährt wurden, dann waren das in den Zeitungen Folgen von

Vergeltungsmaßnahmen für Taten, die irgendein verlorener Haufen an der Grenzbevölkerung angerichtet hat.
1881 noch sah sich der amtierende Präsident der US genötigt, vor der Öffentlichkeit zu erklären, daß das, was als eine *Lösung* des Indianerproblems mit enormem Kostenaufwand begonnen wurde, weitab von dem geblieben ist, was man erreichen wollte. Worin bestand die Lösung? Der Weiße Mann wollte dem Roten Mann seine Praxis in der Landwirtschaft aufzwingen, die Stämme auflösen und die Individuen in den Melting Pot werfen. Das unheimliche Programm des Aufklärungszeitalters, einen besseren Menschen in Schulen zu fabrizieren, ihm diese *Besserung* womöglich mit Gewalt aufzuzwingen, dieses Vorhaben vernichtete die Rote Rasse; der Weiße Mann aber errichtete sich vor den Augen armseliger überlebender Roter Brüder eine ungeheure und scheinbar unerschütterliche Mächtigkeit.
Nie hat man im Alten Österreich dieses Geschehen richtig begriffen; man war nur erstaunt, daß man in der Alten Welt den *Landhunger* derer in den Dörfern und die *Armut* derer in industriellen Ballungsräumen nicht besiegen konnte. Das Fazit ist sehr einfach: In der Alten Welt waren Grund und Boden längst vermessen und im Besitz reicherer und weniger reicher Grundbesitzer. Drüben aber konnte man sich auf- und davonmachen, wenn man im Osten Beengtheiten spürte; ein *Weites Land* bot sich dar zur Besiedlung. In der Alten Welt entstand in den *Beengtheiten einer vorgegebenen Ordnung* ein nach der von Karl Marx erfundenen Schießlehre geführter Klassenkampf, dessen Ziel es war, über den Trümmern der Alten Welt die Diktatur des Proletariats zu errichten. Nichts dergleichen in den US. Drüben entstanden wohl Slums in den Ballungsräumen; aber die Neusiedler in den weiten Ebenen nahmen Risiken des Lebens auf sich, von denen sich in der Alten Welt ein Angehöriger der besitzlosen Klasse keine Vorstellung machte. Es *gab den Rassenkampf* zwischen Weiß und Rot, *aber keinen Klassenkampf*, abgestellt auf die Auslöschung derer, die den Besitzlosen als jene hingestellt wurden, die auf Kosten einer *Enteignung* der nachher Besitzlosen lebten.
Auch drüben gab es Ballungsräume. Bergwerkstädte entstanden

im weiten Land. *Binnen drei Monaten* wohnten an einem solchen Ort bis zu 10000 Menschen unter unvorstellbaren Verhältnissen beisammen. Es war ein Reich der Zügellosigkeit, der Gesetzlosigkeit, wo oft neben dem Hurenhaus der Friedhof für jene war, die nicht schnell genug waren beim Ziehen ihres Revolvers. Aber – nur kurz war die Ära und die Rolle der Bergbaugebiete. Ehe das Industriezeitalter vollends über das Land diesseits der Letzten Grenze hereinbrach, entstand dort das sogenannte *Rinderkönigreich.* Statt der riesigen Büffelherden der Urzeit wurde das *Rind* des Weißen Mannes gezüchtet; gezüchtet in einem unermeßlich großen Gebiet, das noch nicht durch Stacheldrahtzäune zerstückelt war. Das war das legendäre Land der Cowboys, der Helden *nach* den Indianerkämpfern, und der sogenannten Rinderbarone. Die Cowboys und die fraglichen Barone entwickelten eine kurzlebige, aber wirklich einzigartige Zivilisation, eine heute versunkene Gesellschaft, deren Volkskultur jenen Anregungen bis dato vermittelt, die aus Vergangenem Stoff für volle Häuser hervorzaubern können.
1856 war jenes Jahr, in dem zum ersten Mal eine Herde von Texas-Vieh quer durch die ganze Breite der US nach Chicago getrieben wurde. Eine der wichtigen Erfindungen der Zeit nach dem Krieg waren die *Kühlwaggons,* mittels derer man das im Westen zubereitete Fleisch in die Großstädte des Ostens transportieren konnte und kann. Gegen Ende dieses Goldenen Zeitalters überwinterten aber bereits Millionen Stück Vieh auf den Hochebenen von Colorado, Wyoming und bis hinein nach Montana. Dem heroischen Zeitalter an der noch von Indianern bedrängten Grenze folgten jene vielfach als paradiesisch beschriebene Zeiten.
»For youth was in the saddle there / With half a world to ride.«
Die Farmer erkämpften sich ihre Epoche mit Hilfe des im Bürgerkrieg erfundenen Stacheldrahts. Noch zogen die Menschen zu Tausenden Richtung Westen über das weite Land einer Zeit, BEFORE BARBED WIRES diese Weite zerstückelten. Bald überholten auf weiten Strecken Eisenbahnen die riesigen Konvois landhungriger Wanderer, Menschen, die noch nicht gewillt waren, ihren Besitz hinter Stacheldraht zu haben. Aber 1883 produ-

zierte eine Firma, J. F. Glidden in Illinois, bereits *täglich* 600 Meilen Stacheldraht.

Und doch war es ein Land, in dem es Jahre mit Hungersnot gab und »man« erkannte, daß das *Klima weniger feucht* wurde, der *Regen oft monatelang ausfiel* und die *Herden sich zu Wasserstellen schleppten.* Es kam noch ärger: in den großen Trockenperioden der ohnedies von wirtschaftlichen und politischen Wirren erfüllten Dreißigerjahre des nächsten Jahrhunderts.

Bis gegen Ende des Jahrhunderts, als die Letzte Grenze nahezu erreicht war, wurde von Staats wegen Land für Heimstätten und Weidezwecke vergeben; oft mehr als in den vergangenen goldenen Tagen – bis die *Pioniere* mit ihrer Arbeit zwischen dem Land im Osten und dem äußersten Westen fertig waren. Es gehört zu jenem *Glück,* das nur der *Tüchtige* auf die Dauer hat, daß dieses Ergießen einer jungen Nation in die Weiten des Landes den US jene von Karl Marx gesuchte Reservearmee des Klassenkampfes ersparte. Lange noch erhielt sich die ursprüngliche Lebensart des Amerikaners, die erst gewisse Schriftsteller um das Jahr 2000 als jene Hölle beschrieben haben, aus der die Jünger einer Neuen Linken ausstiegen, um den Rest der Welt mit ihren verworrenen Ideen zu überfluten, Länder, in denen jene Neue Linke Urstände feiert, die im Ursprungsland längst so etwas wie Opas Revolution geworden sind.

Es dauerte, bis dem Vorschieben der Grenze nach Westen und ihrem schließlichen Verschwinden auch eine staatliche Organisation in den so dem Weißen Mann erschlossenen Weiten folgte.

Oregon wurde noch vor Ausbruch des Bürgerkriegs in die US aufgenommen; Kansas 1861 unter dramatischen Umständen; Nevada 1864, Nebraska 1867, *Colorado* 1876, *Nord- und Süddakota* 1889, im selben Jahr *Montana, Idaho* 1890, so auch *Wyoming, Utah* 1896, *1907* erfolgte ein letzter Run auf Oklahoma. Diese territoriale und staatliche Entwicklung läßt einen echten Vergleich mit Lebensvoraussetzungen in der Alten Welt nicht zu; es sei denn, man vergleicht ein Faß, dessen Dauben zerfallen und durch dessen Lücken der Inhalt entrinnt, mit einem unerschöpflichen Quell in unberührter Natur.

Alte Jahrgänge der Zeitungen wie »New York Times« und »Washington Post« sowie Zeitschriften wie »Harpers Weekly« hinterließen ein Bild der US bei Anbruch des letzten Jahrzehnts des vergangenen Jahrhunderts. Zeitungen, deren Titel das Wort *»News«* enthielt, kamen vielerorts heraus. Mit dem Hinweis auf den Erscheinungs*ort* und dem hinzugefügten Wort »News« waren sie sicher vor Verdächtigungen, die in der Alten Welt *Zeitungen mit erklärter politisch-weltanschaulicher Direktive* auf sich zogen. Daß in den Redaktionen die, wie man später sagte, Hidden Persuaders, die geheimen Verführer der Masse, die Kneter der öffentlichen Meinung und die Lenker der politischen Willensbildung in den US tätig waren, das ließ man drüben lange nicht gelten. Man wähnte sich in einem *Land mit Pressefreiheit* und begnügte sich damit, daß diese Freiheit nicht von staatswegen kontrolliert wurde; die Lenkung der Redaktionen durch die Hidden Persuaders und dadurch die Gängelung der Massen wurde wohl zu lange nicht erkannt. Nicht erkannt in einem Land, das gewohnt ist, *to print everything that fits to print.*

1888 war deswegen ein wichtiges Jahr in der Staats- und Parteiengeschichte, weil es ein Wahljahr war. 1885 war die Ära zu Ende gegangen, die 1861 mit der Wahl eines Kandidaten der damals noch jungen Republikanischen Partei begonnen hatte. Nach einem Vierteljahrhundert der Besetzung des Weißen Hauses durch einen Kandidaten der Partei Lincolns mußte es sich erweisen, ob der erste Wahlsieg nach langen Jahren, den die Demokraten 1884 unter Grover Cleveland heimbrachten, ebenfalls der Anfang einer langen Epoche des Erfolgs der Demokratischen Partei sein werde. Das nun ereignete sich nicht. Demokraten und Republikaner lösten sich im Weißen Haus ab. Eine Mächtigkeit, wie sie Lincoln zu seiner Zeit besaß, werden die Demokraten erst 1913 mit Wilson und 1933 mit Roosevelt wieder in Händen haben.

Immerhin wurde *Tradition* zu einem Element des Politischen: Den 1884 zum 22. Präsidenten der US gewählten Grover Cleveland nannten Kritiker den Präsidenten, den der *Hut seines Großvaters* bemerkenswert machte, den Präsidenten unter dem Hut

des Großvaters. Der 9. Präsident der US William H. Harrison war sein Großvater. Und dieser William war einer jener War Heroes, die wegen ihrer Taten im Krieg nachher auch zu Erfolgen in der Politik kamen. Am Tippecanoe-Bach besiegte der Großvater 1811 einen Haufen britischer Truppen, denen bei diesem Gefecht die mit ihnen verbündeten Indianer, der Schrecken der Siedler, abgingen. Als der nichtsnutzige Krieg gegen Großbritannien zu Ende war, gingen die Milizionäre ohne große Verabschiedung nach Hause, der alte Harrison aber vertauschte seinen zweigestülpten Generalshut mit einem Zylinder. Nur die Markenbezeichnung *War Hero* blieb ihm und das zum Vorteil seiner politischen Karriere. Sein Enkel war bei einer weniger rühmlichen Kriegshandlung dabei, nämlich beim berüchtigten Zug Shermans durch die Südstaaten. Es ist nicht anzunehmen, daß die Männer des vom jungen Harrison kommandierten Regiments von Freiwilligen aus Illinois eine Ausnahme waren – und etwa nicht raubten, plünderten und dergleichen.
In der Alten Welt fanden *Staatsakte* und -feierlichkeiten noch immer mit dem Rest des Glanzes vergangener Tage statt. Harrison junior fuhr in Frack und Zylinder zum Kapitol, neben der Kutsche gingen auf beiden Seiten Herren in gleicher Aufmachung. Das waren keine War Heroes in Zivil, sondern Detektive des berühmten Detektiv-Instituts Pinkerton. Seit der Ermordung Lincolns im Jahre 1865 und des 20. Präsidenten James A. Garfield im Jahre 1881 traute man nicht mehr so ganz dem Common Sense der Amerikaner, welcher Geisteshaltung eigentlich die Ermordung ihres höchsten Würdenträgers im Staat nicht lag.
Präsident Harrison war der richtige Präsident für eine Ära, von der man sagte *life becomes more profitable*. Gegner sagten, seine größte Leistung erbrachte er im Händeschütteln. Wer wollte, ging ins Weiße Haus und zeigte die Hand her, die ihm dort dann der Präsident ohne weiteres geschüttelt hat. Das blieb eine schöne Familienerinnerung. Immerhin mußte dieser Präsident 30000 Hände pro Woche schütteln. Offenbar war das als eine Art appeasement gedacht; besser dem Präsidenten die Hand geben, als gegen ihn eine Pistole in Anschlag zu bringen. Mit der Zeit

wurde Harrison des Händeschüttelns überdrüssig. Er erschien vor der Menge, die auf das Ereignis wartete und enttäuscht war, wenn der Präsident nur zuwinkte und die Wächter sagten: That 's it. Da Harrison nicht ein zweites Mal kandidierte, konnte er sich den so entstehenden Schaden an seinem Image leisten.
Wen auch dieser Präsident nicht vom Hals bekam, das waren Kongreßabgeordnete, jene Typen, von denen schon Lincoln einmal gesagt hat, sie brächten ihn um mit ihren Wünschen. Aber schließlich waren die Petenten ja ehemalige Wahlhelfer des amtierenden Präsidenten, denen es zustand, auch für *ihre* Wähler vom gewählten Präsidenten eine Pfründe oder dergleichen zu erlangen. Harrison hätte sich für diese Belästigungen rächen und zuweilen sein Veto gegen einen Kongreßbeschluß einlegen können; es war ja denkbar, daß der Präsident in einer bestimmten Sache *eine eigene Meinung* hatte und er von dieser im Widerspruch zum Kongreß gemäß der Verfassung Gebrauch machte. Aber Harrison ließ die Abgeordneten und Senatoren ungeschoren, und diese revanchierten sich, indem sie sich brav und gesittet benahmen. Man saß nicht regungslos im Hohen Haus, aber man regte sich nur selten auf.
Einen Eklat gab es zum Beispiel, als ein Abgeordneter verlangte, man solle Mittel für die Schulen im Süden bewilligen, wo noch immer krassestes Analphabetentum, zumal unter den jetzt freien Negern, herrschte. Heute noch grassiert dort das Analphabetentum, obwohl seit 100 Jahren einiges in der Sache geschehen ist; die Gleichheit zwischen den Rassen kam unlängst zustande, als auch genug Weiße dafür hielten, es stünde sich nicht dafür, lesen und rechnen zu können – und dafür noch zu bezahlen. *Im Kapitol herrschte die kompakte Mehrheit auf ihre Weise:* Wurde die Opposition lästig, dann verließen so viele Angehörige der Regierungsfraktion den Saal, als notwendig waren, um das Hohe Haus beratungsunfähig zu machen. Dann wurde die Sitzung geschlossen, die Opposition wußte, daß sie auf dem unrichtigen Weg war.
Plötzlich erschütterte die nationale Ehre der Amerikaner eine Gemeinheit der Deutschen. In der Nähe von Samoa hat demnach ein deutsches Kriegsschiff ein Schiff unter dem Sternenbanner ver-

senkt. Das zuständige Regierungsmitglied verdarb leider die Stimmung, indem es dem Hohen Haus erklärte, daß nichts dergleichen geschehen war. Was aber stand hinter dem Klamauk wirklich? Für die Schiffahrt waren Kohlenstationen nötig, wenn die im Heimathafen gefaßte Kohle nicht für eine lange Fahrt ausreichte. Die Deutschen suchten also nach einem geeigneten Platz für eine Kohlenstation in der fraglichen Weltrichtung. Solche Probleme gingen immer wieder auch die britische Handelsmarine und die Royal Navy an. Anders als 1914 und nachher einigten sich die US, Großbritannien und das Deutsche Reich in dieser Streitfrage.

Es gab andere, weniger aufregende, aber bis auf den heutigen Tag bestehende Streitfragen. Etwa wegen der Fischerei in der Beringsee. Nachdem Rußland Alaska an die US verkauft hatte, fehlte es dort lange Jahre an einer Präsenz der staatlichen Verwaltung der US. Prompt bemächtigten sich die Briten des Fischgebietes in dieser See. Jetzt erwachte ein Konkurrenzneid in den US. Aber London und Washington wurden sich einig. Rußland hatte damals in dieser Gegend nichts zu bestellen und wurde erst gar nicht lang gefragt. Goldene Zeiten waren das.

Nur in den Staatsfinanzen ereignete sich etwas Unglaubliches. Der politische Leiter des Finanzressorts in der Regierung trat sein Amt an – und wußte nicht, was er mit einem Überschuß von 48 Millionen $ aus dem letztvergangenen Rechnungsjahr tun sollte. Noch dazu, wo sein Dilemma von der früheren Administration stammte und er jetzt das Bad auszugießen hatte. Das Problem wurde gelöst. Der Fortschritt ging unaufhaltsam weiter, und es kamen Zeiten, in denen eigentlich solche Probleme nicht mehr auftauchten – dafür andere, schwerwiegendere. Nicht nur im Finanzressort gab es heikle Probleme:

An den Obersten Gerichtshof kam eine Sache heran, die in Idaho spielte, damals noch ein Gebiet, das nicht als Staat in die US aufgenommen war. Auch dort gab es redliche Amerikaner, denen es ein Dorn im Auge war, wenn in ihrer Heimat *Polygamie* betrieben wurde. Um hierin Abhilfe zu schaffen, fehlte dem Obersten Gerichtshof die Kompetenz; immerhin schickte man Leute hin, um

Nachschau zu halten. Es ergab sich, daß es landesübliche Beziehungen unterschiedlichster Art gab, aber keine legalisierte Polygamie. Idaho stand erst am Rand der amerikanischen Zivilisation, wurde erst 1890 in die US als Staat aufgenommen.

Der rapide und in Europa unvorstellbare Fortschritt *des Eisenbahnwesens* in den US enthüllte die Tatsache, daß nicht jeder Fortschritt der Technologie für den Menschen ungefährlich ist. Die übliche Methode des Ankuppelns von Waggons war von der Art, daß allein bei diesem Manöver schon 6000 Bahnarbeiter den Tod gefunden hatten oder arbeitsunfähig geworden waren. Das war ein technisches Problem, und solche Probleme löst man drüben rasch, wenn es gilt, den Firmenwert einer Eisenbahnbetriebsgesellschaft von einem bösen Odium zu befreien.

Was die der Republik von ihren Vätern angelegten Zügel der Staatsmacht anlangte, so lieferte um diese Zeit ein in San Francisco geführter Prozeß den Beweis, daß im eigenen Land *die UNION nicht tabuisiert* war im Rechtsstreit. Die Southern-Pacific-Railway strengte *einen Prozeß gegen die UNION* an und im Spruch kam die Tatsache heraus, daß auch der Gesamtstaat *under law* war. Noch waren jene sagenhaften Zeiten, in denen der Staat gut daran tat, wenn er den Rechten des Staatsbürgers nicht zu nahe rückte oder sie vor Verletzung bewahrte. Selbst Farbige durften sich in einem solchen Fall schon rühren, ihr Rechtsbesitz war so gering, daß es nicht gut war, davon Abstriche zu machen; nachdem man wegen ihrer Befreiung aus der Sklaverei, wie in Schulbüchern stand, vier Jahre lang einen blutigen Krieg zwischen Amerikanern und Amerikanern ausgetragen hatte. Bei allem was recht ist: Die Politiker hatten schon damals einen eher bescheidenen Ruf. Eine Zeitung schrieb, es gebe Abgeordnete im Kongreß, die ihren Weg ins Hohe Haus *over the bones of our people* fänden. Spätere unqualifizierte Besudelungen des Hohen Hauses nehmen sich angesichts solcher uralter Antezedenzien nicht gar so abscheulich aus, wie alte Leute das in ihrer Aufregung meinen.

Noch war black nicht beautiful. Ein Redner trat in den Reihen der Schwarzen hervor, der seinen Schicksalsgenossen sagte, sie sollten nicht gar so erpicht sein auf ihren Status als Neger. Es sei gescheiter, den *Rassenstolz (!) aufzugeben* und sich mit den Weißen zu vermischen. Besser sei es schon, wenn die Neger weniger Alkohol zu sich nähmen; sich nicht nur in der primitiven Feldarbeit betätigten, sondern ein Handwerk erlernten. Immerhin aber gab es in Washington eine für Neger geschaffene Universität, damals die einzige, deren Erhalter die UNION war. Nicht alle Weißen nahmen besagten Vorschlag einer Rassenvermischung mit Beifall auf:

In Nord-Carolina faßte die dortige gesetzgebende Körperschaft einen teuflischen Beschluß. Demnach sollten in Hinkunft nur jene Neger bei Wahlen als Wähler zugelassen werden, die einen Test bestanden, der einen *gewissen* Intelligenzgrad ergab. Mangelnde Bildung, das war Unkenntnis des Lesens und Schreibens, schloß die Annahme aus, daß besagter gewisser Bildungsstand im jeweiligen Fall erreichbar war. Es gab böse Menschen im Land, die behaupteten, mit solchen Gesetzen versuche sich eine Regierung am Ruder zu halten, die reif sei, abgewählt zu werden. Man ist erstaunt: Gab und gibt es ein Regime auf dieser Welt, das sich im Besitze der Macht etwa nicht jenes Wahlsystem zurechtstutzt, das auch für die Zukunft seine kompakte Mehrheit im Parlament sichert? Ja, es gab so einen Staat, einen in der Alten Welt. Anfangs des letzten Jahrzehnts des Bestandes des Alten Österreich beschloß in Wien das Hohe Haus eine Wahlrechtsreform, der Kaiser Franz Joseph die Sanktion erteilte. Gestützt auf dieses Wahlrecht, haben 1911 Sozialdemokraten und Deutschnationale jene Übermacht auf parlamentarischem Boden erreicht, die sie 1918 legitimierte, der letzten k.k. Regierung in Österreich das Konzept einer Verzichtserklärung Kaiser Karls I. abzunötigen. Und der Kaiser unterschrieb, mit Bleistift.

Im tiefen Süden, übelberüchtigt wie er war und noch lange blieb, machte sich Lynchjustiz bemerkbar. Die Rede ging, es richte sich diese Selbstjustiz des guten Volkes *nur* gegen Farbige. In der hier beschriebenen Zeitepoche wurden die Lynchjustitiare ausgeforscht, die einen Neger zu Tode befördert hatten. Es waren Schwarze. Wie überhaupt im Rassenkampf, der in allen Kontinenten um diese Zeit aufkam, Verbrechen nicht nur, wie behauptet, im Interesse des Rassenschutzes begangen wurden, sondern vielfach aus Eigennutz, zur Wahrung oder Erringung eines materiellen Vorteils. Ob Rassenkampf, ob Klassenkampf, sagte ein Wiener Universitätsprofessor, dahinter steht der Kassen-Krampf.

Der News-Wert vieler Tagesnachrichten reichte *selten* an den Rang welthistorischer Bedeutung heran, den *heute* eine die Vereinigten Staaten betreffende Nachricht über deren Hervortreten hier und dort erregt. Die weißen Siedler in Idaho verlangten die Aufnahme ihres Gebietes als Teilstaat der US. Diese Aufnahme erhob Harrison in den Rang eines Mehrers der Staaten. Aber Idaho war nun schon der 43. Staat der US, und man rechnete in der Öffentlichkeit, daß die Serie solcher Aufnahmen erst unterwegs und noch lange nicht zu Ende war.

Was dem Gemeinwohl dient, wurde in jenen Tagen zum Streit von Gruppeninteressen: zwischen denen, die in Philadelphia *Handel* betrieben, und *Konsumenten,* die allüberall an der Ostküste auf billige Wolle aus waren. Die in Philadelphia beschimpften die Bundesregierung, weil ihre Zollverwaltung nicht scharf genug hinter gewissen Importen – es handelte sich um Wollwaren – her waren. Solche Strenge mißbilligten jene, die namens derer an der ganzen Ostküste Sprecher sein wollten. Und die nicht einsehen konnten, warum wegen einer *verfehlten Zollpolitik* der Regierung die in den Oststädten auf teures Zeug angewiesen seien. Auch Minnesota wehrte sich in egoistischer Weise gegen Illinois. In Minnesota sollte nach dem Willen der dortigen Fleischhacker Fleisch von Vieh verkauft werden, das in Minnesota ausgeschlachtet wurde. Man sprach offen den Verdacht aus, daß die Reichen der weltberühmten Fleischmärkte in Chicago genug Einfluß haben würden, um das zu verhindern, was dem Fleischhandel in Minnesota zugute gekommen wäre.

In den US wurde in den Volksvertretungen nach dem Bürgerkrieg 1861/65 eine Unzahl von Gegensätzlichkeiten ausgetragen, und man gab sich dabei mehr Mühe, als die Menge den Politikern zugestehen wollte. Darin unterschied sich der Parlamentarismus in den US doch sehr von jenem in der Alten Welt, wo Sachlichkeit

unterging in den hochschlagenden Wellen der sozialen und nationalen Revolution, zumal der von diesen Revolutionen geschaffenen Schlagworte.
Natürlich gab es genug, die vom breiten Strom des Geldflusses ein *Bächlein für sich* abzweigten. Etwa in Texas, wo Schullehrer sich *gegen* eine Herabsetzung des Preises von Schulbüchern aussprachen; weil sie im Bund waren mit *Schulbuchverlegern*, die bei geringerem Gewinn den Lehrern ihre Bonitäten gekürzt hätten. Das wurde in die Polemik gezogen, in der Öffentlichkeit fand derlei Vorgehen allgemeine Verurteilung. Überhaupt war die Linie zwischen Betrug und Redlichkeit in öffentlichen Angelegenheiten zwar nicht so streng gezogen wie etwa im Alten Österreich; aber Betrüger hielt man sich auch drüben lieber vom Leib; deren Tun ist zu kostspielig für die Allgemeinheit.
Die *Arbeiter* hatten harte Zeiten. Die Gewerkschaft der Bäckergehilfen von New York kämpfte um die Herabsetzung der Zahl der Arbeitsstunden pro Woche – auf 60 Stunden, in Worten sechzig (!). Daß besonders die soziale Lage der Farbigen nicht gut war, gaben die meisten Amerikaner, unter sich und unter vorgehaltener Hand, zu; es gab auch welche, die meinten, es wäre besser und für verarmte Neger nützlicher, wenn sie wieder einen Master bekämen, wie früher. Als aber in einer Episkopalkirche ein Gottesdienst für Neger mit dem Gebet um eine *bessere* Regierung der US geschlossen wurde, fanden viele Amerikaner derlei anmaßend. Obwohl sie ansonsten vom Recht der freien Meinungsäußerung gerne und lautstark Gebrauch machten. In eigener Sache.
Noch war die Zeit, da mildtätige *Frauen* Ansehen genossen, solche aber, die etwa vortrugen, was später unter das Schlagwort »Emanzipierung der Frauen« fiel, nur mäßige Zustimmung fanden. Selbst unter ihren Geschlechtsgenossinnen. Die Gemahlin des Präsidenten Harrison war eine tiefreligiöse Frau und tat sich aus inneren Beweggründen hervor, wo es um humanitäre Anliegen ging. Es gab bei Veranstaltungen letzterer Art Schreier. Konnten die Veranstalter die Frau des Präsidenten zum Besuch einer von Störungen bedrohten Veranstaltung gewinnen, dann unterblieben derlei Ungehörigkeiten. Die Zeiten, wo das Auftreten

eines mäßig beliebten Prominenten oder das Eintreten eines Politikers für eine mäßig populäre Sache gleich an Ort mit wilden Demonstrationen beantwortet wurde und wird, war noch weitab.
In den Teilstaaten wurden auch Gesetze gemacht, die Unruhe erzeugten. Auch drüben gab es unter den Gesetzesmachern *Eiferer,* zum Beispiel im Staate New Jersey, wo das Rauchen von Tabak verboten wurde. Weil Rauchen nicht nur der Gesundheit schadet – sondern die Moral verdirbt. Den Amerikanern kam zugute, daß hitlerische Typen keinen Erfolg auf Dauer hatten, weil ihre krankhafte Veranlagung von den Gesunden instinktsicher rechtzeitig erkannt wurde. Und solche Propheten gingen in die Wüsten, deren es im Westen genug gab. Ansonsten kam in den US das, was man Politikerprivilegien nennt, sehr frühzeitig auf; dort war die Demokratie aber länger am Werk, und also wurden die Depressionsgebiete des Politischen früher erkennbar. New Hampshire rief nach einem Bundesgesetz, wonach Kongreßabgeordnete nicht nach einem *Tagessatz* entlohnt werden sollten, sondern nach einem *Fixum* von 200 $ *pro Session.* Derlei würde auch die Maschinerie der gesetzgebenden Funktion des Hohen Hauses *beschleunigen,* meinte man in New Hampshire: Vor 100 Jahren. Letzterer Staat muß einige Kämpfer gegen die Sündhaftigkeit in den Reihen seiner Politiker gehabt haben. Denn eine Minorität verlangte ein gesetzliches Alkoholverbot – damit kam sie aber bei der kompakten Mehrheit des dortigen Hohen Hauses schlecht an. Gewitzigt von derlei Erfahrung, ging man in Minnesota und Rhode Island einen anderen Weg. Militante Kämpferinnen gegen den Alkoholkonsum trieben die Männer auf die Barrikaden, und der Erfolg geriet unterschiedlich: In Rhode Island wäre man dafür gewesen, das Verbot zu beschließen, die Aktion versackte aber sichtlich im Gewirr von Ausschüssen und Unterausschüssen. Im Staate Maine ging das Verbot durch; Ärzten wurde aber erlaubt, im Falle gewisser Krankheiten Alkohol zu verschreiben; gewisse Krankheiten fingen an zu grassieren, und Ärzte, die sich auf deren Behandlung verstanden, kamen gut ins Geschäft.
Solange die Menschen es mit der parlamentarischen Demokratie versuchen, sie geradezu tabuisieren, wird das jeweils geltende

Wahlrecht für die Gesetzgebende Körperschaft den Zuschnitt tragen, der der herrschenden Mehrheit im Hohen Haus zugute kommt. In Montana waren Einwanderer aus Australien mit der in diesem Staat geübten Demokratie nicht einverstanden, sie verlangten das viel bessere Wahlrecht ihres Herkunftsstaates. In New York war die Demokratie schon so weit entwickelt, daß mit Gesetz *jede mit Geld erkaufte Stimme für ungültig* erklärt wurde. Wie dieses blühende Geschäft, das bis dato in viel großartigerer Weise ausgeübt wird, exekutiert wurde, darüber gibt es eher unterschiedliche praktische Erfahrungen. Money makes it, das gilt auch heute für die Wahl eines Präsidenten. Ein Kandidat, der nicht die vielen Millionen »Wahlspenden« zusammenbringt, die es braucht, um wenigstens ins Rennen zu kommen, muß einsehen, daß sein passives Wahlrecht in diesem Fall nix wert ist. Und doch waren die Männer in den diversen Hohen Häusern, in Gemeinden, Teilstaaten und im Bund, unentwegt *konfrontiert mit dem Fortschritt:* In Texas, in Galveston, stritt man sich, ob die Elektrifizierung der Straßenbeleuchtung von der Stadt besorgt werden sollte oder von einem privaten Unternehmen. Noch hatten private Unternehmen eine Chance im Falle der Versorgung der Stadtbewohner: Der Auftrag erging an eine Firma.

Dieses liebevoll mit Details ausgeschmückte Bild ist nicht eine Sottise des Autors. Vielmehr stellten 100 Jahre nach dem eben geschilderten Geschehen ehrenwerte Staatsrechtler in den US dieses Bild voran, um der jetzt lebenden Generation erst einmal zu zeigen, auf welchen Schultern sie steht, wenn sie über Politics and Government of the United States und dessen fortschrittliche Entwicklung in der Nähe des Jahres 2000 diskutiert, polemisiert oder mit Massen in den Straßen die Politik einer Minorität den Regierenden aufzwingen will.

Man lebte am Vorabend der Feier zur hundertjährigen Geltung der Verfassung der US. Der auch *jetzt, hundert Jahre danach,* von Gefahren umwitterten, aber noch immer standfesten Verfassung einer konföderativen präsidialen Republik vom 4. März 1789. Und man feierte den Tag nicht nach alter Väter Sitte, sondern im Glanz und der Noblesse eines Staates, auf dessen Boden sich die

Anfänge des größten Reichtums der Neuzeit und dessen Inhaber sammelten. Lassen wir uns die Speisenfolge zeigen, die für den 29. April 1889 für ein Festbankett in der Metropolitan Oper geboten wurde. Verglichen damit speiste man bei Hof in Wien bei derlei Anlässen mit spartanischer Einfachheit. Wobei Kaiser Franz Joseph dem Servieren eines Ganges gerade soviel Zeit ließ, damit man bei Ende des Services mit dem Abdecken des kaum benützten Tafelgeschirrs anfangen konnte. Anders drüben 1889:
Zunächst je nach Wahl neun warme Vorspeisen oder Suppen. Dann achtzehn Arten von kalten Vorspeisen. Fleisch vom Rind, Geflügel und Fisch, je nach Wahl in verschiedenen Zubereitungen. An Süßspeisen bot man einundzwanzig Varianten, dazu vier Eissorten, Kaffee, Obst und Fruchtdesserts aus allen Zonen. Noch bot man nach alter Weise für die Uralten nicht mehr als Apollinaris Tafelwasser. Ansonsten Mum's Extra, Jules Mumms Sec, Meet & Chandon Brut.
Dabei schied Harrison mit dem Nachruf, sein Regime im Weißen Haus und in der Republik sei farblos gewesen. Wienerisch gesagt: Es war nix los. Alles sei grau gewesen, wie jene alten Männer, die es immer noch wagten, sich im Vordergrund des Politischen zu tummeln. Nicht immer stimmte der Vorwurf. Unter Harrison fand der erste Panamerikanische Kongreß statt. Heutigen einschlägigen Erwartungen entsprach er nicht. Man setzte nach einigen Gesprächen die aus den lateinamerikanischen Staaten gekommenen Delegierten in einen aufs nobelste eingerichteten Eisenbahnzug und führte sie an jene Orte, wo sie erkennen konnten, wie groß der Unterschied zwischen einer beginnenden Luxusgesellschaft und den armseligen Zuständen zuhause (nicht in den Häusern der Politiker) oft war.
Und – der alte Harrison war noch immer Manns genug, um einem Staat in Lateinamerika zu zeigen, wie es ihm ergeht, wenn er amerikanischen Seeleuten, die beim Landgang Chilenen terrorisierten, eine Lektion erteilte. Chile bekam von den US eine Lektion und unterließ es nachher eine Generation lang, sich mit den US und den Amerikanern anzulegen.
Endlich ging im Weißen Haus ein Licht auf. Nicht in politicis,

vielmehr wurde nach einigem Zögern die Beleuchtung mit elektrischem Licht eingeführt. Es gab tatsächlich Menschen, die trauerten angesichts des Neuen jener Romantik nach, wenn durch die Fenster der Häuser das heimelige Licht der Petroleumlampen schimmerte. Auch Hausfrauen, denen die tägliche Wartung der Lampen oblag, fanden es im Umkreis des Familientisches am Abend keineswegs mehr so gemütlich wie ehedem. Gemach: Der Kreis wird sich auflösen, wenn das Industriesystem zuerst den Mann, dann die Hausfrau und die Kinder einrückend machen wird in sein Kasernement: in die Fabriken. Und wieder später wird eine in den US aufkommende Nostalgie, eine kollektive Neurose, die vom Modernismus geplagte Welt des Jahres 2000 in die Beschaulichkeit längst versunkener Welten zurückführen wollen. Urgroßmutters und Großmutters Hauskram, Urgroßvaters und Großvaters Fabrik samt Einrichtung und alles Drum und Dran, das zunächst sang- und klanglos unterging in der Welt nach 1918, werden betulich gesucht und nach Auffindung liebevoll zur Schau gestellt. Lebloses, funktionsloses Zeug, mit dem Geschick der Kustoden und Restauratoren präsentiert ... als ob.
Schon zu Harrisons Zeiten kündigte sich an, was zur Jahrhundertwende Ziel der Außenpolitik wurde. Noch verzichtet man in Washington auf den Prügel, den der 26. Präsident der US Theodore Roosevelt gerne zur Hand hatte, wenn er beim Reden mit den Leuten allein nicht weiterkam. Noch immer stand in Lehrbüchern: *Demokratie ist zuerst Diskussion.* Man wird bald weniger diskutieren und mehr agieren. Der gute alte Harrison wurde in einem Streit zwischen Venezuela und der Kolonialmacht Großbritannien um beider Grenzen in Südamerika Vermittler und – er hatte Erfolg. Das aber geschah, als Harrison nicht mehr im Weißen Haus tätig war und er das Ansehen eines bewährten alten Anwalts genoß. Ob Harrison so wie seine späten Nachfolger die Boys 1917 und 1941 in den Krieg geschickt hätte? Solche Fragen mit *Wenn* und *Aber* sind unzulässig.
Vor hundert Jahren ging es in der Alten Welt turbulenter zu. Auch wenn jene, die später dieser *guten alten Zeit* nachtrauerten, die ganze Tragik und Fatalität der späten Achtzigerjahre nicht

vollends wahrhaben wollten. In den nicht ganz acht Monaten zwischen dem Juni 1888 und dem Jänner 1889 ereigneten sich in der Alten Welt zwei tragische Todesfälle, die empfindsameren Gemütern die Ankunft einer Endsituation signalisierten: Im Sommer 1888 starb in Berlin Kaiser Friedrich III. Und im Jänner 1889 verübte im niederösterreichischen Jagdschloß Mayerling der österreichische Kronprinz Rudolf unter nie ganz geklärten Umständen Selbstmord. An beide Persönlichkeiten knüpften sich konkrete Erwartungen jener Liberalen der Alten Welt, die noch einmal das Geschick eines von ihnen regierten Staates einer parlamentrisch regierten Monarchie anvertrauen wollten. Und die in die beiden Toten so große Hoffnungen gesetzt hatten.

Kaiser Friedrich III. war der Nachfolger seines uralt gewordenen Vaters Wilhelm I. Sein Vater hat in jungen Jahren noch an den Befreiungskriegen gegen den Großen Napoleon teilgenommen und trug das damals gestiftete Eiserne Kreuz. Nicht ohne Zögern hat er 1871 in Versailles, während eines von Frankreich erklärten Krieges, den Rang eines Deutschen Kaisers in dem von Bismarck geschmiedeten Zweiten Reich der Deutschen übernommen. Sein Sohn Friedrich war Schwiegersohn der Queen Victoria von Großbritannien, Gemahl von deren Tochter Viktoria. Nach dem Tod seines Vaters regierte er jene 99 Tage zwischen dem 9. März und dem 15. Juni 1888 als *ein sterbender Monarch;* gegen dessen Sterben die ehrgeizige Gemahlin mit unerschütterlicher Hoffnungsgläubigkeit und mit Unterstützung eines aus ihrem Heimatland geholten Arztes vergeblich ankämpfte. Der tragische Tod des Kaisers war umwittert von einer Pressekampagne, bei der sich die Zeitungen in *Deutschland* und jene in *Großbritannien* in der Verbreitung von Tratsch und Mißstimmung überboten. Wer das bisherige eher konservative Preußen des alten Kaisers vom Hals haben wollte, hoffte auf ein Wunder, denn nur das konnte den Nachfolger am Leben erhalten. Bismarck und viele Deutsche fürchteten aber, daß ein sterbenskranker Deutscher Kaiser in den sorgenden Händen einer Gemahlin, die in *erster Linie den Stolz der Briten* an sich und damit die Untertänigkeit gegenüber ihrer

königlichen Mutter in London in sich hatte, das *Deutsche Reich britischen Einflüssen und Interessen ausliefern würde.*
Kaum war der alte Kaiser tot und begraben, meldete der österreich-ungarische Botschafter am Hof zu Berlin:
»... die hiesige Gesellschaft ist überhaupt nicht wiederzuerkennen, denn es scheint jetzt, als ob ihr der Tod Kaiser Wilhelms plötzlich die Zunge gelöst haben würde ... Besonders zu bedauern ist aber dabei, daß die frondierenden *Kreise sich mit ihrem Tadel auf Äußerungen des Kronprinzen Wilhelm* (des späteren letzten Deutschen Kaisers) beziehen können, die keine Zweifel über seine Unzufriedenheit mit dem jetzigen Gang der Dinge Raum lassen ... Die Bonner (corpsstudentischen) Allüren des hohen Herren treten noch zu sehr zum Vorschein, und die *autoritative und vorschnelle Art und Weise,* mit welcher Höchstderselbe schwierige Fragen behandelt, sowie sein *intolerantes Vorgehen* in religiöser Beziehung verursachen manches Kopfzerbrechen, und es gibt daher *selbst in militärischen Kreisen* nicht gar viele mehr, die ganz ohne Bangen dem nicht mehr fernen Regierungsantritt des Kronprinzen Wilhelm entgegensehen.«
So geschrieben von einem k.u.k. Diplomaten, dreißig Jahre vor jenem Jahr 1918, da besagter Kronprinz als Kaiser Wilhelm II. die deutschen Truppen in Frankreich verließ, um sich nach Holland ins Exil zu begeben ...
Der jungenhafte Kronprinz Wilhelm hielt es mit Bismarck, fürs erste wenigstens. Und zwar in einem Maße, daß sein Vater nach Regierungsantritt derlei demonstratives Hervorkehren rügen mußte. Man weiß, daß diese frühe, vorschnelle Zuneigung des jungen Wilhelm dem alternden Reichskanzler nicht gut bekam. Wilhelm II. wird Bismarck entlassen, und der Schöpfer des Zweiten Reiches wird im Zorn aus dem Amt scheiden. In London stellte 1888 im Dreikaiserjahr der Deutschen (Wilhelm I., Friedrich III., Wilhelm II.) der *konservative* Ministerpräsident eine fatale Diagnose für eine Entwicklung der künftigen Beziehungen zu Berlin:
»... daß eine Freundschaft mit Deutschland viel unsicherer und unverläßlicher ist als eine mit *Frankreich.*«

So gestanden im April 1888 gegenüber dem französischen Botschafter in London.
Die unglückliche Kaiserin Viktoria las ihrem der Sprache beraubten Gemahl, dessen Karzinom des Kehlkopfes sie einfach nicht zur Kenntnis nahm, aus den Werken des englischen Philosophen *John Stuart Mill* und jenen des Schöpfers liberalistischer Wirtschaftsanschauungen *Adam Smith* vor. Dazu einiges aus den Arbeiten französischer Nationalökonomen und Soziologen, engagierter Vertreter der Freihandelslehre auf dem Kontinent. Eine Wiederholung jenes Laissez-faire eines vergangenen Jahrhunderts. Und Friedrich delektierte sich an dem Gehörten, lachte über jene, die, so wörtlich, über *ein ödes Manchestertum* des Wirtschaftsliberalismus herzogen.
Der sterbende Kaiser hatte nichts übrig für gewisse Erfolge beim Publikum, etwa wenn das Deutsche Reich anfing, sich dem Trend zum *Kolonialismus* anzuschließen. Doch darüber redete die Kaiserin angesichts dessen, womit London eben daran war, seine imperialistische Kolonialpolitik auf die Spitze zu treiben, weniger gern. Der kranke Monarch hatte instinktsicher Angst vor dem sogenannten *Deutschen Wesen, an dem die Welt genesen* sollte. Ihm gefiel nicht das Gehaben jener Landsleute, die sich für die klügsten, die stärksten, die weisesten und die besten *Menschen auf Erden* hielten; von allen beneidet, bewundert, gefürchtet und *imstande, sich alles zu erlauben.* Wie die Angelsachsen.
Friedrich III. übersah leider, daß sich just derlei, von London ausgehend, über alle Erdteile verbreitete und zur *furchbaren Hinterlassenschaft des Weißen Mannes in Afrika und Asien geriet.* Und daß es auch in den US Vorhuten jenes vor 1914 zum ersten Mal hervortretenden Amerikanismus gab, demzufolge nur in den US die Möglichkeit bestand, ein *besseres Menschsein* hervorzubringen; eines, auf dem nicht Reste der Eischalen der zerberstenden Alten Welt kleben.
Indessen geriet das sogenannte Generationsproblem zwischen Kaiser Friedrich III. und seinem Kronprinzen Wilhelm in Ausartungen, die wahren Schrecken um die Person des künftigen Kaisers verbreiteten. Es geschah all das *im letzten Jahr des Kronprin-*

zen Rudolf, dessen Informationen weniger Hofberichten entnommen waren, sondern dem Wissen von Zeitungsleuten, solchen, die nicht ohne Tendenzen und mit gewissen Absichten den jungen Herrn in Wien fehlorientierten. Um diese Zeit hatte Rudolf schon seine Begegnung mit dem französischen Linksliberalen Georges Clemenceau hinter sich. Clemenceau, als Arzt ausgebildet, erlebte unter Napoleon III. die Verfolgungen, die einem radikalen Feind der Monarchie galten. Trotz innerer Vorbehalte machte er 1871 bei dem schauerlichen Exzeß der Pariser Commune mit. *Bei allen linskintellektuellen Exzessen vergaß er nie die Revanche,* die den Deutschen zugedacht war: nicht nur die Rückgewinnung des 1871 verlorenen Elsaß-Lothringen, sondern die Rheingrenze für Frankreich.

Gesinnungsfreunde aus Wien ließen Clemenceau wissen, daß er in der Person des Kronprinzen Rudolf einen verläßlichen Parteigänger gegen Preußen/Deutschland, wie man sagte, habe. Und nach dem Regierungsantritt Wilhelms II. einen Bundesgenossen. Denn schon vor 1888 schrieben französische Zeitungen, diese beiden Thronfolger in Wien und Berlin sind *geboren, um einander zu hassen.* Clemenceau, der große Zerstörer der Donaumonarchie 1918, war zu Lebzeiten Rudolfs insgeheim in der Wiener Hofburg. Und Rudolf, schon am Anfang vom Ende seiner Existenz, erkannte nicht, daß der Feind seines Feindes in Berlin deswegen nicht sein Freund und der Freund Österreich-Ungarns sein mußte.

In der Nacht zum 15. Juni 1888 starb Friedrich III. Fast auf den Tag genau 30 Jahre vor dem Scheitern der letzten Offensive der Deutschen in Frankreich ... Was kam, ist mit dem herabsetzenden Ausdruck Wilhelminismus über alle Maßen diskreditiert worden. Vergessen ist das Wort des letzten US-Vertreters vor dem Kriegseintritt der US im Berlin von 1917: Danach hätte das Kaiserliche Deutschland ohne den fatalen Krieg, der 1914 ausbrach, spätestens um 1930 Großbritannien auf allen Weltmärkten und in der Industrialisierung übertroffen. In Berlin aber starb an jenem 15. Juni 1888 die Hoffnung der Liberalen und in einigen Staatskanzleien das Vertrauen in das Regime des folgenden jungen Kaisers.

In diesem Sommer hatte die Dekadenz des Kronprinzen Rudolf ein Ausmaß erreicht, das nicht nur bei Hof voll erkannt wurde, sondern auch zufälligen Zeugen von Begegnungen nicht mehr verborgen blieb. Nach einer venerischen Erkrankung, die post mortem nie genau geklärt worden ist, lebte er im Bewußtsein, selbst unheilbar körperlich krank zu sein, seine Gemahlin infiziert zu haben.
Das äußerst labile Nervensystem Rudolfs ertrug eine ihm verhaßte Umgebung bei Hof noch schlechter als in Zeiten, da er körperlich und geistig durchaus in der Lage war, mit Hilfe vertrauenswürdiger Publizisten in Wort und Schrift dagegen aufzubegehren. Sein angeborener Arbeitseifer artete aus in unablässige, oft ziellose Geschäftigkeit; seine genialische Veranlagung geriet zu einem krankhaften Intellektualismus, dessen sein Verstand nicht mehr Herr werden konnte. Sexuelle Ausschweifungen, Alkoholmißbrauch, zuletzt wohl auch Drogen ruinierten den Mann, dessen Auftreten einmal nicht nur Damen und liberale Politiker mit Freude begrüßten, sondern auch andersgesinnte Österreicher, die nicht das Gleiche wie Rudolf dachten, in puncto Bestand der Monarchie aber seine Gedanken teilten. Dieser Rudolf lebte aber nicht mehr am Vorabend von Mayerling.
Er war längst nicht nur glaubenslos, sondern Atheist; er konsumierte die Apanage eines Kronprinzen, gab sich aber als Republikaner; und er hat, als er noch wachen Geistes war, die Zonen liberalen Denkens längst durchschritten und sich nach der politisch-weltanschaulich fundierten Ideologie seines Lehrers Carl Menger bis in Zonen jenes Sozialismus vorgewagt, die im Anschluß an Marx entstanden. Rudolf war Magnet für alle Malkontenten in der Monarchie. Man sagte, daß die Herren in Ungarn ihn für einen Putsch gewonnen hätten, demzufolge er *König von Ungarn*, sein gleichgearteter Vetter *Johann Salvator aber als Putschist gegen den Kaiser Herrscher über die österreichische Reichshälfte* werden sollte.
Nie ist derlei nachgewiesen worden. Wer davon redet, kann sich nur auf ein Ondit berufen und erzählt ein Ondit weiter. Sonst darauf aus, solide Fundstellen für entscheidende geschichtliche Er-

eignisse aufzuspüren und darnach das tatsächliche Geschehen, die Akteure und die Bedeutung des Ereignisses wissenschaftlich zu würdigen, ist Mayerling die Fundgrube für Sensationsromane bis dato geblieben.

Von allen anderen Versionen abgesehen, bleibt mehr und mehr eine außer Evidenz: daß nämlich die Persönlichkeit Rudolfs, so wie die des von ihm nahezu gehaßten Wilhelm II., gar *nicht geeignet war, den von Grund auf gewandelten Zuständen der modernen Zeit gerecht zu werden.* So blieb es in Österreich-Ungarn bis 1914 bei der pflichtgetreuen Erfüllung der Herrschaftsaufgaben durch den alternden und in die Vereinsamung des hohen Alters kommenden Franz Joseph I. Mit Wilhelm II. aber trat ihm in Berlin nicht bloß »sein hoher Verbündeter«, wie man damals sagte, im Jahre 1914 an die Seite, sondern zugleich einer aus der Generation des toten Kronprinzen Rudolf. Über sie mehr zu schreiben, erübrigt sich für jeden, der sich an der Kunst der Tendenzstücke Arthur Schnitzler jetzt, da alles geschehen und vorbei ist, ein Bild von damals zu schaffen versucht.

Der Amerikanismus kam im Ersten Weltkrieg in unvollkommener Ausbildung über die Alte Welt. Im Zweiten Weltkrieg vollendete das integrale Bündnis der US mit der SU die Vernichtung der Alten Welt. Reste von ihr leben in der Schüttzone einer im Fundament zerstörten Mitte …

14.

Freundlich reden, aber mit einem Prügel in der Hand

Zwanzig Jahre diente als k.u.k. Missionschef in Washington ein Diplomat, der den Namen *Hengelmüller* trug. An diesem Namen klebte nichts von jenem mittelalterlichen Feudalismus, der Amerikanern unausstehlich war. Schon in der Schule lernten Amerikaner, daß Österreich so etwas wie der Winkel der Reaktion und des Papismus ist, und das hat das Alte Österreich in der Endzeit seines Bestehens auch zu spüren bekommen.

Die aus England gekommenen *ersten Einwanderer* brachten in die Neu-England-Kolonien in Nordamerika, also in die späteren US, *fast nur Angehörige des Dritten Standes* mit. Angehörige der in der Alten Welt noch führenden beiden anderen Stände waren selten unter ihnen. *Geistliche* nur dann, wenn ihre Kirche oder Religionsgesellschaft im raschen Wechsel der Regierungssysteme im England des 17. Jahrhunderts verfolgt oder mißachtet wurde. Noch seltener war ein *Adeliger* unter den Einwanderern, und wenn einer dabei war, so gehörte er einer jener Familien an, denen noch der Schock in den Gliedern lag, seit die Revolution in England, also die erste in der Neuzeit, dem regierenden König einen Prozeß machte, um ihm danach den Kopf abzuhacken.

Die Könige von *Spanien* schickten als ihre Machthaber in den Kolonien Angehörige jener Familien, die sich schon in der alten Heimat im Kampf an der Seite des Königs bewährt hatten. *Engländer, Schotten* und *Iren,* die in die Neue Welt auswanderten, waren fast immer Typen, *die sich nicht gut standen* mit dem in der alten Heimat jeweils herrschenden Regime. Diese Verschiedenheit, die zwischen den spanischen und den englischen Kolonisten in der Neuen Welt bestand, führte beim Abfall der Kolonien vom Mutterland zu einem bemerkenswerten Unterschied: In den spani-

schen Kolonien machten unter Anleitung Londons die Abkömmlinge der vom König in Madrid mit reichen Pfründen ausgestatteten Familien Revolution, sowie sie erkannten, daß Reichtum Macht bedeutet. Und sie nicht mehr willens waren, diese Macht mit dem Wohltäter ihrer Familie, dem König von Spanien, zu teilen. Unter den Machern der Revolution in Nordamerika waren Nachkommen von Einwandererfamilien, die es in der Neuen Welt zu neuem Reichtum gebracht hatten, führend; aber die *Aufsässigkeit gegen das monarchische Prinzip* lag ihnen im Blut. Sie wollten nicht länger Engländer sein, sondern freie Amerikaner mit einer eigenständigen Zivilisation und Kultur. In Lateinamerika hat die kulturelle Gemeinschaft mit Spanien alle dortigen politischen Umstürze überdauert. Bis auf den heutigen Tag.
Als das Alte Österreich seinen ersten Missionschef für Washington entsandte, unterschied sich dieser so wie einige seiner Nachfolger doch in Herkunft und Persönlichkeitsbild von jenen Missionschefs, die als Vertreter des Kaisers von Österreich Botschafter in St. Petersburg, London, Paris, Berlin und Neapel waren; oder an weniger bedeutenden Höfen, soferne dort nur eine der *alten Dynastien Europas* die Herrschaft innehatte. Herr Marschall, der erste Vertreter in Washington, entstammte wohl einer jener Familien, die ursprünglich den Namen Maréchal trugen und, aus den alten Besitztümern des Hauses Habsburg im europäischen Westen stammend, zu den letzten Getreuen jenes einstens großartigen Besitztums Österreichs in Westeuropa gehörten. Ihnen war das politische Klima in Westeuropa vertraut, die Risiken und Gefahren dieses von Revolutionen erschütterten Gebietes in Europa waren Teil ihrer Familiengeschichte. Der Herkunft nach war ihr Horizont ein anderer als jener der Herren aus den *Erblanden* in der Mitte des Kontinents oder *ungarischer Herren,* die ihrem König als Botschafter des Habsburgerreiches dienten.
Marschall wurde 1841 abberufen, weil es für ihn eine neue, eine sehr wichtige Aufgabe in der Alten Welt zu erfüllen gab. Das weitere Schicksal dieses Diplomaten, der zugleich Offizier, zuletzt General war, ist ein Hinweis auf seine politische Anschauung: 1841 wurde er Missionschef in Lissabon, weil Wien angesichts der

ständigen Umtriebe, die London in Portugal verfolgte, gerade dort einen standfesten und energischen Vertreter brauchte. Nach der Revolution, die 1830 Europa überflutete und die auch das Herzogtum Parma, wo die Älteste des Kaisers Franz I. regierte, schwer betroffen hat, wurde Marschall nach Parma abgeordnet, um der Herzogin als Militär und *politischer Berater* zur Verfügung zu stehen; nachdem in der Krise von 1830 der von Wien entsandte Berater in den Wirren der Revolution aus Angst versagt hatte.

Nach 1848 war Marschall als Mann Metternichs nicht mehr gefragt am Ballhausplatz. Nach Washington schickte Wien gerne Vertreter, *deren Name die Herkunft aus der gewerblichen und bäuerlichen Welt alter Zeiten erkennen ließ:* Lederer, Mayr, Schaeffer, Schmit und eben Hengelmüller. Schließlich *Dumba,* in dessen Familie man einmal auf die Nobilitierung respektvollst verzichtet hat, nachdem Reichtum und Ansehen allein eine unübertreffliche Stellung im Alten Wien jener Tage eingetragen hat. *Herren von Adel,* deren Prominenz bessere Posten als Washington erhoffen ließ, schätzten die längste Zeit diesen Posten nicht sehr. Das kultivierte Leben, das noch die Alte Welt auszeichnete, gab es im unfertigen Washington kaum. Dieser Posten mußte attraktiver gemacht werden, indem man den dort Beschäftigten gewisse Zulagen von Fall zu Fall gewährte. Bis dann der jeweilige Missionschef die Möglichkeit bekam, während der unausstehlichen heißen Sommertage der Hauptstadt der US zu entfliehen, um seine Residenz in den nahen Bergen unter besseren klimatischen Bedingungen verbringen zu können. Es kamen auch Herren von Adel nach Washington:

Graf Giorgi diente dort vor und während der Tragödie des Kaiserreiches in Mexiko, dessen Krone sich Erzherzog Maximilian von Napoleon andrehen, zuletzt, bei der Ehre gepackt, *aufzwingen ließ.* Drei Jahre hielt es dort auch ein Mitglied der Familie *Hoyos* aus, er zog aber den Posten in Rumänien (!) dem in Washington bei weitem vor. Letzter k.u.k. Missionschef war der Pole *Graf Tarnowsky,* der sich in Washington schon die Geringschätzung und Feindseligkeit, die der 28. Präsident der US

Woodrow Wilson Österreich-Ungarn gegenüber zur Schau trug, gefallen lassen mußte. Der Graf war einer der Getreuen, auf dessen Dienst nach 1918 die Republik Polen verzichtete und damit der Absicht des Grafen entgegenkam.

Wurden Herren bürgerlicher Herkunft mit dem Leopold- oder mit dem Kronenorden ausgezeichnet, dann brachte das in alten Zeiten noch den Aufstieg auf die erste Stufe einer Nobilitierung in den Reihen des Beamtenadels mit sich. Man gratulierte diesen Missionschefs, aber das State Departement maß derlei Bräuchen einer versinkenden Welt keine Bedeutung zu. In den US haben zu allen Zeiten *War Heroes* von ihrem im Krieg erworbenes Renomée nachher in ihrer parteipolitischen Laufbahn Vorteile bezogen, einige dieser Kriegshelden wurden Präsidenten. Die Congressional Medal of Honor, als Tapferkeitsauszeichnung durchaus im Rang des Theresienordens der Monarchie, war keine Offiziersauszeichnung, und die Träger dieser selten verliehenen Auszeichnung bildeten keine Ordensgemeinschaft für den Rest des Lebens. Unteroffiziere, die Inhaber dieser Auszeichnung waren, brachten es nicht soweit wie jene, die in der *öffentlichen Meinung* als War Heroes *hochstilisiert wurden.*

Hengelmüller erlebte in Washington jene Ära, die nachher als die *Gay Nineties* das wurde, was spätere Generationen ihren Alten als deren Irrtum betreffs einer heilen Welt höhnisch anlasteten. Rückschauend betrachtet, war das letzte Jahrzehnt des vergangenen Jahrhunderts in den US auch wirklich nicht so lustig, wie es nacherzählt wurde. Die US haben den Vorteil genossen, daß das politische Leben des Landes nicht erfüllt war von jenen *Klassenkämpfen,* für die einmal Karl Marx die Schießlehre erfunden hat. Immerhin gab es drüben zur Zeit der Gay Nineties längst Gewerkschaften, die besser organisiert waren als jene, die in der Alten Welt erst den Aktionsradius ihres Wirkens erkämpfen mußten. In den US kämpften die Gewerkschaften nicht als *marxistische* Kampfverbände, aber mit Methoden, in denen sie den Genossen in der Alten Welt vorbildlich wurden. Und die besitzende Klasse reagierte auf eine Weise, die man sich damals im Hort der Reaktion, im Alten Österreich, nicht im gleichen Ausmaß gestatten durfte. Militärassistenz gegen gewerkschaftliche Methoden, die als illegal erklärt wurden, erwiesen sich als hart und sehr effektiv. Andererseits war der Terror der Enttäuschten, namentlich der gegen Staatsmänner und Politiker gerichtete individuelle Terror, drüben viel häufiger als in der Alten Welt. Während der Regierungszeit Franz Josephs I. fielen diesem Terror mehrere Präsidenten zum Opfer. In Österreich dauerte es bis in die letzten Lebenstage Franz Josephs, bis auch in Wien ein k.k. Ministerpräsident dem Attentat eines exaltierten Linksintellektuellen zum Opfer fiel.

Zur Turbulenz, die jede Demonstration an sich haben muß, um eindrucksvoll zu verlaufen, trugen drüben die *Zeitungen* Erhebliches bei. Schon immer sehr freigiebig bei der Verwendung von Superlativen in ihren Headlines, trugen die vom Privat*kapital* erhaltenen Zeitungen einiges bei, um den Aktionen der Gewerkschaften mehr Publizität zu verschaffen, als in den Tatsachen des Anlasses steckte. Mehr noch: *Nicht Hungernde* waren es, welche die ersten sensationell aufgemachten Protestmärsche auf Washington organisierten, wohl auch finanzierten, sondern in einem Fall ein *General,* dann wieder ein *Millionär.* Living Petitions, wie man solche Protestmärsche nannte, trugen im Erfolgsfall dem Veranstalter einige Publizität ein. Er wurde kein War Hero, aber immerhin ein Mann mit einem bemerkenswerten politischen Image.

So organisierte ein gewisser *General Kelly* einen Protestmarsch von Oakland in *Kalifornien nach Washington.* Das war ein weiter Weg, und der General vereinbarte mit einer privaten Eisenbahngesellschaft, daß diese die Marschierer vom Ausgangspunkt bis in den Staat Iowa kostenlos transportierte. So kam das Eisenbahnunternehmen in die Zeitung, und es kostete den Unternehmer nichts, die nach Osten rollenden Leergarnituren mit den Marschierern zu beladen. In Iowa gab es Diskussionen, und nur mehr ein kleiner Haufen machte mit. Von den ursprünglich 1500 Marschierern traf schließlich ein kümmerlicher Rest in der Hauptstadt ein. Niemand fand sich, der sich um die Living Petition annahm oder ihre zu Papier gebrachte Petition ernstgenommen hätte.

Einigermaßen gewarnt, zog nachher ein gewisser *Jacob S. Coxey*, ein Millionär in Ohio, seinen Marsch auf Washington auf. Auch er rekrutierte, wie General Kelly, seine Truppe aus Arbeitslosen. Man redete von einer Armee von 100000 Marschierern. Wichtig war und ist bei solchen Demonstrationen, daß es für deren *Zweck eine Kurzformel* gibt oder eine *Benennung, die provoziert.* Obwohl man drüben Staat und Kirche getrennt hatte und man es nicht gerne sah, wenn Religion und Politik vermischt wurden, wählte Coxey für seine Haufen den Namen *»Gemeinwohl Christi«.* Diesmal wurde den Marschierern vom Anfang eine kürzere Marschleistung zugemutet. Am Ostersonntag 1894 brachen die Männer in Massilin in Ohio auf. Das Osterfest, schönes Wetter und die Neugierde lockte viele Menschen zum Schauengehen. Lehrer unterbrachen nach den Feiertagen den Unterricht, damit die Schulkinder das einmalige Ereignis, nämlich 100000 Marschierer, als Erinnerung mit ins Leben bekämen. Zeitnah war der Unterricht also. In Washington kamen 500 Mann an. Sie waren hungrig, müde, und ihr Schuhwerk war ruiniert, die Kleidung von Wind und Regen noch armseliger gemacht, als es die Kluft eines Arbeitslosen an sich ist. Um 100000 Mann zu sehen, kamen *Tausende* von Neugierigen auf die Straße der Hauptstadt. Der Anblick enttäuschte die Zuschauer maßlos. Schimpfend zogen die Neugierigen heim, weil sie nur einen winzigen Haufen Unglücklicher sahen. Coxey, der von den zum Kapitol hinanführenden Stufen eine Rede halten wollte, wurde samt seinem Konzept arretiert.

Mit der Zeit verloren Hungernde und Demonstranten den Humor, und sie fingen an, eher der *Gewalt* zu vertrauen als dem möglichen Eindruck, den eine *Living Demonstration* machte. In Cripple Creek im Staate Colorado besetzten streikende Bergleute eine Grube und machten die Anlage verteidigungsbereit. Die Männer waren zum Teil mit Schußwaffen versehen. In der nahen Stadt Divide vereidigte der dortige Sheriff daraufhin elfhundert wackere Männer, um sie als Hilfssheriffs gegen die in der Grube Verschanzten einzusetzen. Diese Ordnungstruppe wurde per Bahn und auf dem Fußmarsch zur Stätte ihrer Taten gebracht.

Aber die Bergleute verstanden keinen Spaß. Als man gar noch Streikbrecher herbeischaffte, um den Betrieb in Gang zu bringen, setzten die Streikenden die Anlagen der Grube in Brand. Eins kam zum anderen. Die Angestellten der Firma Pullman & Cie waren längst mit den Arbeitsbedingungen, die vom Personal der weltbekannten Pullman-Cars verlangt wurden, unzufrieden. Sie schlossen sich dem Streik der Bergleute an. Das war ein Fehler. Denn mit der Unterbrechung des Bahnverkehrs wurde auch die *Postbeförderung* unterbrochen. Und das gab dem Präsidenten der US die Handhabe dazu, den Streik der Pullmanleute als unerlaubt zum Erliegen zu bringen. Was noch am Ort der Grube zu tun war, besorgte das 7. Kavallerie-Regiment der US-Army, dessen Tradition seit der einmal erfolgten Massakrierung des Regiments im Indianerkrieg einen schwarzen Punkt hatte. Der damals berühmte Zeitungsillustrator Frédéric Remington, dem es nach dem Ende der Indianerkriege ohnedies an Sujets mangelte, brachte das Anreiten der Kavalleristen und die eilends fliehenden Arbeiter gut ins Bild. Von dem zerstörten rollenden Material der Eisenbahn, das meilenweit die Schienen bedeckte, gibt es auch Bilder; aber sie reichen künstlerisch an die Arbeiten Remingtons nicht heran.

Remington bekam bald ein anderes interessantes Sujet. 1895 streikten in Brooklin/New York die Straßenbahner. Zuerst versuchte die städtische Polizei, einem Straßenbahnzug den Weg durch die Masse der Streikenden und Neugierigen zu verschaffen. Als das mißlang, wurde einfach die Nationalgarde aufgeboten. Und diese fegte die Straßen rein und rief den Neugierigen zu, sie sollten nur ja von den Fenstern verschwinden. So verlor der Streik die Zuschauer, und *eine Demonstration in leeren Straßen ist wie eine Theateraufführung vor leerem Haus.* Wieder waren die von Remington geschaffenen Illustrationen von bester Qualität.

Schon 1848 sagte man in Deutschland in reaktionären Kreisen: Gegen Demokraten helfen nur Soldaten. Derlei Einsätze haben in der Alten Welt dem Ansehen des Militärs sehr geschadet; in Preußen vor allem dem späteren Kaiser Wilhelm I. Er trug seit der Niederschlagung eines Aufruhrs den wenig schmeichelhaften Namen *Kartätschenprinz.* Vergessen ist in Deutschland, daß in neuester

Zeit das Vorgehen des regulären Militärs gegen Demonstranten in England zuerst, nämlich 1819, praktiziert wurde. Damals lief die Menge nicht vor Kartätschenfeuer davon, dafür aber vor der Kavallerie. Es gehörte und gehört zu den Kampfmethoden eines jeden Regimes, das von *bewaffneten* Demonstranten bedroht war und ist, im Notfall Militärassistenz anzufordern. Auch die liberale, antiklerikale Regierung in Frankreich zögerte nicht, das zu tun. Zu Buch steht das jetzt nur mehr in der Chronique scandaleuse der Taten der Reaktion.

In den US holte die industrielle Revolution die in England ausgebrochene ein, bald überholte sie diese. Man wähnte sich im Besitz eines *perpetuum mobile*, das, einmal in Betrieb gesetzt, sich bis für unabsehbare Zeiten in den immer wiederholenden drei Phasen weiterdreht: investieren, produzieren, konsumieren; bei vermehrtem Konsumbedarf *mehr* investieren, *mehr* produzieren, *mehr* konsumieren. Die US wurden zum Hort des Privatkapitalismus, sie überholten hierin London, wo noch zu Zeiten des Großen Napoleon die Fäden gezogen wurden. *Krisen des Kapitalismus* hatten längst verhängnisvolle Fernwirkungen in der Alten Welt. Der *berüchtigte Börsenkrach im Wien von 1873* war eine davon, und die Weltwirtschaftskrise 1929 samt ihren Erben Franklin D. Roosevelt und Adolf Hitler war auslösendes Moment für den Marsch ins Chaos von 1945.

Herr Hengelmüller verstand etwas vom Geschäft. Ihm verdankte der Ballhausplatz jenen Bericht über Exzesse des Privatkapitalismus in den US, wie er sie vor 1914 in Erscheinung treten sah. Damals kontrollierten laut diesem Bericht sechs Finanzgruppen und deren Tochtergesellschaften Großbetriebe, in denen 2.561.884 Lohnempfänger beschäftigt waren. Diese Betriebe präsentierten insgesamt einen Kapitalswert von 19.200.000 Dollar. Die Bank der *Morgan-Gruppe* kontrollierte allein Betriebe mit 785499 Lohnempfängern. Dieser Beginn eines Übels war winzig, verglichen mit dem, was der Staatskapitalismus um das Jahr 2000 in der Alten wie der Neuen Welt darstellt. Aber *Trust* war schon vor 1914 längst ein Reizwort, hinter dem Unwissende mehr vermuteten als den wirtschaftlichen Zusammenschluß, bei dem einzelne

Unternehmungen ihre wirtschaftliche und rechtliche Selbständigkeit verlieren. Zwei Symbolfiguren gab es um die Jahrhundertwende, die alle Bewunderung und alle Kritik im Zusammenhang mit dem Kampf um das Problem Trust auf sich zogen: John F. Rockefeller und J. P. Morgan. Beide Herren gingen einem Untersuchungsausschuß, der zur Beratung dieses Problems eingesetzt war, zunächst aus dem Weg. Ihre Anwälte konnten darauf hinweisen, daß die beiden Größen des amerikanischen Wirtschaftswesens alt seien, ihre Gesundheit sei gefährdet. Alt waren sie, sie waren aber mehr: Nämlich Pioniere einer gigantischen Ausgliederung des Wirtschaftsliberalismus, bei dem sich immerhin noch ein *Persönlichkeitswert* bewähren konnte, ehe das ganze System hinter dem Film verschwand, den *anonyme Firmeninhaber* über das Ganze zogen. Schließlich machte sich *Rockefeller* auf, dem Ruf des Untersuchungsausschusses zu folgen. Hinter ihm zog ein Schwarm von Reportern, Fotografen und alles Volk, das heute bei einem Großereignis mit News-Wert bis zur Unausstehlichkeit präsent ist. *Morgan* wurde in Italien eruiert. Seine Gesundheit war tatsächlich schlecht, und eines Tages hatten fast alle Zeitungen in den US eine Headline, die zog: Morgan tot.
In New York widmete die *»Tribune«* dem Heimgegangenen gleich sieben Seiten, nicht als Nachruf, sondern als eine Geschichte des Kapitalismus in Amerika. Wieder waren die Zeitungsleute, wie drüben üblich, freigiebig in der Vergabe von Superlativen: Morgan war demnach nicht nur der größte Finanzmann der Welt, sondern *der größte Finanzmann aller Zeiten.* Wer erinnert sich da nicht jener *anders* gearteten Zeitungsaufmachungen, die während des Zweiten Weltkrieges einen *Größten Feldherren aller Zeiten* aufzeigten. So geriet der im Vergleich dazu noch bescheidene Wilhelminismus der Ära des Deutschen Kaisers Wilhelm II. in eine Großmannssucht, die keine Hinterlassenschaft dieses Kaisers war, sondern *Importware made in USA.* Hitler selbst hat vor seinem Machtantritt den Sohn einer bekannten und wohlhabenden Münchner Familie, der sich in den US aufhielt, um jene Erfahrungen befragt, die er dann beim Betrieb seiner Propagandamaschinerie verwendete. Einmal waren drüben die FANS die noch

harmlosen Fanatiker auf Sportplätzen. Bis sie auszogen und in den Massendemonstrationen der Ära der Arbeitslosigkeit, während der Weltwirtschaftskrise, riesige Plätze bevölkerten, um aus Lautsprechern die Reden derer zu vernehmen, die in den Tiefen der Not eine heile Welt von morgen versprachen. Diese Massen sahen nicht mehr den *Menschen* – den Menschen, den einmal die face-to-face-relation Abraham Lincolns mit seinen Anhängern verband. Was fortan galt, war das *Image* einen Menschen, der, dem persönlichen Kontakt mit seinen Anhängern entzogen, von den Medien sein *Image* bekam. Ein gutes von der Presse, die seine Wahlhelfer bezahlten; ein weniger gutes von der Presse der Gegner seines Finanziers. Denn zu dem demokratischen System gehört als *schleichendes Übel:* Money makes it. Aufs Geld kommt es an. Wer nicht genug in seine Wahlspendenfonds bekommt, dessen passives Wahlrecht hat in einer modern geführten, aufwendigen Wahlkampagne keinen Wert, keine Siegesaussicht.
Trotzdem ist der Ruf der US, Mutterland der Demokratie zu sein, unzerstörbar geblieben. Winston Churchill, Sohn einer amerikanischen Mutter, hat ihn tabuisiert. Etwa wenn er sagte, die Demokratie sei das schlechteste System, jenes ausgenommen, das an seiner Stelle versucht wird oder werden könnte.
Als Hengelmüller vor 90 Jahren Wien verließ, kannte er schon den morbiden Zustand des Hohen Hauses am Franzensring der Hauptstadt. Die Zerrissenheit im Parteienstaat geriet hüben wie drüben in unterschiedliche Fehlzustände, die aber gleichermaßen das Ansehen der Demokratie heruntersetzen mußten und es in Abständen dazu bringen mußten, von der Masse verachtet zu werden. In Wien war es nie möglich, das gerühmte angelsächsische Modell des *Zwei-Parteien-Systems* aufzuziehen. Bald gab es im Haus am Franzensring nicht zwei oder drei, sondern *sechsundvierzig Parteien,* die imstande waren, wenigstens einen der Ihrigen ins Hohe Haus zu entsenden:
So gab es eine *liberale Partei* der Deutschen, eine der Slovenen, eine der Polen, und leider war in allen diesen liberalen Parteien jener Nationalismus, der ein Sprengkörper im Gefüge der Monarchie war, stärker als alle anderen Programme, in denen sich Libe-

rale einig sind; nur der Antiklerikalismus brachte eine Kampfgenossenschaft dieser national-liberalen Parteien zustande, die aber nutzte dem Staatsganzen wenig. *Konservative Parteien* gab es unter den Deutschen gleich zwei, wovon eine als eine klerikale Partei von gewissen Hochkonservativen wenig geschätzt war (!); Conservative aus der Steiermark zeigten eine eigenartige Prägung des konservativen Prinzips auf, ansonsten gab es Konservative aus Istrien, Böhmen und Mähren, Galizien sowie der Bukowina. Oft besagte die Selbsteinschätzung solcher Konservativen wenig, sie waren *erschreckt* durch das Zeitgeschehen und eher darauf aus, daß nix passierte, als daß etwas geschah; im wörtlichen Sinne waren sie *Prä-servative.* Außer der klassenlosen Volkspartei des Wiener Bürgermeisters *Lueger* gab es noch andere verwandte Zusammenschlüsse, so in *Oberösterreich und Salzburg,* auch unter den *Slovenen* und *Polen,* auch unter dem geringen Anteil der westlichen Reichshälfte am Siedlungsraum *der Kroaten und Italiener. Antiklerikale nannten alle diese Parteien einfach »die Klerikalen«, wobei scharfsinnige Beobachter es liebten, in Reden auf den Unterschied zwischen achtenswerten Klerikern* und *Klerikalen,* für die man nur die Verachtung ihrer *Heuchelei* übrig hatte, hinzuweisen. Alles in allem war im Reichsratssaal des Parlaments am Wiener Franzensring Platz für 424 Abgeordnete. Auf parlamentarischer Ebene gab es zuweilen Aktionsgemeinschaften verschiedener Fraktionen; so etwas wie den *Polenklub,* der harter Kern bei Vertretung polnischen Interessen war, gab es bei keiner anderen Nation. Der üble *Nationalitätenstreit, eine der Todeskrankheiten* des Alten Österreich, ist den US erspart geblieben. Mehr oder weniger gerieten die Einwanderer, gleichgültig aus welchem Land sie kamen, in den legendären *Melting Pot,* den Schmelztiegel, aus dem dann ein Einheitsmodell des *American* hervorging oder doch hervorgehen sollte. Doch bis dato erhielten sich, zumal um kirchliche Mittelpunkte, kulturelle Zentren aus Angehörigen vieler Nationen, deren Vorfahren in die US einwanderten *und* die auch nach 1945 die vor den Sowjets flüchtenden Emigranten aus Europa und Asien aufnahmen.

Etwas fiel Hengelmüller, einem jener altösterreichischen Beam-

ten, die sich nicht auf Parteipolitik einließen, dennoch drüben auf: Er berichtete nach Wien, daß nach seinen Beobachtungen den politischen Parteien die *Tradition auf Dauer abgehe.* Politische Parteien änderten, je nach momentanen Vorteilen, nicht nur den Namen, sie steckten ihr Werbeprogramm um und reflektierten nachher auf andere als bisher angesprochene Wählergruppen. Eine Partei, die auf unverbrüchliche Prinzipientreue, so wie etwa das Eintreten für die *nationalen Belange* in Alt-Österreich, gegründet war, wurde und wird in den US nicht verlangt. Schon die Väter der US wählten zunächst nicht eine *Partei* und innerhalb dieser den Kandidaten, sondern primär eine bestimmte *Persönlichkeit.* Bei dem Mangel ideologischer Unterscheidungsmerkmale konnte es zum Beispiel in der Gründungszeit der US geschehen, daß es unter den Anhängern Thomas Jeffersons sowohl Anhänger als Gegner der Verfassung von 1789 gab.
Die Generation der Gründer war anfangs nicht in Parteien gespalten. Es traten *factions* in Erscheinung, ähnlich den Clubs am Beginn der liberalen Ära in Alt-Österreich. Faction bedeutete drüben keineswegs, was die Übersetzung des Wortes ins Deutsche besagt: also Splittergruppe, Klüngel, Clique, obwohl der Gebrauch Faction auf eine anfängliche Abneigung gegen Parteien, deren Urbild der Jakobinerklub in der Großen französischen Revolution ist, deuten könnte. Ein *Pluralismus* im Politischen hat in den US allerdings von Anfang an bestanden. Die sich hieraus ergebende Notwendigkeit hat wohl als erster der spätere 4. Präsident der US James Madison, im Amt von 1809 bis 1817, erkannt. Im übrigen blieben aber auch die zu Parteien gewordenen Factions im allgemeinen *Interessenten-Genossenschaften,* in denen von einer *Gesinnungs-Gemeinschaft* wenig zu spüren war.
Erst Andrew Jackson, 7. Präsident von 1829 bis 1837, verzichtete auf alle Maskierungen des Parteiismus und bekannte sich dazu, daß die Partei dazu da ist, die Macht im Staate zu erobern, die Inhaber dieser Macht bei ihren Tätigkeiten zu unterstützen und jeden Anschlag auf das Regime abzuwehren. Ihm ist das ausgezeichnet gelungen. Jackson bekannte sich zur Maxime: To the victor belong the spoils. Dem Sieger im Wahlkampf steht es zu,

die Staatsanstellungen und Privilegien, die der Staat zu vergeben hat, nach seinem Gutdünken zu verteilen. Jackson hat nach seinem Wahlsieg sofort in seinem Wirkungsbereich die Parteigänger seiner Gegner aus ihren Funktionen entfernt und diese Posten mit seinen eigenen Wahlhelfern, Wahlwerbern und Wahlfinanzierern besetzt. Die meisten der später nach Wien gekommenen Missionschefs der US waren Parteigänger des jeweils amtierenden Präsidenten, der auf diese Weise auf einem Posten, wo eh' nix passiert, ungeniert auch einen Nonvaleur setzen konnte. Und diese Maxime der Stellenbewirtschaftung blieb bis dato, wenngleich die Brutalität, mit der Jackson sich zu dem fraglichen Prinzip und dessen Praxis nach außen hin bekannte, heute meist geschönt wird. Der Parteiismus war schon George Washington ein Greuel. Beim Scheiden aus dem Amt des Präsidenten, 1797, sprach er von *banful effects* des Parteiismus, und er erwartete, daß sich das Volk selbst von dieser Geisel befreien werde. Aber der Parteiismus ist in der Demokratie systembedingt, es hängt nur vom Machtinhaber ab, wie geschickt er sich seiner bedient, ohne Ärgernis zu geben.

Die Väter der US hatten unauslöschlichen Respekt vor den Rechtsgütern, die schon in der Antike bei den Römern obenan standen: VITA, LIBERTAS, PROPRIETAS. Wobei letzteres Gut mit dem Zehnten der zehn Gebote ein weiteres Mal geschützt ist, wo es heißt: Du sollst nicht begehren deines nächsten Gut. Ein Gebot, das um das Jahr 2000 in der Seelsorge eher selten herausgestrichen wird. Diese höchsten Gütern stellten die Väter der US dort auf, wo die tabuisierten Begriffshülsen des demokratischen Prinzips stehen: möglichst hoch und jedem frechen Zugriff entzogen. Für die Amerikaner ist ihre Verfassung aus 1789 ein Tabu. Es gab Zusätze, am Fundament änderte sich nichts. In diesem Sinn sind die US eine Macht mit *konservativer* legitimierender Staatsidee, ebenso wie die SU. Nach der amerikanischen Revolution von 1789 und jener der Bolschewisten vom Jahre 1917 brauchte es dort keine Revolution mehr, ist Verfassungsschutz auch Denkmalsschutz für versteinerte Prinzipien, die *quasi Ewigkeitswert* haben. Mit dem Axiom, wonach das Recht eines bestimmten Staates jeweils vom Volk ausgeht, ist der Anstoß für Propagandareden gegeben, die besagten Ewigkeitswert mit der Einfügung des Wortes »alles« (Recht) verabsolutieren. Zugleich wird die meta-physische Beziehung abgebrochen. So jene zum Fünften Gebot, wonach das Töten verboten ist, wie bei der Legalisierung der Abtreibung im modernen Staat.

Das Axiom, in der Demokratie hätte das *Volk* die Macht in Händen (so die Taufformel jeder Revolution, zumal in Lateinamerika), verdeckt, was schon Väter der US befürchteten oder erwarteten:

»... the reins of Government has been in the hands of relativly small cercles of individuals.«

Bestand damals der Unterschied zum Feudalsystem und zum Monarchismus der Alten Welt darin, daß mit den Revolutionen der neueren Zeit Macht blieb und bloß in andere Hände überging, so ist damit gesagt, daß auch in der Republik die Geschicke eines Volkes von *einer kleinen Gruppe* von Menschen gemacht wird; Menschen, die von der Zweckmäßigkeit, manchmal von der Güte ihrer Vorhaben dermaßen überzeugt sind, daß sie kein Opfer zu deren Verwirklichung scheuen. In den US waren die ersten Machthaber, die obenan kamen, well-born und well to do. Also eine Minorität aus einer selbsterwählten Elite, die sich der Motorik der Malkontenten in der Masse bedienten.

Das nun geriet nach 1945 bis zu dem Punkt, den Vance Packard mit der von einem amerikanischen Universitätsprofessor gefundenen Formel in klassischer Form festhält:

»Eine Welt unsichtbarer *Diktatur* ist denkbar, die sich noch der demokratischen Regierungs*form* bedient.«

Macher dieser Demokratie nennt Packard die *Geheimen Verführer,* the hidden persuaders. Sie bedienen im Zeitalter der Massenmedien mit unfehlbarer Sicherheit die *monopolartige* Auswertung der Medienwerbung; *Werbung,* aus der die sogenannte *öffentliche Meinung* abgeschöpft wird; eine öffentliche Meinung, die am Wahltag in *politische Willensbildung* umfunktioniert wird; und so jene im Besitz der Macht bestärken kann, denen das eingangs erwähnte Monopol so oder so zusteht. Dies bedeutet zugleich die

Degradierung der Opposition, die sich angesichts der Mächtigkeit eines bis an den Rand der Beherrschung aller Lebensbereiche herangekommenen Staates als inferior fühlt und das aus gutem Grund tut.
Die Demokratie in den US war zuerst ein-äugig. Eine definierte und organisierte Opposition zum Ersten Bürger George Washington gab es nicht. Der entschiedenste Gegner Washingtons, Thomas Jefferson, gehörte der Administration als Mitglied an. Erst John Adams, der 2. Präsident der US und unter Washington Vizepräsident, unternahm es, am Sitz der Zentralregierung, damals in Philadelphia, so etwas wie eine *Parteizentrale* zu organisieren. Ein organisatorischer Aufbau *von der Basis her,* wie man heute sagen würde, war das nicht. Vielmehr war es Aufgabe *der Zentrale,* die Ziele, Methoden und Typen dieser Partei im ganzen Gebiet der US aufzuzeigen und dafür zu werben. Und doch siegte im Wahlkampf, zumal bei der Wahl des Präsidenten, noch eher die Persönlichkeit als der *Werbeeffekt* der Machertätigkeit.
Der Versuch, die Demokratie in den US einer ständigen *Selbstreinigung* zu unterziehen, mißlang nach einem ersten drastischen Anlauf. Eine im Staate Vermont erscheinende Zeitung schrieb, der Präsidentschaftskandidat John Adams gehöre *ins Irrenhaus.* (Ein Weißes Haus gab es noch nicht, sonst hätte sich der Redakteur sicher jenen »Gag« erlaubt, mit dem man später Lincoln begegnete, den man anstatt auf dem Weg ins Weiße Haus auf dem Weg ins Irrenhaus karikierte.) Die erwähnte Zeitung in Vermont kam schlecht weg: Sie wurde mit einer Geldstrafe von 1000 $, damals eine enorme Summe, belegt, der Verfasser bekam überdies eine Haftstrafe. So streng sind bald die Bräuche drüben nicht mehr gewesen.
Man sprach immerhin von der *Gefahr einer guided democracy* und meinte damit den Vorsprung, den im Wahlkampf die an der Macht befindliche Partei im Vergleich zur ankämpfenden Opposition innehat. Hierin ist *nie* die Waffengleichheit gegeben in einer intakten Demokratie. Nur die Presse im Weimarer Staat der Deutschen gestattete sich trotz der Bedrohungen seitens der angreifenden Nationalsozialisten einen Grad der Selbstbeschmut-

zung der Demokratie, der es Joseph Goebbels nach dem Sieg gestattete, dieser Presse im Staat von Weimar für ihre ruinöse, dem Nationalsozialismus ungewollt dienliche Schreibweise höhnisch zu danken.

Die Demokratie ist in ihren Mutterländern nicht an der Basis entstanden, sondern von winzigen Eliten geschaffen, nach ihren Interessen gestaltet und dank des Besitzes und der Bildung dieser Cliquen die längste Zeit gehalten worden. Cliquen also und keine Parteien, die erklärtermaßen agierten und propagierten, sie kämpften um die Macht im Staate, weil die bisherigen Machthaber nichts oder wenig getan hätten, um dem guten Volk das zu verschaffen, wovon »die Obrigen« mehr als ihnen zukäme herausholten. Erst der 7. Präsident der US, der 1828 gewählte War Hero Andrew Jackson, verstand es, den Funktionärsstaat der wenigen die Maske abzureißen und für sich – zum ersten Mal! – die gerühmte kompakte Mehrheit hinter sich zu bekommen. Es war eine relative Mehrheit innerhalb des Wählervolkes, aber eine Mehrheit der Stimmen.

Noch 1860 hat Abraham Lincoln nur 39 % der abgegebenen Stimmen bei der damaligen entscheidungsschweren Wahl des Präsidenten für sich gewinnen können. Dieses Leck in der Demokratie wird verständlich, wenn in Rechnung gestellt wird, daß seine beiden Gegner Hunderttausende von Stimmen mehr auf sich vereinigen konnten – Stimmen, die aber vertan waren, weil sich die Gegner Lincolns nicht auf bloß einen Kandidaten einig wurden. 1864, bei seiner Wiederwahl in den harten Notzeiten des durch die Wahl Lincolns 1861 entstandenen Bürgerkriegs, ergab es sich, daß Lincoln seinen Stimmenanteil trotz aller Handikaps vermehren konnte. Auch der Nachfolger des 1963 ermordeten 35. Präsidenten der US John F. Kennedy, der als Vizepräsident ins Amt gekommene *Lyndon B. Johnson,* bekam auf dem Höhepunkt der gegen ihn tobenden Angriffe der *Neuen Linken,* der *Helfershelfer der Kommunisten* im Vietnamkrieg, die dort keinen Sieg der US haben wollten, und der *rabiat gewordenen Linksintellektuellen,* mehr Stimmen als vorher Kennedy, der als Hoffnung der Hippies in den Wahlkampf gegangen ist.

Die Versteinerung der *legitimierten Staatsidee* der US hindert die Wahlkämpfer nicht, immer wieder den Ruf nach einer *Innovation,* einer Erneuerung anzubringen. Bezeichnend ist, daß von Erneuerung in Deutschland eher jene *konservativ* eingestellten Kreise redeten, die damit dem als nationale Revolution auftretenden *Nationalsozialismus* entgegentreten wollten – und versagten. Der scheinbar aussichtsreiche Ansatz zu einer Innovation, jener von Kennedy angesetzte, mißlang; nicht, weil Kennedy ermordet wurde, sondern weil der Traum von dieser Erneuerung, von einer Neuen Grenze, zu Ende war, als Kennedy und kein Hippie die Amtsgeschäfte im Weißen Haus übernahm und nach dem Rechten sehen mußte. Mehr Änderungen als Erneuerungen brachten und bringen in den US, so wie andernorts, die *Zersetzungsprozesse* eines zu lange amtierenden Regimes. *Lincoln* siegte 1860, als Jacksons Partei einem Zersetzungsprozeß unterlag; Lincolns Nachfolger, die viele Jahre als Kandidaten der Republikanischen Partei ins Weiße Haus kamen, verloren diesen Vorsprung, als die Grand Old Party alles vom Glanz der Lincoln-Ära verloren hatte und *zu viele Namen befleckt* waren mit üblen Vorwürfen, die schwer zu widerlegen waren.
Und noch einmal, 1912, verlor die Republikanische Partei ihr unter Theodore *Roosevelt* gewonnenes Image, als der Kandidat der Demokratischen Partei Woodrow Wilson aus einem parteispalterischen Come-back-Versuch seines Gegners Roosevelt Vorteil zog. *Wilson seinerseits war out,* als jene Männer, die er 1917 over there in den Krieg geschickt hatte, vom Kriegführen genug hatten und sich daran machten, die Gay Nineties auf modern in den Golden Twenties zu wiederholen. Auf ihre Weise. Einige stiegen aus und kamen als die *Verlorene Generation* in die Literaturgeschichte. Die Genießer standen die Golden Twenties durch, bis sie im Orkus der Weltwirtschaftskrise 1929 untergingen. Unzählige Menschen verfluchten die Wallstreet, aber Männer wie Franklin D. Roosevelt und Adolf Hitler profitierten von der Not der Geschädigten, von Hunger und Elend. Beide unterschieden sich im letzten Akt ihres Stücks. Roosevelts Exzesse bei Ausübung seiner präsidialen Mächtigkeit kamen in einem Dickicht oberstgerichtli-

cher Entscheidungen zum Stehen. Auf den Boden des Gesetzes gebracht, bekam der kärgliche Rest seiner gepriesenen Neuerungen eine oft beschämende Unansehnlichkeit. Anders Hitler: Ihn wählte der Deutsche Reichstag 1933 *in buchstabengetreuer* Anwendung der Verfassung von Weimar in die Macht. Schon vorher hat der Texter der österreichischen Bundesverfassung von 1920 gesagt:

»Sofern der Bolschewismus (!) ein frei gewähltes System ist, bleibt er *ganz in der Linie des Liberalismus.* Wo die Glieder eines Staates nichts anderes kennen als geschlossene Unterwerfung unter den Diktator, geschieht ihnen in autoritären Maßnahmen recht, selbst dann, wenn die Staatsautorität die freiheitlich Denkenden kalt niederschlägt.«

Das und der Grundsatz angelsächsischer Rechtsauffassung: Right is what a majority makes it to be, kamen Hitler 1933 zugute. Er siegte *mit den Methoden der Demokratie über den Geist,* der dieser zugedacht ist.

Um das Jahr 2000 verdecken Wellenberge einer aus den US kommenden Nostalgie vergangene Jahrzehnte: Die Lustigen Neunzigerjahre, die Goldenen Zwanzigerjahre und wie sonst noch die Jahrzehnte einer heilen Welt in den US benannt sind. Schon die Lustigen Neunzigerjahre waren nicht lustig. Das Volk ließ sich vom Auftreten des Präsidenten zur Jahrhundertwende William McKinley täuschen. Er brauchte keinen harten Wahlkampf zu führen und mit der Eisenbahn durchs ganze Land zu fahren, um von der hinteren Plattform des letzten Waggons Wahlreden zu halten. Er und sein Nachfolger Theodore Roosevelt wurden von dem Millionär Marcus A. Hanna *gemacht.* McKinley hielt Reden von der *Veranda seines Hauses* (!) und Hanna organisierte und finanzierte Eisenbahnladungen von Neugierigen, die dahinfuhren. McKinley redete wie der Gute Onkel: *Good* work, *good* wages, *good* money. Very good, sagten die Zuhörer, mehr brauchen wir nicht, was geht uns der Rest der Welt an. Die täuschten sich, McKinley führte sie in den Krieg.

Der auf Posters und Badges in nie gekannter Menge populär gemachte Friedensbringer erklärte im Jahr nach seiner Wahl Spanien den Krieg. Sein Vorgänger hatte ihm eine Clique spanischer Exilpolitiker hinterlassen, die in New York ausgehalten wurden. Auf Kuba regierten die Besitzer der Zuckerplantagen. *Sie gaben den königlich spanischen Beamten und den Leuten in New York Geld,* ansonsten brannten ihre Pflanzungen. Als diese Herren sahen, daß die Tage der spanischen Herrschaft über Kuba gezählt waren, setzten sie auf die US. Damit machten sie auch gemeinsame Sache mit den von den US ausgehaltenen Exilpolitikern. Was man brauchte, war ein Krieg, der die Insel *frei* machen sollte.

Es war aber beim besten Willen nicht möglich, Spanien kriegerisch zu stimmen. Ganz im Gegenteil. Nichts fürchtete die Regierung in Madrid mehr als die Macht der US. Also mußte man den Krieg an Ort anzünden. Das fing damit an, daß die Zeitungen in den US unablässig von Grausamkeiten und dem Versagen spanischer Behörden auf Kuba berichteten; daß dort das Volk nach *Freiheit dürste* und es dabei auf die US schaue. Nichts geschah. Arme Leute machen keinen Krieg. Also machten die US ihren Krieg.

Im Jänner 1898 lief der Kreuzer der US-Navy »Maine« in den Hafen von Havanna ein. Noch immer geschah nichts. Kein amerikanischer Seemann wurde beim Landgang belästigt. Es gab auch nicht jene Unsittlichkeiten, die einmal die US dazu brachten, eine mexikanische Seestadt zu besetzen (!). Aber dann passierte es: Am 15. Februar 1898 ereignete sich an Bord der »Maine« eine Explosion. Nie wurde geklärt, *wer* oder *was* sie verursachte. Spanier fürchteten sich damals vor den US, provozierten nicht. Man kann sich daher an drei Fingern abzählen, wer schuldig wurde am Tod von 200 Seeleuten der »Maine«, die ertranken. So wie 1941 gab es damals Leute in den US, die den Krieg wollten. Sie bekamen ihn, so wie McKinley, der selbst kein Kriegstreiber war, von der öffentlichen Meinung aber gezwungen wurde, den Kongreß um die Genehmigung der Kriegserklärung an Spanien anzugehen. So wie 1917 eilten die Männer zu den Fahnen. 1898 waren Spanier, Männer im Geist der *Inquisition,* das Feindbild. 1917 werden es unter dem Reizwort *Hunnen* Deutsche sein, die in Belgien unsagbare Grausamkeiten verüben werden. 1939 war es besonders leicht, ein

Feindbild von den Deutschen aufzubauen; es mußte dabei nur vergessen gemacht werden, daß liberale Franzosen mit konservativen Engländern ein Jahr zuvor mit Hitler in München ihren Deal hatten.

Die Stimmungsmache von 1898 nützte der spätere 26. Präsident der US Theodore Roosevelt aus. Wie in jedem Krieg hieß es nachher, die Freiwilligenverbände hätten gekämpft und gesiegt; wer jubelt schon groß den Regulären zu, die als Berufssoldaten – eine Wehrpflicht gab es nicht in den US von 1898 – vom Staat dafür bezahlt werden, sich totschießen zu lassen. Roosevelt brachte den Haufen seiner *Rough Riders* zusammen, Freiwillige zu Pferd. Der Jammer war, daß beim Einsatz in Kuba zunächst keine Pferde dabei waren, weil zu wenig Schiffsraum vorhanden war, um mit der ersten Welle der Invasionstruppen auch die Pferde von Roosevelts Reitern auf die Insel zu bringen. Dafür nahm sich die *Propaganda* der Sache an. Eine Zeichnung zeigt Roosevelt an der Spitze einer Kavallerieattacke: Shrapnells detonieren, der Teufel ist los – aber Roosevelt reitet für die US. Der politische Gegner sieht Roosevelt auf einsamer Flur, zu Pferd; aber das Pferd trägt auch das Mikrophon eines Telephonapparats, durch den Roosevelt mit der Heimat und seinen Zeitungsredaktionen verbunden ist. Wie immer es war: Roosevelt kam als War Hero heim, und der Weg ins Weiße Haus war für ihn bald offen.

Der Krieg gegen Spanien wurde mit zwei vernichtenden Seeschlachten gewonnen. Eine im Bereich der Philippinen, eine zweite vor Kuba. Nachher gab es keine spanische Flotte mehr, die jenseits des Atlantiks oder gar im Pazifik hätte kriegführen können. Spanien bat um den Frieden, er wurde in Paris ausgehandelt. Spanien verlor die Philippinen, Kuba und Puertorico. Die Exilkubaner kehrten aus New York heim und fingen im autonomen Kuba an, was in Lateinamerika politischer Alltag ist. Im Ersten Weltkrieg hat Kuba Österreich-Ungarn den Krieg erklärt. Das aber enthüllt den wahren Grad der Freiheit, die die Inselbewohner unter spanischer Herrschaft angeblich so lange missen mußten. Nach der Vertreibung der Spanier mußten die US jahrzehntelang Polizeiaktionen unternehmen, um auf der Insel jene Ruhe und

Ordnung herzustellen, die es brauchte, um dort eine Vergnügungs-Industrie aufzumuntern und die Insel zu einem Erholungsland für streßgeplagte, mit der Bürde von Geld und Besitz belastete Amerikaner zu machen. Ernest Hemingway, einer aus der Verlorenen Generation, die nach 1918 nicht mehr heimfanden in Zustände, die ihnen unausstehlich erschienen, machte Kuba zu einer der Pilgerstätten, wo gewisse Leute lernen möchten, was es braucht, um ein großer Dichter seiner Zeit zu werden.
Die Exzesse derer, die sich angesichts mäßig begüterter Massen auf Kuba vergnügten, trieben Typen vom Schlage Fidel Castro das Fußvolk zu. Auch er hat nie Hunger gelitten. Aber er hat jenen sechsten Sinn, der Söhnen aus besseren Häusern eingibt, wie sie es anfangen müssen, um irgendwelche Unterprivilegierte, wie man später sagte, auf die Barrikaden des Bürgerkrieges zu locken. Als es mulmig wurde auf der Insel, gingen die Umsätze der dortigen Fremdenverkehrsindustrie zurück. Die letzten Platzhalter der US waren Feiglinge und Lumpen, die nach dem Grundsatz lebten: *Nach uns die Sündflut.* Für solche Typen läßt sich niemand totschießen. Die sogenannte Exekutive des herrschenden Regimes wurde von den Haufen Fidel Castros überrannt.
Vielleicht hätte sich Fidel Castro mit der Rolle eines der Tyrannen, wie es so viele in Lateinamerika gibt, begnügt. Indessen lebte er in der Gefahr: die Nachbarschaft der US war ihm unheimlich. Er fing an, von der SU Waffen und Geld zu nehmen. Mehr als er dachte, geriet er zum Büttel der SU. Es kam so weit, daß er kubanische Truppen nach Afrika entsandte, um in Angola den dortigen Stützpunkt Moskaus gegen Anschläge der Reaktion derer zu schützen, die nicht gerne in einem sowjetisch kontrollierten Land leben. Das unaufhörlich wachsende Budgetdefizit Kubas deckt die SU jährlich ab. Ein Versuch der SU, auf Kuba einen Raketenstützpunkt vor der Tür der US auszubauen, konnten die US noch zum Scheitern bringen. Nein, die Eroberung Kubas hat den US kein Glück gebracht. Das 1903 dort eingerichtete Protektorat der US ist heute ein Protektorat und ein Stützpunkt der Infiltrationspolitik von Bütteln und Schergen Moskaus, die auf dem nahen

Kontinent spielend leicht, wenn auch mit viel Blutvergießen, fertigwerden mit Partisanen der US.
Im Ersten Weltkrieg hatte Kuba das dringende Bedürfnis, Österreich-Ungarn den Krieg zu erklären; 1919, in St. Germain, saßen seine Vertreter neben jenen der ČSR und anderer Siegerstaaten am Tisch derer, die den Österreichern vorschrieben, was diese dann zu unterschreiben hatten. Keine der Eroberungen von 1898 brachte den US Glück:
Das heutige Puerto Rico war einmal kostbarster spanischer Kolonialbesitz. Heute beliefert die Insel die Slums in den Ballungsräumen der US mit einem unaufhaltsamen Strom von Nachschub an Bewohnern. Nachdem die US im Ersten Weltkrieg Dänemark die benachbarten Jungfern-Inseln abgenommen und die Landnahme mit Geld abgegolten hatten, schien es, als würde man den dortigen Menschen nicht erst mit dem Big Stick kommen müssen. Amerikaner von der Art, die viel Gutes tun in Notgebieten, nahmen sich der Menschen auf Puerto Rico an; sie erlebten nicht das Schicksal ihrer Landsleute, die nach 1945 von gewissen Europäern für ihre Hilfe gegen den Hunger mit grobem Undank belohnt wurden; vielmehr vermehrte sich die Bevölkerung auf der Insel dank den sanitären Maßnahmen solcher hilfreicher Amerikaner auf das Doppelte. Es wäre denkbar gewesen, die Insel, so wie Hawaii, als Teilstaat in die US aufzunehmen. Nachträglich betrachtet muß man jenen Leuten rechtgeben, die vorhersahen, daß das Volk auf Puerto Rico – so die jetzige Schreibweise – nicht mit den Eingeborenen auf Hawaii zu vergleichen ist. Hawaii wurde als »Paradise of the Pacific« 1960 als Teilstaat in die Union aufgenommen. Die *Bewohner von Puerto Rico aber wurden Bürger* der *Vereinigten Staaten,* ohne daß ihr Staatsgebiet den US angehört. Das aber hatte zur Folge, das Hunderttausende die Insel verließen, weil sie lieber in den Slums amerikanischer Großstädte leben als auf einer Insel, die ihnen nicht das bot, was sie in den US – vergebens – erhofften. Und so sind heute Puertoricaner eine Minoritätsgruppe, die bei Wahlen einem Kandidaten eine Mehrheit geben oder nehmen kann. Denn immer mehr gewinnen die sogenannten unterprivilegierten Bevölkerungsgruppen entscheiden-

den Einfluß auf den Ausgang von Wahlen, wenn die Demokratische und die Republikanische Partei ungefähr gleichstark im Wählervolk vertreten ist. So kann auch kein Bürgermeister in New York ohne die Stimmen oder gar gegen die Stimmen der dort lebenden Juden, einer anderen, allerdings besser situierten Minoritätsgruppe, gewählt werden.
Die Philippinen wurden zur kostspieligsten Eroberung der US im Krieg gegen Spanien von 1898. Zwar konnte die Invasionstruppe der US-Army die fast doppelt so starke spanische Besatzung der Insel spielend leicht besiegen; die kriegsgefangenen Spanier hinter Stacheldraht sperren; die Ureinwohner aber stellten den Widerstand gegen die Weißen erst ein, als sie am Verhungern waren; und die US-Truppen jedem Widerständler, der die Waffe ablieferte, die tägliche Verpflegung ausgaben. Die eingeborenen Platzhalter der US machten ihre Sache nicht gut. Im Zweiten Weltkrieg bereiteten die Japaner den Verteidigern der Philippinen eine der schwersten Niederlagen, welche die US-Army in ihrer Geschichte erleben mußte. Es ergab sich, daß die Ureinwohner die gelben Invasoren nicht gerade liebten – aber doch um jene Kleinigkeit mehr als die am Ende des Zweiten Weltkriegs zurückkehrenden Amerikaner. Um das Jahr 2000 gerieten die innerpolitischen Zustände auf den Inseln so weit, daß sowjetisch kontrollierte Agitatoren vielen Einwohnern einreden konnten, jedes Regime sei besser als ein von Washington gesteuertes. Nach dem Zusammenbruch der China-Politik der US und dem Sieg des Kommunismus auf dem chinesischen Festland ist jedes Bemühen der US zur Sicherung seines Restbestands am westlichen Rand des Pazifiks von Gefahren umwittert, die niemand abschätzen kann.
Dabei schien es, als würde der eher lässig betriebenen Expansionspolitik des Präsidenten McKinley eine Politik der Stärke und der Festigkeit folgen. McKinley wurde im September 1901 während der Feiern zur Eröffnung der panamerikanischen Ausstellung in Buffalo von einem Anarchisten namens Leon Czolgosz, dessen Familie aus Ungarn eingewandert war, ermordet. Nach seinem Tod leistete Theodore Roosevelt, der bisherige Vizepräsident, den Eid des Präsidenten.

Roosevelt galt als *War Hero* des Krieges gegen Spanien. Er war bekannt als *Großwildjäger* und als brillanter *Reiter.* Im Politischen machten seine Sprüche die Runde:
Etwa wenn er in einer gewissen Situation im Politischen sagte, hier müsse dreingeschlagen werden, daß *der Dreck fliegt.* Viele lachten noch, als er jenes Prinzip der Außenpolitik der US verkündete, das das Land einmal bei der Anwendung viel Blut kosten sollte. Ins Wienerische übersetzt, lautet der populär gewordene Spruch etwa so: Wenn du gut vorankommen willst, dann rede freundlich mit den Leuten, vergiß aber nicht, einen Prügel bei der Hand zu haben. Den Prügel, den Big Stick, haben denn auch Millionen Menschen zu spüren bekommen, wenngleich die Nachfolger oft noch *freundlicher* mit den Leuten redeten und dabei *den Prügel nicht so demonstrativ hervorkehrten,* wie es Roosevelt tat. Aber – ohne den Prügel ist es bald nicht mehr gegangen. Im Falle *Kubas* versagte ein unzulänglicher Versuch in der Ära Fidel Castro kläglich. Im Umgang mit *asiatischen* Parteigängern Moskaus oder Chinas haben die US nach der schmählichen Überlassung Chinas an die SU nie mehr den Erfolg für sich geholt. Polizeiaktionen, die bis in den vorderasiatischen Libanon reichen, und die sogenannte Entsendung militärischer Berater haben den »unterstützten« Partnern der US kein Glück gebracht. *Der Big Stick hat seine Zauberwirkung verloren.* Es genügt nicht mehr, ein kleines Land mit der Entsendung einiger Bataillone Marinetruppen erschrecken zu wollen. Im Partisanenkrieg tun sich selbst die Sowjets schwer, die Amerikaner haben ihn nie beherrscht.
Ein Meisterwerk war allerdings die Schaffung einer Kontrollzone in Mittelamerika, wo es nach dem in Korruption und Sumpf erstickten Versuch der Franzosen, den Panama-Kanal zu bauen, amerikanischer Technologen bedurfte, um das Werk zu vollenden. Das Gebiet des Staates Panama war bis 1903 Teil von Kolumbien. Die Demokratie in Kolumbien war eher schwächlich. Gute Demokraten in den US rügten den dort 1886 entstandenen gewaltsamen Konstitutionalismus, eine Diktatur mit dem Schamtuch einer dem Diktator genehmen Verfassung. Wie überall in Lateinamerika gab es in Kolumbien viel mehr Menschen, die für

einen Umsturz zu haben waren, als solche, die Ruhe und Ordnung nach der Vorstellung der Machthaber wollten. Techniker belehrten Washington, der Bau sei nur möglich, wenn die Kanalzone freibleibe von Putschunternehmen und anderen in Lateinamerika üblichen Befreiungsaktionen. Diese Sicherheit galt es zu verschaffen. Washington kannte die Männer, die mit den US gemeinsame Sache machen wollten; denen nichts daran lag, ob Gott mit ihnen war, die aber die Gewähr haben wollten, daß die US mit ihnen war – beim letzten Putsch in der Kanalzone von Kolumbien. Um diese Zusage anzuzeigen, schickten die US drei Kreuzer in das Seegebiet am Ausgang der Kanalzone. Kolumbien hatte ein Kanonenboot zur Stelle.
Am 3. November 1903 kabelte das State Departement an den US-Generalkonsul, in dessen Bereich der Putsch steigen sollte:
»Aufstände im Gebiet der Landenge werden erwartet. Haltet State-Departement auf dem laufenden.«
Der Generalkonsul konnte beim besten Willen noch keine Aufständischen am Werk sehen. Nach Umfragen ging folgende Antwort an Washington:
»Bis jetzt keine Unruhen. Ausbruch für den Abend erwartet.«
In Washington war man wegen der Bummelei der an Ort tätigen Freunde der US verärgert. Da – am Abend des Tages kam endlich die erlösende Erklärung zur Lage an Ort:
»Unruhen ereigneten sich abends um sechs Uhr. Kein Blutvergießen. Regierung wird heute nacht konstituiert.«
Unseligerweise mischte sich das fragliche Kanonenboot unter kolumbianischer Flagge in die Vorgänge. Beim Schußwechsel mit einem Kriegsschiff der US-Navy wurde *an Land* ein schlafender Chinese getötet. Mag sein, daß sich später amerikanische Historiker an dieser Sachverhaltsdarstellung zu Zeiten delektierten, weil sie die Liste der Demokratischen und nicht jene der Republikanischen Partei wählten. Im Effekt kamen sie der Wahrheit nahe. Wie aber reagierten die anderen Mutterländer der Demokratie? Frankreich war uninteressiert; nach der Affäre Mexiko redete man nicht gerne über Projekte für Lateinamerika. Marokko lag näher, und seine Besetzung bedurfte einer Kraftprobe, bei der

man auf die Hilfen der US rechnete. London war verärgert. Nicht wegen des politischen Skandals, der in Kolumbien mit der Schaffung des Staates Panama angerichtet worden war; und der gefährlicher war und blieb als die Korruptionsaffäre, die einmal französische Kanalbauer und ihre politischen Helfershelfer bloßgestellt hat. Nein, London war erbost, weil sich die Amerikaner herausnahmen, für die Benützer des Kanals Bestimmungen zu erlassen, die der ersten Welthandelsgroßmacht, Großbritannien, nicht zusagten. Die Beilegung dieses Konflikts war eine Aufgabe, bei der in den US der Kongreß zu befassen gewesen wäre. Doch man legte *ohne Behelligung des Kongresses* die im Umgang mit London enstandene Mißlichkeit bei. Es war ein *typischer Fall von Geheimdiplomatie*. Just das, was später Woodrow Wilson so schädlich und verachtenswert fand, und weswegen er, neben anderen Erwägungen, auch dafürhielt, den Weg der US in den Ersten Weltkrieg nicht zu vermeiden.

Aber es flog jedenfalls kein Dreck mehr in der Panamaaffäre. Und während in Europa der Erste Weltkrieg tobte, wurde der fertiggestellte Kanal, eine der Großtaten amerikanischer Ingenieure und Manager, eröffnet. Panama und der Kanal werden aber für Washington um das Jahr 2000 einige Probleme bedeuten. Dann wird die Regierung in Washington das gepachtete Gebiet der Kanalzone zurückgeben müssen an Panama. Wer dann im Land und in Kuba und in anderen mittelamerikanischen Ländern die politische Kontrolle ausüben wird, ist schwer abzuschätzen.

Um 1903 waren die US aber durchaus bereit, eine weitausholende Politik in Angriff zu nehmen und sich in einen Streit zu mischen, den Frankreich bei der Eroberung Marokkos mit dem Deutschen Reich riskierte. Es wird sich dabei ergeben, daß Berlin und Wien Konflikte, die die Mittelmächte vor das Forum internationaler Konferenzen bringen, besser vermeiden sollten. Sie waren nämlich schon isoliert; nicht einmal das mit ihnen verbündete Italien machte mehr an ihrer Seite mit.

Die Konstellation von 1914/18 war gegeben.

15.

DER GRIFF ÜBER DEN ATLANTIK

Nach dem gelungenen Putsch in Kolumbien, der zur Schaffung des angeblich unabhängigen Staates Panama führte, sah Präsident Theodore Roosevelt die Zeit für gekommen, um sich nicht nur im Umkreis der Karibik, sondern auch jenseits des Atlantiks mehr umzusehen und umzutun. Um der Wahrheit die Ehre zu geben, muß gleich an dieser Stelle festgestellt werden, daß sich die US fortan *nie ganz ungerufen* am Ostufer des Atlantiks und in der Alten Welt mehr und mehr engagierten. Sie wurden nämlich von europäischen Interessenten aus verschiedenen Gründen gerufen. Bis es nach 1945 soweit war, daß die Alte Welt nur mehr in den beiden Brückenköpfen existierte, die die US und die SU auf europäischem Boden unterhalten; und von denen aus diese das Niemandsland zwischen den Brückenköpfen scharf kontrollieren. 1906 war es der Deutsche Kaiser Wilhelm II., der wegen eines mit Frankreich bestehenden Konflikts Roosevelt um eine Vermittlung anging. Roosevelt stand damals auf dem Höhepunkt seines Ruhms als Friedensbringer: Kurz zuvor hatte er nach den Massakern in Ostasien einen Frieden zwischen den beiden Kaiserreichen der Russen und Japaner vermittelt.
Um 1900 war das *Sultanat Marokko* nur mehr ein kümmerlicher Rest eines Großreiches, das bis ins 17. Jahrhundert eine Bedrohung für seine Nachbarn bedeutete. 1000 Jahre brauchte es, um jene Mächtigkeit dieses islamischen Reiches zu zerstören, das als erstes wagte, über die heutige Straße von Gibraltar zu setzen und über den Trümmern des Reiches der Westgoten eine Fremdherrschaft aufzurichten. Ihr damaliger Anführer Jebel, nach dem das heutige Gibraltar Jebel-el-Tarik genannt wurde, kam nicht ungerufen. Anstatt sich gegen die Gefahren des Islams zusammenzutun, versanken die über den Trümmern des Reiches der Westgo-

ten entstandenen Königreiche in zänkische Auseinandersetzungen. Während solch eines Konflikts ging einer dieser Könige das mächtige Reich des Islams in Nordostafrika um Waffenhilfe an. Die Helfer kamen, und sie unterwarfen die Christen der Iberischen Halbinsel, die nachher, so wie die Völker des Balkans, den Glauben behalten durften, wenn sie eine Kopfsteuer zahlten. Juden zahlten nicht, sie waren Bundesgenossen der moros, wie die Spanier sie nannten. Die Gefahr für Europa stieg, als die islamischen Herrscher auf der Iberischen Halbinsel die Pyrenäen überschritten und ins Reich der Franken eindrangen. Ihre Niederlage bei Poitiers, 732, fand am Höhepunkt dieser Gefahr statt, war aber zugleich Anfang des Zerfalls der islamischen Herrschaft über Südwesteuropa. Noch dauerte es Jahrhunderte, bis sich die Spanier in jener Kraft und Entschiedenheit einigten, deren es bedurfte, um den Islam auf nordafrikanischen Boden zurückzuschlagen. Seufzend, wie die Legende erzählt, verließ der letzte islamische Herrscher über Granada das Land. Nahe von Algeciras setzten die Nachhuten der bisherigen Herren über Spanien über die Straße von Gibraltar. Algeciras, der Name dieser Stadt wird eine fatale Bedeutung für die Geschichte der Alten Welt bekommen.
1906 war das Sultanat Marokko beschränkt auf den Kern des früheren Machtbereichs. Später, im Zeitalter des Massentourismus, werden Europäer beim Anblick der Reste maurischer Kultur auf spanischem Gebiet eher bedauern, daß die maurische Kultur teils zerstört, teils nur mehr in unermeßlich schönen Denkmälern fortbesteht. Und man wird die Spanier anklagen, daß sie bei ihrem Befreiungskampf nicht nur gegen die moros kämpften, sondern auch gegen die mit diesen verbündeten Juden. Und daß die Juden das Schicksal der moros teilen mußten, die Iberische Halbinsel verließen und sich über ganz Europa bis ins Reich der Osmanen und Südrußland zerstreuten …
Weniger bekannt ist die Tatsache, das bis weit ins 19. Jahrhundert Nordostafrika Basis einer *Seeräuberei* wurde, deren sich nicht einmal die großen Seemächte, die US mit eingeschlossen, ganz erwehren konnten. Es gab Zeiten, da war der Sultan von Marokko

selbst an der Piraterie beteiligt, und Herr von Goethe redete abfällig über die Seefahrt: »Ich müßte keine Schiffahrt kennen: / Krieg, Handel und Piraterie, / dreieinig sind sie, nicht zu trennen«. Damals holte nicht bloß der Weiße Mann Negersklaven aus Afrika nach Amerika, es gerieten auch Weiße in die Sklaverei der nordafrikanischen Seeräuber. In den Kirchen Österreichs sammelte man Geld, um die in die Sklaverei dieser Piratenländer geratenen unglücklichen Landsleute loszukaufen. Auch die US litten unter der Piraterie der sogenannten Barbaresken, andere sagen Berberesken. Als ein Kriegsschiff der US-Navy im Jagdgebiet der Piraten aufkreuzte, war das Erscheinen dieses Fahrzeugs das erste Auftreten der Waffengewalt der US im Umkreis von Europa. Derlei war längst vergessen, als Präsident Roosevelt 1906 der Einladung des Deutschen Kaisers folgte, was dazu beigetragen hat, daß die US nicht bloß Einfluß auf den damaligen Streit der Deutschen mit den Franzosen nahmen, sondern sich fortan angewöhnten, selbst geschützt durch die Monroe-Doktrin, sich in europäische Angelegenheiten mehr und mehr einzumischen.
Seit 1880 gab es ein in Madrid geschlossenes Abkommen, auf dem bis 1904 die Unabhängigkeit und Unversehrlichkeit Marokkos beruhte. Im letzteren Jahre kam zwischen Paris und Madrid ein Abkommen zustande, das darauf abzielte, beiden Mächten eine Kontrollfunktion in Marokko zuzuschanzen: In den acht größten Städten des Sultanats sollte eine Ordnungstruppe aufgestellt werden, deren einheimische Mannschaft von französischen und spanischen Offizieren kommandiert würde. Damit wäre die Unabhängigkeit des Sultans von *Marokko stärkstens beeinträchtigt,* die bisherige Gleichberechtigung der europäischen Staaten, die auch deutschen Handelshäusern in Marokko zugute kam, im Grund beseitigt.
So, wie im Osten der Sultan in Konstantinopel stets zu *Reformen* gedrängt wurde, deren Ziel fast immer *mehr Einfluß* für eine der europäischen Mächte war, geschah es nun auch mit Marokko. Madrid und Paris bedeuteten freilich, es gehe ihnen nicht um Macht in Marokko, sondern um Ruhe und Ordnung. Berlin kam den Interessen des Sultans entgegen, indem es der zwischen Paris

und Madrid getroffenen Vereinbarung widersprach und vorschlug, in Tanger eine internationale Kommission einzurichten, die eine Ordnungstruppe des *Sultans* unterstützen sollte; Kommandant dieser Truppe sollte ein Schweizer sein. Indem es diesen Vorschlag machte, geriet das Deutsche Reich in einen folgenschweren Irrtum. Berlin hatte angenommen, sein Vorschlag würde auch die Zustimmung der nicht unmittelbar beteiligten Staaten finden und so die von Paris und Madrid drohende Gefahr für ein unabhängiges Marokko beseitigen. Selbstverständlich war man in Berlin klug genug zu wissen, daß der so ausgeheckte Plan deutschen *Wirtschaftsinteressen* in Marokko nützlich sein könnte. Die 1904 von Wilhelm II. gemachte Beteuerung,

»Da (in Marokko) will ich nichts«,

wurde in Paris abgetan. Alles, was Paris wollte, war, in Marokko das *Land*, die *Rohstoffe* und die *Rekruten* auszunutzen in einem französischen Protektorat. Um diese Zeit bestand schon zwischen London und Paris eine Militärkonvention. Damit rechnete Berlin. Es rechnete aber seinerseits mit einer gewissen Loyalität Rußlands, dem es nicht nur während des verlorenen Krieges gegen Japan und der nachfolgenden Generalprobe für die Revolution von 1917 beigestanden hatte; Wilhelm II. und Zar Nikolaus II. hatten sich nach dem Krieg getroffen und 1905 ein *Verteidigungbündnis* abgeschlossen, zu dem auch Frankreich (!) eingeladen werden sollte. Noch ehe 1905/06 die Marokkokrise ausbrach, haben jedoch in Petersburg die Freunde Frankreichs dieses Bündnis für nichtig erklärt; der Zar war schwach genug, sich, wie so oft, dem stärkeren Willen zu beugen. Rußland wurde für den in Paris ausgeheckten Plan gewonnen und war so wie London sicherer Sekundant dessen, was Paris und Verein mit dem Anhängsel Madrid auf der Ersten Marokko-Konferenz vortragen wollten.

Nicht nur Nikolaus II. war keineswegs mehr Herr der Lage im eigenen Land. Auch Wilhelm II. stand seine anfangs dem Sultan von Marokko bezeigte Hilfsbereitschaft nicht durch. 1905 besuchte der Deutsche Kaiser die Hafenstadt Tanger, um mit seiner persönlichen Anwesenheit im Land vor der Welt zu beweisen,

daß der Sultan in Fez bei Verteidigung der Unabhängigkeit seines Landes nicht alleinstand. Damit gab er seinem englischen Onkel König Edward VII. den Vorwand, mit aller *Schärfe* in den Streit um Marokko einzugreifen. Der König schürte gegen seinen Neffen in Berlin , der sich damals noch gefiel, jene markigen Worte auszusprechen, die nach seiner Vorstellung genügen sollten, widerstreitende Ansichten zum Verschwinden zu bringen. Auf diese Taktik ging sein britischer Onkel nicht ein. In Paris war der amtierende Minister des Äußeren Théophile Delcassé in diesem Streitfall ausnahmsweise einmal nicht für die Verschärfung der Konfrontation mit Berlin. Als Schöpfer der Entente cordiale mit London war er sich gewiß, daß letztenendes das Deutsche Reich zurückweichen werde, wenn es sich der französisch-russischen Allianz sowie der französisch-britischen Entente gegenübersehe. Außerdem wußte man in Paris besser als in Berlin (und Wien), daß auch *die nicht unmittelbar am Konflikt beteiligten Staaten* – die US mit eingeschlossen – bei einer Lösung des Streits am Konferenztisch nicht an die Seite der Mittelmächte treten würden. Paris war vorsichtig: *1905/06 war Frankreich noch nicht genug gerüstet,* um sich auf einen Krieg mit dem Deutschen Reich einzulassen. Auch wenn in London verlautet würde, es könnte ja, wenn es ernst werde, 100000 bis 150000 Mann an der deutschen Küste an Land setzen und so das Frankreich bedrohende Invasionsheer der Deutschen empfindlich schwächen; jedenfalls den bestehenden Plan des deutschen Generalstabs, wie er 1914 in Teilen zur Ausführung kam, unmöglich machen, weil große Teile des deutschen Heeres zur Verteidigung seiner Nordseeküste gebunden wären. Immerhin ein doch sehr weitgehendes Vorhaben einer Regierung in London, die das Image hat, 1914 die letzte gewesen zu sein, die den Krieg *vermieden* wissen wollte.
Delcassé erlitt das Schicksal, das der Zar und Wilhelm II. erlitten haben. Man erschrak in Paris vor dem eigenen Mut, als Delcassé das Risiko eines Krieges gegen das Deutsche Reich als Möglichkeit im gegebenen Konfliktfalle bejahte. Delcassé verlor sein Portefeuille, sein Nachfolger ging beruhigt den Weg zur Lösung auf einer internationalen Konferenz; wissend, daß dort die Mittel-

mächte eine diplomatische Niederlage erleiden und Frankreich zuletzt bekommen würde, was es wollte: freie Hand in Marokko. Roosevelt begleitete den Abgang Delcassés mit der Bemerkung, er sei froh, daß dieser *Halunke* die Geschäfte habe abgeben müssen. *London wartete auf den offenen Konflikt.* Paris fing an, Berlin eines der üblen Tauschgeschäfte anzubieten, bei denen damals die Europäer über Länder in Afrika verfügten, als wäre es ihr Besitz. Das Angebot, das Paris machte, war nicht verlockend. *Überdies verlangte es die deutsche Kolonie Togo.* Berlin vertrat die einzige nicht nur für das Deutsche Reich, sondern auch für Marokko günstige Lösung: die Wahrung der Integrität Marokkos, was auch den Wirtschaftsinteressen deutscher Handelshäuser zugute kam. Gerade die relativ starke Position der Deutschen in Marokko war Paris, noch mehr der Welthandelsmacht Numero 1 Großbritannien, zuwider. Berlin hat am Vorabend der Konferenz von Algeciras nicht erkannt oder nicht zur Kenntnis nehmen wollen, daß es die Partie schon verloren hatte, ehe in der spanischen Stadt die Verhandlungen begonnen haben.

Präsidialmacht war Spanien, also ein Hauptinteressent an Marokko. Außer den unmittelbar im Streit befindlichen Staaten Frankreich, Spanien und dem Deutschen Reich war Großbritannien machtvoll tätig; ebenso die US, die ja Macher der Vermittlung waren; Österreich-Ungarn, sodann Portugal (im Kielwasser der Politik Londons), Italien (durch Versprechen Frankreichs wegen des Erwerbs Libyens gebunden), ferner die Niederlande, Schweden und Rußland, das mit Frankreich verbündet war, schienen ungebunden zu sein. Während der Konferenz verhandelte das auf ihr vertretene *Belgien* durch seinen Generalstabschef mit dessen britischen Kollegen über konkrete Maßnahmen *im Falle eines Krieges mit dem Deutschen Reich.*

Frankreich brach möglichen Polemiken die Spitze ab, als es gleich nach der Eröffnung der Konferenz (15. Jänner 1906) erklärte, es sei nicht auf ein Protektorat über Marokko aus (!). Das war fast die Wahrheit, denn im Endeffekt wollte Paris mehr als ein Protektorat, nämlich die *Einverleibung* des Landes in seinen riesigen Kolonialbesitz in Afrika. Dann wurde viel über Barbarei und Gesetzlosigkeit in Marokko gesprochen, und die Diplomaten zeigten die gehörige Entrüstung über derlei Zustände. Dem sollte ein Ende gemacht werden. Sowie der deutsche und der französische Vertreter ihre Lösungspläne auf den Tisch legten, war allen Anwesenden klar, daß es hier kein Kompromiß gab, daß entweder die Franzosen oder die Deutschen als Verlierer Algeciras verlassen würden.

Paris verlangte Besatzungen in acht marokkanischen Städten, wo dann französische oder auch spanische Offiziere eine Militärgewalt ausüben sollten. Die deutschen Vertreter hatten nur die Sprecher des von Frankreich unmittelbar bedrohten Opfers, also Marokkos, *unter allen Umständen* auf ihrer Seite. Sie waren ja dafür, daß der Sultan seine Hoheitsrechte ungeschmälert behalten sollte. Und daß eine Ordnungstruppe nur aus seinen Untertanen rekrutiert würde; ein Schweizer als Kommandant sollte für Ausbildung und Disziplin dieser marokkanischen Gendarmerie zuständig sein. In Tanger sollten die Diplomaten darüber wachen lassen, daß Ruhe und Ordnung ins Land kämen. Also: kein Protektorat unter französischer Militärgewalt.

Die größte Überraschung bereiteten den Deutschen bei der Konferenz die nicht unmittelbar beteiligten Staaten und ihre Vertreter, Großbritannien und die US voran. Diese stimmten alle für den französischen Plan. Nur Österreich-Ungarn tat das nicht, es hielt sich für einen Kompromißvorschlag in Reserve. *Italien,* Verbündeter der Mittelmächte, ging an dieser Wegscheide, von der ein Weg in die Konfliktsituation von 1914 führte, unbeirrt an der Seite Frankreichs. Die Westmächte hatten Erfolg, wenn sie den Vertretern schwächlicher Staaten wie Belgien oder der Niederlande einredeten, man müsse den Expansionsbestrebungen Berlins vorweg entgegentreten. Hic et nunc sei der Anlaß dazu. Das machte Eindruck.

Jetzt rückte der Vertreter Österreich-Ungarns, der k.u.k. Botschafter in Madrid Rudolf Graf Welsersheimb, mit seinem als Vermittlung gedachten Vorschlag heraus. Die Deutschen waren anfangs nicht schlecht erstaunt: In sieben marokkanischen Häfen sollte die Polizei unter französischem oder spanischem Kommando sein; in nur einem sollte ein Schweizer die Truppe kommandieren, und zwar in Casablanca. Und gerade in bezug auf die Kontrolle dieses Punktes (er wird im Zweiten Weltkrieg eine wichtige Bedeutung erlangen) war Paris um keinen Preis zum Nachgeben bereit. Frankreich ging zwar auf das Zustandekommen einer aus *Diplomaten* bestehenden Konferenz in Tanger ein. *Casablanca aber fiel unter französische Kontrolle.* Die Deutschen wären also in der Lage gewesen, die französische Aggression zum Platzen zu bringen, indem sie die Konferenz verließen. Dann wäre der Vertrag aus 1880 weiterbestanden, Frankreich wäre um seine Wünsche geprellt gewesen. Das kalkulierte Risiko bestand darin, daß Paris sich dann mit Gewalt das in Marokko hätte holen können, was es in Algeciras nicht bekam; und daß es hierin von den anderen Konferenzteilnehmern unterstützt, mindestens aber nicht gehindert worden wäre. Rasch kam der Streit darüber, ob Marokko einen internationalen Großkonflikt wert sei, an den Deutschen Kaiser heran. Marokko war für Wilhelm II. nicht der Fall, in dem er nicht nur mit dem Säbel rasseln, sondern das Schwert zu ziehen hatte. Bei Nachgiebigkeit des Deutschen Kaisers hätte es für die Deutsche Vertretung keine Verteidigungslinie mehr gegeben, an der die wachsenden Ansprüche Frankreichs zu halten gewesen wären. Jeder Punkt betreffs der Zivil- und Finanzverwaltung in Marokko hätte zu Auseinandersetzungen führen müssen. Hier trieben die Großkapitäne des Wirtschaftslebens ihr Spiel mit den Diplomaten. Man einigte sich auf die Schaffung einer marokkanischen Staatsbank, stritt sich aber um die Verteilung des Stimmrechts in diesem Institut. Auch hierin setzte sich Frankreich durch: Alle beteiligten Länder bekamen *je eine* Stimme, Frankreich aber *drei* Stimmen. Am 7. April 1906 war die Arbeit getan. Wilhelm II. war froh, den Krieg vermieden zu haben. Dem k.k. Minister des Äußeren Graf Goluchowski telegrafierte der Deutsche Kaiser:

»Sie haben sich als brillanter Sekundant erwiesen *und können gleiche Dienste im gleichen Fall auch von Mir erwarten.*«

1908, in der wegen Bosnien-Herzogewina ausgebrochenen Annexionskrise, durfte also der Ballhausplatz rechtens von diesem in

Berlin eingeräumten Guthaben abheben. Dafür heimste Berlin von deutschen Historikern den späten Vorwurf ein, es hätte sich in den letzten Jahren vor 1914 von Wien *gängeln* lassen. Wer denkt noch daran, daß Österreich-Ungarn 1906 immerhin noch eine Großmacht war und das Bündnis der beiden Mitelmächte nur dann gegen den Druck der europäischen Flankenmächte standhalten konnte, wenn die Mitte einig und stark blieb.
Roosevelt aber konnte seinen Wählern sagen, er habe die Europäer ohne den Big Stick gelehrt, wie man Kriege vermeidet und Konferenzen zu einem guten Ende bringt. In Berlin und Wien übersah man leider, daß es nach Algeciras wohl kaum mehr eine internationale Konferenz geben konnte, auf der die Mittelmächte nicht die kompakte Mehrheit *gegen* sich haben würden und ihr Anliegen verworfen würde. Es war also notwendig, solche Konferenzen zu meiden. Oder die ultima ratio anzuwenden.
Nach Algeciras 1906 war Petersburg 1908 ein Schicksalstag für das Alte Österreich. London und Petersburg einigten sich auf Kosten Persiens über eine lang anhängende Streitfrage: Das Land wurde dreigeteilt; der *nördliche Teil dem Einfluß Rußlands überlassen,* das bei der militärischen Besetzung seines Kontrollgebietes seinen Truppen unglaubliche Grausamkeiten durchgehen ließ; *der südliche Teil Persiens, das Gebiet um die Ölfelder, kam unter die Kontrolle Großbritanniens.* Rechtzeitig vor der Umstellung der britischen Kampfschiffe auf Ölfeuerung erwarb London so ein praktisch für seine Feinde unerreichbares Rohstoffreservoir. Inmitten dieser Giganten »regierte« ein Schah aus dem Haus der Kadscharen. Von diesem späten Nachkommen früherer mächtiger Herrscher hatten Rußland und Großbritannien nichts zu befürchten. Nach 1908 wurde es das große Verdienst König Edwards VII. von Großbritannien, das Zusammengehen mit dem Reich des ihm verwandten Zaren Nikolaus II. so zu verdichten, daß es vor 1914 zu keinem Großkonflikt kam, in dem London nicht Petersburg alle möglichen Arten von Rückendeckung gab.
Und da war Belgien. Ein Staat, dessen Gründung 1830/31 einer der ganz großen Erfolge Londons im Kampf gegen Metternich und sein System einer europäischen Staatenordnung war. 1831

veranlaßte London, daß Belgiens Neutralität von den Großmächten anerkannt und garantiert wurde. So schuf es sich auf Kosten der kontinentaleuropäischen Mächte einen unangreifbaren Brükkenkopf auf dem Kontinent; zugleich eine der englischen gegenüberliegende Küste, von der aus kein Anschlag auf die Sicherheit der Insel zu befürchten war. Je erfolgreicher König Edward VII. bei seiner höchstpersönlich betriebenen Politik zur *Einkreisung* des Deutschen Reiches und überhaupt der Mittelmächte wurde, desto mehr mußte man andererseits in London damit rechnen, daß im Falle eines Krieges die Deutschen nicht blindwütig gegen das Festungssystem in Ostfrankreich anrennen würden. So kam es dazu, daß auf belgischem Boden zwei der modernsten Großkampfanlagen, Lüttich und Antwerpen, gebaut wurden; englische Generalstabsoffiziere nahmen mit belgischen Kameraden Kontakt auf, damit die Heere beider Staaten nicht unvorbereitet in den gemeinsam gegen das Deutsche Reich zu führenden Kampf treten würden. Drei Tage nach dem Ende der Algeciras-Konferenz waren sich besagte Generalstabsoffiziere darüber einig, was zu geschehen hätte, wenn ein Angriff der Deutschen das Festungssystem in Ostfrankreich umgehen und über belgisches Gebiet den weitausholenden Sensenschwung einer vernichtenden Offensive führen würde; so daß in Ostfrankreich, etwa nahe der Grenze zur Schweiz, dem französischen Heer ein *Cannae* wie nie zuvor zuteil würde. Aktenfunde, die die Deutschen nach 1914 in Belgien machten, ergaben, daß es diese Abmachungen, von denen angeblich die Staatskanzleien in London und Brüssel nichts erfuhren, gegeben hat. Englischerseits wurde erwidert, diese Gespräche hätten keine Bedeutung gehabt, sie seien der Regierung in London nicht zu Gehör gekommen. Wie immer es gewesen sein mag – mögen die Akten lückenhaft sein oder die von den Deutschen nach 1914 erbeuteten lügen – Tatsache ist, was 1906 der damalige Chef des belgischen Generalstabs mit dem britischen Militärattaché in Brüssel vereinbart hat:

Im Falle eines Angriffes der Deutschen auf Belgien sollten 100 000 Mann britischer Truppen den Belgiern zu Hilfe kommen. Das wurde nachher auch vom britischen *Generalstabschef* gutgehei-

ßen. Es ist kaum denkbar, daß letzterer diese Bindung auf sich nahm, ohne daß er die dünne Wand, die ihn von der Regierung trennte, durchstoßen und der Regierung Bescheid gesagt hätte. Mehr noch: Da ein Ausschiffen der britischen Truppen im Hafen von Antwerpen nur unter Verletzung der Neutralität der Niederlande, mit der gerechnet wurde, möglich gewesen wäre, sollten die für Belgien bestimmten Hilfsstreitkräfte in *französischen* Seehäfen an Land gehen. Zu diesem Zweck wurde – und das ist aktenkundig – vorgesorgt, daß die Royal Navy die in Betracht kommenden Ausschiffungsorte in Frankreich in Schutz nehmen werde. Was wiederum ermöglichte, daß Frankreich seine Flotte im Mittelmeer konzentrierte, um Österreich-Ungarn von See her von jeder Zufuhr abzusperren, womöglich aber dessen Stützpunkte in der Adria anzugreifen. Nach Kriegsausbruch 1914/15 ist es denn auch tatsächlich zu letzterem Versuch gekommen, der aber seitens der k.u.k. Marine zurückgewiesen werden konnte.
Man ging im Verein mit belgischen Offizieren ins Detail: Den britischen Invasionstruppen sollten Angehörige der belgischen Gendarmerie zur Seite gegeben werden, deren Kenntnisse der englischen Sprache die notwendige Verständigung bei der Einweisung der Briten übernehmen konnten. Und da waren britische *Krankenschwestern,* die in dem von den Deutschen gesäumten Gebiet bleiben sollten, um nicht nur in Lazaretten für Kriegsgefangene die Betreuung zu übernehmen, sondern um Spionage zu betreiben oder die Flucht der ihrer Pflege anvertrauten Kriegsgefangenen in die Niederlande zu erleichtern. Eine der 1914 zu diesem Zweck bei der Räumung belgischen Gebiets zurückgelassene Krankenschwester beteiligte sich erwiesenermaßen daran, kriegsgefangene britische Soldaten via Holland in die Heimat und so zum neuerlichen Einsatz gegen die Deutschen zu bringen. Die Spionin traf die Strafe, die Spione in Kriegszeiten trifft. Keine andere Armee der Welt hätte anders gehandelt – aber der Tod dieser Frau wurde vor allem in den US als Beispiel der hunnischen Grausamkeit der Deutschen groß herausgebracht.

Nach Algeciras 1906 mußte jedem Einsichtigen in Berlin und Wien klar sein, daß das sogenannte Europäische Gleichgewicht, wie man in London gerne sagte, nicht mehr bestand. Algeciras hat den Mittelmächten angezeigt, was binnen weniger Jahre Tatsache sein würde: Nämlich, daß im Konfliktsfall auf dem Kontinent das Deutsche Reich und das mit ihm verbündete Österreich-Ungarn umstellt waren in West, Nord und Süd durch den Zusammenhalt der übrigen Großmächte und daß Neutrale oder nicht im Krieg beteiligte Staaten mit ihrer staatsoffiziellen Politik sehr wahrscheinlich dem folgen würden, worin die Westmächte und Rußland sie bestärkten oder hiezu zwangen. Auch wenn sie sich an Kampfhandlungen nicht beteiligten, standen letztere Staaten als sogenannte Neutrale in moralischer Hinsicht vom Anfang an gegen die Mittelmächte. Wie das denn auch die Schreibweise der damaligen Medien bewiesen hat.

Unverständlicherweise vermeinte man in Berlin, die Konferenz in Algeciras sei eigentlich gar nicht so schlecht für das Deutsche Reich zu Ende gegangen. Der Leiter der auswärtigen Politik wurde in den Fürstenstand (!) erhoben. Der von einem krankhaften Kritizismus befallene Journalist Maximilian Harden, ein Hasser Wilhelms II., seitdem dieser Bismarck entlassen hatte, verfolgte aber den Deutschen Kaiser mit Hohn und schlug vor, ihn *Guillaume le timide* zu nennen. Ein französischer Kollege sah den Kaiser noch immer als gefährlich an; zwar lasse sich Wilhelm II. oft genug in den Hintern treten, ohne zu reagieren; doch sei man bei ihm nie ganz sicher, ob er nicht einmal mit einem furchtbaren Schlag auf die Angreifer losgehen werde.

In Frankreich waren es Sozialisten, die ihrer Regierung vorwarfen, die Interessen Frankreichs in Marokko und auf der Konferenz in Algeciras nicht mit genug Entschiedenheit vertreten zu haben. An sich Kriegsgegner, scheuten sich französische Sozialisten nicht, warnend auf die militärische Überlegenheit der Deutschen hinzuweisen. Auf die als notwendig erachtete Verlängerung der Präsenzdienstzeit in Frankreich von bisher zwei auf *drei* Jahre ließen sich diese Solzialisten nicht ausdrücklich ein. Kaum war die Krise vorbei, begannen Sozialisten wieder mit der unter der Truppe geübten Propaganda, mit der Aufforderung, den Gehorsam zu verweigern oder zu desertieren. Ersteres war wichtig für den Fall,

daß die Regierung wieder einmal bei Streiks Militärassistenzen anfordern müßte. Der berühmte, 1914 ermordete Sozialistenführer Jean Jaurès verfaßte ein Konzept für ein vom Militarismus befreites Verteidigungssystem, das sich so ausnimmt, als würde man zahnlose, lahme Jagdpanther an der Leine halten, während die Einbrecher schon im Haus sind. Jean Jaurès hat nicht die Möglichkeit gehabt zu erleben, was Krieg, was eine feindliche Invasion, was die Schrecknisse all dessen sind. Angesichts der Tatsachen hätte er wohl kaum sein mißlungenes Konzept, das um das Jahr 2000 oft zitiert wird, am Werk gesehen.
Die Folgen der Agitation in der französischen Armee blieben nicht aus. Als unter den *Weinbauern* nicht zum ersten Mal und nicht zum letzten Mal Unruhen ausbrachen, scheute sich die Regierung nicht, Assistenzverbände der Armee anzufordern. Es ergaben sich trübe Aussichten für den Kriegsfall: Das 100. Infanterie-Regiment, garnisoniert in Narbonne, verweigerte den Gehorsam. Ihm folgten Teile des 122. Regiments in Montpellier und des 12. Regiments. Dann geschah, was sich im Ersten Weltkrieg im Ernstfall wiederholte:
Man schickte die lahmen liberalen Antiklerikalen nach Hause und holte Georges Clémenceau ins Amt des Ministerpräsidenten. Mit der gleichen wilden Entschiedenheit, mit der er später im Krieg Meuterer unter der Roten Fahne zum Gehorsam zürückbrachte, erprobte er das System vorher in Friedenszeiten. Soldaten, die bei militärischem Ungehorsam auf das Dogma von der Freiheit vertrauen, kommen in Frankreich immer schlecht weg. Aristide Briand, der vor 1914 die Rochade vom sozialistischen ins liberalistische Lager vorgenommen hat und der nach 1918 einen sogenannten Friedensnobelpreis verliehen bekam, hat vor dem Krieg nie geduldet, daß an der Schlagkraft der französischen Armee gerüttelt wurde. Einschlägige Maßnahmen sind freilich weniger bekannt geworden als der Militarismus anderer Länder. Die Armee war und blieb in Paris die Garantie für die Revanche für 1871. Als die berüchtigte Affäre Dreyfuß aufkam, machte die Demaskierung des auch in Frankreich blühenden *Antisemitismus* vergessen, was dem Juden Hauptmann Dreyfuß ursprünglich angelastet

worden ist: daß er vermeintlich *zugunsten der Deutschen Spionage* betrieben hat. Als Wilhelm II. sich während des Dreyfußprozesses mit seinem Wort verbürgte, daß der französische Hauptmann niemals Spionage zugunsten der Deutschen betrieben habe, war das Maß des Hasses französischer Patrioten voll. Was muß diese Type für ein Meisterspion der Deutschen gewesen sein, wenn sich seiner der Deutsche Kaiser höchstpersönlich annahm, um ihn vor der Aburteilung zu schützen! Ein deutsches Offiziersehrenwort zugunsten eines Franzosen, der sein Land verriet, das war der Höhepunkt der berüchtigten Affäre Dreyfuß in Frankreich.

Militärisch mußte sich Frankreich vorsehen, denn in England, seinem späteren Verbündeten, gab es, so wie in den US, keine Wehrpflicht in Friedenszeiten. Um so mehr mußte Frankreich rechtzeitig alles unternehmen, um gerüstet zu sein gegen blindwütige Angriffe der Deutschen. Die numerische Überlegenheit des Deutschen Volkes war nun einmal Tatsache. Der Satz, wonach es um 40 Millionen Deutsche zuviele gäbe, stammt nicht, wie behauptet, von Clémenceau; dieses Wort ist aber gefallen, und *es war und blieb eine Rechengröße* bei Ermittlung des militärischen Risikos, dem sich Frankreich angesichts eines so übermächtigen Nachbarn ausgesetzt sah. Noch dazu, wo feststand, daß das 1871 verlorene Elsaß-Lothringen nur in einem gegen die Deutschen zu führenden Angriffskrieg zurückzugewinnen war; es sei denn, die *boches* liefen ins offene Messer, das ihnen vom sogenannten Erbfeind entgegengehalten wurde.

In diesem von Haß und Vergeltungssucht geschwängerten Klima konnte es in Frankreich geschehen, daß *Sozialisten ihre Partei verließen* und zu Nationalisten wurden. Der berühmte Schriftsteller Georges Sorel wurde Symbolfigur für den Umschwung, der sich vor 1914 in Frankreich vollzog. Vergessen waren die Tage der Kommune von Paris 1871, für *alle* Franzosen wohnte der Feind jenseits des Rheins. Nicht wenige Sozialisten sagten, ein Sieg über die Deutschen sei fast so viel wie der *Endsieg im Klassenkampf.* Aus dem Sozialismus im Europa vor 1914 gingen einige der großen Diktatoren der nachfolgenden Zwischenkriegszeit bis in die Zeit des Zweiten Weltkriegs hervor. Als erster Sozialist wandelte sich der *Pole Józef Pilsudski* zum Nationalisten und *Diktator; Lenin* hatte damals längst die Basis des demokratischen Sozialismus in der SDAP Rußlands verlassen, um sich auf seine Rolle als *Tyrann über Rußland* geistig zu rüsten; und in Italien übertraf der Sozialist und Redakteur *Benito Mussolini* alle vor 1914 denkbaren Möglichkeiten, indem er nach 1918 zum Duce der Faschisten wurde und hierin Adolf Hitler lange Zeit weit voraus war. Niemand wird aber um das Jahr 2000 den Polen wegen der Diktatur Pilsudskis, den Russen wegen der Tyrannei Lenins oder den Italienern wegen Mussolini jene konsequente Vernichtung ihres Ansehens erweisen, wie sie nach 1945 den Deutschen unterschiedlos zuteil geworden ist.

Niemals darf vergessen werden, was eben beschrieben wurde. Weil es zu den Fakten gehört, über denen sich die europäische Katastrophe von 1918 auftürmte. Denn – Frankreich blieb nicht bei dem, was in Algeciras 1906 beschlossen wurde. Was es in Marokko wollte, war das Ganze: das Land, die Rohstoffe, die Wirtschaftsmöglichkeiten und vor allem die dort ausgehobenen *Soldaten,* die in den beiden Weltkriegen zu den Sturmtruppen der französischen Armee zählten. Was die französischen Politiker betreffs Marokko auch nach Algeciras weiters in petto hatten, das wußte man in den Staatskanzleien: In *Washington,* wo man ja ebenfalls bereit war, mit dem Prügel im näheren Umkreis Ordnung zu machen. In *England,* wo man trotz Vorbehalte in dieser Frage dem Kriegsverbündeten nicht in den Arm fallen wollte. In *Italien,* wo man das in Algeciras erworbene Wohlwollen Frankreichs ausschöpfen und Libyen erobern wollte. Und da war *Rußland,* dessen Zar Nikolaus II. 1909 unter auffälliger Umgehung des Staatsgebietes von Österreich-Ungarn dem König von Italien in Piemont Besuch abstattete. Um den Zaren, den nicht nur Anarchisten so gerne umgebracht hätten, im Mutterland des in der Praxis bewährten Anarchismus zu schützen, mußten für zwei Stunden Bahnfahrt 22 Regimenter der italienischen Armee und dazu aus ganz Italien herbeigeholten Carabinieri aufgeboten werden. Der Haß auf Nikolaus II. übertraf sogar den auf Österreich. Aber

– es trat ein Stimmungsumschwung in Italien ein, als durchsickerte, daß man fortan Rußland zum Freund hätte. Und für den Kampf gegen die Österreicher wollten viele Italiener sogar jenen berüchtigten schmutzigen Stecken in die Hand nehmen, dessen man sich bedienen kann, um sich eines Hundes zu erwehren. Mehr noch: St. Petersburg sollte einmal der Platz sein, wo italienische Diplomaten austratschten, was man im Verband der Dreibundmächte tat und sagte und was für Rußland von Interesse war. Nach diesem Besuch des Zaren hatte man in Rom auch ein nihil obstat Rußlands für den Anschlag auf Libyen in der Tasche.

Wo alle nahmen, schien für Frankreich die Zeit gekommen zu sein, Marokko ganz in den Griff zu bekommen. Nach Algeciras hatte Frankreich über Nacht Truppen bei der Hand, um die ihm zugesprochenen Kontrollpunkte in Marokko zu besetzen. Spanien bekam eine schmale Ration; es war längst nicht mehr in der Lage, koloniale Abenteuer einzugehen. Viel hing jetzt davon ab, wie Frankreich es zuwege brachte, Berlin endgültig in Marokko auszumanövrieren. In Berlin war es durch einen seiner besten Diplomaten jener Zeit, Jules Cambon, vertreten. Er redete sich gut mit den Deutschen, und man schenkte ihm Vertrauen, wenn er tat, als würde Frankreich Marokko räumen, sowie dort Ruhe und Ordnung hergestellt seien. Wer Cambon nicht glaubte, war bald als nationalistischer Hetzer gebrandmarkt. Wochen vergingen, aber die Franzosen blieben in Marokko präsent. Da ließ Cambon die Katze aus dem Sack:

Das Deutsche Reich sollte sich mit einer winzigen Entschädigung begnügen, Frankreich in Marokko aber freie Hand lassen. Das war so etwas wie der hundertste Tritt in den Hintern, dem, wie ein Franzose ohnedies befürchtet hatte, ein gewaltiger Schlag von deutscher Seite folgen mußte:

Die »Panther« war ein deutsches Kanonenboot, eine Nußschale, verglichen mit der Seemacht der Westmächte. Als sie 1911 im marokkanischen Hafen Agadir einlief, sollte ihre Präsenz bestätigen, daß das Deutsche Reich an dem festhielt, wovon auch nach Algeciras ein Rest verblieb: *eine gewisse Souveränität des Sultans.* Die Zeitungen im Westen erfanden für diese Demonstration die Bezeichnung *Panthersprung.* So als würden sich die Deutschen wie ein Panther auf das arme Marokko stürzen – das jetzt sichtlich des *Schutzes Frankreichs erst recht bedurfte.* Jetzt trafen Wilhelm II. in der Presse Angriffe, deren Gemeinheit alles überstieg, was bisher an Lügen über das Deutsche Reich vor 1914 ausgestreut worden war.

Noch jetzt wäre die Affäre zwischen Berlin und Paris zu zweit auszutragen gewesen. Aber der britische Außenminister Lord Grey, dem man nach 1914 als dem *letzten* Verteidiger des Friedens ein unverdientes Lob spenden wird, blies ins Feuer. Er ließ sich den Botschafter des Deutschen Reiches kommen und erklärte ihm in dürren Worten, Großbritannien werde es nicht zulassen, wenn etwa das Deutsche Reich nach der Besitzergreifung Marokkos durch Frankreich dort einschreiten täte. Was immer in dieser Richtung Berlin zu unternehmen gedenke, es müsse jeder seiner Wege über London (!) gehen. Lord Grey wahrte die äußere Form, aber der amtierende Schatzkanzler der liberalen Regierung in London brüllte auf. Das war jener Lloyd George, der im Alter zu den *Bewunderern Hitlers* gehören wird – bis 1939 der nächste Krieg ausbrach.

Lloyd George hat bei gewissen Gemütsaufwallungen viel Unsinn geredet. Aber wenn er haßte, war er ein *guter Hasser.* Nach 1914 hat er als Wahlredner verlangt, man müsse Wilhelm II. aufknüpfen. Im Schlußakt der Marokkokrise 1911 trat Lloyd George als Tischredner auf. Furioso fing er an: Daß sich Großbritannien nach Jahrhunderten, erfüllt mit Heroismus und Erfolg, nicht zur Preisgabe seiner großen und wohltätigen (!) Stellung bequemen könne. Das betraf in erster Linie die Flotte des Deutschen Reiches, deren Stärke London von der eigenen gehörig distanziert wissen wollte. Frieden um jeden Preis, um den Preis einer Selbsterniedrigung würde ein Land wie Großbritannien *nie* ertragen können. (Insert: Es hat derlei nach 1945 ertragen.) Gerade der letzte Satz wurde in Frankreich richtig aufgefaßt. Im Moment war man in Paris nicht auf einen Krieg mit den Deutschen aus, denn es fehlte noch an Soldaten mit dreijähriger anstatt zweijähriger Dienstzeit bei der Armee. Aber – mit Lloyd George an der Seite würde man schon ein Tänzchen wagen. Und momentan wird man Berlin mit Hilfe Londons ein Arrangement in der Marokkofrage zum billigsten Preis anbieten. Dann aber sofort damit anfangen, in Marokko die Rekruten für die französische Armee einzuziehen.

In Berlin war man perplex. Selbst dem redseligen Kaiser verschlug es die Rede. Endlich rappelte man sich auf: Es sei nie die Absicht gewesen, mit der Entsendung der »Panther« einen Hafen am Atlantik zu besetzen und als Stützpunkt zu erwerben, wie das London vermutete. Man entschuldigte sich wegen Presseattacken und gab eine Wohlverhaltenserklärung in einer Sache ab, die nie zur Debatte stand in Berlin. Darauf bekam man die gehörige Antwort aus London: Ein deutscher Kriegshafen an der marokkanischen Atlantikküste sei für London der *Kriegsfall* (!).

Und während London den Franzosen bei der Besitzergreifung Marokkos den Rückhalt gab, verurteilte der britische Botschafter in Wien ein Vorgehen Berlins, das – wie gesagt – gar nicht geplant war: eben besagten Hafen am Atlantik. Mehr noch: Die Bedrohung der Unabhängigkeit Marokkos, das eben daran war, unter die Kontrollmacht Frankreichs zu geraten, wurde den Deutschen in die Schuhe geschoben. Die »Neue Freie Presse« druckte diese Erklärung tatsächlich ab, gab ihr in Wien den Anschein, als wäre London dabei, für Marokko die Unabhängigkeit und für Frankreich die bloße Ordnungsmacht zu verteidigen. Was folgte, schlug dem Faß den Boden aus: London erklärte amtlich, sein Botschafter in Wien sei nicht ermächtigt gewesen, eine solche Erklärung in der Presse verlautbaren zu lassen. Von dem Moment an hätte man in Wien vor Lord Grey gewarnt sein müssen.

Da die Dinge einmal so weit gediehen waren, verlangte jetzt Frankreich nicht bloß Marokko, sondern auch die deutsche Kolonie *Togo*. In Marokko werde man die Deutschen nicht *schlechter* behandeln als alle anderen Ausländer. Franzosen waren jetzt keine Ausländer mehr in Marokko, sie ließen sich nieder und waren Herrn im Land. Was folgte, war ein übler Kuhhandel des Weißen Mannes mit afrikanischem Gebiet. Berlin begnügte sich mit einer Gebietskorrektur im Kongo. Frankreich behielt sich aber auch

dort das Wegerecht vor. In Berlin war man angetan von der maßvollen Politik in dieser Affäre.
Das Echo aus Paris blieb nicht aus: Marokko, das bedeute natürlich nicht eine Art Abfindung für das 1871 verlorene Elsaß-Lothringen. Noch schärfer beurteilte die Lage Frankreichs in dieser Frage ein Engländer: Ein Franzose, der zur Versöhnung mit den Deutschen neige, könne nur ein *Verräter* sein. Wieder kam man auf die Affäre Dreyfuß zurück, kümmerte sich nicht um das seinerzeitige Schicksal eines kleinen Juden, sondern erhob erneut den Vorwurf, es sei um eine Spionageaffäre gegangen, hinter der der deutsche Generalstab stand ...
1911. Nach der endgültigen Bereinigung des Marokkokonflikts zwischen Paris und Berlin war alle Anstrengung in Frankreich der Aufrüstung gewidmet. Das Ringen im Parlament um die dreijährige Dienstzeit war 1912 zu Ende. Alle Redeschlachten konnten nicht mehr darüber hinwegtäuschen, daß dieser Teil der Aufrüstung Gebot der Stunde war. Ein neues Kadergesetz gab den Rahmen für eine modernisierte Heeresorganisation. Zum Chef des Generalstabs wurde General Joffre ernannt, der vor allem Antiklerikalen und Liberalen gewährbietend war. Er gehörte nicht zu jenen Typen, die sich im Dreyfußprozeß so arg bloßstellen ließen. Und Joffre wird die Deutschen lehren, was ihr Schlieffenplan wirklich wert war, und dem nahenden Krieg eine Wendung geben, nach der es nur mehr eine Frage der Zeit sein wird, wann auf dem Straßburger Dom wieder, wie 1789, die Trikolore wehen wird. 1912 war es soweit, daß mit Rußland auch eine Marinekonvention abgeschlossen wurde. Und Italien bekam seinen Lohn: Freie Hand in Libyen. Italienische Truppen, die in Libyen ins Gefecht traten, erlebten eine Überraschung. Dies Land, fernab vom Zentrum des Türkischen Reiches, war nicht die leichte Beute, die man in Rom erhofft hatte. In Libyen haben sich junge Offiziere aus dem Kreis der Jungtürken bewährt. Sie verstanden es, Kampfgruppen der Eingeborenen gegen die Italiener mit Erfolg zu führen. Da war es ein Glück für Italien, daß auf dem Balkan der Krieg ausbrach. Je stärker das Engagement der Türkei auf europäischem Boden, desto schwächer wurde der Widerstand in Libyen. Mit

großem Geschick nahm in London Lord Grey die Entwicklung auf dem Balkan unter Kontrolle. Ein Wort des Lords hätte genügt, um den Zaren zur gebotenen Vorsicht gegenüber seinen slavischen Brüdern auf dem Balkan zu bringen. Nichts dergleichen geschah. Libyen war für London ohne Belang; daß von dort aus im Zweiten Weltkrieg von deutschen Truppen beinahe die britische Position in Ägypten und am Suezkanal gefährdet werden sollte, wer sah das voraus? Wichtig war, daß jetzt die beiden *Weltmächte an den Flanken Europas,* Großbritannien und Rußland, einig waren, wenn es gegen die *Mitte des Kontinents,* gegen die Mittelmächte ging.

1913 rückte in Frankreich Raymond Poincaré vom Rang eines Ministerpräsidenten in den des Staatsoberhauptes auf. Es folgten drei kurzlebige Regierungen, dann wurde, 14 Tage vor dem Mord in Sarajevo, der aus der Sozialdemokratischen Partei hervorgegangene René Viviani Ministerpräsident. Er bestärkte Poincaré, trotz der nach dem Mord in Sarajevo in den Staatskanzleien und großen Teilen der Öffentlichkeit in Europa bestehenden Spannung den Besuch beim Zaren *nicht abzusagen.* Im Gegenteil. In Paris benutzte man die Reise, um – so wie der Zar beim Besuch in Italien den Boden Österreich-Ungarns vermieden hatte – in diesem Fall das Gebiet des Deutschen Reiches zu umfahren. Und zwar mit einem *Kriegsschiff,* was damals nicht die Regel bei Staatsbesuchen war.

Der Empfang in Petersburg und die Feierlichkeiten des Besuches verliefen grandios. Niemand ahnte, daß nach vier Jahren der Zar samt seiner Familie von Bolschewisten ermordet sein würde. Lenin war oft in Paris im Exil, was aber Bolschewisten und bolschewistische Methoden sind, wußten weder der französische Staatspräsident noch dessen sozialistischer Ministerpräsident. Dem k.u.k. Botschafter in Petersburg stellte man peinliche Fragen, die eher so klangen, als erwarte man in West und Ost auch nach dem Mord in Sarajevo, daß Österreich-Ungarn letztendes zurückstekken werde. Bei der Rückkehr nach Paris fanden die Teilnehmer an der Schiffsreise eine Lage vor, die hoffen ließ: Diesmal könnte es zur Revanche kommen. Viviani brachte im Ministerrat durch, daß man in Frankreich alle Vorbereitungen traf, die in der Öffentlichkeit nicht gerade als eine erklärte Mobilmachung erscheinen mußten. Berlin übersah nicht, daß die Zange gegen die Mitte schon angesetzt war: Rußland machte in aller Form mobil, die für die französische Armee getroffenen Dispositionen waren nicht zu übersehen. Das Ultimatum, das Berlin wegen solcher Bedrohungen aus dem Westen an Paris richtete, wies Viviani vom Fleck weg und mit beachtlicher Kaltblütigkeit zurück. Weit tat sich das Tor auf, durch das die Alte Welt in den Ersten Weltkrieg taumelte. Die Umklammerung der Mitte und ihrer Verbündeten war perfekt.

Nichts Neues stand hier zu lesen. Aber diese Tatsachenübersicht gehört zum Bild, in das bald die US als die kriegsentscheidende Macht treten werden. In diesem Ersten Weltkrieg sollten die *Monarchien,* die einmal die Alte Welt ausgemacht haben, ruiniert werden. In Rußland kam man den Siegern von 1918 zuvor und entledigte sich selbst der Dynastie Romanov; diese Revolution, die sogenannte Februarrevolution in Rußland, befreite die US von der Schwierigkeit, die es für sie bedeutet hätte, als *Kriegsverbündeter des zaristischen Rußland in den Krieg gegen die großen Monarchien in Europa eintreten zu müssen.* Denn der Sturz der Dynastien Hohenzollern, Habsburg und Osman war eines der Vorhaben, das Wilson schließlich bewog, zum ersten Mal die Masse der US-Army over there nach Europa zu schicken.

16.

Der Völkerkäfig und der Schmelztiegel

Sie kamen aus allen Ländern der Alten Welt, aber auch aus jenem Westen, den man in der Alten Welt den Fernen Osten nennt. Die Einwanderungsbehörden der US registrierten und unterschieden bei den Europäern Italiener und Iren, Russen und Skandinavier, Angehörige der verschiedensten Nationen unter den Nord- und Südslaven und also auch die in der Donaumonarchie ansässigen Nationalitäten. Ungarn, die Magyaren waren, gaben sich mit einigem Stolz als solche zu erkennen. Tschechen bekannten sich zu ihrem Volkstum, auch die Slovaken aus dem Königreich Ungarn. Die Südslaven wiesen sich als Slovenen, Kroaten und Serben aus; Juden rechnete man anfangs als Angehörige jener Nation, bei der sie zuletzt in Europa zu Gast waren, denn es dauerte lange, bis sie in den US willkommen waren. Das änderte sich zuletzt gewaltig.

Kein Franzose hätte bei der Einwanderung in die US nicht mit einigem Stolz bekannt, daß er Sohn der Grande Nation ist, mochte er auch daheim dem Staat, ob Monarchie oder Republik, als Sozialist oder Anarchist einigen Kummer bereitet haben. Spanier waren und blieben stolz, fast so stolz, wie sie ein deutscher Dichter seinem Volk vorstellt. Ebenso aufrecht kamen die Deutschen aus ihrem seit 1871 bestehenden Kaiserreich, mochten sie daheim auch nicht gerade ein angenehmes Dasein gehabt haben. In den Rubriken der Einwanderungsstatistiken blieb meistens nur eine Spalte leer oder es gab sie nicht: Nur wenige unter vielen Einwanderern aus der Donaumonarchie gaben sich ausdrücklich als *Österreicher* zu erkennen. Auch die Deutsch-Österreicher gaben sich, so wie die Angehörigen anderer Nationen des Nationalitätenreiches, nur ungern als Österreicher aus. Waren sie einmal drüben, dann gingen sie zumeist unter in den vielen landsmannschaftlichen Gemeinschaften der Deutschen aus dem Reich, die drüben wie ehedem herüben ein reich ausgegliedertes Vereinswesen entfalteten. Langsam änderte sich der durchaus *angel-sächsische* Charakter, den die US zur Zeit der Unabhängigkeitserklärung und auch noch bei Erringung ihrer staatlichen Selbständigkeit auf dem 1783 mit England geschlossenen Frieden erlangten, an sich hatten. Die später ins Land kommenden Armen, Enttäuschten und wohl auch auf der Flucht befindlichen Angehörigen aus den Ländern Ost-, Süd- und Südwesteuropas kümmerte die Urtümlichkeit der US nicht; England interessierte sie einfach nicht, dessen Kultur und geschichtliche Bedeutung waren für sie ohne Belang. Sie wollten nichts anderes als in der Neuen Welt festen Fuß fassen und möglichst bald den Schutz eines Citizen of the United States gewinnen, der sie vor der eventuellen Ausweisung bewahrte und sie den bodenständigen Amerikanern vielleicht weniger unbeliebt machte. Nie haben diese Unglücklichen aus dem Bodensatz der Bevölkerungsmassen der Alten Welt so richtig die englische Sprache erlernt. Mit ihrem Kauderwelsch trugen sie dazu bei, daß in den US eine Umgangssprache entstand, bei deren Gebrauch sich ein Amerikaner bald sehr deutlich von einem Engländer unterschied.

1828 brachte Noah Webster ein »American Dictionary of the English Language« heraus. Zweiundzwanzig Jahre vorher war bereits von ihm ein »Compendious Dictionary« erschienen. Auf dem Umschlag des ersteren Werkes streicht der Autor heraus, worum es ihm unter anderem ging: *eine Aussprache gemäß dem allgemeinen Sprachgebrauch (in den US) festzuhalten.* Dieser in den US aufkommende Sprachgebrauch unterschied sich bald dermaßen von dem in der Alten Heimat der Väter der US, daß Besucher der US, die zusammen mit ihrem Interesse an der Neuen Welt auch die Kenntnisse ihres in der Schule oder von einer Nurse erlernten Englisch anbringen wollten, den Eindruck bekamen, daß in den US eine *andere Sprache* im Umlauf war, eine, die zuletzt ausdrücklich als *Amerikanisch* bezeichnet wurde.

Je mehr die Zahl der Einwanderer in die US aus angelsächsischen Ländern Europas zurückging, um so gewaltiger schwoll der

Zustrom aus anderen Ländern der Alten Welt an. Schließlich bekamen die Sprache und die Sprechweise der Amerikaner jene Prägnanz, die ihr 1945 eine dominante Rolle im internationalen Sprachverkehr einbrachte. War im Mittelalter Lateinisch die Verständigungssprache der Gebildeten, errang in neuerer Zeit Französisch eine noch größere praktische Bedeutung an allen europäischen Höfen als Ausdrucksmittel gebildeter Menschen, zumal im Dienstverkehr der Diplomaten, so trat nach dem Endsieg der US über die Alte Welt im Jahre 1945 jenes Amerikanisch an diesen Platz, dessen Wortgebrauch selbst auch auf den Kontrollstationen der Flugtürme kommunistischer Länder unentbehrlich geworden ist. Eine in Rhythmus, Tonalität und Textierung neue und modernisierte Vokalmusik, die als Unterhaltungsmusik der Jungen der Klassik gleichgestellt werden soll, berieselt aus Radio- und Fernsehempfängern Tag für Tag unzählige Millionen Menschen in aller Welt mit Darbietungen, denen die jetzt dominante Sprache das Gepräge gibt. Es ist nicht so wichtig, daß eine Milliarde Menschen Chinesen sind und Dialekte ihrer Sprache verwenden. Im Äther herrscht ein anderer Ton. Das bezeigt, neben vielem mehr, einen *Sieg des Amerikanismus*, dessen Herausforderungen nicht nur Intellektuelle und Künstler bejahen, sondern die Massen, von denen große Teile der eigenen Volksmusik entwöhnt und einem ekstatischen Tanzstil ergeben sind.
Vor 1914 waren die US das Land der unbegrenzten Möglichkeiten, dessen auf industrielle Entwicklung und auf Lebens*erfolg* abgestellte Art, das Da-sein zu bewältigen, teils faszinierend, teils tröstend wirkten. Und doch ergab sich in den Jahren 1908 bis 1912 eine seltsame Ein- und Auswanderungsbewegung zwischen Österreich-Ungarn und den US. In diesen Jahren verließen 1 034 814 Menschen ihre alte Heimat in der Donaumonarchie in der Erwartung, drüben bald festen Fuß und nachher ein besseres und gesichertes Fortkommen zu finden. Die Mehrzahl dieser Auswanderer kam aus der östlichen Reichshälfte der Donaumonarchie, waren Angehörige des auch dort bestehenden Nationalitätenstaates. Aber: *Nur ein Drittel der aus der Monarchie in die US Ausgewanderten aus Alt-Österreich sind drüben geblieben*

und arriviert. In den erwähnten fünf Jahren sind 401 802 in ihre alte Heimat in der Donaumonarchie zurückgezogen. Das waren nicht nur Gast- oder Saisonarbeiter, die vorweg entschlossen waren, nicht lange drüben zu bleiben. Das Gros dieser Heimkehrer waren Menschen, die drüben genug Geld machen wollten, um nachher daheim in gewohnter Umgebung ihre eigene Existenz aufzubauen oder die früher gewohnte zu verbessern. Es waren arbeitsfreudige, tüchtige Menschen, keine überspannten Intellektuellen, die als Europamüde die Welt der Unfreiheit verließen, um in der Neuen Welt dieses kostbare Gut um so freier erleben zu können.

Seltsames konnte zuletzt geschehen im Ersten Weltkrieg. Während der schweren Abwehrkämpfe der Österreicher-Ungarn im Hochwinter auf 1915 rückte ein Reserveoffizier aus Wien zu einem in den Karpaten kämpfenden Landsturmbataillon ein. Die Mannschaft verstand nicht deutsch, er beherrschte schlecht und recht das in der Realschule erlernte Französisch und Englisch. Zwar verkehrten noch über Grenzen und Fronten hinweg Diplomaten auf Französisch, mit seinen ältlichen Landsturmmännern konnte sich aber der Wiener in dieser Sprache nicht verständigen. Er bemerkte aber, daß einige seiner Männer ein Kauderwelsch sprachen, das sich wie Englisch anhörte. Er fand heraus, daß es sich um Heimkehrer aus den US handelte, die drüben gerade nur so lange geblieben waren, als es brauchte, um genug money zu machen für das Fortkommen in der alten Heimat. Das löste das Problem:

Der junge Wiener führte unter Verwendung der englischen Sprache Landsturmmänner mit *slavischer* Muttersprache gegen deren slavische *Brüder* in der Armee des *Zaren,* der engster Verwandter des Königs von *England* und dessen getreuer *Kriegsverbündeter im Kampf gegen Österreich-Ungarn war.*

Nach 1918 kam in Wiener Künstlerkreisen die Lebenspraxis auf, die kurz gefaßt lautete: In Berlin besser verdienen, damit es sich in Wien gut leben läßt. Auf niedrigerem Niveau und in bezug auf die US haben einmal unzählige Menschen in der Donaumonarchie ein Zubuße verschafft. Begraben sein wollten sie deswegen drüben

nicht. So hat drüben ein Drittel der Auswanderer aus Österreich-Ungarn einigermaßen festen Fuß gefaßt und ein Fortkommen gefunden, ein anderes Drittel war drüben *to make money*, um das Geld daheim zu verzehren, von dem letzten Drittel wissen die Statistiken wenig. Das waren jene, von denen man in den Heimatdörfern sagte, der oder jener sei nach Amerika ausgewandert, aber man habe nie mehr etwas von ihm gehört. So der Normalfall – aber so die Legende: Einer kam als armer Teufel hinüber, versuchte sich als Schuhputzer oder Zeitungsausträger und starb als reicher Mann, dessen Hinterlassenschaft seine armen Verwandten in der alten Heimat zu unerwartetem Reichtum brachte.
Die Wahrheit ist, daß etwa ein Drittel der aus Österreich-Ungarn kommenden Einwanderer drüben am *Rand der Existenzmöglichkeit* dahinlebten, um schließlich in einer Armseligkeit sondergleichen unterzugehen und viel früher zu sterben, als dies nach den Lebenserwartungen ihrer Generation im Heimatdorf der Fall gewesen wäre. Nur wenige andere Einwanderer haben die *Fremdheit der Neuen Welt* so unfaßbar erlebt wie die Österreicher. Der vorletzte k.u.k. Botschafter in Washington legte dem Ballhausplatz einen Bericht vor, wonach unmittelbar vor 1914 tatsächlich ein Drittel der aus Österreich-Ungarn kommenden Einwanderer drüben elendiglich zugrunde gegangen sind.
Die Typen, die gegen Bezahlung diesen Unglücklichen einmal ein schönes Leben in der Neuen Welt vorgegaukelt haben, verdienten nicht schlecht. In Ungarn half die Regierung unter dem Grafen István Tisza solchen Armen bei der Auswanderung, indem sie mit der Cunard-Linie ein Abkommen schloß, demzufolge gewisse Auswanderer aus dem Königreich Ungarn nicht das traurige Los der Zwischendeckpassagiere teilen mußten, sondern immerhin um einiges besser als Frachtgut befördert wurden. Diese Hilfe wurde vor allem Angehörigen jener Nationen zuteil, die der harten Magyarisierungspolitik der Regierung in (Buda-)Pest Widerstand leisteten und verlangten, im dortigen Parlament *ihrer Zahl nach* und nicht bloß mit einigen *Figuranten* vertreten zu sein.
Wie immer die Überfahrt verlief: Für ein Drittel derer aus Österreich-Ungarn war das Ende in der Neuen Welt eine Katastrophe.

Ihre Arbeitsgenossen in Fabriken und Bergwerken haßten sie, *weil sie den Lohn drückten* und dem Unternehmer über die Maßen gefügig, ja dankbar waren in Situationen, während der drüben, in der Alten Welt, die *Gewerkschaften* den Betriebseigentümern schon mit drastischen Methoden des Lohnkampfes kamen. Daheim, in den Dörfern, hatten diese Einwanderer hart arbeiten müssen; aber es gab Monate im Jahr, in denen die Natur und der Mensch rasten konnten. Sie hatten nicht den, wie man jetzt verallgemeinernd sagt, *unablässigen* Streß gespürt. Daheim hatte auch die oft fleischlose Kost genügt. Die Ärmsten der Einwanderer blieben auch in der Neuen Welt bei der heimischen Kost und waren so den Anstrengungen in Fabriken und Bergwerken nicht gewachsen. Es waren Menschen, die bis zuletzt gegen das Degenerieren in den Slums der Ballungsräume ankämpften, vor allem Frauen und Mütter. Fiel aber der Familienvater aus, starb er früh, dann entstand für die Hinterbliebenen nur maßloses Elend. Jene ersten Vorsorgen, die es im Alten Österreich in Ansätzen in Form der sozialen Fürsorge von Staatswegen gab, waren drüben noch lange Zeit ganz unbekannt.
Wer dem Arbeitstempo nicht gewachsen war, wurde aussortiert; es kamen ja täglich schiffsladungsweise neue, vielleicht noch billigere Arbeitskräfte, etwa aus Süditalien, in New York und in anderen Hafenstädten an. Von den eifrig mit *sozialkritischen* Themen beschäftigten jungen Autoren des Österreich um die Zeit kurz vor 2000 hat sich noch keiner um eine ergreifende, wahrheitsgemäße Darstellung dieses Schicksals ihrer Vorfahren und Verwandten in den US bemüht.
Per saldo faßte also immerhin ein Drittel derer aus Österreich-Ungarn drüben festen Fuß und brachte es zu etwas. Sie kamen in den *Melting Pot,* in jenen Schmelztiegel, der mit unterschiedlichen Bedienungsmethoden die Massen der Einwanderer assimilierte. Sie verließen den Melting Pot als Amerikaner, mochte dieser Anstrich noch so dünne sein und die ursprüngliche nationale Herkunft selbst in der Enkelgeneration noch durchschimmern. Es kann nicht verschwiegen werden, daß *zumal die Deutsch-Österreicher von sich aus sehr fleißig bei ihrer Assimilierung wa-*

ren. Für sie traf wohl zum Teil jenes herbe Urteil zu, das der österreichische Dichter Hugo von Hofmannsthal über *gewisse* Landsleute gefällt hat. Er schrieb vielen seiner Landsleute die fatale Eigenschaft zu, sich bis zur *Charakterlosigkeit* in einer fremden Wesenheit verkriechen zu können. Viele von den Deutsch-Österreichern vermehrten die Zahl derer aus dem Reich, traten den Gesangs-, Turn- und sonstigen Unterhaltungsvereinen bei und waren endlich Brüder unter Brüdern, wie es die Männer von 1848 in Wien haben wollten, aber nicht erreichten.

Angehörige anderer Nationalitäten erwiesen sich auf eine andere Weise *auch im Melting Pot resistent*. Niemandem war es in den US erlaubt, etwa in der Neuen Welt den üblen Nationalitätenstreit der Alten Welt fortzusetzen. Um das zu vermeiden, war ja der Melting Pot in Betrieb. Aber es gab Nationalitäten, deren Angehörige *drüben fügsamer waren als ehedem im Alten Österreich*. Und die sich begnügten, ihr Volkstum in Gemeinschaften zu bewahren, ja diese Färbigkeit bis auf den heutigen Tag bewahrt sehen. Die meisten sammelten sich *in der Kirchengemeinde* ihrer Konfession, und so entstanden in den US neben dem hoch in die Halme schießenden Katholizismus auch wohlgeordnete Zusammenschlüsse von Angehörigen der Ostkirchen, deren Bestehen nach der Unterdrückung ihres Glaubens in der alten Heimat zur Zeit des Bolschewismus eine besondere Bedeutung bekommen hat. Als unter den slavischen Nationen Alt-Österreichs die *Sokol-Bewegung als nationalistische Volks-Turnbewegung* im Kampf gegen die Deutschen und die Monarchie ihre politische Bedeutung und ihre weltanschauliche Ausrichtung bekam, büßten Kirchengemeinden und deren Priester etwa ein Drittel ihrer bisherigen Anhänger ein.

Von allen Nationalitäten der Donaumonarchie boten die US den *Polen* eine unvergleichliche Möglichkeit, den Kampf für die Wiedervereinigung des dreigeteilten polnischen Königreichs im Zeitalter des Nationalismus und des Strebens nach dem Staat für jedes Volk aufzunehmen. In der Alten Welt lebten die Polen nach der Auflösung ihres ins Mittelalter zurückreichenden Königreichs vorwiegend in Russisch-Polen; den zweitgrößten Gewinn hatte das Königreich Preußen gemacht; den geringsten Part an dieser Aufteilung in drei Etappen besaß Österreich. Österreich, wo auf galizischem Boden in der alten Königsstadt der Polen, in Krakau, jenes Feuer glühte, dem einmal auch Metternich eine besondere Bedeutung für die polnische *Kultur* zuerkannt hat. Im Kampf gegen das zaristische *Rußland* haben die dortigen Polen 1830 und 1861 schlechte Erfahrungen gemacht. Sie vermieden es nachher, in *Preußen* mehr zu tun, als im preußischen Landtag ihren Abgeordneten eine freie und aggressive Sprechweise abzuverlangen. Von *Österreich-Ungarn* erwarteten die Polen, daß das alternde Reich in Stücke zerfallen und so die Polen in der Donaumonarchie den Weg ins geeinte Polen ohne drastische Kampfmethoden finden würden. Tatsache war, daß im Hohen Haus in Wien der sogenannte Polen-Klub für jede im Amt befindliche k.k. Regierung unentbehrlich war. Die Herren des Polen-Klubs ließen sich auch das kleinste Entgegenkommen gegenüber der amtierenden k.k. Regierung teuer abkaufen. Sie waren entschlossen, diese Möglichkeiten bis zur Selbstzerstörung des Vielvölkerreiches oder bis zu dessen Zerstörung durch äußere Feinde konsequent auszunutzen.

Ein Ereignis, das kurz vor Ausbruch des Ersten Weltkriegs stattfand, ist kennzeichnend für die Lage der Polen im Alten Österreich. 1910 waren 500 Jahre vergangen, seit nahe dem ostpreußischen Tannenberg die Polen samt mit ihnen *kämpfenden Deutschen* den Deutschordensrittern eine vernichtende Niederlage beibrachten. Sowohl in der Alten als auch in der Neuen Welt wurde dieser Gedenktag festlich begangen. Polen kamen zu Zehntausenden nach Krakau, nicht wenigen gelang es, die Grenze zu Rußland und dem Deutschen Reich bei diesem Anlaß zu überschreiten. Dieser Tag im August 1910 war ein Durchbruch der Polen auf dem Weg zur Wiedererlangung der staatlichen Einheit und Unabhängigkeit. Zugleich eine deutliche Absage an Österreich-Ungarn, an das Deutsche Reich, wo man als Verbündeter Österreich-Ungarns sagte, daß der Existenzkampf dieses Reiches einer sei, den die Deutschen *gegen* die Slaven aufnehmen müßten. Niemand aber dachte im August 1910 daran, daß auf den Tag genau vier Jahre später die Deutschen dem Heer des Großprotektors aller Slaven, des Zaren, bei Tannenberg eine vernichtende, fast kriegsentscheidende Niederlage bereiten würden. So kriegsentscheidend, wie sie nachher der Russe Alexander Solschenizyn in seinem historischen Roman über das Geschehen bei Tannenberg im August 1914 diagnostiziert hat.

Der im Alten Österreich tobende Nationalitätenstreit griff bald auf die in die US eingereisten Landsleute der Kombattanten über. Auch drüben gingen die Polen Zusammenschlüssen von Angehörigen anderer Nationen voran.

1912 tagte in Pittsburg ein Kongreß aller polnischen Organisationen, die auf dem Boden der US bestanden. Das Ziel, eine Dachorganisation über den kirchlichen und den nationalistischen Verbänden zu schaffen, mißlang zunächst. Dafür aber war man sich einig, dieses Ziel weiter zu verfolgen, und zu diesem Zweck sollte in Chicago eine Zentralstelle eingerichtet werden. Schon im Jahr darauf kam die Rada Narodowa, die Dachorganisation aller in den US bestehenden Zusammenschlüsse von Polen, zustande. Noch umfaßte dieser Zusammenschluß nur einen Teil der in den US lebenden Polen. Verglichen mit den katholischen Gemeinschaften der Polen stellten die nationalistischen polnischen Sokol nur eine Minorität dar. Und doch werden im Krieg die Sokoln die Führung an sich reißen.

Nach gründlicher Beratung kam eine einheitliche Ausrichtung des Kampfes um Freiheit und Unabhängigkeit Polens zustande. Österreich-Ungarn wurde als Basis dieses Kampfes ausersehen; nicht aus Gründen der Sympathie, sondern wegen der Einflußmöglichkeiten des Polen-Klubs im Hohen Haus in Wien und in den k.k. Regierungen, vor allem aber wegen der Laxheit der k.k. Behörden. Der erste Angriff mit vereinten Kräften sollte sich gegen Rußland richten, wo im Erfolgsfall auch die große Masse der dortigen Konnationalen der Bewegung jenes Gewicht geben konnte, dem zuletzt auch Preußen/Deutschland nicht werde widerstehen können. Gleichzeitig wandte man sich mit merkwürdigen Bitten an die k.k. Botschaft in Washington: Man erbat sich für die militärische Ausbildung, die vor allem die polnischen Sokol

besorgen sollten, *Gewehre* (!) aus Beständen der k.u.k. Armee. Der mit diesem heiklen Problem befaßte Ballhausplatz erwies sich als mißtrauisch. Er wollte keine Provokation gegenüber Rußland, dem dieses Tun der Polen in den US nicht verborgen bleiben konnte; und man rechnete schließlich auch damit, daß sich *jede* Aktivität einer polnischen Befreiungsorganisation letztenendes gegen den Bestand der Donaumonarchie richten mußte. Das k.u.k. Kriegsministerium lehnte das Ansuchen der Polen in Amerika rundweg ab. Wo käme man hin, wenn man Unruhestifter in aller Welt aus Armeebeständen mit Waffen ausrüsten würde? Ein anderes Ansuchen reichten Polen im k.u.k. Generalkonsulat in New York ein: Sie wollten eine Liste der jetzt als Bürger der US im Land lebenden ehemaligen österreichischen Reserveoffiziere sowie der gewesenen Berufsunteroffiziere. Dieses Ansuchen war einfach indiskutabel. Es war kein Geheimnis, daß auf dem Gebiet der US zuweilen die politische Führung sowie der Kader einer bewaffneten Umsturzbewegung insgeheim Schutz und Hilfen genossen. Washington hätte es aber Österreich-Ungarn sehr verübelt, wenn ausgerechnet dieser ohnedies in schlechtem Ruf stehende Staat die Hand reichen würde zur Rekrutierung von Truppen für einen bewaffneten Aufstand in einem Drittstaat; und sei es auch zugunsten der Polen für deren Kampf gegen den Zarismus.
Nicht alle Konsuln der Monarchie, die damals in den US tätig waren, hatten ein offenes Auge und einen wachen Sinn angesichts der Tatsache, daß der in der Heimat tobende Nationalitätenstreit auch schon in den US ausgetragen wurde. Das Konsulat in Cleveland berichtete von einer dort entstandenen *Polish National Alliance;* ihre Angehörigen bezeichnete er, ein guter Österreicher, als *unsere* Landsleute; ob die Aktivitäten dieser Allianz wirklich so »erbaulich« waren, wie sie der Konsul hinstellte, mag bezweifelt werden. Gerade Cleveland wird sich bald als ein Mittelpunkt von Aktivitäten erweisen, deren sich die US im Kampf gegen die Donaumonarchie im Krieg bedienen wird. Der Ballhausplatz hat bis Kriegsausbruch die Reserviertheit gegenüber den in den US auftretenden Aktivitäten der Polen gewahrt.
Die 1912 erfolgte Wahl Woodrow Wilsons zum 28. Präsidenten

der US wurde in Kreisen slavischer Einwanderer freudig begrüßt. Man täuschte sich auch nicht in der Person Wilsons. Dieser ernannte beispielsweise einen seiner Geldgeber im Wahlkampf, den Präsidenten der Brewing Company in St. Louis Charles (Karel) J. Vopička zum diplomatischen Vertreter der US in Belgrad, wobei Vopička auch die Vertretung in Bukarest und Sofia mit zu besorgen hatte. Daß Wilson *nach Kriegsausbruch* einen als Böhme gebürtigen Tschechen zum Vertreter in den Ländern der Balkanslaven ernannte, begrüßte die in Chicago erscheinende Zeitung für Tschechen »Denni Hlasatar« in großer Aufmachung und mit Worten, die Freude und Genugtuung bezeigten.
Der amtierende Leiter der Außenpolitik der US zu Beginn der Ära Wilson, William J. Bryan, ist nicht imstande gewesen, diese Ernennung zu verhindern. Bryan war, so wie Wilson, strikter Antialkoholiker. Es war für diesen gebildeten Menschen unausstehlich, daß ein ungebildeter behmischer Bierbrauer, der es in den US zum Präsidenten einer Fabrik gebracht hatte, die US in einem Krisengebiet der Alten Welt vertreten sollte. Aber Wilson ließ Bier eben Bier und Politik nur Politik sein: Vopička hatte für den Wahlkampf viel Geld hergegeben, und die Tschechen in den US hatten sich als ein verläßliches Wählerpotential der Demokratischen Partei erwiesen.
Im März 1914 brachte die in Agram für *Serben* erscheinende Zeitung »Srbobran« die Nachricht, wonach der österreichische Thronfolger Franz Ferdinand im Sommer des Jahres an den Manövern in Bosnien teilzunehmen beabsichtige. Einer aus der Bande der Mörder von Sarajevo schnitt diese Notiz aus und schickte sie als einen Alarmruf an die in der serbischen Hauptstadt versammelten Täter von Sarajevo. *Aber schon im Herbst zuvor*, 1913, brachte eine in den US erscheinende Zeitung gleichen Namens dieselbe Nachricht, zugleich die Aufforderung, wonach jeder Serbe sich aller erreichbaren Waffen bemächtigen müsse, um diese Herausforderung gebührend zu beantworten. Merkwürdig ist dabei, daß der Erzherzog-Thronfolger *erst kurz zuvor*, bei der Jahrhundertfeier zur Erinnerung an die 1813 bei Leipzig stattgefundene Völkerschlacht, *zum ersten Mal* in seinem Kreis die Ab-

sicht geäußert hat, die Korpsmanöver in Bosnien im nächsten Sommer zu besuchen. Wer diese Nachricht den Informanten des »Srbobran« zugespielt hat, ist nie erhoben worden. Erstaunlich ist aber, daß derlei wüste Morddrohungen in den US abgedruckt werden konnten. Nun: It fits to print.

In Kalifornien erschien vor 1914 die für Kroaten bestimmte Zeitung »Jadran«. In ihr inserierten Veranstalter von Heimatabenden, deren Charakter der in San Francisco residierende k.u.k. Konsul zwar im Auge behielt und darüber berichtete, deren *politische* Bedeutung er aber wohlwollend übersah. Sein Kollege in Cleveland konnte um diese Zeit mit bedeutsameren Erfahrungen aufwarten. Dort gab es ein Lokal für Serben, Kroaten und Slovenen. Unerwünschte Gäste wurden vom Besitzer aufgefordert, sich zu *legitimieren.* Ein serbisch-orthodoxer Geistlicher war auf der Flucht vor Anschlägen seiner Konnationalen, weil er in dem Verdacht stand, von der ungarischen Regierung besoldet und als Spitzel verwendet zu werden. Ein Vertrauensmann des k.u.k. Konsulats, der dieses Lokal einmal aufsuchte, um die dortigen Aktivitäten zu observieren, wurde mit der Person dieses Geistlichen verwechselt und mußte froh sein, lebend davonzukommen.

Die Zeitung »Hlas«, an sich für Slovaken geschrieben, druckte gerne Nachrichten ab, mit denen sie den südslavischen Freunden dienlich war. Die Zeitung hetzte mit Morddrohungen gegen die von der ungarischen Regierung in Kroatien eingesetzten Staatsfunktionäre, nicht zuletzt auch gegen den königlich ungarischen Minister für Kroatien. Jungen Landsleuten, die sich nicht am Kampf gegen die ungarischen Herren beteiligten, wurden Tod und Verderben gedroht. Denn: *Nur im Kampf* werde es möglich sein, sich der ungarischen und deutschen Tyrannen zu entledigen.

Der Ballhausplatz hielt ein Verzeichnis der in den US erscheinenden periodischen Druckwerke, die für die auch in der Monarchie vertretenen Nationalitäten bestimmt waren, evident. Es gab darunter solche, die von der Regierung in Budapest einfach gekauft wurden, die andererseits bei Ausbleiben der Bestechungsgelder von einer Ausgabe zur nächsten ihre Tendenz total umkehrten. Wieviel derlei Zeitungen wert sind, wird unterschiedlich beurteilt. Tatsache ist, daß es dem Ballhausplatz und seinen Vertretern an Ort nicht möglich war, solche unsicheren Kantonisten bei der Stange zu halten. Dafür hatte man in Budapest mehr Sinn und Geld.

In New York erschien ein Käseblatt für Slovaken, das mehrmals den Herausgeber wechselte und in dem gegen Bezahlung abgedruckt wurde, was die Bestechung eben wert war. Diese Zeitung, sie hieß »Slovenski«, kam schließlich in die Hände eines gewissen R. P. Senko. Dieser erklärte sich bereit, für den Preis von nur 200 K. (!) in seinem Blatt die Interessen der Wiener Regierung zu vertreten. Diese Zeitung war eine der wenigen, die auch nach Kriegsausbruch 1914 besagte Tendenz verfolgten. Das ging sehr weit: Fast alle in den US für Einwanderer aus Südslavien geschriebenen Zeitungen verhöhnten die Österreicher-Ungarn, als diese bei ihrem im Herbst 1914 unternommenen Angriff gegen Serbien eine blamable Niederlage erlitten. Nur die »Slovenski« verteidigte die geschlagenen Österreicher. Sie tat es nicht mehr lange. Die Geldunterstützung blieb aus ...

Die »Rudnicka Obrano« schrieb auch nach Kriegsausbruch noch gegen die Russen. Sie kam damit den Ansichten der Ruthenen entgegen. Eines Tages blieb offenbar die von gewisser Seite gegebene Subvention aus. Da erfuhren die Leser plötzlich, daß die bisher arg geschmähten russischen Truppen an der oberen Theiß, südlich der Karpaten bei Marmarosstziget standen. Mit einem Kaufpreis von nur 500 K. war eben damals keine Zeitung mehr auf die Dauer für die Sache Österreich-Ungarns zu gewinnen. Zumal die amerikanische Tagespresse ohnedies längst dazu übergegangen war, eher für die Sache der Feinde der Mittelmächte Propaganda zu machen. Nach Kriegsausbruch schrieben Zeitungen für Einwanderer aus Österreich-Ungarn einfach, was momentan in gewissen Interessenkreisen zog. Die Wahrheit der Nachricht konnte ja niemand überprüfen.

Wie gesagt, war die Mehrheit der in den US lebenden Polen kirchentreue Katholiken. Es mußte sie also in arge Erregung bringen, wenn ihre in Philadelphia erscheinende Zeitung schrieb, die in Russisch-Polen eingedrungenen Deutschen täten Kirchen als

Pferdeställe benützen (was übrigens schon die Truppen Napoleons zu ihrer Zeit taten). Einmal auf derlei Nachrichten eingestellt, verschwieg die Zeitung ihren Lesern, daß die russischen Truppen nach dem Mai 1915 eine Serie von Niederlagen erlitten und in der Tiefe um einige hundert Kilometer zurückgeworfen wurden. In der »Patryoto« hieß es, die Russen seien sehr wohl in der Lage, sich die Deutschen und die Österreicher vom Hals zu halten. Schon kam es zu Handgreiflichkeiten:
In Philadelphia, im Kosziuszko-Saal, trat ein in k.u.k. Diensten stehender Informationsreisender auf. Seine Schilderung der Lage erweckte bei einem Teil der Anwesenden Widerspruch. Bei anderen Beifall. Man schrie dem Mann zu, daß er wohl die polnische Muttersprache habe, aber keinen Charakter, da er im Dienst der Wiener Regierung tätig sei. Die Polizei beruhigte die Besucher und gab nachher an, daß 500 Personen an der Veranstaltung teilgenommen hätten. Noch einmal trennten sich die Streitenden, und der Polizeibericht schloß mit dieser zufriedenstellenden Bemerkung. In der Öffentlichkeit vermieden die Schreier irgendwelche Ruhestörungen. So weit kam es erst nach einigen Monaten. Wo Einwanderer aus Österreich in größerer Zahl wohnten, ergriffen auch amerikanische Zeitungen noch vor dem Umschwenken der Politik der dortigen Regierung *gegen* die Mittelmächte Partei. »The Cleveland Leader« wußte von Angehörigen des Sokol aus den US, die sich angeblich freiwillig zum Dienst in der britischen Armee gemeldet haben sollten. Dem polnischen Klerus, der bisher die Interessenvertretung zugunsten der in den US lebenden Polen besorgt hatte, wurde dieses Recht von nationalistischer Seite bestritten. Die *Katholizität* der Mehrzahl der Polen hinderte Angehörige dieser Richtung nicht, in *nationalen* Belangen den antiklerikalen Sokoln zu folgen.
In Galizien war die Einstellung der katholischen Geistlichen bei Kriegsausbruch verschieden: Der Episkopat hat die Verlautbarungen der Proklamationen zum Kriegsausbruch, *so auch die des Kaisers,* in Kirchen nicht gestattet. Während des Rückzugs österreichisch-ungarischer Truppen vor den scharf nachdrängenden Russen in Galizien betrugen sich die dort lebenden Polen

schlecht gegenüber den Österreichern, sogar gegen Verwundete, denen sie Hilfe versagten. Um so mehr war die k.u.k. Mission in Washington befriedigt, daß sich die in den US lebenden Ruthenen noch eher loyal gegenüber ihrem früheren Heimatstaat verhielten. Auch die Albaner taten einen Schritt, der schon eine Seltenheit war: Sie protestierten, daß *Italien* das albanische Valona besetzte.

In den US machten Verletzungen der Neutralität eines Staates durch Truppen der Entente und ihrer Verbündeten bei weitem nicht den üblen Eindruck, den etwa der Einmarsch der Deutschen in Belgien zu Kriegsbeginn hervorrief. Daß sich in *Griechenland* große Teile der Armee gegen die Anlandung von Truppen der Entente im Hafen von Saloniki stellten, weil so die Neutralität Griechenlands verletzt wurde, hat zu Kriegszeiten kein Zeitungsleser in den US erfahren. Auch nicht, daß nachher diese Widerstand leistenden Truppen zu den Deutschen übergingen, weil sie nicht zusammen mit Franzosen, Briten und Serben kämpfen wollten.

Immer mehr machte sich unter den Einwanderern, die aus der Monarchie in die US kamen, der Mangel bemerkbar, daß es für die meisten unter ihnen beim Kommen in die Staaten einen *Österreich-Begriff nicht gab*. Und zwar nicht nur deswegen, weil sie ihn aus einem Feind-Verhältnis zu Österreich ablehnten, sondern weil daheim schon in den Schulen die Entwicklung dieses Begriffs von Staats- und Amtswegen *nie* konsequent gefördert wurde.

Österreicher nannte und nennt man die Bewohner des ehemaligen Erzherzogtums Österreich unter der Enns, auch jene ob der Enns. Aus gutem Grund wurde nach 1938 dieser Name außer Evidenz gebracht und durch die unpassenden Namen Ober- und Niederdonau ersetzt. Die Steiermärker, die einzigen im Alten Österreich, die vor dem Kommen der Habsburger mit den Österreichern an der Donau schon zur Zeit der Babenberger verbunden waren, haben daher einen Strang der Erinnerung und Gemeinsamkeit bewahrt. Als es unter dem Haus Habsburg zu einer Zusammenfassung einiger Erbländer unter dem Begriff *Inneröster-*

reich kam, konnte das für die betroffenen Steirer, Kärntner und Krainer nicht Anlaß sein, sich etwa als Innerösterreicher zu fühlen. Innerösterreich erwies sich als ein Experiment, das dem umfassenden Österreichbegriff eher schadete in seiner Ausgliederung und tieferen Erfassung.

Über solchem Untergrund wuchs im Zeitalter nationaler Erneuerung das Selbstbewußtsein der in der österreichischen Reichshälfte wohnenden Nationalitäten heran. Mit so vagen Vorstellungen vom *Begriff Österreich* wanderten viele in die US aus, wo sie einen landsmannschaftlichen Zusammenschluß nicht mit anderen Einwanderern aus Österreich suchten, sondern sich eher jenen zugesellten, die in den Gemeinschaften ihrer Konnationalen ohne jede Beziehung zum Alten Österreich lebten, vielfach niemals in ihrer Familiengeschichte diesem Staat verbunden waren. So ist die *Zersetzung des Österreichischen an sich* in den US früher eingetreten als in der noch immer um ihre Existenz kämpfenden Donaumonarchie, wo die Massen der Slaven, Rumänen, Italiener und Polen erst nach der Niederlage des deutschen Heeres in Frankreich endgültig den Glauben an den Frieden in einem Nachkriegsösterreich verloren.

Zu spät, erst 1915, wurde die unförmige Bezeichnung für die westliche Reichshälfte (»Die im Reichsrat vertretenen Königreiche und Länder«) von Staatswegen durch den Namen *Österreich* ersetzt. Aber diese Charakterisierung geriet bereits in den Strudel von Zersetzungserscheinungen, deren sinnfälligstes Symbol die Zerreißung des bisherigen gemeinsamen Staatswappens Österreich-Ungarns war: in ein auf Österreich und in ein auf Ungarn bezogenens Wappen, beide nur mehr durch die dem Haus Habsburg-Lothringen eigenen Wappen und Symbole verbunden. Zugleich verwirrte im Ausland die Aufmachung, mit der die dortigen Missionen den Schriftverkehr unterhalten mußten: Zu der bisherigen, in deutscher Sprache verfaßten Bezeichnung der Vertretung Österreich-Ungarns kam eine Wortfolge in einer Sprache, *die niemand kannte* und die eher Verwunderung erweckte: die magyarische.

Noch immer führte der Dienst am Staat der Substanz des Österreichischen in den Reihen der Zivilisten, Militärs, zum Teil auch noch der Geistlichen eine Verfestigung zu. Im Ausland sammelte sich um die an Ort befindlichen Missionen meistens nur mehr eine sogenannte *Kolonie* der Beamteten oder sonstwie zum Amt in Beziehungen stehenden Menschen aus der Donaumonarchie. Und das bald im engsten Kreis, zu Kaisers Geburtstag ... Im Konsulatswesen trat die wachsende Eigenständigkeit Ungarns viel früher hervor als im diplomatischen Dienst; hier tat das Handelsgeschäft gemäß der einschlägigen, fast unabhängigen Politik Ungarns seine Wirkung. Für die Feinde Österreichs in den US war der vage Österreich-Begriff ein großer Vorteil im Krieg; noch mehr als je zuvor diffamierte die dortige Presse Alt-Österreich etwa als Staatskadaver.

Die in den US entstandene vage, niemals vorteilhafte Erfassung des *Österreich-Begriffes* war nicht zuletzt Folge der Besetzung des Postens des Missionschefs für Wien. Während Österreich im Laufe der nicht ganz siebzig Jahre dauernden diplomatischen Beziehungen zu den US fast ausnahmslos gut qualifizierte Berufsdiplomaten entsandte, war der Posten in Wien meistens so etwas wie eine *Sinekure* für Typen, die dem gerade amtierenden Präsidenten und seiner Partei in Wahlzeiten geholfen haben: mit Geldspenden, mit Propaganda in Wort und Schrift, mit unbedingter Treue durch dick und dünn. Das nahm sich aus, als hätte Wien auf Drängen des Polen-Klubs eine parteipolitisch bedeutende Person aus Galizien nach Washington entsandt; einen *Parteimann* also, dem nicht nur die Schulung für den diplomatischen Dienst abging, sondern auch die notwendigen Sprachkenntnisse. Viele der in Wien tätigen Missionschefs *verstanden* nicht einmal die bei den Zentralstellen gültige Amtssprache, ihr Französisch war oft merkwürdig, ihr Englisch unverständlich. Es ist aber andererseits nicht zu übersehen, daß die wenigen befähigten Vertreter der US in Wien mit ihren Berichten nach Washington ein Image der Donaumonarchie aufzeigten, das dort an Amtsstelle Verwunderung, in der Presse Widerspruch hervorrief, wenn es ein Beamter des State Departements austratschte. Mehr als derlei Schäden wurden für das Alte Österreich die Person und die Politik des 1912 ge-

wählten 28. Präsidenten der US Woodrow Wilson zum Schicksal. Bekannt sind die *Fälle krassester Unkenntnis* dieses Präsidenten, der es vom Dozenten für Geschichte (!) zum Staatsoberhaupt brachte; Mängel, die zu Kriegsschluß 1918 vollends zutage kamen. Daß Masaryk Wilson die Existenz von Millionen Deutscher im Gebiet der mit Hilfe Wilsons entstandenen ČSR verschwieg, war verständlich; daß dem US-Präsidenten diese Tatsache während der Friedensverhandlungen unbekannt war, ist bezeichnend. Dieser Unkenntnis Wilsons verdankte Italien die *Brennergrenze,* die er Rom zur Beschwichtigung des Konflikts mit den Südslaven zuschanzte in der Meinung, bis zum Brenner lebten nur Italiener. Daß Wilson mit Schuld daran trägt, daß nach 1918 den Deutsch-Österreichern das von ihm proklamierte Selbstbestimmungsrecht versagt blieb, darf längst nicht mehr verwundern.
Die effektive Ignoranz des amtierenden Präsidenten der US am Ende des Zweiten Weltkrieges war womöglich noch größer als jene Wilsons. Der mit Modeartikeln handelnde 33. Präsident Harry S. Truman wußte zwar, wie er in seinen späteren Bekenntnissen zugibt, durch seinen Mitinhaber Bescheid betreffs Israel; in europäischen Fragen aber war er 1945 in Potsdam ein Nobody verglichen mit dem gut informierten und genau planenden und handelnden Stalin.
Bei der in krassem Feindverhältnis erstarrten Beziehung der Sieger von 1918 zu ihren besiegten Gegnern wurde die klein geratene Alpen-Republik auf die Rolle des bisherigen Verbündeten des Deutschen Reiches fixiert. Das *Feindbild der Vergangenheit* war in dieser Situation zum *völkerrechtlich erfaßten Feindbegriff* der internationalen Politik geworden. Andererseits haben Amerikaner nach 1918 wie auch nach 1945 unzählige Europäer, darunter auch Österreicher, vor dem Hungertod bewahrt. Das viergeteilte Österreich von 1945/55 war zum guten Teil made in USA. Wieder waren es die *Ausnahmen* auf den militärischen wie zivilen Posten der amerikanischen Besatzer, die Österreich auf dem Weg zum Staatsvertrag 1955 unersetzliche Hilfe gaben. Männer, welche die Regierung Leopold Figls in ihrer Bedeutung erkannten und un-

terstützten; die aber nicht immer und unter allen Umständen von jenen Amerikanern geschätzt wurden, die in Österreich so wie in Westdeutschland lieber einen von der Sozialistischen Partei gestellten Bundeskanzler gehabt hätten. Auch hierin zeigten sich Spätfolgen eines Österreich-Image, das einmal in den US produziert, später von Exilwerbern importiert worden ist.
Von all dem abgesehen, war der Frontalzusammenstoß im Krieg, in dem 1918 die US auf die Österreicher stießen, in vieler Hinsicht keine Folge von auf beiden Seiten bestehenden Feind*absichten*, eher Folge krasser *Unwissenheit*, in der sich auch österreichische Politiker und Staatsmänner hervortaten. Das von Exilpolitikern aus Alt-Österreich die längste Zeit verbreitete üble Image ihres Herkunftsstaates geriet im Ersten Weltkrieg zu einem Kolossalgemälde, das den damals amtierenden Präsidenten zu mörderischen Experimenten verleitete. Lange bevor 1918 Amerikaner auf Österreicher schossen, bestand aber jenes *antipodäre* Verhältnis, wie es der von 1838 bis 1863 in Washington als Diplomat tätige Wahlösterreicher Hülsemann erfaßt und so *wörtlich* dem Ballhausplatz in einem Bericht vorgestellt hat.
Niemals haben die Amerikaner bis auf den heutigen Tag die schließliche *Versteinerung* ihrer in der Ideenwelt des 18. Jahrhunderts entstandenen *legitimierenden Staatsidee* erkannt, geschweige denn zugegeben. So konnte es geschehen, daß Gegner des konservativen Prinzips um das Jahr 2000 sowohl die US als auch die SU als konservative Mächte (!) charakterisieren durften. Für das Alte Österreich hatte man in den US überhaupt fast kein Verständnis, wo dieses in bewahrender Absicht den unersetzlichen Kommunikationsraum an der Donau zu verteidigen trachtete. Es war ein Unglück, daß viele Österreicher nach 1918 und 1945 sich nicht darauf beschränkten, mit der schuldigen Dankbarkeit die *Humanität* zu würdigen, die Amerikaner den Hungernden in der Alten Welt zuteil werden ließen, sondern zugleich gierig nach jenem *Amerikanismus* langten, der ungerufen über den Atlantik kam. Und dessen Spätfolgen erst auf einem Höhepunkt des industriellen Zeitalters allgemein erkennbar wurden.

Nichtwissende führten 1918 und 1945 die Zerstörung dieses Kommunikationsraumes herbei. Sie schufen das Vakuum, das den Bolschewismus geradezu an die Linie zog, über der jetzt der sogenannte Eiserne Vorhang hängt. Im Nationalitätenstreit des Alten Österreich haben die Zerstörer nicht nur in der alten Heimat, sondern auch in den US einen *totalen Sieg* errungen.

17.

MEXIKO UND SERBIEN SOLLEN GEZÜCHTIGT WERDEN

Der k.u.k. Minister des Äußeren Leopold Graf Berchtold von und zu Ungarschütz hatte seine Mühe, den schon im 42. Dienstjahr stehenden, seit Ende 1894 als k.u.k. Missionschef in Washington beschäftigten Baron von Hengelmüller endlich zum Rücktritt zu bewegen. Der Graf war dem Gesandten der Monarchie in Stockholm seit geraumer Zeit die Erfüllung eines Versprechens schuldig: die Beförderung zum Botschafter und, womöglich, die Entsendung nach Washington. Der Bewerber für Washington hieß Konstantin Dumba, und er hatte die unterschiedlichen Erfahrungen als Missionschef in einem Balkanstaat und in einem kultivierten Land wie Schweden. Er erlebte in Schweden etwas, was ihm als Österreicher völlig ungewohnt war, nämlich einen *Generalstreik* in einer Monarchie. Und in Serbien war er 1903 sozusagen Tatzeuge, wie eine Bande eidbrüchiger königlicher Offiziere ihren König *Alexander I. und dessen Gemahlin Draga auf kannibalische Weise ermordete.* Der Name Dumba galt im Alten Wien soviel wie kultivierte Lebensweise, liberale Gesinnung und eine Noblesse, die nicht auf die materielle Ausstattung des Inhabers dieser Eigenschaften aus war. Dumba gehörte nicht dem in den US mäßig geschätzten Adel an, dessen Angehörige jenseits des Atlantiks den üblen Nachruf hatten, sie trügen noch den unausstehlichen Geruch des Mittelalters mit sich.

Graf Berchtold war seinerseits interessiert an einem Wechsel in Washington. Als k.u.k. Botschafter hat er 1908/09 die Krise nach der Annexion Bosniens und der Herzegowina durch die Monarchie am Hof zu Petersburg durchstehen müssen. Und es war ihm gelungen, wenn auch nicht die Zustimmung des Zaren zu dem fraglichen Vorgang zu gewinnen, so doch dessen persönlichen Respekt vor der Haltung eines österreichischen Grafen zu

behalten. Dieses Verdienst trug ihm 1912 die Ernennung zum k.u.k. Minister des kaiserlichen und königlichen Hauses und des Äußeren ein. Franz Joseph erwartete sich von Berchtold, daß dieser nach seinen Erfahrungen in der Annexionskrise 1908/09 imstande sein werde, der Monarchie mit einer *Politik der Nicht-Intervention* die dringendst benötigte Ruhe in der großen internationalen Politik zu verschaffen. Niemand dachte in Wien an eine Politik mit dem *Big Stick*, wie Präsident Roosevelt die ultima ratio der US-Außenpolitik aufgezeigt hat, eine Politik, die seine Nachfolger zum Teil bis dato befolgten. Und Berchtold war an sich der Ansicht eines seiner in Friedenszeiten bewährten Amtsvorgängers, der die Monarchie mit einem Mann verglich, dessen Gebiß nicht mehr das beste ist und dem sein Zahnarzt geraten hat, mit plombierten Zähnen keine Nüsse zu knacken.
Unglücklicherweise fiel Berchtold die Aufgabe zu, trotz letzterer Warnung einige harte Nüsse zu knacken. Nüsse, die nicht er oder gar die Monarchie vom Baum geschüttelt haben. Während Berchtold in der Hofburg die Angelobung als neuer Herr des Ballhausplatzes leistete, gelang es, fast auf den Tag genau, dem russischen Botschafter in Belgrad, dem deutschstämmigen *Nikolaus von Hartwig*, ein Kriegsbündnis zwischen Serbien und Bulgarien herbeizuführen, dem sich Montenegro und Griechenland anschlossen. Ziel dieser unter dem Schutz des Zaren eingeleiteten Aktion war es, das Gebiet der europäischen Türkei in einem gemeinsam geführten Krieg zu erobern, nachher aufzuteilen unter den Siegern – und dem Sultan die Herrschaft über die Meerengen bei Konstantinopel, dem Ausgang vom Schwarzen ins Mittelmeer, zu entreißen. Nach der Liquidierung des Kranken Mannes am *Bosporus* sollte die des Kranken Mannes an der *Donau* stattfinden. Für diese Absicht hatte Serbien vorweg die Unterstützung Montenegros, aber auch Bulgariens für sich. In diesem Falle war zu erwarten, daß sich das mit den Mittelmächten verbündete Rumänien an dem Schlachtfest beteiligen werde.
Die sogenannte Büchse der Pandora, wie man damals in gebildeten Kreisen sagte, war damit offen, und sie ist bis dato nie mehr zu schließen gewesen. Berchtold aber geriet mit seinem Vorhaben

der Nicht-Intervention mitten in ein Pandämonium, sozusagen in die Generalprobe des Ersten Weltkriegs. Er bekam vom Schicksal die Rolle zugespielt, die ihm an sich wenig behagte, die auch nicht seinem Charakter und seinen Fähigkeiten entsprach. Er hat derlei vor seiner Ernennung seinen Kaiser wissen lassen.

Der alte Herr ahnte wohl, was auf die Monarchie zukam. Er hatte schon nach Liquidierung der Annexionskrise 1908/09 nicht recht an die Dauer des damaligen Appeasements geglaubt und das auch Berchtold gesagt, als dieser von seinem Posten in Petersburg zurückkehrte und sich in Audienz meldete. Aber Franz Joseph rechnete mit dem Vertrauen, das der Zar auch in kritischen Zeiten in die Integrität Berchtolds gesetzt hatte. Alles, was mit Ausbruch des Balkankrieges im Herbst 1912 auf die Welt zukam, hing davon ab, ob der Zar, der die Hunde von der Leine ließ, diese je wieder unter seine Kontrolle bringen werde. Sein Gesandter in Belgrad hatte viel weiterreichende Absichten in petto, aber er ließ sie nicht immer den Zaren wissen. Aber im Kreis serbischer Militärs und Politiker ließ Herr von Hartwig erkennen, daß er entschlossen war, Serbien nicht nur im Kampf gegen die Türken zu unterstützen. Und Serbien hatte unaufhaltsame Aspirationen auf große Gebietsteile der Donaumonarchie, praktisch auf alle Gebiete, die von Südslaven bewohnt waren. Die Amputation dieser Gebiete hätte die Monarchie angesichts anderer da und dort erwogener Sezessionsabsichten gewisser Nationalitäten das Vielvölkerreich zu einem Binnenstaat gemacht. Man kann sich vorstellen, daß Ungarn *in diesem Fall* auch die völlige Loslösung von Wien und Österreich hätte heranzwingen können.

Eine solche in Aufruhr befindliche Alte Welt ließ Dumba hinter sich, als er im April 1913 an Bord der »Mauretania« die Reise in die Neue Welt antrat. In diesem Jahr hatte das Riesenpassagierschiff den Schnelligkeitsrekord bei Überquerung des Atlantiks in Ost-West-Richtung inne. Im Jahr zuvor war bei einem solchen Rekordversuch die »Titanic« nach dem Aufprall auf Treibeis im Nordatlantik gesunken. 1522 Passagiere kamen damals ums Leben. Aber die Jagd nach dem Rekord hörte erst auf, als 1914 der Weltkrieg ausbrach, um nachher um so ungezügelter wiederauf-

genommen zu werden. Botschafter Dumba erlebte auf der »Mauretania« einige der Leckerbissen einer Gesellschaft, die gar nicht erst auf eine Sintflut wartete, sondern selbst in den Tod raste.
Man ließ damals einen k.u.k. Botschafter an langen Zügeln traben. Einmal für Washington auserwählt, hatte Dumba zuerst noch den Amtsantritt der Wilson-Administration in den US abgewartet, ehe er hinüber reiste. Der Vorgänger Wilsons, der eher joviale Präsident Taft, hätte dem Österreicher sicher jene Szene erspart, die Wilson dem Österreicher bereitete. Dumba hatte in Belgrad Sitten bei Hof erlebt, die umstritten waren; in Stockholm hatte er die Einfachheit bei Hof kennengelernt; in Washington erwartete er nicht das Gepränge alter Zeiten. Wilson aber verpaßte dem Österreicher gleich beim Kommen eine kalte Dusche:
Zunächst ließ er den Berufsdiplomaten fragen, ob dieser überhaupt mit der für diesen Akt üblichen Uniform versehen sei. Das war so, als hätte man Dumba gefragt, ob er beim Nasenputzen ein Sacktuch benütze. Dumba hielt bei Überreichung seines Beglaubigungsschreibens in akzentfreiem Englisch und ohne Konzept seine Rede; Wilson ging mit keinem Satz darauf ein, sondern las, obwohl ein guter Versammlungsredner und Vortragender, vom Konzept seine Sätze herunter, ohne überhaupt auf Dumba Bezug zu nehmen. Sichtlich fand Wilson die Anbahnung eines persönlichen Kontakts mit dem Österreicher für entbehrlich. So geschah es, daß Dumba während seiner zweieinhalbjährigen Amtszeit in Washingthon überhaupt nur *zweimal* Gelegenheit hatte, Wilson zu sprechen. Mag sein, daß Wilson im Frühjahr 1913, bei Amtsantritt Dumbas, andere Sorgen hatte, als mit diesem irgendein Gespräch zu führen: nämlich dem benachbarten Mexiko zum zweiten Mal den Krieg zu machen.
Vor seiner Wahl zum Präsidenten hatte Wilson wörtlich versprochen, keinen Fuß auf fremdes Gebiet zu setzen. Nach dem Wahlsieg verfolgte er die Politik mit dem Big Stick ungeniert weiter. Seine Reden hatten nichts Bedrohliches an sich, aber sie waren von der Art, daß jede Belehrung wie eine Drohung klang. Er hat als erster die Alte Welt jenen Bick Stick spüren lassen, den Roosevelt zunächst nur im Raum der Karibik schwang. *Mexiko* sollte

der erste Prügelknabe werden. Dort amtierte seit 1877 jener General Porfirio Díaz, der im Kampf gegen Kaiser Maximilian Juárez unterstützt hat, und den die Franzosen laufen ließen, nachdem sie ihn und seine Partisanen gefangengenommen hatten. Díaz genoß, was Maximilian versagt blieb: die Gunst der US, obwohl er – im Vergleich zu Maximilian – ein echter Diktator war.

Geschäftsleute in den US schätzten die Möglichkeiten, die ihnen das Regime Díaz bot, und so hat das State Departement beide Augen zugedrückt, wenn Díaz wieder einmal auf mexikanisch ein Problem im Land löste. Das ging mit einer Unterbrechung zwischen 1880 und 1884 so weiter bis 1911. Dann versuchten aber zwei Nachfolger von Díaz, jener original mexikanischen Zustände, die denen in Balkanstaaten verwandt sind, Gelegenheit zur vollen Entfaltung zu geben. Ein gewisser Victoriano Huerta kämpfte mit einem gewissen Francesco Indalécio Madero um die Macht im Staate. Huerta war ein bulliger Halbindianer; ihm gelang es, mit Unterstützung des Vertreters der US in Mexiko Madero auszuschalten.

Lord Grey, gerühmt als ein gentiler britischer Außenminister, erkannte das Regime des Siegers an. Wilson haßte Typen wie Huerta, zumal er Rassenvorurteile gegen Indianer und andere Farbige hatte. Mag sein, daß die Geschäftsleute in den US dem Halbindianer Huerta nicht so sehr trauten wie ehedem dem an persönlichen Luxus gewöhnten Díaz. Wilson machte jedenfalls kurzen Prozeß und berief den Vertreter der US in der mexikanischen Hauptstadt, der Huerta zur Macht verholfen hatte, ab. Dumba wies bei dieser Gelegenheit mit Recht darauf hin, daß Wilson mit diesem Eingriff in innere Angelegenheiten Mexikos nicht nur seine Wahlversprechungen zunichte machte, sondern eine jener heuchlerischen (dies ist nicht die Sprache Dumbas) Haltungen bezeigte, die zum Charakteristikum seiner Politik wurden. Er berief sich dabei auf eine seinerzeitige Maxime der Außenpolitik der US, wonach Washington keine Regierung in Mittelamerika anerkennen wolle, die nicht durch den Willen des Volkes, sondern durch Gewalt ins Amt gekommen sei. Dieses Prinzip praktizierte man im gegebenen Fall so, daß jede Regierung,

die nicht den Interessen Washingtons entgegenkam, auch keine rechtmäßige, vom Volk gemäß der Verfassung gewählte sein könne. Im übrigen wurde dabei das gute Volk nicht erst lange gefragt. Es bekam nach vollzogenem Machtwechsel Gelegenheit, mit überwältigender Mehrheit der mit *mehr Gewehren* ausgestattete Regime in einer sogenannten Wahl zu bestätigen; die Nichtanerkennung Huertas zwang Wilson zur Auswahl seines Protegés in Mexiko, wofür zwei üble Typen zur Verfügung standen. So bot sich im Verlauf eines blutigen Bürgerkriegs ein gewisser Pancho Villa an. Ein Bandit, dem später amerikanische Filmleute das Image eines Mannes aus dem Volk verliehen, der den Reichen nimmt, was er den Armen gibt; und ein gewisser Venustiano Carranza.
Was im Detail geschah und womit das Blutvergießen für diesmal zu Ende ging, illustriert gleich hier am besten die Tatsache, daß Villa und ein später ins Spiel gekommener Emiliano Zapata ermordet wurden. Carranza, erstaunlich widerstandsfähig, war einer der wenigen Politiker, die absolut nicht willens waren, sich den Vorstellungen Wilsons anzuschließen oder seinen Worten zu trauen. Die sogenannten ABC-Staaten, also Argentinien, Brasilien und Chile, hielten es mit Carranza. Guatemala und Uruguay schlossen sich dieser Haltung an. Es war schon die Zeit gekommen, in der in Lateinamerika fromme Sprüche von Staatsmännern und Politikern aus den US nicht mehr das Vertrauen genossen wie ehedem; selbst wenn diese nach der Roosevelt-Formel freundlich zu den Leuten redeten und den Prügel hinter dem Rücken verbargen. Man wußte, was Amerikaner schätzten: Mehr als Ruhe und Ordnung in Lateinamerika schätzten sie Erdöl und andere Rohstoffvorkommen.
Das Unglaubliche geschah: Wilson und sein Ressortleiter für Auswärtige Angelegenheiten William J. Byran, einer der Amerikaner, die große Pläne für den Frieden in der Welt herausbringen, begünstigten Pancho Villa (!). Dieser Bandit lebte nach dem Grundsatz, daß er ohnedies nach allem, was er angerichtet hatte, nichts mehr zu verlieren und nichts mehr zu gewinnen hatte in einem redlichen Spiel. Er ließ kaltblütig 17 amerikanische Ingenieure, die als Fachleute in einem Bergwerk beschäftigt waren,

umbringen. Er muß so etwas wie ein Cowboy gewesen sein, also rasch mit der Pistole ...

In Europa war jetzt schon Krieg – da machte sich Pancho Villa auf und fiel mit seiner Bande in New Mexico, also in das Gebiet der US, ein. Die Stadt Columbus gehörte dann seinen Leuten, die sich holten, was ein Bandit braucht und womit er sich eine kleine Feude macht. Sechzehn amerikanische Bürger verloren bei diesem Festspiel Panchos das Leben. In Filmen wurde diese Szene im Leben eines Banditenhäuptlings entweder ausgelassen oder anders motiviert oder anders geschildert. Panchos Ruhm überdauerte den Zweiten Weltkrieg und erreichte sogar Österreich. Nach solchen Exzessen blieb Wilson allerdings nichts anderes übrig, als zum Prügel zu greifen und seinen bisherigen Schützling zu *züchtigen,* wie der damalige britische Außenminister Lord Grey derlei Polizeiaktionen zu nennen pflegte; und wie er selbst auch Österreich-Ungarn 1914 eine *Züchtigung* Serbiens anempfahl; als ob Serben jemals vergessen könnten, wenn sie gezüchtigt werden, gleichgültig mit Recht oder zu Unrecht.

Pancho Villa blieb tätig. Nach seinem Auftritt in der Stadt Columbus streunte er ohne Rücksicht auf Staatsgrenzen im weiten Land am Rio Grande umher. Die US ernannten einen in den Indianerkriegen bewährten General, genannt *Black Jack,* zum Kommandanten von 6000 Mann Miliz und regulärem Militär. Black Jack war jener General Pershing, der nach 1917 den Kreuzzug der US gegen die Mittelmächte in Europa anführte. Black Jack drang in Mexiko ein, aber es gelang ihm nicht, Pancho Villa zu fangen. Und Präsident Carranza tat als amtierender Präsident in Mexiko, was er den Invasoren schuldig war, auch wenn sie hinter seinem größten Feind Pancho Villa her waren. Er machte seinerseits der Polizeiaktion der US die größten Schwierigkeiten und schickte außerdem eine in beleidigendem Ton gehaltene Protestnote nach Washington, mit der er sich das Eindringen amerikanischer Truppen auf mexikanisches Gebiet verbat.

Die Zeit verging, und Wilson dachte nicht mehr so oft an seinen Krieg in Mexiko als an einen mit den Deutschen. Er war bereit, die Truppen der US aus Mexiko zurückzuziehen, wenn man dort

23 amerikanische Kriegsgefangene freiließe. Es war ein billiger Preis, und Carranza bezahlte ihn. Wilson pries seinen Verzicht als militärischen Lorbeer und seine humane Haltung zugunsten der befreiten Gefangenen, und so geriet denn auch sein von den Medien verbreitetes Image trotz seines Fiaskos in Mexiko bestens. Mexiko gegenüber wollte er es bei einem »watchful waiting« belassen. An dieser Stelle wird der geneigte Leser erkennen, daß die US bereits die längste Zeit geringe Erfolge im Kampf gegen Freischarenverbände erzielen, wenn sie in ein fremdes Land eindringen. Daß sie dann aus angeblich humanitären Gründen einem drohenden Fiasko rechtzeitig entgehen. Und daß ihre Parteigänger in eben diesem Land das Schicksal der Letzten ereilt, die bekanntlich von den Hunden gebissen werden. In Mexiko aber verfolgte Carranza die Politik seines großen Vorbilds Benito Juárez. Auch er brauchte Geld, und er nahm der Kirche weg, was nicht schon in die Hände Juárez' gefallen war. Eine Christenverfolgung in Mexiko organisierte erst einer der Nachfolger Carranzas.

Dumba hat in seinen 1931 in Wien erschienenen Erinnerungen die Mexiko-Politik Wilsons als die eines *unfähigen* Staatsmannes abqualifiziert. Man sollte Dumba, einem Liberalen der milden Sorte, deswegen nicht eine Feindseligkeit gegen die US und Wilson vorwerfen, weil er am Vorabend der Kriegserklärung der US an Österreich-Ungarn zur persona non grata erklärt und er also in aller Form aus den US hinausgeschmissen worden ist. Vielmehr hielt Dumba, wie die meisten Kritiker der Ära Wilson, diesem 28. Präsidenten der US vor, dieser sei ein *doktrinärer, weltfremder Prinzipienreiter* gewesen; der Typ jenes Politikers, der, ohne Rücksicht auf Erreichbares, auf Realitäten und deren logische Folgen, an vorgefaßten Meinungen festhielt und sich bei Widersprüchen aus Kreisen seiner Berater isoliert oder einem einzigen Chefberater anvertraut hat. Dieses auf 1913 bezogene Bild Wilsons trägt geradezu *hitleristische* Züge und soll hier nicht noch einprägsamer gemacht werden durch die Zitierung einiger wenig schmeichelhafter Nachsätze, die Dumba, nach 1918 Präsident der Völkerbundliga in Österreich, zu Papier brachte.

Im August 1914, als der Krieg in Europa die gespannteste Aufmerksamkeit und Tätigkeit des Präsidenten der US verlangte, traf Wilson ein Schicksalsschlag, dessen er lange nicht Herr wurde: Seine über alles geliebte Frau Ellen, die Mutter beider Töchter, starb. Wie es oft geschieht, wurde dieser professorale, scheinbar gemütsarme Mensch von tiefster Schwermut befallen. Nur der religiöse Glaube aus Kindheitstagen gab ihm zunächst Halt. Sein bester Freund und Arzt Dr. Grayson machte sich Sorgen um den Freund, um den Mann, dem das Schicksal der US in der Zeit einer nie gekannten Weltkrise anvertraut war. Eine Mrs. Edith Galt brachte es zuwege, daß der Präsident neben den nicht abreißenden Amtsobliegenheiten zuweilen mit der Dame eine Ausfahrt machte, sie dann zum Dinner ins Weiße Haus einlud. Wilson kümmerte sich nicht um das aufkommende Geschwätz. Die Frau schien ihm *a special gift from Heaven* zu sein. Er hielt um ihre Hand an, im Dezember 1915 heirateten die beiden in aller Stille.
Alle Welt erfuhr später, welchen Einfluß der reiche Texaner *House,* der als Colonel House in die Weltgeschichte eingegangen ist, auf das Schicksal Wilsons ausübte, bis sich die beiden Männer 1919 während der Verhandlungen über Versailles zerstritten. Wilsons Gattin Edith scheint mit ihrem Namen in solchen Zusammenhängen nicht auf. Doch es ist sicher keine Übertreibung zu sagen, daß die Entschiedenheit, mit der Wilson ab 1916 in die Innen- und Außenpolitik der US eingriff, als er diese Politik fast ohne Einschränkung lenkte, nicht zuletzt ihre Kraft von Ediths Vitalität und Lebensfreude bekam. Als Wilson im Herbst 1919 einen Schlaganfall erlitt, wurde sie bis zum Ende der Amtsperiode ihres Gemahls das, was im Geschwätz »America's first Lady President« hieß. Wie immer: Ohne diese Frau wären die Amtsgeschäfte bis zum Ende der Präsidentschaft Wilsons oft wochenlang zum Stillstand gekommen. In der Endkrise des Ersten Weltkriegs war Edith jedenfalls eine der vielzitierten Frauen, die hinter – besser: neben – einem großen Mann stehen.
Dumba berichtete über diese Internas aus dem Weißen Haus nichts nach Wien. Er erlebte in den US die Endphase einer Epoche, die eine Zeit schöner Jugenderinnerungen war für jene, die

1941 die US in den Zweiten Weltkrieg gelotst haben. Die sich, nachdem sie alt geworden waren, als Historiker vom Fach erklärtermaßen schwertaten, den großen Aufbruch der US zum Krieg in Europa, wie er 1917 die ganze Bevölkerung begeisterte, mit dem Kritizismus jener zu behandeln, die inzwischen das Unheil eines Zweiten Weltkriegs erfahren mußten. Dumba erlebte einen beispiellosen Luxus, der ihn, Angehöriger einer der reichsten Familien Alt-Österreichs, überraschte. Auch Dumba war jung verheiratet, und seine Gemahlin bereitete ihm nach ihrer mißglückten ersten Ehe ein Dasein, das sich in eine großartige Umwelt fügte.

Zunächst überraschte es den Österreicher, daß man drüben das tat, was man im Alten Österreich vermied, nämlich Reichtum demonstrativ zur Schau zu stellen. Oft in einer geschmacklosen Manier. Dumba vermied es nachher, sich jener Exzesse zu erinnern, die man nach 1945 hervorkehrte, um eine Welt, der man nachsagte, sie habe sich selbst als eine *heile Welt* hingestellt, auf den Kehrichthaufen der Weltgeschichte zu fegen. Dumba sah diese Welt nicht bloß durch die Fenster der Bel Etage. Schon in der ersten Sylvesternacht, die er drüben erlebte, kam es in New York zu Zusammenstößen, die Dumba eigenartig zu sein schienen, jedenfalls ungewohnt waren: Während die Heilsarmee das Jahr 1914 mit Vokal- und Instrumentalmusik begrüßte und versuchte, die Blikke der Zuhörer himmelwärts zu lenken, wurden die Frauen und Männer der Heilsarmee von einer Horde Jugendlicher brutal überfallen, denen die Motivierung der Sänger und Musikanten, die eigentlich sehr modern und zukunftweisend war, sichtlich mißfiel. Doch wie harmlos waren solche an sich signifikanten Szenen, verglichen mit der Tatsache, daß in den US der Anarchismus, der damals in Europa schon den Höhepunkt seiner Terrorerfolge überschritten hatte un-frohe Urständ feierte. Jungenhafte Typen, Großväter der Generation der New Left der Sechzigerjahre, betraten die Szene. Es waren keine Söhne und Töchter der Hungernden, sondern Kinder gutsituierter Eltern, denen die Fassade des Reichseins schon zuwider war.

An sich ist schon der vorherige Neujahrstag, jener des Jahres

1913, unheilverkündend gewesen. Es war der Tag, an dem die Symbolfigur des Vorkriegskapitalismus, der Ölmagnat John D. Rockefeller, die Belagerung seines Palastes durch Reporter, Fotografen und Neugierige durchschritt, um sich jenem Ausschuß zu stellen, den Wilson aktiviert hatte, um die Oligarchien der Superreichen in den US bloßstellen zu können. Gegebenenfalls sollte dem Ergebnis der Untersuchungen ein verschärftes Anti-Trustgesetz folgen, und es sollte Maßnahmen provozieren, die dem Unwesen an den Börsen Einhalt geböten. Aber Wilson verlor diesen Kampf gegen den *Privatkapitalismus* ebenso wie die Sympathie der *Gewerkschaften*, denen er die Abwehr einer Überflutung des Arbeitsmarktes durch blutarme Einwanderer schuldig blieb. Die Gewerkschaften zogen daraus den Schluß, in Hinkunft nicht erst den gewählten Präsidenten anzugehen, sondern vor der Wahl unter dem Einsatz ihrer beträchtlichen materiellen und organisatorischen Mittel jenem Kandidaten zum Sieg zu verhelfen, der einfach auf sie angewiesen war. Um das Jahr 2000 ist es so weit, daß es Kandidaten für das Präsidentenamt gibt, die aus Mitteln der Gewerkschaften ihren Wahlfonds speisen und mit Hilfe der Propaganda der Gewerkschaften ihr Image aufputzen können.
Zu dieser Entwicklung trugen die Mittel, die Rockefeller der nach ihm benannten Stiftung zukommen ließ, viel bei. Mit dem Geld des *Privatkapitalismus* wurde in solchen Stiftungen eine Intelligenzia großgezogen, die nach der Jahrhundertmitte eine *scharfe Linkskehre* in der Innenpolitik der US herangezwungen hat.
1913 waren noch die alteingesessenen Abkömmlinge des holländischen und englischen Geldadels da. Aber die Masse der reichen Parvenus fegte diese Reste vergangener Jahrhunderte von der Szene. Die Ahnen der Superreichen von 1914 sind um 1880 noch auf den unteren und untersten Stufen der Erfolgsleiter gestanden. Mit der Zeit überrannten sie alle Hürden, die von denen von gestern aufgestellt wurden. Die exklusive Musikakademie in New York hat es lange Zeit abgelehnt, eine der achtzehn Logen des Hauses selbst um den damals enormen Preis von 30.000 $ an Emporkömmlinge abzulassen. Die so Geschmähten rächten sich: Sie bauten ein Opernhaus, wo die Damenwelt zur Schau stellen

konnte, wieviel Schmuck der Reichtum ihres Gemahls ergab. Zwei Logenreihen hießen das Diamantene und das Goldene Hufeisen. Die Montagabende wurden für Schaustellungen des Publikums benützt. Längst waren die 36 Logen des neuen Hauses in festen Händen, wie ehedem jene der Akademie. Eine Dame, die nicht Schmuck im Wert von *einer Million $* trug, zählte nicht. Ein non-plus-ultra erreichte Mrs. Frédéric Vanderbilt beim Betreten der Oper: Sie trug eine Perlenkette um den Hals, die den Boden streifte – und an einem Fuß einen mit einer Goldkette befestigten, riesigen ungeschliffenen Rubin. Die Dame mußte vor ihrem Auftritt üben, um mit diesen Dingern beim Gehen zurechtzukommen.

Bei all dem Reichtum der Parvenus galten doch noch mehr als Schmuckalien Namen altadeliger Geschlechter aus der Alten Welt. Als der französische Conte de Castelan, genannt Boni, ein reiches Vermögen durchgebracht hatte und ihm nur mehr der Ruf blieb, der schönste Dandy von Paris zu sein, heiratete er die Amerikanerin Anne Gould. Deren Vater Jay Gould brachte es vom jugendlichen Abenteurer zum Beherrscher eines Großteils der Eisenbahnen in den US; schon 1860 inszenierte er eine Goldhausse. Von Anna und ihrem Conte gibt es eine Fotografie. Diese Abbildung bestätigt, was zur Zeit der Verheiratung der beiden die Duchesse de Gramont geschrieben hat; Anne sei häßlich im Hinblick auf die Ästhetik von Paris, aber vielleicht nicht in Beziehung auf die ihres (Herkunfts-)Landes. Denn so wie Anna Gould hat sich die Herzogin immer einen Häuptling eines Irokesenstammes vorgestellt. Das war letztes Aufbegehren einer versinkenden Welt gegen die überwältigende Mächtigkeit einer kommenden. Die Zeit war einfach da, in der solche Verbindungen keine Sensationen mehr waren. Schönheit und Kultiviertheit spielten in derlei Fällen weder für den Aufsteiger noch den Absteiger eine Rolle. Money makes it – das galt auch hierin.

Andererseits sollte man Mitleid mit den Menschen haben, die in den höchsten Rängen der Gesellschaft des US figurierten. Zumal mit den Damen. Kurz vor 1914 seufzte eines dieser bemitleidenswerten Geschöpfe:

»Ich kenne keinen Beruf und keine Arbeit für Frauen, die nervenaufreibender sind als die einer ersten Dame der Gesellschaft ...«
Damen, die außerstande waren, die sogenannte erste Dame der Gesellschaft zu übertrumpfen, hatten keine bessere Chance, als am unteren Ende der Leiter, die zu Reichtum führte, durch exzentrische Auftritte von sich reden zu machen. Eine Mrs. Fish ließ sich von einer Freundin dazu den Rat geben, vor streikenden Schneiderinnen in Eastend eine Rede zu halten. Mrs. Fish hatte keine Ahnung, worum es ging, und Politik war ihr in ihrem bisherigen Leben fremd geblieben. Sie fuhr in einer luxuriösen Limousine zu den streikenden Arbeiterinnen, und zwar in einem Kostüm , aus dessen enormem Wert die Unglücklichen von berufswegen abschätzen konnten, wie reich Mrs. Fish war. Man besuchte einige der Mietwohnungen. Mrs. Fish und die Damen ihrer Begleitung hatten dazu nichts anderes zu sagen, als daß sie sich über den Zustand der Behausungen nur wundern und nicht verstehen könnten, wie man darin überhaupt leben könne. Dann ergriff Mrs. Fish das Wort:
Sie erklärte den Zuhörerinnen, sie sei kein Manekin, welchen Beruf sie noch mit Worten erklären mußte, weil Manekin noch nicht im Sprachgebrauch der Schneiderinnen war. Sie wollte auch keine Sozialistin sein und keine Frauenrechtlerin, sondern den Streikenden nur sagen, daß diese einen Wochenlohn von sieben $ die Woche erkämpfen müßten. Mrs. Fish sprach sich gegen das Prinzip des Streikwesens aus, aber da nun einmal gestreikt würde, müßten die sieben Dollar erzwungen werden. Man soufflierte der Dame, die Schneiderinnen seien darauf aus, 12 $ die Woche zu beziehen. Bei all dem wunderte sich Mrs. Fish jedoch sehr, und sie meinte, so viel gäbe sie ja für einen einzelnen Blumenstrauß aus. Sodann wechselte sie das Thema und riet den Frauen zu sparen. Man soufflierte ihr, diese könnten von sieben $ pro Woche nichts beiseite legen. Das sah Mrs. Fish ein, und sie konnte den Frauen nur mehr sagen, diese sollten nur ja nicht den Sozialisten zum Opfer fallen. Besser sei es, Ibsen zu lesen. Dann verließ Mrs. Fish die Szene. Sie kam ohne Mißfallenskundgebungen davon. Die Schneiderinnen waren nach dem Gehörten sprachlos.

Warum im Herbst 1917 in Rußland die Revolution der Bolschewisten, die nur eine Minderheit repräsentierten, ausbrach und siegte, in den US aber bei zuweilen viel größerer Armut in Ballungsräumen die Unterprivilegierten, wie man heute sagen würde, sich derlei gefallen ließen, was andernorts die Menschen auf die Barrikaden trieb, ist von sehr gescheiten Menschen untersucht worden. In den US gab es Damen, deren Luxus den legendären der Königin Marie Antoinette von Frankreich bei weitem übertroffen hat – und doch endete keine dieser Frauen auf einem Schafott, keine wurde zerstückelt wie die Freundin Marie Antoinettes, Prinzessin Lamballe.

Typen wie Mrs. Fish fehlte es nicht an orginellen Einfällen. Etwa, einen Affen bei Tisch zu haben, ihn den anderen Gästen als einen Prinzen vorzustellen, wobei der Affe im Gehrock gar nicht affig war im Benehmen. Dann wieder wurden Gästen Puppen als Tischnachbarn oder -nachbarinnen zur Seite gesetzt. Man redete mit den Puppen, so wie Mädchen im Kindesalter es tun. Auch wurde ein Dinner für Hunde gegeben, bei dem sich ein Dackel überfraß, sodaß ein Tierarzt geholt werden mußte. Die Presse wurde von derlei originellen Ideen und deren Verwirklichung informiert, und man druckte die Berichte ab. Dadurch, daß der Krieg 1914 ausbrach und die Seeblockade sowie die Zerstörung der deutschen Überseekabel die Übersendung einschlägiger Nachrichten verhinderte, ging in Europa die Alte Welt 1918 zugrunde, ohne zu wissen, daß alle ihre Fehler und noch eine Menge neuer dazu in den US Furore machten und machen.

Es gab auch Streiks, nicht nur solche wie jener der Schneiderinnen, der von Mrs. Fish zur Farce gemacht wurde. Entsetzlich waren die Auswirkungen einer Arbeitsniederlegung des Personals der Luxus-Restaurants. Hinter diesem Streik stand die Organisation der *I*nternational *W*orkers of the *W*orld. Die Abkürzung des Namens der Gewerkschaft lautete IWW, was von gewisser Seite gedeutet wurde: I won't work. Hungernde Millionäre saßen bei Tisch, und für sie versuchte das Stammpersonal wenigstens eine Hausmannskost zu servieren. Aber die Streikenden schmissen die Fenster ein. Genannt wurden unter den so beschädigten Lokalen:

Waldorf Astoria, Astor, Ritz-Carlton und Delmonico. Kenner werden den Rang dieser Ausspeisungen leicht identifizieren können. Der Streik brachte nichts ein; die Streikenden nahmen die Arbeit zum bisherigen Lohn wieder auf: 10 Stunden Arbeitszeit, keine Lohnerhöhung.

Auch die Gewerkschaften ließen sich etwas einfallen. In Petersen/New Jersey streikten vier Monate lang die Arbeiter einer Seidenfabrik. Sie führten mit Laiendarstellern im Madison Square Garden ein Bühnenstück auf, das den Neugierigen das Los der Seidenarbeiter zum Bewußtsein bringen sollte. Autor des Stückes war John Reed, jener Journalist, der zu Neujahr 1919 in New York seine Reportage »Ten days that shook the world«, also die Legende von der Oktoberrevolution der Bolschewisten herausbrachte. Ein Buch, das großen Eindruck machte in den US, aber niemanden auf die Barrikaden lockte. Reed hat ein Grab an der Kremlmauer. In den US hätte er beim besten Willen kein ähnliches Sujet gefunden. Die dortigen Sozialdemokraten, verachtet wie sie von John Reed und allen Bolschewisten wurden, haben nie Revolution gemacht. Immerhin brach aber noch vor 1914 in den US eine Revolution in Gebieten der Kunst aus, deren Folgen sich schließlich auch in der Alten Welt katastrophal bemerkbar machen sollten:

Mable Dodge, reich und unabhängig, veranstaltete in der 69. Straße eine Ausstellung moderner Kunst. Gezeigt wurden die Arbeiten von acht amerikanischen Malern, die es satt hatten, die Zahl der zuckersüßen Stücke der Mode-Künstler durch ihre Werke zu vermehren. Nicht jede Alternativgruppe fand eine Mrs. Dodge als Förderin. Künstler aber, die in der Alten Welt schon vor der Kunst von morgen flohen, erregten drüben Aufsehen. Lange und viel gerätselt wurde wegen eines Werkes, neben dem stand: Nude descending staircase. Niemand fand die Nude, die Wendeltreppe wurde nur von einer Avantgarde der Moderne agnostiziert. Noch empörte man sich drüben, wie man sich nach 1945 herüben in hoffnungslos rückständigen Kreisen über das aufregte, was von drüben als Kunst in der vom Drang eines Nachholbedarfes gehetzten Alten Welt gezeigt wurde. Eine Plastik, beschriftet

als DER KUSS, wurde 1914 in den US als Skandal bezeichnet; nicht wegen dem, was man sah, sondern wegen dem, was nicht zu erkennen war. Die Aktbilder von Henri Matisse erregten Freunde der Moderne, weil sie nicht das zwecks erhöhten Lustgewinns Erregende herausfinden konnten. Frühe erste Verirrungen Pablo Picassos sah man sich an, man ging heim, niemand riß die Dinger von der Wand, niemand wurde ihretwegen zum Märtyrer in Kreisen Kunstbeflissener. Manche beruhigten sich mit der Eingebung, es müsse sich um Versuche *von Geisteskranken* handeln, nicht wissend, in welche Zusammenhänge sie damit die Kunst von übermorgen instinktsicher stellten. Zu den schärfsten Kritikern der Moderne gehörte der gewesene Präsident Roosevelt, der sich im Politischen gerne als Progressiver gab.
Die Kunsthandlung Braun & Co. stellte in der Fifth Avenue von New York ein Bild von Paul Chabas aus, das »September Morn« benannt war. Den *Monat* des Jahres sowie die *Tageszeit,* den Morgen, verkörperte ein nacktes, scheinbar erschrecktes Mädchen, das im Wasser stand. Und das geschah vis-à vis von einer Baptistenkirche. Die Nachbarn auf der drüberen Straßenseite legten Protest ein, der Gehilfe des Besitzers der Galerie nahm das Bild aus der Auslage. Als der Chef ins Geschäft kam, entschuldigte sich der Angestellte damit, daß bereits von der Gesellschaft zur Unterdrückung der Laster ein Haftbefehl für den Chef vorliege. Letzterer hängte das Bild sofort wieder in die Auslage und informierte einen bekannten Kunstkritiker vom Geschehen. Ein Haufen Reporter fand sich ein; sie verstanden nichts von Kunst, aber sie witterten die Sensation und schrieben in ihren Blättern über den Mut des Besitzers der Galerie. Die Anti-Laster-Liga kam arg unter die Räder.
Frauenrechtlerinnen hatten viele Anlässe, um zu demonstrieren und zu protestieren. Gegen die Nuden in den Galerien zogen sie nicht öffentlich zufelde. Sie überließen das den Kirchen, die sich mit ihren Protesten in Kreisen der ohnedies antiklerikalen Intelligenzia einen noch schlechteren Ruf einhandelte. Dafür protestierten am Tag von Wilsons Inauguration Frauen in Washington. Sie wurden von einer Horde Halbwüchsiger überfallen, und die

Jungs sagten Worte, die nicht einmal die Progressiven unter den Demonstranten hören wollten. Die Polizei war machtlos, einfach nicht in der Lage, die Jungs zu vertreiben. Man mußte US-Cavalry herbeiholen; aber die Reiter kamen zu spät, und die Frauen versäumten viel Zeit, so daß sie nicht mehr die Inauguration Wilsons stören konnten. Eine der Demonstrantinnen meinte, sie hätte schon in London, in Chicago, in New York und weiß Gott wo demonstriert, aber Beleidigungen, wie sie die Frauen in Washington erfahren hätten, seien ihr neu, und die Unfähigkeit der Polizei sei ein Skandal. Die Gute ahnte nicht, daß sie den Teufel an die Wand malte. Um das Jahr 2000 werden sich Frauen noch ganz andere Dinge gefallen lassen müssen von gewissen Jungs; und die Polizei wird kaum jedesmal in der Lage sein, die so bedrohten und beleidigten Frauen oder Alten zu schützen.

Immerhin ernteten 1913 die Frauen in Washington mit ihrem beklagenswerten Schicksal mehr publicity, als sie mit einem Auftritt während der Inauguration des Präsidenten erworben hätten. Und die Polizei kommt überall schlecht weg. Für sie begannen böse Zeiten ...

Eine Revolution folgte der anderen auf Gebieten des kulturellen Lebens. Irving Berlin, ein jüdischer Flüchtling aus Rußland, komponierte den Schlager »Alexander's Ragtime Band«. Er gewann talentierte Negermusiker für seine Musik. So fand das erste Jazz-Konzert in jener Carnegie-Hall statt, das diese Stätte klassischer Musikdarbietungen entweihte, wie vergebens eingewendet wurde. Noch wurde viel Moralin verspritzt. Selbst der Zeitungskönig William J. Hearst tat dabei mit. Aber der war als einer vom sogenannten *Gelben* Journalismus wenig geachtet. Noch war Hearsts große Stunde, die Lenkung der Kriegspropaganda in den US, nicht gekommen. Hearst, dem im Krieg keine Nichtwürdigkeit zu schmählich war, klagte am Vorabend des Großen Tötens, daß Grazie, Anstand und Würde aus Ballsälen verdrängt seien. Als Hearst so schreiben ließ, wußte er nicht, daß das, was er verdammte, in Häusern von Superreichen schon angebetet wurde. Greenwich Village wurde der Ort, von wo aus ein Faden zu Anne Morgan gesponnen wurde. Sie war die Tochter des verstorbenen

J. P. Morgan, dem die Anti-Trust-Campagne das Herz gebrochen hatte.
Anne engagierte ein paar Berufstänzer, und diese führten den Damen vor, wie man die neuen Tänze, Fox-Trott oder einen nach einem anderen Tier benannten Trott, als Salontanz beherrscht. Der Damenflor im Rang der Superreichen drängte nach; wer wollte Gästen gegenüber dastehen, als würde er das Neuste nicht kennen und bejahen. Nach der Bekehrung der Damen der Gesellschaft war der riesige Rest der Weiblichkeit für das Neue gewonnen.
Schon redete man, als *wäre Jazz der wahre Ausdruck amerikanischen Wesens.* In dieser Auffassung fand man sich bestätigt, als man erfuhr, daß der deutsche Kaiser seinen Offizieren verboten habe, nach Jazz-Musik in öffentlichen Lokalen zu tanzen. Knapp vor Sarajevo kam das Neue in die Alte Welt. In Wien brach es sich erst richtig Bahn, als in der Hauptstadt der europäischen Hungerleider der Sing-Sang von der *sterbenden Märchenstadt* ein sentimentaler Schlager war. Oder der von dem kleinen Comtesschen und dem Galan, der um ein verschwiegenes Hotel in der Vorstadt Wieden wußte.
Hier muß es gesagt werden: Wilsons Kommen war nicht die Personifizierung des Modernen im Weißen Haus. Ganz im Gegenteil. So wie Jazz und Nigger von gewissen Leuten in einem Atem genannt wurden, war Jazz für ihn out. Die Neger hatten ihn gewählt; er aber führte die strengste Rassentrennung in allen Einrichtungen der Union durch. Im Süden wurden selbst Neger in untergeordneten Anstellungen des Staates gefeuert. In Georgia hat Wilson gesagt:
»Für den Neger ist der richtige (Arbeits-) Platz ein Getreideakker.«
Solche Sprüche schadeten Wilson bei seiner Wiederwahl im Jahre 1916. Aber Wilson hatte Rückensteife. An der Spitze der Verwaltung bewährte er sich, wenn es galt, Interessenkonflikte zu koordinieren und zuletzt die ganze Nation in den Krieg zu führen – den zu verhüten er versprochen hatte bei seiner ersten Wahl. Die Art, wie Wilson mit Zeitungsleuten umging, hat sich nachher kein

anderer Präsident mehr zu praktizieren getraut. Bei Ausbruch des Konflikts mit Mexiko gab er eine Pressekonferenz.
»Wenn die Vereinigten Staaten ...«,
fing einer der Journalisten zu fragen an. Da unterbrach ihn Wilson:
»Bitte kein Wenn.«
Der Journalist setzte noch einmal an:
»Ich möchte gerne wissen, was Sie in Mexiko tun werden, wenn ...«
Der Präsident unterbrach:
»Das werden wir sehen, bis es so weit ist.«
Beharrlich fuhr der Frager fort:
»Meinen Sie ...«
»Ich meine gar nichts«,
erwiderte Wilson. Nach einer halben Stunde waren alle Fragen gestellt und beantwortet. In ferner Zukunft lagen die Zeiten, in denen Journalisten auch im Weißen Haus es unternehmen werden to raise hell. 1913 verließen die damaligen Presseleute die Konferenz wie Schüler, die nichts gelernt haben für die Prüfung.
Schabernack gab es nur außerhalb des Weißen Hauses. Eine Mrs. McLean, deren Vater erst nach einem Goldfund im Jahre 1896 zu Reichtum gelangt war, wagte als Miteigentümerin der »Washington Post« den Stachel zu löcken. So konnte sich Mrs. McLean Dinge leisten, die sich Mrs. Wilson nur mit hochgezogenen Augenbrauen anhörte und bei denen der Präsident sich außer Hörweite begab. Wilson haßte selbstverständlich als Pastorensohn seiner Zeit Kinos. Aber schon fing das Getue in Hollywood an. Mary Pickford brillierte in dem neuen Genre, Wildwestfilme setzten die letzten Tatzeugen dieser düsteren Vergangenheit in Erstaunen – so ist es denn doch nicht gewesen. Aber die Filme waren für Junge, die noch keine Kugel hatten pfeifen und keinen Pfeil schwirren hören. Als Statisten waren Cowboys gefragt, und den Ranchern liefen die Cowboys davon, wenn solche gesucht wurden. In New York behielt die *Theaterwelt* ihren Rang.
Douglas Fairbanks bekam einen Namen, den zwei Generationen im Gedächtnis behalten sollten. Al Johnson wurde ein Begriff.

Einmal werden die Enkeln und Großenkeln jener, die zuerst diese Kunst bewunderten, pietätvoll hervorholen, was in der Alten Welt zum Beispiel als bloßes Kintopp ankam. Und da war das Auto: Noch 1914/18 war vor allem das Pferd Zugkraft der Truppen aller am Krieg Beteiligten. Aber die *Entwicklung des Motorenbaus und besonders des Flugwesens kam der Nachkriegszeit zugute.* In den US jedoch fuhren bereits 1914 eine halbe Million T Ford-Wagen über die noch meistens unverfestigten Überlandstraßen und in den Städten. Fords Devise war: Man konstruiere einen *guten Wagen*, bleibe bei *wenigen Modellen* und lasse alles übrige weg, um bei *niedrigen Preisen* zu bleiben – und sie bewährte sich. Das zweite Erfordernis, das mit den wenigen Modellen, hat Adolf Hitler, sonst ein Nachahmer der industriellen Entwicklung in den US, wohl überlesen; er hat es im Krieg, sehr zu seinem Nachteil, verspürt, was der Gebrauch vieler verschiedener Modelle für einen Wirrwarr anrichten kann im Feld. »New York Herald« nannte eine Tat Fords als *epochemachend* und in diesem Fall traf die anscheinende Übertreibung zu: 1914 gab Ford von sich aus seinen Arbeitern statt zwei nunmehr *fünf Dollar* die Woche ...

Für die Alte Welt wurde angesichts der Schnellebigkeit der Neuen Welt in den US der nun schon über achtzig Jahre alte Kaiser Franz Joseph I. Symbolfigur. Theodore Roosevelt besuchte nach seiner Präsidentschaft und vor der neuerlichen, allerdings vergeblichen Bewerbung um diesen Posten auch Wien. Die liberalen Zeitungen ächzten, der Kaiser müsse es sich gefallen lassen, einen Besucher zu empfangen, der nicht im Frack erscheine. Wo doch das Gerücht ging, die Majestät gestatte nicht einmal in Todesgefahr einem Arzt den Eintritt in den Raum, wenn dieser versäumt habe – seinen Frack anzuziehen. Roosevelt kam als Colonel Roosevelt zum Kaiser, der sich dem Amerikaner seinerseits quasi vorstellte *als den letzten Monarchen der alten Schule.* Die beiden Herren sprachen sich gut, die Einladungen in die k.k. Hoftheater nutzte Roosevelt nicht ganz aus. Dagegen besuchte er mit Interesse die in der Breitenseer Kavalleriekaserne garnisonierten Einser-Husaren. Die US-Cavalry hat einmal Husarensättel geritten, und der

Kossuth-Hut wurde auch späten Epigonen als Kopfbedeckung dieser Reiter nach dem Sehen einschlägiger Wildwestfilme ein Begriff. Höhepunkt des Besuches Roosevelts war die gerade im Prater stattfindende internationale Jagdausstellung. Die hat der Kaiser selbst gleich mehrere Male besucht. Es war ein unwiederholbares Ereignis.

Ansonsten machte sich der alt und einsam gewordene Kaiser wenig aus dem höfischen Treiben. Die Etikette und das Protokoll wurden eisern eingehalten. Nicht des Getues wegen, sondern deswegen, weil der Kaiser oft genug erlebt hat, wie übel es jenen Angehörigen seines Hauses ergangen ist, die sich dieses Schirmes begeben und unter Krethi und Plethi gemischt haben. Zu den guten Eigenschaften des Kaisers gehörte es, daß er nicht auf *publicity* aus war, deren Wert man in den US längst schätzte. Auch war ihm jenes *keep smiling* nicht nur unbekannt, er hätte derlei Getue als lächerlich und hinterhältig empfunden. In Ischl wohnte er wie ein Sommerfrischler und bewies einmal mehr, daß Noblesse mit Prunksucht nichts gemein hat. Er schlief in einem eisernen Bett, wusch sich an einem Eisengestell, auf dem er Lavoir, Waschkrug und Kübel fand. Und beließ es bei den in Serien erzeugten Thonetsesseln, die später so gesucht waren.

Der alte Herr hat erlebt, daß einmal die Monarchie von Mailand bis Czernowitz und von der montenegrinischen Grenze bis zu der Sachsens ohne Telefon, Schreibmaschinen und anderes seither eingeführtes technisches Hilfsgerät regiert und verteidigt werden konnte. Die Jagd und das Pferd, dafür hatte er ein Herz. Ein Automobil bestieg er einmal, um dem verärgerten, weil erfolglosen König Edward VII. eine Gefälligkeit zu erweisen. Die Verköstigung des Hofpersonals verschlang Unsummen, wozu der Monarch aus der Privatschatulle Geld hergeben mußte. Ihm genügte zu Mittag eine Rindsuppe, das darin gesottene Fleisch und ein kleines Bier. Der Hofkeller hatte Sorten, die kaum ihresgleichen hatten. Aber der Kaiser nippte nur beim Bankett Champagner aus der fingerdicken Flöte, sonst war eher ein Wein aus Niederösterreich nach seinem Geschmack.

Ein Mensch mit viel Lebenserfahrung, der seine alten Tage in As-

kese verbringt und ein gutes Gedächtnis behalten hat, besitzt Weitblick. Man hat ihn Franz Joseph abgesprochen. Betreffs Wilson irrte er sich tatsächlich. Nach der Inauguration dieses Präsidenten besuchte ihn ein amerikanischer Diplomat; man sprach über die tags zuvor stattgefundene Zeremonie. Und der alte Kaiser nannte Wilson einen *großen Mann.* Der Gast wartete auf die Begründung dieses Urteiles über einen Menschen, der dem Kaiser persönlich noch unbekannt war. Da hörte er aus dem Munde des Herrschers im finstersten Winkel der Alten Welt die Worte:
»Es ist doch ein schöner Gedanke, daß so viele Menschen ihn als ihren besten Regenten gewählt haben.«
In New York brachte kurz nachher die »Tribune« diese ehrenden Worte. Sie waren ehrlich gemeint, denn in puncto Popularität brauchte der Kaiser von Österreich auf niemanden eifersüchtig zu sein. Die Österreicher hätten ihn um 1913 mit übergroßer Mehrheit und aufatmend zu ihrem Regenten, wie der Kaiser den Präsidenten der US als Kollegen nannte, gewählt.
1913 hatte Franz Joseph schwere Zeiten hinter sich. Nach der Annexionskrise vom Achterjahr, die erst im folgenden Jahr nach Intervention Berlins in Petersburg beigelegt wurde, waren 1912/13 erfüllt von Kriegslärm an der südöstlichen und östlichen Grenze der Monarchie. Seit dem 31. Jänner 1913 – da waren letztere Kämpfe noch nicht entschieden – lag im Foreign Office in London ein Botschafterbericht, der eigentlich den Ressortchef Lord Grey hätte warnen sollen:
»Serbien wird eines Tages Europa an den Kragen gehen und einen Weltkrieg auslösen. Sie können sich kaum vorstellen, wie hier (in Wien) der Ingrimm wächst durch die Schikanen, die das kleine Land – unterstützt von Rußland – Österreich unablässig bereitet. Wir können von Glück sagen, wenn der Krieg diesmal noch vermieden wird. Bei der nächsten serbischen Krise (!) wird Österreich sich ganz bestimmt keinerlei russische Einmischung mehr gefallen lassen, sondern wird die Differenzen mit dem Nachbar bereinigen. Coûte que coûte.«
Daß London nach Sarajevo erstaunt tun konnte, als es genauso nach dem Mord von 1914 gekommen ist, bleibt unbegreiflich. Es

sei denn, man redet das Wort vom *perfiden Albion* nach. Als die Balkankriege im Sommer 1913 zu Ende waren, hatte sich Serbien auf das Doppelte seines Vorkriegsgebietes vergrößert. Der Erzherzog-Thronfolger Franz Ferdinand mußte sich Ungehörigkeiten sagen lassen, die sehr an seinem cholerischen Temperament rüttelten, weil er unter allen Umständen einen Präventivkrieg der Monarchie, sei es gegen Italien, sei es gegen Serbien, ablehnte. Dinge, wie sie sich die US in jenem Jahr 1913 gegen das benachbarte Mexiko leisteten, hätte weder Franz Joseph, noch Franz Ferdinand auf sich genommen, geschweige denn geplant und ausgeführt.

Die Hauptstadt des »Kranken Mannes an der Donau«, Wien mit über zwei Millionen Einwohnern, machte alles andere als den Eindruck, das kranke Herz oder das kranke Hirn dieses Mannes zu sein. Von einer Finsternis im kulturellen Leben konnte nach dem, was hier der Jugendstil hinterlassen hat, nicht einmal in der Zweiten Republik unter neidischen Epigonen geredet werden. Das Judentum hat nach 1918 in Berlin mehr *Grandeur und Macht* entwickelt, nachher in den *US den Rang einer anonymen Weltmacht* erlangt – so bedeutend im *kulturellen Schaffen*, wie es vor 1914 in Wien aufgetreten ist, geriet es niemals mehr. Das Filmschaffen hat das Bild der Kaiserstadt, wie es sich zuletzt bot, verunstaltet. Demnach wäre es nur eine Anhäufung schnitzelfressender, weinsaufender Spießbürger gewesen, die zu fett und träge waren, sich die Last einer Feudalherrschaft vom Hals zu schaffen. Das dümmliche Wort: Österreich sei eine Monarchie, gemildert durch Schlamperei, wurde schon nach 1918 und erst recht nach 1945 in jenen Nachfolgestaaten widerlegt, die nach 1918 nie mehr so unbeschwert lebten; wenngleich sie sich vorher gegen die Monarchie aussprachen und wild gestikulierten – alles in der geheimen Hoffnung, daß das gemeinsame Dach über den Nationalitäten das und noch mehr aushalten werde. Mit jenen Offizierstypen, die nachher auf der Bühne zu sehen waren, mit jenen Sesselreitern, die zu verhöhnen zum Fundus jedes Kabaretts gehört und mit einem Kaiser, wie er in Schnulzen beschrieben, in Nachrufen verhöhnt wurde, hätte dieses Reich nicht einen mehr als vierjährigen Existenzkampf gegen *alle* Großmächte der Erde – das Deutsche Reich ausgenommen – durchstehen können. Und es hätte ihn vielleicht durchgestanden, wenn nicht die US dem Alten Österreich den *Fanghieb* gegeben hätten.

Erst die grausamen Entartungen der parlamentarischen Demokratie, zumal in der Zweiten Republik, haben jene zum Verstummen gebracht, die der Elite von damals Prasserei auf Kosten des guten Volkes über Gebühr vorwarfen. Gewiß, das Derby 1913 mobilisierte 1660 private Gefährte; aber auch 30000 (!) Besucher, die meisten mit der Straßenbahn, kamen auch zu diesem Ereignis. Im Elferjahr hat der damalige Bürgermeister mit der deutschen Firma Siemens-Schuckert und der Dresdner Bank geredet, wegen des Baues einer Untergrundbahn. Rechnete man doch bis zum Jahr 1930 mit einer Einwohnerzahl von über 4 Millionen Wienern. Nie geriet aber die Stadt zu einem monströsen Gebilde. Otto Wagner hat sie in Details architektonisch geschmückt, die Verkehrseinrichtungen in der Stadt zu Baudenkmälern gestaltet und für die Erweiterung Pläne hinterlassen, die nur das wehmütige: »Es wär' zu schön gewesen – aber es hat halt nicht sollen sein«, erwecken.

Nachher hat man lange vergessen, daß dieses Wien auch in den US ein Image hatte, wie es später die von Staatswegen unternommenen Versuche nur schwer zustande gebracht haben. Während die Wiener gerne Größen von »draußen« vereinnahmen und sie als die *Ihrigen* evident hielten, raunzten sie, wenn eine ihrer Größen im Ausland Anerkennung fand. So Gustav Mahler, der auf dem Höhepunkt des von Georg von Schönerer hinterlassenen Rassenantisemitismus als Jude Direktor des k.k. Hofoperntheaters wurde. Für sehr viele Jahre. Als er dann in die US reiste, um todkrank heimzukehren, hatte er dem Haus am Ring längst die schöpferischen Jahre seines Lebens geschenkt. Franz Lehár, König der Silbernen Operette, ging damals schon hinüber. Ebenso der Jude Leo Fall, der wie kein anderer das Wienerische Genre in seinen Kompositionen beherrschte und Adolf Hitler zu dem Ausspruch verleitete: Die Juden seien in der Nachahmung groß. Max Reinhardt zog es schon vor 1914 ins wilhelminische Berlin. Diese Stadt

kann also doch nicht das gewesen sein, was man ihr – jene Ära verallgemeinernd – um das Jahr 2000 nachsagt.
Lange Zeit war der Oberst im k.u.k. Generalstab Alfred Redl der nicht zu übersehende Beweis dafür, wie es schon im Gebälk der Monarchie knisterte und krachte. Erst der um das Jahr 2000 tobende Pansexualismus ließ alle bisherigen militärischen, patriotischen und sonstigen Motive beiseite und machte Redl zum unglücklichen Opfer einer Triebveranlagung. Jenes Triebs, dem auch sein junger Freund, ein Offizier aus bester Familie, zum Opfer fiel, der bei Aufdeckung der Affäre Selbstmord beging. In Lesebuchgeschichten wurde in der Zeit der Republik beschrieben, was es mit der Affäre Redl auf sich gehabt haben soll. Daß der Oberst den Russen den Aufmarschplan für die ganze Armee ausgeliefert habe; daß die Russen die Pläne aller Kampfanlagen bekommen hätten; daß jede Neuerung sogleich dem Generalstab in Petersburg bekannt geworden sei und so weiter. Da hätte sich der unglückliche Chef des k.u.k. Generalstabs Conrad von Hötzendorfs kurz vor Ausbruch des Ersten Weltkriegs hier noch einmal hinsetzen müssen, um ganz andere Pläne zu verfassen, und was dergleichen Unsinn mehr gesagt wurde. Redl belieferte die Russen mit eher bescheidenen Informationen. Man hätte ihn *umkehren* und als Doppelspion den Russen ins Haus schicken können, sagte man zuletzt.
Derlei ist nachher üblich gewesen. Bei den Kaiserlichen bestand die Regel, daß einer, der wie Redl die Armee schändlich betrogen hatte, im Ergreifungsfall nur eine Gnade zu erwarten hatte: Tod durch die Pistole. Sollte sie ihm abgehen, wurde ihm die Waffe geliehen. Und diese Pistole hat denn auch am 25. April 1913 ein Hauptmann im k.u.k. Generalstab, einmal Schüler Redls, seinem früheren Lehrer ausgefolgt. Ohne dramatisches Geschehen (dafür sorgten Kriminalbeamte der Polizeidirektion Wien) und ohne pathetische Reden. Redl tat, was man von ihm erwartete und wie er es einmal gehört hatte in einer der Instruktionsstunden längst vergangener Tage.
Rußland und Österreich, genauer Franz Joseph I. und Nikolaus II. haben sich während der beiden Balkankriege gleicherma-

ßen einer Mäßigung befleißigt, wie sie in internationalen Großkrisen späterer Epochen nicht alle Mächtigen und Übermächtigen bezeigten. Diese Haltung der beiden Monarchen bereinigte aber nicht einen *Interessenkonflikt,* der Rußland in die Rolle des *Angreifers,* Österreich-Ungarn in die des Verteidigers drängte. Für die Weltmacht Rußland war wohl nicht zumutbar, auf die Dauer ohne ausreichende Mitkontrolle über die Meerengen bei Konstantinopel zu bleiben, um für seine Schiffahrt im Schwarzen Meer den Ausgang ins Mittelmeer und die Weltmeere zu haben. Erst nach Ausbruch des Ersten Weltkriegs haben sich die Westmächte entschlossen, das Erreichen dieses Zieles Rußland als Siegespreis zuzugestehen. Alles aber, was derartige Machtverschiebungen auf der Balkanhalbinsel herbeiführte, insbesondere die Balkankriege 1912/13, rührte am Lebensnerv der Monarchie. Für den Ballhausplatz war das erlahmte Osmanische Reich als Nachbar im Südosten durch keine andere Machtkonstellation ersetzbar. Die im Umfang vergrößerten Nationalstaaten auf dem Balkan und Rumänien waren seither eine ständige Herausforderung der auf dem Boden der Monarchie lebenden Südslaven und Rumänen, sich unter Zerstörung der Donaumonarchie von dieser loszusagen.

Weder Petersburg noch Wien im Verein mit Berlin wären in der Lage gewesen, die Gebietsansprüche der Sieger in den beiden Balkankriegen aufzuhalten in deren Drang nach weiteren Gebietserweiterungen. Von diesem Drang war Österreich-Ungarn am meisten bedroht. Aber Wien war nicht imstande, jene beiden Konflikte zu bereinigen, die aus dem Westen drohten: Londons wachsende Kampfbereitschaft in seiner Konkurrenz mit dem Deutschen Reich. Und Frankreichs Verlangen, Elsaß-Lothringen zurückzuerobern und Revanche für 1870/71 zu nehmen. Die Mörder von Sarajevo haben mit dem Töten des österreichischen Erzherzog-Thronfolgers den Weltkrieg nicht verursacht, sie haben die bereits geknüpften Allianzen *vorzeitig* zum Tragen gebracht. Das Wort Franz Josephs zu Kriegsausbruch, wonach er so gerne die letzten Jahre seines Lebens in Frieden verbracht hätte, war keine Phrase im Text einer amtlichen Proklamation. Es war

ein Ausdruck wahrer menschlicher Gefühle. So entstand ein Krieg, der eigentlich die US nichts anging, wenn sie es ernst nahmen mit der Monroe-Doktrin. Bloß *galt* diese Doktrin nie, am wenigsten zur Zeit des Ersten Weltkrieges.
Züchtigen, Serbien züchtigen – diese Lösungsformel für den Konflikt vom Juli 1914 stammt von Lord Grey. Gezüchtigt wurde in Kolonialkriegen ein widerspenstiger Stamm. Serben duldeten keine Züchtigung, und die Monarchie mutete ihnen diese Demütigung auch nicht zu. *1913 durften die US über Mexiko herziehen,* weil dieses von inneren Kämpfen zerrüttete Land keinen Mächtigen zum Freund und Beschützer hatte. *Serbien aber hatte im Sommer 1914 einen mächtigen Protektor: Rußland.* Und Rußland war der erste Staat, der 1914 eine *allgemeine* Mobilmachung durchführte und damit Österreich-Ungarn in eine Existenzkrise brachte. Hatte doch Franz Joseph nur *die Teilmobilmachung* gegen Serbien genehmigt. Mit Rußland brach für Österreich der Krieg erst aus, nachdem alle anderen Großmächte schon in den Krieg verwickelt waren – die US aber gingen in Lauerstellung.

18.

Der Krieg

In Washington erfuhren die Herren der dortigen k.u.k. Botschaft die erste Nachricht von der Ermordung des Thronfolgerpaares in Sarajevo aus der Tagespresse. Die amerikanischen Zeitungen brachten die Nachricht vom Mordgeschehen in der für solche Anlässe üblichen Aufmachung jeweils auf der ersten Seite. Aber für die Leser war dieser Terroranschlag, der so katastrophale Folgen haben sollte, keine einmalige Sensation. Man hat als Kind die Ermordung des Präsidenten Lincoln erlebt und nachher die einiger anderer Präsidenten der US. Solche Ereignisse haben der Entwicklung des Fortschritts in den Staaten nicht geschadet. Man begrub die Opfer und ging zur Arbeit. Diese Einstellung der Amerikaner hat nachher der Sache Österreich-Ungarns sehr geschadet; man hat es drüben später nicht verstanden, daß Österreich-Ungarn diesem Mord so große und folgenschwere Bedeutung zumaß; daß es nicht die Tat einiger Anarchisten oder Extremisten oder Geisteskranker war, sondern die Kriegserklärung der Serben an die Donaumonarchie, die blutige Illustration des Anspruchs dieses kleinen Königreiches auf die von Südslaven bewohnten Gebiete der Donaumonarchie. Aber das verstand man nicht. Das wollte man gar nicht so genau erklärt wissen. Man kümmerte sich erst dann darum, als es sich ergab, daß die US mit der Unterstützung der nationalen Revolution im multinationalen Empire den Bundesgenossen der Deutschen aus der Stellung schießen konnte. *Als das zählte, war Österreich-Ungarn verloren.*

Herrn Dumba, k.u.k. Botschafter in Washington, brach die Nachricht nicht das Herz. Er ließ zwar für seinen persönlichen Gebrauch Briefpapier mit Trauerrand anfertigen. Im übrigen teilte er als ein loyaler Altliberaler die Ansicht derer, die fürchteten, der Tote hätte als *Kaiser Franz II.* der Monarchie mehr Schaden als Nutzen gebracht. Eins war problematisch: Kaiser Franz Joseph I. stand im vierundachtzigsten Lebensjahr, sein Großneffe Karl Franz Joseph, der nunmehrige Thronfolger Erzherzog Karl, im siebenundzwanzigsten. Im Zwölferjahr hatte der alte Kaiser eine Bronchitis gut überstanden – wird er auch die nächste überleben? Und was wird im letzteren ungünstigen Fall der junge Nachfolger mit dem schwerbelasteten Erbe anfangen? Der neue Thronfolger Erzherzog Karl hatte die Eigenschaften eines guten und fleißigen Subalternoffiziers, um dessen gründliche Erziehung zum hohen Amt man noch bemüht war. Was ihm niemand beibringen konnte, waren Begabungen: die staatsmännische, die eines Politikers im Sturm der nationalen und sozialen Revolution jener Tage, die unerläßliche Härte, die er auf dem ihm zugedachten Posten brauchte. Eine eventuell noch nicht geweckte staatsmännische Begabung hatte man ihm nicht abgefordert – bisher.

Er diente zuerst bei einem böhmischen Dragonerregiment als Subalternoffizier und gewann dort treue Kameraden fürs Leben. Nachher versetzte man ihn zur Infanterie, und als Bataillonskommandant diente er im ungarischen Infanterie-Regiment Numero 39, dessen Ubikation die Stiftskaserne in Wien war. Das größte Erlebnis des jungen Erzherzogs war seine Liebesheirat mit einer Prinzessin aus einer früher in Italien regierenden Linie des Hauses Bourbon, die sich nicht als Italienerin fühlte, sondern ein Leben lang darauf bestand, daß jede Prinzessin aus dem Hause Bourbon von Natur aus *Französin* sei. Daran hat man sich nach 1914 erinnert, nachdem Frankreich am 12. August 1914 an Österreich-Ungarn den Krieg erklärt hat und die Gemahlin Kaiser Karls I., Zita, ein wenig prätentiös eine Haltung an den Tag legte, die dem Bundesgenossen in Berlin nicht zusagte.

In Wien haben sich am Abend des 28. Juni 1914 einige nicht auf Urlaub befindliche Herren der k.k. Regierung und ihre Berater im Palais am Ballhausplatz zusammengetan. *Vom Krieg war nicht die Rede.* Konkret war man sich einig, daß der wilden Hetze gegen die Serben in Bosnien, die nach dem Mord anfing, Einhalt zu gebieten sei. Und daß bei der Vorbereitung des nunmehrigen Thronfolgers Erzherzog Karl einiges geschehen müsse, um für

seine zu erwartende Übernahme des kaiserlichen Amtes mehr Qualität und Quantität an Wissen und Erfahrung an ihn heranzubringen.
Auch in Washington dachte Dumba in seiner Residenz, einem nicht eben geschmackvoll erdachten Backsteinbau, nicht an Krieg. Zu oft ist nach der Annexion Bosniens und der Herzegowina im Achterjahr von Krieg die Rede gewesen. Die längst über die Grenze kommenden Haßwellen serbischer Politiker verstärkten sich seither. Nach den Siegen der Serben in den Balkankriegen 1912/13 kam zu ihrem Haß ein gesteigertes Selbstbewußtsein. Man wollte es nach der Vertreibung des Kranken Mannes am *Bosporus* aus dem allergrößten Teil seines europäischen Gebietsbestandes mit dem Kranken Mann an der *Donau* aufnehmen: diesem die von Südslaven bewohnten Gebiete abjagen. So wie in den Balkankriegen war man in Serbien fest davon überzeugt, daß der russische Zar auch in diesem Fall gar nicht anders konnte, als den Österreicher-Ungarn in den Arm zu fallen, wenn diese sich erdreisten würden, der Gewalt der Serben mit der Gewalt der immerhin kampfstarken Armee des Vielvölkerstaates zu begegnen. In Belgrad rechnete man damit, daß die slavischen Brüder im Kriegsfalle nie auf die Gegner der Donaumonarchie schießen würden, am wenigsten die *Tschechen*.
Dumba war in Washington Tatzeuge der Friedensgesinnung des Leiters der US-Außenpolitik William J. Bryan. Bryan hat diesen Ruf anläßlich der im Dreizehnerjahr erfolgten, eher mißlungenen Polizeiaktion in Mexiko zwar bekleckert; seine Reden troffen aber von Friedensbeteuerungen. Zur selben Zeit, als die US-Army auf mexikanisches Gebiet eingedrungen ist, hielt er eine Serie von Reden, die Dumba, gemischt mit einigem Sarkasmus, dem Ballhausplatz zur Kenntnis brachte. Dumba belächelte die Lyrik, zu der sich Bryan aufschwang. Bryan war 1913 überzeugt, daß er während seiner Tätigkeit im State Departement keinen Krieg erleben werde. Er war glücklich, einer Regierung anzugehören, die in seinen Augen Vorkämpferin des Friedens war. Das amerikanische Volk sei von Natur aus begabt, sein Blut nicht in Kriegen zu verspritzen, wie das Monarchen ihren Völkern abverlangten. In einer

Rede auf einem von der Carnegie Stiftung gegebenen Bankett berauschte sich der Antialkoholiker – an seinen Worten. Es gäbe keinen Konflikt, der nicht auch ohne Waffengewalt lösbar sei. Im Rausch der Gefühle vergaß er die Aktion der US in Mexiko, die Kriegsgefahr auf dem Balkan et cetera. Die nächste Rede hielt er im Army- and Navy Club und sie war der Clou.
Dumba konnte es sich nicht verkneifen, in seinem Bericht an den Ballhausplatz wörtlich zu sagen, Bryan hätte seiner Phantasie einen lyrischen Schwung gegeben und Sätze gebraucht, wonach »... an Stelle der jetzigen stählernen Kolosse des Meeres Fahrzeuge, deren Compaß das fühlende Herz sein wird, und deren Geschosse, vom rauchlosen Pulver der Liebe in ... die Ferne geschleudert, eitel Wohlwollen und Sympathie verbreiten werden.«
Bryan nannte die neuartigen *Dreadnoughts seiner Friedensgesinnung* Freundschaft und Gemeinsamkeit, und Befehlshaber dieser Schiffe sollte ein *Prinz des Friedens* sein ...
Sarkastisch bemerkte Dumba am Rand, daß die Angst vor Japan und die Misere in Mexiko die Friedensgesinnung Bryans gefüttert haben dürften. Die Zuhörer, Berufssoldaten, trugen auf ihre Art zu dem so eröffneten Friedensgespräch bei. Ein Fachmann, den Dumba als Sprecher der amerikanischen Wehrmacht vorstellte, machte darauf aufmerksam, daß die US zur Zeit einem entschlossenen Gegner *wehrlos* preisgegeben seien. Im Kapitol meldeten sich Sprecher zu Wort, die eine parlamentarische Untersuchung der klaffenden Lücken der Landesverteidigung in einem eigens dazu berufenen Ausschuß verlangten. Diese *oppositionellen* Redner beschworen leider den Vorwurf, ihre unlängst am Ruder befindliche Partei sei Schuld daran, daß besagte Lücken bestanden. Derlei Bedenken führten in den US zur Schaffung einer *»National security league«*, die von New York aus im ganzen Land wirken wollte.
Man kam bei der einmal angefachten Diskussion vom Hundertsten ins Tausendste, und ein Schrei der Empörung wurde in den US da und dort hörbar, als zu lesen war, daß für jedes Torpedoboot der US-Navy nur *ein* Torpedo vorhanden sei. Wilson sah sich schließlich veranlaßt, auf gut Glück zu behaupten, das Land

sei *nicht unvorbereitet.* Und die Umwandlung der US in ein Feldlager – so stellte der Präsident ein stehendes Heer hin – sei unmöglich. Das wäre eine *Demoralisierung* der Verfassung und der freiheitlichen Grundsätze. Er könne sich die Erweiterung der Nationalgarde vorstellen. Das eigentliche Bollwerk der US sei jedoch die Kriegsflotte. Und diese sei *vorzüglich* gerüstet. So hätten die US keinen Angriff zu fürchten, denn sie verfolgten eine weise Friedenspolitik. Um den letzten Satz nicht in seiner Wirkung zu beeinträchtigen, erwähnte Wilson mit keinem Wort die um diese Zeit mit mäßigem Erfolg in Mexiko operierende Polizeitruppe der US-Army.

So gesprochen, als die *US bald in Mexiko, Rußland auf dem Balkan* in Aktionen verwickelt waren, die keineswegs von einer weisen Friedensgesinnung und -politik zeugten.

Den Juli 1914 erlebten Dumba und seine Herren mit gespanntestem Interesse. Vom Ballhausplatz kam im Verlauf des Juli 1914 wenig, was diese Spannung hätte lösen können. Dumba war zu sehr auf Zeitungsnachrichten angewiesen, wobei er sich an das hielt, was die renommierten liberalen Zeitungen der Alten und der Neuen Welt über die Entwicklung des zwischen Wien und Belgrad schwelenden Konfliktes brachten. Eine Zeitung schrieb in jenen Tagen, das ehedem *berühmte Konzert der europäischen Mächte* produziere Musik, die sich nicht gut anhöre. Offenbar spiele jeder Musiker einen Part nach Noten, die von Pult zu Pult verschieden aufgelegt würden. Was auffallen mußte, war, daß in den US mehr und mehr jene Version des Konfliktverlaufs von der heimischen Presse übernommen wurde, die aus London über den Atlantik kam. Dort war *Seton-Watson* eifrig dabei, Serbien nach dem Mord in Sarajevo Schützenhilfe zu leisten, indem er verlautete, Wien sei im Begriffe, foul play zu betreiben. Gemeint waren erste Hinweise auf die Tatsache, daß von Sarajevo eine Spur direkt nach Belgrad führte. Er wurde später im Krieg der Anführer der Propaganda, die sich vor allem gegen Österreich-Ungarn richtete. Mit einem Seufzer der Erleichterung schrieb er nach Kriegsausbruch einer Bekannten, *er müsse fortan nicht mehr so tun als ob …* (wie bisher, als er eine Publikation dem österreichischen Staatsmann widmete, der das Genie und den Mut besitzen werde, die südslavische Frage zu lösen. Er nannte 1913 diese Widmung eine in *zwölfter Stunde*.)

London sorgte dafür, daß jene Lügenmeldung der serbischen Regierung in aller Welt verbreitet wurde, wonach ihre Hauptstadt sogleich nach der Kriegserklärung Österreich-Ungarns an Serbien mit schwerer und schwerster Artillerie beschossen wurde. So seien die Opfer an Menschen groß, die an Material *unermeßlich. Diese Lüge,* die ein echtes Kriegsverbrechen war, wurde nach 1918 von den Siegern nie releviert. Und doch hat diese Lüge, die der serbische Gesandte in Petersburg verbreitete, entscheidend dazu beigetragen, daß der Zar die *allgemeine* Mobilmachung verfügte. Und sohin den Aufmarsch seines Riesenheeres gegen Österreich-Ungarn, das eben in eine gegen Serbien laufende Teilmobilmachung verheddert war. *Rußland war der erste Staat, der 1914 eine Generalmobilmachung begann.* Dieser folgte eine des Deutschen Reiches, gleichzeitig traf Frankreich in Erfüllung seines Kriegsbündnisses mit Rußland die Vorbereitung zur Mobilmachung, die das Deutsche Reich in Gewärtigung eines Zweifrontenkrieges, eingekeilt zwischen Rußland und Frankreich, mit der Kriegserklärung an Frankreich beantwortete. Es war übrigens das erste Mal in neuester Zeit, daß derlei nicht von Frankreich ausging. Österreich-Ungarn trat erst nach der Kriegserklärung Großbritanniens an das Deutsche Reich in den Krieg mit Rußland. Im übrigen kassierte es die Kriegserklärungen Großbritanniens, Frankreichs, Montenegros (!), später die Italiens und Rumäniens (seiner bisherigen sogenannten *Bundesgenossen),* auch jene Griechenlands, Chinas (!), Siams, zuletzt der US und Kubas.

In Washington saß Dumba auf Nadeln. In der Endkrise vor Kriegsausbruch drahtete er, er bekäme nicht einmal französische und englische Zeitungen, um sich wenigstens an Hand derer zu informieren. Nach Kriegsausbruch war es eine der ersten erfolgreichen und folgenschweren Maßnahmen Großbritanniens, die Überseekabel des Deutschen Reiches zu kappen. Graf Berchtold versuchte, Dumba von der so geschaffenen Situation in Kenntnis zu setzen:

»Da die Verbindung durch das Deutsche Kabel unmöglich ist und die englischen Behörden sich weigern, unsere Kabel (schon *vor* erfolgter Kriegserklärung) zu übermitteln, sind wir (in Wien) für einige Zeit ohne Verbindung mit Ihnen. Der amerikanische Botschafter hat es uns ermöglicht, Ihnen folgendes mitzuteilen ... Im Falle, daß Sie mit uns in Verbindung treten wollen, sollten Sie versuchen, das durch Vermittlung des *amerikanischen State Departements* zu tun.« Unterschrift Berchtold.

Dieses Telegramm macht die ganze Tragödie der Isolierung der Mittelmächte auf dem Gebiet der Nachrichtenübermittlung im Krieg deutlich. Es enthüllt aber auch das absolute Privilegium Großbritanniens, Kriegspropaganda nach seiner Version in aller Welt zu betreiben und jede Gegenpropaganda zu verhindern. Die Dinge gerieten, was Österreich-Ungarn anlangt, so weit, daß Berichte des k.u.k. Botschafter in Washington, aufgegeben im Jahr 1916, erst im Oktober 1919, ein Jahr nach Kriegsschluß, dem Ballhausplatz ausgefolgt wurden ...

Vor Tisch las sich das ganz anders. Am 5. August 1914, einen Tag nach der Kriegserklärung Großbritanniens an das Deutsche Reich, erließ Präsident Wilson eine Neutralitäts-Proklamation, in der es hieß:

»Die Vereinigten Staaten müssen neutral sein, tatsächlich und ausdrücklich neutral ... Wir müssen in Gedanken und Taten unparteiisch sein und *unsere Gefühle zügeln«*.

Der Präsident selbst tat sich nicht leicht mit seiner Devise. Und die Presse in den US schrieb völlig zügellos und zwar everything that fits to print. Der Einmarsch deutscher Truppen in *Belgien* gab London den gesuchten Vorwand, an die Seite Frankreichs und Rußlands zu treten. Während des ganzen Krieges erfuhr der Rest der Welt nichts von jenen Aktenfunden der Deutschen in Belgien, aus denen hervorgeht, daß das *neutrale* Belgien schon 1906, *während der Marokkokrise,* in Absprachen der Generalstäbe die militärische Zusammenarbeit mit Großbritannien vorbereitet hat ...

Belgien, das war 1914 in den Augen der übrigen Welt jenes unglückliche Land, in dem deutsche Soldaten hausten wie keine

Streitmacht seit den *Hunnenkriegen.* Vergessen war das von Ludwig XIV. den Deutschen zugedachte Los einer Zone Verbrannter Erde als Niemandsland zwischen beiden Ländern und das, was seit dem 30jährigen Krieg Soldaten des Allerchristlichsten Königs in Deutschland angerichtet hatten. Jetzt, 1914, arbeitete in Paris ein Gremium von Fachleuten an Fotomontagen, um die britische Propaganda durch die Lieferung von Fotos der Opfer deutscher Grausamkeit zu unterstützen.

Die Medien in den US gaben bald jede Kritik gegen derlei Lieferungen auf und druckten, was sensationell war. Ein Höhepunkt der Belgien betreffenden Propaganda war die in den US gelesene Zeitungsmeldung, wonach aus Europa ein Schiff mit schwangeren Nonnen gekommen sei. Opfer der barbarischen Sinneslust der dafür bekannten Bayern. Der Dichter Rudyard Kipling, einmal gerne in deutschen Übersetzungen gelesen, schrieb das Gedicht, das in diese Kerbe schlug, indem es mit den Worten anfing: *Die Hunnen sind am Tor.*

Nie kam die Propaganda der Deutschen, von jener Österreich-Ungarns gar nicht zu reden, gegen die der Feindmächte auf. Das damalige Versagen der deutschen Kriegspropaganda wurde im Zweiten Weltkrieg für Hitler ein Anlaß mehr, bei seiner Propaganda nicht nur andere Typen zu verwenden als jene von 1914; sondern auf eine Lüge anderthalb Lügen zu setzen. In London wurde nach 1914 der Eigentümer und Herausgeber der London »Times« Viscount of Northcliffe von der Regierung mit der, wie es hieß, Abwehr der Feindpropaganda betraut. Northcliffe war von Anfang an der Überzeugung, daß der Angriff die beste Form der Verteidigung ist, und so überschwemmte sein Amt alle Welt mit Unmengen falscher und gefälschter Meldungen. Aber er unterdrückte auch fällige Meldungen. Etwa die Tatsache, daß Großbritannien schon im Februar 1915 die *Neutralität Griechenlands* verletzte, indem es von griechischem Territorium aus den Angriff auf die Dardanellen eröffnete; die Welt erfuhr auch nichts vom *Ausmaß der Katastrophe* dieser nach einem Plan von Winston Churchill ausgeführten kombinierten Aktion zur See und auf dem Land; und noch weniger, daß als Folge dieser total mißlungenen

Aktion die *Westmächte das neutrale Griechenland als Basis für eine Front auf dem Balkan benützten;* daß sie anfängliche *Widerstände* des griechischen Heeres und der Regierung mit Gewalt überwanden; und daß sie den Sieg über das in den Krieg gezerrte Griechenland damit krönten, daß sie *im Land einen Putsch organisierten,* der ein der Entente genehmes Regime an die Macht brachte. Derlei Nachrichten wären peinlich gewesen, nachdem immer noch die Platte mit den aus und über Belgien erfundenen Motiven im Westen abgespielt wurde. Auch in den US.

Kaum war in Europa der Krieg ausgebrochen, da änderte sich wie durch Zauberschlag die Schreibweise der in den US erscheinenden *Zeitungen der Exilpolitiker aus Österreich-Ungarn* und ihrer Publizisten. *Jene Polen,* die einmal die Monarchie um Waffen und Ausbildner für einen Kampf gegen Rußland und den Zarismus angegangen waren, kümmerten sich nicht groß um die Tatsache, daß Österreich-Ungarn in Verkennung der Lage den ehemaligen Terroristen und späteren polnischen Sozialdemokraten Pilsudski mit der Führung einer Polnischen Legion betraute, die im Verband der österreich-ungarischen Truppen an der Ostfront kämpfen sollte. Und Teile dieser Legion haben sich bei der Abwehrschlacht in den Karpaten im Winter auf 1915 noch bewährt.

Es gab Ausnahmen: Noch im April 1915 reiste mit Papieren, die das k.u.k. Konsulat in Cleveland ausgestellt hatte, das polnische Ehepaar Withold von Rylski sowie ein gewisser Kasimir Glucarski aus den Staaten mit dem Ziel, sich dem Stab Pilsudskis anzuschließen. Die Gattin des Ersteren stammte aus der nach dem Polenaufstand 1830/31 aus Russisch-Polen über Österreich geflüchteten Familie Czachwicki, ein Sohn aus dieser Familie ist k.u.k. Rittmeister geworden. Auch das gehört zur Tragödie der Polen, die sichtlich nie aufhört ... Die *Serben* in den US litten nicht unter Zwiespältigkeit ihrer Sympathien. Sie unterstützten alles, was die Kampfkraft ihres Serbiens stärkte. Ein »Relief Committee« brachte erstaunlich viel Mittel auf: Und am 6. Jänner 1915 fuhr der erste Schiffstransport vom Pier 37 des Hafens Brooklyn ab. Der Name des Schiffes deutet auf die selbstverständlichen

Hilfen hin, die Großbritannien dem verbündeten Serbien zuteil werden ließ: »Earl of Elgin«. Nur war es so, daß die Ladung nicht bloß aus wärmenden Socken bestand, daß also die US es geschehen ließen, daß aus ihrem Gebiet Kriegsmaterial in einen kriegführenden Staat verschifft wurde. Und das nicht nur Richtung Serbien. Denn:

Im Verlauf des Jahres 1915 kamen die Verhandlungen der *Entente*-(= West)mächte mit der Bewilligung eines enormen Darlehns beim amerikanischen Bankhaus Morgan & Cie. an. Dieses Geschäft ermöglichte es, die Lieferung von Kriegsmaterial aus den US nach Großbritannien und Frankreich zu vervielfältigen. In Gewärtigung dieses Erfolgs hat die Deutsche Regierung schon im April 1915 in Washington gegen diese Lieferungen Protest einlegen lassen. Binnen vier (!) Tagen haben die Deutschen die Ablehnung des Protestes in Händen gehabt. Vorbei war die anfängliche Praxis der US, die noch im Dezember 1914 in London dagegen protestiert haben, daß britischerseits *Lebensmittellieferungen an die Mittelmächte unterbunden* wurden. London belehrte Washington und überzeugte es schließlich, daß die Aushungerung der Hunnen immerhin eine unblutige Aktion zur rascheren, siegreichen Beendigung des Krieges sei. Auch Wien legte, so wie Berlin, einen Protest gegen die Aushungerung und ihre sichtbaren Auswirkungen ein. Diesmal hatte das State Departement keine Eile. Belehrte man die Deutschen durch eine Ablehnung binnen *kürzester* Frist, woran sie waren, so ließ man die Österreicher *einfach monatelang ohne Antwort* ...

Money makes ist. Der 1914 ausgebrochene Krieg bestätigte den Satz auch bezüglich der Führung des Propagandakriegs. Dumba hatte für Spezialwaffen in diesem Krieg kein Geld. Wohl aber die Deutschen. Die Zeitung »New York Times«, gewiß kein reaktionäres Käseblatt, erklärte durch einen Vertrauensmann, sie sei bereit, für ein Entgelt von 1 Million $ auch den deutschen Interessen in ihren Spalten genügend Raum zu geben. Ein wertvolles Angebot, aber zu kostspielig, als daß selbst der kaiserlich deutsche Botschafter darauf hätte einsteigen können.

Chicago, eine Stadt, in der sich immer mehr Immigranten tschechischer Herkunft ansiedelten, wurde eines der Zentren, von denen aus in den US die Angriffe gegen den Zusammenhalt in der Donaumonarchie lanciert wurden. Dort waren tschechische Kreise bereits in der Lage, gegen amerikanische Zeitungen aufzutreten, wenn diese ein Image des Alten Österreich verbreiteten, das diesen Tschechen nicht paßte. In der dortigen »Tribune«, schrieb die Witwe eines früheren Missionschefs der US in Wien Beiträge, die ein ganz anderes Bild Österreich-Ungarns gaben als jenes, das für die Propaganda gegen diesen Staat verwendet wurde. Die Redaktion sah sich veranlaßt, den Leserwünschen, die sich gegen die Beiträge der Dame wandten, nachzugeben, und so verstummte diese Stimme im Blätterwald.

Polen haben bis zuletzt Verwirrung gestiftet in Kreisen derer, die im Alten Österreich die nationale Revolution betrieben. So zum Beispiel haben in der Hafenstadt Philadelphia Polen gegen die Waffenausfuhr nach Großbritannien, Frankreich und Rußland demonstriert. Sie wollten verhindern, daß die Russen solche Waffen im Kampf gegen die Polnische Legion einsetzten. Da hatten die Tschechen, deren Landsleute an der Front gegen Rußland auch mit der Zeit die Waffenlieferungen der US an Rußland verspürten, weniger Skrupel. Warum taten es die Polen nicht so wie jene Tschechen in der alten Heimat, die einfach zu den Russen desertierten und sich damit den Gefahren des Krieges entzogen, gleichzeitig aber auch der guten Sache der Tschechen dienten? Dies um so mehr, als sich in Rußland Kampfverbände aus den Reihen der dort ansässig gewordenen Tschechen bildeten.

Cleveland war ein anderes Zentrum der von Exilpolitikern gegen die Monarchie gerichteten Propaganda und Aktivitäten. »The Cleveland Reader« brachte eine aus Kanada stammende Nachricht, wonach sich dort Angehörige des »Sokol« freiwillig zum Dienst bei den britischen Truppen in Frankreich gemeldet hätten. Die polnischen »Sokol« in den US nahmen den Geistlichen, die bisher Sprecher polnischer Immigranten waren, dieses Recht mehr oder weniger unter Druck ab und gaben damit den nationalen Belangen ihrer Landsleute eine farbigere und wirksamere Vertretung.

Dumba übersah solche Details nicht. Er stammte aus einer der reichsten Familien des Alten Österreich und wußte von Haus aus, daß man vor allem in den US gut tat, den Satz: »Money makes it« nie zu vergessen.
Nach Kriegsausbruch entstanden Probleme wegen 5 ½%iger Schatzscheine, welche das Emissionshaus Kuhn, Löb & Cie. ausgegeben hatte und deren Rückzahlung per 31. Dezember 1915 fällig wurden. Auch Engländer hatten seinerzeit solche Schatzscheine erworben; nach Kriegsausbruch mußte Dumba dafür sorgen, daß die Rückzahlung nicht Angehörigen von Feindstaaten zugute kam. Es gab da eine Manipulation, nach der dieser unerwünschte Effekt verhindert werden konnte. Einflußreiches Mitglied des Boards dieses Hauses war der aus *Hamburg* stammende Felix Warburg, Schwiegersohn des aus *Frankfurt* am Main stammenden Jacobus Henry Schiff und durch diesen mit Kuhn, Löb & Cie. liiert. Dieser familiäre und finanzielle Zusammenhang wurde für Warburg ein Hindernis, in der Wilson-Ära die Zustimmung des Senats für die Nominierung in den Board der Federal Reserve Banc zu bekommen. Warburg entledigte sich darauf sofort der Partnerschaft zu der durch das mit dem k.k. Finanzministerium abgeschlossene Geschäft in Mißkredit gekommenen Firma. Er trat aus, und Wilson kam mit ihm im Senat durch. Später hatte Dumba mit Schiff eine Unterredung, bei der ihm sein Gesprächspartner im reinsten Frankfurter Dialekt verständlich machte, daß sein Haus der Sache, die Dumba vertrat, nicht mehr dienlich sein könne. Dumba war gescheit genug, um seither zu wissen, auf wessen Sieg in Europa die Geldleute in den US setzten. Für die Monarchie sah es darnach trüb aus.
Zu dieser Erkenntnis kam eine andere: Konnten 1914 noch die deutschen Vereine in den US zugunsten der *Neutralität* der US in den Straßen demonstrieren, verschwanden derlei Kundgebungen mehr und mehr aus der Öffentlichkeit. Bürger der Vereinigten Staaten, die nach Herkunft und Anschauung sich immer noch als Deutsche fühlten, mußten es zuletzt erleben, daß ihre Söhne *over there* gegen das Vaterland ihrer Vorfahren kämpften und entscheidend zu dessen Niederlage und staatlichem Zusammenbruch

beigetragen haben. In den US gab es ein reich entwickeltes Vereinswesen, wie es die Deutschen aus ihrer Heimat gewohnt waren. Viele Deutsch-Österreicher schlossen sich drüben diesen Gemeinschaften an. Es wäre schwer gewesen, ähnliche österreichische Gemeinschaften mit slavischen oder magyarischen Einwanderern zustande zu bringen. Nur zu Kaisers Geburtstag versammelten sich auf der k.u.k. Botschaft und auf den Konsulaten Angehörige der österreichisch-ungarischen Kolonie.

Bemerkenswert ist der Umschwung der Schreibweise der damals in den US erscheinenden Zeitungen in deutscher Sprache. Langsam verstummte der Ausdruck der Freude über Waffenerfolge der Mittelmächte. Als Ende 1914 die Russen bis nahe an Krakau gekommen waren und die Propaganda der Entente den Marsch der Russen auf (Buda-)Pest und Wien ankündigte, war noch so etwas wie Schwermut den in deutscher Sprache geschriebenen Blättern zu entnehmen. Anders nach dem Erfolg der großartig angelegten Durchbruchsschlacht der Mittelmächte bei Gorlice-Tarnov im Frühjahr 1915. Obwohl die Russen vor dieser Offensive bis zu 400 Kilometer zurückweichen mußten und 700000 Russen in die Gefangenschaft marschierten, war es den deutschsprachigen Blättern nicht mehr möglich, mehr zu schreiben als das, was allgemeine Tendenz in den amerikanischen Medien war: Man wisse nichts Genaueres über diese Kampfhandlungen; unleugbare Erfolge der Mittelmächte wurden unkenntlich gemacht, indem die Orte, an denen sie erzielt wurden, nicht oder ungenau genannt wurden. So konnten die Leser nicht ihren Zeitungen entnehmen, daß die Zarenheere auf weiten Strecken in die Flucht geschlagen wurden. Daß es nie einen Marsch auf Berlin oder Wien geben wird.

Die für slavische und andere Immigranten aus Österreich-Ungarn geschriebenen Zeitungen trösteten die Landsleute und ihre amerikanischen Mitbürger mit der Versicherung hinweg, die Armee des Zaren sei noch durchaus in der Lage, den Österreichern viel schwerere Niederlagen beizubringen und noch mehr Gefangene zu machen als diese. Als 1916 in Russisch-Polen die Österreicher-Ungarn bei Luck tatsächlich eine schwere Niederlage und hohe Verluste erlitten, war der Beweis gegeben, daß die günstigen Prophezeiungen von 1915 sich erfüllt hatten und man in Zukunft nicht mehr in Erfolge der Mittelmächte irgendwelche Erwartungen setzen sollte.

Dennoch und bis zum letzten Schuß im Krieg trieb die zumal von London gegen die Mittelmächte geführte Greuelpropaganda ihr Unwesen. Als eine britische Spionin bei Erfüllung ihres Auftrags ertappt und abgeurteilt wurde, lieferte London längliche und rührende Legenden. Anders, als die Franzosen, die Mata Hari, eine Schönheitstänzerin niederländischer Herkunft, verhafteten. Es genügte, daß unter den Freunden der Unglücklichen auch einmal deutsche Offiziere waren. Man erschoß sie, und erst die Filmproduktion der Nachkriegszeit griff im Westen das Thema auf.

Dumba, kein Chauvinist, kein Verfechter eines Siegfriedens der Mittelmächte, vielmehr nach dem Krieg Präsident der Völkerbundliga in Wien, war nicht glücklich bei dem, was die Zentrale in Wien von ihm – auf Umwegen – verlangte: Vergebens unterstützte er jene amerikanischen Firmen, die auf »Schwarze Listen« kamen, weil sie nicht nur an Ententemächte, sondern auch an die Mittelmächte Lieferungen tätigten. Er war machtlos, als der junge Kaiser Karl I. versuchte, auf dem Umweg über Madrid in direkte Fühlung mit Wilson zu kommen, der britische Secret Service aber die Post spolierte und London in Washington triumphierend seine Beute vorzeigte. Noch protestierte Washington gegen derlei Praktiken Londons. Es protestierte auch, als britische Transporter unter der Flagge der US Kriegsmaterial über den Atlantik schifften, um so der U-Boot-Gefahr zu entgehen. Berlin verbot um diese Zeit ganz allglemein, Schiffe unter neutraler Flagge anzugreifen. Das kam jenen britischen Transportern zugute, die die Stars und Stripes mißbrauchten, oder amerikanischen Frachtern, die Konterbande für die Ententemächte an Bord hatten und sich den Schutz der Flagge ihres Heimatlandes zugute halten durften.

Die Regierung in Berlin drängte die deutsche Seekriegsleitung zu immer mehr Einschränkungen des Handelskriegs, wie er von Unterseebooten geführt wurde. Bis das Frühjahr 1915 zwei dramatische Zwischenfälle brachte:

Im April 1915 stellte das deutsche Unterseeboot U 27 einen

Transporter, der unter *neutraler* Flagge im Umkreis der Britischen Inseln lief. Ein Kommando zur Untersuchung der Neutralität und der Ware wurde an Bord des U 27 abgefertigt. In diesem Moment fiel auf dem angeblich neutralen Schiff die Tarnung eines Geschützes, das sofort ein gezieltes Feuer eröffnete und das Unterseeboot zum Sinken brachte. Soweit sich die Mannschaft nicht im Inneren des Bootes befunden hatte, versuchten die Matrosen, schwimmend ein rasch aufkommendes Schiff zu erreichen. Dieses Schiff – es war ein britisches – nahm auch die Deutschen an Bord. Aber die Kanoniere des Schiffes unter falscher Flagge griffen jetzt zum Gewehr und machten sich hinter den Deutschen her. Einige konnten sie noch im Wasser abschießen, den Rest stellten sie an Bord des zur Rettung gekommenen Schiffes. Sie schlugen die aus Seenot geretteten Deutschen nieder, einen nach dem anderen. Diese Heldentat beging die Besatzung der »Baralong«, die eine der ersten sogenannten U-Boot-Fallen der Royal-Navy war. Es vergingen Jahre, bis die Öffentlichkeit in den US den wahren Sachverhalt hierüber erfuhr. Sofort und unter allergrößter Beteiligung der Presse wurde jedoch bekannt, was im Mai 1915 diesem Zwischenfall folgte.

Am 22. April 1915 gab die Kaiserliche deutsche Botschaft in Washington eine Warnung heraus: Amerikaner, die auf der Direktroute einen Hafen der Britischen Inseln erreichen wollten, begäben sich so auf eigene Gefahr in das Gebiet des See- und Blockadekriegs. Sie sollten also diese Route besser vermeiden. Amerikanische Zeitungen druckten diese offizielle Warnung meistens zugleich mit einem Inserat der Cunard-Line ab, die für Mai 1915 unter anderem eine Fahrt des britischen Luxusdampfers »Lusitania« über die Direktroute nach Liverpool ankündigte. Zahlreiche Amerikaner hielten nichts von der Drohung der Deutschen und dachten nicht daran, auf die Überfahrt mit der »Lusitania« zu verzichten und einen zeitraubenden Umweg über einen neutralen Hafen in Südwesteuropa zu nehmen.

In den ersten Maitagen ging die »Lusitania« in See. Sie hat in New York nicht nur *amerikanische Passagiere* an Bord genommen, sondern auch *Granaten, welche die britische Artillerie dringendst*

brauchte nach den schweren Materialeinbußen der ersten Kriegsmonate. Am 7. Mai wurde die »Lusitania« im Seekriegsgebiet torpediert. Die Munitionsmengen im Laderaum explodierten, das Schiff sank, so wie die 1912 von der »White Star«-Linie in ein Todesrennen über den Atlantik geschickte »Titanic«. Amerikaner wie der Expräsident Theodore Roosevelt, die bisher für die *Neutralität* der Staaten gewesen waren, verlangten jetzt den *Kriegseintritt* der US. Nachher haben amerikanische Historiker bedauert, daß die US letzteren Akt bis ins Frühjahr 1917 vertagt haben, als Rußland bereits militärisch am Ende war. 1916 wäre ein beschleunigter Krieg der US, koordiniert mit der Brussilov-Offensive in Russisch-Polen, zum Zangenangriff gegen die Mittelmächte geworden. Der Krieg wäre um zwei Jahre verkürzt worden. Auch Dumbas anfängliche Hoffnung, die Mittelmächte würden die Möglichkeit eines Sieges über Rußland ausnützen und nachher mit den Westmächten einen Verständigungsfrieden schließen, erfüllte sich nicht.
Durch die völlige Verminung war die Zufahrt zu deutschen Häfen blockiert. Seeminen machten es möglich, ohne Gefahr für Kriegsschiffe der Alliierten die Seewege zu unterbinden: Minen konnte man ja nicht zur Verantwortung ziehen, wenn ein neutrales Schiff auf Mine lief, ohne daß die Prozedur nach der Prisenordnung hätte stattfinden können. Es gab nur eine Waffe, die rechtswidrige Manier der britischen Seekriegführung zu konterkarieren: Keine automatische Vernichtung von Transportern, die die Britischen Inseln mit Konterbande belieferten, dafür erneute Aufnahme des Unterseebootkrieges seitens der Kaiserlichen Marine.
Für die k.u.k. Marine war all das kein Problem im Seekrieg. Gleich zu Beginn hatte sie einen Angriff der französischen Flotte gegen das österreichisch-ungarische Nordufer der Adria erfolgreich zurückgewiesen; seither drohten von seiten Frankreichs keine Gefahr und keine Konflikte. Im Mittelmeer führten deutsche Unterseeboote den Seekrieg. Italien erklärte im Frühjahr 1915 der Monarchie den Krieg, vermied es aber, gleiches auch Berlin anzutun. So, wie *Amerikaner* in Frankreich als Neutrale dennoch als Kampfflieger am Krieg gegen die Deutschen teilnahmen und da-

bei amerikanisches Kriegsmaterial benützten, taten es deutsche Marineure:

Sie lieferten die viel leistungsfähigeren Unterseeboote der deutschen Marine im Landtransport in die Einsatzhäfen der k.u.k. Marine. Diese Boote führten dann die Kriegsflagge Österreich-Ungarns. Die Besatzung stellte allergrößtenteils die deutsche Kriegsmarine. Und solche Unterseeboote hatten einen Operationsbereich, an den die k.u.k. Marine lange Zeit nicht herankam, obwohl auch deren Boote sich im Seekrieg tüchtig und erfolgreich zeigten. So wurde der Name Trapp populär, seine Familie wird nach 1938 als die Trapp-Familie mit dem Gesang des von der Gemahlin des Marineurs geleiteten Kinderchors Österreich einen guten Ruf in den US verschaffen.

Das weite Meer zwischen Gibraltar und dem Bosporus wurde freilich durch den Einsatz der deutschen Boote ein Seegebiet, dem man seitens der Alliierten aus dem Weg ging; oder nur gegen hohe Kosten das Risiko einer Transportanlieferung an die im neutralen Griechenland festsitzenden Truppen der Entente, gedrungenermaßen und unter Opfern, auf sich nahm.

Wilson war gut beraten, mit einer Armee, die sich unlängst in Mexiko nicht mit Ruhm bedeckt hatte und nicht im entferntesten an die Massenheere der Bürgerkriegszeit heranreichte, vorerst nicht in die Massenschlachten auf europäischem Boden einzugreifen. Er verlangte, daß die deutsche Regierung die Torpedierung der »Lusitania« bedauere, daß sie für angerichtete Schäden Ersatz leiste und in Hinkunft vermeide, was gegen das Kriegsrecht verstößt. Berlin wurde dem sofort gerecht, der Kommandant des Unterseeboots wurde diszipliniert.

Während sich diese Auseinandersetzung auf diplomatischer Ebene zwischen Washington und Berlin abspielte, bekam es Wilson zu seiner peinlichen Überraschung mit einer Argumentation zu tun, die in ähnlicher Form deutsche U-Boot-Kommandanten ihrerseits an höherer Stelle vorbrachten. Sie besagte, daß sich in Kriegszeiten niemand in ein Kriegsgebiet begeben solle, um ein privates Reisevorhaben trotz der ihm erteilten Warnung vor den Gefahren des Krieges auszuführen. Täte er das dennoch, dann ge-

schähe es auf eigenes Risiko; Bryan fügte hinzu, es wäre fatal, wenn einer solchen Mißachtung von Warnungen ein Konflikt folgen täte, der zum Blutvergießen führen, im gegebenen Falle die US in den Krieg bringen könnte. Und:
»Deutschland hat das Recht, Kriegslieferungen an die Alliierten (Entente, Rußland et cetera) zu verhindern; und ein Schiff, das solche Konterbande transportiert, darf nicht erwarten, daß seine Passagiere es vor einem Angriff schützen ... *Das wäre ja, als würde man (im Landkrieg) Frauen und Kinder vor die Front der kämpfenden Truppe stellen.«*
Es war gut, daß derlei nicht in die Öffentlichkeit drang. Bryan selbst ahnte nicht, daß er genau das aussprach, was die in steter Lebensgefahr befindlichen U-Boot-Leute »höheren Orts« immer wieder vorgetragen haben. Es war für Wilson ohnehin schon zuviel, auch wenn Bryan seine Ansicht hinter Polstertüren äußerte. Er wurde, wie man drüben sagte, gefeuert, und an seine Stelle trat ein Mann nach dem Geschmack Wilsons: Edward Lansing, ein geschulter Feind der Mittelmächte, der den Kriegseintritt der US an der Seite der Entente befürwortete und betrieb. An sich tat er es ohne Auftrag seines Präsidenten, der in der Krise des Jahres 1917 Manns genug war, um sich vom Kongreß die Zustimmung zur Kriegserklärung an das Deutsche Reich und den Abbruch der diplomatischen Beziehungen zu Österreich-Ungarn, zuletzt auch die Kriegserklärung an die Monarchie zu holen.
So – damit hatte Wilson den Weg frei in die Möglichkeiten, die US auf den Krieg vorzubereiten. *Preparedness* nannte man es drüben. Überall in den Staaten bildeten sich Zusammenschlüsse von Menschen, die fürchteten oder behaupteten, die Staaten könnten für mögliche ernste Eventualitäten nicht bereit sein. Flieger meldeten sich für die französische Fliegerei, eine sogenannte Fremdenlegion versammelte sich, und einer ihrer Angehörigen schrieb den Bestseller *»I have a Rendezvous with dead«*. Politiker und Geldleute organisierten das Ausbildungslager in Plattsburg, wo Freiwillige für den Kriegsdienst von Offizieren der US-Army und von englischen sowie französischen Offizieren mit Kampferfahrungen ausgebildet wurden. Die insgesamt 16000 »Plattsburger«

wurden ein wichtiger Kader des späteren Massenheeres der US im Krieg. Wilson, der bei Ablauf seiner ersten Amtsperiode hoffen durfte, eine weitere im Weißen Haus zu verbringen, vermied vor der entscheidenden Wahl durchaus jene hetzerischen Reden, mit denen er nach der Wiederwahl in der hektischen Art eines Prädikanten die Massen in eine wahre Kriegshysterie trieb. Zunächst hielt es der Pastorensohn mit der Bibel und warnte unter Bezugnahme auf Ezechiel XXXIII/6:
»Wenn aber der *Wächter* das Schwert kommen sieht und nicht in die Trompete stößt und das Volk nicht gewarnt wird, und das Schwert kommt und rafft einen von ihnen dahin, so wird dieser wegen seiner Schuld hinweggerafft. Sein Blut werde ich aus der Hand des *Wächters* fordern.«
Solange Bryan mittat, glaubten viele Amerikaner, daß preparedness nur eine Erfindung von Kriegstreibern sei, von Profitjägern, nicht aber die Sache des Präsidenten. Die so hofften, übersahen es, daß Wilson selbst einen im Kongreß gefaßten Resolutionsantrag versacken ließ, mit dem erreicht werden sollte, daß Amerikaner unbewaffnete Handelsschiffe eines der kriegführenden Staaten beschützten. Daß Deutsch-Amerikaner diesen Beschluß begrüßten, hat der Sache wohl nur geschadet. Im Jänner 1916 war Wilson immerhin couragiert genug, um zu erklären, *preparednesse* sei der einzige Weg, die US aus dem Kriegsgeschehen herauszuhalten. Vorbei waren die Zeiten, als die Deutsch-Amerikaner für Neutralität paradierten – jetzt wurde in den Straßen für preparedness demonstriert. Und dann machte Wilson den entscheidenen Schritt:
Er wechselte den Kriegsminister. Der neue Mann hieß Newton D. Baker. Daheim, als Bürgermeister von Cleveland hatte er noch gegen preparedness gewettert und so Stimmen gewonnen. Als Kriegsminister ließ er die Maske fallen, hinter der sich ein prinzipieller Feind der Mittelmächte zeigte. Und das war der nächste Schritt: Wollte man Massen an die Front in Frankreich werfen, *dann brauchte es eine Flotte.* Kriegsschiffe, die Transporte verläßlich gegen die Angriffe der deutschen Unterseeboote schützen konnten. Aber auch Transportschiffe. Im September 1916 bewil-

ligte der Kongreß eine damals astronomische Ziffer in Dollarbeträgen: 50 Millionen $ allein für Transporter.

Lansing half mit: Als im Kanal ein *französisches* Schiff, die »Sussex«, torpediert wurde und einige Amerikaner ums Leben kamen, erklärte Lansing, die Seekriegführung der Deutschen sei völkerrechtswidrig. Noch einmal erschreckte das bloße Wort von drüben die Herren in Berlin. Es war keiner unter diesen Deutschen, der Bryan zitiert und danach gehandelt, also Lansing gefragt hätte, was Amerikaner auf Schiffen kriegführender Staaten in der Zone des Seekrieges zu suchen hätten? Als man die einschlägige Ansicht Bryans zu hören begann, war der Krieg für die US und ihre Verbündeten schon längst gewonnen …

1916. Das Jahr der bisher größten Kämpfe zu Land und zur See verlief blutig: *Verdun,* wo Hunderttausende Deutsche und Franzosen verbluteten; nachher die Sommeschlacht, die die Ententetruppen 600 000 Opfer kostete, und die *Seeschlacht am Skagerrak,* in der die Kaiserliche Marine der Royal Navy mehr Opfer abverlangte, als sie selbst als die schwächere verlor. Im Osten aber marschierten Hunderttausende Österreicher-Ungarn nach der *Katastrophe von Luck* in russische Kriegsgefangenschaft. Und 1916 war ein Wahljahr.

Mit weitausholender Hand streute Wilson seine Gaben über das noch in Frieden lebende Volk. Für die Entschuldung der *Bauern* etwa, immerhin noch eine Masse im Wählervolk. Dann bekamen die *Arbeiter* die wohltätige Hand zu spüren, als der Präsident einen Generalstreik der Eisenbahner zu Ende brachte und zwar mit der Einführung des 8-Stunden-Tags und der Unterstützung für deren Selbsthilfeorganisationen durch den Staat. Die Philippinen erhielten eine Autonomie et cetera. Im Wahlkampf waren *Neutralität* und Hinweise auf die *Erfolge der Wilson-Administration* Hauptwörter in den Stehsätzen, die der Präsident auf seiner Rundreise den Leuten einhämmerte. Bis zum Tag der Wahl zitterte Wilson. Ein Überraschungserfolg in Kalifornien, Folge einer verfehlten Taktik der Gegner, sicherte die Entscheidung. Immerhin gewann der amtierende Präsident mehr Stimmen als in der ersten Wahl. Einmal gewählt, hatte Wilson freie Hand: *entweder*

mit Erfolg einen Frieden zu vermitteln, *oder,* wenn das nicht gelänge, an der Seite der Entente und ihrer Verbündeten in den Krieg einzutreten.
Es wäre gut gewesen, wenn Wilson, anfänglich selbst Historiker, aus dem Dilemma des amerikanischen Krieges eine Lehre gezogen hätte: Nämlich, daß Verfeindete, wenn sie einmal ineinander verbissen sind, einem Vermittler keine Chance geben. Wilsons Versuch, in Europa Frieden zu machen, war nach dieser Ansicht vorweg zum Scheitern verurteilt, der Weg in den Krieg keine Alternative, sondern einzig mögliches Ziel. Das Unglück wollte es, daß die Mittelmächte Ende 1916 den Friedensbestrebungen Wilsons mit einem eigenen Friedensangebot zuvorkamen. Dazu hat der junge Kaiser Karl I. von der ersten Stunde seiner Regierung an viel beigetragen. In Berlin war es der amtierende Reichskanzler Theobald von Bethmann-Hollweg, der den mutigen Schritt wagte. Mutig deswegen, weil damals noch Typen wie Mathias Erzberger und Gustav Stresemann, also die Männer vom 9. November 1918 und nachher, den Reichskanzler wegen seiner »Schwäche« vor der Öffentlichkeit arg diskreditierten.
Am 12. Dezember 1916 kamen die Mittelmächte mit ihrem Friedensangebot heraus, am 18. Dezember – wie ärgerlich – um sechs Tage *später* Wilson. Lange wurde vergessen gemacht, daß das deutsche, von Österreich-Ungarn unterstützte Angebot vor allem vom nunmehrigen britischen Premierminister *David Lloyd George* zu Fall gebracht wurde. Am 7. Dezember 1916 kam Lloyd George ins Amt. Was für eine Kulmination von Daten zu einer riesigen Fatalität. Denn Londons Stellungnahme zum Angebot der Mittelmächte hat Wilsons ablehnende Haltung in diesem Fall mitbestärkt. In Deutschland war der später von Nationalisten ermordete Erzberger 1916 noch immer für Durchhalteparolen gut, er wurde ja vom Staat für Propagandaarbeit bezahlt. Und Erzberger war nicht der einzige Parlamentarier, der an der Wende zum Jahr 1917 noch vom Sieg und von Annexionen redete. Wilson aber hatte für das, was er zu diesem Zeitpunkt noch wollte, um im Senat die Parole auszugeben:
»Frieden ohne Sieg.«

Statt eines Sieges einer Kriegspartei sollte diesmal der Krieg mit der Schaffung eines *Völkerbundes* enden, um für künftige Zeiten *Kriege unmöglich zu machen.* Von einem Frieden, der nur verarmte Verlierer hinterläßt, hielt Wilson zu Beginn des Jahres 1917 nichts. Das änderte sich sehr bald. Es wird ein Sieg sein müssen. Frieden predigte Wilson, aber er wird ein Massenheer nach Europa schicken, um die Mittelmächte zu zwingen, dieses ihnen zugedachte Glück eines verlorenen Krieges wie eine Erlösung auf sich zu nehmen. Im Wahlkampf haben die Anhänger des Gegenkandidaten Wilsons sich mit Sprechchören angefeuert und ihren Kandidaten lauthals in seinem Versprechen bestärkt, daß er die Amerikaner *nicht* in den Krieg führen werde. Wilsons Wahlparole war klüger, und sie fügte sich nahtlos in den *Kampfauftrag:* Frieden ohne Sieg. In seinem Fall war auch anfangs Kriegführen nicht wörtlich außer Betracht gezogen. Aber je mehr der zeitliche Abstand zur erfolgreichen Wiederwahl wuchs, desto freier ließ Wilson seinen Gefühlen Lauf. Das war nicht mehr der Verkünder der Idee des Friedens von 1913, sondern der brillante Volksredner, zu dem sich der frühere Vortragende entwickelt hat. Immer mehr Amerikaner sangen das Lied mit dem brausenden Refrain *»Over there, over there ...«* Ja, sie wollten Ordnung machen *drüben* in der verrotteten Welt, die ihnen manche Politiker als eine *Hölle,* im Falle der Habsburgermonarchie als einen elenden *Völkerkäfig* schilderten.
Noch war der Jänner 1917 nicht vorbei, da übergab der Kaiserlich deutsche Botschafter in Washington eine Note, in der noch einige Nachsätze zum Friedensangebot vom Vorjahr standen, deren Kern aber die offizielle Ankündigung eines *»uneingeschränkten Unterseebootkrieges«* war. Innerhalb einer von den Deutschen abgezirkelten Zone rund um England war fortan *jedes* Schiff der Gefahr einer Torpedierung ohne vorherige Warnung ausgesetzt. Mochte es ein bewaffnetes oder ein unbewaffnetes sein, eines unter neutraler Flagge oder eines unter der eines kriegführenden Staates. Gleiches wurde für den größten Teil des Mittelmeeres angesagt, wo nur entlang der Nordküste Afrikas ein Streifen für die Schiffahrt frei blieb. Im Mittelmeer würde aber Österreich-Un-

garn wahrscheinlich in unmittelbaren Konflikt mit der amerikanischen Handelsschiffahrt geraten oder es würden Schiffe versenkt, auf denen mehr oder weniger zufällig Amerikaner zur See reisten. Jetzt trat der junge Franklin D. Roosevelt als getreuer Paladin Wilsons in Erscheinung. Sein Amtsbereich war bescheiden: Er sollte dem Marineminister beigegeben werden, der seine Sorgen hatte, weil die Beistellung von Zerstörern zum Schutz der Handelsschiffe nicht voran ging; und andererseits die US schon genug getan hätten, um trotzdem schon mit einem Fuß im Krieg zu stehen. Wilson aber wartete. Ein Deutscher tat ihm den Gefallen, ihm ins vorgehaltene Messer zu laufen. Es geschah wie 1941, als der eben erwähnte Roosevelt als US-Präsident auf einen Exzeß der Japaner wartete, um Krieg führen zu können: Krieg gegen Hitler-Deutschland.

Der unglückliche Deutsche von 1917 hieß Arthur Zimmermann. Zusammen mit Admiral Holtzendorf hat er die Österreicher-Ungarn gegen den Widerstand des Kaisers, des ungarischen Ministerpräsidenten Tisza und des k.u.k. Großadmirals in das Experiment des »uneingeschränkten Unerseebootkrieges« gezerrt. Er gehörte zu den Männern in Berlin, die nach dem Fiasko der US-Army im Kampf gegen Pancho Villa nicht viel von der Kampfkraft der US hielten. Die Feindschaft, die der amtierende Präsident Mexikos Venustiano Carranza gegen die US hegte und die er bei der sogenannten Polzeiaktion der US im Jahre 1913 selbst zugunsten seines Todfeindes Pancho Villa bestätigte, ermunterte das Auswärtige Amt in Berlin zu einem Versuch. Am 19. Jänner 1917 richtete Zimmermann, Staatssekretär im AA, ein Telegramm an den Botschafter in Washington zwecks Weiterleitung desselben via mexikanische Botschaft in die Hauptstadt Mexiko.

Der britische Geheimdienst staunte nicht schlecht, als er das Telegramm entzifferte: Berlin trug an Mexiko für den Fall eines Kriegseintritts der US in Europa ein Bündnis zwecks gemeinsamer Kriegführung gegen den gemeinsamen Feind, die US an (!). Mexiko wurden finanzielle Hilfen zugesagt, der Rückerwerb der längst an die US verlorenen Gebiete der nunmehrigen US-Teilstaaten Neu-Mexiko, Texas und Arizona. Mehr brauchte die britische Regierung nicht, um Wilson den letzten Vorwand zur Kriegserklärung an das Deutsche Reich zu bieten. Dabei war Carranza bekannt, daß deutsche Agenten zuvor seinen Gegner Huerta ebenfalls mit Geld bestochen haben, um ihn für die Politik des Deutschen Reiches zu gewinnen! So wurden insgesamt 27 Millionen unnütz vergeudet, wobei Huerta und Carranza so ziemlich den gleichen Anteil bekamen. Für nichts und wieder nichts ...

Wilson antwortete nach Erhalt des Textes der Zimmermann-Note, der ihm sogleich von London depeschiert wurde, schrittweise. Am 26. Februar 1917 verlangte er vom Kongreß die Genehmigung, amerikanische Handelsschiffe zu bewaffnen. Dabei berief sich Wilson auf ein ähnliches Vorgehen Frankreichs im Jahre 1798, damals im Krieg gegen England. Der Kongreß ging nicht auf die Absicht des Präsidenten ein. Wilson beklagte sich bitter darüber, daß einige willfährige Geschöpfe nach dem Fiasko der Polizeiaktion in Mexiko sich hergegeben hätten, die US als *hilflos* und *verachtenswert* hinzustellen, aber der Präsident gab nicht auf.

Was er nicht zuwege brachte, das schafften andere: *Mitte März versenkten deutsche Unterseeboote drei amerikanische Handelsschiffe,* neuerdings in der Kriegs- und Blockadezone *ohne vorherige Warnung.* In der Öffentlichkeit wurde die *Zimmerman-Note* zum Gegenstand von Protestkundgebungen, Petitionen und dergleichen gemacht, alles mit dem Ziel, die US zum Kriegseintritt zu gewinnen. Die beste Nachricht für den Präsidenten der Vereinigten Staaten war aber wohl die Nachricht von der *erzwungenen Abdankung des russischen Zaren.* Wie peinlich wäre es für Amerikaner vom Schlage Wilsons gewesen, die US etwa gar zum Kriegsverbündeten des autokratischen Rußland zu machen. Davor haben Typen wie Alexander Kerensky sowie Linksliberale und Sozialisten, ja selbst Konservative die US befreit.

Jetzt bewilligte der Kongreß schon zum zweiten Mal 250 Millionen $ für die Aufrüstung des Landheeres. Und der junge Roosevelt erwarb sich einige Verdienste bei der Ausbootung seines Ministers für die Marine, in dessen Ressort er eingeschleust worden war. Nach 1918 hat man auch Amerikanern vorgeworfen, sie seien so, wie die Europäer im Jahre 1914, nun drei Jahre später in den Krieg *gestolpert.* Heute weiß man mehr. Und was immer man Wilson vorwerfen mag – in der Kriegsvorbereitung war er ein Könner, Vorbild für spätere Anlässe. Andererseits ist zu sagen: Hätte er nicht interveniert, dann hätten die Deutschen den Krieg wohl gewonnen. Und alles wäre so gekommen, wie es nachher in Filmen und TV-Produktionen als Exzesse eines sogenannten Wilhelminismus ins Grandiose verzerrt wurde. Europa wäre jedenfalls nicht so sterbensmüde gewesen wie 1939, als es in selbstmörderischer Absicht einen Zweiten Weltkrieg in Bewegung setzte.

Am 6. April erklärten die US dem Deutschen Reich den Krieg. Fast unmittelbar folgten ihnen ihre damaligen Satelliten Kuba und Panama. Aber es dauerte Monate, bis die US-Streitkräfte erfolgreich zum Schuß kamen. Erst am 17. November 1917 war ein Zerstörer der US-Navy imstande, ein deutsches Unterseeboot zu vernichten. Das aber war, als die Schiffsverluste, auf die die Mittelmächte beim Eintritt in den uneingeschränkten U-Bootkrieg ihre große Hoffnung gesetzt hatten, schon den Höhepunkt ihrer Erfolge überschritten hatten. Jene in Wien, die von Anfang an gegen die Teilnahme Österreich-Ungarns an diesem Experiment waren, konnten jetzt sagen, sie hätten das vorhergesehen, aber man habe nicht auf sie gehört. Diese Herrschaften hatten allerdings sofort die Bestätigung ihres Pessimismus in Händen: Am 8. April 1917 brachen die US ihre diplomatischen Beziehungen zu Österreich-Ungarn ab.

»Jetzt haben wir den Fanghieb bekommen«, sagte damals einer dieser Urwiener. Er irrte. Die US gaben Österreich-Ungarn noch eine Galgenfrist, ehe sie die Austrians den Big Stick fühlen ließen, indem sie Wien den Krieg erklärten.

19.

Kein Krieg – nur ein Kreuzzug nach Europa

Es war kein sensationeller Fund, aber immerhin bemerkenswert genug, um am Ballhausplatz zu den Akten genommen zu werden. Beschreibt doch im Text dieses Blattes ein Angehöriger der US-Botschaft die letzten Stunden vor dem Abbruch der diplomatischen Beziehungen zwischen Washington und Wien, der dann in aller Form am 8. April 1917 erfolgt ist. Mag sein, daß dieses lose Blatt einem Botschaftsangehörigen entwendet wurde, als er einer Schreibkraft diktierte und diese eine zusätzliche Kopie anfertigte; mag sein, daß beim Räumen der Mietwohnung in der Wohllebengasse auf der Wieden dieses Blatt versehentlich mit Papierabfall liegen blieb. Wie immer es war, es beschreibt, daß dieser Abbruch für die Botschaftsangehörigen ein jäher, unerwarteter Aufbruch wurde.

Wohl hat der Botschafter Mr. Penfield schon anfangs März 1917 den Bürgern der US, die sich in Österreich-Ungarn aufhielten, geraten, das Land zu verlassen. Aber Graf Czernin gab noch immer nicht die Bemühungen auf, einen Gedankenaustausch mit Washington aufrechtzuhalten. Dann schien sich die Lage zu beruhigen, und Ende März kam es sogar noch zu einer Vermehrung des Personalstands der Botschaft. Wie der Tagebuchautor schreibt, hat er Mrs. Ellis Dresel vom Westbahnhof abgeholt. Diese war auf Wunsch der Botschaft nach Wien versetzt worden. Von Tarnowski kamen keine neuen alarmierenden Nachrichten, der Graf war ja bis zuletzt überzeugt, daß die Zeit für ernstere Maßnahmen gegenüber der Monarchie noch nicht gekommen sei. Der k.u.k. Botschafter, der nie Gelegenheit hatte, als der letzte in einer langen Reihe dem Präsidenten sein Beglaubigungsschreiben vorzulegen, wurde von den amerikanischen Behörden schmachvoll behandelt. So als hätte man es mit dem Vertreter einer der

Bananenrepubliken zu tun, wie man später die armseligen Staaten Lateinamerikas nannte, die jeder Weisung Washingtons blindlings zu folgen hatten.
1917 war die Botschaft der US in Wien mit so viel Personal ausgestattet wie nie zuvor: 2 Räte, 3 Sekretäre, 1 Marineattaché, dazu ein Privatsekretär Mr. Penfields. In Budapest amtierte ein stark besetztes Generalkonsulat, und in anderen Städten gab es insgesamt 5 Konsulate – überall dort, wo Nationalitäten daheim waren, die in den US zahlenmäßig stark im Wählervolk vertreten waren und auf deren Politiker man ein Auge hatte. Mr. Penfield war eine der eher harmlosen Typen auf dem Posten in Wien. Daß ihm die Rolle des letzten Botschafters der US in der Monarchie zukommen wird, hat er bei seinem Kommen, noch vor Kriegsausbruch 1914, kaum geahnt. Er war überhaupt ein Diplomat im Nebenberuf, der es zuweilen bedauerte, den diplomatischen Dienst auf Kosten seiner literarischen, gesellschaftlichen und wirtschaftlichen Neigungen auszuüben. Der Tagebuchschreiber meint, Mr. Penfield habe seinen amtlichen Obliegenheiten nur wenig Aufmerksamkeit geschenkt. So macht es zwei Generationen nach jenem April 1917 den Eindruck, als sei diese Botschaft sanft entschlafen und nicht einem katastrophalen Eklat zum Opfer gefallen.
Es war die Gattin des Tagebuchschreibers Alice, die ihm bei der Heimkunft vom Bahnhof mitteilte, Mr. Crosby hätte von der Botschaft angerufen und das Eintreffen eines wichtigen, aus Washington angekommenen Telegrammes avisiert. Im Telegramm stände etwas, das den Tagebuchschreiber persönlich angehe. Letzter Hinweis wirkte. Der also Alarmierte ging auf die Botschaft. Dort erfuhr er, daß Mr. Penfield per sofort abberufen sei, nachdem in Washington Graf Tarnowski wegen der Teilnahme Österreich-Ungarns am uneingeschränkten U-Bootkrieg Deutschlands das gleiche Schicksal ereilt habe.
Das bedeutete, daß die Beziehungen beider Staaten nicht vollends abgebrochen waren, weil sowohl in Washington ein Geschäftsträger Österreich-Ungarns als auch in Wien einer der US verbleiben sollte. Für die Zukunft – so meinte man am Ballhausplatz – ginge

es aber nicht an, daß Washington weiter in Wien mit einem *Botschafter,* die Monarchie aber in Washington mit einem *Geschäftsträger* vertreten bleibe. Einer der Herren übernahm es, in der Residenz des Botschafters anzurufen, um dort die Nachricht vom Geschehen zu hinterlassen. Mrs. Penfield nahm die Sache eher von der hausfraulichen Seite und sagte, sie würde die unerfreuliche Mitteilung ihrem Gemahl erst am nächsten Morgen zur Kenntnis bringen, weil andernfalls dieser eine schlaflose Nacht hätte.

Mr. Penfield nahm am nächsten Morgen die Sache nicht ernst. Er glaubte, es handle sich nicht um seine *Abberufung,* sondern um eine *Einberufung* zur Berichterstattung ins State Departement. Er rechnete mit einer sehr kurzen Abwesenheit von Wien. Seine Herren übernahmen es, Mr. Penfield, der quasi ein Botschafter in der Nebenbeschäftigung und ahnungslos war, die reine Wahrheit einzuschenken. Der Botschafter war daraufhin nicht erschüttert. Er behielt sich jedenfalls vor, seine Abreise aus Wien nicht gleich bekanntzugeben.

Der k.u.k. Außenminister Ottokar Graf Czernin von Chudenitz, dem zwar nicht die diversen Nachrichtenverbindungen über Grenzen und Fronten offen waren, von denen Mr. Penfield aber sichtlich nicht im Übermaß Gebrauch gemacht hat, war weitsichtiger als der Botschafter. Seit dem Ausbruch des deutscherseits geplanten uneingeschränkten U-Bootkriegs war er eifrig bemüht, Österreich-Ungarn aus dem drohenden Krieg zwischen dem Deutschen Reich und den Vereinigten Staaten herauszuhalten. Um dieses Bemühen zu fundieren, hat er gleich im Februar 1917 einen Zirkularnote an alle noch amtierenden Missionschefs gerichtet, um diese in die Lage zu versetzen, den Regierungen, bei denen sie beglaubigt waren, ein richtiges Bild von der Ansicht des Ballhausplatzes in dieser zweischneidigen Angelegenheit zu geben.

Karl Kraus hat später den österreichischerseits verwendeten Begriff, wonach die Monarchie einen *reinen Verteidigungskrieg* führe, ins Lächerliche gezogen. Es war ein billiger Scherz von der Art, die Kraus lag, wenn er Zustände im Alten Österreich angeblich zum Besseren wenden wollte, während seine Intelligenz, deren er nie Herr wurde, der Sache der Donaumonarchie unendlichen Schaden zufügte. Czernin wollte die bisherigen an allen Fronten letzthin doch immer wieder errungenen Erfolge der Landesverteidigung herausgestrichen haben; weil sie in krassem Widerspruch zu Ansichten standen, die den alternden Staat schon am Krepierhalfter hängend sahen. Und – Czernin durfte darauf zurückkommen, daß die Feindstaaten das zu Weihnachten des Vorjahres gemachte Friedensangebot der Mittelmächte und ihrer beiden Verbündeten (Bulgarien und Türkei) scharf zurückgewiesen haben. Daß die US stillschweigend diese Haltung der Entente und ihrer Verbündeten anfangs 1917 übernommen haben, verschwieg Czernin. Nichts sollte das ohnedies nur trübe und dünne fließende Wässerchen der Beziehungen zu den US noch mehr verschmutzen.

Czernin bedauerte: Er bedauerte die *Hungerblockade,* unter der Österreich bei weitem mehr litt als das Deutsche Reich (das bald mit Lebensmittellieferungen wird aushelfen müssen), aber auch Ungarn, wo es sich nicht schlecht lebte im Krieg, oder auf den böhmischen und mährischen Schlössern, wo Karl Kraus auf die angenehmste Weise die von ihm später dichterisch beschriebenen letzten Tage der Menschheit verbracht hat. Überall war mehr zu essen als etwa in Wien oder in den österreichischen Industriegebieten. Was Czernin nicht wissen konnte, war, daß die von ihm entworfene Beschreibung der katastrophalen inneren Zustände eines im Feld noch immer erfolgreichen Staates, eine für seinen *Kaiser* bestimmte Abhandlung, von diesem dem widerlichen Mathias Erzberger überlassen werden sollte; daß nach Lektüre dieser Darstellung der versative Erzberger quasi über Nacht vom Propagandisten einer Annexionspolitik des Deutschen Reiches zum Defaitisten wurde. Das aber war in den ersten Monaten des Jahres 1917 noch nicht zu erwarten.

Was Czernin den Missionschefs zur Kenntnis brachte, war eine versteckte Anspielung auf die *Empfindlichkeit der US* angesichts der Versenkung von Schiffen der Feindstaaten der Monarchie oder Neutraler, wenn Amerikaner dabei zu Schaden kamen.

Czernin konnte *namentlich* jene österreichisch-ungarischen Schiffe aufzählen, die ohne vorherige Warnung in der Adria versenkt wurden. So die »Elektra«, die unter dem international anerkannten Symbol des Roten Kreuzes als Lazarettschiff fuhr und dennoch in der Adria versenkt wurde. Die Monarchie war von der Hungerblockade schwer betroffen. War es da nicht verständlich, daß sie versuchte, ihrerseits den Seeverkehr Großbritanniens, Frankreichs und Italiens innerhalb genau umschriebener Sperrgebiete – dafür besaßen die Staatskanzleien Seekarten – abzuschneiden? Um so die feindlichen Rechtsbrecher zur Räson zu bringen. Immerhin hat Österreich-Ungarn für die gesicherte Zufahrt in die Häfen neutraler Staaten wie Spanien, die Niederlande und Griechenland (solange letzteres noch nicht von den Ententemächten unter Bruch der Neutralität dieses Staates in den Krieg gepreßt wurde) gesorgt? Wenn dies Österreich-Ungarn tat und sich am uneingeschränkten U-Bootkrieg beteiligte, dann geschah das *nicht in der Absicht, den feindlichen Seemächten Gebiete streitig* zu machen, sondern nur deswegen, weil es sichtlich mit einem *Vernichtungskampf* seiner Feindstaaten konfrontiert war und ums *Da-sein* kämpfte. Die mit dem uneingeschränkten U-Bootkrieg begonnene Phase des Krieges betrachtete Czernin als eine, deren Risiken er nicht übersah. Daß Österreich-Ungarn sich nur höchst ungern den diesbezüglichen Plänen Berlins gefügt hat, verschwieg er nach außen hin. Wäre derlei irgendwo ausgetratscht worden, dann wäre der so sichtbar gemachte Riß in den Beziehungen zu Berlin von der Feindpropaganda in alle Welt posaunt worden. Gerade das wollte der Graf bis zuletzt vermieden sehen. Er wird versuchen, eine von Berlin differente Politik ingang zu setzen; aber die Erwartung der Feindstaaten, daß Österreich-Ungarn im Krieg die Fronten wechseln oder aussteigen würde, hat bei ihm nie ein positives Echo gefunden.

Fast gleichzeitig mit Versendung dieses Rundschreibens schickte Czernin einen seiner verläßlichsten Herren zu Mr. Penfield, um diesem mitzuteilen, daß der am 2. Februar 1917 erfolgte Abbruch der diplomatischen Beziehungen zwischen den US und dem Deutschen Reich keine Auswirkungen auf die zensurfreie Korrespondenz der noch in Wien akkreditierten Missionschefs zur Folge haben werde. In den US war es anders. Wenn nach Kriegsausbruch der k.u.k. Missionschef in Washington mit dem Ballhausplatz korrespondieren wollte, war er auf den guten Willen des State Departements angewiesen. Dieses führte Telegramme, die *in claris* abgefaßt wurden, der Beförderung nach Wien zu. Versuche, dieser Zensur zu entgehen, haben bereits 1916 dazu geführt, daß die auf Umwegen beförderte Post der k.u.k. Botschaft in den US konfisziert und erst im Herbst 1919 (!) dem Ballhausplatz ausgefolgt wurde.

Mr. Penfield war ein wohlerzogener, gebildeter Mensch. Er dankte für die ihm gemachte Eröffnung, erwähnte nicht, daß er nicht Gleiches bezüglich der Postbeförderung für den k.u.k. Missionschef in Washington erwirken konnte. Dafür rechnete er auf gute Beziehungen zu persönlichen Bekannten am Ballhausplatz – trotz des Abbruchs der Beziehungen zwischen Washington und Berlin. Die ungezügelte Schreibweise gewisser Presseorgane in der Monarchie, in denen es nicht an heftigen Ausfällen gegen die US fehlte, beklagte Mr. Penfield sehr. Der österreichische Gesprächspartner, zu noch mehr Höflichkeit erzogen und im Dienst verhalten, erwähnte nicht die mörderische Berichterstattung in großen Teilen des amerikanischen Pressewesens, die kein gutes Haar mehr am *Völkerkäfig* ließ.

Es dauerte, bis Graf Tarnowski seinen Bericht über den von Wilson im Kongreß herangezwungenen Abbruch der diplomatischen Beziehungen mit Berlin berichten konnte. Unterm 5. Februar 1918 konnte Tarnowski noch vermelden, das State Departement habe ihm versichert, daß es den Abbruch der Beziehungen zu Wien vermieden wissen wolle. Das State Departement halte der Monarchie zugute, daß dessen (ohnedies bescheidenen Möglichkeiten einer) Führung von Unterseebooten viel humaner sei als jene des Deutschen Reiches. Man hätte daher auch nicht jene Schwierigkeiten mit Wien, die in den Beziehungen zu Berlin den Abbruch unvermeidlich gemacht hätten. Was Lansing von der Monarchie in Zukunft erwarte, konnte Tarnowski trotz aller Bemühungen nicht herausbekommen. Der Pole war nach diesem

Gespräch, das anfangs Februar 1917 stattfand, klug genug, sich von Lansing nicht hinters Licht führen zu lassen. Er warnte den Ballhausplatz: Würde sich die Monarchie nicht ausdrücklich von der Note Berlins, mit der diese den uneingeschränkten Unterseebootkrieg ankündigte, in gewisser Weise distanzieren, dann wäre der Abbruch der Beziehungen zu Wien *äußerst wahrscheinlich.* Äußerst wahrscheinlich? Geschrieben in Washington am 3. Februar 1917, dem Tage, da Wilson den Kongreß um die Zustimmung zum Abbruch der Beziehungen zu Berlin angegangen hat. Trotz der beiden Worte »äußerst wahrscheinlich« wollte Czernin das Unmögliche wagen. Er wandte sich nach Erhalt dieser Warnung direkt an Lansing. Und – er bedankte sich für etwas, was er bei Lansing wohl zu Unrecht vermutete: Sympathie für die Monarchie. Vielleicht nahm der Österreicher diesen Dank nur als Vorwand, um dem amerikanischen Kollegen zu versichern, er seinerseits würde es gerne sehen, wenn die Beziehungen zwischen den US und der Monarchie bestehen blieben. Er wollte dieses Festhalten am letzten Seil, das zwischen Washington und Wien gespannt war, dadurch erreichen, daß er Lansing bat, die Situation, in der sich Österreich-Ungarn befand, in Betracht zu ziehen.

Wieder ging der Graf von der These aus, die Monarchie führe einen *Verteidigungskrieg.* Richtiger wäre es gewesen zu sagen, sie befinde sich in einem Kampf um ihre *Existenz.* Aber ein solches Zugeständnis hätte alles entwertet, was Czernin noch ins Treffen führen wollte, um die US von der Notwendigkeit eines Fortbestands der Monarchie zu überzeugen. Wohl sei es jetzt, im Februar 1917, nicht möglich, die Unterseeboote, die sich im Einsatz auf hoher See befänden, sofort zurückzubeordern. Auf die Parole des US-Präsidenten FRIEDEN OHNE BESIEGTE ging Czernin scheinbar ein, fügte aber diesen drei Worten als notwendig hinzu: Wilson müsse auf die Ententemächte einwirken, damit sich diese auf die gleiche Basis wie die US begäben. Czernin hoffte, Wilson werde sein Verständigungswerk *unparteiisch und objektiv* ausüben. Das mochte als Voraussetzung dafür gelten, daß sich Österreich-Ungarn auf die vom Präsidenten der US aufgezeigte Plattform begäbe. Würde Wilson das auf sich nehmen, dann könnte das – so Czernin – nicht bloß den Schrecken des U-Bootkrieges, sondern den Krieg überhaupt beenden. Und so würde der Präsident mit unvergänglicher Schrift in die Geschichte der gesamten Menschheit eingehen ...

Der Name Wilsons ging in die Geschichte ein, allerdings nicht – auch nicht in den US – als der eines Friedensbringers und eines Schöpfers einer neuen und besseren Zeit.

Czernin versäumte auch nicht, das Mittel aufzuzeigen, das Wilson anwenden könnte, um die Entente zur Preisgabe ihres zuletzt wieder eingenommenen Widerstands gegen Friedensgespräche zu bewegen. Der US-Präsident habe die Macht, den Waffenlieferungen an die Ententemächte ein Ende zu bereiten. Aber das war nur eine Utopie. Bittere Wahrheit war, was Czernin selbst in Zusammenhang mit den Friedensbemühungen herausstrich, daß nämlich die Entente erklärtermaßen nicht auf den Sieg, sondern auf *eine Aufteilung der österreichisch-ungarischen Monarchie* aus sei. Diese Verdächtigung der Ententemächte, deren politische Ziele den US von Tag zu Tag sympathischer wurden, hat Washington nie zurückgewiesen (!). Ganz im Gegenteil, die US werden im Jahr 1917 ihrerseits jenen Kräften Hilfe gewähren, die seit 1914 eindeutig die Zerstörung der Donaumonarchie im Auge haben. Nämlich tschechische und südslavische Politiker.

Nachdem Berlin als Folge des amerikanischerseits erfolgten Abbruchs der diplomatischen Beziehungen auf einen indirekten Verkehr mit Washington über eine neutrale Macht angewiesen war, versuchte es, den Draht, der zwischen Wien und Washington noch bestand, auszunützen. *Es trat mit drei Forderungen* an Wien heran: Graf Tarnowski möge nicht sein Beglaubigungsschreiben überreichen, bevor die Lage zwischen Berlin und Washington geklärt sei; außerdem solle der Graf in Washington dagegen protestieren, daß die US *dabei seien, die Neutralen gegen das Deutsche Reich aufzuhetzen;* und drittens möge man Tarnowski abberufen, sobald die US nach Abbruch der diplomatischen Beziehungen dem Deutschen Reich den Krieg erklären sollten.

Sichtlich war man in Berlin über die prekäre Lage Tarnowskis

nicht genau informiert. Dem Graf wurde nie Gelegenheit gegeben, sein Beglaubigungsschreiben Wilson zu überreichen. Was Berlin ihm zugedacht hat, war auf diplomatischem Weg durch den Österreicher, dessen eigener Status noch ungeklärt war, nicht zu erreichen. Czernin lehnte die Erfüllung des dritten Wunsches einfach ab. Sollte aber tatsächlich der Krieg zwischen den US und dem Deutschen Reich ausbrechen, dann wäre es – so Wien – die Pflicht des k.u.k. Botschafters, sofort die Pässe zu verlangen, die Vertretung der Interessen der Monarchie dem schwedischen Kollegen zu übergeben und unverzüglich mit dem ganzen Personal das Land zu verlassen. Zu diesem Zeitpunkt, im Februar 1917, ahnte Czernin noch nicht, wie man im April dieses Jahres in Washington mit der Monarchie umspringen werde.
Zunächst ging in Wien Mr. Penfield auftragsgemäß zu einer diplomatischen Offensive über. Hiezu hatte er ein in Washington ausgearbeitetes Aide-mémoire zur Hand. Jetzt kramten die US den Fall der Ende 1915 (!) versenkten »Ancona« hervor, eine Angelegenheit, die man in Wien längst bei den Akten wähnte. Washington berief sich unterm 18. Februar 1917 auf Aussagen der k.u.k. Regierung, die 1915 zur *Beilegung* des Falles geführt hatten. Nun aber sei durch den Eintritt Österreich-Ungarns in den uneingeschränkten U-Bootkrieg die Frage aufgetaucht, ob für Österreich-Ungarn nicht mehr die im Falle »Ancona« gegebenen Erklärungen und Zusicherungen gälten. Im Mittelmeer seien die beiden *britischen* Dampfer »Secondo« und »Welsh Prince« von Unterseebooten, welche die Kriegsflagge der k.u.k. Kriegsmarine führten, ohne vorherige Warnung versenkt worden. Die US hätten sich bemüht, Näheres über die Umstände dieser Versenkungen von der k.u.k. Regierung zu erfahren, seien jedoch ohne Information geblieben. Daß es britische Transporter waren, die sich im Seekriegsgebiet befanden, darauf ließ sich Mr. Penfield nicht ein. Dagegen kam er neuerdings auf die »Ancona« und die »Persia« zu sprechen, beides *italienische* Schiffe und lange vor Ausbruch des uneingeschränkten U-Bootkrieges versenkt; dies in der Absicht festzuhalten, es hätte damals eine Erklärung *Berlins* vorgelegen, wonach kein Schiff versenkt werden solle, ohne daß vor-

her gewarnt und die Möglichkeit gegeben werde, Leben zu retten. Dieser sei die Regierung in Wien mehr oder weniger ausdrücklich beigetreten. Das war allerdings, als k.u.k. Unterseeboote über das Gebiet der Adria hinaus nicht operieren konnten und der U-Bootkrieg im Mittelmeer von Unterseebooten der Kaiserlich deutschen Marine geführt worden ist – unter der k.u.k. Kriegsflagge. 1917 war aber der Umfang der Waffen- und Materiallieferungen aus den US an die Feindstaaten in Größenordnungen gewachsen, die ein Jahr zuvor niemand erwarten konnte. Immer ungenierter beförderten die US Waffen auf Transportern unter dem Sternenbanner – verlangten dafür aber den Schutz als Neutraler für sich, obwohl sie selbst nur mehr auf dem Papier neutral waren. Bei der 1917 völlig geänderten Lage der Dinge war es der k.u.k. Regierung also nicht möglich, für den *massenhaften* Seetransport aus den US Zusicherungen zu bestätigen, die auf Zeiten zurückgingen, da ein unter der k.u.k. Flagge fahrendes Unterseeboot der Kaiserlich deutschen Marine *einen* italienischen Transporter torpedierte. Und die US deswegen ihre Rechte verletzt sahen, weil auf diesem Schiff eines kriegführenden Staates amerikanische Staatsbürger beliebten, in Europa zu Kriegszeiten Reisen im Seekriegsgebiet zu machen. Hätte hierin die Monarchie nachgegeben, dann hätten die US einen Freibrief für alle weiteren Waffen- und Materiallieferungen an die Feindstaaten der Monarchie in Händen gehabt. Eine weitere Torpedierung eines Schiffes mit derlei Waffen an Bord wäre wohl, so wie vorher im Falle Berlin, Anlaß zum Bruch gewesen.

Dazu gab es eine Schwierigkeit, die viel später der letzte k.u.k. Minister des Äußeren der Monarchie Julius Graf Andrassy jun. festgestellt hat. Am Ballhausplatz lagen nach dem Wissen Andrassys keine offiziellen Dokumente betreffs der Torpedierung der »Persia« sowie eines weiteren, von den US namhaft gemachten Transporters, der »Petrolite«, vor. Auch die US haben keine Daten betreffs dieser Versenkungen aufgezeigt.

Bemerkenswert ist, *daß nach der Überreichung des eben erwähnte Aide-mémoire* am 5. Mai, also nach Abbruch der Beziehungen Washingtons zu Wien, der Ballhausplatz die Mitteilung des

k.u.k. Kriegsministeriums von der Torpedierung eines Schiffes bekam, das einen der »Persia« ähnlichen Namen trug, nämlich »Perseo«. Diese letztere war in der Straße von Otranto unterwegs gewesen, und an Bord dieses Schiffes haben sich Teile des 61. italienischen Infanterie-Regiments befunden. Hierüber zu reden war nach Abbruch der diplomatischen Beziehungen zwischen den US und Österreich-Ungarn nicht mehr möglich, obwohl gerade dieser Transport für den Seeverkehr in dem von Österreich-Ungarn kontrollierten Seegebiet typisch war.
Via Stockholm kam eine Warnung des in Washington verbliebenen k.u.k. Geschäftsträgers Baron Zwiedinek, wonach Wilson die Aufrechterhaltung der ohnedies spärlichen Kontakte der US zu Wien nur dann für möglich halte, wenn *innerhalb der nächsten Tage* (!) Österreich-Ungarn zu einer Modifizierung seiner in der Führung des uneingeschränkten U-Bootkrieges eingenommenen Haltung bereit sei. Dieses Aviso kam dem tatsächlich gespannten Zustand der Beziehungen nahe und hat wohl für Wien bedeutet, daß alles weitere Bemühen zur Eindämmung der aufkommenden Gefahr eines Bruchs wenig Aussicht haben müsse. Es sei denn, Wien hätte in dieser Frage Berlin im Stich gelassen.
Dennoch war Czernin nach der letzten Unterredung mit Mr. Penfield überzeugt, daß die US *vorerst* weder einen Krieg gegen das Deutsche Reich, noch den Abbruch der diplomatischen Beziehungen zu Österreich-Ungarn wünschten. Tarnowski war seinerzeit von seinem Minister angewiesen worden, daß Wien an der möglichst langen Erhaltung dieses Zustands liege und der Graf möge nur ja nicht durch ein Drängen auf einen Termin zur Überreichung seines Beglaubigungsschreibens an Wilson die Situation verschärfen. Endlich, am 2. März 1917, war man am Ballhausplatz mit der sehr sorgfältig ausgearbeiteten Antwort auf das Aide-mémoire Mr. Penfields vom 18. Februar fertig, Czernin zog dazu die besten Kräfte heran, die um diese Zeit in der Zentrale dienten.
Die Replik ging von der Erklärung aus, daß Wien nicht von den Zusicherungen abgehen werde, die es in den Fällen »Ancona« und »Persia« gegeben hat. Man müsse aber auch jene Methoden in

Betracht ziehen, die von den Ententemächten in der Seekriegführung angewendet würden:
Hatte nicht *Großbritannien* wenige Jahre vor Kriegsbeginn auf der Seerechtskonferenz in Den Haag es unternommen, auf diesem Gebiet einen gerechten Ausgleich zwischen den Interessen der Neutralen und der kriegführenden Mächte anzubahnen? Ergebnis dessen war, daß dem Grundsatz der Freiheit der Meere sowie den Interessen der Neutralen und der Kriegführenden Geltung verschafft werden *sollte.* Kaum war aber der Krieg ausgebrochen, durchbrach Großbritannien die halbfertigen Schranken. Um die Mittelmächte von jeder Zufuhr zur See abzuschneiden, verlängerte Großbritannien willkürlich die Liste der Bannwaren, bis nichts mehr von dem übrig blieb, was auch nur zur notdürftigen Fristung des Lebens unerläßlich ist. Dazu kam eine als »Blockade« bezeichnete Seesperre, deren Verhängung im grellsten Widerspruch zu den hergebrachten, durch internationale Verträge festgelegten Normen des Blockaderechtes steht. Hat nicht hiezu der Präsident der US Einwände gemacht, die in der Geschichte des Völkerrechts fortleben werden?
Ach, die armen Österreicher-Ungarn wollten so Wilson auf Erklärungen festlegen, die er längst durch Taten widerlegt oder außer Kraft gesetzt hatte.
Hat nicht Großbritannien durch seine rechtswidrigen Aktionen zur See Fabriken in der Mitte Europas zum Stillstand gebracht, arbeitsame und hochentwickelte Völker zu Aufruhr und zu Auflehnung gebracht? (Oh gewiß ja, werden die Freunde Großbritanniens beim Studium dieser Passagen sagen, das war ja das Ziel der strategischen Anschläge auf das Hinterland der Mittelmächte!) Warum aber müsse die Monarchie mittun bei der Führung eines uneingeschränkten U-Bootkrieges? Weil es die Freiheit der Meeresstraßen erringen wolle, und zwar für *alle* Nationen. Und wenn sich das Volk in den US vor Augen hielte, daß die fragliche »Blockade« eben diese Freiheit zugrunde richte und die Betroffenen dem Hunger preisgebe, dann müsse es doch dafür sein, daß anstelle dieser von Großbritannien ausgeübten »Vogtei« das Gegenteil angestrebt werde: die Freiheit der Schiffahrt und des See-

handels und damit des Weges zu einem Frieden in Ehren. In Ehren. Also nicht nach der später mißbrauchten Formel: Frieden ohne Besiegte.

Was die neuerdings aufgeworfene Frage »Ancona« betraf, so berief sich der Ballhausplatz erneut auf die 1915 gegebenen Erklärungen. Österreich-Ungarn bleibe im Prinzip bei den damaligen Zusicherungen. Aber: Sei nicht Kern der Sache, daß *Passagiere* am Leben erhalten blieben? Und käme dem nicht im Falle der unabweislichen Kriegsnotwendigkeit die Regelung entgegen, daß Passagierreisende in Kriegszeiten *vor Ausfahrt* ihres Schiffes die Warnung, also eine allgemein an *alle* in Betracht kommenden Schiffe gerichtete Warnung, befolgten? Auch komme es auf den wahren Charakter des von der Versenkung bedrohten Schiffes an. Schutz könne kein Schiff verlangen, *das Widerstand leiste* oder zu *fliehen* versuche; ferner Handels- oder sonstige Schiffe im *Dienste der Kriegführung,* etwa Truppentransport- und Avisoschiffe; oder solche, die Waffen an Bord führten und Feindseligkeiten irgendwelcher Art begingen.

Im Verlauf des ganzen bisherigen Krieges hätten Österreich-ungarische Kriegsschiffe *in keinem einzigen Fall* ein feindliches Handelsschiff ohne vorherige, wenn auch generelle Warnung versenkt. Man vergesse im Falle der »Ancona« nicht, daß die Besatzung der »Ancona« die Vernichtung des Transporters dadurch verhindern wollte, daß die Mannschaft trotz erhaltener Warnung *das Schiff nicht verließ,* um es so vor der Vernichtung zu schützen. Es könne nicht ins Belieben eines neutralen Passagiers gelegt werden, ein Schiff durch seine Mitreise vor der Vernichtung als feindliches Handelsschiff zu sichern. Bryans Version, abgegeben im Falle der »Lusitania«, war hier zu Recht im Zusammenhang gestanden. War es doch so: Fälle wie die »Lusitania« waren am besten und einfachsten dadurch zu vermeiden, daß Passagiere in Kriegszeiten keine Seereisen in kriegsgefährdete Zonen unternähmen. Davon, daß die »Lusitania« Munition an Bord hatte und deren Explosion den Untergang zur Katastrophe gemacht hat, wußte die k.u.k. Regierung im März 1917 noch nichts. Die US, von woher das Schiff kam, und Großbritannien, das auf die mit der

»Lusitania« angekündigte Waffennachsendung dringendst wartete, haben es aus verständlichen Gründen geheimgehalten, daß es sich um ein im Kriegsdienst laufendes Schiff handelte.
Auch Neutrale haben im Falle der erwähnten allgemeinen Warnung kein anderes Recht, als daß ihnen die Kriegführenden das an die Feinde gerichtete Verbot rechtzeitig bekanntgeben. Wäre es da nicht ratsam, wenn Neutrale sich nicht an Kriegslieferungen beteiligten, anstatt trotz bekanntgemachter Warnung Transporte für einen kriegführenden Staat zu übernehmen? Noch durfte man in Wien unverblümt sagen, daß Zivilisten im Kriegsgebiet nichts zu suchen haben. Sie setzen sich andernfalls einer Gefahr aus, ohne im Eventualfall Anspruch auf Entschädigung zu haben.
Und: Die *übliche* Begegnung von Handelsschiffen mit Kriegsschiffen fällt aus, wenn erstere bewaffnet sind. Nicht, daß die gewohnte Prisenordnung damit außer Kraft gesetzt würde – sie wird aber undurchführbar, wenn das Handelsschiff nicht mehr die Gewähr bietet, tatsächlich ein solches zu sein und kein Kriegsschiff. Es wäre unrealistisch, von Besatzungen von Kriegsschiffen zu verlangen, diese müßten sich gemäß der Prisenordnung nähern und tätig werden, wenn an Bord des zu überprüfenden Schiffes Waffen gebrauchsfertig gemacht sind, gegen die ein Suchkommando wehrlos wäre. Was seitens Österreich-Ungarn schon 1916 erklärt wurde, ging von der Annahme aus, es handle sich um Handelsschiffe, nicht aber um bewaffnete Schiffe. Bewaffnete Kauffahrteischiffe wurden auf der Zweiten Friedenskonferenz der Vorkriegszeit, wo vom Seekriegsrecht die Rede war, mit keinem Wort erwähnt. Hat nicht damals ein britischer Seeoffizier in der (französischen) Verhandlungssprache wörtlich erklärt:
»Les navires de commerce *n'ont pas de canons à bord.*«
Und dann der Clou: Die von den US als Beispiele angeführten britischen Dampfer »Secondo« und »Welsh Prince« sind versenkt worden ohne Beteiligung von k.u.k. Kriegsschiffen. Dem steht die widerrechtlich begonnene, fragwürdige »Blockade« gegenüber, die Großbritannien verhängt hat. Daß an der Blockade in der Nordsee im Frühjahr 1917 zahlenmäßig gar nicht feststellbare Einheiten Neutraler im verminten Gebiet und durch Treibminen

zugrunde gegangen sind (und mit ihnen viele Amerikaner), wurde nie gehörig ins Treffen geführt. Weder in Berlin noch in Wien. Daß die automatisch detonierende Seemine eine viel grausamere Waffe ist als das Unterseeboot, hat schließlich Großbritannien eingesehen, indem es diese »Blockade« 1916 nominell aufhob. Bloß – die Minen wurden nicht geräumt. Sie wurden *nach* dem Krieg unter größten Gefahren von Räumbooten, welche die Deutschen zu stellen hatten, beseitigt; Treibminen haben über diese Zeit hinaus die Schiffahrt gefährdet ...

Die Note vom 2. März schloß mit dem Hinweis auf die Hartnäkkigkeit und *Gehässigkeit* seiner auf die Vernichtung der Monarchie bedachten Feinde; auf den Zustand *der Notwehr* eines Staates, für den es in der neueren Geschichte kein Beispiel gebe. Es bestünde für die Monarchie kein Grund, von den im Falle der »Ancona« gegebenen Erklärungen und Zusagen abzugehen. Diese seien auch vereinbar mit jenen, auf denen der uneingeschränkte U-Bootkrieg beruhe. Die Frage, ob die US zu ihrem 1915 geübten Verhalten nunmehr, 1917, zurückkehren würden und so auf beiden Seiten der notwendige Beitrag zur Entspannung geleistet werde, unterblieb. Angesichts dessen, was sich im Westen über den Horizont erhob, wäre diese Frage frivol gewesen.

Am 21. März kam ein Echo aus Washington. Es schien im Moment, als nehme Washington eine faire Haltung ein, indem es versicherte, daß es *fully appreciates the difficulties of the present situation and hopes that a solution will soon be found* (!). Aber schon setzten die US den Versuch fort, den Keil zwischen Wien und Berlin zu treiben. Die Ankunft der Grafen Tarnowski sei ausgerechnet an jenem Tag erfolgt, als aus Berlin die Ankündigung des uneingeschränkten U-Bootkrieges kam. Man hätte nicht den deutschen Botschafter zum Verlassen des Landes auffordern und gleichzeitig den Vertreter Wiens in aller Form empfangen können (!). Letzteres werde möglich sein, sowie sich Österreich-Ungarn von dieser Art der Führung des Seekriegs lossagen – sich also von Berlin trennen – werde. Graf Tarnowski hätte das eingesehen (?) und vorschlagen sollen, die Gespräche mit dem State Departement in der Erwartung fortzusetzen, daß im Falle Österreich-Ungarns eine Lösung gefunden werde. Zugleich wurde dem Grafen Tarnowski zugesagt, er könne über die Botschaft der US korrespondieren. Also unter Zensur bei Abfertigung in den US. Die entscheidende diesbezügliche Mitteilung aus Washington lieferte nicht mehr Graf Tarnowski, der zugleich mit Mr. Penfield abberufen wurde, sondern der k.u.k. Geschäftsträger Baron Zwiedinek. Die Kanzlei des Ballhausplatzes indizierte sie unterm 6. April 1917. Es war einer der Fälle, in denen einem Beamten die Nerven durchgingen und er es unterließ, seinen Bericht – zu datieren. Zwiedinek depeschierte in französischer Sprache, aber chiffrierte einen Auszug aus der Rede, die Wilson an den Kongreß gerichtet hatte:

Der U-Bootkrieg sei eine Herausforderung an die ganze Menschheit. Neutralität biete dagegen keinen Schutz mehr. Ein Zusammengehen mit den Ententemächten sei notwendig geworden. Der Krieg solle kein gegen das deutsche Volk gerichteter sein, sondern einer gegen ein selbstsüchtiges Regime und gegen die preußische (!) Aristokratie, welche den Krieg herbeigeführt haben und mit Verschwörungen anfingen, die bis zum Zimmermann-Telegramm reichten. Sichtlich erleichtert begrüßte Wilson den eben erfolgten Sturz des Zarismus in Rußland und das Entstehen einer neuen, demokratischen Regierung in diesem Land. Weil Österreich-Ungarn den uneingeschränkten U-Bootkrieg unterstützte, habe er, Wilson, den Grafen Tarnowski nicht empfangen. Er behalte sich vor, die diplomatischen Beziehungen zu Österreich-Ungarn später zur Diskussion zu stellen. Auf alle Fälle täten die US keine Eroberungen anstreben oder Kriegskostenentschädigungen in Rechnung stellen. Die US kämpften nur für die Befreiung der Völker, das deutsche mit eingeschlossen (!), und für die Demokratie ...

In Bern wirkte als Lockvogel ein enger Vertrauter Wilsons, Mr. Stovall, dem es mehrmals gelang, Österreicher hinters Licht zu führen und unter dem Schein eines Friedensbringers den Österreichern Wissen zu entlocken, mit dem er Wilson dienlich war. Sein Telegramm wurde in Bern am 2. April 1917 aufgegeben und zwar um 11.45 Uhr. Mr. Penfield wurde aufgefordert, die

Kriegserklärung der US an das Deutsche Reich der k.u.k. Regierung zu notifizieren. Das war das Telegramm, dessen Inhalt Mrs. Penfield ihrem Gemahl eine Nacht lang verschwieg, damit der Gute nicht im Schlaf des Gerechten gestört werde.

Graf Tarnowski beendete das Kapitel der diplomatischen Beziehungen der Monarchie zu den US mit einem Bericht, der in Schweden mit reichlicher Verspätung und verstümmelt anlangte. Darin gab er schließlich doch zu, daß die Politik Wilsons immer darauf gerichtet gewesen sei, eine Niederlage der Entente zu verhindern. Bis zur Erklärung des uneingeschränkten U-Bootkrieges habe der Präsident gewollt und geglaubt, dieses Ziel mit friedlichen Mitteln zu erreichen. Auch nach Ausbruch dieser Methode im Seekrieg habe Wilson nicht gleich eingreifen wollen. Angeblich sei die Stimmung im Land nicht dafür gewesen (?). Dann brach er die Beziehungen nach Meinung Tarnowskis ab und wartete, ob die amerikanischen Schiffe geschont würden – weil so der uneingeschränkte U-Bootkrieg illusorisch geworden wäre. Erst als diese letzte Erwartung nicht in Erfüllung ging, hat Wilson den »Eingriff« getan. Also: den Krieg begonnen.

Der in einer Tradition vergangener Jahrhunderte erzogene polnische Graf, ein loyaler Diener seines Kaisers, hat noch erlebt, was Wilson zum Ausbruch dieses Konflikts der US mit der Alten Welt gesagt hat, als diese zerschlagen am Boden lag und es nicht nur Siege und Sieger gab, sondern eine europäische Mitte, in der noch im Jahre 1919 Millionen Menschen in Deutschland und Österreich unter der Hungerblockade litten; und im Winter mehr daheim starben als in den Kriegswintern. Der zuständige Referent am Ballhausplatz hat bereits nach dem ersten Lesen des letzten Berichts Tarnowskis Zweifel an der Richtigkeit dieses Abschlußberichtes vermerkt. Wer aber nach Kriegsende noch an Wilsons Sendung als Friedensbringer, an einen Frieden ohne Sieg glaubte, den hat der Präsident selbst in einer Rede, die er am 11. September 1919 in St. Louis hielt, eines Besseren belehrt:

»Meine Mitbürger«, sagte Wilson am Tag nach Abschluß des über Österreich verhängten Friedensdiktats von St. Germain-en-Laye, »ist hier irgendein Mann, irgendeine Frau – ich möchte sagen ir-

gendein (naives) Kind anwesend, die nicht wissen, daß der Ursprung des (letzten) Krieges in der heutigen Welt *industrieller und kommerzieller Rivalität entsprungen ist?* Es war kein politischer Krieg ...«
1919, da mußten in Wien die unentwegten Bewunderer der Friedensmission Wilsons freilich umstecken. War der 1914 ausgebrochene Krieg kommerzieller Natur, dann mußte man jetzt ein solches Motiv in der Außenpolitik der Monarchie finden, um die wahre Ursache aufzudecken. Man fand sie, und wenige Historiker, aber sehr viele Politiker haben es auch den Österreichern nachher gesagt, wem sie nach 1918, bei Fortdauer der Hungerblockade, ihr Unglück verdankten: einem – Schweinekrieg. Ungarische Schweinezüchter und -händler hätten die Regierung in Budapest zu einem Verbot der Einfuhr von Schweinen aus Serbien mit den üblichen Methoden des Privatkapitalismus gezwungen. Was blieb da den armen Kleinbauern Serbiens, die sozusagen auf ihren Schweinen sitzenblieben, anderes übrig, als ihren Haß gegen Österreich zu richten?
Aber die Zeit vergeht und momentane Bewältigungen einer geschichtlichen Vergangenheit werden von neuen Wahrheitserkenntnissen korrigiert. So folgte jene Aussage des letzten Botschafters der US im kaiserlichen Deutschland J. W. Gerard, der bestätigte, was Wilson im Herbst 1919 in St. Louis gesagt hat: Der Krieg war demnach deswegen *unvermeidlich,* weil es sich ergab, daß das Handelspotential des Deutschen Reiches bei Fortdauer des Friedens im Jahre 1930 (!) den *Welthandel* unter Kontrolle bekommen hätte. 1930, das war aber das Jahr, in dem die aus den US kommende Weltwirtschaftskrise das Deutsche Reich, die Republik Österreich und die ganze Welt des Weißen Mannes überfiel. Ein Wahljahr, in dem im Deutschen Reich die NSDAP aus den Opfern der Massenarbeitslosigkeit jene Reservearmee rekrutierte, die nach Karl Marx' Klassenkampftheorie eigentlich einer Revolution hätten zugeführt werden müssen.
Am 15. September 1930 schwoll bei der Reichstagswahl im Deutschen Reich die Zahl der für die NSDAP abgegebenen Stimmen von bisher 809939 auf 6401210 an. Die SPD und die KPD, die im

Verein mit der NSDAP im Sommer jenes Jahres die Regierung des verhaßten Klerikalen Heinrich Brüning gestürzt hatten, erlebten mit unterschiedlichen Gefühlen die ungeheure Enttäuschung. Die beiden Linksparteien hatten ja gehofft, mit einem parlamentarischen Trick ein Linksregime im Deutschen Reich heranzuzwingen. Genau das Gegenteil geschah: Diese Wahl im Spätsommer 1930 eröffnete der NSDAP den Weg zum Sieg über die Demokratie, und zwar mit den Methoden der Demokratie. Adolf Hitler wollte 1933 die Macht, die schließlich zum Krieg führte.
Im Frühjahr 1917 wollte auch Wilson die Möglichkeit, Krieg zu führen; aber in welch unaufrichtige Worte kleidete er seine Absicht:
»Wir haben gegenüber dem deutschen Volk kein anderes Gefühl als Sympathie und Freundschaft ... *The world must be made safe for democracy* ... all ihre Macht werden (die US) aufbieten und anwenden, um die Regierung des kaiserlichen Deutschland zur Kapitulation und den Krieg zu Ende zu bringen ... Gott helfe ihnen (den US), sie können nicht anders.«
So geschah es, daß am Karfreitag des Jahres 1917 der Senat mit 82 zu 6, das Repräsentantenhaus mit 373 zu 50 Stimmen im Morgengrauen dieses Tages der Kriegserklärung an das Deutsche Reich zustimmte. Am Nachmittag dieses Tages, es war der 6. April 1917, unterzeichnete Wilson die Kriegserklärung. Zugleich wurde vorgesorgt, daß Mr. Penfield Wien verließ und Graf Tarnowski außer Landes ging, so daß die diplomatischen Beziehungen zur Monarchie im Sog dieses weltgeschichtlichen Ereignisses reduziert wurden auf einen ganz dünnen Faden, den weiterzuspinnen in Wien Graf Czernin, wie erzählt, vergebens versucht hat.
Es dauerte nach dem Karfreitag bis in den November, bis die Presse – wie gesagt – einen Kampferfolg der US-Navy als den ersten der US Armed Forces der Öffentlichkeit bekanntgeben konnte. Ein amerikanischer Zerstörer hatte es geschafft, ein deutsches Unterseeboot zu zerstören. Im österreichischen AOK lag um diese Zeit eine erste Zusammenstellung der dort erwarteten militärischen Aktivitäten vor: Im August 1917 befand sich erst

eine einzige US-Infanterie-Division auf französischem Boden. Diese war zwar von den Franzosen beim Durchmarsch in Paris enthusiastisch begrüßt worden, ihre Kampfausrüstung war freilich noch nicht komplett. Im AOK rechnete man mit dem Auftreten der Masse des Heeres der US auf dem westlichen Kriegsschauplatz nicht vor Anfang 1918. Wobei viel von der Leistungsfähigkeit der Transportschiffahrt abhing. In strategischer Hinsicht wurde erwartet, daß die US nicht zögern würden, die Absperrung der Neutralen ernstzunehmen. Was bedeutete, daß die Neutralen die deutscherseits verhängten Sperren mißbilligten, gleichzeitig darunter litten, daß in den US die Aufrechterhaltung der Neutralität mißbilligt wurde.
Im Herbst 1917 tagten in Wien die Delegationen des Reichsrats und des Reichstags, jene Abordnungen der beiden Parlamente in Wien und Budapest, die über die sogenannten gemeinsamen Angelegenheiten der Doppelmonarchie Österreich-Ungarn zu befinden hatten. Zu dieser Zeit waren die Beziehungen zwischen den tschechischen Exilpolitikern in Paris sowie in anderen Hauptstädten der Feindstaaten der Monarchie und den in voller Freiheit subversiv tätigen Gesinnungsfreunden in der Heimat von der Art, daß Typen wie Wenzel Klofáč, Abgeordneter zum Wiener Reichsrat und Mitglied der Delegation dieses Hohen Hauses, zur Herbsttagung der Delegationen *in Wien* besser und zeitgerechter über gewisse Vorkommenheiten informiert war als die Herren am Ballhausplatz. Klofáč war einer der 1916 zum Tode verurteilten tschechischen Hoch- und Landesverräter, dessen Todesurteil in Haft, dessen Haft in Haftentlassung und dessen Freiheit in die neuerliche Zuerkennung seines 1913 erworbenen Parlamentssitzes umgewandelt wurde.
Klofáč also stellte am 3. Dezember 1917 eine Anfrage an Seine Exzellenz, den Herrn Minister des Äußeren Graf Czernin. Und zwar betreffs Zeitungsberichten über eine Kriegserklärung seitens der Vereinigten Staaten Nordamerikas (!) an Österreich-Ungarn. Das war klug formuliert. Denn Klofáč war selbstverständlich nicht aus einschlägigen Zeitungsnachrichten informiert, wie solche seit längerer Zeit zirkulierten; er hatte konkrete Zusagen sei-

ner in den Hauptstädten der Feindstaaten tätigen Landsleute und Gesinnungsfreunde. Klofáč wußte, daß die kompetenten Regierungsstellen der Monarchie diesen Ursprung seiner Informiertheit kannten. Besagte Regierungsstellen wußten ihrerseits, daß Klofáč die Verdachtsmomente bekannt waren, die gegen ihn bestanden, die aber nicht mehr ausgewertet wurden; und Klofáč rechnete damit, daß man ihm nicht zum zweiten Mal einen Hochverratsprozeß machen und sich damit, so wie im ersten, blamieren werde.

Diese Tatsachen gehören zu dem Bild der Endzeit der Donaumonarchie, über deren Ende Jahre später, 1937, der damalige österreichische Bundeskanzler Kurt von Schuschnigg in seinen eben erschienenen Lebenserinnerungen nicht gerade zur Freude der Legitimisten in Österreich – schrieb, wobei er aus seinem Kriegstagebuch zitierte:

»Woran Österreich (1918) starb? – Die vielen lebenszerstörenden Kräfte, die seit Dezennien unterwühlten, wird erst genaue geschichtliche Untersuchung nennen können. *Einstweilen glauben wir an Willensschwäche.*«

Und dazu der Nachsatz aus 1937:

»Das war (1918) gewiß aus Erbitterung heraus zu erklären und reichlich ungerecht. Ein wenig Wahrheit wird jedoch diesem Urteil nicht abzusprechen sein.«

An jenem 3. Dezember 1917 ging Klofáč davon aus, daß viele Staatsangehörige der (zum Absterben verurteilten) Monarchie in den US lebten. Von diesen wisse man, daß man von den Vereinigten Staaten und deren so sehr emporgewachsenen Industrie abhängig sei und daß man von dorther immer größere Mengen benötigen werde (an Lieferungen, die nach 1918, von Hilfsleistungen abgesehen, einen bescheidenen Anteil in der Handelsbilanz der Republik ausmachten). Klofáč sprach von der drohenden Vermehrung der Feinde und verlangte von Czernin einen klaren, offenen und die Wahrheit nicht verheimlichenden Bericht. Der Tscheche wußte von der unabwendbaren Gefahr mehr als der Minister des Äußeren. Er und seine Gesinnungsfreunde brauchten nicht dieses Wissen des Ministers des Äußeren. Was sie brauchten, war eine Sachverhaltsdarstellung, aus der sich die hoffnungslose Situation der Monarchie gegenüber den mächtigen US ergab und die man nachher in der Debatte ausschmücken konnte. Mit dem Resultat, daß man ein Bild von der Lage in Händen hatte, das, unter parlamentarischem Schutz stehend, keine Kriegszensur mehr verwässern oder unterdrücken konnte und das die Schlußfolgerung erlaubte: Österreich-Ungarn habe sich im Falle der US einen Feind zugezogen – den letzten, dessen es noch bedurfte, damit diese Bestie krepiere.

»Krepiert« – das war die Redeweise jenes tschechischen Reichsratsabgeordneten Gustav Habermann, dessen politische Karriere im Alten Österreich als Anarchist begonnen hatte. Nach Haftverbüßung ging er in die US und von dort kam er heim mit der Kenntnis wirksamerer Methoden zur Zerstörung der Monarchie, als sie der individuelle Terror der Anarchisten kurze Zeit erzielte. Etwa bei der Ermordung der Kaiserin Elisabeth. Klofáč aber wird nach dem Zusammenbruch der Monarchie der erste Ministerpräsident der ČSR werden.

Zwei Tage nach Einreichung der von Klofáč und Genossen gestellten Anfrage in der österreichischen Delegation gab das k.k. Telegraphen-Korrespondenz-Bureau auf Grund einer aus London stammenden Reutermeldung am 5. Dezember 1917 um 1 Uhr nachmittags mit seiner 4. Ausgabe vom Tag eine vom Kongreß in Washington gefaßte Entschließung bekannt. Darnach sollte zwischen den Vereinigten Staaten einerseits, Österreich-Ungarn, Bulgarien und der Türkei andererseits der Kriegszustand bestehen. Die Entschließung wurde dem zuständigen Ausschuß zugeleitet und durcheilte alle Instanzen, so daß Wilson bereits am 11. Dezember 1917 den Eintritt des Kriegszustands proklamierte. Der Botschafter der US in Madrid wurde beauftragt, die spanische Regierung hievon in Kenntnis zu setzen und zu ersuchen, die österreichisch-ungarische Regierung zu informieren.

Und so langte, Tage nach dem in der Neuen Welt gefaßten Beschluß, am Ballhausplatz eine auf violettem Papier handschriftlich in altertümlichen Lettern geschriebene Note ein. In der Aufmachung eher einem aufrichtig empfundenen Beileid ähnlich, entledigte sich der spanische Missionschef, wahrscheinlich innerlich bewegt von der Trauernachricht, des ihm aus Madrid zugekommenen Auftrags.

Erst unterm 15. Dezember 1917 erschien eine Proklamation des Präsidenten der US, gegengezeichnet: Secretary of State Lansing, über den Kriegszustand mit dem österreichisch-ungarischen Kaiserreich. Die Proklamation enthält keine Sprüche betreffend Kriegsursachen und Kriegsziele. Die Monarchie habe Kriegshandlungen gegen die US unternommen und stehe davon nicht ab. Es folgten Maßnahmen, denen alle Angehörigen der Monarchie, die das 14. Lebensjahr erreicht hätten und nicht eingebürgert seien, fortan unterworfen sein sollten. Jene, die sich loyal verhielten und ihrer Arbeit nachgingen, wolle man mit dieser Maßnahme nicht treffen. Gegen Widerspenstige aber würden Sicherheitsvorkehrungen getroffen. Und keinem aus Österreich-Ungarn, der das 14. Lebensjahr erreicht habe, werde die Ausreise aus den US gestattet. Verdächtige Individuen aus diesem Kreis müßten damit rechnen, in Strafgefangenenhäusern, Gefängnissen, militärischen Lagern oder anderen Einrichtungen konfiniert zu werden, und zwar in solchen, die der Präsident für passend ansehe.

Der Präsident aber erklärte sich als ermächtigt, alle See- und Landstreitkräfte einzusetzen zum Krieg gegen die kaiserlich- und königliche Regierung, um den ausgebrochenen Konflikt zu einem erfolgreichen Ende zu bringen. Wofür alle dem Land zur Verfügung stehenden Mittel und Möglichkeiten ausgeschöpft werden sollten. Also:

Krieg dem k.u.k. Regime in Wien, Friede den Nationalitäten. Dieses Prinzip wurde hiemit transparent, und bald sollte es weitum in der Welt erkennbar werden.

Warum haben aber die US erst nach einigem Zögern der Monarchie den Krieg erklärt? Man rätselte und kam vorläufig zu der Ansicht, daß der letzte große Kriegserfolg, den die Kaiserlichen mit Unterstützung des Deutschen Heeres errungen haben, dazu den Anstoß gab; als es fast gelungen wäre, den von der Front am Isonzo flüchtenden Massen italienischer Truppenverbände ein Cannae zu bereiten. Das wäre wohl möglich gewesen. Aber der Bundesgenosse zog vor einem solchen Enderfolg seine Kampftruppen von der Front gegen Italien zurück. Französische, britische, zuletzt eine amerikanische Division mußten der letzten Front der Italiener an der Piave als Korsettstangen eingezogen werden. Truppen, die an sich an die Front in Frankreich gehörten. Dorthin, wo die Deutschen im Jahr 1918 mit gesammelter Macht angreifen wollten, um den Krieg zu gewinnen, bevor die Masse der US-Truppenverbände die Wende herbeiführen und den Untergang der beiden Reiche in der Mitte Europas besiegeln konnte.

20.

Der weite Weg des Professor Masaryk

Er war der Zerstörer des Alten Österreich, der es dort zum Sturz brachte, wo es einmal am stärksten war: in den bei Österreich verbliebenen Ländern der Wenzelskrone. Er selbst war kein Behm, wie man im Alten Österreich sagte, aber er zerstörte dieses Reich dort, wo es sein wesentliches Fundament hatte; in Böhmen. In Böhmen, woher Wallenstein gekommen ist und dem Haus Habsburg ein unersetzliches Machtinstrument zugeführt hat: das Kaiserliche *Heer.* In Böhmen, das nachher in vier Kriegen, die Maria Theresia gegen Preußen geführt hat, die *Zitadelle* ihres Reiches war. In Böhmen, wo wie in keinem anderen Land des Alten Österreich die *Industrialisierung* bis 1918 den höchsten Erfolg und den größten materiellen Reichtum förderte. In Böhmen, das sich *ihm* im demokratischen Zeitalter so ganz versagte und das er nur revoltieren konnte, indem er nach 1914 in den Westen ging und, nicht zuletzt in den US, die intransigentesten Feinde des Alten Österreich gegen das alternde Reich aufbrachte.
Im Taufbuch der katholischen Pfarrkirche des mährischen Ortes Hustopeč steht unter dem 7. März 1850 sein Taufname: Thomas. Seine Mutter war nach Herkunft und Lebenspraxis eine Deutsche; er selbst hat sie in einem Gesuch, das er 1875 an die Philosophische Fakultät der Universität Wien richtete, eine Deutsche genannt. Und das war seine gute Mutter, die als Ledige Therese Kropaczek geheißen hat. Oben, wie man die Länder der Böhmischen Krone in Wien damals nannte, waren Träger solcher Namen oft deutsch-national in der Gesinnung; und solche mit deutschen Namen Ultratschechen, wie etwa der haßerfüllte Gustav Habermann, der noch im Oktober 1918 fürchtete, die verfluchte Bestie könnte im Krepieren um sich schlagen und die im Werden

befindliche ČSR vor ihrer Staatswerdung zerfetzen. Mit dem Wort Bestie meinte er Österreich.
Er hatte eine Mutter, die den höchsten Rang im Hauspersonal einer herrschaftlichen Familie einnahm: Sie war nach den Worten ihres Sohnes Herrschaftsköchin. Solch eine Stütze ließ eine Hausfrau nicht gerne gehen, denn es gab zwar viele behmische Köchinnen im Alten Österreich; aber die Therese Kropaczek war für den Haushalt einer reich gewordenen jüdischen Familie in Göding in Mähren wahrscheinlich unersetzlich. Sie war eine fromme Frau, aber in einem jüdischen Haus war der Sonntag ein Arbeitstag und *er,* der später aus der katholischen Kirche austrat, warf der Herrschaft seiner Mutter vor, daß die Hausfrau seine Mutter daran hinderte, ihrer Sonntagspflicht nachzukommen.
Die Familie ihrer Dienstherrschaft war mit einigen Männern bestückt. Es geschah, daß die Herrschaftsköchin, als sie schon 36 Jahre alt war, schwanger wurde. Ihre Herrschaft ließ sie nicht im Stich. Es wurde ein Mann gesucht, damit das werdende Kind der Köchin einen Vater und einen ehrlichen Namen bekomme. Sichtlich war die Auswahl derer, die eine sechsunddreißigjährige Schwangere heiraten wollten, nicht groß. Es fiel also das Los auf den sechsundzwanzigjährigen, also um zehn Jahre jüngeren slovakischen Roßknecht Josef Masaryk. Stand die Herrschaftsköchin in einem Haus auf der obersten Stufe der Nomenklatur des Personals, dann stand ein Roßknecht auf der untersten. Auf den Gütern – eines davon hat Karl Kraus im Ersten Weltkrieg als Ausweichquartier bei der Flucht aus dem hungernden Wien gedient – schlief der Roßknecht manchmal in einem Verschlag des Stalles der Ackergäule, die Kuhdirn in einem bei den Kühen.
Hochzeit der Brautleute wurde am 15. August 1849 gemacht, *er* aber kam schon am 7. März 1850 zur Welt. Er hatte einen ehrlichen, in der Taufmatrikel ordnungsgemäß ausgewiesenen Vornamen, einen Vater und selbst einen Familiennamen, der ihn nicht mit dem Makel belastete, ein sogenanntes lediges Kind zu sein. Der natürliche Vater wurde nie genannt, er war später in Wien ein offenes Geheimnis; aber nicht einmal die schärfsten politischen Gegner, die er nachher in reicher Fülle acquirierte, hätten ihn vor

der Öffentlichkeit deswegen bloßgestellt. Denn der offiziell anonym gebliebene Vater war einer aus der jüdischen Familie Redlich. Was waren das für Zeiten, da nicht einmal Schönerianer einem Ultratschechen, wie sie *ihn* nannten, die Beimischung jüdischen Blutes in der Öffentlichkeit vorhielten ...
Ein Bub eines Roßknechts wurde damals auch Knecht. Vielleicht Ackerknecht. *Er* aber studierte, zuerst in Prag, dann in Wien, am rangbesten Gymnasium des Alten Österreich, am Wiener Akademischen Gymnasium. In Wien betreute ihn der Anwalt der Familie Redlich, der spätere k.k. Minister Dr. Alois Prazak, Anwalt in Sachen des jungen Thomas.
Mehr noch. Nach seiner Promotion habilitierte *er* sich an der Wiener Philosophischen Fakultät, deren Doktor er war. 1881 kam sein Werk »Der Selbstmord als soziale Massenerscheinung« heraus. Ein Buch, das zu lesen sich nach gewissen Exzessen des Freudianismus, dem Sigmund Freud selbst nicht anhing, wieder lesenswert geworden ist. Oder wäre. Er wurde ein hochgebildeter Mensch seiner Zeit, des Wien der liberalen Ära. Das bedeutete, daß er von seinem katholischen Glauben abfiel, aber nicht konfessionslos wurde, sondern der Religionsgesellschaft der Mährischen Brüder beitrat. Er blieb zeitlebens tiefreligiös, auch wenn sein Abstand zu Kirchen und anderen Religionsgesellschaften unüberbrückbar war, was sich aber bis zum Tod im Jahre 1937 legte. Und er haßte *vorgefundene Autoritäten.* Jene in den Kirchen und jene im Staat. Fast proletarischer Herkunft, versuchte er sich aber nicht in der ohnedies nicht möglichen »proletarischen Kultur«, vielmehr stieg er bewußt zum *Herren* empor; er kleidete sich wie ein gutangezogener Herr jener Tage vor 1914. Er haßte die damaligen Herrn, wollte aber selber ein Herr sein.
Er starb im Ruf, ein Demokrat gewesen zu sein, und er bekannte sich zu diesem Prinzip. In Wahrheit hat er die demokratischen Methoden so miserabel beherrscht, daß seine Partei, die »Realisten«, im Reichsrat zu Wien 1907 zwei, zuletzt, 1913, ein einziges Mandat innehatte. Er war in allem, was er vollbrachte, ein UNIKUM. Jene ČSR, seine ČSR, die 1918 den reichsten Teil des zerfallenen Alten Österreich bekam, und zwar ohne daß die oben

erwähnte Bestie ihre Väter zerfetzt hätte, eroberte er nicht mit demokratischen Methoden, die er im eigenen Land so schlecht beherrschte, sondern mit Hilfe äußerer Feinde, die nach 1914 darauf aus waren, den Vielvölkerstaat zu zerstückeln. Er löste erfolgreich die alte Bindung der Tschechen an Rußland, dessen Zarismus ihm so verhaßt war wie die Habsburger, und gewann dafür die Sympathien der Westmächte. Vor allem jene der angelsächsischen Mächte, die um 1914 vom Alten Österreich nicht mehr viel hielten, dafür aber an dem Image festhielten, das im 16. Jahrhundert die Lügenpropaganda der Niederländer und der Engländer über das Haus Österreich verbreiteten und das im Zeitalter der Aufklärung auf eine pseudo-wissenschaftliche Basis gestellt wurde.
Er war vom Schicksal gelenkt, von dem man in der Antike sagte, daß die Götter jenen, den sie vernichten wollen, mit Blindheit schlagen. In seinem Fall waren die Blinden die Herren des Alten Österreich ... Seine Verbindung mit dem Westen geriet zu einer unübertrefflichen Vollendung, als er während eines Studienaufenthaltes in Leipzig die Tochter des Direktors der dortigen amerikanischen »Germania Insurance Company of New York City«, Charlotte Garrigue kennenlernte. Er heiratete sie, in ihrem Elternhaus erlebte er die Aura einer amerikanischen Familie, in der er nicht einen der sogenannten Zwänge hinnehmen mußte, die ihm das Alte Österreich so verhaßt gemacht haben. Es hat wenige Staatsoberhäupter gegeben, die so belesen waren und in so vollendetem Maße den Typ des Universitätsprofessors des liberalen Zeitalters verkörperten wie er.
Als Franz Joseph I. in Prag eine Tschechische Universität gründete, wurde er dort zu einem der ersten Ordinarien vom Kaiser ernannt. Als Wissenschaftler eine Zierde der Universität, litt seine Lehrtätigkeit darunter, daß er die Vorlesungssprache Tschechisch anfangs nur unvollkommen beherrschte. Seine *Muttersprache war Deutsch*, seine deutsche Mutter hatte als Verheiratete nur so viel von der slovakischen Sprache erlernen müssen, als sie für eine Ehe mit einem Slovaken brauchte. In Wien gefiel er sich (sein Sohn später noch mehr) im Gebrauch des Wienerisch von früher,

und auf solchen Sprechgewohnheiten baute er sein Tschechisch auf. In seinem Fall war das im Politischen kein Hindernis. *Ein Volksredner ist er nie gewesen,* im Umgang mit Angehörigen anderer Nationen bediente er sich der englischen, französischen, auch der russischen Sprache. Er war ein Mann mit Gymnasialmatura, der die Sprachen der Antike nicht bloß für Prüfungen und Schularbeiten beherrschte, sie wurden vielmehr ein Gerüst seiner Ordnung im Denken ...

Im Zeitalter des Psychologismus, der bald alle Wissenschaftsgebiete durchflutete, war es selbstverständlich, daß man das Werden seiner Politikerpersönlichkeit zurückführte auf *eine Serie traumatischer Erlebnisse,* die ihm den Haß gegen vorgefundene Ordnungsfaktoren eingaben: Sein *Haß gegen Herrschaftsstukturen* soll demnach entstanden sein, als er, noch ein Bub, erlebte, wie seine fromme Mutter von ihrer Hausfrau am sonntäglichen Kirchgang gehindert wurde; sein Haß *gegen den Katholizismus* und die Kirche sollen nach dieser Analyse seiner Persönlichkeit daher rühren, daß er es mit Geistlichen zu tun bekommen hat, die als Lehrer versagten, als Priester angeblich ein schlechtes Beispiel gaben; der Haß *gegen das Alter Österreich* sei entstanden, als sein Wunsch, Diplomat zu werden, nicht in Erfüllung ging, wofür er die Verweigerung der Aufnahme in die berühmte k.k. »Orientalische Akademie« (fälschlicherweise) verantwortlich machte; es war nur zu selbstverständlich, daß seine *Haßgesinnung dort den Höhepunkt erreichte, wo dieser auf das Haus Österreich,* auf des Kaisers Majestät traf. Er verneinte die Monarchie der Habsburger aus vermeintlicher demokratischer Grundhaltung, dieweil er selbst nach dem Vorbild alter Herrschaftsstrukturen ein *erbarmungsloser Herrscher* wurde.

Nie war er unter den Tschechen populär. Er erwarb sich dafür Ruhm, der ihm in anderen Ländern Ansehen verschaffte. Und diesen Ruhm erwarb er sich, indem er ohne Rücksicht auf Volkstümlichkeit oder politische Zweckmäßigkeit als *Intellektueller in Streitigkeiten eingriff* und instinktsicher sein Wissen gegen Fehlhaltungen ansetzte, die ihn vor allem in der sogenannten freien Welt des Westens empfohlen haben. Nachdem seine Ehe nach eigenen Worten seine Erziehung vollendet hatte, ging er mit dem forschenden Kontrahierblick eines Duellanten durch die Unkrautgegenden seiner Zeit – und griff an: Die *katholische Kirche* als Feindin der Humanität in der Meinung, der mörderische Hussitismus der Tschechen im Mittelalter sei ein Kampf für Demokratie und gegen Feudalherrschaft gewesen; die *feudalen Deutschen in Böhmen* griff er an, weil er im Hauptwerk des Ostpreußen Herder das berühmte Kapitel über die Slaven zum Anhaltspunkt nahm, das sie als friedliebendes, ackerbautreibendes Volk beschreibt und die Scheußlichkeiten, die alle slavischen Völker, auch die Tschechen, im Verlauf der Geschichte verübt haben, übersieht; er griff den *Nationalismus der Tschechen* an, indem er eine in deren Erneuerungszeitalter entstandene Fälschung als solche demaskierte und so aus dem Allerheiligsten seiner Landsleute für immer verwies; er wähnte sich als *Tatzeuge einer Weltrevolution* und war doch nur einer aus der Alten Welt, der bei den Herren der Neuen Welt antichambrierte, um deren militärische Übermacht zur Zerstörung der Habsburgermonarchie von *außen* her zu gewinnen, nachdem es im Verlauf des Ersten Weltkriegs den tschechischen Exilpolitikern bis zum Sommer 1918 nicht gelungen war, die Tschechen in ihrer Gesamtheit zum Abfall von Wien und Österreich zu bewegen; und er stellte den *aufkeimenden Antisemitismus in Ungarn* bloß, indem er sich eines Juden annahm, der unter Anklage stand, einen Ritualmord begangen zu haben. Sein vollendeter Exodus aus dem Alten Österreich war aber die Parteinahme für die Sache Serbiens, als er in einem gegen den liberalen Heinrich Friedjung geführten Prozeß nachwies, daß die von diesem in einer liberalen Tageszeitung aufgezeigten Anschläge der Serben gegen die Monarchie auf gefälschten Dokumenten beruhten; Dokumenten, die freilich jene Wahrheiten enthüllten, die um 1914 fatale Wirklichkeit werden sollten.

Zum ersten Präsidenten der ČSR und zum Greis geworden, konnte er seinen Haß, Triebfeder einer ungeheuren Entschiedenheit, nicht zügeln, wenn er etwa sagte:

»Wir haben mit Habsburg abgerechnet, wir werden mit Rom abrechnen.«

Gott war ihm gnädig, er berief ihn rechtzeitig ab. Nämlich fast auf den Tag genau ein Jahr vor jener Konferenz von München, auf der ein konservativer naiver Ministerpräsident von Großbritannien und ein liberaler Ministerpräsident Frankreichs die von diesen beiden Staaten im Ersten Weltkrieg herangezwungene ČSR dem Zugriff Adolf Hitlers preisgab. Und damit den Weg freimachten für die Degradierung der Republik zum Reichsprotektorat Böhmen und Mähren vom Jahr 1939. *Er* hinterließ schon 1935 aus Altersgründen die ČSR einem ehemaligen Sprachlehrer an einer deutschen Handelsschule in Böhmen namens Eduard Beneš, einem gewandten *Macher* im Politischen, dem die *Größe* seines Vorgängers abging und welcher der ČSR den Tod gab, indem er ihren Untergang mit der Parole:
»Lieber Hitler als Habsburg«
quasi herbeibetete. Die Habsburger kamen niemals mehr, aber Hitler kam mit furchtbarer Gewalt über das Land.
Den Zerstörern des Alten Österreich wurde die dazu notwendige Haßgesinnung nicht quasi in die Wiege gelegt. Beneš bekannte, ihm sei diese Gegnerschaft anfangs keine Selbstverständlichkeit gewesen. Und Masaryk wurde an der Universität Wien, die zu jener Zeit zusammen mit der in Berlin die weltbedeutendste des deutschen Sprachraums war, wohl der Liberalismus, nicht aber die in gnadenlosen Haß gegen die Monarchie ausartende Mentalität eingeblasen. Wie also verlief der Weg dieses großen Zerstörers, der sich nach seiner Verehelichung den Familiennamen seiner amerikanischen Gemahlin Garrigue als Vornamen beilegte und nachher Thomáš Garrigue Masaryk hieß?
Bei Kriegsausbruch war Masaryk – wie gesagt – ordentlicher Universitätsprofessor an der k.k. Universität, die Franz Joseph I. auf Drängen der Tschechen für diese in Prag errichtet hat. So wie heute viele Schauspieler mit mehr oder weniger Berechtigung sich als Schüler Max Reinhardts bezeichnen, haben sich einmal viele Politiker nach 1918 als Schüler des Universitätsprofessors und Politikers Masaryk ausgegeben. 1891 wurde Masaryk zum ersten Mal in den Reichstag gewählt. Im Kreis der radikal-nationalen Jungtschechen fühlte er sich nicht zuhause. 1893 verließ er das Hohe

Haus am Wiener Franzensring, um erst 1907 als einer der beiden Abgeordneten seiner Partei, der »Realisten«, einzuziehen. Wobei ihm 1913 das Malheur passierte, daß er zum Unikum der parlamentarischen Vertretung dieser Partei wurde. 1907, das war, als Franz Joseph I. ein modernes Wahlrechtsgesetz sanktionierte, womit das Alte Österreich, als finsterster Winkel der Reaktion verschrien, nicht nur dem Deutschen Reich voraus war, sondern auch Großbritannien und den US – ein Umstand, den zu erwähnen Masaryk aus verständlichen Gründen stets unterließ. Modernität in einem Völkerkäfig wäre ja eine politische Perversität gewesen.

Im Hohen Haus am Franzensring hatte Masaryk die schicksalhafteste Begegnung seines politischen Daseins. Sie erfolgte nicht im Kreis der Abgeordneten, vielmehr traf er am 9. Juli 1909 den damaligen Vertreter der Londoner »Times« Robert William Seton-Watson. Unter dem Pseudonym Scotus Viator geisterte dieser im Kreis malkontenter Politiker der Monarchie herum, um sich ein Bild vom Nationalitätenstreit im Alten Österreich – soweit das einem Schotten möglich war – zu machen. Er gelangte zu dem Schluß, daß es so, wie er es fand, in diesem Staat nicht weitergehen dürfe, und er griff im Untergrund bald selbst in den Streit ein. Der Journalist fing mit seinem sogenannten Studium bei den *Slovaken in Ungarn* an und zeigte triumphierend die Mißlichkeiten des Daseins dieses Volkes auf. Er durfte es, obwohl die Öffentlichkeit in Großbritannien eigentlich ein viel größeres Problem im eigenen Haus hatte: das Los der seit Jahrhunderten diskriminierten Iren, die vor den unter der Krone Englands verteilten Freiheiten in Massen flohen – in die US. Masaryk vermittelte dem Journalisten Bekanntschaften, und so erfuhr Seton-Watson, daß die intelligenten und fortschrittlichen Politiker in Österreich-Ungarn nicht mehr große Hoffnungen auf eine innere *Erneuerung* setzten, wohl aber – und das immer häufiger – auf die Beschleunigung des Untergangs des ohnedies Kranken Mannes an der Donau. Selbst ein so kluger Geist wie Friedrich Funden, damals im Belvedere-Kreis Franz Ferdinands sowie Herausgeber und Chefredakteur der »Reichspost«, ließ sich von Seton-Watson bluffen. Er erkannte nicht, daß dessen Interesse weniger dem *Fortbestand der Monarchie* galt als dem Sieg derer, für die das Vielvölkerreich nur ein *Völkerkäfig* war. Selbst nach 1918 ließ sich Funder von Seton-Watson neuerlich täuschen ... Dieser wißbegierige Journalist hatte Format; kein Wunder, daß er nach 1914 Sachbearbeiter für Mitteleuropa in der Kriegspropaganda der britischen Regierung wurde. Und er mit einem Seufzer der Erleichterung seine bisher zur Schau getragene Maske fallenlassen konnte, als London Wien am 12. August 1914 den Krieg erklärte.

Unter den malkontenten Südslaven hatte Masaryk viel mehr Schüler und Parteigänger als unter den Tschechen. Der Kroate Stefan Radič und sein Bruder waren Schüler Masaryks. Radič war ein gläubiger Katholik, als Führer der kroatischen Bauernpartei aber nicht von jenem Haß getrieben, der Motor in der politischen Existenz Masaryks wurde. Radič hatte schon vor 1914 einen für Serben unverzeihlichen Fehler, indem er für seine kroatischen Landsleute ein eigenständiges, vom serbischen verschiedenes Volkstum beanspruchte. Nach 1918 wurde er Minister im Königreich Jugoslavien, blieb aber Vorkämpfer um jene Autonomie, um die Kroaten noch heute in Jugoslavien vergeblich kämpfen. Sein Ende war balkanisch: Er wurde 1929 im Hohen Haus zu Belgrad ermordet. Umso wichtiger war es, daß Seton-Watson schon vor 1914 jene Kroaten herausfand, die eine Identität bejahten, in der die traditionelle Trennung von Serbentum und Kroatentum keinen Platz mehr hatte, deren Endziel beim Kampf gegen Wien und Österreich unter allen Umständen ein und dieselbe Nation in einem unabhängigen Staat war.

Im Mai 1909 erntete Masaryk höchstes Lob für seine Verdienste um die Sache der malkontentesten Südslaven Kroatiens. Budapest war inmitten des auch in Ungarn tobenden Nationalitätenstreits keineswegs so zimperlich wie Österreich und Wien. 1909 kam man dort Umtrieben auf die Spur, die zwar gerichtsordnungsmäßig schwer zu beweisen waren, die aber im Alltag sozusagen der Blinde mit dem Stock griff. Budapest machte im wahrsten Sinne kurzen Prozeß. Es stellte die verdächtigen Malkontenten vor Gericht, und der Richter fand mit seinen Methoden heraus, was an sich *nicht beweisbar*, wohl aber *tatsächlich vorhanden* war: Hochverrat. Seine Methoden waren von der Art, daß Masaryk im Hohen Haus zu Wien, in dem er einen *tschechischen* Wahlkreis und nicht einen des Königreiches Ungarn zu vertreten hatte, jene skandalösen richterlichen Methoden rücksichtslos an die Öffentlichkeit zog. Seton-Watson war Zeuge dieser Vorgänge; 1909 war er aber noch nicht dahin gelangt, wo Masaryk längst stand: in unüberbrückbarem Gegensatz zum Haus Österreich und dessen Aufgabe in Mitteleuropa. Aber Seton-Watson verstand Masaryk sehr gut, wenn dieser besagten Richter samt dessen aufgebotenem Haufen von Zeugen und Polizeiberichten als eine *Verbrecherkolonie* hinstellte. Großbritannien hat seit jeher Verbrecherkolonien in Übersee gehabt, in die es unausstehliche Individuen einfach abschob. Österreich war keine Kolonialmacht, es hatte daher auch keine Verbrecherkolonien.

1910 trafen sich Masaryk und Seton-Watson im Haus des Reuter-Korrespondenten, dessen amerikanische Frau politisch interessiert war. Der vor 1914 zum ersten Mal profiliert auftretende Amerikanismus, ein Sendungsglaube, der das bessere Menschsein als Produkt der Demokratie in Amerika ableitet, gefiel Masaryk. Wenigstens in dem Sinn, als er selbst auf eine Umorientierung der Hoffnung der Tschechen aus war. Zu lange und zu viel schienen sie Masaryk an Rußland zu hängen, und Karel Kramář, nach 1918 erster Ministerpräsident der ČSR, hat einmal jenen nahegestanden, die sich statt eines Habsburgers einen russischen Großfürsten als König von Böhmen wünschten. Derlei war Masaryk verhaßt. Was er an jenem Tag im Jahre 1910 erfuhr, war für ihn keine Novität, aber fortan nahm sein Hinneigen zum Amerikanismus und dem von diesem ausgehenden Sendungsglauben Gestalt an: Wenn nicht im Osten, so sollte im Westen jener Punkt gefunden werden, auf den gestützt man die Habsburgermonarchie aus den Angeln heben und einen Staat der Tschechen ins Leben rufen konnte. Ein gewisser Paul Blaha machte 1912 eine Amerikareise und besuchte drüben die tschechischen Kolonien. Blaha fand dort oft eine größere Aufgeschlossenheit für den Kampf gegen das Alte Österreich als in den Ländern der Wenzelskrone.

Drüben hatten die Tschechen ihre eigenen Presseorgane, etwa die Zeitung »Hlas«. An deren Auslassungen hätten Jungtschechen und andere Radikale in Österreich ihre reine Freude gehabt. Noch war man in letzteren Kreisen klug genug, das liberale Pressegesetz nicht zu überfordern. Jenes Pressegesetz Alt-Österreichs, das sich 1968 im sogenannten Prager Frühling die dortigen Reform-Kommunisten wünschten, um darauf gestützt ihren Kampf gegen »Entartungen des Kommunismus« im Stalinismus zu führen. Bloß – der Stalinismus ist mit solchen aufmüpfigen Typen anders umgegangen als das Alte Österreich.
1912 war ein Jahr, das dem Alten Österreich eine Niederlage, dem Slaventum einen großen Sieg bescherte. Unter der Schirmherrschaft des russischen Zaren taten sich die Kleinstaaten auf dem Balkan zusammen, um dem *Kranken Mann am Bosporus* seinen Besitzstand in Europa wegzunehmen. Für gewisse Kreise in Petersburg tauchte erneut die Frage auf, ob es nicht an der Zeit wäre, sich der lästigen türkischen Kontrolle des Seeweges durch die Passage vom Schwarzen ins Mittelländische Meer zu entledigen. Man war sich einig, nach dem Kranken Mann am *Bosporus* dem an der *Donau* das Lebenslicht auszublasen.
Im Jahre zuvor hat Seton-Watson seine Analyse der »Südslavischen Frage im Habsburger Reiche« herausgebracht. Man mußte die auch von Masaryk belächelte Naivität eines Österreicher haben, um nicht wahrzunehmen, daß es dem Autor weniger um eine *Lösung innerhalb* Österreichs ging als um eine *Erlösung* der Südslaven *von* den Peinigungen im Habsburgerreich. 1913, im Jahr nach den Balkankriegen, erschien noch eine Auflage des Buches, das Seton-Watson einmal jenem österreichischen Staatsmann widmete, dem es gelänge, die südslavische Frage zu lösen. Der Autor wäre der Wahrheit seines Vorhabens nähergekommen, wenn er das Werk nicht einem *österreichischen Staatsmann* gewidmet hätte, sondern *einem aus Österreich*, einem aus dem Freundeskreis seiner Malkontenten Südslaven. Diese Freunde haben sich nach 1914 als Zerstörer Alt-Österreichs nach einem längst vorbereiteten Programm erwiesen.
Unter den *Deutschen* hatte Seton-Watson ehrenwerte Liberale als

Freunde. Typen, die verbittert waren, daß nicht sie, sondern andere Politiker staatstragend waren und blieben: Josef Redlich, einer aus der Blutsverwandtschaft mit Masaryk verdächtigten reichen Gödinger Familie, und Joseph Bauernreither; zwei sehr vermögende Herren von oben, grundgescheit, unfehlbar in der Diagnose der Krankheiten, an denen die Monarchie litt, aber schwach bei der Verschreibung einer Therapie. Und da war der sehr gebildete und kenntnisreiche Herausgeber der »Österreichischen Rundschau« Baron Oppenheimer, bei dem man sich nur wundern konnte, warum dieser intelligente Mann mit den Methoden seiner Publizistik nur dort und in dem Erfolg hatte, wo sich die Feinde des Alten Österreich geeignete Fundstellen herausklaubten. Und schließlich der aus dem Rheinland stammende Professor für Verwaltungsrecht Karl Brockhausen. Vieles, was diese *Informanten* sagten, war für Seton-Watson goldrichtig, aber es kostete ihn die wahre Mühe eines Goldwäschers, um aus den Gesteinsmassen ihrer Gedankenwelt das ihm Zusagende und für ihn Unbrauchbare zu scheiden.

Seton-Watson zählte auch auf jenen Milan Hodža, dem es 1938 zufiel, die von Beneš verschuldete Zertrümmerung der ČSR als Ministerpräsident von Amtswegen zur Kenntnis zu nehmen. Und der 1944, verbittert, im Exil in den US starb. Hodža, der an sich aus dem Belvedere-Kreis hervorgegangen ist und nach 1918 der einzige bedeutende Politiker der ČSR gewesen ist, der sich auf eine gewisse Rekonstruktion des wirtschaftlichen Kommunikationsraumes an der Donau ernsthaft einließ. Da war der im kaiserlichen Wien in völliger Unansehnlichkeit lebende Kornel Stodola schon eine andere Type, ein Rasiermesser, das man besser im Futteral ließ, bis man seine Schärfe brauchen konnte. Er hatte Kontakte mit dem im Westen lebenden Tschechen Milan Stefanik, der zusammen mit Beneš und Masaryk die bedeutende Rolle im Endkampf gegen Österreich-Ungarn spielte.

Aurel Popovici und ein gewisser Mariano dienten Seton-Watson als Informanten betreffs der Rumänen in Ungarn, die unglücklicherweise so lange im Wiener Bürgermeister Dr. Lueger einen Freund ihrer Anliegen sahen und nach dessen Heimgang im Jahre

1910 endgültig den Blick von Wien und dem Alten Österreich abwandten. Popovici, auch aus dem Belvedere-Kreis, starb 1917 in Genf, als er schon, nicht nur räumlich, auf halbem Weg zwischen Wien und Paris war. Selbst unter den von Seton-Watson mäßig geschätzten Magyaren hatte der Schotte einen wichtigen Gewährsmann: jenen Linkspolitiker Oskar Jaszi, der 1918 in den Umsturztagen eine sehr entscheidende Rolle in Budapest spielte. Unter den Ruthenen, in Teilen noch immer als die *Tiroler des Ostens* angesehen, war Dr. Konstantin Lewicki verläßlicher Informant; er saß von 1907 bis 1918 im Hohen Haus am Franzensring. Und – der Metropolit und Erzbischof der Griechisch-katholischen Kirche in Lemberg Andrej Graf Scheptyzkyj, der sich um der Sache seines ukrainischen Volkes willen mit jeder Macht, den Teufel ausgenommen, verbündet hätte, um ihm endlich die Eigenständigkeit und einen selbständigen Staat zu verschaffen. Nach der Eroberung Galiziens durch die Russen verbannte ihn der Zar nach Sibirien, zurückgekehrt erlebte er die Leiden der Ukrainer unter polnischer Herrschaft, als die Sowjets im Zweiten Weltkrieg in Ostgalizien eindrangen, bemächtigten sie sich des Metropoliten, um ihn gründlicher zu behandeln, als es der Zarismus getan hatte. 1944 starb der Graf unter nie geklärten Umständen. Man kann sich vorstellen, daß so ein Kämpfer für Seton-Watson etwas hergab.
Sowie 1914 der Krieg ausbrach, bekannte Seton-Watson Farbe. Er griff das Konzept eines *Großserbien* auf Kosten Österreich-Ungarns auf. Er setzte sich dafür ein, daß die *ungarländischen Rumänen* (und einige mehr) zum Königreich Rumänien geschlagen wurden. Ein in die US ausgewanderter, in die Monarchie zurückgekehrter Tscheche konnte als Citizen der neutralen US den Briefverkehr zwischen der sogenannten *Mafia* in der Heimat und den Exilpolitikern dieses Volkes ohne Gefahr für seine Person besorgen. Nicht auszudenken, wenn die gefürchtete k.k. Polizei diesem spionierenden Amerikaner das Handwerk gelegt oder ihn gar nach Kriegsrecht den Militärgerichten ausgeliefert hätte …
Das Alte Österreich hat 1914 *Lenin* die rechtzeitige Flucht vor den in Galizien – dem damaligen Wohnort des späteren Tyrannen

– einmarschierten Russen ermöglicht. Es ließ Trotzki ausreisen, und es legte dem k.k. Universitätsprofessor und Reichsratsabgeordneten Masaryk nichts in den Weg, als dieser kurz nach Kriegsbeginn in den europäischen Westen reiste, angeblich aus rein familiären Gründen. Aus dem neutralen Königreich der Niederlande schrieb Masaryk damals einen Brief an Seton-Watson. Er bat ihn, einen Gewährsmann herüberzuschicken. Dieser erste Kontaktversuch des späteren Präsidenten der ČSR führte aber zu nichts.
Also mußte ihm die k.k. Polizei bald darauf nochmals die Ausreiseerlaubnis für das neutrale Ausland geben. Nun schon gewitzigt, bediente sich Masaryk zur Aufnahme des direkten Kontakts mit Seton-Watson des in Den Haag arbeitenden Korrespondenten der Londoner »Times«. Und Seton-Watson kam herüber. Von ihm wollte der Reichsratsabgeordnete einen Rat, nämlich betreffs dessen, *was er im Moment im britischen Interesse tun könnte.* Das geschah, als sich die russische Armee, scheinbar unaufhaltsam, der östlichen Begrenzung der Länder der Böhmischen Krone näherte und dort die Rußlandfreunde schon Vorbereitungen für den Empfang ihrer Befreier trafen. Um so mehr sah Masaryk seine Aufgabe darin, das Desinteresse des Westens für die tschechische Frage zu überwinden und den Sympathien seiner Landsleute für den Osten einen Riegel vorzuschieben. Er blies westlichen Interessenten ein, sie müßten doch, wenn sie die Deutschen besiegen wollten, *zuerst dessen schwächlichen Bundesgenossen Österreich-Ungarn schlagen* (und zerschlagen). Schon arbeitete Masaryk an einer Karte mit den Grenzen des zukünftigen Staates der Tschechen, dem nicht nur die Slovaken angehören sollten, sondern auch die schon im alten Königreich Böhmen ansässigen dreieinhalb Millionen Deutschen. Nie hat Masaryk Wilson gegenüber von der Existenz der Deutschen auf dem Gebiet der späteren ČSR auch nur ein Wort in den US verlautet. Wilson wäre imstande gewesen, auch denen ein Selbstbestimmungsrecht zuzugestehen.
Die große Zeit Seton-Watsons kam, als in London David Lloyd George Ministerpräsident wurde. Bis dahin hatte er seine Mühe mit dem bisherigen Leiter der britischen Außenpolitik Sir Grey

gehabt, weil der die Methoden des bisherigen Journalisten für nicht ganz seriös hielt.

Die k.k. Polizei tat im Falle Masaryk so gut wie gar nichts, um ihren schlechten Ruf im Westen zu bestätigen. Ahnungslos stellte sie Masaryk für eine dritte Auslandsreise den Paß aus. Diesmal reiste der Herr Professor nach Rom und in die Schweiz. Dort traf er den auf der Rückreise aus Sofia befindlichen Seton-Watson, der verärgert war, weil es ihm nicht gelungen war, die Bulgaren als Bundesgenossen der Serben im Kampf gegen die Monarchie zu gewinnen. Umsonst war diese Reise nicht: In Niš traf sich Seton-Watson mit dem serbischen Außenminister Jovan Jovanović und in Rom mit der Prominenz der südslavischen Exilpolitiker: dem berühmten Bildhauer Ivan Meštrović und seinem alten Bekannten Dr. Anton Trumbić.

Der März 1915 war ein Schicksalsmonat für Masaryk. Einer seiner Söhne starb in Prag; er erkannte aber, daß er die Heimreise nicht mehr riskieren durfte. Ein anderer Sohn, *Jan,* rückte ein, versuchte erst gar nicht, jene Wege zu beschreiten, auf denen man sich vom Einrücken drücken konnte als Sohn eines Promi von damals. Die familiären Ereignisse brachten in Masaryk einen Gedanken zur Reifung: Er entschied, *von außen her die Monarchie zum Einsturz zu bringen.* In der Heimat schlossen sich im Untergrund die Unbedingten zur sogenannten Mafia zusammen. In der Mafia hatte Masaryk nicht nur Freunde. Seine Ein-Mann-Partei verlor mit der Flucht Masaryks den einzigen Parlamentarier; die Anhänger sammelte ein gewisser Přemysl Sàmal. Schlüsselfigur wurde der deutschstämmige Führer des Sokol-Verbandes Josef Scheiner. Gar keine Freude hatte Masaryk mit der wachsenden Bedeutung der Herren Karel Kramář und Alois Rašim. Als beide 1916 wegen Hoch- und Landesverrats zum Tod verurteilt wurden, befreite dies Masaryk nicht von diesen Typen, die wie Mühlsteine an seinem Hals hingen: Die Schwarz-Gelben ließen beide Mafiosi laufen.

Und da war schließlich Eduard Beneš. Beneš, der in *Frankreich* an Universitäten studiert hatte. Der daheim dozentoid war, was damals so viel hieß, als daß er Dozent, womöglich Professor an einer k.k. Hochschule, werden wollte; den die Zeit als Lehrer an einer deutschen Mittelschule in der Provinz auch nicht zum Freund der Deutschen in der Monarchie und zum Staat gemacht hatte. Seton-Watson ist er anfänglich als *young socialist* beschrieben worden. Was immer er war: Er ging mit dem ihm geliehenen Mantel eines österreichischen Militärarztes bei Asch über die Grenze und erreichte Genf. Die ideale Aufgabenteilung war gegeben: Masaryk für die *angelsächsischen* Länder, Beneš für *Frankreich*.

An einem regnerischen Tag im April 1915 kamen Masaryk und seine Tochter in London auf dem Bahnhof Charing-Cross an. Deutsche Zeppeline waren über der Stadt. Kein Gepäckträger war zur Hand. So schleppte man zu dritt die schweren Koffer: Bücher, von denen sich Masaryk nicht trennen wollte. Zwei Tage später durfte er im Foreign Office seine Ansicht darlegen: Österreich-Ungarn zerfällt. Der Pan-Germanismus droht dann erst recht. Um so mehr bedürfe der Westen eines absolut verläßlichen Stützpunkts in Mitteleuropa. In Umrissen stellte Masaryk dem Briten die Karte eines neuen Staates der Tschechen vor. Der war erstaunt. Man dachte in London an eine *Schwächung* der Donaumonarchie, nicht an die *Zerstörung*. Von den in Mischsiedlungen (!) lebenden Deutschen erwartete Masaryk Unterwerfung.

So weit, so gut. Dann kam der Überfall Italiens auf Österreich-Ungarn. Italien waren von den Ententemächten Gebiete in Aussicht gestellt worden, auf die auch Serbien Anspruch erhob. Da war es gut, daß sich Seton-Watson in den schwelenden Konflikt einschaltete. Aber auch er hat den Eisenschädel seiner Freunde unter den Südslaven unterschätzt. Diese gründeten in *Paris* ein Komitee, in dem die Ansicht galt, daß *alle südslavischen Nationen ein Volk sind.* Das Komitee überreichte ein dahin zielendes Programm den Außenministern Großbritanniens und Frankreichs. Masaryk schwieg dazu. Aber er sah klar voraus, daß in einem solchen Einheitsstaat viel vom Sprengkörper verbleiben werde, der bisher dem Alten Österreich zu schaffen machte. Da half die Formel »troimeni narod«, eine Nation mit drei Namen (!), nicht hinweg. Als es sich ergab, daß kroatische und serbische Regimenter,

vor allem Bosniaken, am Isonzo den Italienern verbissen das Eindringen in die Monarchie versperrten, wurden die Serben im Königreich mißtrauisch.
In den US tagte ein Kongreß der dort ansässig gewordenen Südslaven. Diese Slaven im Melting Pot hatten nichts gegen eine Verschmelzung der Serben und Kroaten in einer Nation. Von den Südslaven in der Monarchie verlangten sie, diese müßten von sich aus die *Verschmelzung* mit Serbien verlangen. Masaryk erlebte in London die düstere Stunde, als der serbische Ministerpräsident Pasič angesichts der Gebietsansprüche Italiens an den Ufern der Adria sagte, die dort *lebenden Slaven würden lieber bei Österreich-Ungarn bleiben, als Italien unterworfen zu werden.* Noch andere gab es, die bei Österreich bleiben wollten um diese Zeit: die tschechischen Sozialdemokraten und Klerikalen erklärten, sie wollten *ihr künftiges Schicksal lieber der Monarchie anvertrauen.* Den Nachsatz, »als den Lockrufen der Exilpolitiker zu folgen«, unterdrückten sie wohl. Aber diese, Masaryk voran, waren tief betroffen.
1915 jährte sich zum 500. Mal der Todestag des Jan Hus. Masaryk hielt eine Rede, in der er sich so richtig austoben konnte in der Aburteilung der Pfaffenherrschaft und des Pfaffentrugs. Österreich war demnach der letzte übriggebliebene Büttel jenes finsteren Mittelalters, das Jan Hus umgebracht hat. Nach solchen rednerischen Exzessen gab sich Masaryk in London lieber professoral. Am King's College wurde eine »School for slavonic studies« geschaffen, und so bekamen er und seine Sache einen Rahmen, der auch Respekt in Kreisen hatte, die nicht für die Zerstörung ganzer Reiche waren. In den US besorgte ähnliches der berühmte polnische Pianist Ignaz Paderewski, in Rom der kroatische Bildhauer Ivan Meštrović – das Gerede von üblen Zuständen in Ost- und Südeuropa, vor denen man sich durch einen politischen Korridor schützen sollte, verstummte.
Im Dezember traf sich Masaryk in London mit Sir William Wiseman, damals in den US als Leiter des britischen *Geheimdienstes* tätig. Sir William wollte auch mit südslavischen Exilpolitikern in Kontakt kommen. Die Polen ließ Masaryk außer Spiel. Wo die

auftauchten, gab es Verwirrung. Dafür sah er in Frankreich seine Sache bei Beneš gut aufgehoben. Dort erschien die vom Professor an der Sorbonne Ernst Denis herausgegebene Zeitschrift »La Nation Tschèque«. Denis' wissenschaftlicher Rang deckte die mit der Herausgabe verbundene rein politische Absicht der Gründung zu. So wurde, nicht zum letzten Mal in der Geschichte, Politik als Ergebnis rein wissenschaftlicher Erkenntnisse verhökert. Zeitungen wie »Le Matin« und »Journal des Débats« druckten ab, was wissenschaftlich erhärtet zu sein schien und Frankreichs Interessen im Krieg dienlich war. Masaryk lieferte einen Beitrag unter dem Titel »Pangermanism and the Western World«. Mit Österreich hätte er niemanden erschrecken können in Frankreich; indem er den *Pangermanismus als Popanz* vorhielt, gelang es ihm, zugleich im Kampf gegen Österreich Vorteile zu erringen. Im Moment redete Professor Masaryk in London nicht von einer *politischen* Revolution, er verkleidete sein Tun als eine *literarische* Revolution.
Seton-Watson hatte andere Probleme. Sein Versuch, bei der Gründung einer IMPERIAL DEMOCRATIC PARTY mitzuwirken und eine Regierung des Walisers David Lloyd George anstatt der eher lahmen amtierenden heranzuzwingen, mißlang. Im Dezember wurde Lloyd George, in den Dreißigerjahren einer der Bewunderer Hitlers, dennoch Premierminister und damit kam Schwung in die Führung des Krieges gegen die Mittelmächte. Lloyd George kam im letzten Moment, ehe ein Friedensangebot der Mittelmächte zu Weihnachten 1916 denen in die Quere kam, die nicht auf einen Frieden aus waren, sondern auf die totale Besiegung der Mittelmächte. Im Wahlkampf scheute sich Lloyd George nicht, für den Vetter seines Königs Georg V., Kaiser Wilhelm II., zu verlangen: HANG THE KAISER. In »New Europa« wurden die Gefahr eines Erlahmens der Kriegführung und eines verfrühten Friedensschlusses mit aller Deutlichkeit aufgezeigt:
Ein Großdeutschland nach dem Krieg mit 146 Millionen Bewohnern. Dazu die jetzt schon von den Deutschen besetzten Gebiete, deren Bewohner eine Gesamtsumme von fast 200 Millionen Un-

tertanen des Kaisers ergeben hätten. Eins kam zum anderen. In Frankreich wurde Georges Clémenceau Ministerpräsident. Er verscheuchte Männer mit Friedensgesinnung, einige ließ er an die Wand stellen. Gute Nachricht kam aus Petersburg: Dort waren die Liberalen auf dem besten Weg, mit Hilfe der Besitzlosen einen Putsch zu machen und das zaristische Regime wegzufegen. Durfte man da nicht hoffen, das Übel der Monarchien der Habsburger, des Hauses Osman und der Hohenzollern zu stürzen? Dem demokratischen Rußland wird man helfen, gewisse Schwierigkeiten einer jungen Demokratie zu überwinden, wenn es nur fleißig seinen Blutzoll für die Entente weiterbezahlt.

Ins demokratisierte Rußland wollte, ja *mußte* Masaryk reisen. Endlich bekam er einen britischen Paß, und am 5. Mai 1917 reiste er von Aberdeen aus nach Rußland. So begann eine Reise, die ihn um die ganze Welt geführt hat. In London hinterließ er seine Sache Seton-Watson.

Unter der neuen Regierung wurde ein INTELLIGENCE BUREAU geschaffen, das nicht nur gefährliche Dinge in den Feindstaaten aufspüren, sondern in die Feindstaaten eine diesen gefährliche Propaganda tragen sollte. Der später berühmt gewordene Historiker Arnold Toynbee sorgte sich um den Mittelosten, Seton-Watson wurde Ost- und Mitteleuropa anvertraut. Während so die Ententemächte eine *moralische Aufrüsung* für die Fortführung des Krieges betrieben und die *Demokratie ein wenig in den Winkel* stellten, vermeinten die guten Österreicher, sie müßten das Gegenteil machen:

Lloyd George und Clémenceau waren schon im Kommen, da ermordete man in Wien den k.k. Ministerpräsidenten Graf Stürgkh, hoffend, seinem Tod würde die Reaktivierung des noch vor Kriegsausbruch 1914 stillgelegten Parlamentarismus folgen. Am 21. November 1916 starb Franz Joseph I., Berlin verlor seinen getreuesten Verbündeten. In Wien versuchte man es im Mai 1917 tatsächlich mit dem selbstmörderischen Versuch, das Hohe Haus am Franzensring in Betrieb zu nehmen und so den inneren Feinden der Monarchie die Möglichkeit zu geben, unbehindert von der Kriegszensur ihre Angriffe gegen Österreich zu lancieren. Als

in Budapest die Regierung des tatkräftigen Grafen Tisza gestürzt wurde, erkannte man in London zurecht eine
»...explosion of uncompromising national claims«.
In der Tat bekam so die nationale und soziale Revolution in der Monarchie genug Luft, endlich ihr Ziel zu erreichen: Finis Austriae. Tisza, als Magyar einsichtig genug, um für sein in Europa vereinsamtes Volk den Schutz in der Donaumonarchie zu wahren, ging als Husaren-Oberst an die Front.
Am 19. Juni 1917 traten die Polen im Hohen Haus in Wien in Opposition. Das Programm einer Befriedung der nationalen und sozialen Revolution durch die Regierung Clam-Martinic, auf die Kaiser Karl I. so gehofft hat, scheiterte. Es folgte ein Kabinett von Hochbürokraten dem anderen. Das Affentheater am Franzensring hörte erst auf, als Mitte Juli 1917 das Hohe Haus vertagt wurde. Der Fortschritt war nicht aufzuhalten: Man redete mitten im Krieg von einer Verfassungsreform, und man erhoffte sich davon eine Stärkung des zerbrechenden Staatsgefüges.
Für Masaryk waren das gute Nachrichten. Was ihn ärgerte, war die Tatsache, daß sein Sohn Jan im April 1917 wegen Tapferkeit vor dem Feind, also vor den Russen, mit der Silbernen Tapferkeitsmedaille ausgezeichnet worden war. Und das just zu der Zeit, in der sich *sein Vater in Rußland um den baldigen Einsatz einer Tschechoslovakischen Legion im Kampf gegen die Österreicher-Ungarn bemühte.* In Italien waren angeblich etwa 10000 Tschechen bereit, anstatt hinter Stacheldraht zu verhungern, mit einer Legion an die Front zu gehen. Bloß trauten die italienischen Militärs diesen unsicheren Kantonisten noch nicht. In den US warb Stefanik unter den amerikanischen Bürgern tschechischer Herkunft für eine Kampfgruppe. Als er 80 Mann beisammen hatte, schickte er sie an die Front in Frankreich. Besser als nix, wie man im Alten Österreich sagte. Hunderttausende dienten noch drüben, bei den Österreicher-Ungarn, an allen Fronten gegen die Freunde des Experiments, die Monarchie in Prag in die Luft zu sprengen und einen unabhängigen Staat der Tschechen zu schaffen. Bei dem noch immer geringen Interesse, das die Idee der Zerstörung der Donaumonarchie und die Schaffung eines Staates der

Tschechen in westlichen *Staatskanzleien* fand, war es ausgerechnet der Antimilitarist Masaryk, der 1917 erkannte, was notwendig war. Was tschechischen Politikern *nicht mit Reden und Verhandlungen* gelang, das sollten *Tschechen in Uniform,* die auf ihre bisherigen Kameraden in Feldgrau im Krieg schießen müßten, denen im Westen beibringen: daß es den Tschechen todernst war mit ihrem Vorhaben, die Monarchie umzustürzen und über ihren Trümmern ihren eigenen Staat aufzubauen. Und – daß die Entente gut beraten war, sich dieser Tschechen als militärischer Verbündeter im Kampf, vor allem im Kampf gegen die Österreicher-Ungarn, rechtzeitig zu bedienen. In Rußland fand Masaryk erste Kader einer solchen tschechischen Kampfgruppe vor, Reste aus der Zeit des Zarismus. Man mußte die Leute nur auf den Westen hin umorientieren und aus den Lagern, wo die Kriegsgefangenen verhungerten und an Seuchen starben, den Tschechen einen Ausweg schaffen: in ihre Legion.
Als die in Rußland marschfertig gemachten Verbände der Tschechoslovakischen Legion an die Front in Galizien abgingen, durfte Masaryk seine Weltreise ostwärts fortsetzen. Via Japan wollte er raschest Washington erreichen und Wilson zur entscheidenden Zusage bewegen. In Japan nahm der dortige Botschafter der US Masaryk auftragsgemäß aus. Man wollte wissen, was dieser Kenner der slavischen Welt von der Entwicklung in Rußland hielt. Im Oktober hatte in Petersburg die Minorität der Bolschewisten mit einem Militärputsch die Macht ergriffen. Masaryk riet, dieses Regime anzuerkennen. Es würde sich länger halten, als man *zunächst* anzunehmen bereit war. Zuletzt aber würde es ohnedies an seinem *Dilettantismus* (!) von selbst zugrunde gehen. Nachher werde in Rußland ein demokratisch ausgerichtetes Linksregime Ordnung machen. Japan aber möge nur ja nicht in Fernost intervenieren. Und es wäre gut, wenn die US das bolschewistische Rußland wirtschaftlich unterstützten, damit es nur ja nicht bei den fortgesetzten Serien von Niederlagen an der Front – den Deutschen in die Hände fiele. Wichtig wäre, daß durch eine Intervention der US der Tschechoslovakischen Legion die baldige Transferierung an die Front in Frankreich ermöglicht würde.

Einige Amerikaner verstanden Masaryk sehr gut und waren mit der von ihm erdachten Politik der US einverstanden. Natürlich gab es Unverbesserliche, die warnten, sich mit Kommunisten irgendwie einzulassen.
Letztere waren in der Überzahl, aber die Freunde Masaryks ermöglichten ihm die Einreise in die US, die Heimat seiner Frau. Einmal hinter der Zollsperre angekommen, erfreute sich Masaryk der unermüdlichen Hilfeleistungen des amerikanischen Abgeordneten Adolf S. Sabath. Aber erst am 19. Juni 1918 konnte Masaryk Präsident Wilson sprechen. Inzwischen hatte dieser schon den Weg ins Chaos der Nachkriegszeit eröffnet: Am 8. Jänner 1918 kamen die berühmten 14 Punkte heraus, mit denen Wilson die US als die erste Ordnungsmacht auf künftigen Friedenskonferenzen präsentierte. Dem folgten am 11. Februar 4 weitere Punkte und am 18. September 1918 5 Sonderpunkte. Freund und Feind nahmen in vielen Fällen diese geballte Ladung gefährlicher Maximen, deren Auswirkungen nicht absehbar waren, mit Skepsis auf: In Paris kam Clémenceau zur Ansicht, Gott sei mit zehn Geboten ausgekommen; man sähe nicht ein, warum Wilson einen solchen Schwall benötige. Lloyd George gab sich einmal gentil; er meinte, man könne ja einen Punkt streichen, nämlich jenen, in dem von der völligen Freiheit der Meere und der Seefahrt die Rede sei. Man muß das verstehen. *Schon waren die US daran, eine Kriegsflotte in Stärke der britischen auszurüsten.* Um diesen Preis hätten sich die Briten selbst mit ihren deutschen Vettern einigen können. Aber jetzt war die Kuh aus dem Stall. Und nach dem Zweiten Weltkrieg wird Großbritannien angesichts des vereinigten Drucks der US und der SU sein Kolonialreich liquidieren müssen. Leerräume werden entstehen in aller Welt. In sie wird entweder der Kommunismus Moskauer Observanz einrücken oder eine Präsenz der US. Natürlich werden diese Teile der Erde nicht den Status von Kolonien haben. Dafür wird dort der Teufel los sein.

21.

Finis Austriae

Das Jahr 1918 verbrachte Masaryk in den US. Nachdem Washington Ende 1917 Österreich-Ungarn den Krieg erklärt hatte, mußte er drüben, an Ort und Stelle, dahin wirken, daß aus dieser *Kriegsgegnerschaft* der US der *Wille zur Zerstörung* der Monarchie wurde. Aus der Heimat kam eine Nachricht, die einiges, aber nicht genug versprach: Am Fest der Heiligen Drei Könige, am 6. Jänner 1918, rafften sich die tschechischen Reichsratsabgeordneten sowie ihre Parteigänger in den Landtagen von Böhmen, Mähren und Schlesien endlich zu einer außerparlamentarischen Erklärung auf. Wohl waren die Herren klug genug, um sich eine Hintertür für den Fall offen zu lassen, daß die Monarchie den Krieg überdauern sollte; indessen unterschied sie sich von früheren Kundgebungen dadurch, daß die Habsburgermonarchie mit keinem Wort mehr erwähnt wurde. Die Macher in der Mafia hielten sich abseits, ihnen war das Gesagte zu wenig. Und der klerikale Landeshauptmannstellvertreter von Mähren Moritz Hruban stellte klar, daß keineswegs alle Tschechen Feinde des Habsburgerstaates waren.

Dieser geglückte Balanceakt stand, ohne daß die Macher es ahnen konnten, in Übereinstimmung mit dem, was um diese Zeit in London Lloyd George, in Washington Wilson über die dort bestehenden Kriegsziele zum Ausdruck brachten.

Zwei Tage nach der Dreikönigsdeklaration trat Wilson mit dem ersten Schub seiner grundsätzlichen Erklärung über einen Weg zum Frieden vor die Weltöffentlichkeit. Punkt 10 beschäftigte sich mit dem künftigen Schicksal der Völker Österreich-Ungarns. Ihnen sollte Gelegenheit zu einer *autonomen* Entwicklung gegeben werden. Masaryk wurde klar, daß diese begrenzte Zielsetzung überwunden und durch den Kampf für die *volle Unabhän-*

gigkeit ersetzt werden mußte. Hierzu hat ihn das Schicksal zur rechten Zeit an den rechten Ort berufen: in die US, deren Präsident für die Zerstörung der Monarchie zu gewinnen seine Aufgabe wurde. Es wäre vielleicht auch gut gewesen, hätte sich Masaryk zu diesem Zeitpunkt in London aufgehalten, um Lloyd George zu einem resoluteren Vorgehen zu bewegen, als dies zu Beginn des Jahres 1918 aus dem Mund des britischen Ministerpräsidenten zu vernehmen war. Aber Masaryk war sich bald im klaren, daß nicht mehr die Entente, sondern die US die Richtung und das Ziel zur Niederwerfung der Mittelmächte bestimmen würden.
Zu seinem großen Bedauern mußte Masaryk bei seinem Eintreffen in den US feststellen, daß die tschechische Frage keineswegs jene Rolle in der Öffentlichkeit des Landes spielte wie etwa die Ansprüche Italiens an Österreich-Ungarn. Es gab eben mehr Einwanderer aus Italien als solche aus den böhmischen Ländern der Monarchie, und im Falle von Wahlen konnten die Stimmen derer aus Italien und ihrer Familien den Ausschlag geben für Erfolg oder Mißerfolg eines Kandidaten. Während aber die tschechische Mafia insgeheim über Beneš erkunden wollte, wieviel die Entente für die Schaffung eines unabhängigen Staates der Tschechen zu investieren bereit sei, – die Dreikönigserklärung ließ auch noch eine Hintertür offen, durch die die Tschechen nach dem Ausbleiben eines Sieges der Westmächte in der Monarchie bleiben könnten – machten die für Immigranten aus Österreich-Ungarn geschriebenen Zeitungen längst kein Hehl mehr daraus, daß ihre Schreiber und Leser mit der *Zerstörung der Donaumonarchie* rechneten. So klein der Leserkreis im Verhältnis zur Macht der amerikanischen Presse war, so symptomatisch war Masaryk das Verhalten jener, deren Radikalität alles übertraf, was 1918, nachdem das Hohe Haus am Franzensring wieder in Betrieb war, in der alten Heimat geredet, geschrieben und getan wurde.
Schon 1915 sprach in Cleveland der katholische Priester Niko Griskovič vor einigen hundert *slovenischen Landsleuten* aus, worum es ging. Die Slovenen wollten weg von Österreich. Österreich sei die böse Stiefmutter der Slovenen. In den österreichischen Schulen würden die Kinder aufgehetzt, ihre Väter und Müt-

ter zu töten. Um so erbärmlicher sei die Haltung jener Landsleute, die das blutige Szepter (der Habsburger) verteidigten. Ähnliche Stimmen wurden in Colorado und Utah laut. Die zuständigen k.u.k. Konsuln berichteten darüber, ohne sich besonders alarmiert zu zeigen. Sie waren an die ruppige Schreibweise, mit der amerikanische Zeitungen seit eh und je über Austria herzogen, gewöhnt und vermeinten offenbar, man müsse nicht alles ernst nehmen, was in Zeitungen geschrieben und auf Versammlungen gesagt werde. Der Irrtum dieser pflichtgetreuen Beamten lag darin, daß sie das Politisieren amerikanischer Bürger und die Kampfmethoden im Nationalitätenstreit der Monarchie quasi nach demselben Maß einstuften.
Als der vorletzte k.u.k. Botschafter in Washington Nikolaus Dumba zur persona non grata erklärt und nach Hause geschickt wurde, tauchte fast gleichzeitig in Immigrantenkreisen die Forderung auf, nicht nur der verwünschte Botschafter, sondern alle, die amerikanisches Brot äßen und die es dennoch zum *Kaiser und seinen Verbrechern* zöge, sollten des Landes verwiesen werden. Auf einer St. Sava-Feier der *Serben* in Cleveland versuchten die Redner den niederschmetternden Eindruck, den 1916 die totale Zertrümmerung der serbischen Armee und die Eroberung des Landes durch die Truppen der Mittelmächte und ihrer Verbündeten gemacht hatte, dadurch abzuschwächen, daß sie den Landsleuten den unverbrüchlichen Glauben der Polen an das Wiedererstehen ihres noch dreigeteilten Reiches zum Vorbild hielten. So redeten nicht nur Geistliche orthodoxer Kirchen, auch die katholische Geistlichkeit predigte den Haß gegen Austria. Solche Aufmunterungen gingen quer übers Land bis nach Kalifornien, wo der Weinbau von Facharbeitern aus dem Alten Österreich aufgezogen wurde.
Mit der Zeit wurde auch die Ausdrucksweise rüde. Etwa, wenn Österreich-Ungarn als eine von den Deutschen ausgehaltene Dirne hingestellt wurde. Stets wurde der Angriff gegen Österreich-Ungarn mit einem auf die Deutschen kombiniert, denn die Monarchie war für die meisten Amerikaner ohne Belang; von den Deutschen aber wußte man nach dem, was sie 1914 in Belgien an-

gerichtet hatten, Bescheid. Die Sokol-Verbände marschierten mehr und mehr in Khaki-Uniformen auf. Statt den Turnübungen nach deutschem Vorbild machten sie die vormilitärischen Übungen in den für Freiwillige eingerichteten Camps mit, und nun bedeutete ihnen die Uniform mehr als die heimatliche Tracht.
Die amerikanischen Zeitungen druckten ab, was ihnen via London an Material zugeschickt wurde. Nicht, daß sich die dortige Northcliffe-Propaganda um der Wahrheit willen zu Schwachheiten gegenüber den Mittelmächten hätte verleiten lassen; aber eine Nachricht von drüben bedurfte einer good story, um sie in den US schmackhafter zu machen.
Die Propaganda gegen Österreich ging von den US aus über den Pazifik. Bald brachte der »Evening Star« eine Mitteilung, wonach dort ein gewisser Bartul Mihaljevič ein Kontingent von *Dalmatinern* zum Kampf gegen die Austrians sammle. Nicht, daß solche Freischaren kriegsentscheidend gewirkt hätten; das tun sie nie, weil Kriege zu allen Zeiten vom regulären Militär ausgefochten werden. Es kam auch nicht auf die Kampfstärke der auf Neuseeland lebenden Dalmatiner an, vielmehr auf die Tatsache, daß es sichtlich bald keinen Punkt der Erdoberfläche gab, an dem sich nicht Menschen um ihrer Freiheit willen gegen die Wächter des Völkerkäfigs Österreich-Ungarn erhoben.
Die Re-aktion von österreichisch-ungarischer Seite war schwach. Dazu kam, daß Budapest sein Geld für die Propagierung der Sache Ungarns ausgab und sich dabei wenig um die Existenzfrage kümmerte, die an Österreich herantrat. Der Ballhausplatz brachte ein sogenanntes Rotbuch heraus, in dem die an den Mittelmächten von ihren Feinden begangenen *Rechtsverletzungen* aufgezeigt wurden. Man hat sich in Wien alle Mühe gegeben, eine sachlich einwandfreie Darstellung zu liefern; aber in den US waren die Leser an scharfe Kost gewöhnt, das Rotbuch legten sie nach kurzem Durchblättern zur Seite. Insgesamt 1000 Exemplare konnte die k.u.k. Botschaft an Redaktionen verschicken. Einige Zeitungen brachten Auszüge. Aber das Rotbuch gab nichts für eine good story her. Eine Zeitung brachte ihren Beitrag zum Thema unter der Überschrift: Teutonic review of the war to date. Es

war zweckmäßig, bei gegen die Monarchie gerichteten Tendenzmeldungen *Austria* immer in Verbindung mit den *Teutonen,* also den Deutschen zu bringen. Austria war uninteressant, aber die Teutonen – anfangs schrieb man: Hunnen – waren interessant, nicht beliebt; aber in ihrer ganzen Art den Amerikanern viel leichter verständlich als die Austrians. Sie hatten eben auch einen Big Stick bei der Hand. So *lustig* wie die Austrians waren sie nicht.
Mit der Zeit verstummten die in *polnischen* Blättern von Zeit zu Zeit bemerkbaren Stimmen für Austria. Jetzt hieß es aber, man hätte daheim nichts zu essen gehabt. 30 Jahre seien die Polen unterdrückt worden. Woher die Zahl 30 genommen worden ist, läßt sich nicht eruieren; für einen amerikanischen Bürger war es eine unvorstellbare Niederträchtigkeit, eine Generation hindurch unterdrückt zu werden. Eine Zeit lang versuchte man österreichischerseits, sich in die noch nicht ganz abgeschlossenen inneren Auseinandersetzungen in den Reihen der Polen einzuschalten. In New York konnte die Pressepolitik der Botschaft eine ganze Weile das Wochenblatt »Narodwice« aushalten, nachdem die Tageszeitung »Kurier Lod Zienny« einging. Ein ältlicher Professor namens Zuransky erklärte sich bereit, zur Steuerung der Wahrheit einige Beiträge zu liefern. Aber um solche letzten Reste eines guten Willens für Österreich bei der Stange zu halten, fehlte es an Geld. In der Endkrise des Jahres 1918 waren die Austrian Embassy und die Konsulate in den US geschlossen.
Masaryk verachtete als ein Intellektueller, der keine Anstalten machte, ein Volksmann zu werden, derlei Ergüsse. Er wollte an die Männer herankommen, die Entscheidungen zu treffen hatten, deren Ergebnis für die Sache der Tschechen das Schicksal bestimmten. Als bei Abbruch der diplomatischen Beziehungen zu Wien der letzte k.u.k. Botschafter Graf Tarnowski sich bei Lansing verabschiedete, machte der Amerikaner aus seinem Herzen keine Mördergrube. Er sagte dem Grafen ins Gesicht, daß Österreich-Ungarn beim Friedensschluß gute Freunde brauche. Er, Lansing, hoffe, daß die US einer dieser Freunde sein würden. Aber ob es dann den US möglich sei, ihre Freundschaft zu Österreich-Ungarn einzusetzen, das hänge fortan von Austria selbst ab.

Was bedeutete, daß die bisherige Einstellung der Monarchie zur Erhaltung dieser Freundschaft nicht ausreichte. Wer immer sich fortan im Lager der Feinde der Monarchie und ihren existentiellen Problemen gegenüber freundlich zeigte, machte alles weitere davon abhängig, ob die Habsburger-Monarchie willens und in der Lage war, sich vom Deutschen Reich loszusagen. Die völlige Isolierung des Deutschen Reiches wurde das Ziel aller politischen, diplomatischen und strategischen Pläne und Aktionen der Entente, bald auch der US und der willenlosen Mitläufer dieser Mächte. Man muß bezweifeln, daß Lansing im April 1917, bei der Verabschiedung Tarnowskis, etwa nichts gewußt hat über die Pläne zur Tranchierung Austrias im Lager der Ententemächte und ihrer Verbündeten, für die es nur mehr der militärischen Niederlage Deutschlands bedurfte, um diese Pläne in die Tat umzusetzen.
Im April 1917 war der russische Zar der Staatsgefangene der Regierung der Linksliberalen in Petersburg, seit 1914 Petrograd; aber das, was Nikolaus II. 1915 bei seinem Besuch in Lemberg verkündet hatte und was nachher auf Plakaten zu lesen war, das galt noch weiter:
»Wo immer das russische Heer hinkommt, wird ihm die Befreiung der Völker folgen.«
Im April 1915 ist auch Italien die Tranche bei Ausschlachtung der Monarchie zugesagt worden: die Brennergrenze in Tirol, alles Gebiet entlang der Nordküste der Adria und Stützpunkte in Dalmatien und Albanien. Indem die US 1917 an die Seite der Entente und ihrer Kriegsverbündeten trat, war jeder von den US errungene Waffenerfolg ein Beitrag zur Verwirklichung solcher Pläne. Lansing hat viele Papiere hinterlassen. Ein erklärter Widerspruch gegen die zuletzt immer deutlicher werdenden Pläne zur Tranchierung der Donaumonarchie findet sich nicht in diesem Riesenberg von Worten.
Es kam jetzt nur mehr darauf an, daß die Exilpolitiker der Tschechen und Südslaven die Unterstützung der US und der Entente bekamen, um ihre Ansprüche auf die Zerstückelung der Donaumonarchie zur Geltung zu bringen. Was dann noch von ihr übrigblieb, wäre ein Binnenstaat gewesen, in dem nicht einmal der Zu-

sammenhalt zwischen Österreich und Ungarn die Katastrophe überdauert hätte ...

Auf dem Weg nach Washington gab es für Masaryk eine wichtige Frage zu klären. Gerade die Lösung dieser Frage schien ihm das richtige Entréebillet für sein Auftreten in der amerikanischen Hauptstadt zu sein. Der in der ersten Aprilhälfte des Jahres 1918 in Rom stattgefundene Kongreß der *unterdrückten Völker* hatte außer der möglichen Intensivierung der Kriegspropaganda gegen Österreich-Ungarn nichts eingetragen, was der Sache der *Tschechen* dienlich gewesen wäre. Während die *Polen* und die *Rumänen* nun schon mit mehr Hoffnungsfreude in die Zeit nach der Zerschlagung der Donaumonarchie blicken durften, hinkten die Südslaven und Tschechen hintan. Beneš hatte in Rom ein wenig großsprecherisch erklärt, daß das Habsburgerreich nicht mehr bestehe, daß es langsam aber sicher zerfalle. Das hörte sich an, als trauten sich die Tschechen zu, ihren Kampf an der *inneren* Front gegen Österreich-Ungarn zur Entscheidung zu bringen. Die Geschichte wird lehren, daß zu diesem Ziel erst einmal die *äußeren* Feinde der Mittelmächte den Krieg siegreich beenden mußten, ehe die Tschechen und die Südslaven zu ihrem Staat kamen.

Nach einem solchen Sieg sah es aber im April 1918 nicht aus. Die Kapitulation Lenins in Brest-Litowsk gab den Bolschewisten jedenfalls die Möglichkeit, die Reste der militärischen Kraft, die ihnen zufiel, erst einmal zur Vernichtung des Klassenfeinds im eigenen Land zu verwenden. Lenin sah nicht ohne Genugtuung zu, wie sich seit März 1918 in Frankreich die deutschen Truppen und die der Alliierten eine Serie blutiger Großkämpfe lieferten. Nachdem die Ostfront keine Kampftruppen der Deutschen mehr band, war es diesen möglich, mit aller Macht im Westen über die Franzosen und Briten herzufallen. Zum ersten Mal seit 1914 waren die Deutschen wieder ihren Gegnern an Truppenstärke, wenn auch nicht an Materialausstattung überlegen. Am 27. März 1918 stand dort der Krieg nochmals auf des Messers Schneide. Die Masse der von den US aufgebotenen Truppen wartete noch auf die Verschiffung nach Frankreich. Briten und Franzosen mußten den ersten von fünf furchtbaren Schlägen der Deutschen aushalten. Nach drei Tagen war die 5. britische Armee ein Trümmerhaufen. Marschall Haig mußte nach dieser Niederlage Paris davon in Kenntnis setzen, daß zwischen den Resten seiner Armee und den Franzosen, die bei Montdidier standen, eine Frontlücke von 15 Kilometern klaffte. Am Karfreitag 1918 traf eine Granate der deutschen Fernkampfartillerie beim Beschuß von Paris eine Kirche. In den US kam die Nachricht so an, als wäre das ein gezielter Treffer gewesen. Seit den Greuelnachrichten aus Belgien im Jahre 1914 stand der Propaganda der Entente in den US kein so gut verwertbares Thema zur Verfügung. Demnach fielen auch die Osterpredigten des Jahres 1918 in den Gotteshäusern aller Kirchen der US aus.

In dieser schwersten Krise seit 1914 stand *ein Amerikaner* am Ort der drohenden Katastrophe. Ohne Truppen. Ohne Material. John Joseph Pershing, genannt Black Joe. Als junger Kavallerie-Offizier hat er an den letzten Kämpfen gegen Apachen und Sioux teilgenommen; 1898, in Kuba, war er Hauptmann, nachher kämpfte er mit den Philippinen gegen die Moro; 1913 kehrte er mit geringem Ruhm bedeckt aus dem Einfall amerikanischer Truppen in Mexiko zurück. Er sah das Desaster, er hörte, daß die Briten willens seien, ihre Einschiffungshäfen aufzusuchen, um heil heimzubringen, was ihnen übrig blieb. Die Franzosen standen vor dem Risiko, Paris preiszugeben. Pershing wurde vom französischen General Foch gefragt, ob er riskieren würde, daß die Franzosen bis hinter die Loire zurückgingen. Pershing sagte: »Yes!«

Und diese Antwort entsprach genau der Parole, die der französische Ministerpräsident Clémenceau zur Lage ausgab:

»Ich schlage mich *vor* Paris, ich schlage mich *in* Paris und ich werde mich *hinter* Paris schlagen. Ich will, wenn es nottut, bis zu den *Pyrenäen* kämpfen.«

Clémenceau, der Ende 1917 an die Macht kam, die Demokratie für eine Weile in den Winkel und Miesmacher an die Wand stellte, Meuterer erbarmungslos niederschlug, war ein anderer Typ als die Staatsmänner in dem der Tyrannei bezichtigten Österreich. Dort hat man Ende 1916 ziemlich ungerührt hingenommen, daß ein rabiater Linksintellektueller seinem Demokratieverständnis dadurch Ausdruck verlieh, daß er den amtierenden k.k. Ministerpräsidenten niederschoß. Dieses Attentat sollte den Weg freimachen für die Wiederaufführung jenes Spiels vom Nationalitätenstreit im Alten Österreich, das vor 1914 im Hohen Haus zu Wien Furore gemacht hat. Und so hat tatsächlich ab dem Frühjahr 1917 die parlamentarische Immunität die Macher der nationalen Revolution in Österreich geschützt, wenn sie in zerstörerischer Absicht über den eigenen Staat herzogen. *Im Krieg.*

Das Glück war im Frühjahr 1918 nicht mehr mit den Deutschen. Der erste ihrer gegen die Ententetruppen in Frankreich geführten Schläge bewies zwar aufs neue ihre furchtbare Stärke. Aber die so herbeigeführte Krise befreite die Entente von einem alten Problem: Endlich wurden *alle* in Frankreich kämpfenden Truppen der Entente und ihrer Verbündeten dem französischen General Foch unterstellt.

Im April schlugen die Deutschen zum zweiten Mal mit furchtbarer Gewalt zu. Sehnsüchtig blickte man in Paris und London auf Amerika. Aber die Amerikaner kamen nur, um in Paris in Regimentsstärke zu paradieren und den Jubel der Menschen entgegenzunehmen. Pershing hielt sein Pulver trocken. Und die Deutschen blieben an der Marne hängen. Um diese Zeit sanken die Erfolge des uneingeschränkten U-Bootkrieges dermaßen, daß bald 200000 Mann der US-Army nach Europa verschifft werden konnten, ohne daß auch nur einer dieser Transporter versenkt wurde. Lloyd George konnte im nachhinein nur sagen:

»Hätten die Deutschen ihre Unterseebootwaffe auch *nur kurze Zeit früher eingesetzt* – wer weiß, ob Großbritannien noch bestünde.«

Masaryk blieb in der Gefahr dieser Stunde seinem historischen Auftrag nichts schuldig. Während die Deutschen ihre Truppen zum dritten großen Schlag versammelten, trafen sich in ungeschmälerter Siegeszuversicht Tschechen und Slovaken in Pittsburgh. Masaryk hatte begründetes Mißtrauen gegen die zum größten Teil von katholischen Pfaffen geführten und verführten Slovaken. Er war nicht gewillt, ihretwegen seine Pläne vom künftigen tschechoslovakischen Staat zu ändern. Und dennoch unterschrieb er kaltblütig eine Vereinbarung, in der den Slovaken die autonome Verwaltung ihres Landes, die slovakische Sprache in Schule und Verwaltung und einiges mehr versprochen wurde. So entstand am 30. Mai 1918 jenes Dokument, das Fundament des Zusammenschlusses der Tschechen und Slovaken in einem Staat wurde. In einem zentralistisch regierten Staat, in dem für die Erfüllung des Versprechens, die ČSR werde eine zweite Schweiz sein, keine Möglichkeit mehr war. Daß Masaryk das zuließ, machte ihn zum Mitverursacher jenes Geschehens, daß 1938 zum ersten Mal und 1939 endgültig über die ČSR hereinbrach: ihr Untergang und als Folge dessen die *Zerstörung jeder Machtordnung in Mitteleuropa*, die nicht von den US oder der SU mehr oder weniger abhängig ist.

In Washington konnte Masaryk ein wenig großsprecherisch sagen, er verfüge über drei Armeen – gemeint waren die Legionäre in Rußland, Frankreich und Italien –, und ein Witzbold hätte von ihm gesagt, er sei Herr von ganz Sibirien und halb Rußland. Tatsächlich hat sich die Legion nach einem Erfolg im Verband der russischen Armee gegen die Österreicher-Ungarn bewährt. Im russischen Bürgerkrieg nahmen aber ihre Angehörigen ziemlich unverschämt an der Ausplünderung des Landes teil, dessen Kriegsgefangene sie einmal waren. Um sich den Weg zum Einschiffungshafen in Ostasien entlang der Transibirischen Eisenbahn freizumachen, verrieten sie Admiral Kolčàk, den Führer der gegen die Roten angetretenen Kampftruppen, an die Bolschewisten. Mit der Ermordung des Reichsverwesers, wie sich Kolčàk nannte, erreichten sie, daß sie es in Hinkunft nie mehr mit der zusammengefaßten Kraft aller Gegner des Kommunismus im Land zu tun bekamen.

In Paris erreichte Beneš während der Krise der Großen Schlacht in Frankreich die Anerkennung des Rechtes der Tschechen auf den eigenen Staat. Der dortige tschechische Nationalrat wurde erste Grundlage einer Regierung dieses im Werden begriffenen Staates; ihm übertrug Frankreich auch die Befehlsgewalt über die im Verband der französischen Armee aufgestellten Legion. Es war der große Tag im Leben Beneš'. Masaryk aber bekam recht mit der Anschauung, daß es des Kriegführens bedürfe, um die Anerkennung der Feinde Österreich-Ungarns für die Sache der Tschechen zu gewinnen.

Während im Juni 1918 der vierte Schlag der Deutschen im Raum Soissons/Montdidier niederging, traten die Österreicher-Ungarn am 15. Juni 1918 zum Angriff an. Die französischen und britischen Divisionen, die im Vorjahr die drohende Katastrophe des italienischen Heeres im letzten Moment verhindert hatten, waren nunmehr an der Front in Frankreich unentbehrlich. Mit den Italienern hoffte man im österreichischen AOK, auch ohne die Hilfe der Deutschen fertigzuwerden. Es sah aus, als wollte man den Krieg mit dieser letzten kriegerischen Handlung erschlagen. Denn bei weiterer Kriegsdauer wären die österreichisch-ungarischen Truppen ohnedies verhungert, verrottet oder zerfallen wie ihre Monturen aus Brennesselstoff. Seltsam genug: Das Vielvölkerheer wollte angreifen, sich über die mit amerikanischer Hilfe aufgefüllten Verpflegungslager des Gegners hermachen. Sie wollten einfach diesen Krieg hinter sich bringen. So oder so. Man hätte denken können, daß die rückläufigen Erfolge der Deutschen in der Großen Schlacht in Frankreich die Österreicher-Ungarn abschrecken würden. Indessen: Sie griffen an, an fünf Stellen zugleich, vom Tonalepaß bis an den unteren Piave.

Der über den Piave vorgetragene Angriff erwies sich als erfolgreich. Trotz Hochwasser, Materialüberlegenheit des Gegners und Nachschubschwierigkeiten gelang ein Erfolg am unteren Piave. Dann aber genügten die Überschiffungsmittel nicht mehr, die Truppen mußten am 20. Juni 1918 zurückbefohlen werden. Vier Tage später waren die Angreifer wieder am linken Piaveufer. All das geschah, als Masaryk endlich in Washington in persönlichen Kontakt mit Wilson und Lansing kam.

Das Gespräch mit Wilson hinterließ in den amerikanischen Papieren lediglich den kursorischen Hinweis: *Masaryk war hier.* Wilson mied sichtlich ein Eingehen auf die brennenden Fragen, die Masaryk auf dem Herzen hatte. Und Masaryk war klug genug, auf das Thema einzugehen, das Wilson mit ihm erörtern wollte:

Die Lage in Rußland nach der Machtergreifung der Bolschewiken.
Masaryk war – wie gesagt – dafür, die neue Regierung in Rußland anzuerkennen. Man dürfe damit rechnen, daß diese bei ihrem Dilettantismus (!) ohnehin nicht von Dauer sei. Nachher würden sich die Dinge beruhigen und eine gemäßigte Linksregierung ans Ruder kommen. Von der Tyrannis, die bereits in Rußland herrschte, machte man sich in den US keine Vorstellung. Manchmal schien es, als wäre die Diktatur der Bolschewisten vielen Amerikanern lieber als das seinerzeitige Zarenregime. Jedenfalls hörten in Rußland die Pogrome auf; Feudalismus, Militarismus und Kapitalismus, wie es zuletzt derlei im Zarenreich gegeben hatte, waren für Wilson keine schutzbedürftigen Werte im Politischen. Eine Angst nur hatte man: Es könnten sich die Deutschen am Ende mit den Bolschewisten zusammentun und einen gemeinsamen Überfall – auf Alaska machen. Immerhin erreichte Masaryk, daß der Konsul der US in Wladiwostok angewiesen wurde, sich um den Nachschub für die entlang der Transsibirischen Eisenbahn ostwärts abziehenden Legionäre zu kümmern.
Über die Offensive der Österreicher-Ungarn in Italien wurde anläßlich der ersten Begegnung Wilsons mit Masaryk nicht gesprochen. Ob Erfolg oder Mißerfolg dieser Operation, ob Vorteil für den Feind oder für die Verbündeten, dieses Detail am Rande hatte im Panorama Wilsons nur einen bescheidenen Platz im Hintergrund. Dafür brach in Wien im Hohen Haus ein Sturm der Entrüstung los. Es war, als ob die eingeschworenen Feinde der Monarchie die geschlagene Armee gegen ihre unfähigen Führer in Schutz nähmen. Pazifismus und Antimilitarismus der Linken flammten auf, alles noch unter dem Schein, als trauere man einem Verlust nach, während man in Wirklichkeit den Tod des Kranken Mannes an der Donau schon zeitlich vorhersagen durfte.
Nachdem auch der fünfte und letzte Offensivstoß der Deutschen in der Großen Schlacht in Frankreich versackt war, ging die Initiative in der Kriegführung endgültig an die Entente über. Jetzt konnten von der Front in Frankreich drei englische, zwei französische und eine tschechoslovakische Division sowie ein Infante-

rie-Regiment der US-Army an die Front am Piave abgestellt werden. Der 8. August 1918 wurde der *Schwarze Tag* des deutschen Heeres. Aus dem künstlich verstärkten Frühnebel brachen Tankgeschwader der Briten hervor. Zwischen Ancre und Avre ging der Stoß auf Péronne. Noch während der Kämpfe konnten von den Deutschen Funksprüche abgehört werden, in denen ihnen vom Feind bestätigt wurde, daß der *Geist ihres Heeres nicht mehr der alte sei.* Eingreifdivisionen wurden von flüchtenden Haufen mit Rufen wie: »Streikbrecher«, »Kriegsverlängerer« empfangen. Aber der Feind kümmerte sich nicht um derlei Auseinandersetzungen unter den Deutschen, die im Hinterland und in der Heimat noch viel mächtiger wurden. Foch, zum Marschall von Frankreich ernannt, blieb den Deutschen auf den Fersen. Das ging so den August und September 1918 weiter und Ende September richtete die deutsche OHL an die Reichsregierung die Aufforderung, einen *sofortigen* Waffenstillstand anzubahnen.
In der Monarchie gediehen in diesen Monaten die Dinge so weit, daß Truppen, die zur Kontrolle des Hinterlandes eingesetzt waren, an die Front in Italien gezogen werden mußten. Dort erwartete man den Angriff. Diesmal mußten es sich die Italiener gefallen lassen, daß für diese Operation nur die Mitte unter einem italienischen Armeekommandanten stand, die beiden Flügel wurden je von einem französischen und einem britischen General kommandiert. Für Italien ging es darum, die in London 1915 zugesprochenen Gebiete am Nordufer der Adria zu erobern, ehe sich ihrer die Serben bemächtigten, die mit in der Masse eines Heeres waren, das von Saloniki die Balkanfront aufreißen und Bulgarien, womöglich auch Ungarn, zur Waffenniederlegung zwingen sollte. Während die Westmächte nun nicht mehr zögerten, Exilpolitikern der Polen und Tschechen ihre volle Unterstützung zu verleihen, konnte sich die Regierung in Rom erst unter dem Druck der dortigen Sozialdemokraten entschließen, der *südslavischen Bewegung* wenigstens eine Sympathieerklärung zu erweisen. Benito Mussolini, nach seiner Frontdienstleistung wieder als Journalist in einer Front mit seinen Genossen, begrüßte enthusiastisch diesen Akt der von ihm sonst mäßig geliebten bürgerlichen Regie-

rung. Es ging ja gegen Österreich-Ungarn. Als Duce wird er einmal Jugoslavien just jene Gebiete abnehmen, die nach 1918 die Siegesbeute der Südslaven nach ihrem Kampf gegen Österreich-Ungarn gewesen sind.
Lansing war für Masaryk von großer Hilfe. Washington erbat sich von London den Text dieser Erklärung, mit der Großbritannien nach Frankreich den tschechoslovakischen Nationalrat de facto als eine kriegführende Macht anerkannte und diesem die selbständige Verfügung über die im Feld stehenden tschechoslovakischen Legionsverbände zubilligte. Lansing korrigierte nur wenig im Text, dann legte er den Entwurf dem Kabinett vor. Dieses faßte am 3. September 1918 folgenden Beschluß, dessen Ausfertigung Wilson noch am selben Tag unterzeichnete. Es hieß darin, die Regierung der US
»... anounces that it recognized the Czecho-Slovak National Council as a de facto belligerant government, clothed with proper authority to direct the military and political affairs of Czecho-Slovak ...«
Zwei Dinge fallen auf: Da ist der *Bindestrich* zwischen den Eigenschaftswörtern tschechisch und skovakisch, den die Tschechen wegeskamotieren wollten, sowie sie nur die Herrn in Prag sein würden. Und da ist die Anerkennung einer Regierung ohne den Hinweis auf die Basis irgendeiner Gebietsherrschaft oder auf die seßhaften Menschen, denen hier, wieder ohne Befragung, eine Regierung von fremenden Mächten vorgesetzt wird. Noch nie ist in der Neuzeit ein Krieg dermaßen zu Ende gegangen wie der Erste Weltkrieg:
Nach der Waffenniederlegung der Türken und Bulgaren standen die Truppen der Mittelmächte noch immer weit im Feindesland. Ihre Gegner, die sich ihrer bisher nur mit Mühe erwehren konnten, disponierten vorweg bei willkürlich vorgenommenen Staatsgründungen auf dem Gebiet der Verlierer, und letztere sahen so einen nie dagewesenen Zusammenbruch der Staatenordnung in Europa auf sich zukommen. So wie Pershing in der Krise des Frühjahrs 1918, obwohl nur ein General ohne Heer und Material, als der Garant des Endsiegs erschien, wurde in noch größerem

Maße Wilson, der selbst fernab jenseits des Atlantiks regierte, wie ein Heilsbringer angesehen. Selbst die noch im Felde stehenden Deutschen und Österreicher-Ungarn sympathisierten vielfach mit Wilson und hofften sich von der Übernahme des in ihm verkörperten Lebensprinzips die endliche Überwindung der sichtlich nichts-nutzigen Traditionen der Alten Welt. Nur wenige erkannten in Wien, daß in ihrem Fall Wilson der große Zerstörer war, der mit einer nie gekannten Übermacht verhältnismäßig kleine Eliten zu Machthabern in den Nachfolgestaaten erhob. Nie wurde dort das gute Volk etwa zu einer Volksabstimmung oder Befragung aufgerufen. Auch die Gründung der Republik Deutsch-Österreich, als Bruch mit der Verfassung von 1867 ein revolutionärer Akt, geschah ohne Befragung des Volkes. In dem Wirrwarr jener Tage war es der Gymnasialdirektor Wilhelm Miklas aus dem niederösterreichischen Wahlbezirk Gföhl, der die Zustimmung zu jener Entscheidung versagte, mit der eine zahlenmäßig geringe, selbstausgewählte Gruppe sich die Gewalten des neuen Staates anmaßte. Und ohne Befragung des Volkes von oben her den Übergang vom monarchischen zum demokratischen Zeitalter einleitete.

Wieder siegte die Gewalt der Tatsachen. Als erste traten in Wien die Sozialdemokraten auf den Boden der vierzehn sowie der nachfolgenden Punkte Wilsons. Um so größer wird die Enttäuschung des von ihnen gestellten ersten Staatskanzlers Dr. Karl Renner sein, wenn er bei Entgegennahme des Friedensdiktats von St. Germain-en-Laye zu der endgültigen Überzeugung kommen wird, daß das vielgerühmte Selbstbestimmungsrecht bestenfalls zum Schaden der Verlierer bei der Schaffung der neuen Staatsordnung in Europa Anwendung gefunden hat. Zögernd folgten die Christlichsozialen dem Schritt der Sozialdemokraten. Wobei sich in der Endkrise des Jahres 1918 ergab, daß in ihren Reihen nicht die Wiener, sondern die Sprecher aus den westlichen bisherigen Kronländern am stärksten den momentanen Drang verspürten, die Krone des Hauses Habsburg loszuwerden. Sozialdemokraten und Deutschnationale kamen als die beiden stärksten Fraktionen nach dem Ausgang der Wahl im Jahre 1911 überein, der noch

amtierenden k.k. Regierung ein Konzept vorzulegen, mit dem Kaiser Karl von der Anteilnahme an der Regierung ausgeschaltet werden sollte ... Daß nachher die Christlichsozialen als letzte den Boden der sogenannten gegebenen Tatsachen betraten, schützte sie nach 1918 nicht vor jenem falschen Gerücht, wonach sie es gewesen seien, die ihren Kaiser als die ersten im Stich ließen ...
Die *Armee* im Feld, die *Beamten* im Staatsdienst waren, wie es ihnen zukam, die letzten, die das Alte Österreich trugen. Von den drei letzten k.k. Ministerpräsidenten war einer ein Sektionschef, der nächste ein Professor an der Wiener juridischen Fakultät, der dritte nicht nur als Strafrechtler bekannt, sondern als Völkerrechtler eine international anerkannte Kapazität. Außer der, wie man später sagte, Vorkriegsanständigkeit, der Loyalität dem Herrscher gegenüber und der Bereitschaft, an Bord eines Schiffes zu gehen, das von seinen Ratten schon verlassen wurde, brachten sie leider nur jene Naivität im Politischen mit, mit der sie weder den Herren in Berlin, noch weniger jenen auf der Feindseite einigermaßen gewachsen waren.
Späten Epigonen ist es unerklärlich, daß eine Großmacht, die am Rand einer Katastrophe stand, eine Verfassungsreform mitten im Krieg und angesichts der anschwellenden nationalen und sozialen Revolution riskierte. Das *kaiserliche Manifest vom 16. Oktober 1916* wirkt nach allem, was seither geschehen war, wie der Versuch, den Auszug der Nationalitäten aus dem Alten Österreich quasi zu legalisieren. Jedem Volksstamm sollte auf österreichische Weise zuteil werden, was momentan überall die Basis der Welt von morgen sein sollte: Wilsons schlecht durchdachtes Prinzip des Rechtes auf Selbstbestimmung eines jeden Volkes. Als eine Verbeugung vor der »Ideengewalt Wilsons« mochte das Manifest hingehen. Seine Durchführung wäre nicht einmal in Friedenszeiten einer machtvollen Persönlichkeit mit Unterstützung einer auf sein Konzept ausgerichteten öffentlichen Meinung gelungen. Die auf dem Boden der Monarchie entstehenden Nationalräte der schon zum Auszug aus Österreich bereiten Landesteile kümmerten sich nicht erst um das Manifest. Das große Glück des Augenblicks bestand darin, daß in Alt-Österreich der Umsturz des Spät-

herbstes ohne Blutvergießen stattfand. Blut floß erst, als in den Nachfolgestaaten eine im Alten Österreich zuletzt nie mehr gekannte Unduldsamkeit und Ungeduld hastige Neuerungen auf Abwege führten.

Die Tschechen hatten guten Grund, in der Heimat auf Gewaltanwendung zu verzichten. In Böhmen, Mähren und Schlesien diente eine Beamtenschaft unter den von Wien ernannten Statthaltern. Brünn und Troppau, die Hauptstädte der Länder Mähren und Schlesien, hatten deutsche Bürgermeister. In Prag war größtenteils noch Militär aus entfernten Teilen der Monarchie garnisoniert. In Brünn lag unter anderen eine Formation mit tschechischer Mannschaft, in Troppau waren Polen in der Mehrzahl.

Nichts fürchteten am Vorabend des Sieges die Tschechen in Prag mehr als – eine Revolution. Einer schrieb an Beneš nach Paris, man könne an keine Revolution denken, sie würde bei der allgemeinen Not alsbald zum Bolschewismus führen. Gerne überließen es die künftigen Herren in Prag den noch verläßlichen Garnisonstruppen des alten Staates, angesichts eines Putschversuches der Linken, *Macht zu demonstrieren.* Die Putschisten gingen lieber nach Hause.

Wie immer Epigonen die Regierung Kaiser Karls I. beurteilen mögen, es ist vor allem auch sein Verdienst, daß nicht das geschah, was der tschechische Sozialist Gustav Hab(e)rmann zuletzt noch befürchtete: daß die verfluchte Bestie (Österreich!) noch im Krepieren um sich fetzt und alle vernichtet. Wurde der Kaiser, so während der Krise in Budapest, angegangen, Unruhen mit Waffengewalt niederzuschlagen, dann antwortete er mit einem Wort: Nein.

Bei der de facto-Anerkennung des tschechoslovakischen Nationalrats in Paris hielt Lansing diesem den Umstand zugute
»... Czecho-Slovaks having taken up arms against Germany and Austria-Hungary.«

Obwohl fast mit Sicherheit anzunehmen ist, daß die Legionäre nie in Kampfberührung mit Truppen des deutschen Heeres gekommen sind und an sich die Anerkennung auf die Kriegführung gegen *beide Mittelmächte* abgestellt war, fällt auf, daß Lansing das

Deutsche Reich zuerst nennt. Das entsprach völlig dem damaligen Gedankengang: In erster Linie galt, was Deutschland schadete; Österreich-Ungarn kam hierin erst in zweiter Linie in Betracht. Es gehörte zu Streitigkeiten, wie sie auch in einer alten und zerrissenen Ehe vorkommen, wenn in der Endkrise die Mittelmächte sich gegenseitig vorwarfen, sie würden vom Partner in dieser Bundesgenossenschaft gegängelt. *Berlin* nahm das später für den Fall der Ereignisse am Vorabend des Ersten Weltkriegs in Anspruch. In *Österreich* fühlte man sich an ein Deutsches Reich gebunden, das es verstand, sich die Feindschaft der ganzen Welt zuzuziehen und mit seinem Untergang die Monarchie mit in die Tiefe zu reißen.

Daß beide Reiche vom Schicksal bestimmt waren, unter dem wachsenden Druck der Flankenmächte aus Ost und West zugrundezugehen und damit zuletzt ganz Europa, wurde bei solchen gegenseitigen Vorwürfen ebensowenig in Rechnung gestellt wie das zuletzt erklärte Verlangen Wilsons, daß ihm eine *andere* Macht im Falle eines Waffenstillstands mit dem deutschen Heer entgegentreten müßte als die bisherige. Der Untergang der Monarchien unter den Dynastien Habsburg, Osman und vor allem Hohenzollern gehörte in der Welt von 1918/19 zur großartigsten Beute aus dem gemeinsam gegen die Reste der Alten Welt geführten Kriege.

Zwei Tage nach dem Schwarzen Tag des deutschen Heeres, dem 8. August 1918, kamen selbst Wilhelm II. und Ludendorff zur Einsicht, *daß der Krieg beendet werden müsse.* Einen Monat später, im September, unterstrich Hindenburg diese Forderung, indem er Verhandlungen *ohne Aufschub* verlangte. Aber noch vier Tage später rügte die deutsche OHL den Vorschlag des Ballhausplatzes, mit einem Friedensappell an die Feindmächte heranzutreten. Intern hinwider brachte Ludendorff die Idee auf, selbst mit dem mächtigsten Gegner, den US, in Verhandlungen zu treten. Es war, als wisse man, was zu tun gut wäre, dennoch aber das tat, was schädlich wurde. So zogen sich diese wechselnden Anfälle von Mut zur Tat und Scheu vor der Schande einen Monat hin. Die Redeweise Hindenburgs in den letzten Septembertagen 1918, nun *doch ein Ende zu machen,* charakterisiert dieses Klima.

Um dieselbe Zeit tagte in Wien der Kronrat, also die k.u.k. Minister für die gemeinsamen Angelegenheiten der Doppelmonarchie, wobei der k.k. sowie der k.u.k. Ministerpräsident und der Chef des k.u.k. Generalstabs beigezogen wurden. Letzterer erklärte, der Krieg müsse bis Jahresschluß zu einem Ende kommen, *ansonsten drohe in 14 Tagen der Bolschewismus.* Und: Consules caveant.
In Spa einigten sich Hindenburg und Ludendorff auf eine differenziertere Beurteilung der Notwendigkeiten: Einstellung der Feindseligkeiten, noch vor Abschluß eines Waffenstillstandsvertrags. Leider haben sich 1918 die Österreicher-Ungarn auf dieses Experiment eingelassen. Der Oktober kam, und der deutsche Botschafter erklärte dem Vertreter der deutschen OHL beim AOK in Baden:
»Wir haben den Krieg verloren!«
Nun überstürzten sich die großen Zögerer. Österreich-Ungarn wandte sich über die Schutzmacht Schweden, Berlin über Bern an Wilson mit der Erklärung, man sei bereit, auf die Vermittlung eines Waffenstillstands und darauffolgende Friedensverhandlungen einzugehen. Wilsons Antwort an Berlin ließ anklingen, daß es eigentlich nur darum ginge, seine in zahlreichen Punkten niedergelegten Grundsätze einfach anzunehmen. Um dieser Anerkennung den guten Glauben zu verschaffen, müßten allerdings die Mittelmächte die von ihnen besetzt gehaltenen Gebiete räumen. Binnen acht Tagen hatte Wilson das JA Berlins in Händen, auch das der Verbündeten, soferne sich diese nicht separierten. Betreffs der Türkei und Bulgarien war es ohnedies zu spät, sie zu fragen: Sie waren schon der Maschinerie der Entente und ihrer Verbündeten zum Opfer gefallen und machtlos für eine weitere Kampfführung.
Jetzt übernahm Lansing die Regie eines Zwischenspiels. Die Räumung der besetzten Gebiete müsse unter Aufsicht der Alliierten geschehen, und zwar so, daß damit letzteren keine militärischen Nachteile erwüchsen und ihre Überlegenheit im Felde (!) gewahrt bliebe. Eine Woche danach waren die Deutschen so weit, auch das auf sich zu nehmen. Naiverweise konnte Berlin nicht die Phrase

vermeiden, wonach das deutsche Volk vertraue, daß der Präsident der US die *Ehre* des deutschen Volkes und die *Grundsätze eines dauernden Friedens* zu schützen wissen werde. Man erwarte die Bedingungen.

Auch bei den Österreichern-Ungarn waren es jetzt die Armeeführer, die auf ein rasches Ende der Kampfhandlungen drängten. Generaloberst Fürst Schönburg sagte es in zwei Worten: *Schluß machen!* Feldmarschall Krobatin, der k.u.k. Kriegsminister von 1914, jetzt Armeekommandant, verlangte: *Waffenstillstand selbst unter härtesten Bedingungen.* Erzherzog Joseph, der ›ungarische Erzherzog‹ mahnte: *Bedingungsloser Waffenstillstand!* Und zwei Tage später: Bei Fortdauer der Meutereien Halten der Front nicht mehr gewährleistet. Der in Dienstverwendung des k.u.k. Kriegsministeriums stehende Texter der Bundesverfassung der Republik Österreich von 1920 Hans Kelsen riet seinem Ressortchef: *»Einzige Möglichkeit zur Abwendung der Katastrophe sofortiger Waffenstillstand.«* Schon amtierten im riesigen Komplex dieses Ministeriums auch Vorhuten künftiger Zeiten, in denen sozialistische Reserveoffiziere mit Hilfe der zu Soldatenräten gemachten Feldwebel in den Kasernen der Kader die neue Macht aufzogen.

Nun verging kein Tag mehr, an dem nicht da und dort ein ganzer Flügel der Ordnung in der Alten Welt einstürzte. Die Deutschen sollten sich ihre Waffenruhe bei Marschall Foch holen. Die Österreicher-Ungarn überließ man zur Abschlachtung dem Oberkommando der königlich italienischen Armee. Die italienischen Herren ließen sich Zeit. Nachdem am 24. Oktober 1918 britische Sturmtruppen die Front an der Piave durchbrochen hatten, wälzte sich durch diese Lücke die Masse der 50 italienischen Angriffsdivisionen und machte sich daran, die in Venetien stehenden Österreicher-Ungarn mit Sack und Pack gefangenzunehmen. Das brauchte Zeit. Und einen möglichst demoralisierten Gegner. In Wien kam man den Italienern noch weiter entgegen. Als die in Padua tätige Waffenstillstandsdelegation in Wien nachfragte, was mit dem Diktat der Sieger anzufangen sei, erklärte der Chef des k.u.k. Generalstabs:

»Annehmen, tale quale!«

Diese Weisung ging ab, und ehe sie in Padua am Verhandlungstisch zur Sprache kam, erging an die österreichisch-ungarischen Truppen Befehl, die Feindseligkeiten einzustellen. Man erwartete, daß auch der Feind den Wunsch nach einem Ende des Blutvergießens honorieren würde. Das nun tat er nicht. So wurde in Padua der Vertrag unterzeichnet, der zur Folge hatte, daß die Italiener erst 24 Stunden *nach* den Österreichern-Ungarn die Waffenruhe eintreten ließen. Das erleichterte den ersehnten Endsieg der Italiener, machte ihn zu einem unerhörten Ereignis in der Kriegsgeschichte. Jetzt fingen sie die Österreicher-Ungarn in Massen, so wie die Mittelmächte einmal in guten Tagen die Russen gefangengenommen haben. Allerdings im Kampf.
Die Tragödie im Leben Kaiser Karls I. erfüllte sich. In der Nacht zum 3. November legte er das Oberkommando nieder. Was ihm verblieb, war eine Reminiszenz: Er war, solange er Kaiser war, Oberster Kriegsherr – ohne Befehlsgewalt. Kriegsherr einer Armee, deren Trümmer untergingen im Wirrwarr der Zeitwende. Einer Armee, in der selbst die adeligen Nobelgarden nicht mehr bereit waren, in Schönbrunn den Dienst zu tun, der ihnen unter Umständen unangenehme Belästigungen seitens einer Roten Garde eintragen konnte. Und der Kaiser behielt, was er war und nicht aufhören konnte zu sein: Von Gottes Gnaden Kaiser von Österreich, König von Ungarn et cetera.
In Washington registrierte man den Zersetzungsprozeß, der im Alten Österreich um sich griff. Am 18. Oktober ließ Lansing Wien erfahren, daß die US die weitere Entwicklung der Dinge nicht so sähen und wünschten, wie sie das kaiserliche Völkermanifest vom 16. Oktober 1918 in die Wege zu leiten beabsichtige. Die US wollten es den Völkern der Monarchie überlassen, ob ihnen eine Selbständigkeit im Verband des bisherigen *Vielvölkerreiches* genüge oder ob sie ihr weiteres Schicksal im Rahmen der *Völkerfamilie der ganzen Welt* bestimmen wollten. Was ohnedies fiel, wollte Lansing sichtlich noch auf den richtigen Weg stoßen.
Masaryk beeilte sich, nur ja nicht den Eindruck zu erwecken, als käme die Selbständigkeit eines tschechoslovakischen Staates aus Kompetenzen, die der Kaiser in Wien mit seinem Völkermanifest

ermöglichen wollte. Am 18. Oktober 1918 proklamierte er in Philadelphia, wo einmal die Amerikaner ihre Unabhängigkeit von der Krone Englands beschlossen haben, die Unabhängigkeit des Staates der Tschechen und Slovaken. Es war ein Staat ohne Staatsgebiet und Staatsgewalt, denn in den Ländern der künftigen ČSR versahen noch immer altösterreichische Beamte unter den Landesstatthaltern ihren Dienst. Die Unabhängigkeit der US hatten immerhin privilegierte Vertreter einer Minorität des Staatsvolkes beschlossen, um nachher die staatliche Selbständigkeit in einem langen blutigen Bürgerkrieg zu erkämpfen.
Demgegenüber tat sich Masaryk eher leicht: Er durfte die Unabhängigkeit des künftiges Staates der Tschechen und Slovaken auf die Übermacht der Entente und der US stützen, während die Masse seiner Landsleute noch immer in den Reihen der Österreicher-Ungarn gegen jene kämpften, die nun die wahren Väter der ČSR wurden.
Demnach geriet der Staatsakt in Philadelphia. Ein bärtiger ältlicher Professor verlas einen Text. Ihn umstanden die eher bourgeoisen Typen einer zu Ende gehenden Vergangenheit. Neben den Flaggen der Großmächte, deren materielle Überlegenheit Fundament des neuen Staates war, nahmen sich die Fähnchen in den uralten böhmischen Farben eher dürftig aus. Zwei Legionäre in aus französischen Beständen stammenden Uniformen deuteten die eher bescheidenen materiellen Beiträge an, die genügten, um dem neuen Staat vorweg die militärische Bundesgenossenschaft der Sieger von 1918 zu sichern. Ein Kamerad in serbischer Uniform hielt sich taktvoll im Hintergrund. Die Werbeaktionen in russischen, italienischen und französischen Kriegsgefangenenlagern hatten einen eher bescheidenen Ertrag für die Legion erbracht. Viele Landsleute ertrugen lieber die grausame Lagerhaft in Sibirien, den Hunger und die ständige Seuchengefahr, als für ihren unabhängigen eigenen Staat zu kämpfen, indem sie auf die alten Kameraden in feldgrau schossen.
Der Vorhang der Geschichte ging im Drama vom Untergang Alt-Österreichs nicht herunter, ohne daß die Kaiserlichen noch einmal dort antraten, wo sie seit ihrer Schaffung unter Wallenstein

am öftesten gestanden haben: *in Frankreich*, gegen die über den Rhein ostwärts drängenden Franzosen, in den mit zäher Beharrlichkeit gegen die Revolution 1789 und ihren großen Sohn Napoleon geführten Kriegen. Nach Abbruch der Schlacht am Piave wurde das Versprechen des österreichischen AOK fällig, über die Entsendung von Truppen an die Front in Frankreich zu befinden. Pünktlich meldete sich zur Einlösung des Versprechens der Vertreter der deutschen OHL in Baden. Diesmal war alles Zögern und Zaudern der Österreicher umsonst. Berlin hielt jene Getreidelieferungen zurück, die nach dem Ausfall der aus Ungarn erwarteten Hilfen notwendig waren, um die im Feld stehende Truppe nicht verhungern lassen zu müssen. Da kam Dr. Korošec' große Stunde: Er rief seine slovenischen Landsleute auf, den Österreicher-Ungarn jede Lieferung von Lebensmitteln zu versagen. Es wurde ein unblutiger, aber spürbarer Sieg des geistlichen Herren. In Baden blieb dem Chef des k.u.k. Generalstabs und letzten Endes seinem Kaiser nichts anderes übrig, als die verlangten Divisionen an die Westfront in Frankreich zu schicken. Um diese Zeit war die ungeheure Wucht des letzten Großangriffes der Deutschen schon gebrochen. Französische und britische Verbände, die im Herbst 1917 nach der katastrophalen Niederlage der Italiener Verstärkung am Piave brachten, waren in der Krise der Großen Schlacht in Frankreich eiligst dahin abgezogen worden. Jetzt durften sie, verstärkt durch eine tschechoslovakische Division und ein Infanterie-Regiment der US-Army, wieder an die Front in Italien abgestellt werden. Die Teutonen hatten sich ausgetobt; ihr Ende wird so schrecklich sein wie das ihrer Ahnen. Man wird ihnen die Waffen wegnehmen und einen Frieden diktieren, den zu erfüllen noch die Kindeskinder der Feldgrauen von 1918 hätten abzahlen sollen.

Während aus Frankreich Verstärkungen den Italienern zuflossen, wurden österreichisch-ungarische Truppen abgezogen, um in Frankreich eingesetzt zu werden. Und während Wien bemüht war, die Vermittlung Wilsons für einen Waffenstillstand und für Friedensverhandlungen anzubahnen, traten in Frankreich seine Truppen ins Gefecht. Noch hielt Wilson seine Antwort an Wien zurück, da gerieten Österreicher-Ungarn und Amerikaner bei St. Mihiel nahe der Maas, südlich von Verdun, aneinander. Die Männer der k.u.k. 35. Infanterie-Division sahen erbärmlich aus. Die Division hatte sich am Isonzo in schweren Kämpfen bewährt. Seither mangelte es an Ergänzung der Bekleidung. Den Geschützen fehlte es an Munition, und einige Batterien kamen ohne Geschütze. All das wurde aus den auch schon mageren Beständen der Deutschen ersetzt. Man überließ den Männern britische Beute-MGs in Mengen, aber es war keine Zeit mehr gegeben, die Schützen an dieser ungewohnten Waffe auszubilden. Noch einmal kämpften alle Nationen des Vielvölkerreiches zusammen gegen einen unbekannten Feind, der es sich vorgenommen hatte, ihr altes Haus zu zerstören. Sehr zum Ärger der deutschen OHL waren die Deutschen in dieser Division eine Minderheit. Und mit der Division kämpften bei der Verteidigung des Frontbogens von St. Mihiel Elsässer, die unverläßlichsten Kantonisten des deutschen Heeres, und ältliche Landwehrmänner aus Bayern.

Die deutsche OHL hatte Verständnis für die Neuankömmlinge, und sie wies den Österreicher-Ungarn das sogenannte *Sanatorium des Westens* zu. Einmal war der vorgeschobene Frontbogen bei St. Mihiel eine windige Ecke der Westfront; nachher haben Franzosen und Deutsche die Kämpfe um diesen Frontabschnitt ruhenlassen. Hierher wurden oft Angriffsdivisionen des deutschen Heeres oder im Abwehrkampf verbrauchte Divisionen verlegt, um eine Erholung nach schweren Kämpfen zu genießen. Man ahnte nicht, daß die Amerikaner just diesen Frontbogen von Marschall Foch, dem Oberkommandierenden der Ententetruppe, zugewiesen bekommen sollten, damit die langsam in Frankreich eintreffenden amerikanischen Truppen eine Gelegenheit für erste Frontbewährung unter weniger gefährlichen Umständen ausnützen könnten. General Pershing nahm den Befehl seines Kriegsministers wörtlich und ließ sich von den Franzosen bei Bewältigung der Aufgabe, den Vorsprung abzuzwacken und die Besatzung in Gefangenenlager abzuführen, nichts dreinreden. Den französischen General Degoutte konnte ihm Foch nur mittels eines Tricks andrehen: Er wies diesen Pershing gegenüber als An-

gehörigen des Stabes des Königs der Belgier aus, und den Repräsentanten einer Majestät konnte und wollte Pershing nicht abweisen.
Sangen die Engländer, sie würden ihre Wäsche an der Siegfried-Line zum Trocknen aufhängen, so wollten die Amerikaner beim Angriff auf den St. Mihielbogen erst einmal Kavallerie (!) vorschicken. Ärgerlicherweise gaben die Austrians nicht gleich auf, sondern fügten den Angreifern etliche Verluste zu. Insgesamt 8000 Mann. Dann aber brach der Widerstand der schon vorher durch Gasbeschuß dezimierten Austrians zusammen. Und, so a good story, sie suchten raschestens den kürzesten Weg in die Gefangenschaft. Die Amerikaner erbeuteten eine Masse der britischen MGs und eine Menge der von den Deutschen abgelassenen Geschütze. Nachdem die guten Elsässer sich verdrückt hatten, zogen sich die Österreicher-Ungarn auf eine Sehnenstellung zurück, wo sie zusammen mit den bayerischen Landsern und der neuaufgestellten k.u.k. 107. Division ausharrten. Ein Cannae war Pershing nicht beschieden.
Nun aber glaubte Pershing erst recht, auf *eigene Faust* Krieg führen zu können. Er wollte die Front in den Argonnen zwischen Maas und Aisne durchbrechen. Man riet ihm, das zu vermeiden und besser ostwärts der Argonnen anzutreten. Pershing ließ sich nichts dreinreden. Und dann ereignete sich, was ein britischer Offizier ein *organized chaos* nannte. In seinem ganzen Leben hatte Pershing nie so große Truppenverbände kommandiert wie jetzt. Demnach geriet der Kampf in den Argonnen. Die Briten höhnten: Die Deutschen hätten den Amerikanern *with Teutonic efficiency ... a warm reception* beschert. Es war mehr: ein blutiges Massaker, wie man früher in den US über Kämpfe in den Indianerkriegen berichtete. Die Deutschen waren längst vom Glück verlassen. Sie hatten die *Initiative* an ihre Gegner abgeben müssen. Aber für eine gekonnt geführte *Verteidigung* in der neuerprobten Flächenbefestigung reichte es noch immer, nachdem sie, wie auch k.u.k. Divisionen, von der linearen Verteidigung abgekommen waren.
Wie gut auch Österreicher-Ungarn diese neue Art der Verteidi-

gung zu zeiten bereits beherrschten, bewiesen sie den Amerikanern um den 10. Oktober 1918. Seit dem 4. Oktober 1918 lag in Washington das von der schwedischen Schutzmacht überbrachte Angebot der k.u.k. Regierung an Wilson, die Vermittlung einer Waffenruhe und die Anbahnung von Friedensverhandlungen zu übernehmen. Auch die Deutschen hatten am 5. Oktober 1918 ein solches Angebot via Bern überreichen lassen. Sie erfuhren, daß es da nicht viel zu verhandeln gäbe. Die Grundsätze, die die US als Basis für einen dauernden Frieden für geeignet ansähen, seien in den von ihrem Präsidenten aufgezeigten Punkten bekannt gemacht worden. Man erwarte aber von deutscher Seite ein glaubwürdiges Zeichen der Friedensbereitschaft: Das deutsche Heer solle vorweg einmal die von ihm eroberten Gebiete räumen, nachher könne man weiterreden. Räumung unter Aufsicht, damit auf diese Weise nicht die *Feldüberlegenheit* der künftigen Sieger etwa gar gefährdet werde. Man verhandelte aber, wie man es in Kolonialkriegen gewohnt war oder mittels des Big Stick. Die Österreicher-Ungarn würdigte man erst keiner Nachricht. Der Kochtopf mit dem brodelnden Nationalitäten*streit,* der schon zur nationalen *Revolution* im Vielvölkerstaat geriet, sollte am Herd der Geschehnisse bei offenem Feuer bis zum *Überfließen* erhitzt werden.
Eine Antwort bekamen die Österreicher-Ungarn in Frankreich. In der Woche nach ihrem Friedensangebot vom 4. Oktober 1918 griffen die 30. und die 29. US-Infantry-Division beiderseits von Consenvoye an der Maas in nordöstlicher Richtung an. 1200 Geschütze sollten den Weg bahnen, auf dem Pershing bis zur deutschen Festung Metz in Lothringen vorstoßen wollte. Hier war es das k.u.k. I.R. 5, das den geordneten Rückzug der übrigen Divisionsverbände deckte und den Stoß der Amerikaner zum Stehen brachte. 1918 bestand das Regiment zu 74% aus Magyaren und 19% aus Rumänen, nur jeder hunderte im Regiment war ein Deutscher, und ebensoviele Slovenen, Slovaken, Tschechen und Kroaten kämpften noch mit. Der Regimentskommandant, der aus Iglau gebürtige Deutsche Popelka, auf Deutsch »Aschenbrödel«, verstand es, die Amerikaner in einer Flächenverteidigung zu

verheddern. Er hielt aus, als er den Rückzugsbefehl in der Tasche hatte, bis der Rückzug in Ordnung geschehen war. Metz haben damals die Amerikaner nicht einmal am Horizont zu Gesicht bekommen. Den preußischen Orden Pour le Mérite haben einige Generäle der Kaiserlichen bekommen. Popelka war der einzige *Stabs*offizier, der ihn bekam.

Große Teile der Armee und die Beamtenschaft, längst in Bühnenfiguren und Kabaretteinlagen nur mehr lächerlich gemacht, trugen den alten Staat. Erst am 28. Oktober, nach dem Durchbruch der Front an der Piave, den eine britische Crack-Division gegen Deutsche und Rumänen aus Siebenbürgen erzwang, *griffen auch in der Heimat die Tschechen nach der Macht.* Ihnen lag daran, ihre Tranche am Erbe der Monarchie – es war die reichste – unbeschädigt in die Hand zu bekommen. Daher vorerst kein Blutvergießen, keine Zerstörungen bei Demonstrationen. Sie überließen es ohne weiteres einer intakten Formation der Österreicher-Ungarn, einen versuchten Linksputsch in Prag einfach durch die Präsenz der Waffen zum Erliegen zu bringen. Wie gesagt, eine Revolution hätte ihnen ansonsten den Kommunismus schon 30 Jahre vor dem Unglücksjahr 1948 gebracht. So aber nahmen sie am 28. Oktober 1918 den österreichischen Beamten und Militärs die Macht eher sanft aus der Hand. Kaiser Karl I., der verboten hat, den Putsch in Budapest mit Waffengewalt zu unterdrücken, hätte auch in Prag nicht auf die Tschechen schießen lassen. Um so miserabler war die Haltung eines Abgeordneten der tschechischen Agrarierpartei, Dr. Isidor Zahradniks, der bei der Befreiungsfeier am 28. Oktober 1918 angesichts des Denkmals des heiligen Wenzel die Grabrede auf den Habsburgerstaat hielt: ein wilder Ausbruch ungehemmten Hasses. Das geschah, bevor der Redner seine Soutane an den Nagel hängte …

Auch die *Kroaten,* ordentlich wie sie immer ihr Anwesen führen, organisierten den Umsturz ohne Tumulte. Ehe sie in Agram ihr Stück aufführten, erkundigten sie sich vorsichtshalber beim dortigen k. u. k. Militärkommando und beim k. k. Honvedkommando, ob von diesen Kommanden der von den politischen Machern vorbereiteten Unabhängigkeitsfeier etwas in den Weg gelegt würde. Man beruhigte die Politiker. Diese fragten nachher erst gar nicht bei den Regierungen in Wien und Budapest an, sondern ließen die Feier steigen. Ort war der Sitzungssaal des kroatischen Landtags, wo sich so lange Kroaten gegen die Vereinnahmung ihres Volkstums durch die Serben gewehrt haben. In diesen Saal führte man mit der ausgesuchtesten Höflichkeit die hohen Militärs, die sich so entgegenkommend erwiesen hatten. Ihr Kommen wurde mit Jubel begrüßt, es war ja Garant dafür, daß es auch in Agram kein Blutvergießen gäbe. Und – die *Kroaten hielten es, anders als die Tschechen, mit der Demokratie:* Der Landtag beschloß, den 1868 mit Budapest geschlossenen Ausgleich zu kündigen und so symbolisch den letzten Faden, der das Land mit der Monarchie verband, zu durchschneiden.

Am längsten haben es die *Polen* mit denen in Wien gehalten. Sie taten es nicht aus Liebe, und sie werden bald nach dem Jahr 1918 erfahren, daß sie nie mehr eine so geduldige Melkkuh im Stall haben werden, wie die k. k. Verwaltung in Galizien eine war. Man wählte als Ort der Aufführung des momentanen Erfolgsstückes die alte Königsstadt Krakau. Ein letztes Mal vollzog sich dort die reglementmäßige Übergabe der Wache. Der alte Wachkommandant, ein landfremder Fähnrich, trug noch die Rosette mit dem Namenszug des Kaisers; der neue Wachkommandant, gestern noch sein Kamerad, die rot-weiße polnische Kokarde. Man benahm sich kameradschaftlich, sorgte, daß die landfremden Offiziere abschubiert wurden. Es geschah höflich, und man war froh, diese Leute jenseits der neuen Grenze zu wissen. Um so ärgerlicher war es, daß in Ostgalizien die *Ruthenen* frecherweise jenes Recht der Selbstbestimmung, das für Polen eine Selbstverständlichkeit war, auch für sich beanspruchten. Die neuen Herren in Polen haben die ruthenischen Unruhestifter in Lemberg eines Besseren belehrt. Ruthenen hatten es im *alten* Polen schwer, sie werden es im Polen von 1918 *nicht leichter* haben. 1914 haben die Truppen des Zaren den Metropoliten von Lemberg verschleppt; im nächsten Krieg werden es die Sowjets wiederholen – aber dann wird der Unglückliche nie mehr heimkehren …

Die *deutsch-österreichischen* Abgeordneten zum Reichsrat in

Wien begaben sich schon am 21. Oktober im feierlichen Zug vom Hohen Haus am Franzensring in den Saal des niederösterreichischen Landtags in der Herrengasse. Über der dortigen Szenerie lag noch ein Hauch der Dramatik des 13. März 1848. Im Blickfeld lag aber auch die prunkvolle Fassade der *Zivnonstenská Banka,* die schon mehr politischen Einfluß auf die Publizistik in Wien hatte als die Literaten im gegenüberliegenden Café Zentral. Am 30. Oktober 1918 hatten auch die Deutsch-Österreicher für ihr staatliches Gemeinwesen eine Art Verfassung. Sie brach mit der geltenden Verfassung von 1867 und war in dieser Hinsicht ein revolutionärer Akt. Anders als 1848 wurde aber 1918 in der Herrengasse nicht geschossen. Noch redeten die Deutsch-Österreicher nicht von einer Republik. Und Deutsch-Österreicher nannten sie sich nicht nur, um damit ihr Schicksal in die Hände der Deutschen im Reich zu legen, sondern auch, weil es immer noch Unbelehrbare gab, die vermeinten, es hätte im Alten Österreich nicht nur *deutsche* Österreicher gegeben. Noch fristete *die letzte k. k. Regierung* ein Da-sein. Sie verhandelte mit Sozialdemokraten und Deutschnationalen über den Text einer Erklärung, die sie Kaiser Karl vorlegen wollte, um den Monarchen zwar nicht zum *Thronverzicht,* dafür aber zur Abgabe seines restlichen Anteils an der Staatsführung zu bringen. Viel davon war zu Kaisers Namenstag Anfang November 1918 ohnedies nicht mehr vorhanden. In der Nacht zum 3. November 1918 gab der Kaiser das Oberkommando ab. Er blieb *Oberster Kriegsherr* in einem Krieg, den durch einen kolossalen Palawatsch die Italiener um 24 Stunden länger führten als die Österreicher, was ersteren ihren größten Sieg der Geschichte eintrug. So wenigstens später in Erz und Stein gemeißelt. *Staatsgeschäfte* hatte der Kaiser in den ersten Novembertagen keine mehr zu besorgen, sie lagen in den Händen der diversen Nationalräte in Österreich; in Ungarn hatte man wieder einmal geputscht.

Von den *k.u.k. Ministern für gemeinsame Angelegenheiten* hatte der für Finanzen schon demissioniert. Der letzte k.u.k. Minister des Äußeren Andrassy, Sohn jenes Grafen, der einmal das Bündnis mit Berlin abgeschlossen hatte, löste das Bündnis und erklärte

seinen Beamten, er werde noch heute, am 30. Oktober 1918, dem Kaiser in Schönbrunn die Demission überreichen. Der k.u.k. Kriegsminister geriet außer Evidenz. In sein Ministerium drangen schon die Vorhuten der Machthaber von morgen ein: bisherige Reserveoffiziere, die entschlossen waren, auch die letzten Reste der alten Armee abzuwürgen, um dann im Verein mit den Feldwebeln bei den Kadern, die sich als Soldatenräte sehr gut bewährten, die neue bewaffnete Macht aufzubauen. *Ihre* Republik.
Das *Parlament am Franzensring* wurde funktionslos. Das Herrenhaus, in dem die Männer von gestern und vorgestern noch Nachhutsgefechte mit den Ideen der nationalen und sozialen Revolution führten, tagte am 30. Oktober 1918 zum letzten Mal. Es verbreitete sich das Gerücht, das gute Volk habe sich aufgemacht, diese Herren zu verjagen. Da gingen die Herren. Jene, die sich einen Fiaker oder ein Taxi nahmen, erreichten auf der Flucht anstandslos ihr Daheim. Einer, ein k.u.k. Feldmarschall, wollte nicht davonlaufen. Man griff sich ihn, riß ihm die Offizierskappe vom Kopf, entfernte die goldene Rosette mit dem Namenszug des Kaisers und setzte ihm die Kopfbedeckung mit eher bedauernden Worten wieder auf:
»Depp, depperter ...«
Das Abgeordnetenhaus tagte am 12. November vormittags zum letzten Mal. Nach einigen Worten ex praesidio wurde zur Wortmeldung aufgerufen. Niemand meldete sich. Man schritt zur Abstimmung über den Schluß der Sitzung. Nun erhoben sich im weiten Rund mit den vielen Sitzplätzen – fast ein halbes Tausend sind es – die letzten Nachhuten der parlamentarischen Demokratie an jenem Franzensring, der bald »Ring des 12. November« heißen wird. Die Sitzung war geschlossen, ein neuer Termin lag nicht vor. So wie 1933 schaltete sich das Parlament selbst geschäftsordnungsmäßig aus ...
Weitab, in Czernowitz, lebte die Monarchie am längsten. Auch dort hat am Namenstag des Kaisers der Pfarrer der römisch-katholischen Kirche einen Gottesdienst abgehalten. Es wurde eine politische Kundgebung, bei der fast alle im Land vertretenen Nationalitäten mit den sogenannten Spitzen figurierten, auch alle

Konfessionen, Juden und Christen. Man bat den k.k. Landespräsidenten – das kleine Land hatte keinen Statthalter –, im Amt zu bleiben, bis sich Polen und Rumänen einig geworden wären über den Nationalrat der Bukowina. Am 6. November 1918 verabschiedete man den letzten k.k. Landeschef, sehr höflich und in der bangen Ahnung, daß es im Land bald weniger ruhig zugehen werde.

Tags zuvor, am 5. November 1918, gab die 42-cm-Autohaubitze »Gertrud« an der Westfront, vor Verdun, den letzten Schuß ab. Feldjäger aus Brünn und Agram deckten den Rückzug der Österreicher-Ungarn, die seit dem 3. November an sich nichts mehr zu suchen hatten auf den Schlachtfeldern. Das war, als andererseits Hunderttausende Österreicher-Ungarn in italienische Kriegsgefangenschaft geraten waren. Folge einer Schlamperei, sagten die einen; andere, weil es keinen Sinn gehabt hätte, nach Vertragsabschluß im Kampfgelände herumzuschießen, wie es ein Generalstabsoberst mit gewählteren Worten ausdrückte.

Am 11. November 1918 unterzeichnete Kaiser Karl die fragliche Urkunde. Mit dem Tintenblei, was später als Ausdruck namenloser Gleichgültigkeit ausgelegt wurde; Überlebende aus dem Dienst um die Person des Kaisers werden einwenden, daß der Kaiser immer dieses Schreibgerät benützte. Als am 15. Juli 1927 das gute Volk von Wien den Justizpalast in Brand setzte, verbrannte zusammen mit anderen Archivbeständen auch dieses Dokument. Das nun lag nicht im Sinn der Brandstifter. Sie haben vermeint, Strafakten zu verbrennen und so ihre eigene Vergangenheit zu bewältigen.

Lange noch schauten die Deutschen in der ČSR und die in Südtirol nach Wien. Sie wollten der etwas klein geratenen Alpenrepublik die Treue halten, die sie einmal mit Österreich verbunden hat. Sie taten es, als im Westen da und dort das gute Volk den Anschluß seines Landesteils an die Schweiz verlangte. Aber für Deutsche gab es nach 1918 kein Selbstbestimmungsrecht. Nie hat Wilson erfahren, daß ein Staat wie die ČSR, deren Entstehen er so sehr gefördert hat, kein Nationalstaat war. Daß es in diesem Land auch 3 ½ Millionen Deutsche gab, hat der Heiland von 1918 nie

gewußt. Masaryk wäre ja dumm gewesen, Wilson auf diese Tatsache zu stoßen. Und die *Brennergrenze* hat Wilson selbst den Italienern im Frühjahr 1919, noch vor Friedensschluß in Rom, als Douceur dafür gegeben, daß Italien nicht alle Gebiete bekam, die ihm 1915 in London zugesagt worden waren.
Bald gab es eine neue Art der Büchse der Pandora, und nichtsahnend sorgten die Sieger von 1918 für reiche Füllung.
So verließ denn Kaiser Karl drei Tage nach der Flucht Wilhelms II. Schloß Schönbrunn. Er blieb bis zum Tod Oberster Kriegsherr und von Gottes Gnaden Kaiser von Österreich ... Was ihm von Gott verliehen worden war, konnte weder *er selbst abgeben,* noch konnte es ihm von einer irdischen Macht genommen werden. Das Gottesgnadentum, an dem Karl wie an einer Dornenkrone bis zu seinem Tode trug, war ja Angriffsziel der Revolution, die von Nordamerika über den Atlantik getragen wurde, um zuletzt die Alte Welt zu überschwemmen.

Personenverzeichnis

(Außer Lebensdaten sind nur Daten erwähnt, auf die im Text dieses Buches Bezug genommen wird)

Adams, John,
* Massachusetts 1735, † 1826,
1776 Mitunterzeichner d. Unabhängigkeitserklärung, Vizepräsident unter Washington, 2. Präsident der US 1797–1801.

Adams, John Quincy,
* Massachusetts 1767, † 1848,
erfolgreich in der Außenpolitik, 6. Präsident der US 1825–1829, Wiederwahl scheiterte an Vorwürfen wegen Bestechlichkeit und Korruptionsaffären unter seiner Amtszeit.

Adler, Friedrich,
* Wien 1879, † 1960,
begabter Sohn d. Einigers der Sozialdemokratie in Österreich, ermordete 1916 den k.k. Ministerpräsidenten Stürghk, zuletzt Sekretär der Internationale sozialdemokratischer Parteien.

Alexander II.,
* 1888 im Exil der Eltern, ermordet 1934,
Frühjahr 1914 Regent von Serbien, 1918 König der Serben, Kroaten und Slovenen, im Kampf mit kroatischen Autonomisten umgekommen.

Alexander I.,
* Petersburg 1777, † 1825,
Mitwisser am Mord seines Vaters Zar Paul I., nach Experimenten mit Methoden eines freiheitlichen Regimes Schöpfer der Heiligen Allianz v. 1815, erwarb Alaska.

Alexander II.,
* Moskau 1818, ermordet 1881,
als »Zarbefreier« (Abschaffung der Leibeigenschaft) in den US vielfach in einer Linie mit Lincoln gesehen (!); ließ sich 1867 das Gebiet von

Alaska samt der Inseln um einen Kaufpreis von 7,2 Millionen $ abhandeln.

Alfons XIII.,
* Madrid 1886, † 1941 im Exil,
von ihm versuchte Kontaktaufnahme zwischen Kaiser Karl I. und Wilson vom britischen Secret Service unterbunden.

Andrassy, Julius Graf,
* Budapest 1860, † 1929,
letzter k.u.k. Minister des Äußeren, versuchte Kontakte mit Ententemächten und US erfolglos, richtete am 27. Oktober 1918 letztes Friedensangebot an Wilson, nach ergebnislosem Warten direkte Fühlungnahme mit Lansing; löste das von seinem Vater eingegangene Bündnis Österreich-Ungarns mit dem Deutschen Reich kurz vor Zusammenbruch der Monarchie.

Appony, Albert Graf,
* Wien 1846, † Genf 1933,
k.u. Unterrichtsminister, verschärfte im letzten Jahrzehnt des Bestands Österreich-Ungarns durch konsequente Magyarisierungspolitik den Nationalitätenstreit, trieb südslavische Politiker ins Exil.

Armand, Graf Abel,
franz. Generalstabsoffizier, der durch Vermittlung der Familie Kaiserin Zitas in der Schweiz vertrauliche Gespräche mit d. österreichischen Grafen Revertera aufnahm; London mit Kontakt einverstanden, Gespräch ergebnislos, da Österreicher nicht ermächtigt war, über Separatfrieden Österreich-Ungarns zu verhandeln.

Asquith, Herbert H.,
* Mirley 1852, † 1928,
1909/16 brit. Premierminister, empfing auf Empfehlung Steeds nach 1914 südslavischen Exilpolitiker aus Österreich-Ungarn.

Astor, Johann Jakob,
* Kurpfalz 1786, † 1848,
in US reich geworden durch Monopolunternehmen American for Com-

pany und Grundstücksspekulationen, Astor-Vermögen rettete später einmal London»Times«.

Avarescu, Alexandru,
* Ismail 1859, † 1938,
schlug 1907 als Kriegsminister Bauernaufstand nieder, ententefreundlich, konnte nach 1916 Niederlage Rumäniens gegen Mittelmächte nicht verhindern, nach 1918 als Ministerpräsident Type im System der Kleinen Entente.

Badoglio, Pietro, Herzog von Addis Abeba,
* Grazzano 1871, † 1956,
handelte gemäß Weisung d. Obersten Kriegsrats in Versailles Kapitulationsbedingungen für Österreicher-Ungarn in Padua aus (3.11.1918), unter Mussolini Marschall von Italien; Versagen im Zweiten Weltkrieg; nach Sturz Mussolinis 1943 Ministerpräsident; 1945 zeitweise aus dem Senat ausgeschlossen.

Bauernreither, Joseph Maria,
* Prag 1845, † 1925,
1895/1918 als Parlamentarier tätig, lebenslang um Ausgleich im Nationalitätenstreit bemüht; Auskunftsperson f. Seton-Watson; unterschätzte Angriffsstärke der nationalen Revolution, der seine liberalen Lebensprinzipien nicht gewachsen waren.

Baker, Newton D.,
* Westvirginia 1871, † 1937,
als Parteigänger Wilsons zunächst gegen dessen Bereitschaftsmaßnahmen nach Kriegsausbruch 1914, 6.3.1917 Kriegsminister; neben dem mäßig erfolgreichen Pershing organisierte er ungeheure materielle Überlegenheit, mit der US 1918 die Entente vor d. Niederlage rettete.

Baruch, Bernard Mannes,
* Süd-Karolina 1870, † 1965,
Börsen- und Finanzfachmann, Berater Wilsons und Roosevelts, erhofft Monopol d. US im Gebrauch v. Atomwaffen.

Bee(h)len-Bertholff,
Vorname, Geburts- und Sterbedaten weder im Österreichischen Staatsarchiv noch im Archives Générales du Royaume, Brüssel, vorhanden Beamter d. österr. Verwaltung in d. Niederlande. 1783 als Agent in US entsendet, Lageberichte in Wien leider wenig ausgenutzt.

Bem, Józef,
* Galizien 1794, † 1850,
Berufsrevolutionär, 1848 Wien, 1849 Ungarn, zuletzt nach Übertritt zum Islam als Amurat Paşa in Diensten des Sultans bei Niederschlagung von Aufständen arabischer Stämme.

Beck, MaxVladimir (Freih. von),
* Wien 1854, † 1943,
Verlor Vertrauen Franz Ferdinands nach Übernahme des Amtes des k.k. Ministerpräsidenten, 1907 Wahlrechtsreform ermöglichte Linksparteien Durchbruch an die Macht.

Benedikt XV.,
* Genua 1851, † 1922,
Papst 1914/22, 1917 u. 1918 unternommene Versuche, dem Krieg ein Ende zu machen, scheiterten vor allem am Widerstand Italiens.

Beneš, Eduard,
* Kozlany 1884, † 1948,
Studium in Frankreich, Lehrkanzel in Prag blieb ihm versagt, 1914/15 Angehöriger der tschechischen Mafia, 1915 Flucht in die Schweiz, Aufgabenteilung: Masaryk angelsächsische Länder, Beneš Frankreich/Italien, gewann franz. Regierung für Sache der Tschechen, 4.1.1916 erstmalige Erwähnung der Unabhängigkeitsbestrebungen der Tschechoslovaken seitens d. Ententemächte, 9.6.1918 frz. Regierung bestätigt Recht der Tschechoslovaken auf unabhängigen Staat und anerkennt deren Nationalrat in Paris als Grundlage künftiger Regierung; sukzessiv erreichte Beneš Anerkennung čs. Truppen als im Krieg befindliches Heer; de facto-Anerkennung des Nationalrats; August 1918 folgt Regierung in London dem Beispiel von Paris; 19.10.1918 überantwortete Wilson Friedensersuchen Österreich-Ungarns den von der Monarchie bisher *unterdrückten Völkern.*

Bethmann-Hollweg, Theobald von,
* Hohenfinow 1856, † 1921,
Berufsbeamter, 1909/1917 Reichskanzler; während des 2. Balkankriegs deutete er (nach brit. Version) Lage als Kampf zwischen Deutschtum und Slaventum, nach Kriegsausbruch im Gefolge d. deutschen OHL, Weihnachtsfriedensangebot der Mittelmächte von Entente 1917 zurückgewiesen, nach Ausbleiben entscheidender Erfolge der deutschen U-Boot-Blockade Friedensresolution des Reichstags, Rücktritt 14.7.1917. Hitler wollte kein Bethmann-Hollweg sein.

Berchtold, Leopold Graf,
* Wien 1863, † 1942,
1906/11 bewährt als Botschafter in Petersburg (Annexionskrise 1908 u. Ausbruch d. Balkankrise), 1912/15 k.u.k. Minister d. Äußeren; befristete Note an Belgrad nach Mord in Sarajevo hatte 1914 Kriegserklärung an Serbien zur Folge; Berchtold scheiterte am Versuch, Italiens Gebietsforderungen in Grenzen zu halten; auf Verlangen Tiszas wegen zu großer Nachgiebigkeit am 13.1.1915 zurückgetreten.

Bliss Tasker,
1918 Militärdelegierter d. US beim Obersten Kriegsrat in Versailles; für Konzentration d. Machtanstrengungen d. US in Frankreich, keine Truppenentsendungen im Mittelmeerraum.

Bratianu, Ionel,
* Florica 1864, † 1927,
Liberaler, leitete 1909/17 als Ministerpräsident Übergang Rumäniens vom Lager der Mittelmächte in jenes der Entente ein, Kriegsbündnis mit Italien von 1916 führte zum Kriegseintritt Rumäniens und zu B.'s Rücktritt; 1918 wieder Ministerpräsident, zusammen mit Beneš und Pašič Dreigestirn der Kleinen Entente.

Bryan, William Jennings,
* Salem 1860, † 1925,
dreimal erfolgloser Präsidentschaftskandidat der Republikaner, ab 1912 erklärter Parteigänger Wilsons, 1913/15 polit. Leiter des Außenressorts, konsequenter Vertreter einer Neutralitätspolitik d. US, nach »Lusitania«-Zwischenfall Konflikt mit Wilson, Ersatz durch Lansing.

Buchanan, James,
* Pennsylvanien 1791, † 1868,
Parteigänger Jacksons, Mißtrauen des Südens wird durch Lavieren in d. Frage d. Sklavenhaltung nicht beseitigt, 1858 Inbetriebnahme d. Transatlantikkabels, 1860 führte Lincolns Wahl zum Präsidenten zum Bruch zwischen Nord- und Südstaaten und 4 Jahren Bürgerkrieg.

Bülow, Bernhard (von, Graf, Fürst),
* Klein-Flottbek 1849, † 1929,
1894 Botschafter in Rom, seither der Sache Italiens besonders verbunden, um so weniger der Österreich-Ungarns; 1914/15 in a.o. Mission in Rom, versuchte Italien auf Kosten Österreich-Ungarns dem Dreibund zu erhalten.

Burian, von Raejecz, Stephan (Freiherr, Graf),
* nahe v. Preßburg 1851, † 1922,
nach 20 Jahren im dipl. Dienst k.u.k. Finanzminister, 1915/16 auf Betreiben Tiszas k.u.k. Minister d. Äußeren, nachher bis 1918 wieder Finanzminister, April/Oktober 1918 wieder Minister d. Äußeren, 12.9.1918 Friedensappell an alle Staaten, 4.10.1918 Bitte um Frieden an Wilson, dieser: decisive victory of arms, US hätten schon ihr Angebot gemacht (14 Punkte), es läge an den Mittelmächten …

Burlingam, Anson,
April 1852 im Empfangskomitee f. ungarischen Exdiktator Kussuth in Boston, 1848/49 zugunsten Sardiniens gegen Österreich aufgetreten, 1861 als Missionschef in Wien (!) ausersehen; da persona non grata, widerrief Lincoln Ernennung und schickte B. nach Peking.

Butler, Nicholson Murray,
* New Jersey 1862, † 1947,
Professor und Präsident d. Columbia-University, nach 1914 Organisator d. Mid-Europe- and Democratic Union im Dienst der Zerstörungsabsichten Wilsons gegenüber Österreich-Ungarn; erlebte in besager Union unüberbrückbaren Konflikt d. Gebietsansprüche von Polen und Ruthenen, Südslaven und Italien und gab auf.

Calhoun, John Caldwell,
* Süd-Carolina 1782, † 1850,
radikaler Vertreter der Rechte der Teilstaaten gegenüber Zentralismus in Washington, dazu Recht auf Nullifizierung von Bundesgesetzen durch Gesetzgeber in Teilstaaten, Verteidiger der Notwendigkeit d. Negersklaverei und deswegen für Aufnahme von Texas in US nach Sicherung der Sklaverei in diesem Staat.

Canning, George,
* London 1770, † 1827,
Gegner der jeweiligen Vormacht auf dem Kontinent, weil daher die Gefahr für London drohte (zuerst gegen Napoleon, nachher gegen Metternich); rief erklärtermaßen Revolution in Lateinamerika zuhilfe, um Gleichgewicht auf dem Kontinent wieder herzustellen (= Ordnung von 1815 zu zerstören).

Canisius, Theodore,
um 1860 Konsul d. US in Wien; unterstützte von Wien aus (!) politische u. militärische Aktivitäten Garibaldis in Italien, nach Verwundung Garibaldis und Festnahme durch kgl. italienische Truppen versuchte C. für Garibaldi bei Lincoln Ernennung zum General d. US-Army zu erreichen; zur persona non grata erklärt, setzte State Departement seinen Verbleib in Wien durch; hiezu Intervention des Königs von Italien zugunsten v. Canisius. Typischer Fall der Einmischung d. US in Interna von Österreich.

Carnegie, Andrew,
* Schottland 1835, † 1919,
erwarb riesiges Vermögen in der Stahlindustrie, 1910 Carnegie-Stiftung zur Friedenssicherung, entwickelte maßgebenden Einfluß auf Außenpolitik; so, wie Social Science Research Council, Institute of Peaceful Relations und American Council on Education (Schulwesen) ähnliche Einflußmöglichkeiten erreichten – zuletzt im Sinne d. Linksintellektuellen.

Cecil, E. A. Viscount,
* 1864, † 1958,
1916/18 Ressortminister für Blockadekrieg gegen Mittelmächte unter maßgeblicher Förderung seitens Lloyd George.

Chester, A. Arthur,
* Fairfield 1830, † 1886,
im Bürgerkrieg Quartermaster-General, Gegner des parteipolitischen Protektionismus bei Vergebung von Staatsstellungen, 1881 Vizepräsident unter Garfield, nach dessen Ermordung 1881–1885 21. Präsident der US.

Chicherin (Tschitscherin), Georgi Wasilievič,
* Tambov 1872, † 1936,
adeliger Herkunft, seit 1905 Anschluß an SDAPR, Nachfolger Trotzkijs als politischer Leiter des Außenressorts, Techniker einer gewandt geführten Außenpolitik; ihm bestätigte Masaryk Liebe der Tschechen zu Rußland.

Churchill, Winston Spencer,
* Blenheim Palace 1874, † 1965,
amerikanische Vorfahren, Kavallerieoffizier, vom Konservativen zum Liberalen und wieder zum Konservativen geworden; 1911 1. Lord der Admiralität, Versagen im Kampf an d. Dardanellenfront 1915/16, 1917 Munitionsminister, früher Verehrer, zuletzt entschiedener Hasser Adolf Hitlers.

Clay, Henry,
* Virginia 1777, † 1852,
im historisch gewordenen Konflikt mit Calhoun gelang es ihm zu seiner Zeit, Bruch zwischen Nord- und Südstaaten zu vermeiden.

Clemenceau, Georges,
* Vendée 1841, † 1929,
1871 in der Pariser Kommune, 1876 in Deputiertenkammer, Gegner der Kolonialpolitik Frankreichs, weil diese Revanche für 1871 hintansetzte und Feindseligkeit zu Deutschland schwächte, Hervortreten in Affaire Dreyfuß, 1906/10 Unterdrückung von Streiks durch staatliche Exekutive, militanter Feind d. Kirche, 1917 wieder Ministerpräsident und Diktator im Gewand eines Demokraten, Macher der Ordnung von 1919/20.

Cleveland, Stephan Grover,
* New Jersey 1837, † 1908,
22. Präsident 1885/89, nach 24 Jahren erster republik. Präsident im Weißen Haus, Wiederwahl 1893, vermied Imperialismus und Kolonialismus.

Conrad von Hötzendorf, Franz (Graf),
* Penzing 1852, † 1925,
bedeutendster österr. Militärtheoretiker, 1906/11 und 1912/17 Chef d. k.u.k. Generalstabs, Organisator d. Rundumverteidigung 1914/17, gegen uneingeschränkten U-Bootkrieg, seit Sommer 1918 ohne Kommando.

Coolidge, Archibald,
* Vermont 1872, † 1933,
Republikaner, von Wilson 1917 nach Archangelsk geschickt, um dortige Präsenz d. US zu organisieren, nach 1919 Leiter der Hilfslieferungen für Mitteleuropa (Österreich!). 30. Präsident 1923/29.

Coronado, Francesco Vasquez de,
* 1510, † 1554 Mexiko,
erforschte die heutigen Südwestgebiete der US jenseits des Rio Grande im Auftrag des Königs von Spanien.

Csany, Lajos,
* Ungarn 1790, † 1849,
früher treuer Parteigänger Kossuths, dessen Kommissär für Transdanubien, auch Minister, beteiligt an der Kontaktaufnahme US-Kossuth-Regime, standrechtlich abgeurteilt.

Czernin, Graf Ottokar,
* Dimokur 1872, † 1932,
1903 Abg. zum Landtag in Prag, im Kreis um Franz Ferdinand, 1913/16 Gesandter in Bukarest, konnte Übergang des verbündeten Rumänien ins Lager d. Entente nicht verhindern, 1916/18 k.u.k. Minister d. Äußeren, letzter konsequenter Vertreter des Bündnisses zum Deutschen Reich aus 1879; Versuch, Kriegserklärung d. US an Österreich-Ungarn zu verhindern, scheiterte an erklärter Absicht Wilsons.

Delcassé, Teophile,
*Pamiers 1852, † 1923,
seit 1889 Abgeordneter, entschiedener Vertreter des Kolonialismus und Imperalismus Frankreichs, Griff auf Marokko brachte ihn in Konflikt mit Berlin, 1913/14 Botschafter in Petersburg (!), 1914/15 Außenminister, neben Churchill verantwortlich für Massaker an Dardanellenfront, bereitete Bruch der Neutralität Griechenlands (Salonikifront gegen Mittelmächte) vor.

Denis, Ernest,
*Nîmes 1849, † 1921,
bedeutender frz. Slavist, 1895 Bekanntschaft mit Beneš an d. Sorbonne, unterstützte nach 1914 Bestrebungen Masaryks und Beneš', 1915/18 Herausgabe d. Zeitschrift »Nation Tchèque«, Bruch mit Beneš; obwohl Salvist, nährte er Lüge vom Nationalstaat der Tschechoslovaken.

Dewey, John,
* Vermont 1859, † 1944,
vertrat liberalistisches Prinzip als Weltanschauung, trat für Sozialisierung d. kapitalistischen Wirtschaft in US ein, Urvater von »Progessive Education«.

Dmowski, Roman,
* Warschau 1864, † 1939, 1906 in die russische Duma gewählt, emigrierte nach Westeuropa, Präsident des Polnischen Nationalkomitees in Paris, August 1918 in US, dort in Mitteleuropäischer Union (zur Bekämpfung Österreich-Ungarns), Austritt aus der Union nach Griff der Ruthenen auf Lemberg und Přemysl, 1923 poln. Außenminister.

Diaz, Duca della Vittorio, Armando,
* Neapel 1861, † 1928,
1915/16 Chef. d. Operationsabteilung in kgl. ital. Generalstab, 1917/18 Chef des Generalstabs, »Sieger von Vittorio Veneto« 1918, unter Mussolini Kriegsminister und Marschall von Italien.

Díaz, Porfirio,
* Oaxaca 1830, † 1915 im Exil,
als Mestize Parteigänger Juárez' im Kampf gegen Maximilian, 1877/80

u. 1884/1911 Fortsetzung der Juárez-Diktatur, abgestützt vom Dollarimperialismus, 1911 rechtzeitig nach Paris geflüchtet.

Dudley-Man(n),
1848 d. Vertretung der US in Paris zugeteilt, von Präsident Polk als Vertreter d. US in einem von Wien unabhängigen Ungarn gedacht, Aufdekkung dieses Vorhabens führt zu schwerem Konflikt mit Wien 1849/50.

Dumba, Konstantin,
* Wien 1856, † 1947,
erlebte 1903 in Belgrad Massaker nach Ermordung d. Königspaares durch kgl. serb. Offiziere, 1909/12 in Stockholm, März 1914 auf eigenen Wunsch als Botschafter nach Washington entsendet, erlitt 1917 Entzug des Agréments, weil er Staatsbürger aus Österreich-Ungarn in der Rüstungsindustrie, die zugunsten der Feindstaaten der Monarchie tätig waren, auf mögliche Folgen aufmerksam machte und Einwanderer aus *Ungarn* für Streiks (!) organisieren wollte.

Edison, Thomas Alva,
* Ohio 1847, † 1931,
Symbolfigur d. großartigen Erfindergeistes der Amerikaner (Mikrofon, Phonograph, Glühlampe, Elektro-Lok, Verbundmaschinerie, Kinematograph, Fertigteilbau, Vorarbeit f. Elektronenröhre).

Eduard VII.,
* London 1841, † 1910,
tiefgehende persönliche Antipathie zu seinem Neffen Wilhelm II., trug bei zur Verfeindung mit Deutschem Reich; Bemühungen, Franz Joseph I. zur Einflußnahme auf Wilhelm II. zu gewinnen, scheiterten ebenso wie erste Versuche, einen Keil zwischen Wien und Berlin zu treiben, um Deutsches Reich zu isolieren.

Erzberger, Mathias,
* Buttenhausen 1875, ermordet 1921,
Journalist, beteiligt an Gründung christl. Gewerkschaften, 1903/21 Zentrumsabgeordneter im Reichstag, unterstützte Aufrüstung von Herr und Flotte (!), nach 1914 im Nachrichtenbüro d. Reichskriegsmarineamtes, radikaler Vertreter einer Annexionspolitik, 12.4.1917 bekam

er aus der Umgebung Kaiser Karls I. »Katastrophenmemorandum« in die Hände, Verdacht, dieses der Entente zugespielt zu haben (Seton-Watson!) widerlegt durch Aussagen der tschechischen Mafia, Umschwenken auf Friedenspolitik, nahm 11.11.1918 aus der Hand v. General Foch Diktat eines Waffenstillstands entgegen, trotz zuerkanntem Märtyrertum als Opfer d. radikalen Rechten ist sein Charakter als unzuverlässiger Opportunist nicht länger zu bestreiten.

Fillmore, Millard,
* New York State 1800, † 1874,
13. Präsident d. US (als gewählter Vizepräsident nach Tod Taylors), Gegner d. Negersklaverei, wirkte mäßigend auf historischen Konflikt Daniel Webster/Henry Clay, verlor wegen dieser Einstellung Chance zur Wiederwahl.

Fischhof, Adolf,
* Ungarn 1816, † 1893,
1848 Krankenhausarzt und Agitator gegen System Metternich, 13.3.1848 Taufrede d. Wiener Märzrevolution, distanzierte sich von revolutionären Exzessen, Großer alter Mann der Liberalen.

Fisher of Kliverstone, John Archibald,
* Ceylon 1841, † 1920,
brit. Seeoffizier, 1904/10 1. Seelord, erfolgreicher Modernisator der Flotte, scharfer Gegner der deutschen Flottenpolitik, gab aber entgegen der öffentlichen Meinung 1907/09 beruhigende Erklärungen betreffs der Gefährlichkeit der deutschen Seestreitkräfte und deren Entwicklung (!) ab.

Fisher, Dr. J. D., (deutscher Herkunft),
nach 1914 Präsident der *Böhmischen* Allianz in US, im Einvernehmen mit Albert P. *Mamatey*, Präsident d. *Slovakischen* Liga in den US, schuf Tschechoslovakisches Pressebüro in US.

Foch, Ferdinand,
* Tarbes 1851, † 1929,
seit 1870 in frz. Armee, als Klerikaler nach Affäre Dreyfuß erst mit 63 Jahren Korpskommandant, Bewährung in großen Krisen (1914 Mar-

ne, 2. Ypernschlacht, Meutereien nach gescheiterter Nivelle-Offensive), folgte Pétain als Chef d. Generalstabs, 1918 in der Krise der Großen Schlacht in Frankreich Koordinator der alliierten Truppen in Frankreich, 11.11.1918 Marschall von Frankreich.

Ford, Henry,
* Michigan 1863, † 1947,
1892 erster (?) Motorwagen, 1903 Ford Motor Co., 1908/27 15 Millionen Autos Modell T, Rationalisierung d. Massenanfertigung/Arbeitsteilung/Fließband/verkürzte Arbeitszeit/freiwillig verfügte Lohnerhöhungen: *Fordismus;* Fordfoundation als Zentrum d. Heranbildung Linksintellektueller, die nach 1945 in Europa und Österreich auftraten.

Frances, Charles,
um 1907/10 Vertreter der US in Wien.

Franklin, Benjamin,
* Boston 1707, † 1790,
Naturwissenschaftler, Erfinder, Vorkämpfer der Unabhängigkeit d. US, Schöpfer eines Bündnisses mit Ludwig XVI., Kriegsbeteiligung Frankreichs führt zum Ruin der Monarchie, bereitet Revolution von 1789 den Weg; versuchte, Beziehungen mit Österreich anzubahnen, Kommen in Wien erwartet.

Franz Ferdinand,
*Graz 1863, ermordet 1914 in Sarajevo,
nach Tod Kronprinz Rudolfs und seines Vaters 1896 Erzherzog-Thronfolger, sammelte um sich entschiedene Verfechter d. Fortbestands der Donaumonarchie (Belvedere-Kreis), Gegner jedes Präventivkrieges, bis zuletzt um Anbahnung guter Beziehungen zu Rußland bemüht, Symbolfigur d. Hasses der Mörder von Sarajevo und ihrer (heute bekannten) Hintermänner.

Franz Joseph I.,
* Schönbrunn 1830, † 1916,
Erfahrungen mit Revolutionen und in Kriegen lehrten ihn, Wert einer

Friedenspolitik zu schätzen; Entschärfung d. nationalen und sozialen Revolution zu seinen Lebzeiten, sicherte Ära des Friedens 1866/1914 und wachsenden Wohlstands im unersetzlichen Wirtschaftsraum der Donaumonarchie.

Friedjung, Heinrich,
* Mähren 1851, † 1920,
bedeutender Historiker (ohne je einen Lehrstuhl zu bekommen), 1882 im Verein mit Georg von Schönerer und Viktor Adler maßgebend beteiligt am Linzer Programm d. (scharf antiklerikalen) Deutschnationalen in Österreich, publizistisch loyaler Vertreter der österr. Staatsidee und d. Zusammenhalts mit Berlin, deckte an Hand gefälschter Dokumente große Gefährlichkeit der aus Serbien kommenden Bestrebungen für die Monarchie auf, von Seton-Watson gründlich mißbraucht, nach 1918 in London als pangermanistischer Jude herabgewürdigt.

Fuller, John Frederic Ch.,
* 1878, † 195?,
in brit. Armee zuletzt Generalmajor, bedeutendster brit. Militärschriftsteller nach 1918, Theorie über Tankwaffe maßgebend für Guderians Aufbau der deutschen Panzerwaffe, nach seinem Werk »The conduct of war«, erschienen in deutsch (1964): »Die entartete Kunst, Krieg zu führen, 1789–1961«; vielfach totgeschwiegen.

Füster, Anton,
* Slovenien 1808, † 1881,
katholischer Priester, im Vormärz Religionslehrer an Universität Wien, seine Exhorte in der Sonntagsmesse vom 12.8.1848 reizte Studenten zum Aufstand, selbsternannter Feldkaplan der Wiener Akademischen Legion; fiel vom Priestertum und der Kirche ab, nach 1849 schwere Enttäuschungen in US, Rückkehr nach Österreich.

Garbei, Sándor,
* Ungarn 1879, † 1947,
20.3.–1.8.1919 Präsident der Republik Ungarn, berief nach Scheitern des Experiments Karolys Bela Kun; dessen Räterepublik schadete der Sache des internationalen Kommunismus eine Generation lang.

Garfield, James A.,
* Ohio 1830, ermordet 1881,
20. Präsident der US März/September 1881, Opfer eines Attentates von enttäuschtem Bewerber für diplomatischen Dienst.

Gerard, James Watson,
* 1867, † 1951,
als Parteigänger Wilsons 1913/17 letzter Botschafter d. US in Berlin vor Kriegserklärung an Deutsches Reich 1917, hinterließ einige in der Propaganda wirksam gebrauchte Treppenwitze über Wilhelm II., Grobheiten des Ostpreußen Zimmermann verärgerten ihn; meinte nach 1918, daß Deutschland ohne diesen Krieg die Handelsweltmacht Großbritannien mit großer Sicherheit überflügelt hätte.

Giorgi, Nikolaus Graf,
1863 zum Missionschef in Washington ernannt, starb dort im Dienst im November 1867, warnte von Anfang an und unentwegt vor Annahme des Eh Maximilian angebotenen Throns in Mexiko, leider vergebens.

Gladstone, William Ewart,
* Liverpool 1809, † 1898,
vom Tory zum Grand old Man unter den britischen Liberalen, mehrmals Minister, dreimal Ministerpräsident, scharfer Gegner der Balkanpolitik Wiens, zügellos in Wahlreden, so am 17.3.1880 in bezug auf Österreich-Ungarn: »There is no spot upon the whole map where you can lay your finger and say ›There Austria did good‹«; vom Wahlredner zum Primeminister aufgerückt, mußte er sich bequemen, k.u.k. Botschafter eine schriftliche Entschuldigung zu schicken, nachdem dieser Kontakt zu Gladstone ablehnte; erst auf Drängen sah sich Gladstone gezwungen, Veröffentlichung der Entschuldigung genehm zu halten.

Goldmark, Joseph,
* Ungarn 1818, † 1885,
gehörte zu den im Vormärz in Wien tätigen, aus Ungarn geschickten Agitatoren, als Abgeordneter von Wien/Schottenfeld zum Reichstag 1848 lieferte er wertvolle Beiträge zur Formulierung d. Grundrechte; in US emigriert, Armeearzt im Bürgerkrieg, erwarb einigen Wohlstand, besuchte später Wien und war erstaunt, daß die Stadt und das Land

nicht jenen Niederbruch erlebten, den er bei seiner Auswanderung erwartet hatte.

Gould, Anna, Erbin nach
Gould, Henry,
*Roxbury 1836, † 1896,
Abenteurer, Börsenjobber, tat mit bei Gold-Hausse 1860, um diese Zeit beherrschte er Gutteil der Eisenbahngesellschaften in US, Tochter Anna heiratete zum Entsetzen der Pariser den Liebling der dortigen Damenwelt Conte de Castellan.

Grant, Ulysses Simpson (Hiram),
* Ohio 1822, † 1885,
West-Pointer, schied als habitueller Trinker aus d. Armee, nach Mißerfolgen eröffnete Bürgerkrieg in US eine Rettungschance, bot sich Lincoln als Stabsoffizier an – und wurde General, Strategie der bedingungslosen Kapitulation des besiegten Gegners (US 1945!), als War Hero 1869/77 18. Präsident d. US d. Gilded Era, Amtsmißbrauch und Korruption trüben Ansehen seiner Verwaltung.

Greeley, Horace,
* New Hampshire 1811, † 1872,
politisch ambitioniert, erreichte er Lebenserfolg mit Herausgabe d. von ihm 1847 gegründeten »New York Tribune«, berühmt-berüchtigter *headliner,* also Tendenz in sensationell aufgemachten Schlagwörtern auf Seite 1.

Grey, Sir Edward,
* Falladon 1862, † 1933,
vertrat viele Jahre liberale Oppositionspolitik im Unterhaus, 1905/16 Außenminister, verstärkte politische und militärische Substanz der Entente cordiale mit Frankreich, führte mit Vertrag v. Petersburg 1906 Rußland in den Kreis der Entente und ihrer Anhänger; trat in der Julikrise 1914 zu spät und mit untauglichen Mitteln hervor: Die von ihm vorgeschlagene *Züchtigung* hätte nach dem, was in Sarajevo zutage kam, Haß in Serbien gegen die Monarchie ins Unermeßliche gesteigert; schickte Kriegserklärung nach Berlin wegen Bruch der Neutralität Bel-

giens und erzwang 1915 Bruch der Neutralität Griechenlands und Schaffung des Brückenkopfes von Saloniki.

Grisković, Don Niko,
1914 Vorstand der Kroatischen Lage in Cleveland, wirkte in US zugunsten des Ende 1914 in Paris entstandenen Südslavischen Komitees der Exilpolitiker aus Österreich-Ungarn, zuletzt Präsident d. Yugoslav National Council in Washington; Wilsons Zögern gegenüber Südslavenproblem verärgerte ihn, führte zum Bruch mit anderen Komitees von Exilpolitikern, nachdem Washington sichtlich eher Partei für ital. Gebietsansprüche teilte.

Guitarriez d' Estrada, José Maria,
kämpfte mit 22 Jahren 1810 unter Iturbide gegen Spanier, obwohl selbst königl. span. Offizier, als Vertreter in Wien im Vormärz warnte er Metternich vor Gefahren, die Europa seitens der US drohten, heiratete in Rom Stieftochter d. k.u.k. Missionschefs, deren Mitgift ihm ermöglichte, sich zu rehabilitieren; seit 1861 vom Hof Napoleons III. aus tätig, um Eh Maximilian für Experiment in Mexiko zu gewinnen.

Hab(e)rmann, Gustav,
* Böhmisch Trübau 1864, † ??,
Handarbeiter, 1884 als Anarchist zu 4 Jahren schweren Kerkers verurteilt, seither Haß gegen Österreich unauslöschlich; nach Haftverbüßung in US, 1909/18 MöAH (Gast der ČDAP), zuletzt Parteigänger v. Bohumil Šmeral, dem Gründer der KPC, im Westen als right-wing socialist angesehen.

Guyon, Richard Esquire,
* England 1812, † 1856,
Berufsrevolutionär und Säbelheld im Vormärz, 1848/49 erfolgreicher Truppenführer im Heer Kossuths, 1849 Flucht in Türkei, Übertritt zum Islam, als Kuršid Paşa in Diensten des Sultans.

Harrison, William H.,
* Virginia 1773, † 1841,
erwarb sich 1809 Ruhm als War Hero, der noch 1840 nachwirkte,

9. Präsident d. US März/April 1841, Wahlwerbung seiner Parteifreunde durch eines d. später gängigen Modelle (keep ball running).

Harrison, Benjamin,
* Ohio 1833, † 1901,
erbte einiges vom Ruhm seines Großvaters, Oberst im Bürgerkrieg unter Sherman, seine Macher hatten Posten schon verteilt, ehe Harrison ins Weiße Haus kam, 23. Präsident d. US 1889/93, Blütezeit der Wirtschaft, Nord- und Süddakota, Montana, Idaho und Wyoming neue Teilstaaten, I. Panamerikanische Konferenz, Elektrisches Licht im Weißen Haus.

Hay, John (Milton),
* Salem 1838, † 1905,
ging 1861 zusammen mit Lincoln nach Washington, 1867/68 Vertreter in Wien, nachher Schriftsteller, dazwischen Diplomat, 1898 Secretary of State, 1898 Frieden mit Spanien, Grenzregelung in Alaska, Putsch in Panama, Außenminister mit Diplomatie mittels des Big Stick im Sinne von Theodore Roosevelt, Initiator d. imperialistischen und kolonialistischen Bestrebungen d. US vor 1914.

Hayes, Rutherford,
* 1822, † 1893,
im Bürgerkrieg Brigade-General, nachher politisch tätig, Überraschungssieger in der Wahl von 1876, 19. Präsident d. US 1877/81, Verdacht eines Wahlschwindels erst 3 Tage vor Inauguration aus d. Welt geschafft, leitet Beendigung des Militärregimes in besiegten Südstaaten ein.

Hearst, William Randolph,
* San Francisco 1863, † 1951,
baute zusammen mit dem aus Ungarn gekommenen J. Pullitzer größten Pressekonzern auf; Gründer d. yellow journalism (Boulevardpresse auf amerikanisch: Klatsch, Skandal, Reportage von Verbrechen, aber auch tendenziöse Leitartikel).

Hengelmüller von Hengervár, Ladislaus (Baron),
* 1845, † 1915,

nach Bewährung im dipl. Dienst 1894/1913 k.u.k. Vertreter, zuletzt Botschafter in Washington, genoß schöne Zeiten und stemmte sich lange gegen drohende Abberufung und Nachfolge Dumbas.

Herron, Georg Davis,
*Indiana 1862, † München 1925,
begann als Geistlicher d. Congretional Church, gab alle einschlägigen Ansichten über Moral, Ehe und Politik auf und wurde Sozialist aus Überzeugung, als Schulfreund Wilsons nachher in d. Schweiz tätig, holte die oft naiven Typen aus Wien aus, die hofften, durch ihn mit Wilson in Kontakt zu kommen, drängte Ende 1917 nach Niederlage Italiens zur raschesten Kriegserklärung d. US an Österreich-Ungarn, traf sich aber noch 3./4.2.1918 mit Lammasch in der Schweiz, hielt aber diesen und Kaiser Karl I. für ungeeignet, Wien von Berlin zu trennen; drängte in Washington, erstes Friedensangebot Wiens zurückzuweisen, Freund d. Tschechen, enttäuscht über Südslaven.

Hertz, Friedrich,
* Wien 1887, † London 1964,
Soziologe und Historiker vom Fach, sein Memorandum von 1918, wonach *bloße Zerschneidung* Österreich-Ungarns auf mechanischem Weg Unzufriedenheit und Haß erwecke, trug ihm Mißtrauen in Washington ein; Hertz untersuchte nach 1945 noch einmal die wirtschaftliche Bedeutung des Kommunikationsraumes der Donaumonarchie und kam zu einem Gesamturteil, das seine Ansicht von 1918 angesichts der seitherigen tragischen Folgen der Zerschneidung der Donaumonarchie bestätigte.

Hidalgo, y Castilla, Miguel,
* 1753,
1811 justifiziert, katholischer Priester, 1810/11 Symbolfigur im Aufstand von Mexikanern gegen Spanien, nach Gefangennahme erschossen, Märtyrer der Revolutionsgeschichte.

Hidalgo, y Castilla, José Manuél,
Sohn einer spanischen Offiziersfamilie, kämpfte 1810/11 gegen die Spanier für Unabhängigkeit Mexikos, bereicherte sich an konfisziertem Besitz vertriebener Spanier, nachher Vertreter an bourbonischen Höfen,

1854 aus Mexiko geflüchtet, nachher im Salon der frz. Kaiserin Eugenie, mitverantwortlich f. d. monarchistische Experiment in Mexiko 1864/67.

Hinkovits, Hinko,
studierte an österreichischen Hochschulen, MuAH, nach Kriegsausbruch 1914 via Italien nach US, Teilnehmer am Convent der Südslaven in Chicago, für Union der Südslaven aus Österreich-Ungarn mit Serbien, nach Enttäuschuang über Politik Pasić' für Republik der Südslaven.

Hlinka, Andrej,
* Slovakei 1864, † 1938,
katholischer Priester, 1905 Mitbegründer und 1918 Vorsitzender der katholischen Volkspartei, kämpfte in d. ČSR von 1918 für Erfüllung des Pittsburgher Vertrags u. die dort zugesagte Autonomie für d. Slovakei.

Hodža, Milan,
* Slovakei 1878, † 1944 im Exil,
Protestant, Gegenspieler Hlinkas, im Belvedere-Kreis, 30.10.1918 Unabhängigkeitserklärung der Slovaken, ohne Kenntnis der in US vollzogenen Proklamierung d. ČSR; in ČSR mehrmals Minister, für Wiederherstellung d. Wirtschaftsraums der Donauländer, hatte am 22.9.1938 d. Münchner Abkommen hinzunehmen, 1938 Opfer d. Parole Beneš': Lieber Hitler als Habsburg, lehnte Mitarbeit in Exilregierung Beneš' ab, starb in US.

House, Edward Mandel,
* Texas 1858, † 1934,
Geldgeber für die Wahl Wilsons zum Präsidenten; Europareise vor 1914 erweckte Eindruck, Frankreich und Rußland würden über Mittelmächte herfallen, sowie London dazu freie Hand ließe, suggerierte Wilson Idee d. Selbstbestimmungsrechtes der Völker, für Kriegserklärung an Mittelmächte, gegen Intervention d. US im bolschewistischen Rußland, stimmte mit London überein, daß US Verpflichtungen d. Entente gegenüber Gebietsansprüchen ihrer Verbündeten (Zerstückelung Österreich-Ungarns) erfüllen müßten; für Täuschungsmanöver gegenüber Verbündeten d. Deutschen Reiches, um diese von Berlin zu trennen;

trennte sich zuletzt von Wilson, blieb aber beharrlich tätig bei Zerstükkelung der Donaumonarchie.

Holtzendorff, Henning von,
* Berlin 1853, † 1919,
1914 Chef d. Hochseeflotte, 1915/18 Chef d. Marinestabs, energischer Vertreter d. uneingeschränkten U-Bootkrieges.

Hoyos, Alexander Graf,
* Triest 1876, † 1937,
unter Berchtold im Kabinett d. Ministers, überbrachte 4.7.1914 Handschreiben Franz Josephs an Wilhelm II., übertrieb in vertraulichen Gesprächen mit Diplomaten bei weitem übertriebene Absichten der Monarchie gegenüber Serbien, brachte faktisch die Carte Blanche Berlins für weiteres Vorgehen Wiens gegen Belgrad mit zustande, litt ein Leben lang unter dieser Erinnerung.

Hoyos, Ladislaus Graf,
* 1834, † 1901,
im diplomatischen Dienst bewährt, 1875/78 k.u.k. Missionschef in Washington, zog aber Posten in Bukarest vor (!), zuletzt Botschafter in Paris.

Huerta, Victoriano,
* 1854, † 1916,
ging aus Bürgerkriegswirren nach Abdankung v. Díaz (1911) als Präsident Mexikos hervor, wehrte Einmischungen d. US entschieden ab, half eher seinem Konkurrenten Pancho Villa als der gegen diesen aufgebotenen »Polizeimacht« der US; im Sommer 1914 gestürzt, neue Serien von Unruhen in Mexiko.

Hülsemann, Johann Georg (Ritter von),
* Stade 1799, † 1870,
seine Dissertation wurde Text d. 1823 erschienenen »Geschichte der Demokratie in den Vereinigten Staaten von Nord Amerika«; 1838 Sekretär, 1841 Chargé d'Affaires, bis 1863 Resident in Washington; setzte sich mehrmals entschieden gegen Eingriffe der US in innere Angelegen-

heiten Österreichs zur Wehr, riskierte 1852/53 Abbruch d. Beziehungen auf eigene Verantwortung.

Hussarek von Heinlein, Max,
* Preßburg 1865, † 1935,
Universitätsprofessor in Wien, 1911/17 k.k. Unterrichtsminister, 25.7./27.10.1918 k.k. Ministerpräsident; Wilson beantwortet erstes Friedensangebot mit Hinweis, Krieg gelte nur autokratischer Regierung in Wien, nicht aber unterdrückten Völkern; kaiserliches Völkermanifest v. 16.10.1918 machte Weg frei zur Sezession der Macher der nationalen Revolution aus Österreich.

Hruba, Moritz,
* 1862, † 19??,
trat der tschechischen Mafia entgegen durch Loyalitätserklärung seiner kath.-nationalen Partei und wirkte demgemäß als Landeshauptmannstellvertreter von Mähren.

Iturbide, Augustín de,
* 1783, † 1824,
Mitorganisator des Aufstands in Mexiko gegen Spanien, ließ sich 1822 zum Kaiser von Mexiko ausrufen, 1823 gestürzt, flüchtete er nach Spanien (!), wo er als eidbrüchiger Offizier der spanischen Armee abgeurteilt wurde.

Izvolskij, Alexander Petrović,
* Moskau 1856, † Paris 1919,
nach erfolgreicher Laufbahn als Diplomat 1906/10 Außenminister, räumte traditionellen Konflikt mit London aus; versuchte, Annexion Bosniens-Herzegovinas auszunützen, um Zustimmung Wiens zum Erwerb d. Kontrolle über Meerengen zu erlangen; Vorhaben scheiterte am Widerspruch Londons u. Paris', der Haß I.'s richtete sich aber gegen Wien; 1910/17 Botschafter in Paris, bei Kriegsausbruch 1914 bezeichnete er das Ereignis als: »Mein Krieg«.

Jackson, Andrew,
* Süd-Karolina 1767, † 1845,
irischer Abstammung, als Politiker und Militär rege tätig, Sieg über

Engländer 1812 diente ihm als War Hero bei Kandidatur d. Jahres 1828, 7. Präsident d. US 1829/37, nach rücksichtsloser Säuberung d. Verwaltung von polit. Gegnern Verteilung der Stellen an Geber von Wahlspenden, prominente Wahlwerber und unbedingte Parteigänger, Jacksons Demokratie: »To the victor belong the spoils«.

Janin, Maurice,
franz. General, Reise via Sibirien nach Washington (Sommer 1918), bereitete Intervention Frankreichs gegen Bolschewisten vor, aber Wilson drängte, čs. Legion ostwärts aus der dort. Kampfzone zu ziehen; 3.8.1918: US »Olympia« verbringt erstes US-Truppenkontingent nach Vladivostok (!).

Jaszy, Oskar,
* 1878, † 19??,
linksliberaler Politiker vor 1918 in Ungarn, 30.10.1918/21.1.1919 Minister f. Minderheiten (die er nicht mehr für Ungarn gewann), 7.11.1918 zusammen mit Karoly Versuch, Ungarn in letzter Stunde ins Lager d. Sieger zu schwindeln, mißlang; ein von Wilson Enttäuschter, der nachher Hoffnungen auf Lenin setzte (!).

Jay, John,
*1817, † 1894,
Parteigänger Lincolns, von diesem für Wien vorgesehen, doch setzten Republikaner New Yorks Entsendung eines New Yorkers durch, J. wurde 1871 dessen Nachfolger in Wien.

Jefferson, Thomas,
* Virgina 1743, † 1826,
Entwurf d. Unabhängigkeitserklärung 1776 von seiner Hand, Nachfolger Franklins auf dessen Posten in Paris, 1797/01 Vizepräsident, nachher 3. Präsident der US 1801/09, tat sich in verachtungsvollen Äußerungen gegenüber Österreich hervor.

Jennifer, Daniel,
* Maryland, † ??,
Nachfolger Mulenbergs als Vertreter der US in Wien 1845 Missionschef (einer von 5 aufeinanderfolgenden »low ranking chiefs«).

Johnson, Andrew,
* Nord-Karolina 1808, † 1868,
aus ärmlichen Verhältnissen stammend, war er 1861 der einzige Senator aus dem Süden, der nach d. Wahl Lincolns im Senat verblieb; 1865 Vizepräsident, nach Lincolns Ermordung 17. Präsident d. US 1861/65, geriet er in schärfsten Konflikt mit Ausbeutern des besiegten Südens, deren Versuch, ihn durch Anklage im Kongreß zum Sturz zu bringen, scheiterte; 1867 Kauf Alaskas, 1865 Kabelverbindung rund um d. Erdball vollendet.

Jones,
als Wahlhelfer der Demokraten mit Posten in Wien belohnt, durch Parteinahme zugunsten d. Risorgimento d. Italiener 1859 bloßgestellt, 1860 zur persona non grata erklärt; Vakanz wegen Versuch Washingtons, Burlingam (s.d.) anzubringen, verzögerte Besetzung des Postens in Wien bis 1861.

Juárez, Benito,
* 1806, † 1872,
reinblütiger Indianer, Lehrer, Anwalt, Politiker, 1848/52 nach Umsturz Provinzgouverneur, 1852 ins Exil geflüchtet, 1855 Rückkehr u. Justizminister d. Putschregierung, Mitverfasser einer »Verfassung«, 1858 durch Putsch an die Macht gekommen, verteidigte diese gegen Konkurrenten im jahrelangen Bürgerkrieg, nachher vom Volk gewählt (?); sein verschuldetes Regime brachte Konflikt mit England, Frankreich, Spanien, zuletzt Besetzung durch Frankreich und Experiment Eh Maximilians, auch dieser 1863 vom Volk als Herrscher gewählt; für US aber nur Juárez rechtens im Amt, errang dieser mit Hilfe d. US Sieg über Maximilian, den er hinrichten ließ.

Jusserand, J. J.,
bei Kriegsausbruch 1914 Botschafter Frankreichs in Washington, führte den Slovaken Stefanik als frz. Offizier bei Lansing ein, betrieb Abweisung d. Friedensnote Benedikts XV., versuchte nach mil. Zusammenbruch Rumäniens 1917/18 diesem Hilfe d. US zu verschaffen, im Sommer 1918 für Anerkennung des čs. Nationalrats in Paris durch Entente und US; unterstützte Masaryks Auftreten in Washington.

Kálnoki von Köröspatak, Gustav,
* Lettwitz 1832, † 1898,
Militär u. zuletzt Feldmarschalleutnant in dipl. Diensten, 1881/95 erfolgreiche Leitung des Ballhausplatzes, suchte gute Beziehungen zu Westmächten, 1882 für Aufnahme Italiens in nunmehrigen *Drei*bund, rettete Serbien 1885 vor Niederlage gegen Bulgarien, dies zu Lasten des Drei-Kaiser-Bündnisses, da Rußland Protektor Bulgariens war; durch Intrigen in Budapest gestürzt.

Kanner, Heinrich,
* Galatz 1864, † 1930,
Herausgeber und Chefredakteur der Wr. Tageszeitung »Zeit«, nach 1918 völliger Frontwechsel und scharf in Verurteilung Österreich-Ungarns.

Karl I.,
* Persenbeug 1887, † 1922 im Exil,
Gegner warfen ihm vor, daß er nicht genug Entschiedenheit besessen habe, daß er unkontrollierbaren Einflüssen unterlegen sei und – fälschlicherweise – daß er keine eigene Weltanschauung besessen habe (?); stets bemüht, Fronten im Inneren und zu den äußeren Feinden zu überwinden; kein Sieg-Frieden, sondern Verständigungsfrieden; Einberufung d. Reichsrat sollte dem dienen, Reichsrat wurde aber Bühne für Zerstörer d. Monarchie; sein Schicksal entschied sich, als Washington glaubte, daß es nicht zur Lösung des Bündnisses der Mittelmächte kommen werde; Friedensangebote vom Herbst 1918 kamen ebensowenig an wie Völkermanifest, das Föderalisierung der Donaumonarchie einleiten sollte; 11.11.1918 Verzicht auf Anteilnahme an den Staatsgeschäften in Österreich, in Ungarn geschah 14. November 1918 Ausrufung d. Republik.

Károly von Nagykaroly, Michael Graf,
* Budapest 1875, † 1947 im Exil,
der »Kerensky in Ungarn«, 1918/19 Wegbereiter für Räte-Dikatatur, Versuch, Ungarn 1918 ins Lager d. Sieger zu lotsen, mißlang, Grenzen d. besiegten Ungarn noch einschneidender als jene, die 1919 Österreich diktiert wurden; Flucht vor Kommunismus im Ungarn von 1919, nach 1945 aufgetaucht als Gesandter in Paris, nach Bolschewisierung Ungarns ins Exil gegangen.

Kerena, Richard,
vorletzter Vertreter d. US in Wien.

Kérenski, Alexander F.,
* Simbirk 1881, † 1970 im Exil,
Linksintellektueller, der versuchte, von Loge ausgehend Massenpartei d. Arbeiter und Bauern zu schaffen, für diese vor 1914 in Petersburger Duma, 1917 maßgebend am Sturz Nikolaus' II. beteiligt, nach Abschaffung d. Zarentums Kriegsminister u. Ministerpräsident; Niederlagen an Seite d. Entente und im Inneren machen Regime unhaltbar; ließ während d. bolschewistischen Oktoberrevolution 1917 seine Regierungskollegen im Stich und floh in einem Krankenwagen unter Flagge d. US; *Kérenski-Typ* = Linksintellektueller, dessen Politik durch Öffnung nach links kommunistisches Regime erst ermöglicht.

Klein, Dr. Franz,
* Wien 1854, † 1926,
Universitätsprofessor, Texter der ZPO, 1905 MöAH, 1905/08 u. Oktober/Dezember 1916 k.k. Justizminister; in österr. Friedensdelegation v. 1919, dort beanstandete Kramář Anwesenheit jenes k.k. Ministers, der Kramářs Todesurteil geschehen ließ (Kramář unterstand aber nicht der Zivil-, sondern d. Militärgerichtsbarkeit).

Klofáč, Wenzel,
* Deutsch Brod 1868, † 19??,
1901/18 MöAH, 1918 Mitglied der Delegation, die sich mit Genehmigung d. k.k. Regierung in die Schweiz begab, um dort mit Vertretern d. tschechischen Exilregierung Finalverhandlungen zu führen (1916 wegen Hoch- und Landesverrat zum Tod verurteilt, Strafe in Haft umgewandelt, von Kaiser Karl I. begnadigt und in die Rechte eines Abgeordneten eingesetzt).

Korošeć, Anton,
* St. Georgen 1872, † 1940,
kath. Priester, 1906/18 MöAH (Kath. Volkspartei), nach lange vorgetäuschter Loyalität verlangte er Mai 1917 selbständigen Staat aller in Österreich und Ungarn lebenden Südslaven (zwecks Zusammenschluß mit Serbien!); reiste Anfang November 1918 mit Erlaubnis d. k.k. Re-

gierung in die Schweiz, um Einvernehmen mit Trumbić und anderen Exilpolitikern herzustellen; bat House, US-Truppen nach Dalmatien zu schicken, um Okkupation durch Italien zu verhindern; prominenter Staatsmann in Jugoslavien nach 1918.

Kossuth, Lajos,
* Ungarn 1802, † 1894 (Exil),
Advokat, Journalist, bestraft im Vorwärz; Motor der Revolution 1848 in Ungarn, k.u. Finanzminister, Diktator, rief unabhängige Republik aus; Flucht i. d. Türkei, von US losgebeten, 1852 Triumphfahrt durch US, Rückkehr während d. Krimkrieges, Versuche, nochmals die Revolution in Ungarn anzufachen, scheiterten.

Kramář, Karel,
* Böhmen 1860, † 1937,
finanziell unabhängig, 1891/1916 Abgeordneter d. Jung-Tschechen in öAH, 1894 Landtagsabg. i. Prag, Gegner Masaryks, da Anlehnung an zaristisches Rußland verfochten; 1916 wegen Hoch- und Landesverrats zum Tod verurteilt, begnadigt, von Kaiser Karl Haftstrafe nachgesehen, 1918/19 erster Ministerpräsident der ČSR.

Kudlich, Hans,
* österr. Schlesien 1825, † 1917 in US,
1848 jüngster Reichstagsabgeordneter, als Bauernbefreier in Österreich legendär, 1849 Flucht in Schweiz, nachher Arzt in US; Versuch, im liberalen Österreich nach 1867 noch einmal Politik zu machen, scheiterte.

Kun (Kohn), Béla,
* Ungarn 1886, † 1939 (?),
1916/17 i. russ. Kriegsgefangenschaft, als kommunistischer Agitator nach Ungarn geschickt, organisierte 1919 PKU u. Rätediktatur in Budapest, 1919 Flucht nach Österreich, fiel Antisemitismus der Stalinära zum Opfer.

Lafayette, Marie Joseph Marquis de,
* Schloß Chavaniac 1756, † 1843,
führend im Kreis d. Adeligen, die Ludwig XVI. drängten, Revolution in Amerika im Kampf gegen England zu unterstützen, als *Held zweier*

Welten führend i. amerikanischer und nachfolgender frz. Revolution, flüchtete vor revolutionärem Terror in Frankreich 1792 zu den Österreichern. Bis zuletzt Feind aller konservativen Vorhaben (jenes Napoleons ausgenommen).

Lammasch, Heinrich,
* Seitenstetten 1853, † 1920,
Univ. Prof. f. Straf- u. Völkerrecht, 1899 MöAH, Pazifist, wollte durch Demokratisierung d. inmitten nationaler und sozialer Revolution befindlichen Monarchie sowie durch raschen Friedensschluß diese retten; unterstützte Friedensbestrebungen Kaiser Karls I., 27.10./11.11.1918 letzter k.k. Ministerpräsident, überarbeitete zusammen mit Ignaz Seipel Konzept einer Abdankungserklärung Kaiser Karls I. (vereinbart zwischen Sozialdemokraten und Deutschnationalen): Nicht Abdankung und Thronverzicht, sondern Verzicht auf Anteilnahme an Staatsgeschäften.

Lansing, Robert,
* New York State 1864, † 1928,
Anwalt, Parteigänger Wilsons, Nachfolger des auf Neutralität d. US bedachten Bryan als Secretary of State, für resolutes Vorgehen gegen Mittelmächte, verfocht Kriegserklärung an Österreich-Ungarn, unterstützte Sezession d. Nationalitäten aus Donaumonarchie, kannte geheime Aufteilungspläne f. Österreich-Ungarn, bestärkte Wilson in dessen zuletzt verfolgten Plänen.

Lee, Mary Esther,
* New York 1838, † ??,
angebliche Jugendliebe Wilhelms II. (?), als verwitwete Fürstin Schleswig-Holstein Gemahlin d. späteren Chefs d. preuß. Generalstabs Waldersee, intrigierte gegen Bismarck, wurde dem Kaiser zuletzt überdrüssig.

Lederer, Karl Freiherr von,
1868/1874 k.u.k. Vertreter in Washington.

Lenin, (recte Ulianov), Wladimir Iljitsch,
* Simbirsk 1870, † 1924,

genoß Vorrechte d. Adeligen im zaristischen Rußland, kurze Zeit Anwalt, 1897/1900 Zwangsverschickung nach Sibirien, dann Emigration, 1901 ff. Umfunktionierung der SDAP Rußlands in Kaderpartei v. Berufsrevolutionären, 1903 bolschewistische Minderheit gab sich in SDAP als Mehrheit, 1907/17 in Westeuropa in Emigration, 1914 in Galizien, k.k. Behörden ermöglichten Flucht vor einmarschierenden russ. Truppen, 1914/15 Taktik d. Umwandlung d. Krieges in Bürgerkrieg, Berlin ermöglichte Heimkehr nach Rußland, 1917 nach mißlungenem Putsch im Sommer sog. Oktoberrevolution, d.i. Machtergreifung einer Minderheit mit milit. Mitteln; vollbrachte zusammen mit Trotzkij größten Holocaust d. Weltgeschichte: Ausrottung d. Klassenfeinde (siehe Solschenizyn). Bolschewistische Methode: Minderheit bemächtigt sich Rechte der Mehrheit mit Gewalt.

Lincoln, Abraham,
* Kentucky 1809, 1865 ermordet,
als Hinterwäldler verächtlich gemacht, bewies er histor. Größe im Bürgerkrieg 1861/65; 1860 löste Wahl zum Präsidenten Sezession d. Südstaaten aus Union aus, 1.1.1863 Proklamation d. Sklavenemanzipation; ermordet von Terrorgruppe, deren Hintermänner nie ausgeforscht wurden (siehe auch Kennedy-Mord!).

Lippmann, Walter,
* New York 1889, † 1974,
lieferte House die von Wilson verlangten data for the Peace Conference, bei Aufzählung d. Kriegsziele: Elsaß-Lothringen *should* (nicht *must*) be restored to France; Triest hätte er gerne als künftigen Freihafen gesehen.

Lloyd George, David,
* Manchester 1863, † 1945,
1890 als Liberaler ins brit. Unterhaus, 1909 bis Zerfall d. Kriegskoalition 1918 beherrschende Figur in London, für Zerstückelung Österreich-Ungarns erst, als feststand, daß Wien Bündnis mit Berlin nicht brechen konnte (wollte); zügellos in Wahlreden wie: »Hang the Kaiser«; verteidigte bis zum Friedensschluß 1919 die 1915 in London an Italien gegebenen Gebietsversprechungen (erste Tranchierung der Donaumonarchie).

Ludendorff, Erich,
* Provinz Posen 1865, † 1937,
führte faktisch das deutsche Heer (zuerst im Osten, dann auch im Westen), suchte Entscheidung in Frankreich, erzwang uneingeschränkten U-Bootkrieg, brachte 1918 Entente vor Kommen der Amerikaner nochmals an Rand des Zusammenbruchs, forderte österr.-ungarische Truppen für die Westfront an, zerstörte eigene Existenz, indem er Ende September 1918 für Waffenstillstand eintrat; am 26.11.1918 auf Verlangen d. letzten kaiserlichen Reichskanzlers entlassen.

Machar, Josef,
* Kolin 1864, † 1942,
tschechischer Publizist, spionierte in Wiener Zentralstellen zugunsten der tschech. Mafia, observiert, aber faktisch nie behindert, 1919/24 Inspekteur der Armee d. ČSR (!).

McKinley, William,
* Ohio 1843, ermordet 1901 Buffalo,
aus ärmlichen Verhältnissen kommend, rückte er im Bürgerkrieg vom Soldaten zum Major auf, holte Jusstudium nach, erfolgreich als Gouverneur v. Ohio, dort gewann er Sympathie d. Millionärs Hanna, der McKinley übliche Exzesse d. Wahlwerbung ersparte und den Präsidenten machte, 25. Präsident d. US 1897/01, nach Motto: »Good work, good wages, good money«, 1900 wiedergewählt, trat unter Druck der öffentl. Meinung gegen eigenen Willen in Krieg gegen Spanien.

Madison, James,
* Virginia 1751, † 1836,
trat hervor im revolut. Sicherheits-Komitee v. Orange-County; als Kämpfer f. Unabhängigkeit d. US eng verbunden mit Jefferson, 1801 Secretary of State, 4. Präsident der US 1809/17 (Krieg gegen Großbritannien!).

Maniu, Iuliu,
* Siebenbürgen 1873, † 1953,
im Belvedere-Kreis, erwarb Sympathie Luegers für Rumänen in Ungarn, scharfer Gegner d. herrschenden Systems in Budapest (mundtot gemacht durch Einberufung), 1918/19 maßgeblich am Anschluß Sie-

benbürgens an Rumänien beteiligt, Ministerpräsident, kollaborierte weder mit Hitler noch m. Sowjets, 1947 zu lebenslanger Haft verurteilt, starb unter ungeklärten Umständen.

Marcy, William Larned,
* Massachusetts 1786, † 1857,
1845/47 Kriegsminister (Krieg gegen Mexiko), 1853/57 scharfer Konflikt mit Österreich-Ungarn wegen Zwischenfall in Smyrna.

Marschall, Wenzel Philipp Freih v.,
Militär und Diplomat, 1838/41 erster k.k. Missionschef in Washington, angesichts brit. Umtriebe in Lissabon dahin versetzt, zuletzt Ratgeber von Herzogin Marie Louise in Parma, nach 1848 als Mann der Ära Metternich nicht mehr verwendet.

Masaryk, Tomas Garrigue,
* Göding 1850, † 1937,
Sohn deutscher Mutter (Vater?), großzügige Förderung des Studiums von unbekannter (?) Seite, habilitierte an Univ. Wien, demonstrativer Austritt aus kath. Kirche, konsequente Gegnerschaft zu franzisko-josephinischem Österreich, Deutschenhasser, 1891/93 u. 1907/15 MöAH, nach 1914 tschechischer Exilpolitiker im Westen, profitierte von alter Freundschaft zu Seton-Watson, zusammen mit Beneš unermüdlich tätig für Zerschlagung der Donaumonarchie, 1. Präsident der ČSR von 1918.

Max von Baden,
* Karlsruhe 1857, † 1929,
naher Verwandter Wilhelms II., aber liberal orientiert, 3.10./9.11.1918 Reichskanzler, erzwang Rücktritt Ludendorffs, gab gegen Rat Friedrich Eberts Kanzlerschaft vorzeitig ab.

Mayr, Ernst Freiherr von,
1878/81 Missionschef in Washington, nachher befördert und nach Bukarest versetzt.

Meinl, Julius,
* 1869, † 1944,

österr. Großindustrieller, »Meinl-Gruppe«, versuchte 1917/18 in Geheimverhandlungen Separatfrieden für Österreich-Ungarn zu erreichen, Unternehmen scheiterte am Widerstand Italiens.

Meštrović, Ivan,
* Kroatien 1883, † US 1962,
nach Studium in Wien u. Auslandsreisen als Bildhauer mit Namen hervorgetreten, schloß sich südslavischen Exilpolitikern an, 1922/44 (ab 1941 Ära Pavelić!) Lehrer in Agram, nach 1945 emigriert in US.

Metternich, Clemens Lothar (Fürst),
* Koblenz 1773, † 1859,
1809 dirigierender Minister (Äußeres und Inneres), 1821 Haus-, Hof- und Staatskanzler, sein 1815 auf Wiener Kongreß entstandenes System d. europ. Gleichgewichts nach 1820 von London zu Fall gebracht, achtete nicht auf Warnungen vor Aufkommen d. Mächtigkeit d. US, 1848 zur Flucht gezwungen, nach Exil in London in Wien gestorben.

Miliukov, Pavel Nikolaević,
* Moskau 1859, † 1943 im Vichy-Frankreich,
studierte und lehrte (u.a. in Chicago) russ. Geschichte, 1904 Mitbegründer u. Vorsitzender der liberal. Partei f. Volksbefreiung (Kadetten = Konstitut. demokr. Partei), drängte am 15.3.1917 Nikolaus II. zur Abdankung, Außenminister nach Umsturz, für Fortführung d. Krieges an Seiten d. Entente u. zur Befreiung der unterdrückten Völker Österreich-Ungarns, sprach sich schlecht mit Masaryk, dessen Übertreibung d. Kriegsleistungen d. Tschechen ihn nach den v. Rußland erbrachten enormen Opfern empörte, 1920 im Exil.

Miramón, Miguel,
* 1832, † 1867,
verlor 1860 im mex. Bürgerkrieg gegen milit. überlegenen Juárez, als zeitweiliger Präsident verursachte er Auslandsverschuldung Mexikos; dies Vorwand für Interventionen, vor allem Napoleons III.; kämpfte für Kaiser Maximilian, an dessen Seite er in Querétaro erschossen wurde.

Moltke, Helmut von,
* Mecklenburg 1848, † 1916,

als Militär enger Vertrauter Wilhelms II., trotz Widerstand von diesem zum Chef d. Generalstabs ernannt, 1914 bereits kränkelnd und psychisch labil, trotzdem mit fakt. Führung d. deutschen Westheeres betraut, verursachte er Niederlage an der Marne, nachher Enthebung.

Monroe, James,
* Virginia 1759, † 1831,
Offizier im Unabhängigkeitskrieg, Vertreter d. US während Großer franz. Revolution in Paris, 1812/14 im Krieg gegen Großbrit. Verteidigungsminister, 5. Präsident d. US 1821/25, 1823 in Botschaft an Kongreß vieldeutige Monroe-Doktrin; Schutz vor Interventionen europ. Mächte auf amerik. Boden, zugleich unernstes Versprechen, US würden sich nicht in Machtstreitigkeiten in Europa einmischen, Präsident der Era of good feeling.

Morgenthau, Henry,
* Mannheim 1856, † 1946,
Direktor d. Underwood-Schreibmaschinenges. u. Equitable Lebensversicherungsgesellschaft, Parteigänger u. unersetzlicher Berater d. Präsidenten Wilson und Roosevelt. Als Jude Gegner d. Zionismus, der ihm als Lösung d. Judenfrage nicht geeignet schien (Balfour-Deklaration 1917!).

Motley, John Lothrop,
* Massachusetts 1814, † 1877,
studierte in Harvard, nachher in Göttingen und Berlin (Consemester, später ein Leben lang Freund Bismarcks), wissenschaftlich tätig, Historiker, guter Kenner d. europ. Geschichte u. Gegebenheiten, 1861/67 Missionschef in Wien (einziger bedeutender Inhaber d. Funktion), fiel einer Parteiintrige, sehr zum Schaden Österreich-Ungarns, zum Opfer.

Mühlenberg, Heinrich (amerikanisiert Henry Muhlenberg),
* 1828, † ??,
am 8.2.1838 zum ersten Missionschef d. US in Wien ernannt.

Mussolini, Benito (Taufname aus Respekt vor Juárez),
* Predappio 1883, ermordet 1945,
1901 Beitritt zur SDAP Italiens als militanter Antiklerikaler u. Gegner

d. Kapitalismus, nachher Lehrer, Wanderarbeiter (!), 1909 Chefredakteur einer in Trient erscheinenden soz.-dem. Zeitung, von dort als unerwünschter Ausländer ausgewiesen, 1909/12 Leiter d. Wochenzeitung LOTTA DI CLASSE, 1911 in Italien 5 Monate Haft wegen Antikriegspropaganda (Krieg in Libyen), 1912 Chef d. soz. Parteiorgans AVANTI (»Ein Heil dem Revolver Princips und der Bombe Cabrinovićs«), gegen Entgelt nach 1914 Propaganda f. Kriegseintritt Italiens (Parteiausschluß), Herausgabe POPOLO D'ITALIA, 1915/17 Frontdienstleistung, Herbst 1918 für ital. Initiative zugunsten d. Südslaven; für ihn war Wilson: Oberster Schiedsrichter im Kampf d. Nationalitäten gegen Österreich-Ungarn; als Duce wertvoll für Washington (Masse d. Italo-Amerikaner im Wählervolk), gute Beziehungen zu Roosevelt und Churchill, mit Abschwenken zu Hitler sein Weg ins Chaos.

Musulin von Gomirje, Alexander,
* Kroatien 1868, † 1947,
in k.u.k. dipl. Diensten, 1903/11 Leiter d. orient. Referats am Ballhausplatz, 1910/16 d. kirchenpolit. Referats, lieferte Entwurf der Begehrnote 1914 an Serbien, 1917/18 letzter k.u.k. Gesandter in Bern (besaß Vertrauen d. Kaisers für Bemühungen um Frieden, warnte aber zeitig vor Versprechungen Wilsons).

Napoleon III.,
* Paris 1808, † 1873 im Exil,
nach diversen Putschversuchen 1848/52 gewähler Präsident d. Republik Frankreich, 1852/70 Kaiser der Franzosen, suchte nach Sieg über Österreich (1859) neue Bestätigung seiner Machtpolitik: Mexiko unter frz. Kontrolle; dafür gewann er Eh. Maximilian, vergebens warnten k.k. Vertreter in Washington (Hülsemann u. Giorgi) vor diesem Abenteuer, unter dem Druck d. US zog Napoleon die anfangs Maximilian gewährte milit. Hilfe zurück, das Experiment scheiterte nach viel Blutvergießen, Maximilian wurde 1867 auf Befehl von Juárez erschossen; das »Finassieren« Napoleons im Umgang mit Wien aber ging weiter.

Nikolaus II.,
* Zarskoe Selo 1868, † 1918,
konnte mangels genügender Entschiedenheit autokratisches Regime seines Vaters Alexander III. nicht aufrechterhalten; nach milit. Niederlage gegen Japan und Ausbruch der Revolution berief er unter Druck

der Ereignisse Parlament (Duma) ein; Parlamentarismus artete in Parteienstreitigkeiten aus, ohne anstehende Probleme zu lösen; letztes Interregnum starker Ministerpräsidenten brachte wirtschaftl. Aufschwung, Revolution kam fast zum Erliegen; Engagement Nikolaus' in Eroberungskriege der Balkanstaaten gegen Türkei brachte allg. Lage nahe an die Katastrophe v. 1914 heran; Versuche Nikolaus' II., im Briefverkehr Krise im Juli 1914 zu lokalisieren (Druck auf Österreich, Schutz für Serbien!) kamen nicht zum Tragen, da Militärs und Politiker dem Zaren einredeten, Teilmobilisierung Österreich-Ungarns durch Generalmobilmachung zu konterkarieren; diese erste Generalmobilmachung von 1914 löste Serien von Generalmobilmachungen aus; Kriegserklärung Berlins an Petersburg setzte Bündnismechanismus in Tätigkeit; nach Anfangserfolgen übernahm Zar 1916 angesichts schwerer Niederlagen und beginnender Demoralisierung der Armee Oberkommando; während Abwesenheit von Petersburg inszenierten Linksintellektuelle, Liberale und Sozialisten Aufruhr der Massen (Hungerdemonstrationen und Streiks), Liberale benützten Krise, um Nikolaus zur Abdankung zu überreden und so eigenes Regime an die Macht zu bringen. Ende des Zarismus v. März 1917 erleichterte Wilson milit. Zusammengehen mit demokratisiertem Rußland gegen Deutsches Reich.

Niles, Nathaniel,
1837 nach Wien entsandt, um Handelsvertrag zwischen US und Österreich zustandezubringen (zwecks Erleichterung des Imports amerik. Tabaks nach Österreich!)

Northcliffe, Alfred Charles (1917 Viscount),
* nahe Dublin 1865, † 1922,
baute zusammen mit Bruder Zeitschriftenkonzern AMALGAMATED PRESS auf, 1894 kam für 1/2 Penny THE EVENING STAR heraus, 1896 DAILY MAIL, 1904 DAILY MIRROR (erstes illustr. Massenblatt), 1905/06 Sanierung v. THE OBSERVER, 1908/22 TIMES, im Krieg Director of propaganda in enemy countries (Assistenten Seton-Watson, Arnold Toynbee u. a.), 1917 lobte Lloyd George »value of the propaganda which You are conducting from Italy« gegen Donaumonarchie; überwarf sich zuletzt auch mit Lloyd George, der ihn für verrückt hielt, nachdem er Verrücktheiten und Lügen der Northcliffe-Propaganda lange im Krieg benutzt hatte.

Oberdan (Oberdank), Wilhelm,
* 1858, † 1882,
desertierte während Okkupation Bosniens von k.k. Truppen, eher Anarchist als Nationalist, 16.9.1882 wurde sein Mordanschlag gegen Franz Joseph vorzeitig aufgedeckt, Oberdan hingerichtet; in Italien als Märtyrer gefeiert und mit Denkmälern zur Zeit d. Dreibunds (!) geehrt.

Ochs, Adolph S.,
*Cincinnati 1858, † 1935,
sog. Colonel, brachte es vom Zeitungsjungen zum Zeitungskönig in US: DAILY DISPATCH, TIMES, Ankauf NEW YORK TIMES – Zeitungen, deren manipulierte Meinungen Tendenzen unter die Leser bringen; prellte vor, als er 1918 Wiens Friedensangebot vom Fleck weg diskreditieren ließ und so Wilsons Absichten zur Unzeit enthüllte.

Orlando, Vittorio Emanuele,
* Palermo 1860, † 1952,
mehrmals Regierungsmitglied, Okt. 1917/Juni 1919 Ministerpräsident, meisterte Situation nach katastrophaler Niederlage Italiens bei Karfreit 1917, zusammen mit Wilson, Clémenceau und Lloyd George unter den Großen Vier von 1919, zerschlug sich mit seinen Partnern; 1918 besetzten US-Truppen bish. österr.-ung. Gebiet zugunsten Gebietsansprüchen Italiens am Ostufer d. Adria, Wilson entschied sich für Brennergrenze Italiens, ehe Friedensverhandlungen eröffnet waren.

Orth, Godlove,
* ?, † um 1875,
Vertreter der US in Wien.

Paderewski, Ignacy,
* Galizien 1860, † 1941,
Musikstudium in Wien, von dort aus Konzertpianist (auch Komponist), Agitator gegen Österreich-Ungarn, konnte nach 1914 durch Vermittlung House's Wilson für Wiedervereinigung aller poln. Gebiete gewinnen, 1919 Ministerpräsident und Außenminister Polens, 1940/41 Vorsitzender eines poln. Parlaments im Exil, starb in US.

Page, Walter Hines,
* Nord-Karolina 1855, † 1918,
entschiedener Parteigänger Wilsons, als solcher ab 1913 Botschafter d. US in London, wirkte 1916/17 zugunsten einer Ablehnung d. Weihnachtsfriedensangebots d. Mittelmächte, in diesem Sinne auch Wilson beeinflußt; Vorkämpfer der Zerstückelung Österreich-Ungarns, arbeitete mit brit. Secret Service zusammen, um Versuch eines direkten Kontakts Kaiser Karls I. mit Wilson vorweg unmöglich zu machen.

Paine, Thomas,
* England 1737, † 1809 New York,
Publizist auf der Seite der Amerikaner im Unabhängigkeitskrieg, Pamphlet: »The Common Sense«; nach Ausbruch d. Revolution in Frankreich von England aus Kampf gegen die Konservativen (Burke); in England unerwünscht, versuchte er sich in Frankreich als Liberaler und entging knapp der Guillotinierung; nach Robespierres Ende in Freiheit gesetzt, widmete er sich in den US deistischen Studien; in »Zeitalter der Vernunft« Auseinandersetzung mit Offenbarungsglaube. Starb vergessen.

Palmerston, Henry John, Viscount (Lord Firebrand),
* Broadlands 1784, † 1865,
zum Liberalen gewordener Konservativer, vertrat rücksichtslose Interventionspolitik in Europa, um Metternich entgegenzuwirken, wollte schon 1848 Rückzug Österreich-Ungarns aus Italien; wenig geschätzt von Queen Victoria.

Parker, (Sir, Baronet) Gilbert,
* Ontario 1862, † 1932,
1900/18 im brit. Unterhaus, Leiter der pro-brit. Propaganda in US, indem er Amerikaner Propaganda für Kriegseintritt d. US an Seiten d. Entente betreiben ließ (ausdrückl. Verzicht auf brit. Agenten!).

Pasić, Nikola,
* 1846, † 1926,
während Studium in Zürich Anarchist, in Serbien Gründer einer Nationalen Volkspartei (1881), wegen Beteiligung an Putsch in Lebensgefahr, von Wien gerettet, 1883/89 im Exil, 1891 bis 1926 mit Unterbrechungen

Ministerpräsident, verfocht Plan für ein Groß*serbien,* Mitwisser am Mord in Sarajevo (?), ließ Dimitrievič aburteilen (unter Vorwand, dieser habe Mord am serb. Prinzregenten beabsichtigt), unversöhnlicher Feind Österreichs.

Penfield, Frederic,
letzter Botschafter d. US in Wien vor Abbruch d. dipl. Beziehungen 1917, Czernin suchte bis zuletzt mit Penfield im Gespräch zu bleiben, um Abbruch zu vermeiden; verschiedene Entgegenkommen Czernins für Wilson zu wenig, Wilson nur an Bruch Wiens mit Berlin interessiert, Penfield glaubte bis zuletzt nicht an Abbruch d. dipl. Beziehungen ...

Pershing, John Joseph (Black Jack),
* Missouri 1860, † 1948,
Kavallerieoffizier in Kämpfen mit Apachen und Sioux, in Kuba 1898 Hauptmann, von Theodore Roosevelt geschätzt, unter Überspringen von 862 Vordermännern zum Brigade-General gemacht, versagte bei sog. Polizeiaktion in Mexiko 1913, Befehlshaber American Expeditionary Forces 1917, nach Einzelerfolgen schwere Verluste in den Argonnen/Sept 1918, trotzdem nach Washington einziger ›General of the Armies‹ (1919).

Pétain, Henri Philippe,
* Nordostfrankreich 1856, † 1951 (in Haft),
rettete erst 1916/17 Verteidigung Verduns, dann 1917 Armee nach Massenmeuterei; 1917 Oberbefehlshaber frz. Truppen, entschied 1918 erste Phase und größte Krise d. Großen Schlacht in Frankreich für Frankreich, 1945 als Kollaborateur der Nazis zum Tode verurteilt, begnadigt.

Peter, Karadordević,
* 1844, † 1921,
1870 als Freiwilliger in frz. Armee gegen Deutsche, 1876 in Bosnien bei Aufstand gegen Sultan, 1903 Kandidat der Mörder Alexanders I. von Serbien für Nachfolge auf den Thron, Mitwisser am Mord in Sarajevo (?), 1914 Übergabe d. Regentschaft an Sohn Alexander, 1919 erster Herrscher im Königreich d. Serben, Kroaten und Slovenen.

Pierce, Franklin,
* New Hampshire 1804, † 1869,
Karrierepolitiker, 1847 im Krieg gegen Mexiko zuletzt Brigadier, Uneinigkeit unter Liberalen brachte ihm Präsidentschaft ein (1853/57), vorsichtig bei Beschwichtigung d. Gegensätze zwischen Nord und Süd (Sklavenfrage); Bombardement v. Greytown/Nicaragua wegen Beleidigung d. US-Vertreters, 1853 Weltausstellung in US, Gebietskauf von Mexiko zur Arrondierung d. Südwestgebietes d. US.

Pilsudski, Józef,
* nahe Wilna, † 1935,
aus litauisch-poln. Kleinadel, Anarchist in Petersburg, Sozialist, Diktator im Polen von 1919, organisierte 1914 Polnische Legion zum Kampf gegen Rußland, Konflikt mit Polenpolitik d. Mittelmächte, Wilsons 14 Punkte und besond. Interesse für Polen (Panderewski!) bewirkten Gesinnungsänderung; Juli 1917 in Haft (Magdeburg), Amt des Staatschefs nachher durch Parlament bestätigt, 1923/26 u. 1926/28 dann bis 1936 Diktator eines Militärregimes, 1932 Nichtangriffspakt mit SU, 1934 mit Hitler ...

Pichon, Stephan Jean,
* 1857, † 1933,
frz. Politiker, 1917/20 Außenminister, geschickt bei Täuschungsmanövern, die Österreich-Ungarn von Berlin trennen sollten, durch Aufrechterhaltung geheimer Gesprächssituation in der Schweiz.

Pius IX. (Conte Mastai-Ferretti),
* Sinigaglia 1792, † 1878,
1846 als »Liberaler« zum Papst gewählt, Symbolfigur der Einigungsbestrebungen im Italien von 1848, nach Konflikt mit Antiklerikalen Bruch mit Unabhängigkeitsbewegung d. Italiener; zuletzt im schärfsten Gegensatz zum Liberalismus, während seiner Regierung beseitigte Italien letzte Gebietsherrschaft d. Päpste.

Poincaré, Raymond,
* Bar le Duc 1860, † 1934,
Abgeordneter, Senator, Ministerpräsident, Senatspräsident, Ministerpräsident; stets Feind d. Deutschen Reiches, vor 1918 unentwegter Ver-

folger d. Revanchepolitik für 1870/71; früher Sympathisant d. Zerstörung d. Donaumonarchie (Unterstützung d. Absichten tschechischer Exilpolitiker), 30. Juni 1918 übergab er čs. Legionären in frz. Armee ihre Fahne, kündigte zugleich de facto-Anerkennung d. tschechischen National-Komitees in Paris an (darin folgten Großbritannien, nachher US).

Polk, James E.,
* Nord-Karolina 1795, † 1849,
Anhänger d. Jackson-Demokratie, seit 1825 im Kongreß, Wahlversprechen: Ausdehnung d. Gebiets d. US bis zum Rio Grande und Pazifik (also Krieg gegen Mexiko!), 11. Präsident d. US 1845/49, Kauf d. Oregon-Territoriums von England, Erwerbung des heutigen Südwestteritoriums nach 1847 teils durch Krieg, teils durch Kauf von Mexiko; Achse Kongreß/Weißes Haus effektiv.

Popovici, Aurel,
* 1863, † 1917,
im Belvedere-Kreis, gedachte noch kurz vor seinem Tod des ermordeten Thronfolgers im Kreis der alten Freunde.

Pribičević, serbische Familie:
* *Adam,* einer d. Führer d. Serben im Kroatien vor 1914,
* *Milan,* Oberleutnant im k.u.k. Infanterie-Regiment Nro. 7, schied aus ungeklärten Ursachen aus d. Armee, ging nach Serbien, wo er als Hauptmann in d. Armee übernommen wurde; nachher Generalsekretär der NARODNA ODBRANA, hat 1914 Waffen für Mörder von Sarajevo aus Armeebeständen entnommen (?).
* *Svetorzar,* Mitwisser an Ermordung serb. Königspaares 1903, unterschiedlicher Beziehungen zur Mordszene Sarajevo 1914 beschuldigt, andererseits nachgewiesen, daß er in Berlin Sympathie für Serbien auf Kosten Österreich-Ungarns gewinnen wollte.

Protić, Stojan,
* Kusevac 1857, † 1923,
1903 (Königsmord) serb. Innenminister, Abgeordneter zur Skupčina, 1908/12 Finanzminister, nachher Justizminister; von ihm berüchtigtes Zitat aus 1908: Serbien werde erst geordnete Nachbarschaft zu Öster-

reich haben, wenn dieses sich mit Rolle einer östlichen Schweiz (!) abfinde; nach 1918 erster Ministerpräsident im Königreich d. Serben, Kroaten und Slovenen.

Pullitzer, Joseph,
* Ungarn 1847, † 1911,
im Kreis des Yellow Journalism heftigster Konkurrent Hearsts, Stifter des nach ihm benannten Preises für kulturelle Leistungen unterschiedlichster Art.

Putney, Albert H.,
unter Wilson Chef d. Nah-Ost-Abteilung d. State-Departements, unterhielt gute Kontakte zu südslavischen Exilpolitikern aus Österreich-Ungarn, Mai 1917 Memorandum betr. NATIONALISTIC ASPIRATIONS IN THE NEAR EAST, Inhalt: Ein Staat d. Südslaven ohne Slovenien; Triest u. Istrien an Italien, Fiume – Seehafen für Restmonarchie (!), Unabhängigkeit für Böhmen, Warnung vor Konflikt Polen/Ukrainer; Einfluß auf Entschluß Wilsons vom 26.7.1918: »I agree with You (Lansing) that we cannot longer respect or regard the integrity of the artificial Austrian Empire«; Putney u. Philipps »Beichtväter« d. Exilpolitiker aus Österreich-Ungarn in den US.

Rasin, Alois,
* Nechanice 1867, ermordet 1923,
1911/15 MöAH, 3.6.1915 zugleich mit Kramář und zwei weiteren Tätern zum Tod verurteilt, Juni 1917 begnadigt, 14.11.1918/10.7.1919 Finanzminister d. ČSR.

Renner, Dr. Karl,
* Mähren 1870, † 1950,
k.k. Beamter, 1907/19 MöAH, verfaßte eigenhändig Text d. »Gesetzes über Staats- und Regierungsform DÖ« (Deutsch-Österreich, Republik, Bestandteil einer sog. Deutschen Republik), führte österr. Delegation zu Friedensverhandlungen 1919, erklärte bei Rückreise in Linz, Österreich sei als Staat ohne fremde Hilfen nicht lebensfähig.

Revertera, Graf Nikolaus,
unternahm mehrmals Versuche, in d. Schweiz Gespräche über Frie-

densschluß d. Entente mit Österreich-Ungarn in Gang zu bringen; Unternehmen scheiterten, als Paris erkannte, Wien sei nicht bereit, Bündnis mit Deutschem Reich zu lösen.

Ribot, Alexandre,
* 1842, † 1923,
ab 1890 mehrmals Minister, auch Ministerpräsident, steht im Verdacht, 1917 als Nachfolger Briands Friedensaktion Kaiser Karls absichtlich zerstört zu haben.

Rockefeller, John Davison,
* Richford 1839, † 1937,
Mitbegründer der Erdölraffinerie, monopolartige Machtstellung in Raffinierie, Transport und Verkauf v. Erdöl, STANDARD OIL COMPANY, Symbolfigur im Kampf Theodore Roosevelts gegen Trusts, Rockefeller Foundation nach 1945 Institution, die Geld d. Privatkapitalismus verteilt für Heranbildung Linksintellektueller (Zerstörung freien Unternehmertums).

Roosevelt, Franklin Delano,
* New York State 1882, † 1945,
1910 Senator, Schüler und Parteigänger Wilsons, 1913/20 Unterstaatssekretär für Marine, 1919 in Wien, 1933/45 32. Präsident d. US.

Roosevelt, Theodore,
* New York State 1858, † 1919,
1901 Vizepräsident unter McKinley, nach dessen Ermordung 16. Präsident d. US bis 1909, 1910 Begegnung mit Franz Joseph I. in Wien, verhalf 1912 Wilson zum Sieg in der Wahl d. Präsidenten, indem er Gegenstimmen zersplitterte, ohne Erfolg zu haben; nach 1914 zuerst für Neutralität d. US, nach 1915 erklärter Feind Deutschlands; Österreich-Ungarn stellte er als Tyrannei auf eine Stufe mit Türkei und als eine Gefahr für die Demokratie sowie die Zivilisation hin. Lob für čs. Legion in Rußland.

Root, Elihu,
* New York State 1845, † 1937,
ab 1899 Kriegsminister, zugleich Senator, 1920 Erster Präsident d. Car-

negie-Stiftung für den Internationalen Frieden = Braintrust zur illegalen Steuerung d. Außenpolitik d. US nach 1945; Träger d. Friedensnobelpreises.

Sabath, Adolph J.,
aus Böhmen eingewandert. Abgeordneter für Illinois, Demokrat, 1918 Lotse Masaryks in den US, brachte Mai 1917 Antrag in Kongreßresolution ein, womit Gründung eines böhmisch-(!)slovakischen Staates seitens der US gefördert werden sollte; angeblich hat Sabath Wilson für die Sache Masaryks gewonnen, nach Ansicht Jiri S. Hajeks, Kommunist von 1948 und Mann d. Prager Frühlings 1968, hätte Wilson die Monarchie erhalten und lediglich auf eine bourgeoise-nationalistische Richtung bringen wollen (!).

Salandra, Antonio,
* nahe Foggia 1853, † 1931,
1899/1910 mehrmals Minister, März 1914/Juni 1916 Ministerpräsident, führte Italien in den Krieg gegen Mittelmächte, nach 1920 Parteigänger Mussolinis.

Santa Ana, Antonio Lopez de,
* 1797, † 1876,
gewerbsmäßiger Putschist in Mexiko, 1847 Idol der Kämpfer gegen in Angriff befindliche US, 6mal Präsident von Mexiko, verlor ein Viertel des Staatsgebietes an US, stützte sich auf Großgrundbesitz, gewisse kirchliche Kreise und alles, was sich vor Revolution und Anarchie fürchtete; bot sich im Endkampf Maximilians als Vermittler an (um den Preis eines Herzogtitels).

Sasonov, Sergej D.,
* Rjason 1860, † Nizza 1927 (Exil),
1906/09 Gesandter am Heiligen Stuhl, 1909/10 Gehilfe Isvolskis, 1910/16 Außenminister, drängte auf Generalmobilmachung, zuletzt Botschafter in London (Haltung bei der Rettung der Zarenfamilie?).

Schaeffer, Ignaz Freiherr von,
1874/77 k.u.k. Vertreter in Tokio, 1881/88 in Washington

Scheidemann, Philipp,
* Kassel 1865, † 1939,
1903/18 MdR/Berlin, 1912 als Sozialdemokrat Vizepräsident d. Reichstags, Staatssekretär in d. letzten von Wilhelm II. ernannten Reichsregierung, rief aus freien Stücken – ohne Auftrag oder Ermächtigung – am 9.11.1918 in Berlin d. Republik aus, erster Ministerpräsident d. Republik von Weimar; meinte, die Hand, die Versailles-Vertrag unterzeichnet, müsse verdorren; trat als Bürgermeister von Kassel zurück.

Sherman, William Tecumseh,
* Ohio 1820, † 1891,
führte im Bürgerkrieg einen Vernichtungsfeldzug quer durch den Süden von Atlanta bis an den Atlantik; kommandierte die gegen Maximilian aufgebotenen Truppen; mit äußerster Grausamkeit wollte er den Krieg als *Prinzip des Handelns vernichten.*

Schmit von Tavera, Ernst Ritter von,
1887/94 k.u.k. Missionschef in Washington, nachher nach Rio de Janeiro versetzt.

Schraffl, Josef,
* Sillian 1855, † 1922,
1917/21 Landeshauptmann von Tirol, erbat nach 3.11.1919 italienische Truppen als Ordnungsfaktor in ganz Tirol zur Steuerung des Chaos, trat für Republik ein, war auch im Kreis derer, die Unabhängigkeit Tirols von Österreich erörterten.

Schurz, Karl,
* Liblar 1829, † 1906,
seit 1848 Berufsrevolutionär, in den US früher Parteigänger Lincolns (Diplomat, General, Innenminister), trennte sich zuletzt von der Partei Lincolns; stellte Bauernbefreiung Kudlichs von 1848 und Abschaffung der Negersklaverei durch Lincoln 1863 auf eine Stufe und erweckte so in US den Eindruck, als wären vor 1848 die Bauern in Österreich auch Sklaven gewesen.

Schütte, Anton,
* Hannover 1813, † 1867,
britischer Agent in Wien im Vormärz, nach 1848 Flucht in US; im Bür-

gerkrieg Commissioner in d. Nordarmee, wegen Unregelmäßigkeiten infam entlassen.

Schwarz, J. G.
1848 Konsul d. US in Wien, bemühte sich um Waffenstillstandsansuchen Kossuths, mit dem dieser über den Winter auf 1849 kommen wollte, US-Gesandter Stiles überließ Schwarz alles weitere, der sich nach Thronbesteigung Franz Josephs bemühte, Kossuths Sache bei Franz Joseph in Audienz zu vertreten.

Schwarz-Senborn, Wilhelm Freiherr von,
nach Posten als Missionschef in Parma und Hansastädten 1874/75 k.u.k. Missionschef in Washington.

Seidler, Ernst von,
* Schwechat 1862, † 1931,
Professor an Hochschule f. Bodenkultur, Sektionschef im Ackerbauministerium, auch Lehrer d. späteren Kaisers Karl I., 22.6.1917/22.8.1918 k.k. Ministerpräsident; Versuch, ein sog. Völkerministerium zur Beilegung d. Nationalitätenkampfes zustande zu bringen, scheiterte im Parlament vor allem am massiven Einspruch d. Sprechers d. klerikalen Slovenen unter Dr. Korošec, Seidler nach Scheitern d. letzten Offensive in Italien: *Rückgrat dieses Vielvölkerstaates wird immer das deutsche Volk sein;* Nachfolger leitete mit kaiserl. Völkermanifest Liquidierung des Vielvölkerreiches ein.

Seitz, Karl,
* Wien 1869, † 1950,
1901/18 MöAH, dessen letzter Vizepräsident, leitete zusammen mit Dr. Renner und Sprechern d. Deutschnationalen Liquidierung d. Monarchie ein, 1919 Präsident d. Nationalversammlung d. Republik Österreich.

Seton-Watson, George Hugh Nicholas (Sohn v. Robert William)
* 1916,
1951 Professor f. russische Geschichte an Univ. London, Präsident d. Royal Institute for International Affairs; versuchte sich im Aufstand d. Ungarn 1956, so wie sein Vater vor und nach 1914, in Vorgänge im Do-

nauraum einzumischen, in THE MAKING OF A NEW EUROPA enthüllt er ungewollt subversive Bestrebungen seines Vaters während dessen last years in Österreich-Ungarn.

Seton-Watson, Robert W.,
* London 1879, † 1951,
Zeitungsreporter, vor 1914 für TIMES in Wien, enge Kontakte mit späteren Exilpolitikern, deren Aktivitäten 1914/18 er von Amtswegen unterstützte, scheinbar um Analyse der Probleme der Donaumonarchie bemüht, enthüllte er 1914 nach Kriegsausbruch wahre Einstellung zu Österreich-Ungarn, brachte Masaryk nach London, nachher im Dienst d. Northcliffe-Propaganda, 1922 Professor in London; die von ihm der Regierung in Belgrad abgeforderte Klärung gewisser Umstände des Mordes in Sarajevo bekam er nie – das änderte nicht seine Sympathie für Serbien oder eine gewisse Antipathie gegenüber Österreich.

Seward, William Henry,
* New York State 1801, † 1872,
Parteigänger Lincolns im Kampf gegen Negersklaverei, 1856 u. 1860 als Präsidentschaftskandidat gescheitert, 1861 Lincolns Secretary of State und einflußreicher Staatsmann, erfolgreich bei Verhinderung jeder Anerkennung der Südstaaten durch europ. Mächte, 1867 erfolgreich beim Ankauf von Alaska.

Sharp, William G.,
Parteigänger Wilsons und Botschafter in Paris, gab sich in naiver Bonhomie und erwarb Sympathie d. Franzosen; nach Niederlage Italiens 1917 setzte er sich in Washington für den Wunsch Frankreichs ein, der Monarchie den Krieg zu erklären; dies aber nur, wenn österr.-ungarische Truppen an der Westfront in Frankreich eingesetzt würden, ansonsten würde Kriegserklärung nur *»add an unnecessary complication ...* and events may make (Austria) of great service to us (US)«; Beneš übernahm es, Sharp besser ins Bild zu setzen und seine Ansichten in Washington zu widerlegen, er warnte Sharp vor Südslaven, weil die unter Einfluß Londons ständen (!).

Sykes-Picot-Abkommen v. 16.5.1916 zur Zerstückelung d. Türkei (Modell f. Zerstückelung Österreich-Ungarns 1918); London und Paris einigten sich in puncto Internationalisierung Palästinas, das London später Juden als Heimstätte zusagte; Syrien sollte unter französische Kontrolle kommen, Italien wurden Erwerbungen im Umkreis Kleinasiens zugesprochen, Meerengen sollten unter russische Kontrolle kommen, wie vorher schon beschlossen. So sah Frieden ohne Annexionen aus, den Propaganda d. Entente in aller Welt verkündete. (Siehe dazu Nahostproblem um 1984)

Šmeral, Dr. Gottlieb,
* Trebitsch 1880, † 19??,
1911/18 MöAH, nach 1914 führend im Untergrund in Kreisen der tschech. Mafia, zuletzt in KPČ.

Smodlanka, Dr. Josef,
* 1869, † 19??,
führend in serbisch-kroatischer Fortschrittspartei Dalmatiens vor 1914, Informant Seton-Watsons, 1910/18 als Obmann seiner Partei im öAH, 24.12.1912 Mitunterzeichner d. Grußes an siegreiche serb. Armee im Balkankrieg und Bekenntnis zu *einer* südslav. Nation, reiste im Herbst 1918 mit Bewilligung d. k.k. Regierung in d. Schweiz, um mit Exilpolitikern alles weitere zu besprechen ...

Smuts, Jan Christian,
* Südafrik. Republik 1870, † 1950,
leitete 1902 letzten Widerstand gegen brit. Aggressoren, nachher f. Verständigungsfrieden, Selbstverwaltung Südafrikas als Ziel; führte nach 1914 Kampf gegen deutsche Kolonialtruppen, 1917 von Lloyd George ausgeschickt, um österr. Vertreter in d. neutralen Schweiz auszuhorchen; sowie feststand, daß Wien nicht willens war, Bündnis mit Berlin zu brechen, war Monarchie für Lloyd George und Smuts passée.

Sonino, Baron Sidney,
* Pisa 1847, † 1922,
seit 1880 Abgeordneter, mehrmals Regierungsmitglied, zweimal Ministerpräsident; arrangierte als Außenminister 1915 Kriegseintritt Italiens dermaßen, daß Konflikt mit Deutschem Reich vorerst ausblieb; bestärkte Entente und Wilson 1916/17 bei Ablehnung des Weihnachtsfriedensangebots d. Mittelmächte, fürchtete *völligen* Zerfall d. Donau-

monarchie, da ihm Großserbien gefährlicher erschien als Österreich-Ungarn; als nach 1918 Dalmatien (außer Zara) an südslavischen Staat fiel, verließ er aus Protest Pariser Friedensgespräche.

Soto, Hernando de,
* 1496 Provinz Badajoz, † 1543 am Mississippi,
ab 1514 in der Neuen Welt, Gouverneur v. Kuba, organisierte Eroberung Floridas für Spanien, stieß bis Georgia vor.

Spalajković, Dr. Miroslav,
1907/11 Sektionschef in serb. Außenministerium, 1909 (falscher) Zeuge im Friedjung-Prozeß, 1914 Gesandter in Petersburg, trug durch gefälschte Informationen zur Generalmobilmachung in Rußland und damit zum Konflikt Berlin/Petersburg samt allen weiteren Folgen bei.

Steed, Henry Wickham,
* Long Melford 1871, † 1936,
nach 1902 Korrespondent von London»Times« in Rom, nachher in Wien; von Aehrenthal schlecht bedient, richtete sich seine antisemitische Grundeinstellung gegen den k.u.k. Minister d. Äußeren, dessen Balkanpolitik und gegen die Donaumonarchie; im Krieg für Zerschlagung Österreich-Ungarns, da dieser Staat schwächstes Glied in der Kette d. Feindstaaten d. Entente.

Stefanik, Milan R.,
gebürtiger Slovake, studierte in Frankreich, stieß nach 1914 zu Beneš, 1916 in Rußland, um Gegnerschaft zu Masaryk unter dortigen Tschechen zum Verstummen zu bringen; nach intensiver Werbung und Pressionen meldeten sich nur 12 % d. tschechischen Gefangenen in den russischen Hungerlagern für čs. Legion; in US hat Stefanik 80 (!) Tschechen aufbringen und an die Front in Frankreich schicken können; starb nach dem Sieg bei Flugzeugabsturz.

Stiles, William H.,
* Savana 1808, † 1865,
1843/45 Kongreßabgeordneter, 1845/49 Geschäftsträger in Wien, bloßgestellt durch Vermittlungsaktion zugunsten Kossuths (siehe Schwarz) und durch Bereitstellung des Legationssekretärs Dudley-Mann (US-

Vertretung Paris), für die facto-Anerkennung der Kossuth-Republik; seine späteren Veröffentlichungen trugen zum Entstehen eines für Österreich ungünstigen Image in den US bei.

Stoica, Vasil,
rumänischer Exilpolitiker aus Siebenbürgen, nach totaler Niederlage Rumäniens 1917 Flucht via Rußland/Japan nach US; Versuch, rumän. Legionäre anzuwerben, machte sich Abwehr in US als Agent Österreichs (!) verdächtig, ab 5.7.1918 Präsident d. Rumänischen Nationalliga Amerikas; danach endlich Anerkennung durch US.

Supilo, Dr. Franjo,
* Ragusa, † 1917 in London,
vor 1914 an einigen gegen die Monarchie gerichteten Beschlüssen und Aktivitäten beteiligt, Informant Seton-Watsons, nach Kriegsausbruch in Exil, für ihn Serben und Kroaten ein und dieselbe Nation.

Taft, William Hiward,
* Ohio 1857, † 1930,
Anwalt, Politiker, unter Theodore Roosevelt Kriegsminister, 1909/13 27. Präsident d. US.

Tarnowski, Adam Graf,
1911/14 k.u.k. Gesandter in Bukarest (Balkankriege!) 1911/17 in Sofia (Bulgarien kommt an d. Seite d. Mittelmächte), 9.11.1916/8.4.1917 Botschafter in Washington (Zeiten, da man von dort nach Sofia ging, waren vorbei); letzter k.u.k. Vertreter in Washington, Wilson weigerte sich, sein Beglaubigungsschreiben entgegenzunehmen (wegen U-Bootkrieg), Czernin bestärkte den Grafen, trotzdem auszuharren, nach Festhalten Czernins am Bündnis mit Berlin Stellung Tarnowskis unhaltbar, loyal bis zuletzt, mußte er im Herbst 1918 ablehnen, Leitung d. Ballhausplatzes zu übernehmen.

Taylor, Zachary,
* Virginia 1783, † 1850,
12. Präsident d. US 1849/50 (Konflikt wegen Dudley-Mann mit Österreich), starb wegen d. schlechten Klimas in Washington nach nur 16monatiger Amtszeit.

Tegetthoff, Wilhelm von,
* Marburg 1827, † 1971,
k.k. Marineoffizier, diente in Nahost, 1862 Nordsee, Seegefecht bei Helgoland gegen Dänen, 1866 Flottenkommandant, Sieg bei Lissa über Italiener, holte Leichnam Maximilians heim.

Tirpitz, Alfred (von),
* Mainfranken 1849, † 1930,
Offizier d. Kaiserl. Marine, 1911 deren Großadmiral, 1892 Stabschef d. Marine, 1897/1916 Staatssekretär d. Reichsmarineamtes, 1898 Gründung d. Deutschen Flottenvereins, Ausbau der Schlachtflotte, nach 1914 Krieg zur See von Unterseebooten geführt; trat nach Einschränkung im »uneingeschränkten U-Bootkrieg« 1917 zurück; unentbehrlich als Feindbild aller gegen das Deutsche Reich erhobenen Vorwürfe.

Tisza, Stephan, Graf,
* Budapest 1861, † 1918,
ermordet, Gründer d. liberalen »Arbeitspartei«, hervorragendste Persönlichkeit im Ungarn d. Endkrise d. Monarchie; Einsamkeit d. magyarischen Volkes inmitten Europas war ihm Anlaß, ungeliebte Monarchie als Realpolitiker zu bejahen; warnte Kreise in US vor Zerstörung d. Monarchie; bekannte als erster: »Wir haben den Krieg verloren«; in Umsturztagen 1918 von Terroristen ermordet.

Trotzkij, Lev Davidovic,
* Ukraine 1879, ermordet 1950 in Mexiko,
Vertreter d. Theorie d. permanenten Revolution, Macher der Oktoberrevolution 1917 in Rußland, 1917/18 als Volkskommissar für Äußeres Frieden von Brest-Litowsk mit Mittelmächten; Lenin brauchte alle Kräfte zur Vernichtung des viel gefährlicheren Feindes im eigenen Land. Zusammen mit Lenin vollbrachte Trotzkij den größten Holocaust (Ausrottung des Klassenfeindes); je mehr Stalins schwelender Antisemitismus wuchs, desto unausstehlicher wurde beider Nebeneinander; ins Exil entlassen, auf Befehl Stalins dort ermordet.

Trumbić, Dr. Anton,
1905 Bürgermeister von Spalato, brachte 1905 zusammen mit Ungarn d. Kossuth-Partei Fiumaner-Resolution zustande, die versuchte, Unbeha-

gen der Südslaven gegen Budapest auf Wien und Österreich abzuwälzen, Informant Seton-Watsons, nach Kriegsausbruch 1914 ins Ausland gereist, in Konflikt mit Politik Pasić', versuchte in London und Rom, Hilfen für Anerkennung seines Komitees zu bekommen, so wie Beneš für Tschechen; nach Zusammenbruch d. Monarchie Ausgleich Pasić/Trumbić; Pasić täuschte Trumbić, die Macht blieb Belgrad, auch wenn Trumbić erster Außenminister des neuen südslavischen Staates wurde; US im Konflikt Südslaven-Italien auf seiten Italiens, das für enttäuschte Hoffnungen in Dalmatien von Wilson selbst Brennergrenze versprochen erhielt.

Tschirschky und Bögendorff, Heinrich von,
* 1858, † 1916,
in deutschen u. preuß. dipl. Diensten, 1906/96 Staatssekretär im Ausw. Amt Berlin (Marokkokrise), 1907/16 Botschafter in Wien, schwankte im Juli 1914 zwischen Maßhalten und Energieanfällen im bezug auf Serbien; oft erbost über lasches Verhalten d. Österreicher; dann wieder vorwurfsvoll wegen Mißbrauchs des deutschen Bundesgenossen und seiner Mächtigkeit.

Tyler, John,
* Virginia 1790, † 1850,
Kongreßabgeordneter, Senator, bemüht, Abspaltung d. Südens zu verhindern, 1840 Vizepräsident unter Harrison, nach dessen Tod 10. Präsident d. US 1841/45, Konflikt mit seiner Partei, aus dieser ausgeschlossen, als Old Veto Personifizierung d. Vetorechtes d. Präsidenten gegenüber Kongreßbeschlüssen.

van Buren, Martin,
* New York 1782, † 1862,
1833/37 Vizepräsident unter Jackson, 8. Präsident d. US 1837/41, Era of good feeling, verfiel in Depression, zusammen mit Jackson Schöpfer d. heutigen Demokratischen Partei (1840), Gründung d. Federal Treasury, um so Regierung unabhängig zu machen von Geschäftspraktiken privater Banken; er war d. erste sog. machine made-president, also ein konfenktionell gemachter Präsident.

Venizelos, Eleutheriois,
* Kreta 1864, † 1956 Paris,
im unabhängigen Kreta Regierungsmitglied, 1908 machten ihn Putschoffiziere in Athen zu ihrem liberalen Ministerpräsidenten, Erfolge bei Teilnahme an Balkankriegen auf Kosten Bulgariens, 1915 vom König wegen neutralitätswidriger Politik entlassen; nach Bruch d. Neutralität Griechenlands durch Schaffung eines Brückenkopfes v. Ententetruppen in Saloniki Kollaborateur mit Besatzungstruppen, mit ihrer Hilfe putschte er gegen Regierung in Athen, zwang schließlich König zur Abdankung; daraufhin Kriegserklärung an Mittelmächte u. deren Verbündete, Teile d. kgl. Armee ließen sich von deutschen Truppen internieren (!), Saloniki-Armee brach im Herbst 1918 Balkanfront d. Mittelmächte auf, zwang Bulgarien zur Kapitulation und Venizelos wurde mit Gebietsgewinn auf Kosten d. Türkei und Bulgariens belohnt (Beispiel dafür, wie Ententemächte jene Gewalt anwendeten, die sie Berlin im Falle Belgien 1914 schwer zum Vorwurf machten).

Viktor Emanuel, II.
* Neapel 1869, † 1947 im Exil in Ägypten,
setzte zum Schein d. Dreibundpolitik seines Vaters Umberto I. fort, vermählt mit montenegrinischer Prinzessin, nahm er größeres Interesse an Balkanpolitik, nach geheimer Absprache mit Paris Treffen mit Nikolaus II. in Racconigi/Turin (Rückendeckung bei gemeinsamem Vorgehen gegen Türkei), 1912 Eroberung Libyens, während Rußland Balkanstaaten im Krieg gegen Türkei unterstützte; Juli 1914 scherte Italien aus Dreibund aus, nahm gleichzeitig Gespräche mit Feindstaaten d. Mittelmächte wegen ev. Gebietserwerbungen auf Kosten Österreich-Ungarns auf, 1915 Kriegseintritt nach Zusicherung besagter Gebietsansprüche durch Ententemächte u. Rußland, nach Mißerfolgen im Krieg Bündnis mit »anderem« Bundesgenossen Österreich-Ungarns, Rumänien; im Herbst 1917 bewahrte massive Hilfe d. Westmächte Italien vor dem milit. Zusammenbruch, 1919 reiche Beute, zugleich immerwährende Feindseligkeit gegen Jugoslavien; verriet auch Mussolini, dessen Beute ihm die Sieger von 1945 abnahmen.

Vajda-Vojvod, Alexander von
* Olpert 1872, † 19?
1906/18 MuAH, Führer d. siebenbürg. Rumänen, Verbindungen mit Dr. Lueger, nach 1918 mehrmals rum. Ministerpräsident.

Violand, Ernst von,
* Niederösterr. 1820, † 1875,
Agitator im Vormärz, im Reichstag von 1848 bedeutendster Kopf d. Linken, 1849 geflüchtet, in US mit seinen radikalen Ideen nicht angekommen, starb in Illinois als Zigarrenmacher.

Viviani, René, Raphael,
* Algerien 1836, † 1925,
1902/22. soz.-dem. Abg., Gründer d. Zentralorgans L'HUMANITÉ, 13.6.1914 Ministerpräsident, begleitete trotz Krise nach Sarajevo Poincaré nach Petersburg; nach Generalmobilmachung Rußlands sorgte er für Erfüllung d. Kriegsbündnisses mit Petersburg und traf gleiche Anstalten; ultimative Forderung Berlins, derlei einzustellen, wies er scharf zurück, provozierte Kriegserklärung d. in Ost und West bedrohten Deutschland.

Vopička, Karel,
als Bierbrauer aus Böhmen in US eingewandert, schuf Großunternehmen, finanzierte Wilsons Wahlkampf 1913, wurde nach Kriegsausbruch zur Genugtuung d. Feinde d. Mittelmächte zum Gesandten in Belgrad, Bukarest und Sofia ernannt; tat viel zum Kriegseintritt Rumäniens; nach Zusammenbruch Rumäniens wies Wilson Forderung Berlins, Vopička abzuberufen, ab; Vopička erlebte in Bukarest Sieg über die Mittelmächte und ihre Kaiser.

Washington, George,
* Virginia 1732, † 1877,
Familie wanderte während Religions- und Revolutionswirren in England aus, Plantagenbesitzer, im 7jährigen Krieg kommandierte er erfolgreich amerik. Milizen gegen franz. Truppen im Unabhängigkeitskrieg d. Amerikaner retteten ihn Truppen Ludwigs XVI. aus fataler Lage, 1789/97 Erster Präsident d. US, löste nach d. Sieg Armee auf, da diese Gefahr für seine Demokratie.

Webster, Daniel,
* New Hampshire 1782, † 1852,
seit 1813 im Kongreß zuletzt Senator, 1841/43 und 1850/52 Außenminister; betrieb Österreich gegenüber eine ungezügelte Einmischung in in-

nere Angelegenheiten der Monarchie; nach Serien von Beleidigungen der Monarchie brach Hülsemann Gespräche mit Webster ab und verließ auf eigene Verantwortung die Staaten.

Wekerle, Sandor,
* Ungarn 1848, † 1921,
deutschstämmig, versuchte als Liberaler Wahlrecht in Ungarn zugunsten d. diskriminierten nationalen Minoritäten zu reformieren; nahm kaiserl. Völkermanifest v. 15.10.1918 zum Anlaß, um Ausgleich mit Österreich ex 1867 für erloschen zu erklären und bisherige *Real*union mit Österreich zur bloßen *Personal*union zu machen; verlor gegen Károly u. dessen Typen im ungarischen Nationalrat, demissionierte und gab Weg frei zum Experiment Károlys (Kerenski von Ungarn) und Räte-Diktatur 1919 (König Karl verbat jede Gewaltanwendung gegen bewaffnete Kräfte des Umsturzes).

West, Benjamin,
* Springfield 1820, † (London),
hatte als Maler größten Einfluß auf Malerei in US, verbrachte Zeit d. Unabhängigkeitskriegs seiner Landsleute als Hofmaler in London und Präsident d. dortigen Akademie.

Wilhelm II.,
* Berlin 1859, † 1941 im Exil,
begabt, seit Geburt verkrüppelte Hand, Enkel d. Queen Victoria, deren gleichnamige Tochter vom Geburtshelfer (der versagte) an bis zum Prinzenerzieher alle Helfer für d. Heranbildung ihres Ältesten aus England oder über engl. Empfehlung bestellte; so auch d. deutschen Hinzpeter, der dem künftigen Kaiser eine nüchterne, lichtlose Erziehung verpaßte; dagegen starke Jugendeindrücke nach Siegen in Einigungskriegen d. Deutschen (1864, 1866, 1870/71); als Kaiser vermehrter Hang zu milit. Dekorum, aber für Erhaltung d. Friedens; entließ Bismarck, übernahm Flottenbauprogramm nach Anwachsen d. Bedeutung Deutschlands im Welthandel, geriet 1914 in Sog längst bestehender Rivalitäten und Bündnisse, verlor Macht an OHL und ging zuletzt auf Drängen Hindenburgs ins Exil.

Wilson, Woodrow,
* Virginia 1856, † 1924,
in Traditionen presbyterianischer Pastorenfamilie erzogen, obwohl akad. Laufbahn als Dozent f. Geschichte begonnen, fehlte ihm jede Vorstellung von historisch gewordener Wirklichkeit Europas; vertrat als Gouverneur v. New Jersey Kathederliberalismus, 1912 als Kandidat d. Demokraten von reichen Männern (so Colonel House) gemacht, 1913 zum 28. Präsidenten d. US gewählt und im Krieg als Erhalter d. Friedens für US wiedergewählt, handhabte als Präsident den Big Stick (Mexiko, Haiti, Dominikanische Republik), so auch nach unlösbarer Verstrickung in Ententepolitik gegenüber Deutschem Reich; nach 8.1.1918 seine 14 + 4 + 5 Punkte; nach Scheitern d. Versuche, Wien von Berlin zu trennen, entschlossen, Donaumonarchie zu zerstören (»must be broken up«), mit Motto »force to the utmost« zum Endsieg gegen Mittelmächte; Kongreß versagte ihm Zustimmung zu Friedensverträgen mit Besiegten sowie zum Experiment eines Völkerbunds; 1923 Staatsvertrag unter seinem übernächsten rep. Nachfolger Coolidge (Weglassung der belastenden und diskriminierenden Bestimmungen für Österreich aus Friedensdiktat von 1919).

Wimmer, Gottlieb August,
* 1791, † 1863,
ev. Prediger, schuf 1845 im heutigen Oberschützen 4jähriges ev. Lehrerseminar, 1848/49 lieferte er Kossuth Deckadresse f. Auslandskorrespondenzen, nach Flucht in US u. Erlebnissen in Bremen 1850 in seine Heimatstadt Wien zurückgekehrt.

Wutschl, Franz,
* Mähren 1815, † 18??,
1848 Kommandant d. Juristenkorps d. Wr. Akademischen Legion, nachher Oberst in prolet. Mobilgarde, in US geflüchtet, dort erfolgreich bei Führung eines Wiener Restaurants »Zum Legionär«, im Bürgerkrieg Oberst eines Regiments Freiwilliger, milit. Unfähigkeit in Anfangskämpfen bewiesen und daher entlassen.

Wydenbruck, Karl Freih. von,
1865/67 k.k. Vertreter in Washington, bewährt in Endkrise d. mex. Kaiserreiches.

Zahradnik, Isidor,
* Hostačow 1868, † 192?,
1907/18 MöAH/tschech. Agrarpartei; an sich katholischer Priester war er radikaler Feind d. Habsburgerstaates, hielt am 28. Oktober 1918 übelste Hetzrede gegen Österreich.

Zimmermann, Arthur,
* Treuburg 1864, † 1940,
in dipl. Diensten Preußens und d. Deutschen Reichs, 1911/21.11.1917 Unterstaatssekretär im Außenministerium; Versuch, Mexiko zur Revanche an US zu bewegen, wurde von brit. Secret Service aufgedeckt; dieser dechiffrierte Note an Mexiko, Wilson hatte endlich Anlaß, vom Kongreß Zustimmung für Kriegserklärung an Berlin zu erwirken.

Zita, Prinzessin von Bourbon-Parma,
* Pinanore 1892,
hielt an Bekenntnis, als Prinzessin von Bourbon von Natur aus Französin zu sein, unter allen Umständen fest, 21.10.1911 Verheiratung mit Eh. Carl Franz Joseph, nach Ermordung Franz Ferdinands und Tod Franz Josephs Kaiserin.

Zuloaga, Felipe,
wahrscheinlich Mestize, während d. Dreikampfes im Bürgerkrieg in Mexiko nach 1858 gegen Miramón, zuletzt gegen Juárez unterlegen, verstrickte Mexiko in Schulden gegenüber Auslandsgläubigern, was unter Juárez Intervention d. Gläubigerstaaten zur Folge hatte; Napoleon III. lehnte 1858 Hilfeansuchen Zuloagas ab, da um diese Zeit mit Vorbereitung d. Angriffs auf Österreich beschäftigt.

Zwiedinek, Erich Freiherr,
als k.u.k. Generalkonsul in New York nach Abberufung letzten k.u.k. Botschafters in Washington mit der Führung der Geschäfte bis Kriegsausbruch betraut, galt als »a tactful man who put a stop to espionge and illicit propaganda«, was hieß, daß ihm überhaupt keine Wirkungsmöglichkeit mehr belassen wurde.

Namensschreibung im Text laut Fundstelle, im Register laut Meyers Personenverzeichnis, Mannheim 1981. Abkürzung: MöAH u. MuaH Mitglied d. Parlaments in Wien beziehungsweise Budapest. k.k. für kaiserlich-königlich (in Österreich bis 1918) k.u.: Königlich ungarisch (seit 1867), k.u.k. für gemeinsame Agenden Österreich-Ungarns (Äußeres, Finanzen hiezu und Krieg)

Tabelle der Missionschefs in Wien und Washington nach Aufnahme der diplomatischen Beziehungen zwischen US und Österreich (1838) bis 1917

Niles, Nathaniel, 1837 als Spezialbeauftragter nach Wien entsendet	*Mar(e)schall,* Wenzel Philipp Freiherr von 1838–1841
Muhlenfeld (recte Mühlenfeld), Henry (Heinrich), ernannt 8.2.1838	*Hülsemann,* Georg (Ritter von), 1838–1863 Sekretär, Chargé d'affaires, zuletzt bevollmächtigter Minister
Jenifer, Daniel	
Stiles, William H. 1845–1849	
Jones, 1860 zur persona non grata erklärt, bis Oktober 1861	
Motley, John Lothrop 1861–1867	*Giorgi,* Nikolaus Graf, 1863–1864
Hay, John Milton 1867/1868	*Wydenbruck,* Ferdinand Freiherr von, 1865–1867
Orth, Godlove	*Lederer,* Karl Freiherr von, 1868–1874
Jay, John 1874–1877	
Beale, Edward F., ...bis 1876	*Schwarz-Senborn,* Wilhelm Freiherr 1874–1875
Kasson, John A. um 1880	*Hoyos,* Ladislaus Graf, 1875–1878
	Mayr, Ernst Freiherr von, 1878–1881
Fenner, Jonas Lee, Legationssekretär ad interim um 1886/87	*Schaeffer,* Ignaz Freiherr von, 1881–1886
Lawton, Alexander R., um 1888	*Schmit,* Ernst Ritter von Tavera, 1887–1894
Grant, Frederik, um 1889–1893	*Hengelmüller,* Ladislaus Freiherr von, 1894–1913
Barlett, Tripp	
Tower, Charlemagne, 1897–1898	
McCormick, Robert, S. um 1902	
Storer, Bellamy, 1902–1906	
Kerens, Richard C. um 1913	
Courtland-Penfield, Frederic 1914–1917	*Dumba,* Constantin, 1913–1915
	Tarnowski, Adam Graf, 1916–1917 (konnte sein Beglaubigungsschreiben wegen der Weigerung Wilsons nicht überreichen)

»Die (Vertreter der US in Wien), die in den nächsten hundert Jahren (nach 1867) folgten, waren mit wenigen Ausnahmen entweder aus Gründen der (Partei-)Politik Ernannte oder Karrierediplomaten auf dem Weg zu fetteren Weiden oder solche im Pensionsalter. Alles in allem wurde die amerikanische Vertretung in Wien für weniger auszeichnend angesehen als die in irgendeiner anderen größeren europäischen Hauptstadt.« (Spaulding, s.u. Seite 569)

Die jeweilige Mietwohnung war zugleich Residenz und Amtslokal: 1868 Wien/Wieden, Favoritenstraße; um 1873 Innere Stadt, Kärntnerring 6; nachher Landstraße, Richardgasse (jetzt Metternichgasse); um 1880 nacheinander wieder Stubenbastei, Wien/Schwindgasse 5; um 1905 Landstraße/Salesianergasse 11; zuletzt Wieden, Wohllebengasse (Residenz aber in Döbling). Anders als alle anderen Großmächte haben die US vor 1918 nie ein eigenes Gesandtschaftsgebäude in Wien gehabt – im Gegensatz zu Österreich-Ungarn in der letzten Epoche vor 1917 (in Washington).

Tabelle der Präsidenten der Vereinigten Staaten von Amerika und der gleichzeitig regierenden Kaiser vom Hause Habsburg

Präsidenten	Kaiser
1. George Washington 1789–1797	Joseph II. 1780–1790 Leopold II. 1790–1792 Franz (II.) I. 1792–1835
2. John Adams 1797–1801	
3. Thomas Jefferson 1801–1809	
4. James Madison 1809–1827	
5. James Monroe 1817–1825	
6. John Quincy Adams 1825–1829	
7. Andrew Jackson 1829–1837	Ferdinand I. 1835–1848
8. Martin van Buren 1837–1841	
9. William H. Harrison März/April 1841	
10. John Tyler 1841–1845	
11. James Knox Polk 1845–1849	Franz Joseph I. 1848–1916
12. Zachary Taylor 1849–1850	
13. Millard Fillmore 1850–1853	
14. Franklin Pierce 1853–1857	
15. James Buchanan 1857–1861	
16. Abraham Lincoln 1861–1865*)	
17. Andrew Johnson 1865–1869	
18. Ulysses Simson Grant 1869–1877	
19. Rutherford B. Hayes 1877–1881	
20. James A. Garfield März/September 1881*)	
21. Chester A. Arthur, 1881–1885	
22. Grover Cleveland 1885–1889	
23. Benjamin Harrison 1889–1893	
24. Grover Cleveland (2. Mal) 1893–1897	
25. William McKinley 1897–1901*)	
26. Theodore Roosevelt 1901–1909	
27. William Howard Taft 1909–1913	
28. Woodrow Wilson 1913–1921	Karl I. 1916–1918

Die mit *) bezeichneten Präsidenten fielen während ihrer Amtszeit einem Attentat zum Opfer.

Quellen- und Literaturverzeichnis

1. Archivarische Quellen

Österreichisches Staatsarchiv – Haus – Hof – und Staatsarchiv Washington, Berichte und Weisungen 1838–1918 sowie allfällige Bezugsakten und Personalia, Bibliothek

Österreichisches Staatsarchiv-Kriegsarchiv
Marinereferat/Zwischenfall Smyrna 1853, Versenkung »Ancona« und »Persia«, Personalia, Bibliothek

Österreichisches Staatsarchiv – Allgemeines Verwaltungsarchiv Personalia

Niedersächsisches Hauptstaatsarchiv, ferner Georg-August-Universität Göttingen/Matrikel und Promotionsakte und Stadtarchiv, Stade Kirchenbuch d. ev.-luth. Gemeinde jeweils betreffs Johann Georg Hülsemann

Parlamentsbibliothek Stenographische Protokolle aus verschiedenen Sessionen und Personalia (MöAH und MöHH)

2. Gedruckte Quellen

Papers Relating to the Foreign Relations of the United States 1914–1918

3. Protokolle

Die Protokolle des österreichischen Ministerrats (bzw. Konferenz) 1848–1867 Wien 1970 ff.

Proceedings and Debates of the United States Senat, Thursday, March 16, 1848

4. Statistiken und Verzeichnisse

Die Habsburger-Monarchie 1848–1918, Wien 1973
a) Band I / Die wirtschaftliche Entwicklung
b) Band III (1. und 2. Teil) Die Völker des Reiches

5. Zeitungen, Zeitschriften

Arbeiter-Zeitung, Wien 1914, 1917, 1918
Neues Wiener Journal, Wien 1914
Reichspost, Wien 1908/09, 1912/13, 1917/18
Neue Freie Presse 1864–1865

Freeman's Journal and Catholic Register, New York 1847/48
Daily National Intelligeneer, Washington 1848
New-York Tribune 1848
Harper's Weekly/Journal of Civilisation

6. Darstellungen, Memoiren, Augenzeugenberichte

(Der) amerikanische Bürgerkrieg in Augenzeugenberichten, 2. Auflage, Düsseldorf 1963 (Übersetzung der französischen Version des amerikanischen Urtextes)
Auchampaugh, P. G. James Buchanan and his Cabinet on the eve of the Secession, Lancester/Pa 1926
Balfour, Michael, The Kaiser and his Times, London 1964
Barclay, Barbara, Our Presidents/Washington to Carter, 1977
Bauer, Otto, Die österreichische Revolution, Wien 1923
Beneš, Edouard, Souvenirs de Guerre et de Révolution 1914–1918/La lutte pour l'indépendence des peuples, Paris 1928
Bibl, V. Der Zerfall Österreichs, Wien 1922
derselbe: Metternich/Der Dämon Österreichs, Leipzig und Wien 1936
Bishop, Jim, The Birth of the United States/What happened during the first days of Juli 1776. New York 1976
Bogitschewitsch, M., Die auswärtige Politik Serbiens, Berlin 1928 ff.
Bowers, C. G., The Tragic Era/The Revolution after Lincoln, Cambridge/Mass. 1929
Brown, Joe, Im Westen geht die Sonne auf/Aus dem Amerikanischen, Hamburg 1974
Castel, Eduard, Der Große Unbekannte/Das Leben Charles Sealsfields, (Karl Postl) 2 Bände, Wien-München 1952
Challaner, Richard D., Admirals, Generals and the American Policy, Princeton 1973
Calvert, Michael, Dictionary of Battles 1715–1815, London 1978
Carmichael, Joel, Die Russische Revolution/Von der Volkserhebung zum bolschewistischen Sieg, Februar-Oktober 1917/Aus dem Amerikanischen Rororo 1967 (!)
Churchill, Winston, A History of the English-Speaking Peoples/Ins Deutsche übersetzt: Geschichte ..., Bern 1957 ff. (hier Band III und IV)
Conrad von Hötzendorff, Franz (Graf), Aus meiner Dienstzeit, 7 Bände und Beilagen Wien 1922–1925

Corti, Egon Caesar Conte, Wenn .../Sendung und Schicksal einer Kaiserin (Aus dem Tagebuch d. Mutter Wilhelms II., der gleichnamigen Tochter der Queen Victoria von England) Graz 1954

Cowles, Virginia, 1913/Abschied von einer Epoche/Aus dem Englischen FfM 1969

Crankshaw, Edward, The Fall of the House Habsburg, London 1963

Dumba, Constantin, Dreibund und Ententepolitik in der Alten und der Neuen Welt, Zürich-Leipzig-Wien 1931

Dedijer, Vladimier, Die Zeitbombe Sarajevo 1914/Aus dem Amerikanischen (The Road to Sarajevo) Wien 1967

Deutsch, Julius, Ein weiter Weg, Zürich-Leipzig-Wien 1960

Fay, Bernad, Ludwig XVI. Der Sturz in den Abgrund/Aus dem Französischen, München 1976

Franek, Fritz, k.u.k. Truppen im Westen/Militärwiss. Mitteilungen, Wien, Jgg. 1931, Mai/Juni Heft

Franklin, John, Geschichte der Schwarzen in Amerika/deutsch bei Ullstein 1983

Friedjung, Heinrich, Das Zeitalter des Imperialismus 1884–1914, 3 Bände, Berlin 1919

Geist-Lányi, Paula, Das Nationalitätenprinzip auf dem Reichstag zu Kremsier 1848/49, München 1920

Halfeld, Adolf, Amerika und der Amerikanismus/Kritische Betrachtungen eines Deutschen und Europäers, Jena 1927

Hamann, Brigitte, Mit Kaiser Max in Mexiko/Aus dem Tagebuch des Fürsten Khevenhüller 1864–1867, Wien 1983

Hamilton-Jay-Madison/Der Föderalist, aus dem Amerikanischen (The Federalist), hgg. von F. Ermacora 1958

Herm, Gerhard, Amerika erobert Europa, Düsseldorf-Wien 1964

Hertz, Frederic, The economic problem of the Danubian States/A Study in Economic Nationalism, London 1947

Hodža, M., Federation of Central Europa, London 1940 (Im Exil)

Horner, Harlon H., Lincoln and Greeley, University of Illinois Press 1953

Hülsemann, Johann Georg, Geschichte der Demokratie in den Vereinigten Staaten von Nord-Amerika, Göttingen 1823

Jacobs Paul & Saul Landau, Die Neue Linke in den US, aus dem Amerikanischen, München 1969 (!)

Johnston, William M., The Austrian Mind/An Intellectual and Social History 1848–1938, University of California Press 1972
Kann, Robert H., The Multinational Empire (Geschichte und Lösungen der nationalen Bestrebungen vom Vormärz bis zur Auflösung des Reiches im Jahre 1918) 2 Bände, New York 1964
derselbe: Erzherzog Franz Ferdinand/Studien, Wien 1976
Kanner, H., Kaiserliche Katastrophenpolitik, Wien 1922
Kissinger, Henry A., Großmacht Diplomatie – Von der Staatskunst Castlereaghs und Metternichs/Aus dem Amerikanischen: A World restored Castlereagh, Metternich and the Restoration of Peace/ 1812–1822, Düsseldorf und Wien 1962
Kleinmann, Hans Otto, Die österreichische Diplomatie und die Anerkennung der amerikanischen Staaten, in Mitteilungen d. Österreichischen Staatsarchivs, Band 34, Wien 1982
Kleinwächte, Friedrich F. G., Von Schönbrunn bis St. Germain/Entstehung der Republik Österreich, Graz-Wien. Köln 1964.
(Kramář) K.k. Landwehrdivisionsgericht Wien, Hochverrats-Prozeßakte gegen Vinzenz Cervika, Josef Zamazal, Dr. Alois Rašin, Dr. Karl Kramář. Abdruck aus Abschrift d. Urteil samt Gründen 1916
Kudlich, Hans, Rückblicke, Wien 1873
(Hans) Kudlich und die Bauernbefreiung in Niederösterreich, Führer durch die Landesausstellung im nö. Landhaus 1983
Kürnberger, Ferdinand, Der Amerikamüde, FfM 1855
Lange, Karl, Marneschlacht und deutsche Öffentlichkeit/Eine verdrängte Niederlage und ihre Folgen, Düsseldorf 1974
Lansing: The Lansing Papers, veröffentlicht v. State Departement d. USA, Washington 1939/40
Lincoln, The Collected Works of Abraham Lincoln, 8 Bände und Index, Rutgers University Press New Brunswick 1953 ff.
Lincoln Day by Day/A Chronology 1809–1865 (hier: Band I: 1809–1848), Washington 1960
Lorenz, Willy, Monolog über Böhmen, Wien 1964.
derselbe: Abschied von Böhmen, Wien 1973
Lynch, M. C., Diplomatic Mission of John Motley, Washington 1944
Mamatey, Victor S., The United States and East Central Europa/A Study in Wilsonian Diplomacy and Propaganda, Princeton 1953 (mit reichlicher Benützung der Woodrow Wilson Papers/Library of Con-

gress, Lansing Papers/Library of Congress, der einschlägigen Dokumente bis zur Zeit der Pariser Friedensschlüsse/National Archives sowie der Masaryk-Papiere im Masaryk-Institut der ČSSR)
Masaryk, Tomáš G., Die Weltrevolution/Erinnerungen und Betrachtungen/ Aus dem Tschechischen, deutsch 1927
Massie Robert & Jeffrey Finestone, The Last Courts of Europa, London 1981
Mittler, Max, Eroberung eines Kontinents, Zürich 1958
Morris S. E. & Commager G.St. Das Werden der amerikanischen Republik, 2 Bände, aus dem Amerikanischen Stuttgart 1950
Morrison Samuel E. Oxford, History of the American people, 3 Bände New York, Ausgabe 1972
Österreich und die angelsächsische Welt/Kulturbegegnungen und Vergleiche, hgg. von Otto Hietsch, Wien-Stuttgart, 1961
Österreich-Ungarns letzter Krieg 1914–1918, hgg. vom Bundesministerium für Heerwesen (später Landesverteidigung) und vom Kriegsarchiv, 7 Bände dazu Beilagen, 1931 ff.
Palacký, František, Die österreichische Staatsidee, Prag 1866
Palmer, Alan, Metternich, London 1972
Parker, R. C., A Personal Narrative of the Koszta Affaire/in: United Naval Institute Proceedings, Band 53, März 1927, S. 295 ff.
Pergler, C., America in the Struggle for Czechoslovak Independence, Philadelphia 1926
Pitt, Barrie, 1918/The Last Act, New York 1963
Politics and Government in the United Staates, Sammelwerk, New York-Chicago-Berlingame 1956
Pomsomby, Arthur, Falsehood in War Time, 1936
Reden, die die Welt bewegten, hgg. von Karl Heinrich Peter, Stuttgart 1959 (William Pitt 1783, Thomas Woodrow Wilson et cetera)
Redlich, Josef, Kaiser Franz Joseph von Österreich, Berlin 1929
derselbe: Schicksalsjahre 1908–1919/Das politische Tagebuch Josef Redlichs, bearbeitet von F. Fellner, Wien 1953.
Renner, Karl, Das Selbstbestimmungsrecht der Nationen, Wien 1918
Reed, John, Zehn Tage, die die Welt erschütterten/Mit einem Vorwort von W. I. Lenin .../Aus dem Amerikanischen, 5. Auflage (Ost-)Berlin 1957
(The) Revolution hgg. by American Heritage Publishing Company, 1958

Schlitter, Hans, Die Beziehungen Österreichs zu den Vereinigten Staaten von 1778 bis 1787, Innsbruck 1885

derselbe: Die Berichte der ersten Agenten Österreichs in den Vereinigten Staaten von Amerika, in Fontes Rerum Austriacum, Wien 1891

Seton-Watson, Robert William, Die südslavische Frage im Habsburger Reiche, aus dem Englischen, Berlin 1913

Seton-Watson, George Hugh Nicolas, The Making of New Europa/ R. W. Seton-Watson and the last years of Austria-Hungary, London 1981

Spaulding, E. W., The Quiet Invaders/The Story of the Austrian impact upon America, Wien 1968

Stadler, Karl R., Austria, London 1971

Steed, H. W., Through thirty years 1892–1922, London 1922

Stiles, William H. (Berichte des Vertreters der USA in Wien 1848/49) unter: La Vigilia del '48/Rassegna Storico del Risorgimento, Jgg. LXIII, Heft I Jänner/März, Bologna 1976, S. 162 ff.

Sturminger, Alfred, 3000 Jahre Politische Propaganda, Wien 1960

Toynbee, Arnold J., Der Gang der Weltgeschichte/Aufstieg und Verfall der Kulturen, Übersetzung der englischen Kurzfassung in einem Band, 3. Auflage, Stuttgart 1952

Tuchmann, Barbara W., August 1914, aus dem Amerikanischen (The Guns of August), Bern/München 1964 (vergleiche dazu: Solschenizyn, Alexander, August Neunzehnhundertvierzehn)

dieselbe (Trägerin des Pullitzer-Preises): Der stolze Turm/Ein Porträt der Welt vor dem Ersten Weltkrieg 1890–1914, aus dem Amerikanischen München/Zürich 1969

USA-Ploetz, Die Vereinigten Staaten von Amerika/Geschichte, Probleme/Perspektiven, Würzburg 1976

Windrow-Martin/Mason Francis K., A concise Dictionary of Military Biography (10th–20th Century) Reading 1975

Worcester, Donald E., Die Apachen/Adler des Südwestens, aus dem Amerikanischen, Düsseldorf und Wien 1982

Als Gegensatz zum Ganzen:

Drimmel, Heinrich, Trilogie 1789–1918, Kaiser Franz und Franz von Österreich (2 Bände), Wien 1981 u. 1982; Oktober Achtundvierzig (1848), Wien 1978; Franz Joseph (I.), Wien 1983 sowie die dort jeweils angegebene Literatur und die Register.